吴镇烽 编撰

金文人名彙编

（修订本）

中华书局

圖書在版編目(CIP)數據

金文人名彙編/吳鎮烽編撰. －修訂本. －北京:中華書局,
2006
ISBN 7－101－04711－4

Ⅰ. 金… Ⅱ. 吳… Ⅲ. 金文－姓名－中國－古代
Ⅳ. K877.34

中國版本圖書館 CIP 數據核字(2006)第 075428 號

責任編輯:李聰慧

金文人名彙編(修訂本)

吳鎮烽 編撰

*

中 華 書 局 出 版 發 行

(北京市豐臺區太平橋西里 38 號　100073)

http://www.zhbc.com.cn

E－mail:zhbc@zhbc.com.cn

北京瑞古冠中印刷廠印刷

*

787×1092 毫米 1/16 · 32¾印張 · 500 千字

2006 年 8 月第 1 版　2006 年 8 月北京第 1 次印刷

印數:1－3000 冊　定價:78.00 元

ISBN 7－101－04711－4/H · 249

目　次

序

　　陝西省考古研究所的吳鎮烽先生，是我多年請益的老友。他對中國古代青銅器和金文有精湛研究，於集中出土青銅器的陝西地區情況尤其瞭如指掌。從上世紀七十年代起，吳鎮烽先生便專心這方面工作，一九七九年出版的《陝西出土商周青銅器》第一冊，即冠有他撰寫的《陝西出土商周青銅器概述》。一九八六年，他編著了《西周金文擷英》，一九八九年，又出版了《陝西金文彙編》，這些著作奠定了他在青銅器研究間的重要地位。他還有一系列專題論文，在此不能詳述。

　　吳鎮烽先生《金文人名彙編》的初版，是一九八七年經中華書局印行的。書中彙集先秦青銅器銘文所見人名五千二百二十八條，依詞頭筆劃編排，分別予以說明介紹，是一部極為便利的工具書。因此，在問世之後，已成為關注青銅器和金文的人們案頭所必備，在推動學科進展上起了很大的作用。

　　自《彙編》初版到現在，光陰已過近二十年。這一期間，各地青銅器又有大量發現，多有銘文，《殷周金文集成》等著錄也出版了，大家都希望《彙編》能夠及時擴大重編。吳鎮烽先生近年為此又投入了巨大的精力，使新版終得編成，是我們應當感謝的。

　　先秦時期的社會結構和制度，與秦漢以下有很根本的差異，從而人名的形式也大不相同。不了解先秦人名形式的特點，會對研究當時歷史文化許多問題有所障礙。比如《春秋》經傳內的人名，就相當複雜，歷代學者結合春秋世族的考證，作過不少工作。現存最早的一種，是五代時蜀人馮繼光的《春秋名號歸一圖》，最詳備的，則推清嘉慶時湖北黃岡學者萬希槐的《左傳列國人名分編》。參考這一類書，可以消除很多關於春秋時期人和事的誤解。即以一人有好多名號為例，如晉國的士會，或稱士季、隨季、隨會、季氏、隨武子、范武子、范會；楚國的公子棄疾，或稱蔡公、君司馬、熊居、楚子居，也就是平王。春秋以及戰國時期金文的人名，情形也是如此。

　　至於殷商、西周時期金文中的人名，因其年代更為古遠，與春秋戰國人名又有不同，有著特別費解之處。即如最常見的祖甲、父乙之類日名，究竟是其人生前已有，還是卒後確定，是依其生日、死日，或係經過卜選，一直是爭議未決的問題。關於商代人名（包括金文、甲骨文）尚有一種相當流行的看法，以為人名等於其所自出的地名或族名。如果這是事實，一地、一族，輩份、排行相異的人，便無法區別了。實際上，古代人名用同於地名、族名的字，是很普通的，像春秋時周襄王名鄭，晋悼公名周，衞宣公名晋，魯哀公名蔣，滕昭公名毛，曹武公名勝，魯僖公名申，魯定公名宋等等，都與所屬地名、國族沒有關係。商周人名儘管多變，每个人總要有自己區別於他人的私名，道理是明白的，但仍難免異説。

　　因此，编纂一部《金文人名彙编》不是簡單的羅列排比，而是需要許多深入細致的研究工作。吳鎮烽先生在這部書中，對每一人名均說明其時代，描述其身份，這是在全面整理釋讀商周金文的基礎上纔能夠做到的。《彙編》不僅便於讀者查檢，而且爲今後的研究提供了大量啟示和線索，這是我要竭誠推薦這部書的理由。

李學勤

2005 年 6 月 27 日

凡　例

一、《金文人名彙編》匯集傳世的和考古發掘出土的商周青銅器銘文中的人名 7600
　　餘條，人名詞頭用字約 2100 個，分別按筆劃加以編纂，並根據銘文內容和有關
　　文獻記載，對每一個人物作簡要的介紹，以便向考古、歷史和古文字研究者提供
　　一份有用的資料，希望對於商周史和古文字研究有所裨益。

二、《金文人名彙編》所採用的資料，系 2004 年 9 月底以前著録和在省級以上報刊發
　　表的，以及編者所見到而尚未公开發表的商周青銅器銘文資料。引用著録書刊共
　　60 種（引用書目及其簡稱另附），為查檢方便，將書刊卷期括註在器名之後。

三、金文人名的時代，上自商代，下迄戰國，秦始皇統一六國以後者（即公元前 221
　　年以後），不予收録。

四、傳世青銅器中的偽作，盡力排除；不能確定其偽，僅有懷疑者，酌情收録，在引
　　用的青銅器名稱之後括註"疑偽"字樣。

五、人名次序按首字筆劃多少排列，首字相同者，按第二字筆劃多少排列；筆劃數相
　　同者，則按起筆筆形（即書寫時的第一筆）橫（一）、豎（丨）、撇（丿）、點（、）、
　　折（㇆㇄㇀丨㇁乙）的順序排列。

六、人名用字不能釋者，則予以隸定；若隸定亦有困難者，則照原形描繪。釋文有爭
　　議者，括註原篆；拓本漫漶不清，不能描形者，則付闕如而以"□"號標示。人
　　名首字不能隸定者，以原篆排在篇末。

七、同一人有不同稱謂者，在有關條目中互見。

八、見於不同青銅器銘文中的相同人名，如能確定其為一人者，則合併為一條敍述；
　　如不能確定為一人者，則分條排列。

九、人物的生世或時代，系編著者根據著録中的器物圖像、銘文內容及文字結體，並
　　結合各家研究成果進行判斷的；無器物圖像和銘文拓本者，只能依據其摹本推
　　斷，準確性較差，僅供參考。

十、本書是一部辭典性的工具書，編纂工作複雜艱巨，不是一個人在短促的時間内所

能勝任的。編者不自量力，貿然為之，雖竭盡綿薄，鼓足幹勁，勉強成書，但限於水平和圖書條件，遺漏和錯誤之處在所難免，企盼各方專家指其謬誤，補其缺略，使其逐漸完善。

編者

2004 年 10 月於陝西省考古研究所

人名首字筆劃索引

一　劃

乙　見乙鼎（集成02607），春秋晚期人。

乙公　見乙公鼎（集成02376），西周中期人。

乙公　見妞觚（集成07304），妞的父親，族徽為"𢆶（允冊）"，生世約在商代晚期。

乙公　見小臣宅簋（集成04201），小臣宅的父親，小臣宅又稱其為父乙（見作冊宅方彝），生世在西周早期前段。

乙公　見㲅方鼎甲（集成02789），伯㲅的祖父輩。伯㲅稱其為文祖，生世約在西周成康時期。

乙公　見彔㲅卣（2件，集成05419—05420）、彔簋甲（集成03863）、彔簋乙（集成03702），伯㲅的父親，生世約在西周昭王世。

乙公　見齊生魯方彝蓋（集成09896），齊生魯的父親，生世約在西周早期。

乙公　見伯作乙公簋（集成03540），西周中期前段人。簋出土於北京房山縣西周時期的燕國故都，此乙公當是某位燕侯的父輩或祖輩。

乙公　見改盨（集成04414），改的父親，族徽為"鼎"，生世在西周中期。

乙公　見是鷥簋（集成03917），是鷥的父親，族徽為"鼎"，生世在西周中期。

乙公　見鼄兌簋（集成04168），鼄兌的祖父，生世在西周中期。

乙公　見史牆盤（集成10175）、一式㿷鐘（集成00246），即登（亦釋為豐），史牆的父親，微伯㿷的祖父，㿷稱其為文祖乙公，生世在西周早期後段。

乙考　見寧簋蓋（2件，集成04021—04022），寧的父親，生世約在西周中期後段。

乙仲　見師䠱簋（集成04311），師䠱的父親，生世約在西周夷厲時期。

乙伯　見永盂（集成10322），師永的父親，生世約在西周昭穆時期。

乙伯　見訇簋（集成04321）、師訇簋（集成04342），師訇的祖父，訇稱其為文祖、烈祖，生世約在西周中期前段，其夫人為同益姬。

乙伯　見師酉簋（4件，集成04288—04291），師酉的父親，其夫人為宄姬，生世約在西周中期前段。

乙伯　見媸仲簋（集成03620），媸仲的父親或丈夫，生世在西周晚期。

二　　劃

厃宁　即報賓，見厃賓鼎（集成02132），西
　　周早期人。

丁父　見爪丁父卣（文物2001年6期43頁圖
　　30.4），西周早期人，爪氏家族。

丁公　見史喪尊（集成05960），史喪的親屬，
　　生世在西周早期。

丁公　見作冊矢令簋（2件，集成04300—
　　04301），作冊矢令的父親，族徽為"𩵋
　　冊（雋冊）"，生世約在西周成康時期。

丁公　見爾比鼎（集成02818）、爾比簋蓋（集
　　成04278）、爾比盨（集成04466），爾
　　攸比的祖父，族徽為"𠂤（襄）"，生
　　世約在西周中期後段。

丁公　見一式㝬鐘（集成00246），即史牆，
　　微伯㝬的父親，生世在西周穆恭時期。

丁兒　見丁兒鼎蓋（文物1993年3期94頁圖
　　3），春秋晚期人，應侯之孫。

丁侯　見獻侯鼎（2件，集成02626—02627）、
　　𠭯𣪘鼎（集成02346），獻侯囂和𠭯的父
　　親，族徽為"𠂤𣪘"，西周文武時期人。

丁師　見啟霝卣（集成05373），啟霝的長輩，
　　生世在商代晚期。

万　見矢盤（又稱矢人盤、散盤、散氏盤，
　　集成10176），西周厲王時期雈（鴻）氏
　　家族人，矢國族屬下的雈邑有司（管事
　　的）。某年九月乙卯，曾同鮮、且、微、
　　武父、西宮襄、豆人虞万、彔、貞、師
　　氏右省、小門人繇、原人虞芳、淮司工
　　虎孛、𠵈豐父，以及同族人刑等共十五
　　人，參與矢付給散氏二百畮田地的勘界
　　封樹和交付儀式。

万隻　即考隻，見万隻鼎（集成02059），西
　　周中期人。

万婦　見万婦鼎（集成01474），商代晚期人。

七歍　見十年左使車燈（集成10402），戰國
　　中期人，擔任中山國左使車嗇夫。

卜孟　見卜孟簋（集成03577），西周早期後
　　段人。

卜淦□高　見卜淦戈（考古與文物1990年3
　　期66頁圖3），春秋時期秦國人。

冂逋　見冂逋觶（集成06442），西周早期人。

入公　見芮公戈（集成10973），即芮公。

人方無敄　見作冊般甗（集成00944），商代
　　晚期（帝辛世）人，人（夷）方的首領，
　　名無敄。

人方羃　見小子𡧛簋（集成04138）、小子𠂤
　　卣（集成05417），商代晚期人（夷）方
　　的首領，名羃。

人參　見十一年藺令趙狽矛（集成11561），
　　戰國晚期人，趙國藺縣下庫冶鑄作坊的
　　冶吏。

勺亏憙　即庖宰憙，見廿八年平安君鼎（集成02793）、卅二年平安君鼎（集成02764），戰國中期人，名憙，擔任衛國單父上官的庖宰。"勺亏"為合文，張亞初先生釋"勺亏憙"為"嗣憙"。

勺壽　銘文作甸亯，見越王太子矛（集成11544），戰國早期人，越王者旨於睗的太子。

九　見五年相邦呂不韋戈（秦銘文圖版69），即工九。

力伯　見力伯卣（集成05235），西周早期人，力氏家族首領。

乃子　見乃子甗（集成00924）、乃子卣（集成05306），西周早期人。

乃子克　見乃子克鼎（集成02712），西周早期人，

乃牆子　見乃牆子鼎（集成02532），西周早期人。

匕乙　即妣乙，見我方鼎（集成02763），我的祖母，生世在商末周初。

匕癸　即妣癸，見我方鼎（集成02763），我的祖母，生世在商末周初。

又　見又甗（集成00903），西周早期人，族徽為"亞"。

又丰　見犅伯諆卣（保金續131），犅伯諆的長輩，生世在商代晚期，族徽為"亞"。

又正嬰　即右正嬰，見右正嬰方鼎（集成02702），商代帝乙帝辛時期人，名嬰，族徽為"亞異侯禾（吴）"，擔任商王朝右正之職。某年丁亥日，龏賞給右正嬰貝二百朋。

又母　見寧母方鼎（集成02107），西周早期女子。

又吏利　即右史利，見利簋（集成04131），商末周初人，名利，周武王時擔任周王朝右史之職，參加過伐商戰爭，滅商後的第七天，辛未日在闌師，武王賞給右史利金（青銅）。

又成惠叔　即有成惠叔，見鱻鎛（集成00271），鱻的祖父，又稱覃叔，春秋早期齊國人。

又成惠姜　即有成惠姜，見鱻鎛（集成00271），春秋早期姜姓婦女，鱻的祖母，有成惠叔的夫人。

又妘　即有妘，見燕侯旨鼎（集成02628），西周早期前段妘姓婦女，燕侯旨的母親或夫人。

三　　劃

三兒　見三兒簠（集成04245），春秋時期晉國人。

干氏叔子　見干氏叔子盤（集成10131），春秋時期姬姓人，次女為仲姬客母。干氏見於《春秋》者有二，一、昭公八年“楚人執陳行人干徵氏，殺之。”，是陳國有干氏；二、昭公二十一年“干犫禦呂封人華豹”，是宋國亦有干氏。此干氏姬姓，系何國人，不可考。

干仲姜　見成周邦父壺蓋（集成09621），西周中期後段姜姓女子，成周邦父的姊妹或姑母，嫁於干氏家族。

于　見卅八年上郡守慶戈（文物1998年10期79頁圖4），戰國晚期人，身份為隸臣，秦昭襄王卅八（前269年）在秦國漆垣工室當工匠。

士　見士方鼎（集成02314），西周早期人，族徽為“𣛵冊（虢冊）”。

士　見伯毃盉（集成00592），伯毃的祖父，春秋早期人。

士上　見士上尊（原稱臣辰尊，集成05999）、士上卣（原稱臣辰卣，2件，集成05421—05422）、士上盉（集成09454），西周早期人，族徽為“臣辰𠂤冊（冊）”，名上，約在成王時期擔任周王朝大士，尊、卣、盉同銘，記載周王大禴於宗周之年的五月辛酉，王命“士上眔史寅殷于成周，昔（𣪘）百生（姓）豚”，完成使命後，周王賞給士上青銅卣、鬯酒和貝幣等。

士山　見士山盤（中國歷史文物2002年1期4頁），西周中期前段人，名山，擔任周王朝的士。恭王十六年九月既生霸甲申，王在周新宮太室，命其“于入𦀌侯，出逧、蘜、荊、𠂤，服罪大虘、服履、服六孳服。”𦀌侯、蘜，𠂤贈送了貝和金（青銅）。

士父　見士父鐘（原稱叔氏鐘，4件，集成00145—00148），西周晚期人。

士戍　見殷簋（2件，陝金1.402—403），西周中期後段人，名戍，擔任周王朝的士。某年二月丁丑日，陪同殷在周新宮接受周王冊命。

士智　見克鐘（5件，集成00204—00208）、克鎛（集成00209），西周中期後段人，名智，擔任周王朝大士。夷王十六年九月初吉庚寅，周王在周康剌宮，命士智召克進行賞賜。

士道　銘文作士𥏨，見貉子卣（集成05409），西周康昭時期人，名道，擔任王朝大士。貉子卣銘記載某年正月丁丑，“王格於呂𣪊，王牢于麻（陜），咸宜，王令士道饋貉子鹿三。”

工九　見五年相邦呂不韋戈（秦銘文圖版

69)，戰國末期到秦代人，名九。秦王政五年（前242年）前後，在少府工室當冶鑄工。

工大人者 見十三年相邦義戈（集成11394），戰國中期人，名者，秦惠文王十三年（前325年）前後，是咸陽冶鑄作坊的工大人（年長的冶鑄工）。

工大人臺 見廿九年太后漆奩（又稱廿九年太后漆樽，文物1979年12期，秦文字圖版27），戰國晚期秦國人，名臺，昭襄王二十九年（前278年）前後，是太后宮中的工大人（年長的冶鑄工）。

工上 見元年丞相斯戈（秦銘文圖版160），戰國末期到秦代人，名上，秦王政元年（前246）前後，在櫟陽官營兵器作坊當工匠。

工上 見三年左使車壺（集成09692），戰國中期人，名上，中山國左使車屬下的冶鑄工。

工中 見五十年詔事宕戈（秦文字圖版31），戰國晚期人，名中，秦昭襄王五十年（前257年）前後，在秦國工室當冶鑄工。

工尹穆丙 銘文作攻尹穆丙，見鄬客問量（集成10373），戰國中期人，名穆丙，擔任楚國工尹之職。

工正 見十八年上郡武庫戈（集成11378），戰國晚期秦國人，名正，昭襄王十八年（前289年）前後，在上郡武庫冶鑄作坊當工匠。

工可 見四年相邦呂不韋戈（3件，集成11308，秦俑報告258頁圖153.1、陝西青銅器255），戰國末期到秦代人，名可，秦王政四年（前243年）前後，在官營兵器作坊當工匠。

工目 見十九年寺工鈹（5件，秦銘文圖版86—90），戰國末期到秦代人，名目，秦王政十九年（前228年）前後，在官營兵器作坊當工匠。

工尼 見左使車工尼鼎（集成02092）、左使車工尼鬲（2件，集成00513、集成00537）、左使車壺（集成09561）、十年扁壺（集成09683）、十年左使車燈（集成10402）、左使車工尼豆（集成04664），戰國中期人，名尼，中山國左使車屬下的冶鑄工。

工老 見王廿三年戈（故宮博物院院刊2004年4期70頁圖2、3），戰國晚期人，名老，秦昭襄王二十三年（前284年）前後，是相邦魏冉家冶鑄作坊的工匠。

工地 見三年相邦呂不韋矛（2件，秦銘文圖版66、考古1996年3期86頁圖1）、四年相邦呂不韋矛（文物1987年8期64頁圖6.1），戰國晚期人，名地，秦王政四年（前243年）前後，在官營冶鑄作坊當冶鑄工。

工成 見五年相邦呂不韋戟（考古與文物1983年4期），戰國末期到秦代人，名成（或釋為戌），秦王政五年（前242年）前後，在官營兵器作坊當工匠。

工邪　見十七年丞相啟狀戈（集成11379），戰國晚期人，名邪，秦王政十七年（前230年）前後，在鄋陽縣冶鑄工場當工匠。

工自香　見十二年扁壺（集成09685），即工師賃。

工安　見卅四年工師文罍（秦文字圖版28），戰國晚期秦國人，名安，昭襄王三十四年（前273年）前後，在官營冶鑄作坊當冶鑄工。

工更長猗　即工更張猗，見十二年上郡守壽戈（2件，集成11363，集成11404）、十三年上郡守壽戈（秦文字圖版21）、上郡守戈（秦文字圖版36），也就是工隸臣猗（見十五年上郡守壽戈），戰國晚期秦國人，名猗，張氏，昭襄王十五年（前292年）以前曾以平民身份服第一期徭役（稱更、更卒），分配到上郡漆垣縣當冶鑄工，十五年又淪為隸臣（刑徒），仍在上郡漆垣縣工室當冶鑄工。

工伬　見高陵君鼎（秦文字圖版22），戰國晚期秦國人，名伬，秦昭襄王時（前306—251年）在高陵君家當冶鑄工。

工佐競之　見鄅客問量（集成10373）、大市量（古文字研究22輯129頁），戰國中期人，名競之，擔任楚國工佐之職。

工角　見十一年右使車壺（集成09684），戰國中期人，名角，中山國右使車屬下的冶鑄工。

工武　見丞相觸戈（集成11294），戰國晚期秦國人，名武，昭襄王時（前306—前251年）在咸陽官營冶鑄作坊當工匠。

工固　見十六年寧壽令戈（文物季刊1992年4期70頁圖2），戰國晚期人，名固，趙國寧壽縣上庫冶鑄作坊的工匠。

工孟鮮　見十三年鑲金銀泡（集成11863），戰國中期人，名孟鮮，中山國私庫冶鑄作坊的冶鑄工。

工城　見工城戈（集成11211），戰國早期人，名城，某國冶鑄作坊的工師。

工城旦貴　見卅七年上郡守慶戈（陝西歷史博物館徵集文物精粹），戰國晚期人，名貴，身份為城旦，秦昭襄王卅七（前270年）前後，在上郡漆垣冶鑄作坊當工匠。

工禺　見十四年相邦冉戈（秦文字圖版38），戰國晚期人，名禺，秦昭襄王十四年（前293年）前後，在櫟陽冶鑄作坊當工匠。

工牲　見六年漢中守戈（集成11367），戰國晚期人，名牲，秦昭襄王六年（前301年）前後，在漢中郡冶鑄作坊當工匠。

工皇酉　見十一年柏令戈（九店228頁圖150.2），春秋晚期人，名皇酉，晉國柏縣冶鑄作坊的工匠。

工疠　見十三年右使車勺（2件，集成09933—09934）、左使車箕（集成10396、10397）、十四年雙翼神獸（2件，集成10445—10446）、十四年龍鳳方案（集成10477），戰國中期人，名疠，中山國右使車屬下的冶鑄工。

工敃 見雖工敃壺（集成09605），戰國晚期人，名敃，秦國雍縣的冶鑄工。

工𤕭 見高奴禾石銅權（集成10384），戰國晚期人，秦昭襄王三年（前304年）前後，擔任上郡漆垣工室的工師。

工鬼薪帶 見七年上郡守閒戈（文物1987年8期61頁圖1—4，秦銘文圖版33），戰國晚期人，名帶，身份為刑徒（鬼薪），秦昭襄王七年（前300年）前後，在上郡漆垣冶鑄作坊當工匠。

工鬼薪訕 見廿五年上郡守厝戈（集成11406），戰國晚期人，名訕，身份為刑徒（鬼薪），秦昭襄王二十五年（前282年）前後，在上郡冶鑄作坊當工匠。

工師乙□ 見裹庫戈（集成11300），戰國時期人，名乙□，曾任某國裹庫冶鑄作坊的工師。

工師下足 見十二年邦司寇趙新劍（集成11676），戰國晚期人，名下足，趙國邦右庫冶鑄作坊的工師。

工師王豈 見三年鈉陶令富反戈（集成11354），戰國時期人，名豈，王氏，趙國鈉陶縣冶鑄作坊的工師。

工師王馬重 見十七年平陰鼎蓋（集成02577），戰國時期人，名馬重，王氏，魏國冶鑄作坊的工師。

工師公孫涅 見六年代相吏微劍（文博1987年2期53頁圖1），戰國晚期人，名涅，

公孫氏。代王嘉六年（前222年）前後，擔任代（趙）國左庫的工師。

工師文 見卅四年工師文𥃝（秦文字圖版28），戰國晚期秦國人，名文，昭襄王三十四年（前273年）前後，在官營冶鑄作坊擔任工師。

工師文 或釋"工守文"，見九年相邦呂不韋戈（考古1991年1期17頁圖3、4），戰國晚期人，名文，秦王政九年（前238年）前後，在蜀郡東工室的冶鑄作坊擔任工師。

工師爿疸 見四年建信君鈹（集成11695），戰國晚期人，名爿疸，與建信君同時，趙國邦右庫冶鑄作坊的工師。

工師丑 見卅三年大梁戈（集成11330），戰國晚期人，名丑，魏惠王三十三年（前338年）前後，擔任大梁左庫冶鑄作坊的工師。

工師申𫝀 即工師申沱，見六年司空馬鈹（保金274），戰國晚期人，名沱，申氏，趙王遷六年（前230年）前後，擔任邦左庫冶鑄作坊的工師。

工師甘丹截 即工師邯鄲截，見六年襄城令韓沽戈（第三屆國際中國古文字學研討會論文集422頁），戰國時期人，名截，邯鄲人氏，韓桓惠王六年（前267年）前後，擔任柏縣冶鑄作坊的工師。

工師甘丹餅 即工師邯鄲餅，見廿三年襄田令桊名矛（集成11565），戰國時期人，

名鈺，邯鄲人氏，曾擔任趙國襄田縣右庫冶鑄作坊的工師。

工師艾固　見六年安陽令韓壬戟刺（原稱安陽令韓壬劍，集成11562），戰國晚期人，名艻固，曾擔任趙國安陽縣右庫冶鑄作坊的工師。

工師田　見十三年相邦義戈（集成11394），戰國中期人，名田，秦惠文王十三年（前312年）前後 擔任咸陽冶鑄作坊的工師。

工師北宮壘　見十三年□陽令鄑戲戈（集成11347），戰國早期人，名壘，北宮氏，擔任□陽縣冶鑄作坊的工師。

工師司馬邵　見南行易令瞿卯劍（2件，集成11673—11674）、十八年相邦建信君鈹（集成11717）、燕王喜劍（集成11705），戰國時期人，名邵，司馬氏，曾先後擔任趙國邦右庫和南行唐縣左庫冶鑄作坊的工師。

工師司馬裕　見十六年喜令韓鉊戈（集成11351），戰國晚期人，名裕，司馬氏，韓國喜縣左庫冶鑄作坊的工師。

工師司馬鴟　見六年鄭令韓熙戈（集成11336），戰國早期人，名鴟，司馬氏，韓國鄭縣冶鑄作坊的工師。

工師司馬瘽　見十二年邦司寇野弟矛（集成11549），戰國中期人，名瘽，司馬氏，魏國上庫冶鑄作坊的工師。

工師皮耴　見元年鄭令椢湉矛（集成11552）、二年鄭令椢湉戟刺（原稱二年鄭令椢湉矛，集成11563）、卅一年鄭令椢湉戈（集成11398）、卅二年鄭令椢湉矛（集成11555）、卅三年鄭令椢湉劍（集成11693）、卅四年鄭令椢湉矛（集成11560），戰國晚期人，名皮耴、韓桓惠王三十一年到韓王安二年（前246—前237年）期間，擔任生（往）庫冶鑄作坊的工師。

工師吉忢　見廿一年鄭令戈（集成11373），戰國晚期人，名忢，吉氏，韓國鄭縣冶鑄作坊的工師。

工師百慶　見六年鄭令先豐戈（集成11397），戰國晚期人，名百慶，韓國鄭縣左庫冶鑄作坊的工師。

工師吏　見邙皮戈（文物季刊1992年3期68頁圖2），戰國晚期人，名吏，趙國右庫冶鑄作坊的工師。

工師臣　見卅三年鄴令裛戈（原稱三十三年叢令戈、甘衣戈，集成11312），戰國中期人，名臣，魏惠王三十三年（前338年）前後，擔任鄴縣左庫冶鑄作坊的工師。

工師刑秦　見四年雍令韓匡戟刺（原稱四年雍令韓匡矛，集成11564），戰國晚期人，名刑秦 魏國雍縣左庫冶鑄作坊的工師。

工師亘厷　即工師亘公，見六年格氏令戈（集成11327），戰國晚期人，名亘公，格氏縣冶鑄作坊的工師。

工師戎閈　見七年邦司寇富勲矛（集成11545），戰國晚期人，名戎閈，魏國上庫冶鑄作坊的工師。

工師羊敓　見十五年相邦春平侯劍（集成11709），戰國晚期人，名敓，羊氏，趙國邦右庫冶鑄作坊的工師。

工師吳疪　即工師吳瘩，見十八年相邦平國君鈹（考古1991年1期，中國文字新11期39—41頁）、趙武襄君鈹（集成11635）、相邦建信君鈹（濟南市博物館藏商周青銅器選粹324頁圖6、圖版15.7），戰國晚期人，名瘩，吳氏，趙國邦右庫冶鑄作坊的工師。

工師車啞　見十七年鄭令戈（集成11371），戰國晚期人，名車啞，韓桓惠王十七年（前256年）前後，擔任鄭縣武庫冶鑄作坊的工師。

工師厺生　即工師廉生，見元年王襄劍（集成11660），戰國晚期人，名廉生，趙國生（往）□縣右庫冶鑄作坊的工師。

工師采隔　見十五年守相廉頗鈹（集成11702），戰國晚期人，名采隔，趙國邦右庫冶鑄作坊的工師。

工師肖瘩　即工師趙瘩，見元年相邦春平侯矛（集成11556）、二年相邦春平侯鈹（集成11682），三年相邦春平侯鈹（集成11683）、相邦春平侯鈹（集成11688），戰國晚期人，名瘩，趙氏，，趙悼襄王元年到三年（前244—前242年）期間，擔任左庫冶鑄作坊的工師。

工師粤郱　即工師粤郲，見三年武信令馬師閼鈹（集成11675），戰國晚期人，名粤郲，趙國武信縣右庫冶鑄作坊的工師。

工師邔㪿　見三年鄭令槏浧矛（集成11559），戰國晚期人，名邔㪿，韓王安三年（前236年）前後，擔任鄭縣左庫冶鑄作坊的工師。

工師皂高　見五年鄭令韓爻戈（集成11385）、八年鄭令先酆戈（集成11386），戰國晚期人，名皂高，韓桓惠王時期（前272—前239年）曾擔任鄭縣右庫冶鑄作坊的工師。

工師旬　見二十年相邦冉戈（集成11359），戰國晚期秦國人，名旬，秦昭襄王二十年（前287年）前後，擔任官營冶鑄作坊的工師。

工師迆　見工師迆戈（集成10965），春秋晚期人，名迆，某國冶鑄作坊的工師。

工師罕瘠　即工師罕瘳，見三年倛余令韓譙戈（3件，集成11317—11319），戰國晚期人，名罕瘳，韓國倛余（負黍）縣冶鑄作坊的工師。

工師宋戻　見十七年邢令吳爺戈（集成11366），戰國晚期人，名戻，宋氏，趙孝成王十七年（前249年）前後，擔任邢縣冶鑄作坊的工師。

工師宋費　見八年新城大令韓定戈（集成11345），戰國晚期人，名費，宋氏，曾任趙國新城冶鑄作坊的工師。

工師初　見工師初壺（集成09673），戰國晚期人，名初，秦莊襄王時（前249—前247年）曾擔任官營作坊冶鑄青銅器的工師。

工師即　見十八年蒲阪令戈（考古1989年1期85頁圖2、3），戰國晚期人，名即，秦國蒲阪縣冶鑄作坊的工師。

工師豕　見十四年相邦冉戈（秦文字圖版38，總集7529），戰國晚期人，名豕，秦昭襄王十四年（前293年）前後，在櫟陽冶鑄作坊擔任工師。

工師長五鹿　即工師張五鹿，見四年代相樂窴劍（考古與文物1989年3期20頁，山西珍166），戰國晚期人，名五鹿，張氏，趙國代郡右庫冶鑄作坊的工師。

工師長史竆　即工師張史竆，見五年龏令思戈（2件，集成11348—11349），戰國時期人，名史竆，張氏，魏國龏縣冶鑄作坊的工師。

工師長身　即工師張身，見四年相邦春平侯鈹（集成11707）、四年相邦春平侯劍（考古與文物1989年3期20頁，山西珍165），戰國時期人，名身，張氏，趙悼襄王四年（前241年）前后，擔任邦左庫冶鑄作坊的工師。

工師長武　即工師張武，見八年茲氏令吳庶戈（集成11323），戰國時期人，名武，張氏，趙國茲氏縣冶鑄作坊的工師。

工師長埔　即工師張埔見宜陽戈（文物2000年10期76頁圖3、4），戰國晚期人，名竦，張氏，宜陽庫冶鑄作坊的工師。

工師長義　即工師張義，見十九年邦司寇陳授鈹（東南文化1991年2期261頁圖8），戰國晚期人，名義，張氏，趙國庫冶鑄作坊的工師。

工師長瞿　即工師張鳳，見五年相邦春平侯矛（集成11557）、十五年相邦春平侯劍（集成11691）、十七年相邦春平侯矛（集成11558）、十七年相邦春平侯劍（2件，集成11714、集成11716）、十七年相邦春平侯鈹（3件，集成11689—11690、集成11713），戰國晚期人，名鳳，張氏，趙孝成王十五年到十七年（前251—前249年）前後，曾擔任邦左庫冶鑄作坊的工師。

工師郱叚　見八年相邦建信君鈹（5件，集成11677—11681）、八年相邦建信君劍（集成11706），戰國晚期人，名叚，郱氏，曾先後擔任趙國邦右庫和邦左庫冶鑄作坊的工師。

工師析論　見十八年相邦春平侯劍（集成11710），戰國晚期人，名析論，趙孝成王十八年（前248年）前後，擔任邦左庫冶鑄作坊的工師。

工師事裘　見王三年鄭令韓熙戈（集成11357），戰國晚期人，名事裘，韓國鄭縣右庫冶鑄作坊的工師。

工師臤石　見十一年藺令趙狽矛（集成11561），戰國晚期人，名臤石，趙國藺縣下庫冶鑄作坊的工師。

工師明　見工師明戈（集成11269），戰國早期人，名明，魏國冶鑄作坊的工師。

工師叔梁掃　見八年盲令戈（集成11344），戰國晚期人，名掃，叔梁氏，盲（芒）

縣冶鑄作坊的工師。

工師卓僕　見十六年寧壽令戟（文物季刊1992年4期70頁圖2），戰國晚期人，名僕，卓氏，趙國寧壽縣上庫冶鑄作坊的工師。

工師夜疕　見七年宅陽令隔錜矛（集成11546），戰國時期人，名夜疕，韓國宅陽縣右庫冶鑄作坊的工師。

工師孟　見司馬成公權（又稱司馬禾石權，集成10385），戰國時期人，名孟，三晉某國下庫冶鑄作坊的工師。

工師厹向　見六年令司寇書戈（集成11337），戰國早期人，名厹向，韓國右庫冶鑄作坊的工師。

工師郒□　見四年邘令輅庶戈（集成11335），戰國晚期人，韓國上庫冶鑄作坊的工師。

工師易熪　即工師陽佪，見五年鄭令韓半矛（集成11553），戰國晚期人，名陽佪，韓國鄭縣左庫冶鑄作坊的工師。

工師皇佳　見十六年鄭令趙距戈（集成11389），戰國晚期人，名皇佳，韓桓惠文十六年（前257年）前後，擔任上庫冶鑄作坊的工師。

工師重棠　即工師董棠，見十年洱令張疋戟（文物1990年7期40頁圖4），戰國時期人，名棠，董氏，韓國洱縣左庫冶鑄作坊的工師。

工師宦　見廿六年蜀守武戈（集成11368），

戰國晚期人，名宦，秦始皇二十六年（前221年）前後，擔任蜀郡東工室冶鑄作坊的工師。

工師夏　見廿四年郫陰令萬為戈（集成11356），戰國晚期人，名夏，韓桓惠王二十四年（前249年）前後，擔任右庫冶鑄作坊的工師。

工師華　見廿九年高都令陳鶡劍（2件，集成11652—11653）、廿九年高都令陳鶡戈（2件，集成11302—11303），戰國晚期人，名華，魏國邦左庫冶鑄作坊的工師。

工師乘　或釋為“工師爽”，見十二年上郡守壽戈（2件，集成11404，集成11363）、十三年上郡守壽戈（秦文字圖版21）、十五年上郡守壽戈（集成11405）、上郡守戈（秦文字圖版36），戰國晚期人，名乘，秦昭襄王時（前306—前251年）曾任上郡漆垣冶鑄作坊的工師，負責冶鑄兵器。

工師倉慶　見七年鄭令先豐矛（集成11554），戰國晚期人，名慶，倉氏，韓國鄭縣左庫冶鑄作坊的工師。

工師舎喜　見臬落戈（考古1991年5期414頁圖2），戰國晚期人，名喜，舎氏，秦國臬落縣冶鑄作坊的工師。

工師高雁　見旨令司馬伐戈（集成11343），戰國晚期人，名雁，高氏，旨（芒）縣右庫冶鑄作坊的工師。

工師陳坪　見十五年鄭令趙距戈（集成11388），戰國晚期人，名坪，陳氏，韓桓惠文十五年（前258年）前後，擔任鄭縣右庫冶鑄作坊的工師。

工師孫屯　見三年隰令楯唐鈹（集成11661），戰國晚期人，名屯，孫氏，趙國隰縣下庫冶鑄作坊的工師。

工師孫屏　見七年邢疫令邦乙劍（集成11672），戰國晚期人，名屏，孫氏，趙國邢疫縣下庫冶鑄作坊的工師。

工師孫烾　即工師孫烛，見七年邢肖下庫劍（集成11657），戰國晚期人，名烛，孫氏，趙國下庫冶鑄作坊的工師。

工師絑　見廿七年泌陽戈（文物1993年8期70頁圖7），戰國中期人，名絑，韓國泌陽冶鑄作坊的工師。

工師釪　見廿一年啟封令癰戈（集成11306），戰國時期人，名釪，魏國啟封縣冶鑄作坊的工師。

工師佴　銘文作攻帀佴，見國差鐕（集成10361），春秋中期人，名佴，齊頃公、靈公時（前598—前554年）曾任齊國冶鑄作坊的工師。

工師殹愇　見四年宜陽令韓諽戈（集成11316），戰國晚期人，名殹愇，韓國宜陽冶鑄作坊的工師。"殹愇"即"播愇"。

工師得　見十一年柏令戈（九店228頁圖150.2），春秋晚期人，名得，晉國柏縣冶鑄作坊的工師。

工師复尚　即工師得尚，見五年邦司寇馬憨劍（集成11686），戰國晚期人，名得尚，趙國下庫冶鑄作坊的工師。

工師從訬　見十七年相邦春平侯鈹（集成11715），戰國晚期人，名從訬，趙悼襄王十七年（前249年）前後，擔任邦左庫冶鑄作坊的工師。

工師鄰丘　即工師梁丘，見廿七年安陽令戈（考古1988年7期617頁圖3），戰國晚期人，名梁丘，韓桓惠王二十七年（前246年）前後，擔任右庫冶鑄作坊的工師。

工師訬玊　見十七年相邦春平侯鈹（集成11708），戰國晚期人，名訬玊，趙孝成王十七年（前249年）前後，擔任邦右庫冶鑄作坊的工師。

工師張阪　見二十年鄭令韓恙戈（集成11372），戰國晚期人，名阪，張氏，韓桓惠王二十年（前253年）前後，擔任鄭縣右庫冶鑄作坊的工師。

工師牽　即工師犢，見二年戈（集成11298），戰國晚期人，名犢，某國冶鑄作坊的工師。

工師葉　見卅一相邦冉戈（集成11342）、丞相觸戈（集成11294），戰國晚期人，名葉，秦昭襄王時（前306—前251年）曾先後擔任咸陽、雍城冶鑄作坊的工師。

工師晢　見卅四年頓丘令變戈（集成11321），戰國中期人，名晢，魏惠王時（前370—前319年）曾任頓丘左庫冶鑄作坊的工師，負責百工和官營手工業。

工師戕　即工師毀，見朝歌右庫戈（集成11182），戰國晚期人，名毀，魏國朝歌右庫冶鑄作坊的工師。

工師象　見廿九年太后漆奩（又稱廿九年太后漆樽，文物1979年12期，秦文字圖版27），戰國晚期秦國人，名象，昭襄王二十九年（前278年）前後，在太后宮中冶鑄作坊擔任右工師。

工師瘟皺　即工師瘟黝，見二年皇陽令戈（2件，集成11314—11315），戰國晚期人，名瘟黝，皇陽縣冶鑄作坊的工師。

工師游　見高陵君鼎（秦文字圖版22），戰國晚期秦國人，名游，秦襄王十六年（前291年）前後，在高陵君家的冶鑄作坊擔任工師。

工師鄗哲　見廿九年相邦趙狐戈（集成11391），戰國晚期人，名哲，鄗氏，趙惠文王二十九年（前270年）前後，擔任邦左庫冶鑄作坊的工師。

工師罳輅徒　見四年春平相邦鄗得劍（集成11694），戰國晚期人，名輅徒，罳（瞀）氏，趙國邦右庫冶鑄作坊的工師。

工師翏綤　即工師翏紹，見十二年趙令戈（集成11355），戰國早期人，名翏紹，趙國邯鄲冶鑄作坊的工師。

工師塚旅　見三年相邦建信君鈹（集成11687），戰國晚期人，名塚旅，趙國邦左庫冶鑄作坊的工師。

工師賦貣　見六年安平守變疾鈹（集成11671），戰國時期人，名賦貣，趙國安平左庫冶鑄作坊的工師。

工師賃　見十二年扁壺（集成09685），戰國中期人，名賃，中山國左使車屬下的冶鑄工場的工師。

工師瘖　見三年上郡守冰戈（集成11369），戰國晚期人，名瘖，秦莊襄王三年（前247年）前後，擔任上郡漆垣冶鑄作坊的工師。

工師齊　見六年漢中守戈（集成11367），戰國晚期人，名齊，秦昭襄王時（前306—前251年）曾擔任漢中郡冶鑄作坊的左工師。

工師翟伐　見四年昌國鼎（集成02482），戰國晚期人，名翟伐，趙國昌國君冶鑄作坊的工師。

工師鄭恙　見三年逜令欒痏戈（集成11338），戰國時期人，名恙，鄭氏，逜縣冶鑄作坊的工師。

工師榮㕓　見七年侖氏令韓化戈（集成11322），戰國時期人，名榮㕓，韓國侖氏縣冶鑄作坊的工師。

工師豬　或釋為“工師迋”，見廿七年上郡守戈（集成11374），戰國晚期人，名豬，秦昭襄王時（前306—前251年）曾任上郡漆垣冶鑄作坊的工師。

工師奭信　見王三年馬雍令戈（集成11375），戰國時期人，名奭信，馬雍縣武庫冶鑄作坊的工師。

工師趙　見卅年上郡守起戈（2件，集成11370，秦銘文圖版50），戰國晚期人，名趙，秦昭襄王四十年（前267年）前後，在上郡冶鑄作坊當工師。

工師罍　見三年蒲子戈（集成11293），戰國時期人，名罍，魏國蒲子縣冶鑄作坊的工師。

工師睭疾　見四年咎奴蒈令戈（集成11341），戰國晚期人，名睭疾，魏國咎（高）奴縣冶鑄作坊的工師。

工師齒　見廿年郘令戈（集成11299），戰國時期人，名齒，魏國郘縣冶鑄作坊的工師。

工師穌　即工師蘇，見十年郘令羡戈（集成11291），戰國晚期人，名蘇，魏國郘縣冶鑄作坊的工師。

工師窰　見廿五年上郡守厝戈（集成11406），戰國晚期人，名窰，秦昭襄王二十五年（前282年）前後，擔任上郡高奴冶鑄作坊的工師。

工師瘨　見卅六年私官鼎（集成02658），戰國晚期人，名瘨，秦昭襄王三十六年（前271年）前後，擔任官營冶鑄作坊的工師。

工師樂星　見伭令趙世鈹（集成11669），戰國晚期人，名星，樂氏，趙孝成王時（前265—前245年）曾在伭縣上庫冶鑄作坊當工師。

工師樂參　見二年邢令孟慶戈（文物1988年3期51頁圖4、3.2），戰國晚期人，名參，樂氏，趙孝成王二年（前264年）前後，在邢縣某庫冶鑄作坊當工師。

工師器較　即工師器較，見十七年嵒令鋋鐇戈（集成11382），戰國晚期人，名器較，韓國嵒縣左庫冶鑄作坊的工師。

工師錯　見芒陽守令虔戈（東南文化1991年2期259頁圖6），戰國晚期人，名錯，芒陽冶鑄作坊的工師。

工師韓山　見□年邦府戈（集成11390），戰國晚期人，名山，韓氏，趙國邦上庫冶鑄作坊的工師。

工師韓伕　見十六年守相信平君鈹（遺珠178）、守相信平君鈹（集成11711），戰國晚期人，名伕，韓氏。趙孝成王十六年（前250年）前後，擔任趙國邦右庫冶鑄作坊的工師。

工師韓亥　見十五年守相廉頗鈹（2件，集成11700—11701），戰國晚期人，名亥，韓氏。趙國邦右庫冶鑄作坊的工師。

工師韓段　見十年杢相如鈹（又稱十年杢相如劍，集成11685），戰國晚期人，名段，韓氏。趙孝成王十年（前256年）前後，擔任冶鑄作坊左得工工師。

工師嬰　見七年上郡守閒戈（文物1987年8期61頁圖1—4，秦銘文圖版33），戰國晚期人，名嬰，秦昭襄王七年（前300年）前後，擔任上郡漆垣冶鑄作坊的工師。

工師積　見王六年上郡守疾戈（集成11297），戰國晚期人，名積，秦昭襄王六年（前301年）前後，擔任上郡冶鑄作坊的工師。

工師敹　見廿五年陽春嗇夫維戈（集成11324），戰國晚期人，名敹，魏安釐王二十五年（前272年）前後，擔任陽春縣冶鑄作坊的工師。

工師鄗宝　即工師焦宝，見二年邦司寇趙或鈹（保金274），戰國晚期人，名焦宝，趙王遷二年（前234年）前後，擔任趙國工庫冶鑄作坊的工師。

工師鵑　見九年戈丘令癰戈（集成11313），戰國早期人，名鵑，曾擔任魏國甾丘縣冶鑄作坊的工師。

工師黯　見廿三年晉上庫戈（東南文化1991年2期260頁圖7），戰國晚期人，名黯，晉上庫庫冶鑄作坊的工師。

工師駱鳶　見王二年鄭令戈（集成11328），戰國晚期人，名駱鳶，韓國鄭縣右庫冶鑄作坊的工師。

工師縵　見大梁司寇綏戈（東南文化1991年2期259頁圖5），戰國晚期人，名縵，魏國大梁冶鑄作坊的工師。

工師鼀　見廿四年上郡守疾戈（考古學報2002年1期112頁圖19），戰國晚期人，名鼀，秦國上郡高奴工室的工師。

工師鑄章　銘文作盥章，見九年鄭令向佃矛（集成11551）、十四年鄭令趙距戈（集成11387），戰國晚期人，名章，鑄氏，韓桓惠王時期（前272—前239年）曾擔任鄭縣武庫冶鑄作坊的工師。

工師𠀉　見廿三年下丘嗇夫戈（集成11301），戰國時期人，名𠀉，下丘縣冶鑄作坊的工師。

工師忐　見四年鄭令韓半戈（集成11384），戰國晚期人，名忐，韓王安四年（前235年）前後，擔任鄭縣武庫冶鑄作坊的工師。

工師鄔許　銘文作攻師鄔許，見二年主父戈（集成11364），戰國晚期人，名鄔許，趙孝成王二十七年（前245年）前後，擔任趙王主父宮內冶鑄作坊的工師。

工戔　見廿四年錐形器（集成10453），戰國時期人，名戔，某國冶鑄作坊的工匠。

工烏　見十二年右使車盉（集成09450），戰國中期人，名烏，中山國右使車屬下的冶鑄作坊的冶鑄工。

工悍　見八年丞甬戈（秦文字圖版34），戰國晚期人，名悍，秦王政八年（前239年）前後，在秦國工室當冶鑄工。

工涅　見八年五大夫青弩機（集成11931），戰國晚期人，名涅，曾在某國冶鑄作坊當工匠。

工疾　見二年上郡守廟戈（集成11362），又稱漆工疾，漆垣工師疾的簡稱，名疾，秦莊襄王二年（前248年）前後，擔任上郡漆垣冶鑄作坊的工師。

工書　銘文作攻書，見廿年距末（集成11916），戰國時期人，燕國冶鑄作坊的工匠。

工陸匜　見十三年鑲金銀泡（集成11865），戰國中期人，名陸匜，中山國私庫冶鑄作坊的冶鑄工。

工眾　見燕王喜戈（2件，集成11243—11244），戰國晚期人，名眾，燕國冶鑄作坊的工匠。

工寅　見五年相邦呂不韋戈（2件，集成11380、集成11396），戰國晚期人，名寅，秦王政五年（前242年）前後，在秦國官營冶鑄作坊當工匠。

工牟　即工觸，見十一年右使車盉（集成09448），戰國中期人，名觸，中山國左使車屬下的冶鑄工。

工極　見九年相邦呂不韋戟（文物1992年11期93頁圖4、5），戰國晚期人，名極，秦王政九年（前238年）前後，在蜀郡東工室當工匠。

工黑　見十五年寺工鈹（秦銘文圖版75）、十六年寺工鈹（秦銘文圖版78），戰國晚期人，名黑，秦王政十五年（前232年）前後，在秦國官營冶鑄作坊當工匠。

工䚦　見王五年上郡守疾戈（集成11296），戰國晚期人，名䚦（瓵），秦國上郡高奴縣冶鑄作坊的工匠。

工感　見邵宮盉（三代14.11.3），戰國晚期人，名感，某國邵宮冶鑄作坊的工匠。

工逌　見十四年車軎（2件，集成12042—12043）、十四年衡飾（2件，集成12044—12045）、十四年蓋杠接管（8件，集成12046—12053），戰國中期人，名逌，中山國私庫冶鑄作坊的工匠。

工福　見八年鳥柱盆（集成10328），戰國中期人，名福，中山國冶鑄作坊的冶鑄工。

工嘉　見寺工譬戈（集成11197），戰國晚期人，名嘉，秦王政時（前246—前221年）曾在秦國官營冶鑄作坊當工匠。

工蔡　見左使車工蔡鼎（2件，集成02093—02094）、左使車簠（集成04477）、左使車勺（2件，集成09924—09925）、左使車筒形器（集成10349）、十四年雙翼神獸（集成10444）、左使車山形器（集成10450），戰國中期人，名蔡，中山國左使車屬下的冶鑄工。

工賨　見十年銅盒（集成10358）、八年冶勺匜（集成10257），戰國中期人，名賨，中山國左使車屬下的冶鑄工。

工㵣　見左使車工㵣鼎（集成02091）、左使車壺（集成09562）、左使車工㵣豆（集成04665）、左使車勺（集成09926）、十四年雙翼神獸（集成10447）、左使車山形器（集成10451），戰國中期人，名㵣，中山國左使車屬下的冶鑄工。

工簡　見工簡鼎（集成02707），戰國中期人，名簡，中山國右使車屬下的冶鑄工。

工敳　見廿年寺工矛（集成11548），戰國晚期人，名敳，秦王政廿年（前227年）前後，在秦國冶鑄作坊當工匠。

工疑　見卅六年私官鼎（集成02658），戰國晚期人，秦昭襄王卅六年（前271年）前後，在秦國冶鑄作坊當工匠。

工歐　見廿二年臨汾守暉戈（集成11331），戰國晚期人，名歐，秦王政廿二年（前225年）前後，在臨汾郡冶鑄作坊當工匠。

工夷　見八年相邦呂不韋戈（集成11395），戰國晚期人，名夷，秦王政五年（前242年）前後，在官營冶鑄作坊當工匠。

工豎　銘文作攻豎，見燕王詈戈（集成11350），戰國晚期人，名豎，燕國冶鑄作坊的工匠。

工賙　見十年右使車壺（集成09674），戰國中期人，名賙，在中山國右使車屬下的冶鑄作坊當工匠。

工寫　見三年相邦呂不韋戟（秦銘文圖版61）、十五年寺工鈹（2件，秦銘文圖版76—77）、十七年寺工鈹（6件，秦銘文圖版79—80、秦銘文圖版82—84、秦銘文圖版91）、十八年寺工鈹（秦銘文圖版85），戰國晚期到秦代人，名寫，秦王政時（前246—前221年）曾在秦國冶鑄兵器作坊當工匠。

工頤吳　即工夏吳，見十三年鑲金銀泡（集成11864），戰國中期人，名夏吳，中山國私庫冶鑄作坊的冶鑄工。

工隸臣于　見卅八年上郡守慶戈（文物1998年10期79頁圖4），戰國晚期人，名于，身份為隸臣（刑徒），秦昭襄王卅八（前269年）前後　在秦國漆垣工室當冶鑄工。

工隸臣牟　見高奴禾石權（集成10384），戰國晚期人，名牟，身份為隸臣（刑徒），秦昭襄王三年（前304年）前後，在上郡漆垣工室當冶鑄工。

工隸臣庚　見卅年上郡守起戈（2件，集成11370，秦銘文圖版50），戰國晚期人，名庚，身份為隸臣（刑徒），秦昭襄王時（前306—前251年）曾在上郡冶鑄作坊當工匠。

工隸臣逑　見二年上郡守冰戈（集成11399），戰國晚期人，名逑，身份為隸臣（刑徒），秦莊襄王二年（前248年）前後，在上郡冶鑄作坊當工匠。

工隸臣宛　見卅年上郡守起戈（考古1992年8期757圖2），戰國晚期人，名宛，身份為隸臣，秦昭襄王四十年（前267年）前後，在上郡冶鑄作坊當工匠。

工隸臣渠　見廿四年上郡守疾戈（考古學報2002年1期112頁圖19），戰國晚期人，名渠，身份為隸臣（刑徒），秦昭襄王廿五年（前282年）前後，在上郡高奴冶鑄作坊當冶鑄工。

工隸臣猗　見十五年上郡守壽戈（集成11405），亦稱工更長猗（十二年上郡守壽戈，十三年上郡守壽戈，上郡守戈），名猗，張氏，秦昭襄王十二年（前295年）身份還是更，十五年又淪為隸臣（刑徒），仍在上郡漆垣縣工室當冶鑄工。

工隸臣積　見廿七年上守趞戈（集成11374），即工積。

工虞　見十二年銅盒（集成10359），戰國中期人，名虞，中山國左使車屬下的冶鑄工。

工簷　見十三年少府矛（集成11550），戰國晚期人，名簷，曾在秦國少府負責冶鑄兵器諸事。

工䱷　見工䱷矛（東南文化1988年3、4期35頁圖17.8），春秋晚期人。即句余，吴王余祭的名號。吴王壽夢的次子，諸樊之弟。公元前546年即位，在位十七年。

工䱷大叡　即攻吴大叡，見工䱷大叡矛（保利藏金253），春秋晚期人，名大叡，吴國國君。馮時先生認為即餘祭。大叡乃餘祭之字（見《工䱷大叡鍦銘文考釋》《古文字研究》22輯112頁）。餘祭一作戴吴、余祭，吴王壽夢的次子，諸樊之弟，公元前546年即位，在位十七年。

工䱷大叔痀禹　見工䱷大叔盤（東南文化1991年1期207頁圖4），即攻吴太叔句余。

工䱷王　即句吴王，見工䱷王之孫鎣（考古2003年9期19頁圖1.2），春秋中期吴國某代國君，名不詳。

工䱷季生　見即攻吴季生，工䱷季生匜（集成10212），春秋晚期人，名季生，吴國公族。

工積　見十三年相邦義戈（集成11394），戰國中期人，即工隸臣積，名積，秦惠文王六年（前301年）前後，以平民身份在咸陽冶鑄作坊當工匠。

工蒖　見妾盗壺（集成09734）、左使車工蒖鼎（3件，集成02088—02090）、左使車簠（集成04478）、左使車匕（2件，集成00971、中山文129頁）、十三年左使車壺（集成09686）、左使車帳桿接扣（20件，集成12054—12063，中山王418頁圖175.1、2，中山王418頁圖175.5、6，中山王418頁圖175.9、10，中山王419頁圖176.5、6，中山王419頁圖176.9、10，中山王421頁圖178.1、2，中山王421頁圖178.5、6，中山王421頁圖178.9、10，中山王423頁圖179.1、2，中山王423頁圖179.5、6），戰國中期人，名蒖，中山國左使車屬下的冶鑄工。

工獻王皮難　即工敔王皮然，見者減鐘（10件，集成00193—00202），春秋中期吴國國王，名皮然，者減的父親。

工競　見七年相邦呂不韋戟（秦銘文圖版70），戰國晚期人，名競，秦王政七年（前240年）前後，在官營冶鑄兵器作坊當工匠。

工㝬　見十年右使車盤（集成10333），戰國晚期人，名㝬，中山國車嗇夫屬下的冶鑄工。

下足　見十二年邦司寇趙新劍（集成11676），戰國晚期人，名下足，趙國邦右庫冶鑄作坊的工師。

丌北古　見越王丌北古劍（2件，集成11703、文物2000年8期87頁），即越王丌北古，戰國早期人，名丌北古。曹錦炎先生認為可能是越王無彊（見《新出鳥蟲書越王兵器考》《古文字研究》24輯）。公元前342年即越王位，前333年楚威王敗越，殺越王無彊。

大　見作冊大方鼎（4件，集成02758—02761），即作冊大，西周康王時期人，擔任周王朝作冊之職，族徽為“𦥑（雋冊）”。鼎銘載某年三月己丑，太保賞給作冊大白馬一匹。由令簋、令方彝得知矢令的族徽和大相同，亦任作冊之職。周代世官，所以矢令與大應為父子關係。從銘文字體看，令器稍晚於大器，故大是矢令的父輩。

大　見大鬲（集成00540），西周早期人。

大　見大鼎（3件，集成02806—02808）、六月大簋（集成04165）、十二年大簋（2件，集成04298—04299）、十五年大簋蓋（集成04125）、大壺（集成09612），西周晚期人。六月大簋載某年六月初吉丁巳，王在鄭地，嘉獎大，賞賜給大用芻草養大的紅色公牛；十二年大簋記載十二年三月既生霸丁亥，周王在糧㥝宮將趞睪所有的里賜給大，善夫豕和趞睪都參加了交付儀式，大償贈給善夫豕靮璋和兩匹馬，償贈給趞睪靮璋和一束帛；大鼎記載十五年三月既霸丁亥，周王在糧㥝宮舉行饗醴，大與厥友守衛宮室，保衛周王的安全，周王命走馬應給

大緜牭三十二匹。

大乙　見二祀𢍹其卣（集成05412）、餘玉戈（文物1979年12期74頁），即商湯，商王朝開國之君，商契之後，名履，配偶為妣丙，據文獻記載湯始居於亳，為夏朝的方伯，專征伐，任用伊尹以主國政，夏桀無道，湯伐夏，放桀於南巢，遂有天下，國號商，在位約三十年。

大工尹韓耑　見十六年守相信平君鈹（遺珠178）、十三年信平君鈹（集成11711），戰國晚期人，名耑，韓氏。趙孝成王十六年（前250年）前後，擔任趙國的大工尹。

大工尹脽　銘文作大攻尹脽，見鄂君啟車節（3件，集成12110—12112）、鄂君啟舟節（2件，集成12113、銅全10.98左），戰國晚期人，名脽，楚懷王時（前328—前299年）曾任楚國的大工尹。郭沫若先生認為即昭雎，懷王時位居顯要，乃王之近臣。

大子　即太子，見作冊豐鼎（集成02711），商代晚期某代太子。

大子　即太子，見太子車斧（虢國墓344頁圖241.2），春秋早期虢國某位太子。

大子　即太子，見太子左和室鼎（文物2001年6期70頁圖3），戰國中期燕國某位太子。

大子　即太子，見集脰大子鼎（2件，集成02095—02096）、集脰鎬（集成10291），戰國晚期楚國某位太子。

大子乙　即太子乙，見小臣缶方鼎（集成02653），商代晚期某代太子。

大子丁　即太子丁，見遷簋（又稱即簋，集成03975），遷的長輩，商代晚期某代太子。

大子白　即太子白，見芮太子白鼎（集成02496）、芮太子白簠蓋（2件，集成04537—04538）、芮太子白壺（2件，集成09644—09645），春秋早期人，名白，芮國太子。

大子癸　即太子癸，見堇鼎（集成02703），堇的長輩，第一代燕侯的長子，西周早期人。

大子乘邊　即太子乘邊，見洹子孟姜壺（2件，集成09729—09730），春秋晚期人，名乘邊，齊莊公（前553前548年）的長子。

大王光逗　即吳王光桓，見大王光逗戈（3件，集成11255—11257），春秋晚期人，名光，字闔廬，一作闔間，吳王諸樊之子，公元前514年即位，在位十五年。"光逗"乃一名一字或一名一號，名光字桓或號桓。

大夫始　見大夫始鼎（集成02792），西周中期後段人，名始，周王朝的大夫。某年在邦宮，大夫始獻功，周王賜給玉璋。（陳夢家釋為大矢始）

大夫敓　見公孝里脽戈（集成11402），戰國晚期人，燕國大夫。

大丂　見大丂方鼎（2件，集成02162—02163）、大丂簋（集成03457）、大丂簋（殷墟發掘報告167頁），商代晚期人或氏族。

大中　見大中卣（集成05212），西周早期人。

大公　即太公，見師�鐘（文物1994年2期96頁圖11）、姬寏母豆（集成04693），師�和姬寏母的遠祖，生世在西周早期。

大右秦　見東陵盉鼎蓋（集成02241），戰國晚期人。

大史　即太史，見太史觶（陝金1.533）、太史罍（集成09809）、中方鼎（集成02785），本為職官名。此指西周早期後段擔任太史的人，即溓季。某年十三月庚寅，周王在寒𣎴，令太史將褔土賜給中作為采邑。

大史大奏　即太史大奏，見蔡太史鉈（集成10356），春秋晚期人，名大奏，擔任蔡國太史之職。

大史申　即太史申，見簹大史申鼎（集成02732），春秋晚期人，名申，郜宷之孫，擔任莒國太史。

大史客　即太史客，見大史客甗（集成00915），西周康王時期人，名客，召公奭的後裔，擔任周王朝的太史。

大史䂇　即太史䂇，見䀠比盨（集成04466），西周晚期人，名䂇，擔任周王朝太史。厲王二十五年七月，奉命與內史無�典錄章，𦙝兩人以邑里交換䀠比土地之事。

大禾　見大禾方鼎（集成01472）商代晚期人。

大司工單　銘文作大嗣攻單，見司工單鬲（集成00678），春秋早期人，名單，擔任慶國的大司工。

大司徒元　銘文作大嗣徒元，見魯大左司徒元鼎（集成02592）、魯大司徒元盂（集成10316），即厚氏元，春秋中期人，名元，厚氏，擔任魯國的大司徒。

大司馬孛朮　銘文作大嗣馬孛朮，見大司馬孛朮簠（集成04505），春秋早期人，名孛朮，擔任某國的大司馬。

大仲　見六月大簋（集成04165），大的父親，生世在西周中期。

大仲　見盠駒尊（集成06011），即逨盤所稱的新室仲，公叔之子，盠（盠父）的父親，零伯的祖父，臣事周康王。

大伯　即太伯，見季老或盉（集成09444），季老或的父親，生世在西周早期。

大自事良父　即太師事良父，見大自事良父簋蓋（集成03914），西周晚期人，字良父，事氏，擔任周王朝的太師。

大后　即太后，見廿九年太后漆奩（又稱廿九年太后漆樽，文物1979年12期，秦文字圖版27），此指秦昭襄王之母宣太后，生世在戰國晚期。

大后　即太后見太后車書（集成12026），戰國晚期秦國太后，可能為昭襄王之母宣太后。

大良造庶長游　見宗邑瓦書（古文字研究14輯178頁、179頁），戰國晚期人，名游，擔任秦國庶長、大良造。四年冬十壹月，曾宣佈秦王之命賜給右庶長歜杜縣酆邱到滴水一帶的土地，作為宗邑。

大良造庶長鞅　見十六年大良造庶長鞅鐓（集成11911）、十九年大良造庶長鞅殳鐓（秦文字圖版15）、大良造鞅鐓（秦文字圖版16），戰國中期人，名鞅，公孫氏，出生於衛國。少好刑名之學，事衛相公孫痤，為中庶子，公孫痤死後，乃西入秦，秦孝公任為左庶長，爵為大良造，卒定變法之命，廢井田，開阡陌，改賦稅之法，行之十年，秦國大治，遂封於商，號商君，故稱商鞅，後為秦惠文王所誅。《史記·秦本紀》載：秦孝公六年（前356年）拜鞅為左庶長，十年為大良造。

大良造鞅　見商鞅方升（集成10372）、十三年大良造鞅戟（集成11279），即大良造庶長鞅。

大孟姜　見大師子大孟姜匜（集成10274），春秋時期人，姜姓，某國太師的長女。

大孟姬　見蔡侯龖尊（集成05939）、蔡侯龖尊（集成06010）、蔡侯龖盤（集成10171）、蔡侯龖作大孟姬缶（集成10004），春秋晚期人，蔡侯申的大姐，姊妹間排行第一，吳王的夫人。郭沫若先生認為是蔡聲侯的大姊，配於吳王夫差。（見《由壽縣蔡器論到蔡墓的年代》

《考古學報》11冊）

大亞公　見大亞公戟（集成11051），戰國時期人。

大保　見大保簋（集成04140），即太保。

大奏　見蔡太史鍴（集成10356），春秋晚期人，擔任蔡國太史之職。

大矩　見豐尊（集成05996）、豐卣（集成05403），西周昭王、穆王時期人，諸侯國國君。某年六月既生霸乙卯，周王命豐殷見大矩，大矩賜給豐金和貝。

大偋　即太保，見太保罍（又稱克罍，考古1990年1期25頁圖4.1）、太保盉（考古1990年1期25頁圖4.2）、大保卣（集成05018）、太保方鼎（集成01735）、太保玉戈（考古與文物1993年3期74頁圖3）、堇鼎（集成02703）、憲鼎（集成02749）、作冊大方鼎（4件，集成02758—02761）、旅鼎（集成02728）、叔簋（原稱叔卣、史叔隋器，2件，集成04132—04133）、臣栒簋（集成03790）、御正良爵（集成09103），又稱公太保（見御正良爵、旅鼎）、尹太保（見作冊大方鼎）。太保本為西周職官名。此指西周武、成時期擔任此職的召公奭，西周初期的王朝重臣，我國古代著名的政治家。召公為文王之子，周公旦之兄，武王受命之初，周、召兄弟輔助其伐殷，左右成王平定四方之亂，功勞巨大，大約卒於康王時期。召公初封於畿內的召，後封於燕，但本人未去就封，而由長子旨就任燕侯，自己留在京都仍擔任太保，召公奭卒後，次子接任太保之職。張亞初先生認為：太保罍銘記載武王命召公奭在燕地為諸侯，並將㫷、羌、馬、叡、雩、馭等方國部族連同燕國一起納入周的版圖，分給太保召公奭管轄治理。召公接受冊命後，大大地對答奉揚武王的錫命，並到燕國去踏勘國土進行封疆。太保罍銘中有"令克侯于匽"之句，李學勤、劉雨、張長壽、陳公柔、王世民等先生認為"克"是人名，成王初年人，召公奭的元子，第一代燕侯。罍銘講成王封克於燕，並令管理㫷、羌、馬、叡、雩、馭等原屬於殷王朝的一些方邦。

大偋　即太保，見太保車轄（文物1996年7期66頁圖27），此太保指太保㡬。

大偋㡬　即太保㡬，見太保戈（集成10954）、太保戟（中原文物1995年2期58頁圖5），西周早期後段人，太保召公奭的兒子，名㡬（又作禰），以太保為氏。

大偋鄪　即太保鄪，見大保鄪盤（集成10054），西周早期人，名鄪，召公奭的後裔，以太保為氏。

大祝　即太祝，見申簋蓋（集成04267），本為職官名。此指西周中期前段擔任太祝的人。某年正月初吉丁卯，王在周康宮太室冊命申，繼承其祖考的官職，輔佐太祝官管理豐人和九戲祝。

大祝追　即太祝追，見大祝追鼎（上博刊8

期132頁圖6），西周晚期人，名追，擔任周王朝的太祝之職。

大祝禽　即太祝禽，見大祝禽方鼎（2件，集成00987—01938），西周成康時期人，名禽，周公旦的長子，就封於魯，為魯侯，西周初期任周王朝的太祝。

大師　即太師，見太師鼎（集成02409），本為職官名。此指西周中期擔任太師的人，夫人為叔姜。

大師　即太師，見太師簋（集成03633），本為職官名。此指西周中期後段擔任太師的人，夫人為孟姜。此太師或即太師虘。

大師　即太師，見太師盤（藏上海博物館），本為職官名。此指春秋早期某國擔任太師的人，姜姓，其女為孟姜。

大師人騅乎　即太師人騅乎，見太師人鼎（集成02469），西周晚期人，名騅乎，以太師為氏（“太師人”即“太師氏”）。

大師小子齊　即太師小子齊，見太師小子齊簋（3件，考古與文物1990年5期40頁圖11.3—圖11.4，考古與文物1990年5期40頁圖11.5蓋，上博刊8期130頁器），西周晚期人，名齊，某太師的小兒子。

大師小子師望　見師望鼎（集成02812）、太師小子師望簋（集成03682）、師望盨（集成04354）、太師小子師望壺（集成09661），即太師小子師望。

大師虘　即太師虘，見太師虘簋（2件，集成04251—04252）、大師虘豆（集成

04692），西周中期後段人，名虘，擔任周王朝太師之職。懿王十二正月既望甲午，周王在周師量宮賜給太師虘虎裘。

大師奠　即太師鄭，見曾太師鄭鼎（銅全10.9），春秋晚期人，名鄭，擔任曾國太師。

大師腆　即太師腆，見蔡太師腆鼎（集成02738），春秋晚期人，名腆，擔任蔡國太師。

大宰巳　即太宰巳，見邢姜太宰巳簋（集成03896），西周晚期人，名巳，擔任邢國夫人（邢姜）宮中的太宰。

大宰遺父　即太宰原父，見魯大宰原父簋（集成03987），春秋早期人，字原父，擔任魯國太宰。

大宰徸　見黿太宰徸子敔鐘（集成00086），即太宰徸、太宰樧。

大宰樧　即太宰樧，見邾太宰樧子智簋（2件，集成04623—04624），智（一作敔）的父親，春秋早期人，擔任邾國太宰。

大將吏赦　見三年大將吏弩機（拓本尚未發表，器藏陝西歷史博物館），戰國晚期人，名赦，曾任趙國大將軍的屬吏。

大姬　見伯沴父鬲（集成00671），西周中期姬姓婦女，伯沴父的夫人。

大叡　見工虞大叡矛（保利藏金253），即攻吳大叡，春秋晚期人，吳國國君。馮時先生認為即餘祭。大叡乃餘祭之字（見《工虞大叡鏦銘文考釋》《古文字研究》

22輯112頁）。餘祭一作戴吳、余祭，吳王壽夢的次子，諸樊之弟，公元前546年即位，在位十七年。

大嬀　即大妸，見翏生盨（3件，集成04459—04461），西周晚期妸姓婦女，翏生的夫人。

上　見三年左使車壺（集成09692），戰國中期人，中山國左使車屬下的冶鑄工。

上　見元年丞相斯戈（秦銘文圖版160），戰國末期到秦代人，秦王政元年（前246年）前後，在櫟陽官營兵器作坊當工匠。

上父　見㪅爵（集成09076），㪅的長輩，西周早期人。

上父　見師艅鼎（集成02830），亦稱公上父，師艅的先輩，西周早期人。

上以　見大市量（古文字研究22輯129頁），戰國中期楚國人，名上以，屈氏（見鄩客問量），先後擔任楚國工佐和連囂（敖）之職。

上守趙　見廿七年上守趙戈（集成11374），即上郡守趙、上郡守厝。

上容大夫　即尚容大夫，見廿七年晉上容大夫戈（集成11215），戰國晚期魏國職官名。此指魏安釐王二十七年（前250年）任此官職的某人。

上郡守冰　見二年上郡守冰戈（集成11399）、三年上郡守冰戈（集成11369），戰國晚期人，名冰，即李冰，秦昭襄王二至三年（前305—前304年）前後，擔任上郡郡守，後改任蜀郡郡守，率民鑿修都江堰，灌溉成都平原，使之沃野千里，而無水患，蜀人德之。

上郡守起　見卅年上郡守起戈（2件，集成11370，秦銘文圖版50），即白起，戰國晚期郿縣人，秦國大將，事昭襄王（前306—前251年），善用兵，封為武安君。戰勝攻取，凡七十餘城，南定鄢郢、漢中，北破趙括，昭襄王四十年（前275年）前後任上郡太守，四十七年在長平大破趙軍，坑降兵四十萬。後與范睢有隙，稱病不起，免為士伍，遷密陰，賜死。

上郡守高　見上郡守高戈（集成11287），戰國晚期人，名高，曾擔任秦國上郡郡守。

上郡守疾　見王五年上郡守疾戈（集成11296）、王六年上郡守疾戈（集成11297）、王七年上郡守疾戈（秦文字圖版29）、廿四年上郡守疾戈（考古學報2002年1期112頁圖19），戰國晚期人，名疾，即樗里疾，秦惠文王的異母弟，以居渭南陰鄉之樗里，故號樗里子。為人滑稽多智，秦人號曰智囊，伐晉、趙、楚有功。惠文王後元五年（前320年）擔任上郡郡守，武王二年（前309年）升任右丞相，昭襄王七年（前300年）去世，葬於渭河之南的章台。

上郡守厝　見廿五年上郡守厝戈（集成11406），戰國晚期人，名厝（或作趙），秦國著名大將，史書作司馬錯，歷事秦惠文王、武王和昭襄王。惠文王時曾與張儀共滅巴蜀，昭襄王十六年（前291年）伐魏取軹、鄧二邑，二十一年攻魏取安邑，二十五年前後擔任上郡郡守，二十七年後率兵自巴蜀浮江伐楚。

上郡守閒　見七年上郡守閒戈（文物1987年8期61頁圖1—4，秦銘文圖版33），戰國晚期人，名閒，秦昭襄王七年（前300年）前後，擔任上郡郡守。

上郡守慶　見卅七年上郡守慶戈（陝西歷史博物館徵集文物精粹）、卅八年上郡守慶戈（文物1998年10期79頁圖4），戰國晚期人，名慶，秦昭襄王卅八年（前269年）前後，擔任上郡郡守。

上郡守壽　見十二年上郡守壽戈（2件，集成11404，集成11363）、十三年上郡守壽戈（秦文字圖版21）、十五年上郡守壽戈（集成11405），戰國晚期人，名壽，即向壽，秦昭襄王時（前306—前251年）曾任秦國上郡的郡守，十三年伐韓取武始。

上郡守廟　見二年上郡守廟戈（集成11362），戰國晚期人，名廟，秦莊襄王二年（前248年）前後，擔任上郡郡守。

上郡公　見上鄀公簠（下寺10頁圖6），春秋中期人，上鄀國國君，三女為叔芈。

上鄀公敄人　見上鄀公敄人簠蓋（集成04183），春秋早期人，名敄人，上鄀國國君。

上鄀府　見上鄀府簠（集成04613），春秋中期人，名府，上鄀國國君。

上造但　見廿一年寺工車軎（集成12041），戰國末到秦代人，名但，上造爵（二等爵），秦王政廿一年（前226年）前後，在秦國官營冶鑄作坊當技術工。

上造閒　見四年相邦樛斿戈（集成11361），戰國中期人，名閒，上造爵（二等爵），秦惠文王後元四年（前321年）前後，是櫟陽冶鑄作坊的技術工。

才　見二年皇陽令戈（2件，集成11314—11315），戰國晚期人，皇陽縣冶鑄作坊的冶吏。

山　見山簋（集成10568），西周早期人。

山　見善夫山鼎（集成02825），即善夫山，西周宣王時期人，擔任周王朝善夫之職。三十七年正月初吉庚戌，在圖室接受冊命，宣王命山"官司飲獻人于景，用作憲司貯"，並賜給玄衣、黹純、赤市、朱黃和鸞旂。

山　見卅三年鄴令裘戈（原稱三十三年叢令戈，甘衣戈，集成11312），戰國中期人，魏國鄴縣左庫冶鑄作坊的冶吏。

山柔　見曻母鼎（集成02026），商代晚期人。

山婦　見山婦觶（集成06144），商代晚期婦女。

中　見中作從彝簋（集成03386）、中作父戊簋（集成03514）、中尊（總集4402）、中作從彝盉（集成09384），西周早期人。

凡　見凡觶（集成06492），商代晚期或西周早期人，族徽為"狽"。

凡　見凡簋（集成10552），西周早期人。

凡姜　見伯庶父簋（集成03983），伯庶父的姑母，西周晚期人。

亡　見天亡簋（亦稱大豐簋、毛公聃季簋、朕簋，集成04261），即天亡，西周早期前段人，文王、武王兩朝的重臣。武王滅商以後的某年乙亥日，王在天室祭祀文王，天亡助祭。

亡智　見梁十九年亡智鼎（集成02746），即趙亡智，戰國晚期人，魏惠王時（前370—前332年）擔任國都大梁的司寇。

宀　見宀作父辛觶（集成06417），西周早期人。

己　見小臣兒卣（集成05351），小臣兒的長輩，商代晚期人。

己　見己方鼎（集成02025），西周早期後段人。

己女　即己如，見兼陵公戈（集成11358），戰國晚期人，兼陵冶鑄作坊的冶吏。

己公　見沈子它簋蓋（集成04330），沈子它的父親，西周早期前段人。

己公　見歔夒方鼎（集成02729），歔夒的父親，西周早期前段人。

己公　見遹盉（集成10321），遹的祖父，西周中期人。

己公　見霍鼎（集成02413），霍的長輩，西

周中晚期人。

己仲　見衛鼎（集成02733），衛的父親，西周中期前段人。

己孝子　見己孝子壺（2件，集成09540—09541），戰國時期人。

己伯　見大鼎（3件，集成02806—02808），大的父親，亦稱剌伯（見大簋），生世在西周中期。

己伯　見盧鐘（3，件集成00088—00090），盧的長輩，生世約在西周前期。

己伯　見兮仲鐘（7件，集成00065—00071），兮仲的父親，生世在西周中晚期。

己伯父丁　即紀伯父丁，見叔鼐鬲（集成00614），叔鼐的父親，生世在西周早期前段。

己侯　即紀侯，見己侯簋（集成03772），西周中期人，紀國國君，名不詳。

己侯　即紀侯，見己侯鬲（集成00600），西周晚期人，紀國國君，名不詳。

己侯　即紀侯，見己侯壺（集成09632），春秋早期人，紀國國君，名不詳。

己侯虎　即紀侯虎，見己侯虎鐘（集成00014），西周晚期人，名虎，紀國國君。

己侯貉子　即紀侯貉子，見己侯貉子簋蓋（集成03977），西周中期前段人，名貉子，紀國國君。某年正月丁丑，周王在呂，命士道贈給貉子三隻鹿。

己姜　即紀姜，見己侯貉子簋蓋（集成

03977)、作己姜簋（集成03230），西周中期前段姜姓婦女，紀侯貉子的夫人。

己華父　即紀華父，見己華父鼎（集成02418），西周晚期紀國人，字華父。

巳　見邢姜太宰巳簋（集成03896），西周晚期人，擔任邢姜（邢國國君夫人）宮中的太宰。

尸　即夷，見尸壺（集成09576）、尸卣（集成05280），商代晚期人，族徽為"🐟"。

尸　即夷，見豐兮夷簋（3件，集成4001—04003），亦即豐兮夷，西周晚期人。

尸　即夷，見叔尸鐘（13件，集成00272—00284）、叔尸鎛（集成00285），也就是叔夷，春秋晚期人，宋國國君的後裔，其父為宋穆公之孫，其母為齊襄公的甥女，秦成公（一說杞成公）之女。齊靈公時（前581—前554年）仕齊。齊靈公十五年（前567年）十二月率軍滅萊，立有戰功；翌年五月戊寅，在淄隆，齊靈公賞給叔夷萊邑及其子邑縢（密）、剷其下三百縣，掌管萊婦或徒四千。其後官至正卿，統率三軍，治理民事，掌管王家外內之事，屢有功勞；靈公又賜給馬匹、車輛、戎兵和萊僕三百又五十家。

尸曰　即夷曰，見尸曰簋（集成03483）、尸曰盤（保金112）、尸曰匜（故周金81），西周中期前段人。

尸伯　即夷伯，見作冊睘尊（集成05989）、作冊睘卣（集成05407），西周早期後段人，夷國族首領，名不詳。

尸伯　即夷伯，見夷伯簋（2件，陝金1.364），西周中期後段人，夷國族首領，名不詳。某年正月壬寅日，因主持周王室西宮事務，管理有方，受到周王的賞賜（嗌貝十朋）。

尸叔　即夷叔，見羊庚茲鼎（集成02439），羊庚茲的父親，西周早期人。

小　見八年𢑸令戈（集成11344），戰國晚期人，𢑸（芒）縣冶鑄作坊的冶吏。

小子　見小子方鼎（2件，集成02015—02016）、小子作母己卣（2件，集成05175—05176），商代晚期人。

小子夫　見小子夫尊（集成05967），商代晚期人，名夫，族徽為"🐟"。某年，㪚曾賞給小子夫貝二朋。

小子生　見小子生尊（集成06001），西周早期後段人，名生。昭王南征在斥，命小子生辦事於公宗，賜給小子生金（青銅）和鬱鬯。

小子网　見小子网簋（集成04138），商代晚期人，名网，族徽為"🐟（冀）"。某年十四月，在上𪉷，曾奉㪚的命令，征伐人方𨞠，癸巳日㪚賞給貝十朋。

小子省　銘文作小子眚，見小子省卣（又稱小子省壺，集成05394），商代晚期人，名省，族徽為"🐟（冀）"。

小子啟　見坰小子啟鼎（集成02272），西周早期人，名啟，坰的小兒子。（張亞初釋為“小子句”）

小子叕　見小子叕鼎（集成02598），西周晚期人，名叕，未（叔）史的小兒子。

小子鉌　見遣小子鉌簋（集成03848），西周晚期人，名鉌，遣氏家族的小子。

小子蕎　見小子蕎卣（集成05417），商代晚期人，名蕎，族徽為“𦥔（糞）”。

小子𤔲　見小子𤔲簋（集成03904），商代晚期人，族徽為“𦥔（糞）”。某年乙未日，卿旟曾賜給貝二百。

小子驷　見秦驷玉牘（2件，故宮博物院院刊2000年2期43頁圖1），戰國晚期人，名驷，自稱小子驷，某代秦公的曾孫，

小子𡨄　銘文作小子眾，見小子𡨄鼎（集成02648），商代晚期人，名𡨄，族徽為“𦥔（糞）”。某年在𢆶𠂤，商王賞給貝幣。

小子鼎　即小子具，見九年衛鼎（集成02831），名具，西周中期人，顏陳的小兒子。

小子戲　見召鼎（集成02838），西周中期後段人，召的小兒子。某年四月既生霸丁酉，召派遣小子戲將限告到邢叔處，說限答應用匹馬束絲換取五個奴隸，後有爽約。

小夫　見小夫卣（集成05320）、小夫卣（文物1986年8期72頁圖15、16），西周早期後段人。

小臣　見小臣鼎（集成02032），本為職官名。此指商代晚期擔任小臣的某人。

小臣　見小臣尊（集成05870）、小臣卣（集成05268）、小臣觶（集成06468），本為職官名。此指西周早期擔任小臣的某人，其父死後諡號父乙。

小臣　見易旁簋（2件，集成04042—04043），此小臣指易旁，西周中期前段人。簋銘載“趞叔休于小臣貝三朋、臣三家。”

小臣　見小臣鼎（亦稱易鼎，集成02678），此小臣指易，西周中期前段人。

小臣氏樊尹　見小臣氏樊尹鼎（集成02351），西周中期前段人，名樊尹，小臣氏。

小臣成　見爾比盨（集成04466），西周晚期人，名成，擔任周王朝小臣之職。二十五年七月既望，屬王命小臣成去迎接里尹某，內史無㝱和太史籚來到師田宮，處理爾比和限的土地糾紛。

小臣缶　見小臣缶方鼎（集成02653），商代帝乙、帝辛時期人，名缶，族徽為“𦥔（糞）”，擔任商王朝小臣之職。某年，商王賜給小臣缶湡地五年的委積。

小臣守　見小臣守簋（3件，集成04179—04181），西周中期人，名守，擔任周王朝小臣之職，其父為引仲。某年五月，周王命小臣守出使夷，夷償贈馬兩匹、金十鈞。

小臣宅　見小臣宅簋（集成04201），又稱作冊宅（見作冊宅方彝），西周早期人，

名宅，康王初擔任小臣之職，事伯懋父，康王晚期擔任作冊內史。簋銘載，某年五月壬辰，同公在豐命小臣宅事伯懋父，伯懋父賜給小臣宅畫冊、戈九、錫金車和兩匹馬。于省吾先生說："《尚書》度多與宅通，古文宅，今文作度"，並以作冊宅即《尚書·顧命》中的作冊度。

小臣邑　見小臣邑斝（集成09249），商代晚期人，名邑，族徽為"亞禾（吳）"，擔任商王朝小臣之職。帝辛六年四月癸巳日，王賜給小臣邑貝十朋。

小臣夌　見小臣夌鼎（集成02775），西周早期人，名夌，擔任周王朝小臣之職。某年正月，周王擬去楚山之麓視察，命小臣夌事先察看楚地的駐蹕之所，周王安全到達寓所後，賜給小臣夌貝幣和兩匹馬。

小臣佇　見小臣佇鼎（考古1988年6期571頁圖2），西周早期後段人，名佇，擔任周王朝小臣之職。康王某年二月辛酉，王姜曾賜給貝二朋。

小臣兒　見小臣兒卣（集成05351），商代晚期人，名兒，擔任商王朝小臣之職。族徽為"冀（冀）"。

小臣單　見小臣單觶（集成06512），西周早期前段人，名單，擔任周王朝小臣之職。曾隨周公東征，平定武庚叛亂之後，周公在成師賜給小臣單貝十朋。

小臣毀　見小臣毀玉戈（虢國墓270頁圖

195.1、2），商代晚期人，名毀，擔任商王朝小臣之職。

小臣傳　見小臣傳簋（集成04206），西周成王、康王時期人，名傳，擔任周王朝小臣之職，與伯俎父、師田父同朝共事。

小臣艅　見小臣艅犀尊（集成05990），商代帝乙、帝辛時期人，名艅，擔任商王朝小臣之職。十五年某月丁巳日，商王征伐山東半島的人方，在戰爭期間商王巡視夒京，把那裏出產的貝賞給小臣艅。

小臣茲　即小臣系，見小臣茲卣（2件，集成05378—05379）、小臣系玉瑗（故宮博物院院刊1998年3期12頁），商代晚期人，名系，族徽為"父鼎"，擔任商王朝小臣之職。

小臣逋　即小臣逋，見小臣逋鼎（集成02581），西周中期前段人，名逋，擔任周王朝小臣之職。鼎銘載"小臣逋即事于西，休，仲錫逋鼎。"

小臣靜　見小臣靜卣（原稱小臣靜簋，銘文選1.171），又單稱靜（見靜方鼎、靜簋、靜卣），西周昭穆時期人，名靜，擔任周王朝小臣之職。某年十三月，周王在莽京賜給小臣靜貝五十朋；昭王某年七月甲子，周王在宗周命師中和靜作為先行官赴南國巡視，為王建立行宮，八月初吉庚申周王到達成周，丁丑日，在成周太室，周王命靜管理管理曾、鄂兩地的軍隊，並賜給秬酒、旗幟、蔽膝等物品，以及采地矞；某年六月，穆王命靜在蒡京學宮主持學射諸事，八月初吉庚寅，周王與吳缶、呂䍐卿斁荩師邦君射于大池，靜在這次活動中表現突出，周王賜給靜鞞刻。

小臣虘　見小臣虘鼎（集成02556），西周早期前段人，名虘，擔任周王朝小臣之職。某年，召公奭到燕國，賜給小臣虘貝五朋。（殷瑋璋先生釋為"小臣攄"）

小臣豐　見小臣豐卣（集成05352）、典兔尊（保金續145），西周早期人，名豐，擔任周王朝小臣之職。

小臣謎　見小臣謎簋（2件，集成04238—04239），西周早期人，名謎，擔任周王朝小臣之職。康王十八年東夷反叛，伯懋父以殷八師征東夷，十二月自蒙師到東陕，伐海堳，回來後駐扎牧師，伯懋父秉承王命賜給小臣謎齵地出產的貝。

小臣彔　見小臣彔簋（曲村505頁圖702.7），西周早期人，名彔，擔任周王朝小臣之職。

小仲姜氏　見衛作小仲姜氏鼎（集成02616），西周中期姜姓婦女，衛的夫人。

小車　見小車爵（集成09071），西周早期人。

小宮　見鬲比盨（集成04466），西周晚期人。厲王二十五年七月，曾用八個邑兌換鬲比的田地。

尣伯　見尣伯簋（集成03482），西周早期尣氏族首領。

尣龡　見旨賞鐘（7件，集成00019），春秋晚期人，封號為旨賞公。

女子　即汝子，見韓鬲（集成00688），西周早期人，汝族的首領，韓的上司。

女夫人　見鄧公簋蓋（集成04055），西周晚期人，薄姑氏之女，鄧公的夫人。

女母　即汝母，見女母簋（集成10562），商代晚期婦女。

女婞　即母婞，見女婞簋（集成03347），西周早期婦女。

女嫛　即母嫛，見母嫛方罍（集成09780），商代晚期婦女。

女嬄　即母嬄，見伯蔡父簋（集成03678），西周中期後段婦女。

女孓　即母襄，見女孓簋（集成03084），商代晚期婦女。

刃　見卅三年大梁戈（集成11330），戰國晚期人，魏惠王三十三年（前338年）前後，是大梁左庫冶鑄作坊的冶吏。

子乙　見子乙鼎（集成01315），商代晚期某王子。

子丁帀　見子丁帀爵（集成08768），商代晚期人或氏族。

子八　見子八父丁爵（集成08443），商代中期王子。

子刀　見子刀簋（集成03079）、子刀盤（集成10027）、子刀爵（集成08116）、子刀觶（集成06139），商代晚期某王子。

子口　見子口盉（長墓90頁圖71.1—2），即子口尋、長子口。

子口尋 見子口尋鼎（長墓61頁圖42.1），即長子口，名尋，字子口，西周早期前段人。

子之 見中山王𫇭鼎（集成02840）、中山王𫇭方壺（集成09735）、妤鉴壺（集成09734），戰國中期人，燕君子噲的相國。公元前316年，子之與齊使蘇代及鹿毛壽合謀，激燕王噲厚任子之，又進一步以成堯讓天下之名，誘使燕王噲讓位給子之。於是"子之面南行王事，而噲老不聽政，顧為臣，國事皆決子之。"子之三年（前314年）燕國大亂，將軍市被和太子平攻子之不克，均死於難。燕國混亂數月，百姓疾苦不堪。齊國和中山國以假王命乘機出兵干涉。齊宣王命章子將五都之兵，北地之眾以伐燕，燕國士卒不戰，城門不閉，簞食壺漿，以迎王師，使齊軍五旬而進佔燕國國都。燕王噲死於亂中，齊人擒子之醢其身。

子弓 見子弓盂（高家堡91頁圖75.3、4）、子弓觶（集成06140），商代晚期某王子。

子不 見子不爵（集成08110），亦見於殷墟第一期卜辭，商代中期人，商王武丁之子。

子牙父 見屖敖簋蓋（集成04213），西周晚期或春秋早期人。某年，戎獻給子牙父百車金（青銅）。關於子牙父的時代，一說是西周穆王時期的君牙，古文《尚書》中有《君牙》篇，書序云："穆王命君牙為周大司徒，作《君牙》"；《漢書•古今人表》亦列有君牙，與穆王、呂侯、蔡侯謀父同時。郭沫若先生則認為此子牙父是春秋早期的鮑叔牙，與齊桓公（前685—前643年）同時。從銘文書體和器形看，以春秋時期的鮑叔牙為好。

子孔 見子孔戈（集成11290），戰國早期魏國人。

子可期 見子可期戈（集成11072），春秋晚期齊國人。

子戊 見子戊鼎（集成01316），商代晚期王子。

子令 見子令簋（集成03659），西周早期人。

子白 見虢季子白盤（集成10173）、虢宣公子白鼎（集成02637），即虢季子白、虢宣公子白。

子禾 見子禾爵（2件，集成08108—08109），商代晚期人。

子禾子 見子禾子釜（集成10374）、子禾子左戟（集成11130），戰國中期齊國人。郭沫若先生認為此是戰國晚期齊國人，生世在齊湣王時（前301—前284年）；楊樹達先生認為此即齊太公田和，戰國中期人，齊康王十九年（前386年）稱侯。（見《積微居金文說》22頁）

子邦父 見子邦父甗（集成00932），西周中期人。

子𠧟 見子何爵（集成08075），商代晚期或西周早期人。

子戌 見子戌鼎（集成02271），西周早期人。

子达　見子达觶（集成06485），商代晚期人。

子光　見子光觚（集成06912），商代晚期人。

子仲　見公姞鬲（集成00753），西周中期前段人。某年十二月既生霸，"子仲漁雯池，天君蔑公姞曆，使錫公姞魚三百。"

子仲姜　見鎛（原稱齊侯鎛，集成00271），春秋中期姜姓婦女，的夫人（一説為的母親，遵仲的夫人）。

子糸　見子糸爵（3件，集成08105—08107），商代晚期王子。

子妥　見子妥鼎（5件，集成01301—01305）、子妥簋（集成03075）、子妥爵（集成08752）、子妥觚（集成06896），亦見於殷墟第一期卜辭的宾組、子組和自組，商代中期王子，商王曾為其卜問疾病禍福。

子巫　見子巫簋（集成03071），商代晚期人。

子束泉　或釋為"子臬"，見子束泉觚（3件，集成06891—06893）、子束泉斝（集成09224）、子束泉尊（2件，集成05540—05541），商代晚期人。

子虬　見子虬觚（集成06906），商代晚期人。

子倗　即子倗，見子倗觚（4件，保金續61），商代晚期人。

子皀母　見子皀母爵（4件，集成08756—08759），商代晚期婦女。

子每　見子每爵（集成08084），商代晚期人。

子爻　見子爻尊（集成05910），西周早期人，族徽為"（巽）"。子爻尊與溰伯諸器同墓出土，當與溰伯有關。

子者　見子者戈（楚文物圖典118頁），戰國中期人。

子雨　見子雨爵（2件，集成08113—08114）、子雨觚（集成06913），商代晚期王子。

子㲋　銘文原篆作子羽，見子㲋卣（集成04850），商代晚期人。

子叔　見子叔壺（2件，集成09603—09604），西周晚期人，夫人為叔姜。

子叔旡父　見衛子叔旡父簠（集成04499），春秋早期人，字旡父，子叔氏。楊樹達先生說"按成公十二年左傳云："'衛子叔黑背侵鄭'，襄公元年春秋云："'冬，衛侯氏公孫剽來聘。'杜註云："'剽子叔黑背子。'傳云："'衛子叔晉武子來聘，禮也。'此衛有子叔氏之証也。銘云子旡父，旡為簪之初字，㲋從二旡，說文訓銳意。剽字說文訓砭刺。旡、剽意相近，疑旡父即剽之字也。尋襄公十四年左傳記衛人立公孫剽為君，是為殤公（前558—前547年）。"（見《積微居金文說》88頁）

子叔嬴内君　見子叔嬴内君盆（集成10331），春秋早期人。

子季嬴青　見子季嬴青簋（集成04594）、子季嬴青盆（集成10339），春秋晚期人，名嬴青，可能是楚國公族。

子庚　見王子午鼎（集成02811），即王子午，春秋晚期前段人，楚莊王之子，故亦稱公子午。楚康王時（前559—前545年）先後擔任司馬及令尹，卒於康王七年（前552年）。

子叕　見交君子叕鼎（集成02572）、交君子叕簠（集成04565）、交君子叕壺（集成09662），春秋時期人，交地的封君。

子妻　見子妻簋（3件，集成03073—03074、集成10514），亦見於殷墟第一期卜辭，商代武丁時期的王子。

子南　見子南簋（集成03072），商代晚期王子。或謂"南"為國族名，子南者謂南國或南族之子，時從事於商王朝。（見施謝捷《子南簋跋》《中原文物》1991年1期。"子南"張亞初先生釋為"子青"）

子侯　見子侯卣（集成04847），商代晚期人。

子陝□　見子陝□之孫鼎（集成02285），春秋時期人。

子阰　見子阰簋（集成03653），西周早期人。

子壴　見子壴徒戟（考古1994年9期858頁圖2.3），戰國時期齊國人。

子軋　見子犯鐘（2套16件，故宮文物月刊2000年5月總206期48—67頁），即子範。

子餃　見虢文公子餃鼎（3件，集成02634—02636）、虢文公子餃鬲（00736）、虢季氏子餃鬲（集成00683），即虢文公，西周宣王時期人，虢國公族。

子保　見子保觚（集成06909），商代晚期人。

子冊舅　見子冊舅戟（集成11105），戰國時期人。

子首氏　見子首氏鼎（集成01798），戰國時期人。

子姜　見寺公典盤（文物1998年9期23頁圖5），春秋中期姜姓國女子，邿公典的夫人。

子癸　見子癸鼎（集成01317）、子癸爵（集成08071），商代晚期人。

子眲　見子眲戈（集成11100），戰國早期人。

子臭　見子臭卣（集成04849），亦見於殷墟第一期歷組卜辭，商代中期人，武丁時期的王子。

子殷　見子殷尊（集成05872）、子殷卣（集成05274），西周早期人。

子婼迊子　見子婼迊子壺（2件，集成09559—09560），戰國時期人。

子商　見子商甗（集成00866），商代晚期人，族徽為"亞羌乙"。

子商　見取膚上子商盤（集成10126）、取膚上子商匜（集成10253），春秋時期人。

子組　銘文作子緩，見虢季子組鬲（集成00661）、虢季子組卣（集成05376）、虢季氏子組簋（3件，集成03971—03973）、虢季氏子組鬲（集成00662）、虢季氏子組壺（集成09655），西周晚期到春秋早期人，名子組，虢國公族。

子晉　即子孤，見子晉簋（集成03077），商代晚期人。

子翌　見子翌鼎（集成01318）、子翌父庚卣（集成05080），西周早期人。

子備𡰥　見子備𡰥戈（集成11021）、子備𡰥戈（考古1994年9期858頁圖1.4），春秋早期齊國人。

子敔　見㞑敖簋蓋（集成04213），西周中期人。

子員　見子員簋（集成03076），商代晚期人。

子𢜉子　見子𢜉子戈（集成10958），春秋時期齊國人。

子媚　見子媚鼎（集成01309）、子媚爵（8件，集成08076—08083）、子媚觚（2件，集成06898—06899）、子媚觶（集成06136）、子媚斝（集成09173）、子媚罍（集成09784），亦見於殷墟第一期卜辭，商代中期人，某王子的夫人。

子義　見子義爵（文物1996年7期61頁圖14），商代晚期人。

子漁　銘文作子𤅩，見子漁斝（集成09174）、子漁尊（集成05542），亦見於殷墟第一期卜辭，商代中期人，武丁之子，先於武丁死去。根據甲骨文記載，子漁在武丁諸子中處於重要的地位，曾受王命主持祭祀祖乙、祖丁、小乙（武丁的父親）、大示（大示自上甲起止於文丁），參加軍事活動和擔任卜官。他與第四期卜辭中的子漁不是一個人。有人認為子漁是武丁的嫡長子（見《慶祝蔡元培先生六十五歲論文集》上册，1933年。）

子璋　見子璋鐘（7件，集成00113—00119），春秋晚期許國人，群的孫子，所的兒子。

子駿　見左乘馬大夫子駿戈（集成11339），戰國時期人，斜左乘馬大夫。

子蝠　見子蝠方鼎（文物1989年7期44頁圖6）、子蝠盉（集成09332）、子蝠爵（7件，集成08091—08097）、子蝠觚（集成06908）、子蝠斝（集成09172）、子蝠方彝（集成09865），商代中晚期王子。

子範　銘文作子軋，見子犯鐘（2套16件，故宮文物月刊2000年5月總206期48—67頁），春秋中期人，晉國大夫，《左傳》及《史記・晉世家》作子犯，亦稱狐偃，晉文公重耳的舅父，謀臣老將，一生從佑侄兒重耳去國出奔，流亡十九年而後返晉復國；繼而佑助晉文公在城濮之戰，大勝楚、陳、蔡三國聯軍；接著在踐土會盟，成就了晉文公尊王攘夷號令諸侯的霸業。

子衛　銘文作子㳇，見子衛鼎（3件，集成01311—01312、殷銅64）、子㳇爵（4件，集成08087—08090）、子㳇觚（4件，集成06902—06905），商代晚期人。

子諆　銘文作子䛧，見子諆盆（集成10335），春秋中期人，楚國公子。

子廟　見子廟鼎（集成01310）、子廟尊（集成05544）、子廟父乙觶（集成06373），商代晚期人。

子廟圖　見子廟圖尊（集成05682）、子廟圖方彝（集成09870），商代晚期人，名圖。

子𩁹君　見子𩁹君鼎（集成01910），商代晚期或西周早期人。

子邅　見子邅鼎（集成02416），西周晚期人。

子𧸒　見中山王𧊒方壺（集成09735），戰國中期人，燕國國君，史書皆作子噲，燕易王之子，公元前320年即位，前316年讓位於相邦子之，三年國內大亂，齊宣王和中山國王乘機干涉，攻佔燕都，子噲死於亂中。

子𡥵　見子𡥵戈（集成10852），亦見於殷墟第一期卜辭，商代中期人，商王之子，曾參加過征伐和祭祀，給商王入貢過龜甲。商王很關心他的疾病休咎，對他的妾的生育也進行過貞問。

子𦈣　見子𦈣鼎（集成01319），商代晚期人。

子𣪊　見子𣪊鼎（集成01313）、子𣪊方鼎（集成01314）、子𣪊爵（集成08767），亦見於殷墟第一期卜辭，商代中期人，武丁時期的王子，曾參與祭祀活動。

子龍　見子龍壺（集成09485）、子龍爵（集成08100）、子龍戈（中原文物1985年1期30頁圖2.30），商代中晚期王子。

子𩵋　見子𩵋爵（集成08115）、子𩵋瓠（2件，集成06894—06895）、子𩵋觶（2件，集成06137—06138），亦見於殷墟第一期卜辭，商代中期人，武丁時期的王子。

子蠚　即子衛，見子衛鼎（3件，集成01311—01312、殷銅64）、子蠚爵（4件，集成08087—08090）、子蠚瓠（4件，集成06902—06905），商代中晚期王子。

子鼏　見子鼏爵（2件，集成08103—08104），商代晚期人。

子𩇨　見子𩇨鼎（3件，集成01306—01308）、子𩇨尊（集成05543），商代中晚期王子。

子彔　見子束泉。

子䜌　見子䜌簋（文物季刊1989年3期34頁圖1）、子䜌爵（集成09088），商代晚期王子。

子灝　見子漁斝（集成09174）、子漁尊（集成05542），即子漁。

子▲　見子▲爵（5件，集成08111—08112、銅全3.18、考古1986年8期415頁圖6、華夏考古1997年2期17頁圖9.3）、子▲瓠（集成06910）、子▲卣（集成04848）、子▲戈（3件，集成10853—10855），子▲鉞（集成11752），商代晚期人或氏族。

子▲目　見目子▲爵（集成08762），商代晚期人或氏族。

子▲卯　見子▲卯爵（集成08765），商代晚期人或氏族。

子▲單　見子𠃌單爵（2件，集成08760—08761），子▲單簋（故宮文物月刊2001年105期132頁圖20），商代晚期人或氏族。

子▲萬　見子▲萬爵（2件，集成08763—08764），商代晚期人或氏族。

子𠂤　見子𠂤瓠（2件，集成06900—06901），商代晚期王子。

子𥄕　見子𥄕瓠（集成06907），商代晚期人。

子𣚊　見子𣚊鼎（2件，集成01715—01716）、子𣚊爵（2件，集成08098—08099）、子

　　　　✦觚（集成06897），商代晚期人。

子✦　見子✦爵（集成08102），商代晚期人。

子✦　見子✦爵（集成08118），商代晚期人。

子✦　見子✦爵（集成08101），商代晚期人。

子✦　見子✦簋（集成10513），商代晚期人。

子✦　見子✦爵（2件，集成08085—08086），
　　　商代晚期人。

子✦　見子✦爵（集成08074），商代晚期人。

子✦　見子✦爵（集成08073），商代晚期人。

子✦　見子✦爵（集成08072），商代晚期人。

子✦　見子✦觚（集成06911），商代晚期人。

子羿　見子羿父丁簋（集成03322），西周早
　　　期人。

子✦　見引瓶（又稱樂大司徒瓶，集成
　　　09981），引的父親，春秋時期人，擔任
　　　樂國大司徒。

子✦爰　見子✦爰爵（集成 08766），商代
晚期人或氏族。

四 劃

丰　見丰觶（集成06467），西周早期人。

丰　見丰鼎（集成01960），西周中期人。

王人殳輔　見王人殳輔甗（集成00941），西周中期人。

王大乙　見觚玉戈（文物1979年12期74頁），即商湯，商王朝開國之君，名履，商契之後。

王子午　見王子午鼎（7件，集成02811、下寺117頁圖95—123頁圖100）、王子午戟（2件，下寺188頁圖141.1、圖141.2），春秋晚期前段人，楚莊王之子，故亦稱公子午，又稱子庚。楚康王時先後擔任司馬和令尹之職，卒於康王七年（前552年）。《左傳·襄公十三年》："秦嬴歸於楚，楚司馬子庚聘於秦，為夫人寧，禮也。"杜註："子庚，莊王子，午也。"

王子反　見王子反戈（集成11122），春秋中晚期人，名反，某國王子。

王子申　見王子申盞（集成04643），春秋晚期人，名申，楚國王子。阮元云："楚王子名申，見於《左傳》者有二，一為共王右司馬，成六年以申、息之師救蔡者；一為平王長庶子，字子西，遜楚國立昭王而為令尹者。此篆文工秀，結體較長，同於楚王曾侯鐘（即楚王禽章鐘），楚曾侯鐘為楚惠王時器，子西歷相昭王（前515—前489年）、惠王（前

488—前432年），此可斷為子西器也。"

王子申　見鄋陵君鑑（集成10297）、鄋陵君豆（2件，集成04694—04695），戰國晚期人，名申，楚國王子，封為鄋陵君，夫人為王鄋姬。李學勤先生認為是楚幽王的子或弟，名申，封為鄋陵君（見《從新出銅器看長江下游文化的發展》《文物》1980年8期）；何琳義先生認為王子申就是春申君黃歇，名歇，字申，楚頃襄王之弟，初封於鄋陵，稱鄋陵君，後改封江東，又稱春申君（見《楚鄋陵君三器考辯》《江漢考古》1984年1期）。

王子玖　即王子于，見王子玖戈（2件，集成11207—11208），春秋晚期人，名于，也就是吳王僚未即位時的稱謂，史書作州于。《史記·吳太伯世家》載，餘昧（夷末）為吳王時，僚為太子，而《公羊傳》則說僚是壽夢的庶子。王子于於公元前526年即吳王位，在位十二年。

王子吳　見王子吳鼎（集成02717），春秋晚期人，名吳，某國王子。"吳、側因義俱同"，故張政烺先生認為即楚公子側，擔任楚國司馬，又稱司馬子反。（見《卲（昭）王之諻鼎及簋銘考證》《歷史語言研究所集刊》第八本第三分）

王子耴　即王子聽，見王子耴觥（集成09282），西周早期人，名聽，王子。

王子刺公　見宗婦郜嬰鼎（7件，集成02683—02689）、宗婦郜嬰簋（6件，集成04077—04078、集成04080、集成04086、北圖拓114—115）、宗婦郜嬰簋蓋（8件，集成04076、集成04079、集成04081—04085、集成04087）、宗婦郜嬰壺（2件，集成09698—09699）、宗婦郜嬰盤（集成10152），西周晚期人，郜國的王子。

王子适　見王子适匜（集成10190），戰國早期人，名适，某國王子。

王子啟彊　見王子啟彊尊（三代11.28.4），春秋晚期人，名啟彊，某國王子。

王子齊　見大府鎬（文物1880年8期28頁圖2），戰國晚期人，名齊，楚國王子。

王子嬰次　見王子嬰次鐘（集成00052）、王子嬰次爐（集成10386），春秋中期人，名嬰次，某國王子。郭沫若先生認為即鄭子嬰齊，（見《大系》考229頁）；關伯益先生認為是王子積（見《新鄭古器圖錄》），約公元前673—前580年；王國維先生認為即楚令尹子重，楚穆王之子。王云："獨楚令尹子重為莊王弟，故春秋書云子嬰齊，自楚人言之，則為王子嬰齊矣。"（見《觀堂集林·王子嬰次爐跋》）

王子臺　見王子臺鼎（集成02289），春秋晚期或戰國早期人，名臺，吳國王子。

王太后　見王太后右和室鼎（考古與文物1994年4期100頁圖2），戰國晚期人，燕國某國王之母。

王石　見信安君鼎（集成02773），戰國中期魏國人，名石，王氏，魏襄王時（前318—前296年）曾擔任信安君家冶鑄作坊的冶吏。

王平　見三年大將吏弩機（藏陝西歷史博物館），戰國晚期人，名平，王氏。曾任趙國邦大夫。

王句　即王后，見鑄客為王句鼎（集成02394）、鑄客為大句脰官鼎（集成02395）、鑄客簋（8件，集成04506—04513）、鑄客豆（6件，集成04675—04680）、鑄客器（集成10578）、鑄客鑑（集成10293）、王后鎬（集成10293）、鑄客缶（2件，集成10002—10003），戰國晚期人，楚國某代王后。

王后　見王后左和室鼎（3件，集成02360、集成02097、考古1984年8期761頁圖5），戰國晚期人，燕國某代王后。

王后　見王后鼎（保金153），戰國晚期人，燕國某代王后。

王后　見王后中官瓵（集成00936），戰國晚期人，秦國王后。

王臣　見王臣簋（集成04268），西周中期後段人，其父為易仲。懿王二年三月初吉庚寅，由益公陪同在太室接受周王冊命，並賜給朱黃、賁襯、玄衣㣈純、繪有五日的鑾旂，以及戈畫𢆶、厚柲、彤沙（綏）。

王仲皇父　見王仲皇父盉（集成09447），西周晚期人，字皇父，王氏公族。

王仲嬀㜏　見陳侯作王仲嬀㜏簠（2件，集成04603—04604），即王仲嬀㜏母。

王仲嬀㜏母　見陳侯盤（集成10157），春秋早期人，陳侯的次女，字㜏母，嬀姓，一單稱㜏（見陳侯作孟姜㜏簠），適周王。

王改　見蘇公簋（集成03739），西周晚期人，蘇公的女兒，改姓，某周王的妃子。

王何　見王何戈（集成11329），戰國晚期人，名何，即趙惠文王，趙武靈王的小兒子，公元前299年5月即位，四年滅中山國，在位三十二年。《史記·趙世家》載：趙武靈王"二十七年五月戊申，大朝於東宮，傳國，立王子何以為王，……是為惠文王，惠后吳娃子也。"

王伯　見王伯鼎（集成02030），西周早期人。

王伯姜　見王伯姜鼎（集成02560）、王伯姜鬲（4件，集成00606—00607、集成00647、故精品31）、王伯姜壺（2件，集成09623—09624），西周中期後段姜姓婦女，周王的后妃。劉啟益先生認為即懿王的后妃（見《西周金文中所見周王后妃》《考古與文物》1980年4期）。

王妊　見王妊簋（集成03344），西周早期後段人，某周王的妊姓后妃。一說是周昭王后妃。

王姒　銘文作王娊或王𡛃，見寓鼎（集成02718）、班簋（集成04341），商末周初人，周文王的后妃，姒姓，史書稱太姒。某年十二月丁丑，寓獻佩給王姒，王姒賜給寓曼絲。

王姒　銘文作王娊或王𡛃，見叔𪨶方尊（集成05962）、叔𪨶方彝（集成09888）、王姒鼎（文物1996年12期11頁圖16.1）、保侃母壺（集成09646）、王姒方鼎（《續考》4·10），西周早期後段人，周成王的后妃，曾賜給叔𪨶貝幣。

王直　見王直印（《古璽》0377—0378），戰國晚期人，名直，王氏。

王妻　見王妻簋（曲村494頁圖689.1），西周早期後段人。

王𡛃　即王姒，見寓鼎（集成02718），亦稱太姒，周文王的后妃。

王娊　即王姒，見王姒鼎（文物1996年12期11頁圖16.1）、保侃母壺（集成09646）、王姒方鼎（《續考》4·10），周成王的后妃。

王季　見王季鼎（2件，集成02031、文物1985年12期18頁圖8.1），西周早期人。

王馬重　見十七年平陰鼎蓋（集成02577），戰國晚期人，名馬重，王氏，魏國瑕邑冶鑄作坊的工師。

王姜　見旟鼎（集成02704）、小臣伯鼎（考古1988年6期571頁圖2）、不壽簋（集成04060）、叔簋（原稱叔卣、史叔隋器，2件，集成04132—04133）、作冊夨令簋（2件，集成04300—04301）、作冊睘卣（集成05407），西周早期人，周康王的后妃。王姜有武王后妃、成王后妃、康王后妃、昭王后妃四說。叔簋銘文中王姜與太保共見，太保即召公奭。召公奭歿於康王後期，故叔簋為康王時期器，王姜為康王后妃較妥。王姜曾多次隨軍旅出征，代周王對矢令、作冊睘、師旟等臣下進行賞賜。

王娸　見鄂侯簋（3件，集成03928—03930），西周晚期人，鄂侯的女兒，娸姓，適周王。劉啟益先生認為即夷王的后妃（見《西周金文中所見的周王后妃》《考古與文物》1980年4期）。

王豈　見三年鈜陶令富反戈（集成11354），戰國時期人，名豈，王氏，趙國鈜陶縣冶鑄作坊的工師。

王姬　見遣小子𩵋簋（集成03848），西周晚期人，周王室之女，魯男的夫人。

王姬　見王作䣄王姬鬲（2件，集成00584—00585），西周晚期人，周王室之女，適䣄王（異姓諸侯國）。

王姬　見秦公鐘（5件，集成00262—00266）、秦公鎛（3件，集成00267—00269），春秋早期人，周王室之女，秦武公（前697—前678年）的母親。

王羨　見王羨之戈（集成11015），春秋時期人，名羨，王氏。

王姒　即王姒，見班簋（集成04341），商代末期到周代早期人，亦稱太姒，周文王姬昌的后妃。

王姒　即王姒，見叔夗方尊（集成05962）、叔夗方彝（集成09888），周成王的后妃。

王孫名　見王孫名戟（鳥篆編下122），春秋

晚期人。

王孫𦤃　即王孫誥，見王孫誥鐘（26件，下寺173頁圖118—134）、王孫誥戟（2件，下寺圖版六四.2、下寺187頁圖140.1），春秋中後期人，名誥，某代楚王之孫。陳偉先生認為即《左傳·襄公十八年》的公子格。告、格雙聲通假。公子格與子庚、蒍子馮同在楚康王世（前559—前545年）用事（見《淅川下寺二號墓及相關問題》《江漢考古》1983年1期）。

王孫袖　見王孫袖戈（楚文物圖典122頁），戰國時期人，名袖，某代楚王之孫，擔任楚君監。

王孫家　見王孫名戟（鳥篆編下122），春秋晚期人，名家（或釋為豕），王孫氏。

王孫壽　見王孫壽甗（集成00946），春秋早期人。

王孫遺者　見王孫遺者鐘（3件，集成00261、考古與文物1984年3期6頁圖1、海外遺珍1.123），春秋晚期人，徐國的王孫，名遺者。郭沫若先生認為即容居，《禮記·檀弓下》"邾婁考公之喪，徐君使容居來吊含……。曰容居聞之，事君不敢忘其君，亦不敢遺其祖，昔我先君駒王西討，濟於河。"遺、容雙聲，者、居叠韻，此稱王孫，與祖其先君駒王正相合。（見《大系》考161頁）。

王孫𪊽　見王孫𪊽簠（2件，集成04501），春秋中期人，名𪊽，楚國王孫，其夫人為蔡姬，約與楚成王同時（前671—前626

年）。趙德祥先生認為即楚國的王孫包胥，姓公孫，封於申，楚昭王時為大夫。《史記·楚世家》載："昭王之處郢，也使申包胥請救於秦。"（《簠銘王孫雹和蔡姬考略》《考古與文物》1993年第2期）。

王孫㜆 即王孫漁，見楚王孫漁戈（2件，集成11152—11153），春秋晚期人，名漁，楚王之孫。石志廉先生認為即《左傳·僖公十九年》和昭公十七年中的司馬子魚，楚平王時曾參與楚、吳長岸之戰，雖楚勝吳敗，但子魚犧牲於這次戰役中。石云："司馬為古代軍事上極為重要的官職。子者乃古時男子之尊稱，子魚者實際指名魚之男子，自稱為魚，人稱為子魚。如吳王光、公子光，又稱吳光。"（見《楚王孫㜆（魚）銅戈》《文物》1963年3期）

王𡛷姜 見𢦚方鼎甲（集成02789），周穆王的后妃，姜姓。某年九月既望乙丑在堂師，曾派內史友員賜給𢦚玄衣、朱襮裣。

王㢾 見十四年鄭令趙距戈（集成11387），戰國晚期人，名㢾，王氏，韓桓惠王十四年（前259年）前後，擔任鄭縣司寇。

王蔑 見王蔑鼎（集成02237），戰國晚期人。

王嬀 見陳侯簋（集成03815），西周晚期人，陳侯的女兒，適周王。

王褱 見元年王褱鈹（又名元年王褱劍，集成11660），戰國晚期人，名褱，王氏，趙國生（往）□縣縣令。

王嚳 見中山王嚳鼎（集成02840）、中山王嚳方壺（集成09735），戰國中期人，名嚳，中山國第五代國君，成王之子。公元前322年或前321年即中山國王位，在位十四年。公元前314年派相邦司馬賙率三軍之眾，和齊軍一起伐燕，獲得勝利，奪得燕國土地，"方數百里，列城數十"。

元 見狽元卣（集成05278），商代晚期人，族徽為"狽"。

元 見元盉（集成09368），西周早期人。

元 見虢太子元徒戈（2件，集成11116—11117）、元戈（2件，集成10809—10810）、元矛（集成11412），春秋早期人，虢國太子。

元 見魯大左司徒元鼎（2件，集成02592—02593）、魯大司徒厚氏元鋪（3件，集成04689—04691）、魯大司徒元盂（集成10316），即厚氏元，春秋中期人，名元，厚氏，魯國的大左司徒。

元子羽 見徐王義楚之元子羽劍（集成11668），春秋晚期人，名羽，徐王義楚的長子。

元子柴 見徐王元子柴爐（集成10390），春秋晚期人，名柴，徐王的長子。

天 見天尊（集成05688），西周中期前段人。

天 見日己方尊（又稱天方尊，集成05980）、日己方彝（又稱天方彝，集成09891）、日己觥（又稱天觥，集成09302），西周中期前段人。

天乙唐　見宋公㦷簠（2件，集成04589—
　　04590），即成湯，商王朝開國之君。據
　　史書記載，湯為契之後，子姓，名履，
　　初居亳，為夏的方伯。夏桀無道，成湯
　　興兵討伐，放桀於南巢，遂有天下，國
　　號商，在位三十年。

天子耴　即太子聽，見天子耴觚（集成
　　07296），商代晚期人，名聽，某商王的
　　太子。

天亡　見天亡簋（亦稱大豐簋、毛公聃季簋、
　　朕簋，集成04261），西周早期前段人，
　　文王、武王兩朝的重臣。武王滅商以後
　　的某年乙亥日，王在天室祭祀文王，天
　　亡助祭。劉心源以為"天"是姓"王"
　　是名（見《奇觚》）；聞一多則認為"天
　　亡是一名一字……王於天室衣祀文王，
　　是天亡當為周同姓，且為宗子也。"（見
　　《大豐敦考釋》）；楊樹達則說："周
　　初以上未見有名天亡者。天、顛古本一
　　字，余疑即《書·君奭》之太顛也。"（見
　　《積微居金文說》）；孫作雲從天亡是
　　大祭的主要襄助人來看，認為"古代食
　　官也管祭祀禱告書記之事，天亡所習之
　　者正與之合，亡又與佚同訓，故懷疑天
　　亡乃史佚。"（見《再論天亡敦二三
　　事》）；于省吾則認為天亡即大亡，依
　　經傳讀法則作"太亡"，即"太望"，
　　也就是"輔周伐紂，國舅元勳"的太公
　　望（見《關於天亡簋銘文的幾點論證》）；
　　孫常敘、孫稚雛認為天是其職（與祀天

有關），亡乃其名（見《天亡簋銘文彙
釋》）。

天尹　見公臣簋（4件，集成04184—04187），
　　此天尹指虢仲，西周晚期的執政大臣。

天尹　見天尹鐘（2件，集成00005—00006）
　　春秋時期人。

天禾　見天禾簋（集成03603），西周早期人。

天君　見征人鼎（集成02674）、征簋（集成
　　04020），西周早期前段人，某周王的后
　　妃。某年丙午日，天君在斤饗禩酒，曾
　　賞給征人斤貝；某年癸亥日，在斤饗餰
　　酒，又賞給征人貝。

天君　見公姞鬲（集成00753）、尹姞鬲（2
　　件，集成00754—00755），西周中期前
　　段人，某周王的后妃。某年十二月，天
　　君賜給公姞三百尾魚；某年六月既生霸
　　乙卯，天君到了尹姞宗室蘇林，蔑尹姞
　　曆，賜給玉五品，馬四匹。

天君　見𤲶鼎（集成02696），西周中期某周
　　王的后妃。某年，天君令內史賜給金一
　　鈞。

天君　見遹盂（集成10321），西周晚期某周
　　王的后妃。某年正月初吉，在潦既宮命
　　遹到遂土的隣、䢅等地，遴選宮人、宮
　　婢。

天姬　見天姬壺（集成09552），西周中期前
　　段姬姓婦女。

夫差　見攻敔王夫差戈（集成11288）、攻敔
　　王夫差劍（6件，集成11636—11639、文

物193年4期18頁、彩版壹.2、文物1993年8期73頁圖4、5)、攻王夫差劍（文物1992年3期25頁圖7.2）、吳王夫差盉（上博刊7期18頁）、吳王夫差鑑（3件，集成10294—10296）、吳王夫差矛（集成11534），春秋末期人，闔廬之子，吳國國君。闔廬與越王戰，敗死，夫差既報越，句踐使大夫種行成、伍子胥諫，夫差不聽，賜伍子胥劍以死。後會諸侯於黃池，欲霸中國，句踐伐之，乃引兵歸，厚幣與越平，句踐復伐之，遂滅吳，遷夫差於甬東，自到而死。公元前495年立，在位二十三年。

夫跤申　見夫跤申鼎（文物1989年4期54頁圖4），春秋晚期婦女，舒國斟六的夫人。

井　見井鼎（集成02720），西周中期前段人。某年七月，周王在菶京，辛卯日，王漁於瘊池，井從漁賣力，王賜給井魚。

井伯　即邢伯，見邢伯甗（集成00873）、長甶盉（集成09455）、七年趞曹鼎（集成02783）、豆閉簋（集成04276），西周恭王時期的執政大臣。七年十月既生霸，恭王在周般宮太室冊命趞曹，邢伯擔任儐相。

井侯　即邢侯，見麥方鼎（集成02706）、麥方尊（集成06015）、麥盉（集成09451）、麥方彝（又稱邢侯方彝，集成09893）、榮簋（集成04241），西周成康時期人，邢國國君，周公旦的長子。某年十一月，邢侯來到麥家，賜給麥赤金（紅銅）；某年二月，周王在菶京辟雍舉行大射禮，邢侯伺射，其後周王賜給邢侯赭臦臣二百家，以及車馬、金勒、冂（冋）衣、市、舄和瑂戈等。

井侯　即邢侯，見臣諫簋（集成04237），西周中期前段邢國國君。某年，戎侵犯軮地，邢侯率兵與戎搏鬥，並命令臣諫率亞旅參加保衛軮地的戰鬥。

井姜　即邢姜，見邢姜太宰巳簋（集成03896），西周晚期姜姓婦女，邢侯夫人，邢國族的宗婦。

井姜妢母　即邢姜妢母，見異侯簋（上博刊8期136頁圖8），西周晚期人，異侯的女兒，字妢母，嫁於邢國公室。

井姬　即邢姬，見伯狳父鬲（集成00615），西周中期邢國女子，伯狳父的夫人。

丏甫　見丏甫尊（集成05576）、丏甫方彝（集成09844）、丏甫觥（集成09252），西周早期人。

丏矦　見大丏方鼎（2件，集成02162—02163），商代晚期人。

帀癹　即師發，見陳純釜（集成10371），戰國早期人，齊國左關的關吏，約與齊湣王同時（前301—前284年）。

木　見木鼎（集成02131），西周早期人。

卬　見戈卬罍（集成09240）、戈卬盉（集成09404），商代晚期人，族徽為"䍐"（戈）。

不巨　見鄁侯少子簋（集成04152），春秋時期人，釿之子，筥侯之孫。

不白夏子　即邿伯夏子，見邿伯夏子缶（又稱邿伯罍，2件，集成10006—10007），戰國早期人，名夏子，邿氏家族首領，商奚仲之後。

不光　見越王嗣旨不光劍（3件，集成11641—11642、集成11704）、越王不光劍（11件，集成11644—11650、集成11664、集成11667、鳥篆編下113、文物2000年1期71頁）、越王不光石矛（古文字研究24輯243頁），即越王不光，名翳，字不光，諸稽氏，公元前411年即越王位，在位三十六年，前376年7月被太子諸咎所殺。即位前稱"越王嗣"，即越王的法定繼承人。

不怀　見滕之不怀劍（集成11608），春秋時期滕國人。

不昜　見宋公差戈（集成11289），春秋晚期人，宋元公（宋公差，前531—前517年）的輔佐大臣。

不栺　見不栺方鼎（2件，集成02735—02736），西周早期後段人。某年八月，曾跟隨昭王到上侯，奉裸後，昭王賜給不栺貝十朋。

不壽　見不壽簋（集成04060），西周早期後段人。某年九月初吉戊辰，王姜賜給不壽裘衣。

不壽　見越王不壽劍（古文字研究24輯241頁圖1）、越王太子旬壽矛（集成11544）戰國早期越國國君，未即位時稱太子不壽。勾踐之孫，鼫與之子，朱句的父親。

《史記·越王句踐世家》："句踐卒，子王鼫與立。王鼫與卒，子王不壽立。王不壽卒，子王翁（即朱句）立。"《竹書紀年》："不壽立十年見殺，是為盲姑，次朱句立。"

不嬰　見不嬰簋（集成04328）、不嬰簋蓋（集成04329），西周晚期人。某年九月，獫狁廣伐西俞，不嬰奉命討伐，戰於高陶，獲得勝利，殺死許多敵人，並有許多俘虜，伯氏獎給不嬰一張弓，一束箭鏃，臣僕五家和土地十田。李學勤先生認為不嬰就是秦莊公，名其，西周宣王時期人。簋銘記載的史實，就是《史記·秦本紀》記載的宣王召莊公昆弟五人，與兵七千人，使伐西戎之事。（見《秦國文物的新認識》《文物》1980年9期）

太子　銘文作大子，見作冊豐鼎（集成02711），商代晚期人，某商王的太子。

太子　銘文作大子，見太子車斧（虢國墓344頁圖241.2），春秋早期人，虢國太子。

太子　銘文作大子，見太子左和室鼎（文物2001年6期70頁圖3），戰國中期人，燕國太子。

太子　銘文作大子，見集胆大子鼎（2件，集成02095—02096）、集胆鎬（集成10291），戰國晚期人，楚國太子。

太子乙　銘文作大子乙，見小臣缶方鼎（集成02653），商代晚期人，某商王的太子。

太子丁　銘文作大子丁，見邁簋（又稱邷簋，集成03975），邁的長輩，商代晚期人，某商王的太子。

太子白　銘文作大子白，見芮太子白鼎（集成02496）、芮太子白簠蓋（2件，集成04537—04538）、芮太子白壺（2件，集成09644—09645），春秋早期人，名白，芮國太子。

太子癸　銘文作大子癸，見堇鼎（集成02703），堇的長輩，第一代燕侯的長子，西周早期人。

太子聰　銘文作天子耴，見天子耴觚（集成07296），商代晚期人，某商王的太子。

太子乘邃　銘文作大子乘邃，見洹子孟姜壺（2件，集成09729—09730），春秋晚期人，名乘邃，齊莊公（前553前548年）的長子。

太公　銘文作大公，見師宝鐘（文物1994年2期96頁圖11）、姬寏母豆（集成04693），師宝和姬寏母的遠祖，生世在西周早期。

太史　銘文作大史，見太史觶（陝金1.533）、太史罍（集成09809）、中方鼎（集成02785），本為職官名。此指西周早期後段擔任周王朝太史的人，即遜季。某年十三月庚寅，周王在寒阩，令太史將褔土賜給中作為采邑。

太史大奏　銘文作大史大奏，見蔡太史鉼（集成10356），春秋晚期人，名大奏，擔任蔡國太史。

太史申　銘文作大史申，見簹大史申鼎（集成02732），春秋晚期人，名申，郜审之孫，擔任郜國太史。

太史客　銘文作大史客，見大史客甗（集成00915），西周康王時期人，名客，召公奭的後裔，擔任周王朝太史。

太史旟　銘文作大史旟，見矞比盨（集成04466），西周晚期人，名旟，擔任周王朝太史。厲王二十五年七月，奉命與内史無䚲典錄覃夫、小宫兩人以邑里交換矞比土地之事。

太后　銘文作大后，見廿九年太后漆盒（又稱廿九年太后漆樽，文物1979年12期，秦文字圖版27），此指秦國宣太后，戰國晚期楚國貴族之女，芈姓，名八子。秦惠文王妃，昭襄王之母。昭襄王年少即位，宣太后攝行朝政，任用異父弟魏冉為相，封同父弟芈戎為華陽君。親黨結連，把持國政。後昭襄王任用范睢，放逐魏冉等人，宣太后乃失勢。

太后　銘文作大后，見太后車軎（集成12026），戰國晚期秦國太后，可能為昭襄王之母宣太后。

太伯　銘文作大伯，見季老或盉（集成09444），季老或的父親，生世在西周早期。

太保　銘文作大俦、大保，見太保罍（又稱克罍，考古1990年1期25頁圖4.1）、太保盉（考古1990年1期25頁圖4.2）、大保卣（集成05018）、太保方鼎（集成01735）、大保簋（集成04140）、太保玉戈（考古與文物1993年3期74頁圖3）、董鼎（集成02703）、憲鼎（集成02749）、作冊大方鼎（4件，集成02758—02761）、旅鼎（集成02728）、叔簋（原稱叔卣、史叔隋器，2件，集成04132—04133）、臣楀簋（集成03790）、御正良爵（集成09103）、又稱公太保（見御正良爵、旅鼎）、尹太保（見作冊大方鼎）。太保本為西周職官名。此指西周武、成時期擔任此職的召公奭，西周初期的王朝重臣，我國古代著名的政治家。召公為文王之子，周公旦之兄，武王受命之初，周、召兄弟輔助其伐殷，左右成王平定四方之亂，功勞巨大，大約卒於康王時期。今本《紀年》說召公奭死在康王二十四年。召公初封於畿內的召，後封於燕，但本人未去就封，而由長子旨就任燕侯，自己留在京都仍擔任太保，召公奭卒後，次子接任太保之職。張亞初先生認為：太保罍銘記載武王命召公奭在燕地為諸侯，並將旆、羌、馬、叡、雩、馭、微等方國部族連同燕國一起納入周的版圖，分給太保召公奭管轄治理。召公接受冊命後，大大地對答奉揚武王的錫命，並到燕國去踏勘國土進行封疆。太保罍銘中有"令克侯于匽"之句，李學勤、劉雨、張長壽、陳公柔、王世民等先生認為"克"是人名，成王初年人，召公奭的元子，第一代燕侯。罍銘講成王封克於燕，並令管理旆、羌、馬、叡、雩、馭、微等原屬於殷王朝的一些方邦。

太保　銘文作大僳，見太保車轄（文物1996年7期66頁圖27），此太保指澋（又作礀），西周早期後段人，太保召公奭的後裔，以太保為氏。

太保鄩　銘文作大僳鄩，見大保鄩盤（集成10054），西周早期人，名鄩，召公奭的後裔，以太保為氏。

太祝　見申簋蓋（集成04267），本為職官名。此指西周中期前段擔任周王朝的太祝的人。某年正月初吉丁卯，王在周康宮太室冊命申，繼承其祖考的官職，輔佐太祝官管理豐人和九戲祝。

太祝追　見大祝追鼎（上博刊8期132頁圖6），西周晚期人，名追，擔任周王朝的太祝之職。

太祝禽　見大祝禽方鼎（2件，集成00987—01938），西周成康時期人，名禽，周公旦的長子，就封於魯，為魯侯，西周初期曾任周王朝的太祝。

太師　銘文作大師，見太師鼎（集成02409），本為職官名。此指西周中期擔任太師的人，夫人為叔姜。

太師　銘文作大師，見太師簋（集成03633），本為職官名。此指西周中期後段擔任太師的人，夫人為孟姜。

太師　銘文作大師，見太師盤（藏上海博物館），本為職官名。此指春秋早期某國擔任太師的人，姜姓，其女為孟姜。

太師人騂乎　銘文作大師人騂乎，見太師人鼎（集成02469），西周晚期人，名駢乎，以太師為氏（"太師人"即"太師氏"）。

太師小子夅 銘文作大師小子夅，見太師小子夅簋（3件，考古與文物1990年5期40頁圖11.3—圖11.4、考古與文物1990年5期40頁圖11.5器，上博刊8期130頁器），西周晚期人，名夅，太師的小兒子。

太師小子師望 銘文作大師小子師望，見師望鼎（集成02812）、太師小子師望簋（集成03682）、師望盨（集成04354）、太師小子師望壺（集成09661），即師望。

太師事良父 銘文作大自事良父，見大自事良父簋蓋（集成03914），西周晚期人，字良父，事氏，擔任周王朝的太師。

太師盧 銘文作大師盧，見太師盧簋（2件，集成04251—04252）、大師盧豆（集成04692），西周中期後段人，名盧，擔任周王朝太師之職。懿王十二正月既望甲午，周王在周師量宮賜給太師盧虎裘。

太師鄭 銘文作大帀奠，見曾太師鄭鼎（銅全10.9），春秋晚期人，名鄭，擔任曾國太師。

太師腆 銘文作大師腆，見蔡太師腆鼎（集成02738），春秋晚期人，名腆，擔任蔡國太師。

太宰巳 銘文作大宰巳，見邢姜太宰巳簋（集成03896），西周晚期人，名巳，擔任邢姜（邢國組首領的夫人）的太宰。

太宰原父 銘文作大宰邎父，見魯大宰原父簋（集成03987），春秋早期人，字原父，擔任魯國太宰。

太宰徲 銘文作大宰徲，見黿太宰徲子斂鐘（集成00086），即太宰櫢。郭沫若先生說："櫢從木，為叢之繁文，徲從彳從叢省，蓋趣字之異，叢省聲也。叢趣同以取為聲，此徲櫢又同以叢為聲，得相通。"（見《大系》考193頁）

太宰櫢 銘文作大宰櫢，見邾太宰櫢子臸簋（2件，集成04623—04624），臸（一作敔）的父親，春秋早期人，擔任邾國太宰。郭沫若先生說："櫢從木，為叢之繁文；徲從彳從叢省，蓋趣字之異，叢省聲也。叢趣同以取為聲，此徲櫢又同以叢為聲，得相通。"（見《大系》考193頁）

友父 見友父簋（2件，集成03726—03727），即中友父，字友父，中氏，西周晚期人。

厷 見鑄司寇厷鼎（三屆古483頁圖1、2），春秋早期人，擔任鑄（祝）國司寇。

五大夫青 見八年五大夫青弩機（集成11931），戰國晚期人，名青，身份為五大夫，任某國工尹。

五月 見相邦春平侯鈹（集成11688），戰國晚期人，趙孝成王十五年到悼襄王時（前251—前236年）曾擔任趙國邦左庫冶鑄作坊的冶尹。

屯 見屯鼎（2件，集成02509—02510）、屯尊（集成05932）、屯卣（集成05337），

西周中期前段人，族徽為"夺"。

戈車　見戈車尊（三代11.24.7）、戈車卣（集成05272），西周早期人，名車，戈族。

戈畧　見戈畧簋（3件，集成03394—集成03396）、戈畧盉（集成09381）、戈畧爵（2件，集成08989—08990）、戈畧作母觚（集成07257）、戈畧觶（集成06433）、戈畧卣（集成05112），西周早期人，名畧，戈族。

止公　見五年琱生簋（集成04292）、六年琱生簋（集成04293），西周中期後段人，周生的父親。

中　見中鐃（3件，郭家莊105頁圖81.1—6），商代晚期人，族徽為"亞裏止"。

中　見中鐃（3件，集成00367—00369），商代晚期人。

中　見中觶（集成06482），西周早期前段人，族徽為"亞（亞址）"。

中　見中作祖癸鼎（集成02458），西周早期人。

中　見中作父乙罍（集成09815），西周早期人，族徽為"盤"。

中　見中鼎（集成01957）、中方鼎（2件，集成02751—02752）、中方鼎（集成02785）、中甗（集成00949）、中觶（集成06514），西周康昭時期人。一件中方鼎載：在南宮征伐虎方之年，王命中先行省視南國，在夒陷真山設置王的臨時駐蹕之所，王饋贈給中"生鳳"；另一

件中方鼎載：某年十三月庚寅，昭王在寒師（次），命太史賜給中福土，王曰："中，茲福人入事，錫于武王作臣，今貺畀汝福土，作乃采。"中甗記載，王命中先行省視南國，在曾設立臨時駐蹕之所，並出使南國小大邦，中省視了方、鄧等地，來到鄂師師。

中　見中盉（集成09316），西周早期前段人，族徽為"⼀⼀"。

中　見中簋（集成03377），西周中期前段人。

中　見五十年詔事宕戈（秦文字圖版31秦文字圖版31），戰國晚期人，秦昭襄王五十年（前257年）前後，在秦國工室當冶鑄工。

中子化　見中子化盤（集成10137），春秋時期人，臣事於楚。

中山王豐　見中山王豐鼎（集成02840）、中山王豐方壺（集成09735），見王豐。

中山侯忿　見中山侯忿鉞（集成11758），戰國中期中山國國君，名忿。疑即中山桓公，中山王豐的祖父。

中友父　見中友父簋（2件，集成03755—03756）、中友父盤（集成10102）、中友父匜（集成10224），西周晚期人，中國族，與中義為同一人，名義字友父，取其與朋友交往要有情義之意。

中伯　見中伯簋（2件，集成03946—03947）、中伯盨（2件，集成04355—04356）、中伯壺蓋（集成09667）、中伯壺（集成

09668），西周晚期人，中國族首領。

中易王 見中易王鼎（湖南考古集刊4輯27頁圖8.3），戰國中期人。

中斂 見中斂鼎（集成02228），戰國晚期人。

中姬 見辛叔皇父簋（集成03859），西周晚期姬姓婦女，辛叔皇父的夫人。

中姬 見虢季匜（集成10192），西周中期姬姓婦女，嫁于中氏家族。

中婦 見中婦鼎（集成01714），西周早期婦女。

中義 見中義鐘（8件，集成00023—00030），西周晚期人，名義，中氏，與中友父是一個人，名字意義相關。

中賄王 見中賄王鼎（集成01933），戰國晚期人。

日乙 見麋婦觚（集成07312），麋婦的丈夫，生世在商代晚期，族徽為"鑊叹"。

日乙 見豊鼎（集成02625），商代晚期某王的日名。

日乙 見能匋尊（集成05984），能匋的父親，生世在西周早期前段，族徽為"冀（冀）"。

日乙 見陵方罍（集成09816），陵的父親，生世在西周早期前段，族徽為"單"。

日乙 見旂鼎（集成02670），旂的父親，生世在西周早期，族徽為"冀（冀）"。

日乙 見隉仲字簋（集成03918），鄖仲的父親，生世在西周早期，族徽為" ）"。

日乙 見仲子尊（集成05909），仲子的父親，生世在西周早期，族徽為"冉（冉）"。

日乙 見稽卣（集成05411），稽的父親，生世在西周早期，族徽為"戈"。

日乙 見羿簋（2件，集成03993—03994）羿的祖父，生世在西周早期。

日乙 見老簋（古文字研究24輯183頁），老的祖父，生世在西周早期。

日乙 見述尊（集成05934）、述卣（集成05336），述的兄長，生世在西周中期前段。

日丁 見商尊（集成05997）、商卣（集成05404），商的父親，生世在商代晚期，族徽為"冀（冀）"。

日丁 見幾卣（文物2001年8期17頁圖30），幾的祖母，生世在商代晚期。

日丁 見戀簋（集成03606）、戀尊（集成05877）、戀卣（集成05362），又稱文父日丁，戀的父親，生世在在西周早期前段，族徽為"冀（冀）"。

日丁 見仲辛父簋（集成04114），仲辛父的祖父，生世在西周早期。

日丁 見走馬休盤（集成10170），走馬休的父親，生世在西周早期。

日丁 見匡卣（集成05423），匡的父親，生世在西周中期前段。

日丁 見生史簋（2件，集成04100—04101），生史的祖父，生世在西周早期。

日己　見作冊魕卣（集成05432），作冊魕的長輩，生世約在西周早期前段。

日己　見就覸盨（井叔墓147頁圖109.2），就覸的祖父，生世在西周早期。

日己　見周蒡壺（2件，集成09690—09691），周蒡的父親，生世在西周中期前段，族徽為"田"。

日己　見日己方尊（又稱天方尊，集成05980）、日己方彝（又稱天方彝，集成09891）、日己觥（又稱天觥，集成09302），天的父親，生世在西周中期前段。

日己　見大夫始鼎（集成02792），大夫始的父親，生世在西周中期。

日己　見宴簋（2件，集成04118—04119），宴的父親，生世在西周中晚期。

日壬　見珂作兄日壬尊（集成05933）、珂卣（集成05339）、珂兄日壬觶（集成06429），何的兄長，生世在西周早期後段，族徽為"🈂"。

日壬　見叔寣簋（集成03694），叔寣的父親，生世約在西周中期前段，族徽為"冄（冉）"。

日戊　見彧方鼎甲（集成02789），伯彧的祖母，乙公的夫人。伯彧稱其為文妣，生世約在西周成康時期。

日戊　見作長鼎（集成02348），長的長輩，生世在西周早期，族徽為"㫃（旅）"。

日戊　見生史簋（2件，集成04100—04101），生史的父親，生世在西周早期或中期前段。

日戊　見咏尊（集成05887），咏的長輩，生世在西周早期。

日甲　見小臣傳簋（集成04206），小臣傳的父親，生世在商末周初。

日辛　見戈厚簋（集成03665），厚的兄長，生世在商代晚期，族徽為"🈂（戈）"。

日辛　見何觶（集成06505），何的父親，生世在商代晚期，族徽為"亞得"。

日辛　見盂方鼎（2件，文物1997年12期31頁圖1—圖2），盂的母親，生世在商代晚期。

日辛　見子达觶（集成06485），子达的長兄，生世在商代晚期。

日辛　見盤仲棶尊（集成05963）、盤仲棶卣（集成05369），許仲棶的父親，生世在西周早期前段。

日辛　見索諆爵（集成09091），索諆的長輩，生世在西周早期前段。

日辛　見闚卣（集成05322），闚的父親，生世在西周早期前段。

日辛　見奠尊（集成05979），奠的父親，生世在西周早期前段，族徽為"何車"。

日辛　見剌鼎（集成02485），剌的夫人，亦稱宂嫣日辛，生世在西周早期。

日辛　見姬鼎（集成02333），姬的婆母，生世在西周早期。

日辛　見彭生鼎（集成02483），彭生的父親，生世在西周早期。族徽為"𠁁冊"。

日辛　見臭簋（集成03909），臭的長輩，生世在西周早期，族徽為"旅"。

日辛　見狽尊（集成05839），狽的父親，生世在西周早期。

日辛　見服方尊（集成05968），服的父親，生世在西周早期。

日辛　見峕客簋（集成03996），峕客的父親，生世在西周中期。

日庚　見曶作日庚尊（集成05931），曶的父親，生世在西周早期前段。

日庚　見就覭甗（井叔墓147頁圖109.2），就覭的父親，生世在西周早期。

日庚　見戜方鼎乙（集成02824）、戜簋（集成04322），伯戜的母親，甲公的夫人，生世在西周早期後段。

日庚　見虎簋蓋（2件，考古與文物1997年3期79頁圖3，古文字研究24輯183頁）、師虎簋（集成04316），師虎的父親，生世在西周早期。

日癸　見婦闈鼎（集成02403）、婦闈甗（集成00922）、婦闈爵（2件，集成09092—09093）、婦闈斝（2件，集成09246—09247）、婦闈卣（2件，集成05349—05350）、婦闈罍（集成09820），婦闈的婆母，生世在商代晚期。

日癸　見𠁁婦簋（集成03687），𠁁婦的長輩，生世在商代晚期，族徽為"㸚冊（號冊）"。

日癸　見趨觚（集成07305），趨的父親，生世在商代晚期，族徽為"𢆶"。

日癸　見作冊睘尊（集成05989）、作冊睘卣（集成05407），作冊睘的父親，生世在西周早期前段，族徽為"𠆎"。

日癸　見壴卣（集成05401），亦稱父癸，戚子壴的父親，生世在西周早期前段，族徽為"單光"。

日癸　見對罍（集成09826），對的父親，生世在西周中期前段，族徽為"𢆬（冉）"。

日癸　見史酖敉尊（北窰墓213頁圖112.2），史酖敉的兄長，生世在西周中期前段。

日癸　見仲辛父簋（集成04114），仲辛父的父親，生世在西周中期前段。

日癸公　見辥尊（集成05928），辥的父親，生世在西周早期前段，族徽為"𢆷"。

舟　見師袁簋（2件，集成04313—04314），西周晚期人，南淮夷酋長，宣王時被師袁俘獲。

舟子　即崔子，見庚壺（集成09733），春秋晚期齊國人。齊靈公十二年（前570年）伐吳戰爭中，三軍圍攻萊都，崔子擔任司鼓，與庚一起戰勝敵軍，獻功於靈公之所，得到靈公的重賞。

內大子　即芮太子，見芮太子鼎（2件，集成02448—02449），春秋早期人，芮國太子。

内大子白　即芮太子白，見芮太子白鼎（集成02496）、芮太子白簠蓋（2件，集成04537—04538）、芮太子白壺（2件，集成09644—09645），春秋早期人，名白，芮國太子。

内大攺　即芮大攺，見芮大攺戈（集成11203），春秋時期芮國人，名大攺。

内小臣床生　見魯内小臣床生鼎（集成02354），西周晚期或春秋早期人，名床生，魯國内宮的小臣。

内子仲歔　即芮子仲歔，見芮子仲歔鼎（集成02517），春秋早期人，芮國國君的次子，名仲歔。

内公　即芮公，見芮公鬲（3件，集成00711—00712、集成00743）、芮公簋（3件，集成03707—03709）、芮公簠（集成04531）、芮公鐘（集成00031）、芮公鐘鈎（2件，集成00032—00033），春秋早期人，芮國國君，女兒叔姬，嫁於京仲氏。

内公　即芮公，見芮公從鼎（3件，集成02387—02389），芮公飤鼎（集成02475）、芮公壺（3件，集成09596—09598），春秋早期人，芮國某代國君。

内公　即芮公，見芮公戈（集成10973），春秋早期人，芮國某代國君。

内公叔　即芮公叔，見芮公叔簋（2件，文物1986年8期72頁圖13、14），西周早期後段人，名叔，芮國國君。

内尹　見齍卣（上博刊7期46頁圖3），内史尹的簡稱。唐友波先生認為即太宰（《齍卣與獻功之禮》《上博刊》第7期）。本為職官名。此指西周昭穆時期擔任此職務的某人。某年九月己亥，丙公朝見周王行獻器之禮時，擔任儐右。

内史　見師毛父簋（集成04196）、豆閉簋（集成04276）、師俞簋蓋（集成04277），本為西周王朝的史官名。此指西周中期擔任此職務的人。在周王冊命師毛父、師俞、豆閉等人的儀式上，都曾代宣王命。

内史友員　見㦰方鼎甲（集成02789），西周中期前段人，名員，擔任周王朝内史。某年九月既望乙丑，在堂師曾奉王俎姜之命，賜給㦰玄衣、朱襮袷。

内史尹　見救簋蓋（集成04243），又稱内史尹氏、作冊尹，即内史之長。此指西周中期擔任内史尹的一個具體人。某年二月初吉，周王在司馬共太室冊命救的儀式上代宣王命。

内史尹　見元年師兌簋（2件，集成04274—04275）、三年師兌簋（2件，集成04318—04319），又稱内史尹氏、作冊尹，即内史之長。此指西周晚期擔任内史尹的一個具體人。元年五月初吉甲寅和三年二月初吉丁亥，在周王冊命師兌的儀式上，内史尹代宣王命。

内史尹氏　見楚簋（4件，集成04246—04249）、弭伯師耤簋（集成04257），即内史尹。此指西周中期擔任内史尹的一個具體人。某年正月初吉丁亥和某年八月初吉戊寅，在周王册命楚和師耤的儀式上代宣王命。

内史尹仲 見宰獸簋（2件，陝西歷史博物館館刊2000年第7輯99頁圖2、文物1998年10期40頁圖7.2），西周懿孝時期人，尹氏公族，名不詳，擔任周王朝内史。孝王六年二月甲戌，在師彔宮周王册命宰獸的儀式上代宣王命。

内史吳 見師瘨簋蓋（集成04284）、師虎簋（集成04316）、牧簋（集成04343），又稱作册吳（見吳方彝），西周中期前段人，名吳，擔任周王朝内史。某年二月初吉丁亥，由宰胐陪同在周成太室接受册命，周王命吳管理"旃罕叔金"，並賜給秬鬯一卣、玄袞衣、赤舄、金車、賁賣朱虢靳、虎冟（幎）、纁裹、賁較、畫轉、金甬（簟）、馬四匹和鋚勒；在周王册命師瘨、師虎和牧的儀式上，代宣王命。

内史夆 即内史敖，或釋為"内史年、内史屰"，見王臣簋（集成04268）、諫簋（集成04285），亦稱史夆（見蔡簋、揚簋），西周中期人，名敖，擔任周王朝内史之職。曾先後參加過周王對王臣、堅、蔡、瘨、揚和諫等人的册命儀式上，代宣王命。

内史音 見殷簋（2件，陝金1.402—3），西周中期後段人，名音，擔任周王朝内史。

某年二月丁丑日，在周新宮周王册命殷時，代宣王命。

内史匽 見田律木牘（文物1982年1期11頁圖19、20），戰國晚期人，名匽，秦武王時（前310—前307年）擔任秦國内史。

内史駒 見師夌父鼎（集成02813），西周中期人，名駒，擔任周王朝内史。某年六月既生霸庚寅，周王在太室册命師夌父，内史駒代宣王命。

内史無貯 見爾比盨（集成04466），西周晚期人，名無貯，擔任周王朝内史。厲王二十五年七月，奉命與太史旖典錄章、賣兩人以邑里交換爾比土地之事。

内史操 見張儀戈（秦文字圖版17），戰國晚期人，名操，秦惠文王時（前337—311年）擔任秦國内史。

内史爯 見趩鼎（集成02815），西周厲王時期人，名爯，擔任周王朝内史。十九年四月既望辛卯，在康昭宮太室周王册命趩的儀式上，内史爯代宣王命。

内伯 即芮伯，見芮伯壺（集成09585），春秋早期人，芮國國君。

内伯多父 即芮伯多父，見芮伯多父簋（集成04109），西周晚期人，字多父，芮國國君。

内叔 即芮叔，見芮叔鼎（集成01924），西周中期人，芮國公族。

内叔隆父 即芮叔隆父，見芮叔隆父簋（3件，集成04065左、集成04066左、集成

04067左），西周晚期人，字㢠父，芮國公族。

内姞　即芮姞，見芮姞簋（故周金23），西周晚期姞姓婦女，所鑄銅器有“⋈”徽記。

内姬　即芮姬，見呂王壺（集成09630），西周晚期芮國公室之女，呂王的夫人。

少曲夜　見皋落戈（考古1991年5期414頁圖2），戰國晚期人，曾擔任秦國佫茖（皋落）縣大令。

壬父　見壬父鼎（集成01272），西周早期後段人。

壬舟　見壬舟爵（集成08254），商代晚期或西周早期人。

壬侜　見壬侜鼎（集成02176），西周早期前段人，族徽為“⺄（鳥）”。

夭　見夭作彝觚（2件，集成07205—07206），西周早期人。

毛父　見班簋（集成04341），西周中期前段人，毛國族首領，名班，又稱毛伯，文王之子毛叔鄭的曾孫，班是穆王的父輩，故稱毛父。詳見班條。

毛公　見班簋（集成04341）、孟簋（3件，集成04162—04164），即班、毛伯班。

毛公厝　見毛公鼎（集成02841），西周晚期人，名厝，毛國族首領，宣王的輔弼大臣，因與厲王同輩，故宣王稱其為父厝。宣王命其治理國家和王室内外的大小政事，輔佐王位，使邦國上下同心同德，安撫四方。宣王說“我現在繼承先王的命令，任命你管理一方百姓，以宏大我邦我家。你處理政事的時候，不要擁塞庶民之口，不要受賄。……命令你兼管公族、三有司、小子、師氏、虎臣等執事官，和你們的家族一起捍衛我的王權。俸祿為三十鋝錢幣。”並賜給一卣鬯酒，祭祀用的玉圭瓚寶，有青色繫帶的紅色蔽膝，玉環、玉琮、用青銅裝飾的車子、有紋飾的車邊横木、朱色皮革蒙包的車軾、虎皮車蓋、絳紅色的車覆裏子、右軛、畫轉、畫輯、金甬、錯衡、金踵、金轙、㪅、𣜤（盛）、青銅製的車子兩旁的遮蔽物、魚形的箭袋、馬四匹、帶有銅飾的馬轡絡銜、金嚾、縛在馬胸前的金色帶子、有二鈴的朱色旗幟，以及斧鉞等殺伐用具。

毛公旅　即毛公旅，見毛公旅方鼎（集成02724），西周早期人，名旅，毛叔鄭的後代，毛國族首領。

毛仲姬　見善夫旅伯鼎（集成02619），西周晚期人，毛國公室的次女，姬姓，善夫旅伯的夫人。

毛伯　見班簋（集成04341），即班、毛伯班，又稱毛公，周穆王時期的一位軍事統帥。《穆天子傳》作毛班，《竹書紀年》穆王十二年“毛公班、共公利、逢公固率師從王伐犬戎”。其曾祖父是周文王之子毛叔鄭（毛國的始封君），故穆王稱班為毛父。班簋銘文記述周王命班繼承虢城公的職位，負責保衛王身，監管繁、蜀、巢等三個方國，並賜給旗幟、馬絡銜等。周王命毛班率領各同盟部落首領、徒兵和車兵，以及周人去討伐東夷瘠戎。周王又命吳伯率其族人為左師，呂伯率其族人為右師，一同隨毛伯出征，戰爭進行了三年，終於把東國安定下來，毛班告捷於天子。

毛伯　見毛伯戈（北窰墓228頁圖123.4），西周中期前段人，毛叔鄭的後代，毛國國君，名不詳。從銅器銘文內在聯系看，很可能就是穆王時期班簋和孟簋中的毛伯班。

毛伯　見鄦簋蓋（集成04296）、鄦簋（集成04297），西周晚期人，毛國族首領，周王朝的執政大臣。郭沫若先生認為此毛公即毛公厝。幽王二年二月丁亥，祝鄦在宣榭接受冊命儀式上，擔任儐相。

毛伯噎父　見毛伯噎父簋（集成04009），西周晚期人，字噎父，毛國族首領。

毛叔　見師湯父鼎（集成02780），師湯父的父親，西周中期前段人。

毛叔　見此鼎（3件，集成02821—02823）、此簋（8件，集成04303—04310），又稱司土毛叔，西周宣王時期人，毛國公族，擔任周王朝司土。宣王十七年十二月乙卯，在康宮周王冊命此的儀式上，擔任儐相。

毛叔　見毛叔盤（集成10145），春秋早期人，毛國公族，長女為孟姬。

毛舁　見毛舁簋（集成04028），西周晚期人。

（《小校》釋為"毛遣"）

午　見王子午鼎（7件，集成02811、下寺117頁圖95—123頁圖100）、王子午戟（2件，下寺188頁圖141.1、圖141.2），春秋晚期前段人，楚莊王之子，故亦稱公子午，又稱子庚。楚康王時先後擔任司馬和令尹之職，卒於康王七年（前552年）。《左傳·襄公十三年》："秦嬴歸於楚，楚司馬子庚聘於秦，為夫人寧，禮也。"杜註："子庚，莊王子，午也。"

午　見臯落戈（考古1991年5期414頁圖2），戰國晚期人，秦國臯落縣冶鑄作坊的冶吏。

气　見四年右庫戈（集成11266），戰國時期人，某國冶鑄作坊的冶吏。

反維　見六年襄城令韓沽戈（第三屆國際中國古文字學研討會論文集422頁），戰國晚期人。韓桓惠王六年（前267年）前後，擔任韓國襄城司寇。

兮公　見孟卣（集成05399），孟的上司，西周早期後段人。某年，曾賜給孟鬯酒和貝幣。

兮甲　見兮甲盤（集成10174），又稱兮伯吉父、伯吉父、兮吉父、吉父等。名甲字吉父，兮氏。西周宣王時期的重臣，即《詩·六月》中的吉甫。王國維先生說："甲者，日之始，故其字曰伯吉父。吉有始義，古人名月朔為月吉，以月之首八日為初吉，是其証也。"（見《觀堂集林補遺·兮甲盤跋》）盤銘載：五年三月，宣王親自率兵征伐玁狁到了嵩麠，兮吉父從征有功，宣王賜給馬四匹、駒車一輛，並令徵收成周及東國諸侯的委積，南淮夷各國的貢賦和勞役。"毋敢不出其帛、其積、其進人，其賈，毋敢不即次即市，敢不用命，則即刑撲伐。其唯我諸侯、百姓，厥賈，毋不即市，毋敢或入蠻宄賈，則亦刑。"

兮吉父　見兮吉父簋（集成04008），即兮伯吉父、兮甲。

兮仲　見兮仲簋（7件，集成03808—03814）、兮仲鐘（7件，集成00065—00071），西周晚期人，兮氏公族，其父謚號己伯。

兮伯吉父　見兮甲盤（集成10174）、兮伯吉父盨（集成04426），即兮甲。

兮建　見兮建觚（集成06921），商代晚期人。

兮敖　見兮敖壺（集成09671），西周晚期人。

公上父　見師訊鼎（集成02830），師訊的先輩，周王朝的重臣，生世在西周早期。

公子土斧　見公子土斧壺（集成09709），春秋晚期齊國公子（或即齊景公的公子），名土斧。（或釋為"公子土折"）

公子裙　見公子裙壺（集成09514），戰國時期人，名裙，某國公子。

公太史　銘文作公大史，見公太史方鼎（2件，集成02339、集成02370）、公太史簋（集成03699）、作冊魖卣（集成05432），太史本為職官名。此公太史是指西周早期擔任太史的某人，夫人為姬

姞。見服於宗周之年的四月，公太史在豐邑賞給作冊魖馬一匹。

公太保　銘文作公大保，見旅鼎（集成02728）、御正良爵（集成09103），此指召公奭，商末周初人，擔任周王朝太保，與周公旦輔佐武王伐殷，左右成王平定四方之亂。

公父宅　見公父宅匜（集成10278），春秋時期人，名宅，字公父，浮公之孫。

公氏　見何尊（集成06014），何的父親，生世在商代晚期。

公母　見伊生簋（集成03631），西周早期婦女，伊生所在氏族的宗婦。

公臣　見公臣簋（4件，集成04184—04187），西周晚期人，虢仲的臣屬。某年，虢仲命令公臣管理百工，並賜給馬一乘、鐘五件和一批金（青銅）。

公仲　見𤰝觶（集成06509）、庶觶（集成06510），西周早期人。某年乙丑日，公仲曾分別賜給𤰝和庶貝。

公仲　見亳鼎（集成02654），亳的長輩，西周早期人。

公仲　見㝅簋（集成10581），西周早期人，周王朝執政大臣。某年八月甲申，公仲在宗周賜給㝅貝五朋。

公仲　見南宮乎鐘（集成00181），即必父，南宮乎的祖父，生世約在西周中期。

公仲洮　見公仲洮簋（保金續119），西周中期前段人。

公伯　見虡簋（集成04167），西周中期前段人，虡的兄長，又是本族的族長。某年，曾賜給虡幷五梃，以及祈胄和干戈。

公伯　見不嬰簋（集成04328）、不嬰簋蓋（集成04329），不嬰的祖父，該族的族長，生世在西周晚期 李學勤先生認為即《史記‧秦本紀》所載的公伯，秦仲之父，秦莊公的祖父。

公姒　銘文作公㚸，見奢簋（集成04088），西周早期姒姓婦女，某諸侯或公卿的夫人。某年十月辛巳，曾在葊京賜給奢貝。

公東宮　見效尊（集成06009）、效卣（集成05433），即東宮，西周中期前段人。某年四月初吉甲午，王觀於嘗，公東宮納饗於王，王賜給東宮貝五十朋。

公叔　見賢簋（3件，集成04104—04106），西周中期前段人。某年九月初吉庚午，賢跟隨公叔去衛地視察，公叔任命賢擔任執事，並賜給賢百畮田地的農作物。

公叔　見恆簋蓋（2件，集成04199—04200），恆的父親，西周中期前段人。

公叔　見逨盤（盛世吉金30頁），逨的高祖，盠（盠父）的祖父，新室仲的父親，單公的兒子，臣事周成王。

公姊　銘文作公娣，見公仲㽙簋（保金續119），西周中期前段人，公仲㽙的姐姐。

公侯　見亳鼎（集成02654），亳的族長，西周早期人。某年，公侯賜給亳杞土、麇土、㯟禾、䵼禾。

公姞　見公姞鬲（集成00753）、次尊（集成05994）、次卣（集成05405），西周中期前段人，姞姓，穆公的夫人。陳夢家先生認為與尹姞是一個人。"公姞"、"尹姞"乃是身份地位的稱號與姓的結合，公尹是其丈夫穆公的身份稱號。尹姞鼎銘載，某年六月乙卯，天君到了尹姞宗室䛊林，蔑尹姞曆，賜給玉五品，馬四匹；公姞鼎銘載，某年十二月，天君賜給公姞三百尾魚；某年二月初吉丁卯，公姞命次管理田人，並賜給次馬匹和裘衣。

公乘　見公乘鼎（集成01347）、公乘方壺（集成09496），戰國晚期人。

公乘导　即公乘得，見守丘刻石（河北202），戰國中期中山國人，中山王陵的守丘者。

公孫呂　見衛公孫呂戈（集成11200），春秋早期衛國人，名呂，公孫氏。

公孫涅　見六年六年代相史微劍（文博1987年2期53頁圖1），戰國晚期人，名涅，公孫氏。代王嘉六年（前222年）擔任代（趙）國左庫的工師。

公孫桴　見十五年守相廉頗鈹（2件，集成11701—11702）、守相杢波鈹（集成11670），戰國晚期人，名桴，公孫氏，趙孝成王十五年（前251年）前後，擔任邦右庫冶鑄作坊的大工尹。李學勤先生認為是韓國人。

公孫訾父　見陳公孫訾父瓶（集成09979），春秋早期人，字訾父，陳國公孫。

公孫痉父　見塞公孫痉父匜（集成10276），即考叔痉父，春秋早期人，字痉父，塞國公孫。

公孫竈　即公孫竈，見公子土斧壺（集成09709），春秋晚期人，齊惠公之孫，名竈，以公孫為氏，即子雅，齊國的執政大臣。《左傳》襄公二十八年"子雅、子尾怒"，杜註："二子皆惠公孫"，高誘《呂覽》註："子雅，惠公之孫，公子欒堅之子竈也。"公孫竈於齊景公三年（前545年）參與了倒慶氏的政變，此後即上臺執政，卒於齊景公九年（前539年）。

公孫淖子　即公孫朝子，見公孫朝子鐘（9件，文物19887年12期51頁圖9）、公孫朝子鎛（7件，文物1987年12期49頁圖4.1），戰國中期人，名朝子，公孫氏，居住在齊國的莒國族後裔。

公娰　即公娰，見奢簋（集成04088），西周早期娰姓婦女，某諸侯或公卿的夫人。某年十月辛巳，曾在蒡京賜給奢貝。

公族绁　見牧簋（集成04343），西周中期人，名绁，牧的同族。某王十年十三月甲寅，在周王冊命牧的儀式上，擔任儐相。

公族環釐　見師酉簋（4件，集成04288—04291），西周中期後段人，名環釐，與師酉同族。懿王元年正月，在周王冊命師酉的儀式上，擔任儐相。

公違　見臣卿鼎（集成02595），西周早期人。某年，公違到東國省視，在新邑賜給臣卿金（青銅）。

公貿　見公貿鼎（集成02719），西周中期人，名貧，字公貿。某年十二月初吉壬午，叔氏使貧安異伯，異伯賓贈馬鬯一乘。

公觴　即公觴，見公觴帶鈎（集成10404），戰國時期人。

公片　見作公片鑒（集成09393），西周早期人，族徽為"馽（冀）"。

从　見从簋（保金64），西周早期前段人。

从　見从鼎（集成02461），西周中期前段人。

父乙　見酛尊（集成05894），酛的父親，生世在商代晚期，族徽為"亞（亞醘）"。

父乙　見貝鳥觚（集成07310）、貝鳥爵（2件，集成09050—09051），貝鳥的父親，生世在商代晚期，族徽為"貝鳥"。

父乙　見采卣（集成05205），采的父親，生世在商代晚期，族徽為"采"。

父乙　見曆簋（保金續33），曆的父親，生世在商代晚期，族徽為"亞（亞俞）"。

父乙　見緙簋（集成04144），緙的父親，生世在商代晚期，族徽為"旅（旅）"。

父乙　見卸簋（集成03990）、卸鬲（集成00741），卸的父輩，生世在商代晚期，族徽為"亞沚（沚）"。

父乙　見般方鼎（集成02114），般的父親，生世在商代晚期，族徽為"呂冊（冊）"。

父乙　見帚震鼎（集成02710），寢震的父親，生世在商代晚期，族徽為"羊冊（羊冊）"。

父乙　見戍圅鼎（集成02694），戍圅的父親，生世在商代晚期，族徽為"☐（亞印）"。

父乙　見小臣缶方鼎（集成02653），小臣缶的父親，生世在商代晚期，族徽為"☐（冀）"。

父乙　見沃盃（2件，集成09421—09422）、沃壺（集成09566），沃的父親，生世在商代晚期，族徽為"☐（號冊）"。

父乙　見復鼎（集成02507）、復尊（集成05978），復的父親，生世在商代晚期，族徽為"☐（冀）"。

父乙　見凡觶（集成06492），凡的父親，生世在商代晚期，族徽為"狽"

父乙　見發見駒簋（集成03750），發見駒的父親，生世在商代晚期，族徽為"☐"。

父乙　見子爕簋（文物季刊1989年3期34頁圖1）、子爕爵（集成09088），子爕的父親，生世在商代晚期。

父乙　見亥爵（考古1990年10期879頁圖5.6），亥的父親，生世在商代晚期。

父乙　見鼎甗（集成00880），鼎的父親，生世在商代晚期。

父乙　見子廟父乙觶（集成06373），子廟的父親，生世在商代晚期。

父乙　見亞獸父乙簋（集成03299），亞獸的父輩，生世在商代晚期。

父乙　見亞殼父乙簋（集成03299），亞殼的父輩，生世在商代晚期。

父乙　見亞鼻父乙簋（集成03299），亞鼻的父輩，生世在商代晚期。

父乙　見亞攺父乙簋（集成03299），亞攺的父輩，生世在商代晚期。

父乙　見父乙亞矢簋（集成03299），亞矢的父輩，生世在商代晚期。

父乙　見鞞姒方鼎（2件，集成02433—02434）、鞞姒瓪（集成07311），鞞姒的父親，生世在商代晚期。

父乙　見亞盃（集成09439），亞的父親，生世在商末周初。族徽為"異侯亞☐（吳）"。

父乙　見了觶（集成06508），了的父親，生世在商末周初，族徽為"☐冊（雋冊）"。

父乙　見旗爵（集成08876），旗的父親，生世在商末周初。

父乙　見酖簋（集成10534），酖的父輩，生世在商末周初。

父乙　見山簋（集成10568），山的父輩，生世在商末周初。

父乙　見慢爵（集成08877），慢的父親，生世在商末周初。

父乙　見丰觶（集成06467），丰的父親，生世在商末周初。

父乙　見高觶（集成06441），高的父親，生世在商末周初。

父乙　見亞觚（2件，集成07290—07291）、亞作父乙簋（集成03509），亞的父親，生世在商末周初。

父乙　見小臣豐卣（集成05352），小臣豐的父親，生世在商末周初。

父乙　見邵尊（文博1991年2期73頁圖7.2），邵的父親，生世在商末周初。

父乙　見冂逋觶（集成06442），冂逋的父親，生世在商末周初。

父乙　見應史爵（集成09048），應史的父親，生世在商末周初。

父乙　見馬作父乙爵（集成08878），馬的父親，生世在商末周初。

父乙　見大禾簋（集成03603），大禾的父親，生世在商末周初。

父乙　見奢簋（集成04088），奢的父親，生世在商末周初。

父乙　見北子宋盤（集成10084），北子宋的父親，生世在西周早期。

父乙　見晨簋（2件，考古1989年1期18頁圖1.1）、晨角（2件，考古1989年1期18頁圖1.11、12、圖1.7、10）、晨觚（考古1989年1期18頁圖11.8），晨的父親，生世在西周初期，族徽為"㲋冊"。

父乙　見中方鼎（集成02785）、中甗（集成00949）、中觶（集成06514），中的父親，生世在西周初期。

父乙　見卿盉（集成09402）、卿爵（集成08880）、卿觚（集成07292），卿的父親，生世在西周初期。

父乙　見堇臨方鼎（集成02312）、堇臨簋（2件，集成03647—03648），堇臨的父親，生世在西周初期。

父乙　見🔲作父乙卣蓋（考古1998年10期15頁圖8），🔲的父親，生世在西周早期前段，族徽為"㲋冊"。

父乙　見罍卣（集成05329），罍的父親，生世在西周早期前段，族徽為"子廟"。

父乙　見微尊（集成05975）、遣簋（集成03862），微的父親，生世在西周早期前段，族徽為"🔲🔲"。

父乙　見𬨎尊（集成05944）、𬨎觚（集成09296），𬨎的父親，生世在西周早期前段，族徽為"🔲冊（戈寧冊）"。

父乙　見隩尊（集成05895），隩的父親，生世在西周早期前段，族徽為"🔲"。

父乙　見殳尊（集成05973），殳的父親，生世在西周早期前段，族徽為"🔲🔲"。

父乙　見耳卣（集成05384），耳的父親，生世在西周早期前段，族徽為"刀"。

父乙　見中作父乙罍（集成09815），中的父親，生世在西周早期前段，族徽為"🔲"。

父乙　見作冊折尊（集成06002）、折方彝（集成09895）、作冊折觥（集成09303）、折斝（集成09248），作冊折的父親，生世在西周早期前段 族徽為"木⋎卌（羊冊）"。

父乙 見作冊䰼尊（集成05991）、作冊䰼卣（集成05400），作冊䰼的父親，生世在西周早期前段，族徽為"肖卌（冊）舟"。

父乙 見弅者君尊（集成05945），弅者君的父親，生世在西周早期前段，族徽為"𩵋"。

父乙 見圯鬲（集成00568），圯的父親，生世在西周早期前段，族徽為"𡊄𠬝（冉）"。

父乙 見斁尊（集成05957），斁的父親，生世在西周早期前段，族徽為"𨾊冊"。

父乙 見貧卣（集成05270），貧的父親，生世在西周早期前段，族徽為"𣂉"。

父乙 見薛侯戚鼎（集成02377），薛侯戚的父親，生世在西周早期前段。

父乙 見長子狗鼎（集成02369），長子狗的父親，生世在西周早期前段。

父乙 見用簋（集成03507），用的父親，生世在西周早期前段。

父乙 見旆觥（集成09293），旆的父親，生世在西周早期前段。

父乙 見齊卣（集成0520），齊的父親，生世在西周早期前段。

父乙 見息伯卣（集成05386）、息伯卣蓋（集成05385），息伯的父親，生世在西周早期前段。

父乙 見羊卣（集成05267），羊的父親，生世在西周早期前段。

父乙 見獻簋（集成04205），獻的父親，生世在西周早期前段。

父乙 見禾伯尊（集成05871），禾伯的父親，生世在西周早期前段。

父乙 見小臣尊（集成05870）、小臣卣（集成05268）、小臣觶（集成06468），小臣的父親，生世在西周早期前段。

父乙 見逼簋（集成04207），逼的父親，生世在西周早期前段。

父乙 見衍耳尊（集成05825），衍耳的父親，生世在西周早期前段。

父乙 見臣卿鼎（集成02595）、臣卿簋（集成03948），臣卿的父親，生世在西周早期前段。

父乙 見隩尊（集成05986），隩（亦作㬥）的父親，生世在西周早期前段。

父乙 見竟鬲（2件，集成00497—00498），竟的父親，生世在西周早期前段。

父乙 見史伏尊（集成05897），史伏的父親，生世在西周早期前段。

父乙 見士方鼎（集成02314），士的父親，生世在西周早期，族徽為"𣂈冊（虢冊）"。

父乙 見亳鼎（集成02316），亳的父親，生世在西周早期，族徽為"𡆥（亞弘）"。

父乙　見㲃甗（集成00901），㲃的父親，生世在西周早期，族徽為"戈（束）"。

父乙　見又甗（集成00903），又的父親，生世在西周早期，族徽為"亞"。

父乙　見對尊（2件，集成05918—05919）、對卣（集成05328），對的父親，生世在西周早期，族徽為"困（亞木）"。

父乙　見竹作父乙卣（集成05207），竹的父親，生世在西周早期。

父乙　見執爵（集成09003），執的父親，生世在西周早期，族徽為"舟（冉）"。

父乙　見僉莫高卣（集成05345），僉莫高的父親，生世在西周早期。

父乙　見令簋（集成03508），令的父親，生世在西周早期。

父乙　見陵尊（集成05823），陵的父親，生世在西周早期。

父乙　見御史競簋（2件，集成04134—04135）、競尊（集成05796）、競卣（集成05154）、競卣（集成05425），御史競的父親，生世在西周早期。

父乙　見亞豚鼎（集成02315），亞豚的父親，生世在西周早期。

父乙　見令咢尊（集成05896），令咢的父親，生世在西周早期。

父乙　見敎方尊（集成05964），敎的父親，生世在西周早期。

父乙　見歌簋（集成03305），歌的父親，生世在西周早期。

父乙　見牆爵（2件，集成09067—09068），牆的父親，生世在西周早期。

父乙　見史述簋（集成03646），史述的父親，生世在西周早期。

父乙　見無㪅簋（集成03664），無㪅的父親，生世在西周早期。

父乙　見𢀝尊（2件，集成06008、北京文物精粹大系·青銅器卷110），𢀝的父親，生世在西周早期。

父乙　見臣爵（2件，集成08998—08999），臣的父親，生世在西周早期。

父乙　見旻作父乙爵（集成09069），旻的父親，生世在西周早期。

父乙　見叔造父尊（北窯墓87頁圖47.2），叔造父的父親，生世在西周早期後段。

父乙　見辟東尊（集成05869），辟東的父親，生世在西周早期。

父乙　見應事觶（集成06469），應事的父親，生世在西周早期。

父乙　見尚觶（集成06466），尚的父親，生世在西周早期。

父乙　見大壺（集成09612），大的父親，生世在西周西周中期前段。

父丁　見汙鼎（集成02318）、仲子㠱汙觥（集成09298），㠱汙的父親，生世在商代晚期，族徽為"龖（鑊）臤"。

父丁　見宰椃角（集成09105），宰椃的父親，

生世在商代晚期，族徽為"🔲🔲（虜
冊）"。

父丁　見䰍觚（集成07307），䰍的父親，生
世在商代晚期，族徽為"🔲（亞旟）"。

父丁　見二祀🔲其卣（集成05412）、四祀🔲
其卣（又稱四祀邲其壺，集成05413），
🔲其的父親，生世在商代晚期，族徽為
"亞獏"。

父丁　見宔父丁簋（集成03604），宔的父親，
生世在商代晚期，族徽為"🔲🔲
（冊）"。

父丁　見小子㝬簋（集成03904），小子㝬的
父親，生世在商代晚期，族徽為"🔲
（冀）"。

父丁　見小子网簋（集成04138），小子网的
父親，生世在商代晚期，族徽為"🔲
（冀）"。

父丁　見串🔲皿鼎（保利續27），皿的父親，
生世在商代晚期，族徽為"串🔲"。

父丁　見邐方鼎（集成02709），邐的父親，
生世在商代晚期，族徽為"🔲"。

父丁　見豐鼎（集成02625），宗庚豐的父親，
生世在商代晚期，族徽為"亞甾"。

父丁　見寧母父丁方鼎（集成01851），寧母
的父親，生世在商代晚期。

父丁　見瀼卣（又稱王卣，三代11.30.3）、
瀼罍（又稱王罍，集成09821），瀼的父
親，生世在商代晚期。

父丁　見戈卬斝（集成09240）、戈卬盉（集

成09404），戈卬的父親，生世在商代晚
期。

父丁　見亞魚父丁爵（2件，集成08888—
08889）、寑魚簋（考古1986年8期708
頁圖6.1）、寑魚爵（集成09101），亞
魚（寑魚）的父親，生世在商代晚期。

父丁　見田告父丁爵（集成08903）、田告父
丁卣（集成05273），田告的父親，生世
在商代晚期。

父丁　見亞父🔲方鼎（2件，高家堡63頁圖
51.2、高家堡74頁圖60.3），亞父🔲的
父親，生世在商代晚期。

父丁　見臣楜殘簋（集成03790），臣楜的父
親，生世在商代晚期。

父丁　見妭簋（集成03905），妭的父親，生
世在商末周初，族徽為"亞"。

父丁　見中盉（集成09316），中的父親，生
世在商末周初，族徽為"🔲"。

父丁　見虙觶（集成06447），虙的父親，生
世在商末周初，族徽為"🔲"。

父丁　見臣高鼎（考古與文物1990年5期37
頁圖8.20），臣高的父親，生世在商末
周初，族徽為"子"。

父丁　見天子耴觚（集成07296），太子聽的
父親，生世在商末周初。

父丁　見戈車尊（三代11.24.7）、戈車卣（集
成05272），戈車的父親，生世在商末周
初。

父丁　見矢令方尊（集成06016）、矢令方彝

（集成09901）、令盤（集成10065），矢令父親，族徽為"✧✦✦（雋冊）"，生世在西周早期前段。

父丁 見亞作父丁卣（集成05332），亞的父親，生世在西周早期前段，族徽為"▦（亞此），▦（中）"。

父丁 見皀丞卣（集成05318），皀丞的父親，生世在西周早期前段，族徽為"∵"。

父丁 見無憂卣（集成05309），無憂的父親，生世在西周早期前段，族徽為"亞未"。

父丁 見莫卣（集成05370），莫的父親，生世在西周早期前段，族徽為"▦（亞集）"。

父丁 見光鼎（曲村471頁圖653.2），光的父親，生世在西周早期前段，族徽為"戉"。

父丁 見秉尊（集成05876），秉的父親，生世在西周早期前段，族徽為"▦（龔）"。

父丁 見敔作父丁卣（集成05275），敔的父親，生世在西周早期前段，族徽為"保"。

父丁 見遽仲觶（集成06495），遽仲的父親，生世在西周早期前段，族徽為"▦（亞沚）"。

父丁 見韋鼎（集成02120），韋的父親，生世在西周早期前段，族徽為"▦（龔）"。

父丁 見征人鼎（集成02674）、征簋（集成

04020），征人的父親，生世在西周早期前段，族徽為"▦▦"。

父丁 見盂卣（集成05399），盂的父親，生世在西周早期前段，族徽為"∀（羊）"。

父丁 見辛事簋（集成10582），辛事的父親，生世在西周早期前段，族徽為"山"。

父丁 見召角（集成09078）、召父丁爵（集成08508），召的父親，生世在西周早期前段，族徽為"亞顛"。

父丁 見宜侯矢簋（集成04320），亦稱虞公父丁，宜侯矢的父親，生世在西周早期前段。

父丁 見柠簋（集成03512），柠的父親，生世在西周早期前段。

父丁 見旅鼎（集成02728），旅的父親，生世在西周早期前段。

父丁 見禹罍（集成09814），禹的父親，生世在西周早期前段。

父丁 見微卣（集成05066），微的父親，生世在西周早期前段。

父丁 見眚觚（集成07234），眚的父親，生世在西周早期前段。

父丁 見聏子觶（集成06446），聏子的父親，生世在西周早期前段。

父丁 見憲作父丁卣（集成05209）、憲觚（集成09289），憲的父親，生世在西周早期前段。

父丁 見采卣（集成05075），采的父親，生

世在西周早期前段。

父丁　見螽尊（曲村505頁圖702.3），螽的
　父親，生世在西周早期前段。

父丁　見或鼎（集成02249），或的父親，生
　世在西周早期前段。

父丁　見柚簋（集成10556）、柚尊（集成
　05827），柚的父親，生世在西周早期前
　段。

父丁　見吳鼎（集成01814），吳的父親，生
　世在西周早期前段。

父丁　見大中卣（集成05212），大中的父親，
　生世在西周早期前段。

父丁　見穆鼎（集成02251），穆的父親，生
　世在西周早期前段。

父丁　見逆尊（集成05874），逆的父親，生
　世在西周早期前段。

父丁　見執尊（集成05971）、執卣（集成
　05391），執的父親，生世在西周早期前
　段。

父丁　見子殷尊（集成05872）、子殷卣（集
　成05274），子殷的父親，生世在西周早
　期前段。

父丁　見商犧尊蓋（集成05828），商的父親，
　生世在西周早期前段。

父丁　見陌尊（文物2001年6期43頁圖
　30.9），陌的父親，生世在西周早期前
　段。

父丁　見小夫卣（集成05320）、小夫卣（文

物1986年8期72頁圖15、16），小夫的父
　親，生世在西周早期前段。

父丁　見苟鬲（集成00543），苟的父親，生
　世在西周早期前段。

父丁　見甚諆鼎（集成02410），甚諆的父親，
　生世在西周早期，族徽為"Ψ（羊）"。

父丁　見旁尊（集成05922），旁的父親，生
　世在西周早期，族徽為"囧夋"。

父丁　見闢斝（集成09241），闢的父親，生
　世在西周早期，族徽為"勿（劦）"。

父丁　見宁狽斝（集成09242），狽的父親，
　生世在西周早期，族徽為"口（宁）"。

父丁　見諫觶（集成06493），諫的父親，生
　世在西周早期，族徽為"車"。

父丁　見休簋（集成03609），休的父親，生
　世在西周早期，族徽為"）"。

父丁　見褱作父丁鼎（集成02366）、奪尊（集
　成05921）、奪壺（2件，集成09592—
　09593）、奪卣（2件，集成05330—
　05331），奪的父親，生世在西周早期前
　段，族徽為"允冊（允冊）"。

父丁　見牧冎簋（集成03651），牧冎的父親，
　生世在西周早期。

父丁　見史懋壺（集成09714），史懋的父親，
　生世在西周早期。

父丁　見龠簋（集成03652），龠的父親，生
　世在西周早期。

父丁　見易旁簋（2件，集成04042—04043），

易旁的父親，生世在西周早期。

父丁　見咏尊（集成05799）、咏卣（集成05157），咏的父親，生世在西周早期。

父丁　見齑鼎（集成02499），齑的父親，生世在西周早期。

父丁　亞壴鼎（集成02317），亞壴的父親，生世在西周早期。

父丁　見古簋（集成03607），古的父親，生世在西周早期。

父丁　見牢犬簋（集成03608），牢犬的父親，生世在西周早期。

父丁　見君夫簋蓋（集成04178），君夫的父親，生世在西周早期。

父丁　見舌仲觶（集成06494），舌仲的父親，生世在西周早期。

父丁　見戈爵（集成09009），戈的父親，生世在西周早期。

父丁　見小車爵（集成09071），小車父親，生世在西周早期。

父丁　見仲樂父盤（三代17.15.3），仲樂父的父親，生世在西周早期後段，族徽為"◆⊔"。

父丁　見串鼎（集成02319），串的父親，生世在西周早期後段，族徽為"🔺𩵋（戈𩵋）"。

父丁　見靜方鼎（文物1998年5期86頁圖4）、小臣靜卣（銘文選1.171），靜的父親的日名，生世當在西周成康時期。

父丁　見歸鼎（集成02121），歸的父親，生世在西周早期後段。

父丁　見涉鼎（集成02123），涉的父親，生世在西周早期後段。

父丁　見㣇鼎（集成02122），㣇的父親，生世在西周早期後段。

父丁　見癲爵（3件，集成08916—08917），癲的父親，即史牆，西周中期前段人。

父己　見作冊般甗（集成00944），作冊般的父親，生世在商代晚期，族徽為"🐾冊（來冊）"。

父己　見小子夫尊（集成05967），小子夫的父親，生世在商代晚期，族徽為"🦌𐠊"。

父己　見尸壺（集成09576）、尸卣（集成05280），夷的父親，生世在商代晚期，族徽為"🦋"。

父己　見小子省卣（又稱小子省壺，集成05394），小子省的父親，生世在商代晚期，族徽為"🦋（冀）"。

父己　見馭卣（集成05380），馭的父親，生世在商代晚期，族徽為"酨"。

父己　見亞無㠱甗（集成00904），無㠱的父親，生世在商代晚期，族徽為"亞"。

父己　見小子𤔲鼎（集成02648），小子𤔲的父親，生世在商代晚期，族徽為"🦋（冀）"。

父己　見作冊豐鼎（集成02711），作冊豐的父親，生世在商代晚期。

父己　見皿罍（集成09812），皿的父親，生世在商代晚期。

父己　見皿天全方彝蓋（集成09883），皿天全的父親，生世在商代晚期。

父己　見小子方鼎（2件，集成02015—02016），小子的父親，生世在商代晚期。

父己　見亞开觶（集成06484），亞开的父親，生世在商代晚期。

父己　見說觚（集成07302），說的父親，生世在商代晚期。

父己　見田簋（集成10573），田的父親，生世在商末周初，族徽為"㠭（正）"。

父己　見巖盂（集成09406），巖的父親，生世在商末周初，族徽為"徙邊"。

父己　見我方鼎（集成02763），我的父親，生世在西周早期前段，族徽為"㠱（亞若）"。

父己　見𤔲万圅觥（又稱般觥，集成09299），𤔲万圅的父親，生世在西周早期前段，族徽為"來"。

父己　見亢鼎（上博刊8期121頁圖2），亢的父親，生世在西周早期前段，族徽為"夫冊"。

父己　見見甗（集成00818）、見父己甗（集成00819），見的父親，生世在西周早期前段。

父己　見辨簋（3件，集成03714—03716），

辨的父親，生世在西周早期前段，族徽為"👇"。

父己　見屯鼎（2件，集成02509—02510），屯的父親，生世在西周早期，族徽為"👇"。

父己　見見簋（集成03685），見的父親，生世在西周早期前段，族徽為"亞圵（其）"。

父己　見冶仲尊（集成05881），冶仲的父親，生世在西周早期前段，族徽為"𢦏（戈）"。

父己　見鼎其鼎（集成02252），鼎的父親，生世在西周早期前段。

父己　見奉鼎（集成02126），奉的父親，生世在西周早期前段。

父己　見𠚚作父己卣（集成05279），𠚚的父親，生世在西周早期前段。

父己　見叹尊（集成05878）、𠬝作父己卣（集成05282），叹的父親，生世在西周早期前段。

父己　見魚作父己尊（集成05880），魚的父親，生世在西周早期前段。

父己　見邊作父己鼎（集成01877）、邊父己象尊（集成05645）、邊父己卣（集成04959），邊的父親，生世在西周早期前段。

父己　見辰壺（集成09525），辰的父親，生世在西周早期前段。

父己　見旨作父己卣（集成05164），旨的父親，生世在西周早期前段。

父己　見𥊑監引鼎（集成02367），𥊑監引的父親，生世在西周早期。

父己　見𦭝𨠑觶（2件，北窰墓94頁圖51.1—圖51.2），𦭝𨠑的父親，生世當在西周早期。

父己　見𩁜卣（上博刊7期46頁圖3），𩁜的父親 生世在西周早期後段 族徽為"✝（戈）"。

父己　見耒簋（集成03328），耒的父親，生世在西周早期。

父己　見子阝簋（集成03653），子阝的父親，生世在西周早期。

父己　見丫木作父己簋（集成03515），丫木的父親，生世在西周早期。

父己　見𨠑尊（集成05900），𨠑的父親，生世在西周早期，族徽為"宣卌卌（冊）"。

父己　見廣簋（集成03611），廣的父親，生世在西周早期，族徽為"𠦪（旅）"。

父己　見夾爵（集成09073），夾的父親，生世在西周早期，族徽為"日"。

父己　見達爵（集成09079），達的父親，生世在西周早期，族徽為"牛冊"。

父己　見隹尊（集成05901），隹的父親，生世在西周早期，族徽為"曲（戊葡）"。

父己　見甾觶（集成06504），甾的父親，生世在西周早期，族徽為"南宮"。

父己　見𦘕觶（文物1983年2期5頁圖7），𦘕的父親，生世在西周早期，族徽為"𤔲卌（廇冊）"。

父己　見羌尊（集成05879），羌的父親，生世在西周早期。

父己　見諫作父己觶（集成06499），諫的父親，生世在西周早期，族徽為"亞及"。

父己　見犀尊（集成05953），犀的父親，生世在西周早期。

父己　見黃子魯天尊（集成05970），黃子魯天的父親，生世在西周早期。

父己　見亢僕簋（集成03869），亢僕的父親，生世在西周中期前段。

父壬　見寓鼎（集成02718），寓的父親，生世在商末周初。

父壬　見豐方鼎（集成02275），豐的父親，生世在西周早期前段。

父壬　見𢼸卣（曲村356頁圖523.3、4），𢼸的父親，生世在西周早期前段。

父壬　見史戍卣（集成05288），史戍的父親，生世在西周早期前段。

父壬　見同簋（曲村480頁圖663.1、2），同的父親，生世在西周早期前段。

父壬　見吳父壺（集成09578），吳父的父親，生世在西周早期前段。

父壬　見鼒簋（集成03654），鼒的父親，生世在西周早期，族徽為"𠂤（射）"。

父壬　見員尊（集成05966），員的父親，生世在西周早期，族徽為"囗（冄）"。

父丙　見叔龜作父丙簋（2件，集成03426—03427），叔龜的父親，生世在商代晚期。

父丙　見齠爵（2件，集成08885—08886），齠的父親，生世在商代晚期。

父丙　見褒鼎（集成02118），褒的父親，生世在商代晚期，族徽為"　（疋弓）"。

父丙　見高卣（集成05431），高的父親，生世在西周早期前段，族徽為"亞"。

父丙　見鬼壺（集成09584），鬼的父親，生世在西周早期，族徽為"　"。

父丙　見由伯卣（集成05356）由伯的父親，生世在西周早期，族徽為"　"。

父丙　見敢簋（集成04166），敢的父親，生世在西周中期。

父戊　見元卣（集成05278），元的父親，生世在商代晚期，族徽為"狽"。

父戊　見飲卣（集成05312），飲的父親，生世在商代晚期，族徽為"　"。

父戊　見御正衛簋（集成04044），御正衛的父親，生世在商代晚期。

父戊　見冊丩鼎（集成02011），冊丩的父親，生世在商代晚期。

父戊　見伯矩鬲（集成00689），伯矩的父親，生世在商代晚期。

父戊　見戲觚（2件，集成07294—07295）、戲尊（集成05899），戲的父親，生世在商末周初，族徽為"　（狾）"。

父戊　見犾馭簋（集成03976）、犾馭觥蓋（集成09300），犾馭的父親，生世在商末周初，族徽為"　（吳）"。

父戊　見殺鼎（集成02012），殺的父親，生世在商末周初。

父戊　見叀簋（三代6.38.8）、叀卣（集成05277），叀的父親，生世在商末周初。

父戊　見加爵（2件，集成08924—08925），加的父親，生世在商末周初。

父戊　見岬簋（集成10569），岬的父親，生世在周初。

父戊　見狾作父戊盤（集成10052）、狾作父戊卣（集成05214），狾（人或國族）的父親，生世在周初。

父戊　見傳尊（集成05925），傳的父親，生世在西周早期前段，族徽為"　（亞牧）"。

父戊　見趙罍（集成09817），趙的父親，生世在西周早期前段，族徽為"　（雔冊）"。

父戊　見覞卣（集成05311），覞的父親，生世在西周早期前段，族徽為"　（狾）"。

父戊　見榮子旅鼎（集成02503）、夆子旅鼎（集成02320）、夆子旅鬲（2件，集成00582—00583）、夆子盂（2件，集成09390—09391），榮子旅的父親，生世在西周早期前段。

父戊　見攸簋（集成03906），攸的父親，生世在商代晚期到周初。

父戊　見壽簋（集成10558），壽的父親，生世在西周早期前段。

父戊　見鳴士卿尊（集成05985），鳴士卿的父親，生世在西周早期前段。

父戊　見析家卣（集成05310），析家的父親，生世在西周早期前段。

父戊　見冊公爵（集成09061），冊公的父親，生世在西周早期，族徽為"Ψ（羊）"。

父戊　見旂鼎（集成02555），旂的父親，生世在西周早期。

父戊　見中作從彝簋（集成03386）、中作父戊簋（集成03514），中的父親，生世在西周早期。

父戊　見圣簋（集成03610），圣的父親，生世在西周早期。

父戊　見亞商爵（集成09011），亞商的父親，生世在西周早期。

父戊　見獸爵（2件，集成09053—09054），獸的父親，生世在西周早期。

父戊　見同卣（集成05398），同的父親，生世在西周早期。

父卯　見杯沽簋（集成03623），杯沽的父親，生世在西周早期。

父甲　見醮卣（集成05308），醮的父親，生世在西周早期前段，族徽為"單"。

父甲　見無敄鼎（集成02432），又稱文父甲，無敄的父親，生世在西周早期前段，族徽為"ψ（冀）"。

父甲　見鴜觶（集成06372），鴜的父親，生世在西周早期前段。

父甲　見員方鼎（集成02695），員的父親，生世在西周早期，族徽為"ψ（冀）"。

父甲　見秄簋（集成03751），秄的父親，生世在西周早期。

父甲　見朢爵（集成09094），朢的父親，生世在西周早期。

父甲　見史見觚（集成07279）、史見尊（集成05868）、史見卣（集成05305），史見的父親，生世在西周早期。

父甲　見叀尊（集成05952），叀的父親，生世在西周早期。

父甲　見鬲尊（集成05956），鬲的父親，生世在西周早期。

父辛　見旅莫尊（集成05926），旅莫的父親，生世在商代晚期，族徽為"卤（亞旃）"。

父辛　見征作父辛角（集成09099），征的父親，生世在商代晚期，族徽為"亞（夨）"。

父辛　見敉啟尊（集成05965），敉啟的父親，生世在商代晚期，族徽為"ψ（冀）"。

父辛　見翼觚（集成07299），招的父親，生世在商代晚期，族徽為"（堯）丂"。

父辛　見寢𩰫商方鼎（曲村348頁圖512.2、3），寢孳的父親，生世在商代晚期，族徽為“田倂（偁）”。

父辛　見御正良爵（集成09103），御正良的父親，生世在商代晚期，族徽為“[illegible]”。

父辛　見[illegible]簋（集成03717），[illegible]的父親，生世在商代晚期，族徽為“[illegible]”。

父辛　見僕麻卣（考古與文物1990年5期38頁圖9.13、14），僕麻的父親，生世在商末周初，族徽為“[illegible]”。

父辛　見竟卣蓋（集成05286）、竟父辛觶（集成06299），竟的父親，生世在商代晚期。

父辛　見团簋（集成03435）、团父辛爵（集成08597），团的父親，生世在商代晚期。

父辛　見亞䢅父辛簋（集成03330），亞䢅的父輩，生世在商代晚期。

父辛　見亞𩰫父辛簋（集成03334），亞𩰫的父輩，生世在商代晚期。

父辛　見黽甗（集成00845），黽的父親，生世在商代晚期。

父辛　見玔鼎（集成02255），玔的父親，生世在商代晚期。

父辛　見[illegible]作父辛卣（集成05285），[illegible]的父親，生世在商代晚期。

父辛　見彈鼎（集成02321），彈的父親，生世在商末周初，族徽為“亞[illegible]（叀）”。

父辛　見由伯尊（集成05998），[illegible]的父親，生世在商末周初。

父辛　見甬鬲（中原文物1986年4期99頁圖2），甬的父親，生世在商末周初。

父辛　見束觶（遺珠90）、束卣（集成05333），束的父親，生世在商末周初。

父辛　見𠃨簋（2件，集成03518、集成10560，𠃨的父親，生世在周初。

父辛　見浹气簋（集成10561），浹气的父親，生世在商末周初。

父辛　見此尊（集成05886），此的父親，生世在商末周初。

父辛　見𨼦仲僕盤（集成10083），𨼦仲僕的父親，生世在商末周初，族徽為“[illegible]（京）”。

父辛　見𠂆尊（集成05884）、矢卣（集成05304）、𠂆父辛爵（集成08606）、𠂆父辛鼎（集成01890），𠂆的父親，生世在商末周初，族徽為“[illegible]”。

父辛　見穹簋（集成10581），穹的父親，生世在周初，族徽為“[illegible]”。

父辛　見燕侯旨鼎（集成02269）、憲鼎（集成02749）、伯憲盉（集成09430），燕侯旨和憲、龢的父親，也就是召公奭，亦稱召伯父辛。西周早期重臣，歷事武、成、康三世，唐蘭先生認為召伯是召公奭的後裔，馮蒸先生認為是召公奭的兒子（見《關於西周初期太保氏的一件青銅兵器》，《文物》1977年6期），日人白川靜、貝塚茂樹則認為召伯父辛是召公奭的父親（見《金文通釋》卷一下）。

父辛　見賣簋（集成03335）、賣尊（集成05883）、賣卣（集成05283）、賣父辛卣（集成04971）、賣父辛觶（集成06320），賣的父親，生世在西周早期前段。

父辛　見厚趠方鼎（集成02730），厚趠的父親，生世在西周早期前段，族徽為"（束）"。

父辛　見聶阳鼎（集成02406），瓚陶的父親，生世在西周早期前段 族徽為"（戈囧）"。

父辛　見夾卣（又稱夾壺，集成05314），夾的父親，生世在西周早期前段，族徽為"（亞剛）"。

父辛　見奮卣（集成05313），奮的父親，生世在西周早期前段，族徽為"（亞舲）"。

父辛　見林玑鬲（集成00613），林玑的父親，生世在西周早期前段，族徽為"（亞俞）"。

父辛　見腦卣（集成05361），腦的父親，生世在西周早期前段，族徽為""。

父辛　見屬鼎（集成02254），屬的父親，生世在西周早期前段，族徽為""。

父辛　見矢卣（集成05304），矢的父親，生世在西周早期前段，族徽為""。

父辛　見敔卣（集成05287），敔父親，生世在西周早期前段，族徽為"亞"。

父辛　見臣衛尊（集成05987），臣衛的父親，生世在西周早期前段。

父辛　見皾尊（集成05882）、皾卣（集成05284），皾的父親，生世在西周早期前段。

父辛　見密作父辛簋（集成03519），密的父親，生世在西周早期前段。

父辛　見易鼎（集成02256），易的父親，生世在西周早期前段。

父辛　見盧簋（集成03520）、盧爵（集成08952），盧的父親，生世在西周早期前段。

父辛　見守宮鳥尊（集成05959）、守宮卣（集成05170）、守宮卣（集成05359）、守宮觥（集成09297）、守宮爵（2件，集成09017—09018），守宮的父親，生世在西周早期前段。

父辛　見乃子克鼎（集成02712），乃子克的父親，生世在西周早期前段。

父辛　見寧作父辛觶（集成06419），寧的父親，生世在西周早期前段。

父辛　見宀作父辛觶（集成06417），宀的父親，生世在西周早期前段。

父辛　見耆史尊（集成05885），耆史的父親，生世在西周早期前段。

父辛　見耳叙觶（集成06472），耳叙的父親，生世在西周早期前段。

父辛　見戲壺（集成09577），戲的父親，生世在西周早期前段，族徽為"★ⅲ（腐冊）"。

父辛　見牢尊（集成05804），牢的父親，生世在西周早期前段。

父辛　禽鼎（集成02408）、禽作父辛鼎（集成02486）、緜妣進方鼎（3件，集成02725—02726、文物1986年1期10頁圖版3）、緜妣甗（集成00920）、緜妣進壺（2件，集成09594—09595）、緜爵（集成09020），緜妣進和禽的父親，生世在西周成康時期，族徽為"亞★（束）"。

父辛　見司鼎（集成02659），司的父親，生世在西周早期，族徽為"仄"。

父辛　見壓方彝（集成09884）、壓觥（集成09292），壓的父親，生世在西周早期，族徽為"★（幸）"。

父辛　見木鼎（集成02131），木的父親，生世在西周早期。

父辛　見作冊嗌卣（集成05427），作冊嗌的父親，生世在西周早期。

父辛　見乃子甗（集成00924），乃子的父親，生世在西周早期。

父辛　見哦簋（集成03613），哦的父親，生世在西周早期。

父辛　見莫大爵（集成09083），莫大的父親，生世在西周早期。

父辛　見考尊（集成05834）、考卣（集成05216），考的父親，生世在西周早期。

父辛　見鼓臺觶（集成06500），鼓臺的父親，生世在西周早期。

父辛　見豐尊（集成05996）、豐卣（集成05403）、豐爵（3件，集成09080—09082），即作冊折，豐的父親，史牆的祖父，生世在西周早期後段，族徽為"木★ⅲ（羊冊）"。

父辛　見任鼎（中國歷史文物2004年2期21頁圖1），任的父親，生世在西周中期前段，族徽為"奴"。

父庚　見姨鼎（集成02578），姨的父親，生世在商代晚期。

父庚　見義卣（集成05213），義的父親，生世在商代晚期，族徽為"★（耵）"。

父庚　見衛簋（集成03612），衛的父親，生世在西周早期前段。

父庚　見魚簋（三代6.27.6）、魚尊（集成05801），魚的父親，生世在西周早期前段。

父庚　見趙子僰簋（集成10575），趙子僰的父親，生世在西周早期前段。

父庚　見殺甗（集成00882）、殺簋（集成03517），殺的父親，生世在西周早期前段。

父庚　見玧方鼎（2件，集成02612—02613），玧的父親，生世在西周早期前段，族徽為"★★"。

父庚　見史獸鼎（集成02778），史獸的父親，生世在西周早期前段。

父庚　見陵鼎（文物季刊1996年3期54頁圖3.3），陵的父親，生世在西周早期前段。

父庚　見獸尊（集成05902），獸的父親，生世在西周早期前段，族徽為"弓"。

父庚　見徍爵（集成09058），徍的父親，生世在西周早期前段，族徽為："帆（帆）"。

父庚　見䰟鼎（集成02037），䰟的父親，生世在西周早期前段。

父庚　見剌鼎（集成02127），剌的父親，生世在西周早期後段。

父庚　見具鼎（集成02128），具的父親，生世在西周早期後段。

父庚　見歠簋（集成03516），歠的父親，生世在西周早期。

父庚　見濂姬簋（集成03978），濂姬的父親，生世在西周早期。

父庚　見能爵（集成09059），能的父親，生世在西周早期。

父庚　見彈尊（集成05958）、彈方彝（集成09889），彈的父親，生世在西周早期。

父庚　見豚卣（集成05365），豚的父親，生世在西周早期。

父庚　見乃子卣（集成05306），乃子的父親，生世在西周中期前段。

父癸　見觥角（集成09100）、觥卣（集成05355），觥的父親，生世在商代晚期，族徽為"大觶"。

父癸　見窺鼟卣（集成05360），窺鼟的父親，生世在商代晚期，族徽為"鼟（冀），🀄（亞朿）"。

父癸　見寶爵（陝金1.509），寶的父親，生世在商代晚期，族徽為"子羿"。

父癸　見戍嗣子鼎（集成02708），戍嗣子的父親，生世在商代晚期，族徽為"犬魚"。

父癸　見亢簋（集成03655），亢的父親，生世在商代晚期，族徽為"🀄（亞高）"。

父癸　見葡亞屬角（集成09102），葡亞屬的父親，生世在商代晚期。

父癸　見遟方彝蓋（集成09890），趯的父親，生世在商代晚期。

父癸　見亞狀鼎（曲村348頁圖512.6），亞狀的父親，生世在商代晚期。

父癸　見亞弜父癸簋（集成03338），亞弜的父輩，生世在商代晚期。

父癸　見亞弁父癸簋（集成03339），亞弁的父輩，生世在商代晚期。

父癸　見黽爵（集成09023），黽的父親，生世在商代晚期。

父癸　見蘫婦方鼎（集成02368），蘫婦的父親，生世在商末周初。

父癸　見炇觶（集成06449），炇的父親，生世在商末周初，族徽為"丩"。

父癸　見耳簋（集成10574），耳的父親，生世在周初，族徽為"狀（引）"。

父癸　見朕觶（集成06475），朕的父親，生世在周初。

父癸　見辟卣（考古與文物1990年5期38頁圖9.8、9），辟的父輩，生世在西周早期前段。族徽為"𤇾"。

父癸　見玫觶（集成06474），玫的父親，生世在西周早期前段，族徽為"舟"。

父癸　見莫卣（集成05370），莫的父輩，生世在西周早期前段，族徽為"亞集"。

父癸　見壴卣（集成05401），亦稱日癸，戚子壴的父親，生世在西周早期前段，族徽為"單光"。

父癸　見雀鼎（文物1982年2期90頁圖5.4），雀鼇的父親，生世在西周早期前段，族徽為"亞𣎆（束）"。

父癸　見頤方彝（集成09892），頤的父親，生世在西周早期前段，族徽為"爻"。

父癸　見士上尊（原稱臣辰尊，集成05999）、士上卣（原稱臣辰卣，2件，集成05421—05422）、士上盉（集成09454），士上的父親，生世在西周早期前段，族徽為"臣辰𤔲𠧞（冊）"。

父癸　見屖簋（3件，集成03656—03658）、屖尊（集成05927）、屖卣（集成05334），屖的父親，生世在西周早期前段，族徽為"𥅆（集）"。

父癸　見黃簋（集成03663），黃的父親，生世在西周早期前段，族徽為"𠂤"。

父癸　見戉鼎（集成01901），戉父親，生世在西周早期前段。

父癸　見父癸鬲（集成00564），□𤲞的父親，生世在西周早期前段。

父癸　見奮鬲（集成00567），奮的父親，生世在西周早期前段。

父癸　見蠱簋（集成03436），蠱的父親，生世在西周早期前段。

父癸　見矢伯隻卣（集成05291），矢伯隻的父親，生世在西周早期前段。

父癸　見匚賓鼎（集成02132），報賓的父親，生世在西周早期前段。

父癸　見子令簋（集成03659），子令的父親，生世在西周早期前段。

父癸　見單晨尊（集成05905），單晨的父親，生世在西周早期前段。

父癸　見髉尊（集成05906），髉的父親，生世在西周早期前段。

父癸　見保尊（集成06003）、保卣（集成05415），太保召公奭的父親，生世在商代晚期。

父癸　見豐卣（集成05346），豐的父親，生世在西周早期，族徽為"晉𡴋（晉興）"。

父癸　見貍尊（集成05904），貍的父親，生世在西周早期，族徽為"單"。

父癸　見梓作父癸鼎（集成02323），梓的父親，生世在西周早期，族徽為"𣏟（𤞤）"。

父癸　見玑鼎（集成02324），玑的父親，生世在西周早期，族徽為"𤇢（冀）"。

父癸　見通邐簋（集成03688），通邐的父親，生世在西周早期，族徽為"𤔲（允冊）"。

父癸　見𧶀卣（2件，集成05290、文博1984年3期77頁圖2），𧶀的父親，生世在西周早期。

父癸　見睸鼎（集成02257），睸的父親，生世在西周早期。

父癸　見歑鼎（集成02258）、歑簋（3件，集成03660—03662）、歑卣（集成05315），歑的父親，生世在西周早期。

父癸　見冊鼎（集成02259），冊的父親，生世在西周早期。

父癸　見孔鼎（集成02021），孔的父親，生世在西周早期。

父癸　見宿父尊（三代11.27.6），宿父的父親，生世在西周早期。

父癸　見具鼎（集成02128），具的父親，生世在西周早期。

父癸　見史造鼎（集成02326），史造的父親，生世在西周早期。

父癸　見𩰱季鼎（集成02325），𩰱季的父親，生世在西周早期。

父癸　見嗷簋（集成03521），嗷的父親，生世在西周早期。

父癸　見拼廷冀簋（集成03686），拼廷冀的

父親，生世在西周早期。

父癸　見或方鼎（2件，集成02133—02134），或的父親，生世在西周早期。

父癸　見嬌爵（集成09062），嬌的父親，生世在西周早期。

父癸　見𠂤作父癸觶（集成06501），𠂤的父親，生世在西周早期。

父癸　見歕尊（集成05907），歕的父親，生世在西周早期，族徽為"旅"。

父厝　見毛公鼎（集成02841），即毛公厝，周宣王的父輩，故稱父厝。詳見毛公厝條。

爻　見爻甗（集成00831），西周早期人。

肃又　見徐王子肃又觶（集成06506），春秋晚期人，徐王之子。

月　見大攻君月圜器（集成10459），戰國時期人，某國的大工尹。

丹叔番　見丹叔番盂（考古與文物2001年5期89頁圖2），西周中晚期人，名番，丹氏家族。

矢　見矢令方尊（集成06016）、矢令方彝（集成09901），即令、矢令、作冊令、作冊矢令。

矢　見矢尊（集成05884）、矢卣（集成05304）、矢父辛爵（集成08606）、矢父辛鼎（集成01890），西周早期人，族徽為"𢎥"。

矢　見矢戈（2件，集成10783—10784）、矢

銅泡（集成11841）、矢當盧（6件，集成12076—12081），西周早期人或氏族。

矢　見散氏盤（又稱散盤、矢盤、矢人盤，集成10176），西周厲王時期人，因營業於散邑，某年九月乙卯，曾用二百畝田地報施與散氏。

矢王　見矢王方鼎蓋（集成02149）、矢王觶（集成06452），西周早期後段人，矢國族首領，名不詳。

矢王　見同卣（集成05398），西周中期前段人，矢國族首領，名不詳。某年十二月，矢王曾賜給同金車和弓矢。

矢王　見矢王簋蓋（集成03871），西周中期後段矢國族首領，夫人為鄭姜。

矢王　見散氏盤（又稱散盤、矢盤、矢人盤，集成10176），西周厲王時期人，矢國族首領（非姬姓諸侯國），因營業於散邑，某年九月乙卯，曾用二百畝田地報施與散氏。

矢令　見作冊矢令簋（2件，集成04300—04301）、矢令方尊（集成06016）、矢令方彝（集成09901），即令、矢令、作冊令、作冊矢令，西周早期後段人，名矢，字令，族徽為“𩵋𠦪冊（雋冊）”，擔任周王朝作冊之職。方尊、方彝銘文記載康王某年八月甲辰，“王令周公子明保尹三事四方，受卿事寮。丁亥，令矢告于周公宮，公令徒同卿事寮。”十月癸未，“明公朝至於成周，徒令徒三事令，眔（暨）卿事寮，眔諸尹、眔里君、眔百工、眔諸侯：侯、田、男，捨四方令，既咸令。甲申，明公用牲于京宮，乙酉，用牲于康宮，咸既，用牲于王。明公錫亢師鬯、金、小牛，曰：用奉；錫令鬯、金、小牛，曰：用奉。迺令曰：今我唯令汝二人亢眔矢，爽左右于乃寮以乃友事。”簋銘載昭王伐楚伯，“在炎，作冊矢令尊宜于王姜，姜賞令貝十朋、臣十家、鬲百人。”

矢仲　見矢仲戈（集成10889），西周早期人，矢國公族。

矢伯　見矢伯甗（集成00871），西周初期人，矢國族首領，名不詳。

矢伯　見矢伯鬲（2件，集成00514—00515），西周早期人，矢國族首領，名不詳。

矢叔　見矢叔簋（考古與文物1990年1期51頁圖4），西周中期後段人，矢國國君的小弟，名不詳。

矢姬　見散伯簋（4件，集成03777—03780）、散伯匜（集成10193），西周晚期矢國族女子，散伯的夫人。

矢臘　見矢臘盨（集成04353），西周晚期人，名臘，矢國族。

勻　見勻簋（集成03381），西周早期人。

勻　見十年扁壺（集成09683）、八年冶勻匜（集成10257）、八年鳥柱盆（集成10328），戰國中期人，中山國冶鑄作坊的冶吏。

勻　見十七年相邦春平侯矛（集成11558），

戰國晚期人，趙孝成王十七年（前249年）前後，在邦左庫冶鑄作坊當冶吏。

弞 見弞簋（集成04136），西周早期人，相侯的屬臣。某年，相侯曾賜給弞帛、金。

弞僑生 見弞僑生簋（集成04010），西周晚期人。

勾踐 銘文作戉戔、鳩淺、笱𨧀箕尸，見越王之子勾踐劍（2件，集成11594—11595）、越王勾踐劍（集成11621），春秋末戰國初人，越國國君，其父為吳王闔廬所敗，勾踐遂敗闔廬而雪其恥，闔廬之子夫差復報越，困勾踐於會稽，勾踐以美女寶器行成於吳，用范蠡文種十年生聚十年教訓之策，因以滅吳，渡淮水，會諸侯，受方伯之命，橫行江淮，名震中國。公元前494年即位，在位三十二年。

方 見楷侯簋蓋（集成04139），西周早期楷國國君，夫人為姜氏。

方或 見邛季之孫戈（集成11252），春秋早期人，江季之孫。

亢 見矢令方尊（集成06016）、矢令方彝（集成09901），即亢師。

亢 見亢簋（集成03655），西周早期前段人，族徽為"𤰈（亞高）"。

亢 見亢鼎（上博刊8期121頁圖2），西周早期人，公太保的屬吏，族徽為"夫冊"。某年乙未日，公太保從美亞處買得一件大珏（玉器），值貝五十朋，公太保命

亢將貝五十朋、毌、鬙和牛一頭交付給美亞，美亞送給亢駪金二鈞。

亢師 見矢令方尊（集成06016）、矢令方彝（集成09901），即亢，西周早期後段人。方尊、方彝銘文記載康王某年八月甲辰，"王令周公子明保尹三事四方，受卿事寮。丁亥，令矢告于周公宮，公令誖同卿事寮。"十月癸未，"明公朝至於成周，誖令捨三事令，眔卿事寮，眔諸尹、眔里君、眔百工、眔諸侯：侯、甸、男，捨四方令，既咸令。甲申，明公用牲于京宮，乙酉，用牲于康宮，咸既，用牲于王。明公錫亢師毌、金、小牛，曰：用蔑；……迺令曰：今我唯令汝二人亢眔矢，爽左右于乃寮以乃友事。"

亢僕 見亢僕簋（集成03869），西周中期人。

亢衛 見屯鼎（2件，集成02509—02510），屯的上司，西周早期人。

文 見文簋（2件，集成03471—03472），西周早期人。

文 見中山王𠻸方壺（集成09735），即文公。此指第一代中山國國君，卒於公元前415年。

文 見卅四年工師文鐋（秦文字圖版28），戰國晚期秦國人，昭襄王三十四年（前273年）前後，擔任官營冶鑄作坊的工師。

文 見九年相邦呂不韋戈（文物1992年11期

93頁圖4、5），戰國晚期人，秦王政九年（前238年）前後擔任蜀郡東工室工師。

文王　銘文或作玟王，見何尊（集成06014）、天亡簋（亦稱大豐簋、毛公𦞚季簋、朕簋，集成04261）、周公方鼎（集成02268）、大盂鼎（集成02837）、班簋（集成04341）、史牆盤（集成10175）、㝬鐘（集成00251）、逨盤（盛世吉金30頁），即周文王，古公亶父之孫，姓姬名昌，商紂王封為西伯，史書又稱西伯昌。少時參加農牧，任西伯時禮賢下士，諸侯仰之。因崇侯虎所譖，被紂王囚於羑里（今河南湯陰縣北），閎夭、太顛、散宜生等乃獻有莘氏美女、驪戎文馬、有熊九駟，以及其他奇物寶器於紂，紂遂赦放西伯昌，並賜給弓矢斧鉞，使得征伐。在任五十年間，積善纍德，教化推行於南國，晚年東進翦商，先後攻滅黎（見山西長治市西南）、邘（見河南沁陽縣西北）、崇（見河南嵩縣北）等國，拔除商的羽翼，自周原遷都於豐京（今陝西西安市長安區灃河西岸），為武王滅商打下了基礎。在位五十年。

文父乙　見長子狗鼎（集成02369），長子狗的父親，生世在西周早期前段。

文父丁　見污鼎（集成02318），污的父親，生世在商代晚期，族徽為“曩（鑊）臤”。

文父丁　見小子网簋（集成04138），小子网的父親，生世在商代晚期，族徽為“𤔲（冀）”。

文父甲　見無敄鼎（集成02432），無敄的父親，生世在西周早期前段，族徽為“𤔲（冀）”。

文父日丁　見懋簋（集成03606）、懋尊（集成05877）、懋卣（集成05362），懋的父親，生世在西周早期前段，族徽為“𤔲（冀）”。

文父辛　見彀啟尊（集成05965），啟的父親，生世在商代晚期，族徽為“𤔲（冀）”。

文公　見㝬簋（集成04153），㝬的曾祖父，生世在西周早期。

文公　見伯卣（集成05316），西周中期前段人。

文公　見秦公鐘（5件，集成00262—00266）、秦公鎛（3件，集成00267—00269），即秦文公，春秋早期秦國國君，秦襄公之子，周平王六年（前765年）即位，在位五十年。

文公　見中山王𗐬方壺（集成09735），戰國早期人，中山國第一代國君，在位年數不詳，約卒於公元前414年。

文武帝乙　見四祀邲其卣（又稱四祀邲其壺，集成05413），即商王帝乙，商代晚期國王，商紂王之父。

文姑　見庚嬴卣（集成05426），庚嬴的婆母，生世當在西周早期後段。《爾雅·釋詁》云姑有二義，一、“父之姊妹為姑”，即今所謂姑母；二、婦稱夫之父曰舅，稱夫之母曰姑，即今所謂翁姑。金文中的姑多為翁姑。

文侯　見晉姜鼎（集成02826），即晉文侯，西周末年晉國國君，穆侯之子，名仇。穆侯卒，弟殤叔自立，仇出奔，殤叔四年（前780年），仇率其徒襲殤叔而立，在位三十五年。

文𢼸己　即文嬬己，見文嬬己觥（集成09301），商代晚期人，族徽為“𦊆（冀）”。

之永　見孝子之子劍（文博1996年4期88頁圖16），戰國晚期人。

之宆　見魯正叔之宆盤（集成10124），春秋時期魯國人。

之睘　見羕陵公戈（集成11358），戰國晚期人，羕陵君的後裔。

之麗妸　見取膚上子商盤（集成10126）、取膚上子商匜（集成10253），春秋時期人，取膚上子商之女，妸姓。

户姦　見户姦罍（集成09783），商代晚期人。

比　見比簋（集成03625），西周早期前段人，族徽為“𠂤”。

比　見比甒（集成00913），西周中期前段人。

比　見比簋（集成10551），西周早期人。

比城　原名作比𣄷，見比城戟（趙卿墓96頁），春秋晚期人，名城，比氏。

尹　見尹簋（集成03391），西周早期人。

尹小叔　見尹小叔鼎（集成02214），春秋早期人。

尹公　見尹公爵（集成09039），西周早期人，尹氏家族的族長。

尹氏　見永盂（集成10322）、弭叔師察簋（2件，集成04253—04254）、䚄壺蓋（集成09728），即內史尹，內史之長，後以為氏。此尹氏是指西周中期的尹氏。曾在周王冊命師永、師察和䚄等人的儀式上代宣王命。

尹氏　見大克鼎（集成02836）、頌鼎（3件，集成02827—02829）、頌簋（8件，集成04332—04339）、頌壺（2件，集成09731—09732）、師𡥏簋（2件，集成04324—04325）、善夫克盨（集成04465）、十月敔簋（集成04323），即內史尹，內史之長，後以為氏。此尹氏是指西周晚期的尹氏，名不詳，嘗參與周王對史頌、善夫克、師𡥏和敔等人的冊命儀式，頒發命書，代宣王命。

尹氏　見卌二年逑鼎（2件，盛世吉金67頁）、卌三年逑鼎（10件，盛世吉金66頁），即內史尹，內史之長，後以為氏。此尹氏是指西周宣王時期的尹氏，名不詳，四十二年五月周王冊命吳逑，尹氏頒發命書；四十三年六月冊命吳逑時，代宣王命。

尹氏叔緜　見尹氏叔緜簋（集成04527），春秋末戰國初期人，名叔緜，尹氏，任吳王的御士。

尹氏貯良　見尹氏貯良簋（集成04553），西周晚期人，名貯良，尹氏。

尹仲　見宰獸簋（2件，陝西歷史博物館館刊2000年第7輯99頁圖2、文物1998年10期40頁圖7.2），西周懿孝時期人，尹氏公族，名不詳，擔任周王朝內史之職。孝王六年二月甲戌，在師彔宮周王冊命宰獸的儀式上代宣王命。

尹舟　見尹舟鼎（集成01458）、尹舟簋（2件，集成03106—03107）、尹舟父己簋（集成03325）、尹舟卣（集成05296），商代晚期人或氏族。

尹丞　見尹丞鼎（2件，集成01351—01352），西周早期人，名丞，尹氏。"丞"或釋為"畀"。

尹伯　見尹伯甗（集成00912），西周早期人，尹氏家族的族長。

尹伯　見師穎簋（集成04312），師穎的父親，生世在西周中晚期。

尹叔　見尹叔鼎（集成02282），西周中期人，尹氏公族。

尹叔　見蔡姞簋（集成04198），西周晚期人，蔡姞的家兄，尹氏公族。

尹叔姬　見魯侯壺（集成09579），西周晚期姬姓婦女，魯侯的姑或姊。

尹𢀛　即尹封，見伊簋（集成04287），西周晚期人，名封，擔任周王朝史官，以尹為氏。厲王二十七年正月丁亥，在周王冊命伊的儀式上，代宣王命。

尹姞　見尹姞鬲（2件，集成00754—00755），即公姞，西周中期前段姞姓婦女，穆公的夫人。某年六月既生霸乙卯，天君到了尹姞宗室蘇林，蔑尹姞曆，賜給玉五品和馬四匹。

尹姞　見夷伯簋（2件，陝金1.364），西周中期後段姞姓婦女，夷伯的夫人。

尹姞　見宗仲盤（集成10071）、宗仲匜（集成10182），西周晚期姞姓婦女，宗仲的夫人。

尹姞　見殳僧生簋（集成04010），西周晚期姞姓婦女，殳僧生的夫人。

孔申　見孔申爵（集成08985）西周早期人。

引　見引尊（集成05950），西周西周中期前段人。

引　見師旂鼎（集成02809），西周康王時期人，師旂的僚屬。

引　見臣諫簋（集成04237），西周中期前段人，臣諫的同母弟。

引　見引瓶（又稱樂大司徒瓶，集成09981），春秋時期人，樂國大司徒子𠂤之子。

引仲　見小臣守簋（3件，集成04179—04181），小臣守的父親，西周前期人。

引章　即引庸，見臣諫簋（集成04237），西周中期前段人，臣諫的同母弟。

弓　見彈鼎（集成02321），西周早期前段人，族徽為"亞𤎩（庚）"

弔瘋　見四年建信君鈹（集成11695），戰國晚期人，與建信君同時，趙國邦右庫冶鑄作坊的工師。

丑　見卅三年大梁戈（集成11330），戰國晚
　　期人，魏惠王三十三年（前338年）前後，
　　擔任大梁左庫冶鑄作坊的工師。

丑姜　銘文作䖵姜，見虢仲簋（文物2000年
　　12期28頁圖9.2），西周晚期姜姓婦女，
　　虢仲的妻妾。

卭　見卭尊（集成05767）、卭壺（集成
　　09532），西周早期人。

𠬪　見𠬪尊（集成05878），西周早期人。

叉　見叉簋（集成03629），西周早期後段人。

以　見沈子也簋蓋（集成04330），簋銘有"吾
　　考𠃐（以）于顯受命"之句，郭沫若先
　　生認為"𠃐"是沈子也之父，即魯煬公
　　熙，生世約在西周早期後段。郭云：
　　"'吾考𠃐'即魯煬公熙，索引云'熙

　　一作怡'，熙 怡與𠃐（以）均同之部。"

以鄧　見以鄧鼎（下寺8頁圖5）、以鄧匜（下
　　寺16頁圖11）、以鄧戟（2件，下寺20
　　頁圖15.1、圖15.2），春秋中後期人，
　　楚叔之孫。

以嬴　即以嬴，見喬君鉦鍼（集成00423），
　　喬君涉盧的夫人，春秋晚期嬴姓女子。

予叔嬴　見叔嬴鬲（集成00563），西周晚期
　　嬴姓婦女，嫁給予氏家族。

孔　見孔鼎（集成02021），西周早期人。

冊屮　見冊屮鼎（集成02011），商代晚期人。

𠃎伯　見𠃎伯簋（集成03719），西周早期人。

幻伯妊　見孟弜父簋（集成 03963），西周
　　晚期人，孟弜父之女。

五　劃

巨　見十八年上郡武庫（集成11378），戰國晚期秦國人，秦昭襄王時（前306—前251年），擔任秦國上郡武庫冶鑄作坊的丞，輔助工師管理鑄造諸事。

示己　見盉婦方鼎（集成02368），盉婦的高祖，生世在商代晚期。

玉丮　見玉丮觚（集成06923），商代晚期人。

丼人妄　即邢人妄，見妄鐘（4件，集成00109—00112），西周晚期邢國族人，名妄。郭沫若先生認為是共伯和的兒子，別封於邢。（見《大系》考150頁）

丼人偈屖　即邢人偈屖，見五祀衛鼎（集成02832），西周中期人，邦君厲的有司（管事者），名偈屖，邢邑人氏。五年正月初吉庚戌，邦君厲與裘衛交換土地時，曾參與勘界和交付儀式。

丼戈叔安父　見丼戈叔安父簋（集成03891），西周晚期人。

丼公　即邢公，見曶壺蓋（集成09728），西周中期人，周王朝的卿士。某年正月初吉丁亥，在周王冊命曶的儀式上擔任儐相。

丼伯　見五祀衛鼎（集成02832）、利鼎（集成02804）、師毛父簋（集成04196）、救簋蓋（集成04243）、師虎簋（集成04316）、永盂（集成10322），即邢伯、邢伯親。

丼伯親　見師瘨簋蓋（集成04284），即邢伯親。

丼妘　即邢妘，見伯田父簋（集成03927），西周晚期妘姓婦女，伯田父的夫人。

丼叔　即邢叔，見季魯簋（集成03949），西周早期人，季魯的父親，邢國公族。

丼叔　見曶鼎（集成02838）、丼叔鼎（丼叔墓138頁103.5）、丼叔方彝（集成09875）、丼叔飲壺（亦稱丼叔杯，集成06457）、免簋（集成04240）、免尊（集成06006）、免卣（集成05418）、弭叔師察簋（2件，集成04253—04254），即邢叔采。

丼叔采　即邢叔采，見丼叔采鐘（2件，集成00356—00357），西周中期後段人，名采，邢國公族。

丼季夐　即邢季夐，見邢季夐鼎（集成02199）、邢季夐尊（集成05859）、邢季夐卣（集成05239），西周中期前段人，名夐，邢國公族。

丼孟姬　即邢孟姬，見仲生父鬲（集成00729），西周晚期邢國族的長女，仲生父的夫人。

丼南伯　即邢南伯，見丼南伯簋（集成04113），西周中期人，夫人為鄭季姚好。

丼姬　即邢姬，見強鼎（集成02192）、強伯方鼎（集成02277）、強伯突鼎（集成

02278)、弡伯作丼姬鼎（2件，集成
02676—02677)、弡伯作丼姬甗（集成
00908)、弡伯貘尊（集成05913)，西
周昭穆時期人，姬姓，弡伯的夫人。

丼姬　即邢姬，見莓伯簋（集成03722)，西
周晚期姬姓婦女，莓伯的夫人。

妄　見妄鐘（4件，集成00109—00112)，即
丼人妄、邢人妄。

正　銘文作𠇗，見正鼎（2件，集成01060—
01061)、正甗（集成00776)、正𦉢（2
件，集成09130—09131)、正鴞尊（集
成05454)、正簋（2件，集成02948—
02949)、正爵（5件，集成07480—
07484)、正觚（集成06636)，亦見於
殷墟第一期卜辭，商代中期人，商王的
屬臣。

正　見十八年上郡武庫（集成11378)，戰國
晚期秦國人，昭襄王十八年（前289年)
前後，在上郡武庫冶鑄作坊當工匠。

正父　見正父卣（集成05244)，西周早期人。

正侯　銘文作𠇗侯　見正侯簋（集成03127)，
商代晚期人，正國族首領，名不詳。

去疾　見元年丞相斯戈（秦銘文圖版160)，
戰國末期到秦代人，秦王政元年（前246
年)前後，擔任櫟陽冶鑄作坊的左工師。

坅　見坅小子啟鼎（集成02272)，西周早期
人，啟的父親。

坅　見坅簋（集成03731)，西周早期人。

坅父　見坅父簋（集成03464)，西周早期人。

丕壽　銘文作不壽，見丕壽簋（集成04060)，
西周早期後段人。某年九月初吉戊辰，
王姜曾賜給丕壽裘。

北子　見北子方鼎（集成02329)，西周早期
人，北國族首領，名不詳。鼎出土於河
北淶水縣張家窪，與北伯鼎、北伯鬲、
北伯殳尊、北伯殳卣同地出土，時代又
相同，北子、北伯和北伯殳當為一人。

北子　見北子卣（集成05165)，西周早期人，
名不詳，族徽為“𠦪（冉)"。李學勤
先生認為“北子"當讀為“別子"，即
諸侯嫡子之弟，別於正嫡，也就是支子。
（見《長子、中子和別子》《故宮博物
院院刊》2001年6期1頁)

北子　見北子尊（集成05762)，西周早期人，
北國族首領，名不詳。

北子　見北子鼎（集成01719)、北子甗（集
成00847)，鼎、甗與羿簋同出土於湖北
江陵縣萬城西周墓，時代、族徽又相同，
故此北子與北子柞為一人。

北子　見北子觶（集成06507)，西周中期前
段人，北國族首領，名不詳。

北子芈　見北子芈觶（集成06476)，西周中
期前段人，名芈。

北子宋　見北子宋盤（集成10084)，西周中
期前段人，名宋。

北子柞　見羿簋（2件，集成03993—03994)，

西周中期前段人，名柞，族徽為"兂
（冉）"。李學勤先生認為應讀為別子
柞，是兂的支子。

北伯　見北伯鼎（集成01911）、北伯鬲（集
成00506），西周早期人，北國族首領。
北伯鼎、北伯鬲與北伯殳尊、北伯殳卣
同出土於河北省淶水張家窪，時代亦相
當，故此北伯與北伯殳為一人。

北伯邑辛　見北伯邑辛簋（集成03672），西
周早期人，名邑辛，北國族首領。

北伯殳　見北伯殳尊（集成05890）、北伯殳
卣（集成05299），西周早期人，名殳，
北國族首領。

北宮壘　見十三年□陽令每戲戈（集成
11347），戰國早期人，名壘，北宮氏，
□陽縣冶鑄作坊的工師。

北單　見北單鼎（集成02173）、北單簋（集
成03120）、北單爵（集成08178）、北
單觚（集成07017）、北單矛（2件，集
成11445—11446），商代晚期人或氏族。

北單戈　見北單戈鼎（4件，集成01747—
01750）、北單戈爵（集成08806）、北
單戈觚（集成07195）、北單觶（集成
06188）、北單戈壺（集成09508）、北
單戈方彝（集成09868），商代晚期人或
氏族。

北單戠　見北單戠簋（集成03239），商代晚
期人或氏族。

古　見古簋（集成03607），西周早期人。

古　見師旂鼎（集成02809），西周康王時期
人，師旂的僕官。某年三月，因不跟隨
周王征伐方雷，被罰青銅三百鋝。

世子效　見效尊（集成06009）、效卣（集成
05433），即效，西周早期後段人。某年
四月初吉甲午，嘗公將周王賜給他的五
十朋貝中的二十朋賜給效。

甘丹截　即邯鄲截，見六年襄城令韓沽戈（第
三屆國際中國古文字學研討會論文集
422頁），戰國晚期人，名截，邯鄲氏。
韓桓惠王六年（前267年）前後，擔任柏
縣冶鑄作坊的工師。

甘丹䤵　即邯鄲䤵，見廿三年襄田令㸔名矛
（集成11565），戰國時期人，名䤵，邯
鄲人氏，趙國（？）襄田縣右庫冶鑄作
坊的工師。

甘孝子　見甘孝子栖（集成09937），戰國晚
期人。或釋為"甘斿子"。

本　見本鼎（集成02081），西周中期人。

丙公　見鬴卣（上博刊7期46頁圖3），西周
昭穆時期人，丙國族首領，鬴的上司，
名不詳。某年九月己亥，陪同鬴朝見周
王，行獻功之禮，貢獻燕享用器。

可　見四年相邦呂不韋戈（3件，集成11308，
秦俑報告258頁圖153.1、陝西青銅器
255），戰國末期到秦代人，秦王政時期
（前246—前221年）曾在官營兵器作坊
當工匠。

可公　見美爵（2件，集成09086—09087），

美的長輩，西周早期人。

左工丞闌　見王廿三年戈（故宮博物院院刊2004年4期70頁圖2、3），戰國晚期人，名闌，秦昭襄王二十三年（前284年）前後，擔任相邦魏冉封邑的左工師丞。

左勿　見七年得工戈戈（集成11271），戰國晚期人，東周國冶鑄作坊的冶吏。

左孝子　見左孝子壺（2件，集成09538—09539），戰國時期人。

右　見右鼎（集成01956），西周早期人。

右　見右爵（集成08829），西周早期人。

右工尹其　見燕王詈戈（2件，集成11243—11244），戰國晚期人，名其，燕國冶鑄作坊的右工尹。

右工尹青　見燕王詈戈（集成11350），戰國晚期人，名青，燕國冶鑄作坊的右工尹。

右正嬰　銘文作又正嬰，見嬰方鼎（集成02702），商代乙辛時期人，名嬰，族徽為"亞晜侯禾（矣）"。某年丁亥日，巩賞給嬰貝二百朋。

右史利　銘文作又吏利，見利簋（集成04131），商末周初人，名利，周武王時擔任周王朝右史，參加滅商戰爭，滅商後的第七天，辛未日在闟師，武王賞給右史利金（青銅）。

右走馬嘉　見右走馬嘉壺（集成09588），春秋早期人，名嘉，某國的右走馬。

右伯　見右伯鼎（集成02488），西周中期人。

右眚　見散氏盤（又稱散盤、矢盤、矢人盤，集成10176），西周厲王時期人，矢國族眉田的田官。某年九月乙卯，參與矢付給散氏二百畝田地的封樹和交付儀式。

右師延　見宋右師延敦（文物1991年5期89頁圖2、3），春秋時期人，名延，宋國的右師。

右庶長歜　見宗邑瓦書（古文字研究14輯178頁、179頁），戰國晚期人，名歜，史書作壽燭，右庶長爵。四年冬十壹月，秦王賜給杜縣酆邱到滴水一帶作為宗邑。

右買　見右買戈（集成11075），春秋晚期人。

平　見簹叔之仲子平鐘（9件，集成00172—00180）、簹大叔壺（銅全9.76），春秋晚期筥國族人，筥叔的次子。

平安夫人　銘文作坪安夫人，見平安夫人漆盒（文物1980年9期19頁圖10），戰國中期人，衛國的嗣君（平安君）的夫人，名不詳。

平安君　見廿八年平安君鼎（集成02793）、卅二年平安君鼎（集成02764），戰國中期人，衛國的嗣君，在位四十二年（前324—前283年）。《史記·魏世家》："成侯十六年貶號曰侯（孝襄侯）……嗣君五年更貶曰君。"

平國君　見十八年相邦平國君鈹（考古1991年1期，中國文字新11期39—41頁），戰國晚期人，名不詳，封號平國君，曾擔任趙國的相邦。

平姬　見拍敦（集成04644），春秋晚期姬姓婦女，拍的夫人。

㠱其　見二祀㠱其卣（集成05412）、四祀㠱其卣（又稱四祀㠱其壺，集成05413）、六祀㠱其卣（集成05414），商代晚期人，族徽為"亞獏"。商紂王二年正月丙辰日，商紂王命令㠱其巡視夆地，在附近雍地田獵，並贈送夆地酋首一雙鹿皮，夆地酋首返贈㠱其五串貝；四年四月陪同商紂王祭祀其父親文武帝乙，在栋地，賞賜給㠱其貝幣；六年六月乙亥日，作冊掔賜給㠱其兩件玉器。

㓶　見㓶卣（集成05262），西周早期人。

戊　即茂，見田律木牘（文物1982年1期11頁圖19、20），也就是甘茂，戰國晚期人，出生於楚國下蔡，從史舉先生學習百家之術。後事秦惠文王，攻略漢中之地，秦武王時擔任承相，武王欲窺周室，甘茂為之拔韓之宜陽。昭襄王時因避讒言，奔齊，任上卿。後由齊至楚，謀歸秦，未成，卒於魏。

戊　見戊鼎（集成01901），西周早期人。

戉王　即越王，見越王戈（3件，鳥篆編下69、鳥書考108頁圖85、集成11451）、越王矛（集成11451）、越王劍（集成11570）、越王鈹（集成11571），春秋晚期某代越王，名不詳。

戉王　即越王，見越王劍（集成11692），戰國早期某代越王，名不詳。

戉王　即越王，越王石戈（鳥篆編下67），戰國早期某代越王，名不詳。

戉王丌北古　即越王丌北古，見越王其北古劍（2件，集成11703、文物2000年8期87頁），戰國早期人，名丌北古。曹錦炎先生認為可能是越王無彊（見《新出鳥蟲書越王兵器考》《古文字研究》24輯）。公元前342年即越王位，前333年楚威王敗越，殺越王無彊。

戉王不光　即越王不光，見越王不光劍（11件，集成11644—11650、集成11664、集成11667、鳥篆編下113、文物2000年1期71頁）、越王不光石矛（古文字研究24輯243頁），戰國晚期越國國君，字不光。《越絕書》及《吳越春秋》作不揚，《竹書紀年》和《史記·越王勾踐世家》作翳。曹錦炎先生云：翳，本指華蓋，引申為障蔽，故目疾引起的障膜也稱翳，"正因為目有翳，所以不見光明。而劍作'不光'，與'翳'乃一字一名，其取名正符合古人名字相應的原則。另外，翳也指雲翳，天上有雲翳，自然會遮蔽陽光而不見了。陸賈《新語·慎微》：'罷雲霽翳，令歸山海，然後乃得覩其光明。'正可解翳與光明之間的關係。"（《越王嗣旨不光劍銘文考》《容百年》558頁）。公元前411年不光嗣其父翁（朱勾）即越王位，在位三十六年（前411—前376年），三十六年七月被太子諸咎所殺。

戉王旨医　即越王旨医，見越王旨医劍（鳥篆編下148），越王者旨於睗的簡稱。

戉王州丩　見越王朱句劍（2件，集成11625、集成11627），即越王州句。

戉王州句　即越王州句，見越王州句劍（15件，集成11579、集成11622—11632、鳥篆編下99—100）、越王朱句復合劍（文物2000年1期71頁圖1.3）、越王州句鐵劍（鳥篆編下80）、越王州句矛（集成11535），越王勾踐的曾孫，不壽之子，《史記·越王勾踐世家》作“翁”，《竹書紀年》作“朱勾”。在位三十七年（前448—412年），國力達到鼎盛，先後滅滕、滅郯，功績顯赫。

戉王者旨　見越王者旨矛（鳥篆編下76），即越王者旨、越王者旨於睗。

戉王嗣旨不光　即越王嗣旨不光，見越王嗣旨不光劍（3件，集成11641—11642、集成11704），戰國晚期人，越王朱勾之子，字不光，諸稽氏（銘文作者旨，此處作旨，為者旨之省）。繼位前稱越王嗣，即越王的法定繼承人。

戉嗣王　即越嗣王，越嗣王石戈（2件，鳥蟲書圖83—84），戰國早期人，越國某代儲君，名不詳。

田　見田簋（集成10573），西周早期人，族徽為“𤴓（正）”。

田　見十三年相邦義戈（集成11394），戰國中期人，秦惠文王十三年（前312年）前後，擔任咸陽冶鑄作坊的工師。

田人邑冉　即甸人邑冉，見甸人邑冉戈（集成11165），戰國早期人。

田告　見田告方鼎（集成02145）、田告父丁鼎（集成01849）、田告甗（集成00889）、田告父丁簋（集成10536）、田告父乙卣（集成05056）、田告父丁卣（集成05273）、田告罍（集成09777）、田告父丁爵（集成08903）、田告觚（集成07013），商代晚期人或氏族。

田農　銘文作田䢉或田農，見田農鼎（集成02174）、田農甗（集成00890）、田農簋（集成03576），西周早期前段人。

由　見由鼎（集成01978），西周中期人。或釋為“古”。

由伯　見由伯尊（集成05998）、由伯卣（集成05356），西周早期由國族首領，族徽為“”。（或釋為“古伯”）

甲　見甲方鼎（集成01949），西周早期人。

甲　見甲盉（集成09431），西周早期人。

甲　見兮甲盤（集成10174），即兮甲。

甲　見上郡守高戈（集成11287），戰國晚期人，曾擔任秦國上郡郡丞。

甲公　見𢦚方鼎乙（集成02824），伯𢦚的父親，生世在西周早期。

甲考　見夌尊（集成05942）、夌卣蓋（集成05343），夌的父親，生世在西周早期。

甲姒　見寧遹簋（集成03632），西周昭、穆時期姒姓婦女，寧遹的夫人。

甲妸　見寧遹簋（集成03632），即甲姒。

申　見申鼎（曲村491頁圖684），西周早期人。

申　見申簋蓋（集成04267），西周中期前段人。某年正月初吉丁卯，由益公陪同，在周康宮接受冊命，周王命其繼承祖考的官職，輔佐太祝管理豐人及九戲祝，並賜給赤巿、縈黃和鑾旂。

申　見廿四年上郡守疾戈（考古學報2002年1期112頁圖19）、廿五年上郡守厝戈（集成11406），戰國晚期人，秦昭襄王廿五年（前282年）前後，在上郡高奴冶鑄作坊擔任丞，輔佐工師管理鑄造諸事。

申　見三年相邦呂不韋矛（2件，秦銘文圖版66、考古1996年3期86頁圖1）、四年相邦呂不韋矛（文物1987年8期64頁圖6.1），戰國晚期人，名申，秦王政（前246—前221年）在位初期擔任秦國冶鑄管理機構的丞。

申王　銘文作𤔲王，見申王之孫叔姜簋（考古1998年4期45頁圖5），申國族的後代子孫追稱其先君的稱謂。

申公彭宇　見申公彭宇簋（2件，集成04610—04611），春秋時期人，名彭宇，申國國君。

申伯謯多　銘文作𤔲伯𣌭多，見𤔲伯𣌭多壺（考古1981年1期26頁圖3.2），春秋晚期人，名謯，申國族首領。

申季　銘文作𤔲季，見五祀衛鼎（集成02832），邦君厲的有司（管事者），西周中期人，申氏公族。五年正月初吉庚戌，邦君厲與裘衛交換土地時，參與勘界和交付儀式。

申季　銘文作𤔲季，見大克鼎（集成02836）、伊簋（集成04287），西周晚期人，申國公族。厲王二十七年正月既望丁亥，在康宮穆太室冊命伊的儀式上，擔任儐相；某年，周王在宗周穆廟冊命善夫克，申季亦擔任儐相。

申沱　銘文作申𨓈，見六年司空馬鈹（保金274），戰國晚期人，名沱，申氏，趙王遷六年（前230年）前後，擔任邦左庫冶鑄作坊的工師。

目　見十九年寺工鈹（5件，秦銘文圖版86—90），戰國末期到秦代人，秦王政十九年（前228年）前後，是秦國官營兵器作坊的工匠。

且　見散氏盤（又稱散盤、矢盤、矢人盤，集成10176），西周厲王時期人，矢國族眉田的田官。某年九月乙卯，參與矢付給散氏二百畝田地的封樹和交付儀式。

兄丁　見剌卣（集成05338），剌的兄長，生世在商代晚期，族徽為"𠦪（亞旂）"。

兄辛　見剌卣（集成05338），剌的兄長，生世在商代晚期，族徽為"𠦪（亞旂）"。

兄辛　見屯尊（集成05932）、屯卣（集成05337），屯的兄長，生世在西周早期，族徽為"𠁁"。

兄癸　見亞魚鼎（銅全2.59），亞魚的兄長，生世在商代晚期。

兄癸　見尹舟卣（集成05296），尹舟的兄長，生世在商代晚期。

兄癸　見觿卣（集成05397），觿的兄長，生世在商代晚期，族徽為"冂"。

央　見央作寶簋（集成03370），西周早期人。

史　見帚蒐鼎（集成02710），商代晚期人，擔任周王朝作冊。某年二月庚午日，殷王命作冊史賜給寑蒐賣貝。

史　見史三足器（集成10463），西周時期人。

史己　見史己鼎（集成01736），商代晚期人。

史犬　見史犬爵（集成08188）、史犬觶（集成06168），商代晚期人。

史孔　見史孔鉥（集成10352），春秋時期人。

史矢　見史矢戈（北窰墓101頁圖55.12），西周早期人，名矢，擔任西周王朝史官。

史戉　見吳方彝蓋（集成09898），西周中期前段人，名戉，擔任周王朝史官。某年二月初吉丁亥，在冊命作冊吳的儀式上，代宣王命。

史寽　即史敖，見蔡簋（集成04340）、揚簋（2件，集成04294—04295）、癲盨（2件，集成04462—04463）、諫簋（集成04285）、朢簋（集成04272），也就是内史寽、内史史寽，西周中期後段人，名寽（敖），擔任周王朝内史。先後參與過周王對王臣、蔡、揚、癲、諫、朢等人的冊命儀式，代宣王命。（或釋為

史年、史旹）

史成　見史成卣（集成05288），西周早期後段，名成，擔任周王朝史官。

史伏　見史伏尊（集成05897），西周早期人，名伏，擔任周王朝史官。

史甶　見吳虎鼎（考古與文物1998年3期70頁圖2），西周晚期人，名甶，周宣王時擔任史官。宣王十八年十三月丙戌日，在周王授予吳虎土地的堪界封疆活動中擔任記錄，吳虎賓贈給賣韋兩。

史次　見史次鼎（集成01354），西周早期人，名次，擔任周王朝史官。

史見　見史見觚（集成07279）、史見尊（集成05868）、史見卣（集成05305），西周早期人。

史伯碩父　見史伯碩父鼎（集成02777），即史顥，名顥，字碩父，西周晚期人，史氏家族族長，父親為釐仲，母親為泉母。

史夙　即史夙，見史夙爵（北窰墓218頁圖116.5），西周中期前段人，名夙，擔任周王朝史官。（蔡運章釋為"史宿"）

史利　見史利簋（2件，集成04473—04474），西周晚期人，名利，擔任周王朝史官。

史宋　見史宋鼎（集成02203），春秋早期人。

史陘　見七年鄭令先鉝矛（集成11554）、鄭令先鉝戈（集成11386），戰國晚期人，韓王安時（前238—前230年）曾擔任鄭縣司寇。

史昔　見史昔鼎（集成02189），西周中期前段人。

史免　見史免簋（集成04579），西周晚期人，名免，擔任周王朝史官。

史斿　見史斿壺（集成09490），商代晚期人，名斿，擔任商王朝史官。

史南　見鬲比鼎（集成02818）、鬲比簋蓋（集成04278），西周晚期人，名南，擔任周王朝史官。厲王三十二年三月壬辰，奉命和虢旅共同處理鬲攸比與攸衛牧關於租種土地的糾紛。

史述　見史述簋（集成03646），西周中期前段人，名述，擔任周王朝史官。

史兒　見中甗（集成00949），西周早期後段人，名兒，擔任周王朝史官。某年曾隨周王省視南國，到達曾，傳達王命，命中出使南國小大邦。

史召　見史召爵（集成09041）、史召尊（集成05815），西周早期人，名召，擔任周王朝的史官。

史宜父　見史宜父鼎（集成02515），西周晚期人。

史孟　銘文作事孟，見屖敖簋蓋（集成04213），西周中期人。某年，戎獻給子牙父金百車，賜給屖敖金十鈞，史孟陪同屖敖接受賞賜，送給史孟一張豹皮作為酬謝。

史夷　見史夷鼎（陝金1.145）、史夷簋（陝金1.309），西周晚期人，名夷，擔任周王朝史官。

史逗　見齋史逗簋（集成03740），西周中期人，名逗，擔任齊國史官。

史唻　見史唻鼎（集成02036），西周中期前段人，名唻，擔任西周王朝史官。

史斿父　見史斿父鼎（集成02373），西周早期前段人，字斿父，擔任周王朝史官。

史盄父　見史盄父鼎（集成02196），西周晚期人，字盄父，擔任周王朝史官。

史秦　見史秦鬲（集成00468），西周早期前段人，名秦，擔任周王朝史官。

史秦　見楚王酓忎鼎（集成02794），戰國末期人，名秦，史氏，楚國冶鑄作坊的冶師。

史㝅　見善夫山鼎（集成02825），西周晚期人，名㝅，擔任周王朝史官。宣王三十七年正月戊寅，在周王接受冊命善夫山的儀式上，代宣王命。

史眲　銘文作㝬眲，見史眲斝（集成09235），商代晚期人。

史造　見史造鼎（集成02326），西周中期人，名造，擔任周王朝史官。

史留　見趠鼎（集成02815），史書作史籀，西周晚期人，名留，厲王時擔任史官，經共和到宣王時升任太史，任職三十餘年。《說文·序》云："及宣王大史籀，著大篆十五篇，與古文或異。"厲王十九年四月既望辛卯，周王在康昭宮太室冊命趩，史留向趩頒發命書。

史寅　見士上尊（原稱臣辰尊，集成05999）、士上卣（原稱臣辰卣，2件，集成05421—05422）、士上盉（集成09454），西周早期人，名寅，成王時期擔任周王朝史官。某年五月既望辛酉，曾奉周王之命與士上前往成周殷見諸侯。

史密　見史密簋（考古與文物1989年3期9頁圖3），西周中期人，名密，擔任西周王朝史官。簋銘載：懿王某年十二月，南淮夷的膚虎糾合杞夷、舟夷和觀國廣伐周王朝的齊師、族人和遂地，於是周王命師俗和史密東征，師俗率齊國的軍隊和遂人為左翼，圍攻長必；史密率領族人及萊、僰、眉等國的軍隊為右翼，圍攻長必。史密捉到一百個俘虜，受到周王的賞賜。

史減　見袁鼎（集成02819）、袁盤（集成10172）、卌二年逨鼎（2件，盛世吉金67頁），西周厲宣時期人，名減，擔任周王朝史官。厲王二十八年五月既望庚寅，在冊命袁的儀式上，代宣王命；四十二年五月在冊命吳逨儀式上，亦代宣王命；四十三年六月冊命吳逨時，頒發命書。

史翏　見無叀鼎（集成02814）、此鼎（3件，集成02821—02823）、此簋（8件，集成04303—04310），西周宣王時期人，名翏，擔任周王朝史官。在周王冊命無叀和此的儀式上，都是史翏代宣王命。

史喜　見史喜鼎（集成02473），西周中期人，名喜，擔任周王朝史官。

史喪　銘文作事喪，見史喪尊（集成05960），西周昭穆時期人，名喪，擔任周王朝史官。

史睪　即史狄，見安邑下官鍾（集成09707）、滎陽上官皿（文物2003年10期79頁圖2），戰國晚期魏國（李學勤先生認爲是韓國）人，名狄。

史喦　見史喦簋（2件，集成04030—04031），西周早期後段人，名喦，擔任周王朝史官。康王某年乙亥，王誥畢公，賜給史喦貝十朋。

史鬧　見袁鼎（集成02819），西周晚期人，名鬧，擔任周王朝史官。厲王二十八年五月既望庚寅，在周王冊命袁的儀式上，史鬧頒發命書。

史番　見史番鼎（集成01353），戰國時期人。

史戠　見倗生簋（4件，集成04262—04265），西周中期人，名戠，擔任周王朝史官。某年正月初吉癸巳，參與倗生與格伯之間用良馬換取土地的活動。

史窦　見史窦簋（集成03786），西周晚期人，名窦，擔任周王朝史官。

史楳貌　見史楳貌簋（集成03644），西周早期人，名楳貌，擔任周王朝史官。

史遟　見史遟方鼎（2件，集成02164—02165）、史遟角（集成09063），西周早期人，名遟，擔任周王朝史官。史遟与康王時期的史話簋同出於一墓之中，而紋飾、形制及銘文字體，略晚於史話簋，故史遽可能史話的子輩，世襲史官。（或釋為"史速"）

史農 見史農罎（集成06169），西周早期人，名農，擔任周王朝史官。

史僕 見史僕壺（2件，集成09653—集成09654），名僕，擔任周王朝史官。

史頌 見史頌鼎（2件，集成02787—02788）、史頌簋（8件，集成04229—04236）、史頌簠（集成04481）、史頌盤（集成10093）、史頌匜（集成10220），西周晚期人，名頌，擔任周王朝史官。鼎、簋銘載："三年五月丁巳，王在宗周，令史頌省蘇瀾友、里君、百姓、帥䚄致于成周，休有成事，蘇賓璋、馬四匹、吉金。"頌鼎、簋銘載三年五月甲戌，在周康宮昭宮大室接受冊命，周王命頌管理20家胥隸的倉庫，監督管理新建的宮內用品倉庫同時賜給玄衣黹純、赤市、朱黃、鑾旂和鋚勒。

史㝬父 見史㝬父簋蓋（集成03789），西周晚期人。

史奐 見史奐盨（2件，集成04366—04367）、史奐簋（集成04523），西周晚期人，名奐，擔任周王朝的史官。

史甶 見逆鐘（4件，集成00060—00063），西周晚期人，名甶，擔任周王朝的史官。

史趠曹 見十五年趠曹鼎（集成02784），即趠曹。

史趞 見善夫克盨（集成04465），西周晚期人，名趞，擔任周王朝的史官。十八年十二月初吉庚寅，周王在康穆宮命史趞典善夫克田人。

史虢生 見頌鼎（3件，集成02827—02829）、頌簋（8件，集成04332—04339）、頌壺（2件，集成09731—09732），西周晚期人，名虢生，擔任周王朝的史官。三年五月既死霸甲戌，在冊命頌史虢生的儀式上，代宣王命。

史𢼸 見史𢼸簋（集成03583），西周中期人。

史旗 即史㫍，見雪鼎（2件，集成02740—02741）、員卣（集成05387），西周康昭時期人，名旗，擔任周王朝史官。周王征伐東夷時，曾奉㴋公之命和雪一起戎伐東夷腹（貃）國；某年，又和員一起伐鄘國。

史懋 見史懋壺（集成09714）、免尊（集成06006）、免卣（集成05418），西周中期前段人，名懋，擔任周王朝史官。某年，八月既死霸戊寅，周王在菱京溼宮，命史懋路筮，事畢，周王命伊伯賜給史懋貝；某年六月初吉，在周王冊命免的儀式上，代宣王命。

史牆 見史牆盤（集成10175）、師酉簋（4件，集成04288—04291），西周中期前段人，名牆，微氏家族，豐的兒子，微伯瘣的父親，擔任周王朝史官。

史獸 見史獸鼎（集成02778），西周早期人名獸，擔任西周王朝史官。鼎銘載："尹令史獸涉工于成周，十又一月癸未，史獸獻工于尹，咸獻工，尹賞史獸祼，錫豕鼎一、爵一。"

史顙　見史顙鼎（集成02762），即史伯碩父。

史酓敖　見史酓敖尊（北窰墓213頁圖112.2），西周中期前段人，名酓敖，擔任西周王朝史官，亡兄為日癸。

史𤔲　見匍盉（文物1998年4期91頁圖3），西周中期前段人。某年四既生霸戊申在氐，青公派司史𤔲贈給東夷夆韋兩件，赤金（紅銅）一鈞。

皿　見串犧皿鼎（保利續27），商代晚期人，族徽為"串🦂"。

皿　見皿罍（集成09812），商代晚期人。

皿天全　見皿天全方彝蓋（集成09883），商代晚期人。

皿合　見皿合觚（集成07300），西周早期人，族徽為"🏠（亞獿）"。

皿屖　見皿屖簋（集成03438），西周早期人。

冊　見冊鼎（集成02259），西周早期人。

同　見口年邦府戈（集成11390），戰國晚期人，趙國邦上庫冶鑄作坊的冶吏。

生　見小子生尊（集成06001），即小子生，西周早期後段人。昭王南征在斥，命生辦事于公宗，賜給小子生金（青銅）和鬱鬯。

生史　見生史簋（2件，集成04100—04101），西周中期前段人。某年曾奉召公之命事於楚伯，楚伯有所儐贈。其祖的日名是日丁、父的日名是日戊。

生杕姜　見應侯簋（集成04045），西周中期姜姓婦女，應侯的夫人。

生姙　見召仲鬲（2件，集成00672—00673），西周晚期人，召仲的夫人。

矢　見矢卣（集成05304），西周早期人，族徽為"🐦"。

矢伯隻　見矢伯隻卣（集成05291），西周早期人，名隻，矢氏家族首領。

禾　見禾鼎（集成01976），西周早期人，族徽為"🐦（𠵤）"。

禾　見禾簋（集成03939），春秋晚期人。

禾伯　見禾伯尊（集成05871），西周早期人，禾氏家族首領。

禾保　見禾保簋（集成03122），商代晚期人。

仕斤　見仕斤徒戈（2件，集成11049—11050），戰國早期人。

付父　見歔尊（集成05981），歔的父親，西周早期人。

代相吏微　銘文作𠨕相吏微，見六年𠨕相吏微劍（文博1987年2期53頁圖1），戰國晚期人，名微，吏氏。代王嘉六年（前222年）前後，擔任代（趙）國的相邦。

代相樂寏　見四年代相樂寏劍（考古與文物1989年3期20頁），戰國晚期人，名寏，樂氏，代王嘉四年（前224年）前後，擔任代（趙）國的相。

伯母　即信母，見信母爵（集成08138），商代晚期女子。

伯姬　即信姬，見默叔信姬鼎（集成02767），西周晚期姬姓婦女，默叔的夫人。

白父　見虢季子白盤（集成10173），即虢季子白，因是宣王的父輩，故宣王稱其為白父。

白父　見曾子白父匜（集成10207），春秋早期人，曾國公子。

参　見参尊（集成05942）、参卣蓋（集成05343），西周中期人。

令　見令鼎（集成02803），西周早期人。某年，曾跟隨周王在諆田耤農，舉行射禮，歸來後周王賞給令臣十家。

令　見令簋（集成03508），西周早期人。

令　見作冊矢令簋（2件，集成04300—04301）、矢令方尊（集成06016）、矢令方彝（集成09901）、令盤（集成10065），即矢、矢令、作冊令、作冊矢令，西周早期後段人，名矢，字令，族徽為“𝔞𝔟（雟冊）”，擔任周王朝作冊之職。方尊、方彝銘文記載康王某年八月甲辰，“王令周公子明保尹三事四方，受卿事寮。丁亥，令矢告于周公宮，公令𥏻同卿事寮。”十月癸未，“明公朝至於成周，𥏻令舍三事令，眔（暨）卿事寮，眔諸尹、眔里君、眔百工、眔諸侯：侯、田、男，舍四方令，既咸令。

甲申，明公用牲于京宮，乙酉，用牲于康宮，咸既，用牲于王。明公錫亢師鬯、金、小牛，曰：用祓；錫令鬯、金、小牛，曰：用祓。迺令曰：今我唯令汝二人亢眔矢，爽左右于乃寮以乃友事。”簋銘載昭王伐楚伯，“在炎，作冊矢令尊宜于王姜，姜賞令貝十朋、臣十家、鬲百人。”

令尹子庚　銘文作命尹子庚，見王子午鼎（集成02811），即王子午，春秋晚期人，名午，字子庚，楚莊王之子，康王時（前559—前545年）先後擔任楚國的司馬和令尹，卒於康王七年（前552年）。

令狐君嗣子　銘文作命瓜君嗣子，見令狐君嗣子壺（2件，集成09719—09720），戰國初期晉國大夫封於令狐，稱令狐君。此為戰國中期魏國令狐氏的後裔，與周威王或周安王同時。

令哮　見令哮尊（集成05896），西周中期前段人。

乎　見乎簋（集成03769），西周中期人，夫人為姞氏。

乎　見南宮乎鐘（集成00181），西周晚期人，即南宮乎，名乎，南宮氏，擔任周王朝司土之職。先祖南公、亞祖公仲和必父。宣王三十七年正月，在周王冊命善夫山的儀式上，擔任儐相。

乎　見𪿕乎簋（2件，集成04157—04158），即𪿕乎，西周晚期人，族徽為“𝔵（束）”。

乎潙　見乎潙卣（集成05368），西周早期人，族徽為"亞♦"。

用　見用簋（集成03507）、用作寶彝簋（集成03414），西周早期後段人。

冉　見五年相邦呂不韋戈（秦銘文圖版69），戰國末期到秦代人。秦王政時（前246—前221年）在秦國少府工室擔任丞，輔佐工師管理鑄造諸事。

句　見十五年相邦春平侯劍（集成11691）、十五年守相廉頗鈹（集成11702）、十七年相邦春平侯劍（集成11714）、十七年相邦春平侯鈹（集成11713），戰國晚期人，趙孝成王十五年到十七年（前251年—前249年）前後，先後在趙國邦左庫和邦右庫冶鑄作坊當冶吏。

句它□　見句它盤（集成10141），西周晚期人。

句獻夫人季子　宋公繕簠（2件，集成04589—04590），春秋晚期人，宋公欒的小妹，適吳王。

皮耴　見元年鄭令楕漼矛（集成11552）、二年鄭令楕漼戟刺（原稱二年鄭令楕漼矛，集成11563）、卅一年鄭令楕漼戈（集成11398）、卅二年鄭令楕漼矛（集成11555）、卅三年鄭令楕漼劍（集成11693）、卅四年鄭令楕漼矛（集成11560），戰國晚期人，韓桓惠王三十一年到韓王安二年（前246—前237年）期間，擔任生庫冶鑄作坊的工師。

皮難　即皮然，見者減鐘（10件，集成00193—00202），春秋中期人，吳國國王，者減的父親。郭沫若先生釋作皮難，以為是吳君柯轉，吳太伯以下第十五代，莅君位約在春秋初年，魯國惠隱之世（見《大系》考153頁）。王國維先生在《觀堂別林》中釋作皮難，以為是頗高。楊樹達先生以為是禽處，難字就是古代的然字（見《積微居金文說》143頁）。馬承源先生根據者減鐘的造型、銘文和音韻方面考證，認為皮難即畢軫，亦即句卑（見《關於羉生盨和者減鐘的幾點意見》《考古》1979年1期）。《史記·吳太伯世家》："頗高卒，子句卑立。是時晉獻公滅周北虞公，以開晉代虢也。"皮難在魯僖公五年（前655年）即位，卒年不詳，其子去齊在魯成公六年（前585年）卒，父子兩代在位共七十年。

卯　見卯簋蓋（集成04327），西周中期人。某年十一月既生霸丁亥，榮伯命卯繼承其祖考的管制，主管榮公室的葊宮、葊人，並賜給瓚、璋瑴、宗彝一肆、寶，賜給馬十匹、牛十頭，賜給乍一田、圅一田、隊一田、哉一田。

卯卪　見卯弋甑（集成00907），西周早期人，族徽為"艸（雔）"。

外叔　見外叔鼎（集成02186），西周早期後段人，外氏公族。

外季　見師瘨簋蓋（集成04284），師瘨的父親，西周早期前段人，外氏公族。

外姞　見靜簋（集成04273），靜的母親，西周早期人。

冬戚　見臧孫鐘（9件，集成00093—00101），春秋晚期吳國人，臧孫的外祖父。

主父　銘文作宔父，見二年主父戈（集成11364），趙武靈王傳國後的稱號。趙武靈王於公元前325年即位，二十七年（前299年）五月傳位給小兒子何（即王何），自號主父。後來又憐惜被廢的公子章，欲分趙國北部立公子章為代王，其猶豫未決，最終導致趙惠文王四年的沙丘之亂，公子章和主父都在亂中死難。

市　見宜陽戈（文物2000年10期76頁圖3、4），戰國晚期人，韓國宜陽庫冶鑄作坊的冶吏。

立　見立爵（集成09031），西周早期人。

立　見立鼎（集成02069），西周中期前段人。

立　見立盨（集成04365），西周晚期人。

半　見葭明戈（秦文字圖版26.2），戰國晚期人，擔任秦國某工室的丞，輔佐工師管理鑄造諸事。

宄乃　銘文作宭乃，見猷簋（陝金1.325），猷的長輩，生世在西周早期。

宄公　銘文作宭公，見師丞鐘（集成00141）、師望鼎（集成02812），師丞的高祖，師望的父親，虢國公族，生世在西周中期前段。

宄公　見叔角父簋蓋（2件，集成03958—03959），叔角父的父親，生世在西周中期，族徽為"ㄔ"。

宄仲　銘文作宭仲，見珊生簠（又名珊生鬲，集成00744），珊生的父親，生世在西周中期前段。

宄仲　銘文作宭仲，見追夷簋（2件，華夏考古2000年3期20頁圖4、5），追夷的父親，生世在西周中期。

宄伯　銘文作宭伯，見闕卣蓋（集成05297）、闕卣（集成05298），闕的父親，生世在西周早期。

宄伯　銘文作宭伯，見舀鼎（集成02838），舀的父親，生世在西周中期。

宄姜　銘文作宭姜，見羌鼎（集成02204），羌的夫人，西周中期姜姓國女子。

宄姬　銘文作宭姬，見師酉簋（4件，集成04288—04291），師酉的母親，丈夫為乙伯，生世約在西周中期前段。

宄婦陸姞　銘文作宭婦陸姞，見義伯簋（集成03619），西周中期前段姞姓婦女，義伯的夫人。

宄嬀日辛　銘文作宭嬀日辛，見剌鼎（集成02485），剌的夫人，生世在西周早期。

宄團宮　銘文作宭團宮，見骹子鼎（集成02345），骹子的長輩死後祭祀的廟名。

它　見沈子它簋蓋（集成04330），即沈子它，西周早期後段人。

它公　見師遽方彝（集成09897），師遽的祖父，生世在西周早期。

永　見永盂（集成10322），即師永，西周中期人，擔任周王朝的師職。恭王十二年丁卯，王派益公、邢伯、榮伯、尹氏、師俗父和遣仲等執政大臣宣佈命令，賜給師永洛河南北的土地。

永陳　見永陳缶蓋（華夏考古1990年1期12頁圖1），春秋晚期人。

必父　見南宮乎鐘（集成00181），南宮乎的高祖，亦稱公仲，生世約在西周中期。

司　銘文作嗣，見司鼎（集成02659），西周早期人，族徽為"𠧪"。

司工丁　銘文作䤔工丁，見䤔工丁爵（集成08792），西周早期人，名丁，擔任周王朝司工。

司工邑人服　銘文作嗣工邑人服，見裘衛盉（集成09456），西周中期人，名服，本邑人氏，擔任司工之職。三年三月既生霸壬寅，參加了矩伯庶人以十三田土地換取裘衛的一件瑾璋、兩件赤琥、兩件麀韐和一件賁鞶的土地勘界和交接儀式。

司工虎孠　銘文作嗣工虎孠，見散氏盤（又稱散盤、夨盤、夨人盤，集成10176），西周厲王時期人，名虎孠，夨國族的司工。某年九月乙卯，參與夨付給散氏二百畮田地的封樹和交付儀式。

司工眉　銘文作嗣工眉，見永盂（集成10322），西周中期人，名眉，擔任司工。恭王十二年某月初吉丁卯，參予授田給師永的勘界活動。

司工馬　銘文作嗣工馬，見六年司空馬鋧（保金274），戰國晚期人，名馬，司空氏。《戰國策·秦策五》"文信侯出趙章"說：文信侯呂不韋為秦相，司空馬在其手下任少府屬官尚書。秦王政十年（趙悼襄王八年，前237年）呂不韋被貶斥，免相就國，司空馬作為他的黨羽，跑到趙國，得到趙悼襄王重用，擔任"守相"，即代理相邦之職。秦王政十八年（趙幽繆王遷七年，前229年）大肆興兵攻趙，司空馬向趙王遷獻計不用，於是離趙出走。他經過黃河下游的渡口平原津（今山東平原東南）的時候，預言"趙將武安君（李牧），期年而亡，若殺武安君，不過半年"，而趙王會聽信讒言，"武安君必死"。這一點果然實現"武安君死，五月趙亡。"此時是秦王政十九年（趙王遷八年，前228年）。六年司空馬鋧告訴我們趙王遷六年（前230年）司空馬是趙國的相邦，看來從趙悼襄王末年到王遷時，司空馬在趙執政有九年之久。

司工附矩　銘文作嗣工陸矩，見五祀衛鼎（集成02832），西周中期人，名附矩，擔任司工之職。五年正月初吉庚戌，衛與邦君厲交換田地時，邢伯、伯邑父等執政大臣命附矩參與勘查地界和交付儀式。

司工散　銘文作嗣工散，見卅二年逨鼎（2件，盛世吉金67頁），西周宣王時期人，名散，擔任周王朝的司工。四十二年五月既生霸乙卯，在周王冊命吳逨的儀式上，擔任儐相。

司工揚父　銘文作嗣工㲃父，見晉侯蘇鐘（16件，14件藏上海博物館，2件藏山西省考古研究所，上博刊7期3頁圖5—20），西周厲王時期人，字揚父，擔任周王朝司工。厲王三十三年六月十三日，陪同晉侯蘇在成周太室接受周王的賞賜。

司工騎君　銘文作嗣工騎君，見散氏盤（又稱散盤、矢盤、矢人盤，集成10176），西周厲王時期人，名騎君，豰邑人，擔任散國司工。某年九月乙卯，參與矢付給散氏二百畝田地的勘界封樹和交付儀式。

司工雍毅　銘文作嗣工雅毅，見吳虎鼎（考古與文物1998年3期70頁圖2），西周晚期人，名雍毅，宣王時擔任周王朝的司工之職，宣王十八年十三月丙戌日，參與周宣王授予吳虎土地的儀式，並參與堪界封疆，吳虎曾賓贈玉璋和馬匹。

司土毛叔　銘文作嗣土毛叔，見此鼎（3件，集成02821—02823）、此簋（8件，集成04303—04310），西周宣王時期毛國族人，擔任周王朝司土之職。十七年十二月既生霸乙卯，宣王在康宮徲宮太室冊命此，司土毛叔擔任儐相。

司土司　銘文作嗣土嗣，見司土司簋（2件，集成03696—03697），西周早期人，名司，擔任周王朝的司土。

司土芦寅　銘文作嗣土芦寅，見散氏盤（又稱散盤、矢盤、矢人盤，集成10176），西周厲王時期人，名芦寅，擔任散國司土。某年九月乙卯，曾參與矢付給散氏二百畝田地的勘界封樹和交付儀式。

司土寺奉　銘文作嗣土寺奉，見吳虎鼎（考古與文物1998年3期70頁圖2），西周晚期人，名寺奉，擔任周王朝的内司土之職，宣王十八年十三月丙戌日，參與周宣王授予吳虎土地的儀式，並參與堪界封疆，吳虎曾賓贈玉璧以謝。

司土幽　銘文作嗣土幽，見鼇司土幽尊（集成05917）、鼇司土幽卣（集成05344），西周早期後段人，名幽，擔任鼇地的司土。

司土遟　銘文作嗣土遟，見沬司土遟簋（又名康侯簋，集成04059），西周早期前段人，名遟，擔任沬地的司土，後以沬為氏，故又稱沬伯遟（見沬伯鼎），族徽為"㫃（眻）"。

司土滤　銘文作嗣土滤，見十三年癲壺（2件，集成09723—09724）、鮮鐘（集成00143），壺、鐘銘文作"王在成周司土滤宮"，宮即廟，司土滤宮即司土滤廟，說明司土滤已經過世。壺和鐘均為西周懿、孝時期器，說明司土滤的生世當在懿王或者再早時期。

司土梳　銘文作嗣土梳，見旟司土梳簋（集成03671），西周早期人，名梳，擔任旟地的司土。

司土微邑　銘文作嗣土散邑，見裘衛盉（集成09456），西周中期人，名微邑，擔任司土之職。三年三月既生霸壬寅，參加了矩伯庶人以十三田土地換取裘衛的一件瑾璋、兩件赤琥、兩件麐韐和一件貢鞃的土地勘界和交接儀式。

司土榮伯　銘文作嗣土燚伯，見宰獸簋（2件，陝西歷史博物館館刊2000年第7輯99頁圖2、文物1998年10期40頁圖7.2），西周恭、懿、孝時期人，榮國族首領，名不詳，擔任周王朝的司徒。孝王六年二月甲戌陪同宰獸在師彔宮接受冊命。

司史𠂤　銘文作嗣史𠂤，見匍盂（文物1998年4期91頁圖3），西周中期前段人，名𠂤，擔任司史之職。曾奉青公之命到朿地贈給匍麐羍、韋兩、赤金（紅銅）一鈞。

司母戊　一作后母戊，見司母戊方鼎（集成01706），據于省吾先生考證，司母戊是商王文丁的母輩，武乙的配偶"妣戊"（見《司母戊鼎的鑄造和年代問題》《文物精華》1964年）。

司母辛　或釋為后母辛，見司母辛方鼎（2件，集成01707—01708）、司母辛觥（2件，集成09280—09281）、司母辛方形器（集成10345），商王武丁的配偶，名好，字帚母，死後稱后辛、后母辛。

司母厶康　一作后母厶康，見司母妣康方鼎（集成01906），商末周初人，周文王的正妃，史書稱太姒。

司刑欣餘　見六年安陽令韓壬戟刺（原稱安陽令韓壬劍，集成11562），戰國晚期人，名欣餘，擔任盲（芒）縣司刑。

司辛　或釋為后辛，見司辛玉牛（中歷博46），即司母辛。

共　銘文作嗣馬共，見師晨鼎（集成02817）、師俞簋蓋（集成04277）、諫簋（集成04285）、癲盨（2件，集成04462—04463），西周中期人，名共，擔任周王朝司馬。三年三月初吉甲戌，周王在師彔宮太室冊命師晨，司馬共擔任儐相。唐蘭先生釋為司馬卜、郭沫若先生釋為司馬共、陳夢家先生釋為司馬奴。

司馬邢伯　銘文作嗣馬井伯，見師㝬父鼎（集成02813）、走簋（集成04244），即司馬邢伯親。

司馬邢伯親　銘文作嗣馬井伯親，見師癲簋蓋（集成04284），西周中期前段人，名親，邢國族首領，穆王後期用事，擔任司馬，參加過周王對長甶的賞賜儀式；恭王時同伯邑父、定伯、瓊伯、伯俗父等人共同處理裘衛和邦君厲的土地交易之事；在周王冊命師㝬父、走、師癲的儀式上多次擔任儐相。

司馬伐　見盲令司馬伐戈（集成11343），戰國晚期人，名伐，司馬氏，趙國盲（芒）縣縣令。

司馬欨　見信安君鼎（集成02773），戰國中期魏國人，名欨，司馬氏，魏襄王時（前318—前296年）擔任信安君家的視事。

司馬南叔　銘文作𤔲馬南叔，見司馬南叔匜（集成10241），西周晚期人，南國公族，擔任周王朝司馬，其女為䣼姬。

司馬郘　見齊司馬郘車器（集成12031），戰國時期人，名郘，齊國司馬。

司馬郘　見南行易令瞿卯劍（2件，集成11673—11674），戰國時期人，名郘，司馬氏，曾先後擔任趙國邦右庫和南行易（唐）縣左庫冶鑄作坊的工師。

司馬貫　即司馬賙，見妅𦉜壺（集成09734），又稱相邦賙，戰國中期人，中山國相邦。王𧑒年幼即位，司馬賙輔佐，曾因率三軍參與齊宣王平定燕國子之之亂有功，得到周天子賞賜和諸侯慶賀。《戰國策·中山策》記中山稱王，其相藺諸君用張登之事，時在周顯王四十七年（前323年），正當中山王𧑒在位之時；同書又有司馬喜"三相中山"和新王選定王后之事，時在趙武靈王未攻中山之前，應在妅𦉜之時；另外，《呂氏春秋·應言》中有司馬喜為中山相國和"王興兵而攻燕"，故有學者認為藺諸君、司馬喜與司馬賙為一人。張政烺先生云："賙字實從貝從用作賙，疑為賄字異體，賄與喜音近可以通假，故相邦賙即相邦喜"。（見《中山王𧑒及鼎銘考釋》《古文字研究》第一輯）李學勤先生云：司馬喜或作熹，據《史記·太史公自序》是衛國人，喜與賙可能是一名一字。喜讀為𨷲，《詩·江漢》傳"賜也"，《既醉》傳"予也"。賙，"玉篇"："給

也，贍也。"（見《平山三器與中山國的若干問題》《考古學報》1979年2期）

司馬單旗　銘文作𤔲馬旗，見裘衛盉（集成09456），西周中期人，名旗，單氏，擔任司馬之職。三年三月既生霸壬寅，參加了矩伯庶人以土地換取裘衛的玉器等物品的交接儀式。

司馬裕　見十六年喜令韓𩨁戈（集成11351），戰國晚期人，名裕，司馬氏，韓國喜縣左庫冶鑄作坊的工師。

司馬壽　銘文作𤔲馬壽，見卌三年逨鼎（10件，盛世吉金66頁），西周宣王時期人，名壽，擔任周王朝司馬。四十三年六月既生霸丁亥，在周王冊命吳逨的儀式上擔任儐相。

司馬朢　見司馬朢戈（集成11131），春秋早期人，名朢，司馬氏。

司馬鴫　見六年鄭令韓熙戈（集成11336），戰國早期人，名鴫，司馬氏，韓國鄭縣冶鑄作坊的工師。

司馬曶麚　銘文作𤔲馬曶麚，見散氏盤（又稱散盤、夨盤、夨人盤，集成10176），西周厲王時期人，名曶麚，擔任散國司馬。某年九月乙卯，曾參與夨付給散氏田地的勘界封樹和交付儀式。

司馬癒　見十二年邦司寇野弟矛（集成11549），戰國中期人，名癒，司馬氏，魏國上庫冶鑄作坊的工師。

司徒仲齊　銘文作𤔲徒仲齊，見魯司徒仲齊

盨（2件，集成04440—04441）、魯司徒仲齊盤（集成10116）、魯司徒仲齊匜（集成10275），春秋早期人，名仲齊，魯國司徒。

司徒伯吳 銘文作嗣徒伯吳，見魯司徒伯吳盨（集成04415），西周晚期人，名伯吳，魯國司徒。

司徒函父 銘文作嗣仕函父，見永盂（集成10322），西周中期人，字函父，擔任鄭地的司徒。恭王十二年某月初吉丁卯，參予授田給師永的勘界活動。

司徒南仲 銘文作嗣徒南仲，見無叀鼎（集成02814），西周晚期人，南國公族，擔任周王朝司徒。

司徒單伯 銘文作嗣徒單伯，見揚簋（集成04295），西周中期人，名昊生，單國族首領，擔任周王朝司徒。恭王三年三月與伯邑父、榮伯等執政大臣共同處理裘衛與矩的以物換取田地之事；懿王某年在周王冊命揚的儀式上，擔任儐相。

司寇王屠 見十四年鄭令趙距戈（集成11387），戰國晚期人，名屠，王氏，韓國鄭縣的司寇。

司寇厷 見鑄司寇厷鼎（三屆古483頁圖1、2），春秋早期人，名厷，鑄（祝）國的司寇。

司寇反維 見六年襄城令韓沽戈（第三屆國際中國古文字學研討會論文集422頁），戰國時期人，名反維，韓桓惠王六年（前267年）前後，擔任柏縣司寇。

司寇史陉 即司寇史隋，見七年鄭令先彎矛（集成11554），戰國晚期人，名隋，史氏，韓國鄭縣司寇。

司寇芊慶 即司寇芊慶，見元年鄭令楯澘矛（集成11552）、二年鄭令楯澘戟刺（原稱二年鄭令楯澘矛，集成11563）、三年鄭令楯澘矛（集成11559），戰國晚期人，名芊慶，韓王安時（前238—前230年）曾擔任鄭縣司寇。

司寇厎維 即司寇麻維，見廿三年襄田令夅名矛（集成11565），戰國時期人，名麻維，趙國（？）襄田縣司寇。

司寇向□ 六年鄭令先彎戈（集成11397），戰國晚期人，名向□，韓國鄭縣司寇。

司寇判它 見四年雍令韓匡戟刺（原稱四年雍令韓匡矛，集成11564），戰國晚期人，名判它，魏國雍縣司寇。

司寇粤相 見十年洱令張定戟（文物1990年7期40頁圖4），戰國時期人，名粤相，韓國洱縣司寇。

司寇伯吹 銘文作嗣寇伯吹，見虞司寇伯吹壺（2件，集成09694—09695），西周晚期人，名伯吹，虞國司寇。

司寇良父 銘文作嗣寇良父，見司寇良父壺（集成09641），西周晚期人，字良父，擔任周王朝司寇。

司寇敀裕 見二十年鄭令韓恙戈（集成11372）、廿一年鄭令艇□戈（集成11373），戰國晚期人，名敀裕，韓桓惠王二十年（前253年）前後，擔任鄭縣的司寇。

司寇長朱 即司寇張朱，見四年鄭令韓半戈（集成11384）、五年鄭令韓夌戈（集成11385）、五年鄭令韓半矛（集成11553），戰國晚期人，名朱，張氏，韓王安時（前238—前230年）擔任鄭縣司寇。

司寇書 見六年令司寇書戈（集成11337），戰國早期人，名書，韓國某縣司寇。

司寇馬慭 見五年邦司寇馬慭劍（集成11686），戰國晚期人，名慭，馬氏，趙國邦司寇。

司寇陳授 見十九年邦司寇陳授鈹（東南文化1991年2期261頁圖8），戰國晚期人，名授，陳氏，趙國邦司寇。

司寇槍衣 見廿七年安陽令戈（考古1988年7期617頁圖3），戰國晚期人，名槍衣，韓桓惠王二十七年（前246年）前後，擔任安陽縣司寇。

司寇彭璋 見十七年鄭令戈（集成11371），戰國晚期人，名璋，彭氏，韓桓惠王時期（前272—前239年）曾擔任鄭縣司寇。

司寇趙它 銘文作司寇肖它，見卅一年鄭令椢涁戈（集成11398）、卅二年鄭令椢涁矛（集成11555）、卅三年鄭令椢涁劍（集成11693）、卅四年鄭令椢涁矛（集成11560），戰國晚期人，名它，趙氏，韓桓惠王三十一年到三十四年（前246—前239年）期間，擔任鄭縣司寇。

司寇趙或 見二年邦司寇趙或鈹（保金274），戰國晚期人，名或，趙氏，趙王遷時（前235—前228年）曾擔任趙國的邦司寇。

司寇趙新 見十二年邦司寇趙新劍（集成11676），戰國晚期人，名新，趙國邦司寇。

司寇事歈 見八年鄭令先豐戈（集成11386），戰國晚期人，名事歈，韓桓惠王時期（前272—前239年）擔任鄭縣司寇。

司寇野弟 見十二年邦司寇野弟矛（集成11549），戰國中期人，名野弟，魏國邦司寇。

司寇彭璋 見十五年鄭令趙距戈（集成11388）、十六年鄭令趙距戈（集成11389），戰國晚期人，名璋，彭氏，韓國鄭縣司寇。

司寇富無 見七年邦司寇富勅矛（集成11545），戰國中期人，名富無（或釋為富勅），魏國的邦司寇。

司寇鄭言 銘文作司寇奠言，見十七年飢令艇闠戈（集成11382），戰國晚期人，名言，鄭氏，韓國飢縣司寇。

司寇綏 見大梁司寇綏戈（東南文化1991年2期259頁圖5），戰國晚期人，名綏，魏國大梁司寇。

司寇獸 見僵司寇獸鼎（集成02474），春秋早期人，名獸，僵地的司寇。

司寇露商　銘文作司寇零商，見九年鄭令向佃矛（集成11551），戰國晚期人，名商，露氏，韓國鄭縣司寇。

司㛸母　一作后㛸母，見司㛸母甗（集成00825）、司㛸母爵（9件，集成08743—08751）、司㛸母觚（10件，集成06880—06889）、司㛸母斝（2件，集成09222—09223）、司㛸母尊（2件，集成05538—05539）、司㛸母方壺（2件，集成09510—09511）、司㛸母鉞（集成11741）、司㛸母器蓋（集成10346），即司母辛、婦好。

司㛸母癸　一作后㛸母癸，見司㛸母癸方尊（2件，集成05680—05681），即司㛸母。

司夏　一作后稷，見史牆盤（集成10175），銘文作“上帝司夒”，唐蘭先生釋為“上帝司夏”，認為即商尊、商卣中的帝嗣，也就是夏祝，（見《略論西周微氏家族窖藏銅器群的重要意義》《文物》1978年3期）。裘錫圭先生讀為“上帝后稷”，即周人的始祖。

司⺀　見司⺀觚（集成06890），商代晚期婦女。

司㕚　見作司㕚匜（集成10260），春秋時期人。

尼　見左使車工尼鼎（集成02092）、左使車工尼鬲（2件，集成00513、集成00537）、左使車壺（集成09561）、十年扁壺（集成09683）、十年左使車燈（集成10402）、左使車工尼豆（集成04664），戰國中期人，中山國左使車嗇下的冶鑄工。

弗奴父　即費奴父，見弗奴父鼎（集成02589），春秋早期人，夫人為孟姒。

疋　見六年襄城令韓沽戈（第三屆國際中國古文字學研討會論文集422頁），戰國時期人，韓桓惠王六年（前267年）前後，在柏縣冶鑄作坊當冶吏。

阢　見鄂君啟車節（3件，集成12110—12112）、鄂君啟舟節（2件，集成12113、銅全10.98左），戰國晚期人，楚懷王時（前328—前299年）擔任楚國織令。

㚸　見王卣（集成05102）、王作㚸弄器蓋（集成10347），又稱姒丩（姒丩爵），殷帝乙帝辛時期人，姒姓，名㚸，某商王的后妃。張亞初先生釋為“妧”

加　見加爵（2件，集成08924—08925），西周早期人。

加　見蔡公子加戈（集成11148），春秋晚期人，蔡國公子。

召　銘文作𥃳，見召角（集成09078）、召父丁爵（集成08508），西周早期人，族徽為“亞䫘”。

召　銘文作𥃳或𥃳，見召圜器（集成10360）、召尊（集成06004）、召卣（集成05416），西周早期人後段。某年九月在炎師，伯懋父賜給白馬、妦黃、髮微等；圜器銘文載：某年“十又二月初吉丁卯，召公肇進事，旋走事皇辟君，休王自穀使賞畢土方五十里。”

召　銘文作𥃳，見五年琱生簋（集成04292），即召伯虎。

召父　見召父簋（集成03622），西周早期人。

召公　銘文作**𤝔**公，見小臣𤔲鼎（集成02556）、大史𤔲甗（集成00915）、叔造父尊（北窯墓87頁圖47.2）、六年𤞶生簋（集成04293）、者減鐘（10件，集成00193—集成00202），又稱召伯、召康公，西周初期人，姬姓名奭，也就是先秦史書上所說的太保君奭，周公旦的庶兄，初封於畿內的召，尊稱召公。佐武王滅商，支持周公東征，周武王滅商以後，以功封於燕，金文作匽，由長子（即燕侯旨）就封燕侯，召公仍留在王室擔任太保，輔佐文、武、成、康四世，卒於康王後期。今本《紀年》說召公奭死在康王二十四年。

召公　銘文作**𤝔**公，見五年𤞶生簋（集成04292），召伯虎和周生的祖父，生世約在西周中期前段。

召仲　銘文作**𤝔**仲，見召仲卣（集成05020），西周早期人，召氏公族。

召仲　見召仲鬲（2件，集成00672—00673），西周晚期人，召氏公族，夫人為生姫。

召伯　銘文作**𤝔**伯，見生史簋（2件，集成04100—04101），西周中期前段人，召公的後代，召氏族首領。某年曾命生史事於楚伯。

召伯毛　銘文作**𤝔**伯毛，見召伯毛鬲（集成00587），西周晚期人，名毛，召氏族首

領。

召伯父辛　銘文作**𤝔**伯父辛，見伯𤔲鼎（集成02407）、憲鼎（集成02749）、伯憲盉（集成09430）、𤔲爵（集成09089），燕侯旨和憲、𤔲的父親召公奭。唐蘭先生認為召伯是召公奭的後裔，馮蒸先生認為是召公奭的兒子（見《關於西周初期太保氏的一件青銅兵器》，《文物》1977年6期），日人白川靜、貝塚茂樹則認為召伯父辛是召公奭的父親（見《金文通釋》卷一下）。

召伯虎　銘文作**𤝔**伯虎，見召伯虎盨（考古1995年9期790頁圖6）、五年𤞶生簋（集成04292）、六年𤞶生簋（集成04293），西周中期後段人，名虎，召氏公族首領，幽伯之長子，曾參與處理周生的多佔土田僕庸的案件。郭沫若先生認為即《詩·江漢》中的召虎，西周宣王時期人，曾率師討平淮夷。

召叔山父　見召叔山父簠（2件，集成04601—04602），春秋早期人，字山父，召氏公族，擔任鄭國大司工。

召樂父　見召樂父匜（集成10216），西周晚期人，字樂父，召氏，夫人改姓。

𠂩　見𠂩作父己卣（集成05282），西周早期人。

母乙　見子口尋鼎（長墓61頁圖42.1），子口尋（長子口）的母親，生世在商代晚期。

母乙　見姼卣（集成05367），姼的母親，生世在商代晚期。

母乙　見雍鼎（集成02521），雍母親，生世在西周晚期。

母丁　見子戍鼎（集成02271），子戍的母親，生世在西周早期。

母己　見嬰方鼎（集成02702），嬰的母親，生世在商代晚期。

母己　見小子作母己卣（2件，集成05175—05176），小子的母親，生世在商代晚期。

母壬　見歐侯尊（保金續77），歐侯的母親，生世在商代晚期。

母戊　見卯弋甗（集成00907），卯弋的母親，生世在西周早期。

母生　見江小仲母生鼎（集成02391），春秋早期江國人。

母甲　見髓尊（集成05929），髓的母親，生世在商代晚期。

母辛　見亞其矣卣（3件，集成05292—05294），矣的母親，生世在商代晚期。

母辛　見小子畬卣（集成05417），小子畬的母親，生世在商代晚期。

母辛　見光作母辛觶（集成06427），光的母親，生世在商代晚期。

母辛　見鞞鬲（集成00688），鞞的母親，生世在商末周初。

母辛　見顥卣（2件，集成05388—05389），顥的母親，生世在商末周初。

母辛　見田告方鼎（集成02145）、田告甗（集成00889），田告的母親，生世在商末周初。

母辛　見亞員吳嫄簋（集成03689），嫄的母親，生世在西周早期。

母辛　見子爻尊（集成05910），子爻的母親，生世在西周早期。

母丙　見亞叀鼎（集成02260），亞叀的母親，生世在西周早期。

母庚　見子作婦媭卣（集成05375），子的母親，婦媭的婆母，生世在商代晚期。

母庚　見公太史簋（集成03699），公太史的母親，生世在西周早期。

母癸　見鼍鼎（集成02262）、鼍爵（集成09075）、鼍作母癸觚（2件，集成07297—07298）、鼍斝（集成09245）、鼍尊（集成05888）、鼍卣（集成05295），鼍的母親，生世在商代晚期。

母癸　見北子方鼎（集成02329），北子的母親，生世在商代晚期。

母癸　見小臣邑斝（集成09249），小臣邑的母親，生世在商代晚期。

母娟　見伯斿盉（2件，集成09417—09418），西周早期婦女。

母嫛　見母嫛方罍（商代晚期），西周早期婦女。

母㜴　見伯蔡父簋（集成03678），西周中期後段婦女。

母襄　銘文作女丫，見女丫簋（集成03084），
　　　商代晚期婦女。

孜父　即孜父，見孜父鬲（集成00627），西
　　　周晚期人。

六　劃

耒　見耒簋（集成03328）、耒觶（集成06437）、耒卣（集成05117），西周早期前段人。

耒　見廿六年蜀守武戈（集成11368），戰國晚期人，秦始皇二十六年（前221年）前後，擔任蜀郡東工室丞，輔佐工師管理鑄造諸事。

邽　見邽簋（文物1996年7期59頁圖10），西周中期前段人。

邘王　見趙孟府壺（2件，集成09678—集成09679），邘即干，吳亦稱干，邘王即吳王，《莊子·刻意》"夫有干越之劍者"；《荀子·勸學篇》"干越夷貉之子"；亦稱吳干，《戰國策·趙策》"馬服君曰：'夫吳干之劍，肉試則斷馬牛，金試則截盤匜。'"《呂氏春秋·慎行論》"疑試云：'相劍者之所患，患劍之似吳干者。'"此邘王指吳王夫差。

邘王是埜　見邘王是埜戈（集成11263），春秋晚期人，吳國國王，名是埜，文獻作壽夢。公元前585年即位，在位二十五年。

开箐　見开箐鬲（集成00508），西周早期人。

刑　見散氏盤（又稱散盤、矢盤、矢人盤，集成10176），西周厲王時期人，矢國族屬下的眔邑有司（管事者）。某年九月乙卯，參與矢付給散氏田地的封樹和交付儀式。

刑秦　見四年雍令韓匡戟刺（原稱四年雍令韓匡矛，集成11564），戰國晚期人，魏國雍縣左庫冶鑄作坊的工師。

刱人敢　即荊人敢，見五祀衛鼎（集成02832），西周中期人，邦君厲的有司（管事者），名敢，荊地人氏。五年正月初吉庚戌，邦君厲與裘衛交換土地時，參與勘界和交付儀式。

戎　銘文原篆作🈲，見戎卣（集成05124），西周早期人。

戎　見散氏盤（又稱散盤、矢盤、矢人盤，集成10176），西周厲王時期人，散國的有司（管事者）。某年九月乙卯，參與矢付給散氏田地的勘界封樹和交付儀式。

戎生　見戎生鐘（8件，保利藏金120、文物1999年9期79頁圖6.1—8、圖7.1—8），西周晚期到春秋早期人，其祖憲公系周王朝的大臣，受封於畿外，管理蠻戎，捍拒敵方。其父昭伯，是晉侯的大臣，母為戎女。戎生曾將晉地的鹽運往繁陽，換取青銅。李學勤先生認為戎生與晉昭侯同時。戎生鐘記載的"嘉遣鹵積，俾參征繁陽，取厥吉金與晉姜鼎記載的"嘉遣我錫鹵積千輛，……征繁陽原，取厥吉金"是一回事，是講晉昭侯六年（前740年）時，遵照文侯的遺命曾派出一千輛大車，運載當地所產的鹽前往繁陽換取青銅，來作為鑄造彝器的原料（見《戎生編鐘論釋》，《文物》1999年第9期）。

戎帆　見戎帆尊（集成05916）、戎帆卣（集成05324），西周昭穆時期人。戎帆尊與麀父尊形制、花紋、銘文字體相同，又同墓出土，應系一人所作。戎帆與麀父當系一名一字。

戎閘　見七年邦司寇富勳矛（集成11545），戰國晚期人，魏國上庫冶鑄作坊的工師。

地　見三年相邦呂不韋矛（2件，秦銘文圖版66、考古1996年3期86頁圖1）、四年相邦呂不韋矛（文物1987年8期64頁圖6.1），戰國晚期人，秦王政時期（前246—前221年）秦國冶鑄作坊的冶鑄工。

売　即堯，見売盤（集成10106）、売盂（集成09436）、売壺（集成09518），又稱叔売，西周中期人，夫人為姜姓女子。

売氏　即堯氏，見堯氏戈（北窯墓148頁圖85.20），西周早期人，堯氏家族，名不詳。

寺工邦　見十九年寺工鈹（5件，秦銘文圖版86—90），戰國末期到秦代人，名邦，秦王政十九年（前2228年）前後，擔任官營冶鑄作坊的工師。

寺工周　見七年相邦呂不韋戟（秦銘文圖版70），戰國晚期到秦代人，名周，秦王政七年（前240年）前後，擔任官營冶鑄作坊的工師。

寺工敏　見十五年寺工鈹（3件，秦銘文圖版75—77）、十六年寺工鈹（秦銘文圖版78）、十七年寺工鈹（6件，秦銘文圖版79—80、秦銘文圖版82—84、秦銘文圖版91）、十八年寺工鈹（秦銘文圖版85），戰國晚期到秦代人，名敏，秦王政十五年到十八年（前232—前229年）期間，擔任官營冶鑄作坊的工師。

寺工獻　見廿一年寺工車曺（集成12041），戰國晚期人，名獻，秦王政廿一年（前226年）前後，在官營冶鑄作坊擔任工師。

寺工聾　見寺工聾戈（集成11197）、二年寺工聾戈（集成11250）、三年相邦呂不韋戟（秦銘文圖版61）、四年相邦呂不韋戈（3件，集成11308、陝西青銅器255、秦銘文圖版65）、五年相邦呂不韋戟（考古與文物1983年4期），戰國晚期到秦代人，名聾，秦王政二年到五年（前245—前242年）期間，擔任官營冶鑄作坊的工師。

寺工末　見廿年寺工矛（集成11548），戰國晚期到秦代人，名末（幹），秦王政二十年（前227年）前後，擔任官營冶鑄作坊的工師。

寺子姜　即郆子姜，見寺公典盤（文物1998年9期23頁圖5），春秋中期姜姓國女子，郆公典的夫人。

寺公典　即郆公典，見寺公典盤（文物1998

年9期23頁圖5），春秋中期郎國國君，名典，其夫人為姜姓國女子。

寺季 即郎季，見寺季鬲（集成00718），西周晚期人，郎國公族，名不詳。

寺季故公 即郎季故公，見寺季故公簋（2件，集成03817—03818），西周晚期郎國族人。

寺芻 見五祀衛鼎（集成02832），西周中期人，擔任内史之職。五年正月初吉庚戌，衛與邦君厲交換田地時，邢伯、伯邑父等執政大臣命寺芻參與勘查地界和交付儀式。

寺奉 見吳虎鼎（考古與文物1998年3期70頁圖2），西周晚期人，擔任周王朝的内司土之職，宣王十八年十三月丙戌日，參與周宣王授予吳虎土地的儀式，並參與堪界封疆，吳虎曾賓贈玉璧以謝。

吉父 見吉父鼎（集成02512），即善夫吉父、伯吉父、兮甲、兮吉父，西周宣王時期的重臣，名甲，字吉父，兮氏。宣王五年三月庚寅，宣王親自率兵征伐玁狁，吉父從征，立有戰功，宣王賜給馬四匹、車一輛，並令徵收成周及東國諸侯的委積

吉忘 見廿一年鄭令戈（集成11373），戰國晚期人，名忘，吉氏，韓國鄭縣冶鑄作坊的工師。

吉為 見吉為劍（集成11586），戰國時期人。

老 見老簋（古文字研究24輯183頁），西周中期人，某年五月初吉，曾陪同周王在大澩捕魚，周王賜給老一百尾魚。

老 見王廿三年戈（故宮博物院院刊2004年4期70頁圖2、3），戰國晚期人，秦昭襄王二十三年（前284年）前後，在相邦魏冉家冶鑄作坊當工匠。

老賙 見中山王𧊒鼎（集成02840），即相邦賙，戰國中期人，中山國𧊒的輔弼大臣。

考 見考尊（集成05834）、考卣（集成05216），西周早期人。

考 見考鼎（集成02188），西周中期前段人。

考 見考鼎（集成01977），西周中期人。

考 見大夫始鼎（集成02792），西周中期後段人，大夫始的僚友。

考王 見逨盤（盛世吉金30頁），即周孝王，周穆王之子，恭王之弟，名辟方。繼姪兒懿王之位。

考𠚔 見考𠚔鼎（集成02024），西周中期前段人。

考戊 見癸㚻爵（集成09034），癸㚻的父親，生世在商末周初。

考母 見考母簋（集成03346）、考母甗（集成09801）、考母壺（集成09527），西周中期前段婦女。

考伯 見克鐘（5件，集成00204—00208）、克鎛（集成00209），克的祖父，生世在西周早期後段或中期前段。

考祉君季 見考祉君季鼎（集成02519），春

秋早期人。

考叔㾱父　見考叔㾱父簋（2件，集成04608—04609），春秋早期人，字㾱父，名考叔，塞國公孫。于豪亮先生認為塞國即息國，塞與息音近義通（見《論息國與樊國的銅器》《江漢考古》1980年2期）。

考隻　銘文作𠃬隻，見𠃬隻鼎（集成02059），西周中期人。

𢦏　即戴，見𢦏爵（集成09009），西周早期人。

𢦏伯　即戴伯，見𢦏伯匜（集成10246），春秋早期人，衛邑的封君。

𢦏叔朕　即戴叔朕，見戴叔朕鼎（3件，集成02690—02692），西周晚期人，名朕，戴國公族。

𢦏叔慶父　即戴叔慶父，見戴叔慶父鬲（集成00608），春秋早期人，字慶父，戴國公族，夫人為叔姬。

邛干　即江干，見十九年江干鼎（又稱享陵鼎、廿四年槀朝鼎，集成02693），戰國晚期魏國人，守護享陵之官。

邛仲　即江仲，見伯戔盤（集成10160）、邛仲之孫伯戔盆（集成10341），伯戔的祖父，春秋早期人，江國公族，生世約在魯隱公、桓公之世（前719—前692年）。

邛仲嬭南　即江仲羋南，見楚王鐘（集成00072），春秋早期人，楚王的次女，名南。即《左傳》文公元年"向江羋而勿敬"中的江羋，楚文王之女，成王熊惲

（前671—前626年）之妹，嫁於江國。

邛君婦龢　即江君婦龢，見邛君婦龢壺（集成09639），春秋早期人，江君的夫人，名龢。郭沫若先生說：時代"當在春秋魯閔四年（前623年）為楚人所滅以前（大約乃莊閔時）"（見《大系》考171頁）。

邛季　即江季，見邛季之孫戈（集成11252），方或的祖父，江國公族，生世約在西周晚期。

邛嬭　即江羋，見曾侯簋（集成04598），春秋早期人，也就是邛仲嬭南。

艾固　即宥固，見六年安陽令韓壬戟刺（原稱安陽令韓壬劍，集成11562），戰國晚期人，趙國安陽縣右庫冶鑄作坊的工師。

耳　見耳鼎（集成01222）、耳壺（集成09461）、耳戈（2件，集成10671—10672），亦見於殷墟第一期卜辭，陳夢家先生據其字體、辭例，認為是武丁時期的貞人。

耳　見耳尊（集成05865），西周早期前段人，族徽為"亞"。

耳　見耳簋（集成10574），西周早期人，族徽為"犾（引）"。

耳　見耳尊（集成06007），西周早期人，京公的後輩。某年六月初吉辛卯，侯到了耳的住處，侯讚揚耳，賜給耳十家奴僕。

耳　見耳卣（集成05384），西周早期人，族徽為"刀"。

耳　見耳鑄公劍（考古與文物1989年6期28

頁圖1），春秋中期人。李興盛先生認為
是晉文公重耳，重耳執政前曾被晉獻公
逐至蒲，後又逃到狄，流亡十九年，公
元前636年即位，在位九年。

耳臣戫　見耳臣戫簋（集成03826），西周早
期人。

耳㸚　見耳㸚觶（集成06472），西周早期人。

亘　見亘鼎（集成02380），西周晚期人。

亘公　見六年格氏令戈（集成11327），戰國
晚期人，格氏縣冶鑄作坊的工師。

亘十羊　見亘十羊觶（集成06461），西周中
期人。

吏　見邙皮戈（文物季刊1992年3期68頁圖
2），戰國晚期人，趙國右庫冶鑄作坊的
工師。

吏从　見吏从壺（集成09530），西周中期前
段人。

吏戎　見吏戎鼎（集成02169），西周早期後
段人。

吏罶　見儼匜（集成10285），西周中期後段
人，司寇伯揚父屬下的司法官吏。某年
三月曾與吏虢一起參加牧牛案件的記錄
會簿事宜。

吏孟　銘文作事孟，見屄敖簋蓋（集成
04213），西周中期人。某年，戎獻給子
牙父金百車，賜給屄敖金十鈞，吏孟陪
同屄敖接受賞賜，而用一張豹皮作為酬
謝。

吏秦　見冶吏秦勺（2件，集成09931—
09932），戰國晚期人，名秦，在楚國的
冶鑄作坊當冶吏。

吏息　見四年代相樂宐劍（考古與文物1989
年3期20頁，山西珍166）、六年代
相吏微劍（文博1987年2期53頁圖1），
戰國晚期人，代王嘉四年到六年（前
224—前222年）先後擔任代（趙）國右
庫和左庫的冶吏。

吏疴　見七年相邦陽安君鈹（集成11712），
戰國晚期人，名疴，趙國邦右庫的冶吏。

吏開　見元年相邦春平侯矛（集成11556）、
二年相邦春平侯鈹（集成11682）、三年
相邦春平侯鈹（集成11683），戰國晚期
人，名開，趙悼襄王元年到三年（前244—
前242年）期間，在邦右庫冶鑄作坊當冶
吏。

吏虢　見儼匜（集成10285），西周中期後段
人，司寇伯揚父屬下的司法官吏。某年
三月曾與吏罶一起參加牧牛案件的記錄
會簿事宜。

吏微　銘文作𢆶相吏微，見六年𢆶相吏微劍
（文博1987年2期53頁圖1），戰國晚期
人，名微，吏氏。代王嘉六年（前222
年）前後，擔任代（趙）國的相邦。

吏臂　見田律木牘（文物1982年1期11頁圖
19、20），戰國晚期人，名臂，擔任秦國
（在今青川）的地方基層行政官員。

吏宻　見八年邦右庫兵器（集成11837），戰

國時期人，名㝬，趙國邦右庫的冶吏。

束　見束觶（遺珠90）、束卣（集成05333），西周早期人。貝塚茂樹、白川靜認為束就是作冊大方鼎中的公束 亦即召公奭

束夌　見束夌簋（集成03437），西周早期人。

束叔　見束叔甗（集成00896），西周早期人，束氏公族。

西里疽　見右伯君權（集成10383），春秋時期齊國人。

西孟嫣婣母　見陳伯元匜（集成10267），伯元的長女，陳侯鵥的孫女，字婣母，嫣姓，春秋時期人。

西宮　見伯㑋簋（集成04115），伯㑋的祖廟。

西宮　見敔叔微簋蓋（集成04130），西周晚期人。

西宮　見曾大攻尹季怠戈（集成11365），春秋早期人，曾國大工尹季怡的祖父，曾穆侯的父親。

西宮伯　見伯冏卣（集成05340），伯冏的長輩，生世在西周早期。

西宮襄　見散氏盤（又稱散盤、矢盤、矢人盤，集成10176），西周厲王時期人，名襄，西宮氏，矢國族眉田的田官。某年九月乙卯，曾參與矢付給散氏田地的封樹和交付儀式。

西杢　見西杢簋（集成03710）、西杢簠（集成04503），戰國時期齊國人或楚國人（器形似壽縣楚器，銘文書體似齊），其妹名斳。

西單　見西單爵（3件，集成08257—08259）、西單父丙爵（集成08884）、西單觚（2件，集成07015—07016）、西單父乙觶（集成06384）、西單父丁觶（集成06396）、西單斝（集成09200）、西單父丁罍（集成09230），商代晚期人或氏族。

西單光　見西單光觚（集成07192），商代晚期人或氏族。

西單匿　見西單匿爵（集成08808）、西單匿觶（集成06364），商代晚期人或氏族。

厎維　即麻維，見廿三年襄田令夆名矛（集成11565），戰國時期人，擔任趙國（？）襄田縣司寇。

百慶　見六年鄭令先豐戈（集成11397），戰國晚期人，韓國鄭縣左庫冶鑄作坊的工師。

有司簡　見有司簡簋蓋（文物2004年3期96頁圖5），西周晚期人，名簡，豐仲次父的有司。

有成惠叔　銘文作又見惠叔，鮒鎛（原稱齊侯鎛，集成00271），又稱鮑叔，春秋早期齊國人，鮒的祖父的謚號。

有成惠姜　銘文作又見惠姜，見鮒鎛（原稱齊侯鎛，集成00271），春秋早期姜姓婦女，有成惠叔的夫人，鮒的祖母的謚號。

有姒　銘文作又姒，見燕侯旨鼎（集成02628），西周早期前段姒姓婦女，燕侯旨的親屬。

有羔日辛　見索諆爵（集成09091），索諆的父親，生世在商末周初。

而逆　見余購逐兒鐘（4件，集成00183—00186），春秋晚期徐國人，余購逐兒之子。

戍鈴　見康方彝（又稱戍鈴方彝，集成09894），商代晚期人。

戍嗣子　見戍嗣子鼎（集成02708），商代晚期人，族徽為"犬魚"。某年九月，殷王在寵宗太室，賞給戍嗣子貝廿朋。

戍𠱾　見戍𠱾鼎（集成02694），商代晚期人，族徽為"𠱾（亞印）"。鼎銘載：某年"丁卯，王令宜子會西方于省，唯返，王賞戍貝𠱾二朋"。

成　見成鐘（上博刊8期131頁圖5），西周厲王時期人。十六年九月丁亥，厲王在周康徲宮，賜給成甬鐘一件。

成　見中山王𰀁方壺（集成09735），即中山成王。

成　見五年相邦呂不韋戈（考古與文物1983年4期），戰國末期到秦代人，秦王政五年（前242年）前後，在官營兵器作坊的工匠。

成王　見作冊大方鼎（4件，集成02758—02761）、小盂鼎（集成02839）、宜侯夨簋（集成04320）、史牆盤（集成10175）、逨盤（盛世吉金30頁）、成王方鼎（集成01734），即周成王，周武王之子，名誦。武王死時，年尚幼，由其叔父周公旦攝理政事。有管叔、蔡叔與商紂之子武庚祿父作亂，經周公旦征討三年，誅武庚及管叔，安定大局。親政後，繼續大封諸侯，加強宗法統治權力，又命周公旦制禮作樂，規劃各項典章制度，營建東都洛邑，定鼎郟鄏，奠定周王朝的統治基礎。在位三十七年。

成王　見中山王𰀁鼎（集成02840），戰國中期中山國國王，𰀁的父親，在位約二十一年（約前340——前320年）。

成公　銘文作餴公，見叔尸鐘（13件，集成00272—00284）、叔尸鎛（集成00285），鐘、鎛銘曰："其配襄公之出餴公之女"，郭沫若認為是秦成公。楊樹達認為是杞成公，說："考宋襄公元年當魯僖公十年，距齊靈公元年當魯成公十年者恰為六十年，年代正相合。其諡成之諸侯，除楚成王稱王，與此文不合，不必論外，有二人可以推論。其一為秦成公，其元年當魯莊共三十一年（前663年），時代略早，尚可銜接，然秦僻在西戎，中原之宋與之連婚，殆為事所難有。有其一為杞成公，杞成公以魯僖公六年（前654年）即位，在位凡十八年，與宋襄公同卒於魯僖公二十三年，二君時代相當，宋杞地望又相接，又同是二王之後，二國連姻，最為近理。……《史記·杞世家》奪去成公一代，集解引《世本》補訂之。"（見楊樹達《積微居金文說》49頁）

成公　見匜君壺（集成09680），春秋時期人。

成公朔　即成公影，見司馬成公權（集成10385），戰國時期人，名影，三晉某國成地的封君。

成母　見成母鬲（集成00571），西周晚期婦女。

成伯邦父　見成伯邦父方壺（集成09609），西周晚期人，字邦父，成國族首領，夫人為叔姜。

成伯孫父　見成伯孫父鬲（集成00680），西周晚期人，字孫父，成國族首領。

成周邦父　見成周邦父壺蓋（集成09621），西周晚期成國族人，名周，字邦父，其夫人為干仲姜。

成姜逗母　即成姜桓母，見許男鼎（集成02549），西周晚期人，字桓母，姜姓，許國國君的女兒，嫁於成國。

成唐　見叔尸鐘（13件，集成00272—00284）、叔尸鎛（集成00285），即成湯，商王朝開國之君。商契之後，子姓，名履，初居亳，為夏的方伯。夏桀無道，成湯興兵討伐，放桀於南巢，遂有天下，國號商，在位三十年。

成姬多母　見伯多父作成姬盨（集成04419），西周晚期姬姓婦女，字多母，伯多父的夫人。

成媿　見屚弃生鼎（集成02524），春秋早期人，屚弃生之女，媿姓，嫁於成國公室。

匡　見匡卣（集成05423），西周中期後段人。某年四月初吉甲午，懿王在射廬，作象舞，匡甫象樂。

匡　見曶鼎（集成02838），西周中期後段人，又稱匡季，匡氏公族。鼎銘載："昔饉歲，匡眾厥臣廿夫，寇曶禾十秭，以匡季告東宮，東宮廼曰：求乃人，乃弗得，汝匡罰大，匡乃稽首于曶，用五田，用眾一夫曰嗌，用臣曰疐，曰朏，曰奠，曰用茲四夫，稽首曰：余無由具寇正秭，不出，鞭余。曶或（又）以匡季告東宮，曶曰：弋唯朕禾是償。東宮乃曰：償曶禾十秭，遺十秭，為廿秭，若來歲弗償，則付卌秭，廼或（又）即曶，用田二又臣一夫，凡用即曶田七田，人五夫，曶覓匡卅秭。"

匡季　見曶鼎（集成02838），即匡，匡氏公族。

夷　銘文作尸，見尸壺（集成09576）、尸卣（集成05280），商代晚期人，族徽為"𤕛"。

夷　銘文作尸，見叔尸鐘（13件，集成00272—00284）、叔尸鎛（集成00285），即叔夷，春秋晚期人，宋國國君的後裔，其父為宋穆公之孫，其母為齊襄公的甥女，秦成公（一說杞成公）之女。齊靈公時（前581—前554年）仕齊。齊靈公十五年（前567年）十二月率軍滅萊，立有戰功；翌年五月戊寅，在淄陲，齊靈公賞給叔夷萊邑及其子邑膌（密）、劀其下三百縣，掌管萊婣或徒四千。其後官至正卿，統率三軍，治理民事，掌管王家外內之事，屢有功勞；靈公又賜給馬匹、車輛、戎兵和萊僕三百又五十家。

夷 銘文作尸，見豐兮夷簋（3件，集成4001—04003），即豐兮夷，西周晚期人。

夷王 銘文作徲王，見逨盤（盛世吉金30頁），即周夷王，懿王之子，名燮。懿王卒，叔孝王立。孝王卒，諸侯立燮為周王。王德諸侯之立己，下堂而見，降輿抗禮。後以齊哀公不敬而烹之。命虢公伐太原之戎，得馬千匹。又曾命虢季子白大戰獫狁。在位十六年。

夷曰 銘文作尸曰，見尸曰簋（集成03483）、尸曰盤（保金112）、尸曰匜（故周金81），西周中期前段人。

夷伯 銘文作尸伯，見夷伯簋（2件，陝金1.364），西周中期後段人，夷國族首領。某年正月壬寅日，因主持周王室西宮事務，管理有方，受到周王的賞賜（嗌貝十朋）。

夷伯 銘文作尸伯，見作冊睘尊（集成05989）、作冊睘卣（集成05407），西周早期後段人，夷國族首領，名不詳。楊樹達先生認為此夷伯當是王姜的兄弟或兄子之類（見《積微居金文說》185頁）。

夷叔 見羊庚茲鼎（集成02439），羊庚茲的父親，生世在西周早期。

臣 見臣斝（集成09122）、臣戈（3件，集成10665—10667），商代晚期人或氏族。

臣 見臣爵（2件，集成08998—08999），西周早期人。

臣 見合陽矛（中原文物1988年3期810圖2），戰國晚期人，秦國郃陽冶鑄作坊的冶吏。

臣 見卅三年鄴令奱戈（原稱三十三年叢令戈、甘衣戈，集成11312），戰國中期人，魏惠王三十三年（前338年）前後，擔任鄴縣左庫冶鑄作坊的工師。

臣成 見四年春平相邦鄲得劍（集成11694），戰國晚期人，趙國邦右庫冶鑄作坊的冶吏。

臣高 見臣高鼎（考古與文物1990年5期37頁圖8.20），西周早期前段人，名高，擔任周王朝的臣職，族徽為"子"。某年乙未，周王賞給臣高貝十朋。

臣卿 見臣卿鼎（集成02595）、臣卿簋（集成03948），一作臣鄉，古代卿、鄉一字。西周早期前段人，名卿，擔任周王朝臣職，周公的下屬。某年，曾隨周公到東國省視，在新邑周公賜給臣卿金（青銅）。臣卿與士卿雖同名，但官職不同，一為臣，一為士，臣卿的亡父名乙，士卿的亡父為戊，故臣卿和士卿不是一個人。

臣椆 見臣椆殘簋（集成03790），西周早期人，名椆，擔任周王朝的臣職，太保召公奭的僚屬。某年，太保賜給臣椆金（青銅）。

臣衛　見臣衛尊（集成05987），西周早期人，
　　　名衛，擔任周王朝的臣職。

臣諫　見臣諫簋（集成04237），西周中期前
　　　段人，名諫，擔任周王朝的臣職。某年，
　　　戎侵犯軧地，邢侯率兵與戎搏鬥，並命
　　　令臣諫率亞旅參加保衛軧地的戰鬥。李
　　　學勤先生認為臣諫與叔𧻚父（見叔𧻚父
　　　卣）為一人。李云："𧻚讀為勸，勸有
　　　進義，故從走；名諫字勸父正相呼應。"
　　　（見《元氏銅器與邢國》《考古》1979
　　　年1期）。

匣　　見十七年相邦春平侯劍（集成11699），
　　　戰國晚期人，名匣，趙孝成王十七年（前
　　　249年）前後，擔任邦左庫冶鑄作坊的冶
　　　吏。

匠　　見匠簋（集成03466），西周早期人。

匜君　見匜君壺（集成09680），春秋時期封
　　　君。

至　　見至鼎（集成02385），西周晚期人。

朿史　即叔史，見小子𢐗鼎（集成02598），
　　　西周晚期人，𢐗的父親。

此　　見此盉（集成09385）、此尊（集成
　　　05886），西周早期人。

此　　見此鼎（3件，集成02821—02823）、此
　　　簋（8件，集成04303—04310），西周宣
　　　王時期人。十七年十二月既生霸乙卯，
　　　由司土毛叔陪同在康宮徲（夷）宮太室
　　　接受冊命，宣王命其管理邑人、善夫，

並賜給玄衣、黹純、赤巿、朱黃和鑾旂。
李學勤先生認為與旅伯、善夫伯辛父為
一人，名此，字辛父，旅氏家族族長。

此嬴　見郳羉白鼎（集成02640），春秋早期
　　　嬴姓婦女，郳羉白的夫人。

同　　見同簋（曲村480頁圖663.1、2），西周
　　　早期後段人。

同　　見同簋蓋（集成04270）、同簋（集成
　　　04271）、同卣（集成05398），西周中
　　　期前段人。某年十二月初吉丁丑，周王
　　　在宗周太廟冊命同，王命同左右吳大父
　　　管理場、林、虞、牧，自淲東至河，北
　　　部至於玄水；某年十二月，矢王賜給同
　　　金車和弓矢。

同公　見小臣宅簋（集成04201），西周早期
　　　後段人，同國族首領，與伯懋父同事康
　　　王。

同仲　見元年師兌簋（2件，集成04274—
　　　04275）、幾父壺（2件，集成09721—
　　　09722），西周晚期人，同氏公族，幾父
　　　的上司。某年五月初吉庚午，同仲賜給
　　　幾父开𢍰六件，臣僕四家，金十鈞；屬
　　　王元年五月初吉甲寅，在周王冊命師兌
　　　的儀式上，擔任儐相。

同自　見同自簋（集成03703），西周中期前
　　　段人。

同姜　見同姜鬲（集成00522），西周晚期姜
　　　姓婦女，嫁於同氏。

同益姬　見師𡨋簋（集成04342），即同姬。

同姬　見訇簋（集成04321），訇的祖母，乙
　　伯的夫人，生世在西周早期。

因脊　見陳侯因脊敦（集成04649）、墜侯因
　　脊戈（3件，集成11081、集成11129、集
　　成11260），即齊威王，《史記·田敬仲
　　完世家》作齊因。陳侯午之子，公元前
　　356年即位，在位三十六年。即位後委政
　　於卿大夫，九年間諸侯並伐，國人不治，
　　時即墨大夫毀言日至，而阿大夫譽言日
　　至，於是王封即墨大夫，遂起兵西伐趙
　　魏，敗魏於濁澤，齊國大治，諸侯不敢
　　加兵於齊者二十餘年，自稱為王。

囡　見囡簋（集成03435）、囡爵（集成
　　07321）、囡父辛爵（集成08597），商
　　代晚期人。

呉禾　見呉禾簋（集成10550），西周早期人。

号　即易，見小臣鼎（又名易鼎，集成
　　02678），西周中期前段人。某年十月，
　　小臣易使於曾，宓伯在成周賞給小臣易
　　金（青銅）。

号旁　即易旁，見易旁簋（又稱小臣簋，2
　　件，集成04042—04043），西周早期人，
　　擔任周王朝小臣之職。某年，趞叔曾賜
　　給貝三朋、臣三家。

虫智　見虫智鼎（集成02175），西周早期人。

网　見小子网簋（集成04138），商代晚期人，
　　即小子网，族徽為"糞（糞）"。某年
　　十四月，曾奉飘的命令征伐人方鼍。

肉　見三年相邦建信君鈹（集成11687）、八

年相邦建信君劍（2件，集成11679、集
成11681），戰國晚期人，曾擔任趙國邦
右庫冶鑄作坊的冶尹。

光　見光作母辛觶（集成06427）、光斝（集
　　成09237），商代晚期人。

光　見光鼎（曲村471頁圖653.2），西周早
　　期人，族徽為"戉"。

光　銘文原篆作茾，即娑、光，見娑壺（中
　　原文物1988年1期21頁圖2），西周早期
　　人。

光　見光簋（集成10538），西周早期人。

光　見光甗（集成00863），西周中期人。

光　見吳王光鑑（集成10298）、攻敔王光戈
　　（2件，集成11029、集成11151）、攻敔
　　王光劍（3件，集成11620、集成11654、
　　集成11666）、攻吾王光劍（鳥篆編下
　　37），即吳王光，春秋晚期人，名光，
　　字闔廬，一作闔閭，吳國國王。諸樊之
　　子，曾派勇力專諸刺殺王僚，代立為吳
　　王。後任用伍子胥、孫武與謀國事，不
　　斷加強戰備，公元前506年又聯合唐、蔡
　　二國，大舉伐楚，五戰破郢（今湖北省
　　江陵縣北），因秦國發兵救楚，弟夫槩
　　反叛出走，被迫退兵。十年後，與越王
　　句踐戰於檇李（今浙江省嘉興縣西南），
　　被越大敗，受重傷而死。

光　見卑梁君光鼎（集成02283），春秋中期
　　人，名光，吳國卑梁邑的封君。

光父　見光父爵（2件，集成08161—08162），

西周早期人。

光逗 即光桓，見大王光逗戈（3件，集成11255—11257），春秋晚期人，吳國國王，名光，字闔廬，一作闔閭，吳王諸樊之子，公元前514年即位，在位十五年。"光逗"乃一名一字或一名一號，名光字桓或號桓。

光韓 見攻吾王光韓劍（吳越文056），即光逗。

屶 見十九年矛（中原文物1992年2期66頁），戰國晚期人，某國上庫冶鑄作坊的冶吏。

屶師耳 即微師耳，見耳尊（集成06007），西周早期人，京公的後輩。某年六月初吉辛卯，侯到了耳的住處，侯讚揚耳，賜給耳十家奴僕。

朱丩 見岣嶁碑（鳥蟲書圖91），即朱句。

朱句 見之利鐘（集成00171），即越王州句，越王勾踐的曾孫，不壽之子，《史記·越王勾踐世家》作"翁"，《竹書紀年》作"朱勾"。在位三十七年（前448—412年），國力達到鼎盛，先後滅滕、滅郯，功績顯赫。

朱癸 見此簋戊（集成04307），亦稱癸公，此的父親，生世在西周中晚期。

年姒 見年姒簋（集成03579），西周早期人，族徽為"𠂤（昍）"。

缶 見小臣缶方鼎（集成02653），商代帝乙帝辛時期人，族徽為"𡙇（冀）"，擔任商王朝小臣之職。某年，商王賜給小臣缶渦地五年的委積。

邘正衛 即御正衛，見御正衛簋（集成04044），西周早期前段人，名衛，擔任周王朝的御正。某年五月甲申，伯懋父賞給御正衛馬匹。

邘史競 即御史競，見御史競簋（2件，集成04134—04135），西周中期前段人，名競，擔任周王朝御史。某年六月既死霸壬申，伯犀父曾賞給御史競金（青銅）。

舌 見舌爵（2件，集成08978—08979），西周早期人。

舌仲 見舌仲觶（集成06494），西周中期前段人。

先酆 見六年鄭令先酆戈（集成11397）、七年鄭令先酆矛（集成11554）、八年鄭令先酆戈（集成11386），戰國晚期人，名酆，先氏，韓國鄭縣縣令。

先嶙余 見先嶙余劍（集成11593），戰國時期人。

先獸 見先獸鼎（集成02655），名獸，先氏，西周中期前段人。

休 見休簋（集成03609），西周中期前段人，族徽為"𧗸"。

休 見走馬休盤（集成10170），即走馬休，西周中期前段人，擔任周王朝走馬之職。恭王二十年正月甲戌，由益公陪同在康宮接受冊命，周王賜給走馬休玄衣黹純、赤市、朱黃、戈琱祓、彤沙（綏）、厚秘和鑾旂。

休　見仲大師小子休盨（集成04397），即仲太師小子休。

仲大師小子休　即仲太師小子休，見仲大師小子休盨（集成04397），名休，仲太師的小兒子，西周晚期人。

仲子　見仲子尊（集成05909），西周早期某人的次子，族徽為“𩰫（冉）”。

仲子　見田告甗（集成00889），西周早期人，田告的次子或次女。

仲子平　見膚叔之仲子平鐘（9件，集成00172—00180），春秋晚期莒國族人，名平，莒叔的次子。

仲子辛　見亞羣盉（集成09415），商代晚期人，亞羣的次子。

仲子𩰫污　見仲子𩰫污觥（集成09298），商代晚期人，名𩰫污，亦單稱污，某人的次子，族徽為“𩰫（鐮）臥”。

仲女子　見尋仲盤（集成10135）、尋仲匜（集成10266），春秋早期人，鄩仲的次女，名不詳，嫁給上曾太子般殷。

仲五父　銘文作仲⋈父，見仲五父簋蓋（2件，集成03757—03758）、仲五父簋（集成03759），西周晚期人。

仲太師　見柞鐘（7件，集成00133—00139）、仲大師小子休盨（集成04397），西周晚期執政大臣，仲氏，擔任周王朝太師。三年四月初吉甲寅，陪同柞接受周王冊命。

仲父　見仲父鬲（集成00681），西周晚期人。

仲父　見中山王嚳方壺（集成09735），此指中山國的司馬賙、相邦賙。

仲氏　見叔妦簋（集成04137），西周晚期人，叔妦的丈夫。

仲旺父　見仲涿父鼎（集成02533），即仲涿父。

仲多　見仲彤盨（2件，集成04372—04373），即仲彤。

仲生父　見仲生父鬲（集成00729），西周晚期人，夫人為孟姬。

仲白　見魯大司徒子仲白匜（集成10277），春秋早期人，魯國大司徒之子，其庶女名邁孟姬。

仲冬戚　見臧孫鐘（9件，集成00093—00101），春秋中期吳國人，名冬戚，臧孫的外祖父。

仲夷　見仲夷尊（集成05854），西周早期人。

仲伐父　見仲伐父甗（集成00931），西周中期人，夫人為姬尚母。

仲自父　即仲師父，見仲自父鼎（集成02046）、仲自父簋（集成03545）、仲自父簋（2件，集成03753—03754）、仲自父盨（集成04453）、仲自父壺（集成09672）、仲自父卣（集成05246）、仲自父盉（集成09410），西周中期前段人。

仲州　見仲州簋（集成03447），西周中期人。

仲妦　見叔高父匜（集成10239），叔高父的

夫人，西周晚期人，妭姓，姊妹間排行
第二。

仲改衛　見仲改衛簋（2件，下寺33頁圖
25.1—2），春秋中期改姓婦女，名衛，
姊妹間排行為二。

仲酉父　見仲酉父甗（集成00902）、仲酉父
簋蓋（集成03547），西周早期人。

仲言父　見仲言父簋蓋（集成03548），西周
晚期人。

仲辛父　見仲辛父簋（集成04114），亦稱辛
父，西周中期人。

仲其父　見仲其父簋（2件，集成04482—
04483），又稱宗仲（見宗仲盤、宗仲匜），
西周晚期人，字其父，在宗氏家族中排
行第二。

仲枏父　見仲枏父鬲（8件，集成00746—
00752、上博刊8期127頁圖2b）、仲枏父
甗（集成00942）、仲枏父簋（2件，集
成04154—04155）、仲枏父匕（集成
00979），西周中期後段人，師湯父的有
司（管事者）。

仲恵父　見仲恵父簋（2件，集成03956—
03957），西周晚期人。

仲若我　見復公仲簋蓋（集成04128），春秋
晚期人，復氏公族。

仲㸚臣乑　見仲㸚臣盤（集成10101），西周
早期人。

仲臽　見師害簋（2件，集成04116—04117），
西周晚期人。楊樹達先生認為就是麋生

臽（見《積微居金文說》117頁）。

仲姊孃姬　見季宮父簋（集成045727），西
周晚期姬姓婦女，季宮父的二姐。

仲南父　見仲南父壺（2件，集成09642—
09643），西周中期後段人。

仲冉　見仲冉簋（集成03747），西周早期前
段人。

仲冉父　見仲冉父鼎（集成02529）、南䚦厥
辭簋（2件，集成04188—04189），西周
晚期人。

仲追父　見仲追父方彞（集成09882），西周
中期前段人。

仲彤　見仲彤盨（2件，集成04372—04373），
西周晚期人。

仲姜　見王作仲姜鼎（集成02191），西周中
期前段姜姓婦女，或為周王的妃子。

仲姜　見叔皇父鬲（集成00588），西周晚期
姜姓婦女，叔皇父的夫人。

仲姜　見兮吉父簋（集成04008），西周晚期
姜姓婦女，兮吉父的夫人。

仲姜　見矩叔壺（2件，集成09651—09652），
西周晚期姜姓婦女，矩叔的夫人。

仲姜　見仲姜鬲（集成00523），西周晚期姜
姓婦女。

仲姜　見仲駒父簋蓋（3件，集成03936—
03938），西周晚期姜姓婦女，录旁仲駒
父的夫人。

仲姜　見齊侯盂（集成10318），春秋晚期人，

齊侯的次女。張劍先生據此盂為嫁女媵器,且出土於洛陽中州渠推測,此女即《左傳》襄公十五年記載的周定王娶齊靈公之女為妻的齊女(見《齊侯鑑銘文的新發現》《文物》1977年3期)。

仲姜 見鱳鎛(原稱齊侯鎛,集成00271),春秋晚期姜姓婦女,鱳的夫人(一說為鱳的母親,遵仲的夫人)。

仲姜盨 見公子土斧壺(集成09709),春秋晚期齊國女子,公子土斧的次女。生世約在齊景公之世(前547—前490年)。

仲宣 見曾子仲宣鼎(集成02737),春秋早期人,曾國公子。

仲姚 見毛伯噎父簋(集成04009),西周晚期姚姓婦女,毛伯噎父的夫人。

仲姞 見仲姞鬲(12件,集成00547—00558),西周晚期姞姓女子,仲義父的夫人,族徽為"爭(華)"。

仲姞 見隆伯盨(集成04346),西周晚期姞姓女子,隆伯的夫人。

仲姞 見單伯原父鬲(集成00737),西周晚期姞姓婦女,單伯原父的夫人。

仲姞 見梁伯可忌豆(考古1990年10期1045頁圖2),戰國時期人,槃可忌的長女,姞姓。

仲姞義母 見仲姞義母匜(集成10238),西周晚期姞姓女子,字義母,姊妹間排行第二。

仲夏父 見右戲仲夏父鬲(集成00668),西周晚期人,字夏父,擔任周王朝右戲之職。

仲勘大也 見仲勘大也鬲(集成00710),西周晚期人。

仲蚳 見仲蚳帶鈎(集成10405),戰國時期人。

仲涿父 見仲涿父鼎(集成02533),西周晚期人。李學勤先生認為仲涿父、旅仲和廟孱是同一個人。參見廟孱條。

仲倗父 見楚簋(4件,集成04246—04249),西周中期後段人。某年正月初吉丁亥,在周王冊命楚的儀式上,擔任儐相。

仲隻父 見仲隻父簋(集成03543),西周早期人。

仲殷 見仲殷盨蓋(文物2004年3期95頁圖2),西周晚期人。

仲殷父 見仲殷父鼎(2件,集成02463—02464)、仲殷父簋(7件,集成03964—03970),西周晚期人。

仲高 見陳大喪史仲高鐘(9件,集成00350—00355),春秋中期人,擔任陳國大喪史,掌管國家喪禮。

仲宦父 見仲宦父鼎(集成02442),西周晚期人。

仲姬 見王作仲姬方鼎(集成02147),西周早期前段人,周王的姊或姑。

仲姬 見仲姬鬲(集成00510),西周中期姬姓婦女。

仲姬 見鳧叔盨(集成04425),西周晚期姬姓婦女，皃叔的夫人。

仲姬　見叔家父簠（集成04615），春秋早期姬姓婦女，叔家父的夫人。

仲姬斉　見仲姬斉敦（華夏考古1992年3期），春秋晚期姬姓婦女，名斉。

仲姬客母　見干氏叔子盤（集成10131），春秋時期人，干氏叔子的次女，姬姓，字客母。

仲姬俞　見魯伯大父作仲姬俞簋（集成03989）、魯伯厚父盤（集成10086），春秋早期魯國公室女子，姊妹間排行第二，名俞，姬姓。

仲㣍　見仲㣍簋（集成03544），西周早期人。

仲偯父　見仲偯父鼎（集成02734），西周晚期人。某年五月，曾和周伯邊一起征伐南淮夷，俘獲了一批青銅。

仲閔父　見仲閔父盨（集成04398），西周晚期人。

仲滋　見仲滋鼎（秦文字圖版14），春秋中期秦國人。

仲幾父　見仲幾父簋（集成03954），西周中期後段人。另有幾父（見幾父壺），或為一人。仲幾父簋銘文為：“仲幾父史幾史于諸侯諸監，用氒賓作丁寶簋。”楊樹達先生讀為“仲幾之父使幾使于諸侯諸監”，仲幾為人名，幾即仲幾，仲幾父是講仲幾的父親，而非人名（見《積微居金文說》103頁）。

仲農　見散氏盤（又稱散盤、夨盤、夨人盤，集成10176），西周厲王時期人。某年九月乙卯，參與夨付給散氏田地的勘界封樹和交付儀式，書寫券契。

仲皾父　見仲皾父簋（2件，集成04102—04103），西周中期人，其父為遲伯，母為遲姬。

仲畱父　見仲畱父壺（曲村440頁圖611.9、10），西周早期後段人。

仲義父　見仲義父鼎（7件，集成02207—02211、北圖拓53—54），仲義父作新客鼎（5件，集成02541—02545）、仲義父盨（2件，集成04386—04387）、仲義父𦉜（2件，集成09964—09965），西周晚期人，族徽為“𠦪（華）”。

仲義君　見仲義君鼎（集成02279）、仲義君簠（陜金1.458），春秋晚期人，楚國的封君，夫人為緐改。

仲駒父　見仲駒父簋蓋（3件，集成03936—03938），又稱彔旁仲駒父，西周晚期人，字駒父，彔旁氏，夫人為仲姜。

仲齊　見魯司徒仲齊盨（2件，集成04440—04441）、魯司徒仲齊匜（集成10275），春秋早期人，魯國司徒，其父為伯徒父。

仲㸚　見仲㸚簋（北窑墓211頁圖110.3），西周中期前段人，與伯　為兄弟，其父為宮叔。

仲𧪧　見曾子仲𧪧鼎（3件，集成02620）、曾子仲𧪧甗（集成00943），春秋早期人，曾國公子。

仲慶　見陳公子仲慶簠（集成04597），春秋
　　中期人，陳國公子。

仲樂父　見仲樂父盤（三代17.15.3），西周
　　中期前段人，字樂父，族徽為"◆⌴"。

仲嬴㠱　見黃太子伯克盤（集成10162），春
　　秋早期人，黃國太子伯克的次女或姊
　　妹，嬴姓。

仲嬭璜　即仲羋璜，見楚屈子赤目簠蓋（集
　　成04612），春秋晚期羋姓女子，名璜，
　　楚屈子赤目的次女。

仲嬭義男　即仲羋義男，見鄀公簠蓋（集成
　　04569），春秋早期羋姓婦女，名義男。

仲翯　見樊季氏孫仲翯鼎（集成02624），戰
　　國時期人，樊季氏孫。

仲偁父　見仲偁父鼎（集成02183），西周中
　　期前段人。

仲遑父　即仲原父，見仲原父匜（北窰墓281
　　頁、文物1986年7期60頁圖11），西周晚
　　期後段人，字原父，其夫人為許姜。

仲競　見仲競簋（集成03783），西周晚期人。

仲競父　見臤尊（2件，集成06008、北京文
　　物精粹大系·青銅器卷110），西周中期
　　前段人。某年十三月，曾隨師雍父戍守
　　古師，仲競父賜給臤赤金。

仲徼　見仲徼尊（集成05851）、仲徼卣（集
　　成05236），西周早期後段人。

仲餗父　見仲餗父盨（集成04399），西周中
　　期人。

仲鈙父　見仲鈙父鬲（集成00544），西周中
　　期人。

任　見任鼎（中國歷史文物2004年2期21頁圖
　　1），西周中期人，族徽為"叙"。

任氏　即妊氏，見作任氏簋（2件，集成
　　03455—03456），西周早期妊姓婦女。

自　見自作吳姬匜（集成10186），西周晚期
　　吳國人。

自　見自盤（集成10089），西周晚期人。

自　見自作其走鐘（集成00007），春秋時期
　　人。

自　見自作尊鼎（集成02430），春秋早期人。

自　見自鐘（文物2004年2期72頁圖3、圖4），
　　戰國早期人，徐王旨後之孫，足利次留
　　的長子，國亡後流落越國。

自　見番伯㠱孫自鬲（集成00630），番伯㠱
　　之孫，春秋早期人。

自　見自方鼎（4件，集成02264—02267），
　　西周早期人。

自黃　即師黃，見兩簋（集成04195），西周
　　中期人，吳姬的丈夫。

伊　見伊簋（集成04287），西周晚期人。屬
　　王二十七年正月既望丁亥，由䆅季陪同
　　在康宮穆太室接受冊命，周王命伊管理
　　康宮的臣妾和百工，賜給赤市、幽黃、
　　鑾旂和鋚勒。

伊生　見伊生簋（集成03631），西周早期後
　　段人。

伊伯　見史懋壺（集成09714），西周中期前
　　段人，伊氏族首領，名不詳。某年八月
　　戊寅，周王在蒡京溼宮命史懋路筮，事
　　畢，命伊伯賜給史懋貝幣。

伊䫲　見辛事簋（集成10582），西周早期人，
　　辛事的上級。某年六月癸卯，曾賞給辛
　　事秦金（青銅）。

伊諆　見伊諆簋（集成04533），西周晚期人。

伊□　見伊□簋（考古學刊1983年3期104
　　頁），西周晚期人。

向　見向方鼎（集成02180）、向簋（2件，
　　集成03572、集成10567）、向卣（集成
　　05250），西周早期人，族徽為“𤔲
　　（𤔲）”。

向　見廿三年襄田令矛名矛（集成11565），
　　戰國時期人，趙國（？）襄田縣右庫冶
　　鑄作坊的冶吏。

向　見廿九年太后漆盒（又稱廿九年太后漆
　　樽，文物1979年12期，秦文字圖版27），
　　戰國晚期秦國人，秦昭襄王二十九年（前
　　278年）前後，在太后宮中擔任丞。

向父　見多友鼎（集成02835），又稱叔向父、
　　叔向父禹，西周晚期人，夷厲時期的執
　　政大臣，名禹，字向父。禹鼎銘文載，
　　夷王時鄂侯馭方率領南淮夷和東夷造
　　反，打到歷內，周王命西六師和殷八師
　　抵禦，未能取勝，後武公派遣向父率領
　　戰車百乘、甲士二百、步卒一千名，和
　　西六師、殷八師一起討伐鄂侯馭方，攻
　　克鄂都，俘獲鄂侯馭方。

向公　見向公鼎（集成01346），戰國時期人。

向佃　見九年鄭令向佃矛（集成11551），戰
　　國晚期人，名佃，向氏，韓國鄭縣縣令。

向孝子　見向斿子鼎（集成01349），戰國晚
　　期人。或釋為“向斿子”。

向𤔲　見向𤔲簋（2件，集成04033—04034），
　　西周晚期人。

后母戊　一作司母戊，見司母戊方鼎（集成
　　01706），于省吾先生認為司母戊是商王
　　文丁的母輩，武乙的配偶妣戊（見《司
　　母戊鼎的鑄造與年代問題》《文物精華》
　　第4集1964年）；李學勤先生認為后母戊
　　即商代武丁時期的婦姝，武丁之妃，名
　　姝，又稱妣戊、妣戊姝（見《小屯南地
　　甲骨》4023）。

后母辛　一作司母辛，見司母辛方鼎（2件，
　　集成01707—01708）、司母辛觥（2件，
　　集成09280—09281）、司母辛方形器（集
　　成10345），商代晚期婦女，商王武丁的
　　后妃，名好，字嫛母，死後稱后母辛、
　　后辛。

后母厶康　一作司母厶康，見司母妣康方鼎
　　（集成01906），商末周初人，周文王的
　　正妃，史書稱太姒。

后嫛母　一作司嫛母，見司嫛母甗（集成
　　00825）、司嫛母爵（9件，集成08743—
　　08751）、司嫛母觚（10件，集成06880—
　　06889）、司嫛母斝（2件，集成09222—
　　09223）、司嫛母尊（2件，集成05538—
　　05539）、司嫛母方壺（2件，集成09510—

09511)、司龺母鉞（集成11741），司龺母器蓋（集成10346），即后母辛、婦好。

后龺母癸 一作司龺母癸，見司龺母癸方尊（2件，集成05680—05681），即后龺母。

后稷 一作司夏，見史牆盤（集成10175），銘文作"上帝司蘷"，裘錫圭先生讀為"上帝后稷"，說"后"下一字據文義推勘只能是"稷"。即周人的始祖，相傳為姜嫄所生。唐蘭先生釋為"上帝司夏"，認為即商尊、商卣中的帝嗣，也就是夏祝（見《略論西周微氏家族窖藏銅器群的重要意義》《文物》1978年3期）。

舟 見亞舟鼎（2件，集成01406—01407）、亞舟爵（3件，集成07822—07823，海銅31）、亞舟方彝（集成09846）、亞舟勺（集成09911），亦見於殷墟第一期卜辭，商代中期人，商王的臣僚，身份為亞（相當於侯）。

舟 見舟盤（鄴三下7），商代晚期人。

舟 見舟鼎（2件，集成01953—01954）、舟甗（集成00853）、舟簋（集成03375），西周中期前段人。

舟虎 見舟虎簋（2件，集成03445—03446），西周中期人。

夙 銘文作夙，見五祀衛鼎（集成02832），邦君厲的小兒子，故稱厲叔子夙，西周中期人。五年正月初吉庚戌，邦君厲與裘衛交換土地時，參與勘界和交付儀式。

夙妠公 銘文作夙妠公，見曹伯狄簋殘蓋（集成04019），春秋早期人，曹伯狄的長輩。

多友 見多友鼎（集成02835），西周晚期人，武公的部屬。夷王某年十月，玁狁廣伐京師，周王命令武公"遣乃元士，羞追于京師。"武公便命多友率公車追殺。在筍、郪、龔、楊冢等地進行戰鬥，取得了勝利，殺死敵人三百五十余人，俘虜二十八人，繳獲敵車一百二十七輛，截獲被玁狁俘去的筍人和京師之人，在楊冢所獲戰車無法帶回，全部予以焚毀，而將馬趕回。獻俘馘之後，武公賜給多友圭瓚一件，錫鐘一肆，鐈鋚（好的青銅）百鈞。

夆 見夆簋（集成03610），西周中期前段人。

各 見蔡簋（集成04340），西周晚期人。銘文為"命汝眔叔觳疋（胥）對各"，對與各似為二人名，周王命蔡和叔協助對和各管理王室內外之事。

亦車 見亦車簋（集成02989）、亦車爵（2件，集成07718—07719）、亦車觚（4件，集成07042—07045）、亦車矛（2件，集成11447—11448），商代晚期人或氏族。

交 見交鼎（集成02459），西周早期人。

交 見交卣（集成05321），西周早期人，族徽為"史"。

交 見周我父簋（3件，集成04048—04050），

西周晚期人。

交开　見交开觚（集成06924），商代晚期人。

交君子叕　見交君子叕鼎（集成02572）、交君子叕簠（集成04565）、交君子叕壺（集成09662），春秋時期人，名子叕，交地的封君。

衣　見陵叔鼎（集成02198），西周中期人，陵叔的長輩。

亥　見亥爵（考古1990年10期879頁圖5.6），商末周初人。

亢伯　見亢伯簋（2件，集成03530—03531），西周早期人，亢氏族首領。

邙令羨　見十年邙令羨戈（集成11291），戰國晚期人，名羨，曾擔任魏國邙縣縣令。

邙皮　見邙皮戈（文物季刊1992年3期68頁圖2），戰國晚期人，曾擔任趙國的邦相。

州丩　見越王朱句劍（2件，集成11625、集成11627），即越王州句。

州子　見僕麻卣（考古與文物1990年5期38頁圖9.13、14），西周早期前段人，僕的上司。曾賜給僕帛及貝二朋。

州句　見越王州句劍（15件，集成11579、集成11622—11632、鳥篆編下99—100）、越王朱句復合劍（文物2000年1期71頁圖1.3）、越王州句鐵劍（鳥篆編下80）、越王州句矛（集成11535），即越王州句，越王勾踐的曾孫，不壽之子，《史記·越王勾踐世家》作"翁"，《竹書紀年》作"朱勾"。在位三十七年（前448—412

年），國力達到鼎盛，先後滅滕、滅郯，功績顯赫。

州豪　見散氏盤（又稱散盤、矢盤、矢人盤，集成10176），西周厲王時期人，散國的有司（管事者）。某年九月乙卯，參與矢付給散氏田地的勘界封樹和交付儀式。

并㞢　見并㞢觚（2件，集成06916—06917），商代晚期人。

羊　見羊卣（集成05267），西周早期人。

羊子　見羊子戈（2件，集成11089—11090），春秋晚期齊國人。

羊角　見羊角戈（集成11210），戰國早期齊國人。

羊庚茲　見羊庚茲鼎（集成02439），西周中期前段人。

羊殏　見十五年相邦春平侯劍（集成11709），戰國晚期人，名殏，羊氏，趙孝成王十五年（前251年）前後，擔任邦右庫冶鑄作坊的工師。

屰寅　見散氏盤（又稱散盤、矢盤、矢人盤，集成10176），即司土屰寅，西周厲王時期人，散國的司土。某年九月乙卯，參與矢付給散氏田地的勘界封樹和交付儀式。

守　見小臣守簋（3件，集成04179—04181），即小臣守。

守文　見九年相邦呂不韋戟（文物1992年11期93頁圖4、5），戰國晚期人，秦王政九年（前238年）前後，擔任蜀郡東工室的工師。

守相杢波　即守相廉頗，見十五年守相廉頗鈹（3件，集成11700—11702）、守相杢波鈹（集成11670），戰國晚期人，趙國著名將領。趙惠文王時為將，後升上卿。趙孝成王十五年（前251年）進封信平君，擔任守相。悼襄王時，奔魏居大梁，後老死於楚。

守宮　見守宮鳥尊（集成05959）、守宮卣（集成05170）、守宮卣（集成05359）、守宮觥（集成09297）、守宮爵（2件，集成09017—09018），守宮為西周官職，鳥尊、觥、卣、爵皆西周早期後段之物，此守宮應指西周早期後段擔任此官職的某人。

守宮　見守宮盤（集成10168），西周官職世襲，此守宮應是上述守宮的子輩，西周中期前段人。某年正月既生霸乙未，王在周，周師賜給一束絲、五件薦緟（苴幕）、兩件薦苴（苴冪）、一匹馬、三件毚布、三件團蓬和一朋琭。

安　見卅四年工師文罍（秦文字圖版28），戰國晚期秦國人，秦昭襄王三十四年（前273年）前後，在秦國冶鑄作坊當工匠。

安父　見安父鼎（集成02142）、安父簋（集成03561）、安父卣蓋（集成05247），西周早期人。

安公　見伯唐父鼎（考古1989年6期526頁圖2.1），伯唐父的長輩，西周早期前段。

安陽令敬章　見廿七年安陽令戈（考古1988年7期617頁圖3），戰國晚期人，名敬章，韓桓惠王二十七年（前246年）擔任安陽縣的縣令。

宅　見小臣宅簋（集成04201），即小臣宅、作冊宅。

宦　見宦鼎（集成01249）、宦鬲（2件，集成00451—00452）、宦盤（集成10020）、宦盉（集成09308），即字。

字　見宦鼎（集成01249）、宦鬲（2件，集成00451—00452）、宦盤（集成10020）、宦盉（集成09308），西周中期後段人。

次　見次尊（集成05994）、次卣（集成05405），西周中期前段人。某年二月初吉丁卯，公姑命次管理田人，並賜給馬匹和裘衣。

次又　見次又缶（文物1989年12期54頁圖2），一作宋又，春秋晚期徐國國王，徐頷君的裔孫，利之長子，在位之年約在魯襄公、昭公之際。

次尸祭　見次尸祭缶（東南文化1988年3、4期24頁圖拓片4），春秋晚期人，頷君之孫，利的長子。

冰　見二年上郡守冰戈（集成11399）、三年上郡守冰戈（集成11369），即李冰，戰國晚期人，秦昭襄王二至三年（前305—前304年）前後擔任上郡郡守，後改任蜀郡郡守，率民鑿修都江堰，灌溉成都平原，使之沃野千里，而無水患，蜀人德之。

江干　銘文作邛干，見十九年江干鼎（又稱
　　享陵鼎、廿四年槀朝鼎，集成02693），
　　戰國晚期魏國人，守護享陵之官。

江小仲母生　見江小仲母生鼎（集成
　　02391），春秋早期人，名母生，江國人。

江仲　銘文作邛仲，見伯戔盤（集成10160）、
　　邛仲之孫伯戔盆（集成10341），伯戔的
　　祖父，春秋早期人，江國公族，生世約
　　在魯隱公、桓公之世（前719—前692
　　年）。

江仲芈南　銘文作邛仲嬭南，見楚王鐘（集
　　成00072），春秋早期人，楚王的次女，
　　名南。即《左傳》文公元年"向江芈而
　　勿敬"中的江芈，楚文王之女，成王熊
　　惲（前671—前626年）之妹，嫁於江國。

江君婦龢　銘文作邛君婦龢，見邛君婦龢壺
　　（集成09639），春秋早期人，江君的夫
　　人，名龢。郭沫若先生說：時代"當在
　　春秋魯閔四年（前623年）為楚人所滅以
　　前（大約乃莊閔時）"（見《大系》考
　　171頁）。

江叔螽　銘文作汀叔螽，見江叔螽鬲（集成
　　00677），春秋中期人，名螽，江國公族。

江芈　銘文作邛嬭　見曾侯簠（集成04598），
　　春秋早期芈姓女子，也就是江仲芈南。

江季　銘文作邛季，見邛季之孫戈（集成
　　11252），方或的祖父，江國公族，生世
　　約在西周晚期。

汝子　銘文作女子，見葬鬲（集成00688），

西周早期人，汝氏族的首領，葬的上司。

汝母　見女母簋（集成10562），商代晚期婦
　　女。

池　見廿九年冶池戈（集成11216），戰國早
　　期人，某國冶鑄作坊的冶吏。

汚　見汚鼎（集成02318）、仲子霥汚舷（集
　　成09298），亦稱霥汚，商代晚期人，族
　　徽為"黿（鑊）臤"。

聿造　見聿造鬲（集成00604），西周晚期人。

弘　見弘鬲（集成00488），西周早期人。

弘　見五年鄭令韓半矛（集成11553），戰國
　　晚期人，韓國鄭縣左庫冶鑄作坊的冶尹。

弜師　見肄簋（集成04144），肄的上司，商
　　代晚期人，帝辛時期的執政大臣。

旨　見燕侯旨鼎（集成02628），西周早期人，
　　召公的長子，第一代燕侯。武王滅商以
　　後就封於燕，與龢、憲、太史各為兄弟。

旨　見旨鼎（文物1996年7期62頁圖16），西
　　周中期前段人。

旨不光　見越王嗣旨不光劍（3件，集成
　　11641—11642、集成11704），即越王嗣
　　旨不光。

旨医　見越王旨医劍（鳥篆編下148）、越王
　　太子矛（集成11544），者旨於賜的簡稱。
　　戰國初期人，名者旨於賜，史書稱鼫與，
　　越國國王。

妖　見伯先父鬲（10件，集成00649—
　　00658），西周晚期人，伯先父的夫人。

妌　見妌觚（集成07304），西周早期人，族
　　徽為"𣂪（允冊）"。

妌嬰母　見妌嬰母簋（集成03845），西周晚
　　期婦女。

妙　見妙罍（集成09738），商代晚期婦女。

好　見好簋（集成02923）、好甗（集成
　　00761）、好甗（集成00762）、好甗（集
　　成00763）、好盂（集成10301）、婦好
　　方罍（集成09781），此指婦好。

好　見仲自父簋（2件，集成03753—03754），
　　西周中期人，仲自父的夫人。

羽　見徐王義楚之元子羽劍（集成11668），
　　春秋晚期人，徐王義楚的長子。

𢍆伯君菫生　即洀伯君菫生，見𢍆伯君菫生
　　匜（集成10262），西周晚期人。

牟　見高奴禾石權（集成10384），戰國晚期
　　人，身份為隸臣（刑徒），秦昭襄王三
　　年（前304年）前後，在上郡漆垣工室當
　　工匠。

舌□　見舌□鼎（曲村431頁），西周早期後
　　段人。

丞巨　見十八年上郡武庫（集成11378），戰
　　國晚期秦國人，名巨，秦昭襄王時（前
　　306—前251年）曾擔任上郡武庫冶鑄作
　　坊的丞，輔助工師管理鑄造諸事。

丞甲　見上郡守高戈（集成11287），戰國晚
　　期人，名甲，曾擔任秦國上郡郡丞。

丞申　見廿四年上郡守疾戈（考古學報2002

年1期112頁圖19）、廿五年上郡守厝戈
（集成11406），戰國晚期人，秦昭襄王
廿五年（前282年）前後，擔任上郡高奴
冶鑄作坊的丞，輔佐工師管理鑄造諸事。

丞申　見三年相邦呂不韋矛（2件，秦銘文圖
版66、考古1996年3期86頁圖1）、四年
相邦呂不韋矛（文物1987年8期64頁圖
6.1），戰國晚期人，名申，秦王政（前
246—221年）在位初期，擔任冶鑄管理
機構的丞。

丞冉　見五年相邦呂不韋戈（秦銘文圖版
69），戰國末期到秦代人，名冉。秦王
政五年（前242年）前後，擔任秦國少府
工室丞，輔佐工師管理鑄造諸事。

丞半　見葭明戈（秦文字圖版26.2），戰國
晚期人，名半，秦國某工室丞，輔佐工
師管理鑄造諸事。

丞向　見廿九年太后漆盒（又稱廿九年太后
漆樽，文物1979年12期，秦文字圖版
27），戰國晚期秦國人，名向。秦昭襄
王二十九年（前278年）前後，在太后宮
中擔任丞，監製青銅器。

丞未　見廿六年蜀守武戈（集成11368），戰
國晚期人，名未。秦始皇二十六年（前
221年）前後，擔任蜀郡東工室丞，輔助
工師管理鑄造諸事。

丞角　見二年寺工𨬒戈（集成11250），戰國
晚期到秦代人，名角。秦王政二年（前
245年）前後，擔任秦國冶鑄兵器管理機
構的丞。

丞甬 　八年丞甬戈（秦文字圖版34），戰國晚期人，名甬。秦王政八年（前239年）前後，擔任秦國冶鑄管理機構的丞。

丞沐疢 　見二年上郡守冰戈（集成11399），戰國晚期人，名沐疢（叟），秦莊襄王二年（前248年）前後，擔任上郡高奴冶鑄作坊的丞，輔佐工師管理鑄造諸事。

丞武 　見九年相邦呂不韋戟（文物1992年11期93頁圖4、5），戰國晚期人，名武。秦王政九年（前238年）前後，擔任蜀郡東工室丞，輔佐工師管理鑄造諸事。

丞拙 　見工師初壺（集成09673），戰國晚期人，名拙。秦莊襄王二年（前248年）前後，擔任秦國冶鑄管理機構的丞。

丞相戊 　即丞相茂，見田律木牘（文物1982年1期11頁圖19、20），也就是甘茂，戰國晚期楚國下蔡人，從史舉先生學習百家之術，後事秦惠文王，略漢中之地，武王時擔任秦國丞相。武王欲窺周室，甘茂為之拔取韓之宜陽。昭襄王時因避讒言，奔齊，任上卿。後由齊至楚，謀歸秦，未成，卒於魏。

丞相狀 　見北私府橢量（秦銘文圖版146）、始皇詔橢量（8件，善圖173、秦銘文圖版102—108）、始皇詔方升（4件，秦銘文圖版98—101）、武城橢量（秦銘文圖版109）、兩詔橢量（4件，秦銘文圖版148—149、度量衡108、文物1984年11期96頁圖2）、左樂兩詔鈞權（秦文字圖版42—43）、兩詔斤權（2件，《文博》1985年第4期）、始皇詔權（26件，衡齋上3、秦銘文圖版119、秦銘文圖版110—117、秦銘文圖版135附1—16）、始皇詔鐵權（善圖169），始皇詔八斤權（2件，秦銘文圖版134—135）、始皇詔十六斤權（5件，善圖172、秦銘文圖版127—130）、始皇詔廿斤權（善圖171）、始皇詔廿四斤權（善圖170）、廿六年詔鐵權（3件，文物1979年12期92頁、文叢5輯111頁、秦銘文圖版125）、始皇詔□斤權（秦銘文圖版135附17）、兩詔斤權（2件，秦文字圖版45—46、秦文字圖版47.2—49）、始皇詔石權（度量衡170）、始皇詔鐵石權（5件，秦銘文圖版120—121、秦銘文圖版123、度量衡169、度量衡174）、平陽銅權（秦銘文圖版182）、兩詔權（7件，秦銘文圖版175—176、秦銘文圖版178、秦銘文圖版135附18、秦銘文圖版179—181）、始皇詔版（5件，秦銘文圖版136—138、秦銘文圖版143—144）、美陽權（秦銘文圖版183）、始皇詔銅權（秦銘文圖版118）、兩詔詔版（秦銘文圖版174），戰國晚期到秦代人，名狀，隗氏，秦王政（秦始皇）時期（前246—前221年）與王綰同時任秦國丞相。

丞相啟 　見十七年丞相啟狀戈（集成11379），戰國晚期人，名啟，秦王政十七年（前230年）與狀同時任秦國的丞相。田鳳嶺、陳雍二先生認為丞相啟可能就是"秦王政九年平定嫪毐的相國昌平君。”（《新發現的十七年丞相啟狀戈》《文物》1984年第3期）。

丞相斯　見元年丞相斯戈（秦銘文圖版160），即李斯，秦上蔡人。戰國末為郡吏，受業於荀況。仕於秦，初為呂不韋舍人，旋任長史，拜客卿。諫秦王政逐客卿，又為秦謀劃兼併六國，一統天下。秦始皇二十六年（前221年）既定天下，任廷尉，後任丞相。立郡縣之制，廢詩書，禁私學，又以小篆為標準統一文字，作《倉頡篇》為范。始皇卒，從趙高謀，立二世胡亥，後為趙高誣為謀逆，腰斬於咸陽，夷三族。

丞相綰　見北私府橢量（秦銘文圖版146）、始皇詔橢量（8件，善圖173、秦銘文圖版102—108）、始皇詔方升（4件，秦銘文圖版98—101）、武城橢量（秦銘文圖版109）、兩詔橢量（4件，秦銘文圖版148—149、度量衡108、文物1984年11期96頁圖2）、左樂兩詔鈞權（秦文字圖版42—43）、兩詔斤權（2件，《文博》1985年第4期）、始皇詔權（26件，衡齋上3、秦銘文圖版119、秦銘文圖版110—117、秦銘文圖版135附1—16）、始皇詔鐵權（善圖169），始皇詔八斤權（2件，秦銘文圖版134—135）、始皇詔十六斤權（5件，善圖172、秦銘文圖版127—130）、始皇詔廿斤權（善圖171）、始皇詔廿四斤權（善圖170）、廿六年詔鐵權（3件，文物1979年12期92頁、文叢5

輯111頁、秦銘文圖版125）、始皇詔口斤權（秦銘文圖版135附17）、兩詔斤權（2件，秦文字圖版45—46、秦文字圖版47.2—49）、始皇詔石權（度量衡170）、始皇詔鐵石權（5件，秦銘文圖版120—121、秦銘文圖版123、度量衡169、度量衡174）、平陽銅權（秦銘文圖版182）、兩詔權（7件，秦銘文圖版175—176、秦銘文圖版178、秦銘文圖版135附18、秦銘文圖版179—181）、始皇詔版（5件，秦銘文圖版136—138、秦銘文圖版143—144）、美陽權（秦銘文圖版183），始皇詔銅權（秦銘文圖版118）、兩詔詔版（秦銘文圖版174），戰國晚期到秦代人，名綰，王氏，秦王政（秦始皇）時期（前246—前221年）與隗狀同時任秦國丞相。始皇二十六年（前221年）天下一統，曾參與議帝號，論封建，后隨始皇東巡。

丞相觸　見丞相觸戈（集成11294），戰國晚期人，名觸，史書作壽燭。秦昭襄王十五年（前292年）任秦國丞相。《史記·穰侯列傳》載，昭襄王十五年“魏冉謝病，其明年，燭免，復相冉。”

丞捄　見廿七年上守趙戈（集成11374），戰國晚期人，名捄。秦昭襄王二十七年（前280年）前後，擔任上郡漆垣冶鑄作坊丞，輔助工師管理鑄造諸事。

丞禺　見二十年相邦冉戈（集成11359）、王廿三年戈（故宮博物院院刊2004年4期70

頁圖2、3），戰國晚期人，名禺，秦昭襄王二十年（前287年）前後，擔任秦國西工師丞，二十三年轉任相邦魏冉的家丞。

丞袑　見二年上郡守廟戈（集成11362），名袑，戰國晚期人，秦莊襄王二年（前248年）前後，在上郡漆垣冶鑄作坊擔任丞，輔助工師管理鑄造兵器諸事。

丞秦　見卅七年上郡守慶戈（陝西歷史博物館徵集文物精粹）、卅八年上郡守慶戈（文物1998年10期79頁圖4）、卌年上郡守起戈（2件，集成11370，秦銘文圖版50），戰國晚期人，名秦，秦昭襄王卅八（前269年）前後，任上郡漆垣工室的丞，四十年（前267年）又任高奴工室的丞。

丞郖　見六年漢中守戈（集成11367），戰國晚期人，名郖，秦昭襄王六年（前301年）前後，擔任漢中郡冶鑄作坊的丞，輔助工師管理鑄造諸事。

丞兼　見十七年丞相啟狀戈（集成11379），戰國晚期人，名兼，秦王政十七年（前230年）任郿陽縣冶鑄工場的丞。

丞詘　見高奴禾石權（集成10384），戰國晚期人，名詘，秦昭襄王三年（前304年）前後，擔任上郡漆垣工室丞。

丞絡　見四十年上郡守起戈（考古1992年8期757圖2），戰國晚期人，名絡，秦昭襄王四十年（前267年）前後，擔任上郡漆垣工室丞。

丞義　見三年相邦呂不韋戈（秦銘文圖版61）、四年相邦呂不韋戈（3件，集成11308、陝西青銅器255、秦銘文圖版65）、五年相邦呂不韋戈（考古與文物1983年4期），戰國末期到秦代人，名義，秦王政三年到五年（前244—前242年）期間，在秦國官營兵器作坊擔任丞，輔佐工師管理鑄造諸事。

丞廣　見丞廣弩牙（集成11918），戰國晚期人，在秦國官營兵器作坊擔任丞，輔佐工師管理鑄造諸事。

丞穆　見五十年詔事宕戈（秦文字圖版31），戰國晚期人，名穆，秦昭襄王五十年（前257年）前后，擔任秦國冶鑄管理機構的丞。

丞戠　見五年相邦呂不韋戈（2件，集成11380、集成11396）、八年相邦呂不韋戈（集成11395），戰國末期到秦代人，名戠，秦王政五年（前242年）前後，擔任官營冶鑄作坊的丞。

丞鬲　見十五年上郡守壽戈（伊克昭盟出土，《秦文》40頁），戰國晚期秦國人，名鬲，秦昭襄王十五年（前292年）前後，擔任上郡漆垣工室丞，協助工師管理冶鑄兵器諸事。

丞遄　見高陵君鼎（秦文字圖版22），戰國晚期秦國人，名遄，秦昭襄王時（前306—251年）擔任高陵君的家丞。

阡駒　見六年司空馬鈹（保金274），戰國晚期人，趙王遷六年（前230年）前後，擔任邦左庫冶鑄作坊的大工尹。

巡　見卅年虡令癰鼎（集成02527），戰國中
　　期人，魏惠王三十年（前341年）前後，
　　擔任虡縣冶鑄作坊的冶吏。

巡　見十二年邦司寇趙新劍（集成11676）、
　　守相杢波鈹（集成11670）、十五年守相廉
頗鈹（2件，集成11700—11701）、十七年
相邦春平侯鈹（2 件，集成 11708、集成
11715），戰國晚期人，趙孝成王十二年到十
七年（前 254—前 249 年）期間，擔任邦右
庫冶鑄作坊的冶吏。

七　劃

邦　見五祀衛鼎（集成02832），西周中期人，即頌人邦，擔任司馬之職。五年正月初吉庚戌，衛與邦君厲交換田地時，邢伯、伯邑父等執政大臣命司馬頌人邦參與勘查地界和交付儀式。

邦　見邦簋（故周金61），西周中期後段人。

邦　見十九年寺工鈹（5件，秦銘文圖版86—90），戰國末期到秦代人，秦王政時（前246—前221年），曾擔任官營冶鑄作坊的工師。

邦乙　見七年邢疫令邦乙劍（集成11672），戰國晚期人，趙國邢疫縣縣令。

邦君厲　見五祀衛鼎（集成07131），西周中期前段人，名厲，西周王畿內的一個封國國君。恭王五年正月，曾因裘衛要在昭太室東北營修二川，許諾交換土地，經執政大臣邢伯、伯邑父、定伯、琼伯和伯俗父同意，邦君厲才將四田土地交付給裘衛。

邢人妄　見妄鐘（4件，集成00109—00112），西周晚期邢國族人，名妄。郭沫若先生認為是宣王時期人，共伯和的兒子，別封於邢。他說：“井人妄殆共伯和子……。井，邢丘，在漢為河內郡之平皋，與共地毗鄰，同近於衛，蓋本共之子邑，妄食邑於此，故自稱曰井人。”（見《大系》考150頁）。

邢人偈犀　見五祀衛鼎（集成02832），西周中期人，邦君厲的有司（管事者），名偈犀，邢邑人氏。恭王五年正月初吉庚戌，邦君厲與裘衛交換土地時，參與了勘界和交付儀式。

邢公　銘文作井公，見曶壺蓋（集成09728），西周中期後段人，周王朝卿士。某年正月初吉丁亥，在周王冊命曶的儀式上擔任儐相。

邢伯　銘文作井伯，見邢伯甗（集成00873）、五祀衛鼎（集成02832）、利鼎（集成02804）、長甶盉（集成09455）、七年趞曹鼎（集成02783）、師毛父簋（集成04196）、救簋蓋（集成04243）、豆閉簋（集成04276）、師虎簋（集成04316）、永盂（集成10322），即邢伯親。

邢伯親　銘文作井伯親，見師簎簋蓋（集成04284），西周中期前段人，名親，邢國族首領，穆王後期開始用事，擔任司馬之職，和榮伯、益公是恭王時期職位最高的三位執政大臣，先後參與過恭王對師虎、師毛父、師簎、豆閉、救、利、走、趞曹等人的冊命儀式；參與對師永、長甶的賞賜活動，並同伯邑父、定伯、琼伯、伯俗父等人共同處理裘衛和邦君厲的土地交易之事。

邢妘　銘文作井妘，見伯田父簋（集成03927），西周晚期妘姓婦女，伯田父的夫人。

邢叔　銘文作井叔，見季魯簋（集成03949），西周早期人，邢國公族，季魯的父親。

邢叔　銘文作井叔，見訇鼎（集成02838）、井叔鼎（井叔墓138頁103.5）、井叔方彝（集成09875）、井叔飲壺（亦稱井叔杯，集成06457）、免簋（集成04240）、免尊（集成06006）、免卣（集成05418）、弭叔師察簋（2件，集成04253—04254），即邢叔采。

邢叔采　銘文作井叔采，見井叔采鐘（2件，集成00356—00357），名采，邢國公族，季魯的父親，西周恭、懿時期的執政大臣。

邢季憂　銘文作井季憂，見邢季憂鼎（集成02199）、邢季憂尊（集成05859）、邢季憂卣（集成05239），西周中期前段人，名憂，邢國公族。

邢孟姬　銘文作井孟姬，見仲生父鬲（集成00729），西周晚期邢國族的長女，仲生父的夫人。

邢南伯　銘文作井南伯，見井南伯簋（集成04113），西周中期人，夫人為鄭季姚好。

邢侯　銘文作井侯，見麥方鼎（集成02706）、麥方尊（集成06015）、麥盉（集成09451）、麥方彝（又稱邢侯方彝，集成09893）、榮簋（亦稱周公簋、井侯簋，集成04241），西周早期人，邢國國君。某年十一月，邢侯來到麥家，賜給麥赤金（紅銅）；某年二月，周王在菶京辟雍舉行大射禮，邢侯伺射，其後周王賜給邢侯赭趙臣二百家，以及車馬、金勒、冋衣、巿、舄和瑂戈等。郭沫若先生認為此邢侯是周公旦的長子，第一代邢侯，康昭時期人；唐蘭先生認為是周公旦的孫子，第二代邢侯，昭王後期人。

邢侯　銘文作井侯，見臣諫簋（集成04237），西周中期前段人，邢國國君。某年，戎侵犯軹地，邢侯率兵與戎搏鬥，並命令臣諫率亞旅參加保衛軹地的戰鬥。

邢姜　銘文作井姜，見邢姜太宰巳簋（集成03896），西周晚期姜姓婦女，邢國族的宗婦。

邢姬　銘文作井姬，見強鼎（集成02192）、強伯方鼎（集成02277）、強伯突鼎（集成02278）、強伯作井姬鼎（2件，集成02676—02677）、強伯作井姬甗（集成00908）、強伯貘尊（集成05913），西周中期前段姬姓女子，強伯的夫人。

邢姬　銘文作井姬，見伯猹父鬲（集成00615），西周中期邢國女子，伯猹父的夫人。

邢姬　見莓伯簋（集成03722），西周晚期姬姓婦女，莓伯的夫人。

辰　見辰壺（集成09525），西周早期人。

辰　銘文作脣，見辰簋蓋（集成03734），西周中期人。

辰　見宗邑瓦書（古文字研究14輯178頁、179

頁），戰國晚期人，擔任周王朝的卿大
夫，四年，周天子使其向秦國致文武之
胙。

肖　即尚，見尚壺（集成09618），西周中期
人。

玤廷冀　見玤廷冀簋（集成03686），西周早
期人。

戒　見戒鬲（集成00566），西周早期人。

戒叔　見戒叔尊（集成05856），西周中期前
段人，戒氏公族。

走　銘文作徒，見走簋（集成04244），西周
中期人。十二年三月既朢庚寅，由司馬
邢伯陪同在周太室接受周王的冊命。

走　見走鐘（5件，集成00054—00058），西
周晚期人。

走父　見食仲走父盨（集成04427），即食仲
走父，西周晚期人，字走父，食氏公族。

走馬　銘文作徒馬，見走馬爵（集成08986），
走馬本為職官名。此指西周早期擔任走
馬的某人。

走馬休　見走馬休盤（集成10170），西周中
期人，名休，擔任周王朝走馬之職。恭
王二十年正月甲戌，由益公陪同在周康
宮太室接受冊命，周王賜給玄衣黹純、
赤巿、朱黃、戈琱威、彤沙（緌）、厚
秘和鑾旂。

走馬谷　見食生走馬谷簋（集成04095），西
周晚期人，名谷，字食生，擔任走馬之
職。

走馬薛仲赤　見走馬薛仲赤簠（集成
04556），春秋早期人，名赤，薛國公族，
擔任走馬之職。

走馬應　見大鼎（3件，集成02806—02808），
西周中期後段人，名應，擔任周王朝走
馬。十又年三月既霸丁亥，周王在糧䢊
宮饗醴，周王命走馬應賜給大縣牭三十
二匹。

芊伯碩父　見芊伯碩父鬲（集成00642），西
周晚期人，字碩父，芊國族首領。

芋廌　即芋慶，見元年鄭令椺湔矛（集成
11552）、二年鄭令椺湔戟刺（原稱二年
鄭令椺湔矛，集成11563）、三年鄭令椺
湔矛（集成11559），戰國晚期人，名芋
慶，韓王安元年到三年（前238—前236
年）期間，擔任鄭縣的司寇。

孝　見孝卣（集成05377），商代晚期人，族
徽為“冀侯亞禾（戈）”。

孝子　見孝子之子劍（文博1996年4期88頁圖
16），戰國晚期人。

孝大妃　即孝太妃，見陳侯午簋（集成
04145）、十四年陳侯午敦（2件，集成
04646—04647），陳侯午的祖母，生世
在春秋晚期。

孝王　銘文作考王，見逨盤（盛世吉金30
頁），即周孝王，周穆王之子，恭王之
弟，名辟方。繼侄兒懿王之位，曾命非
子在汧、渭之間牧馬，馬大蕃息，乃封
非子於秦地，賜姓嬴，為周附庸。後發
展為秦國。

孝公 見師𡥽鐘（文物1994年2期96頁圖11）、姬𡥽母豆（集成04693），師𡥽和姬𡥽母的祖父，生世在西周中期。

孝武趄公 即孝武桓公，見陳侯因資敦（集成04649），也就是齊桓公，名午，亦稱陳侯午，齊威王因齊之父死後的諡號，孝武為益美之辭。桓公以其兄無道，出奔莒，襄公被弒，歸國即位，鮑叔牙薦管仲為相，尊周室，攘夷狄，九合諸侯，一匡天下，為五霸之首。後管仲死，用豎刁、易牙、開方等人，怠於政事，多內寵，及卒，諸公子爭立，霸業遂衰，在位四十三年（前685—前643年）。

孝孟 見申簋蓋（集成04267），西周早期人，申的父親。

孝癸 見鄅客問量（集成10373），戰國中期人，擔任楚國少工佐之職。

孝畸 見孝畸壺（安徽金文108），戰國晚期人。

坿孫宅 即封孫宅，見魯少司寇封孫宅盤（集成10154），春秋中期人，名宅，封孫氏，擔任魯國的少司寇。

𢀛 見𢀛鬲（集成00568），西周早期人，族徽為"𦥑𠬛（冉）"。

攻王夫差 見攻王夫差劍（文物1992年3期25頁圖7.2），即吳王夫差。

攻市俐 即工師俐，見國差罎（10361），春秋中期人，名俐，齊國冶鑄作坊的工師。

攻尹穆丙 即工尹穆丙，見鄅客問量（集成10373），戰國中期人，名穆丙，擔任楚國工尹。

攻佐競之 即工佐競之，見鄅客問量（集成10373）、大市量（古文字研究22輯129頁），戰國中期人，名競之，擔任楚國工佐。

攻吾王光 見攻吾王光劍（鳥篆編下37），即吳王光。

攻吾王光韓 見攻吾王光韓劍（吳越文056），即吳王光桓、吳王光。

攻吳大叔 見工𧅄大叔矛（保利藏金253），春秋晚期人，名大叔，吳國國君。馮時先生認為即餘祭。吳王壽夢的次子，諸樊之弟，公元前546年即位，在位時七年。

攻吳王夫差 見攻吳王夫差鑑（集成10295），即吳王夫差，春秋末期人，名夫差，吳國國君，闔廬之子，公元前495年即位，在位二十年。

攻吳季生 見工𧅄季生匜（集成10212），春秋晚期人，名季生，吳國公族。

攻涅 即工涅，見五大夫青弩機（集成11931），戰國晚期人，某國冶鑄作坊的技術工。

攻書 即工書，見廿年距末（集成11916），戰國時期人，燕國冶鑄作坊的工匠。

攻敔工差 見攻敔工差戟（集成11258），即攻敔工差、攻吳王夫差。

攻敔王夫差 見攻敔王夫差戈（集成

11288）、攻敔王夫差劍（7件，集成
11636—11639、文物1993年4期18頁、彩
版壹.2、文物1993年8期73頁圖4、5、文
物1992年3期25頁圖7.2），即攻吳王夫
差。

攻敔王光 見攻敔王光戈（2件，集成11029、
集成11151），攻敔王光劍（3件，集成
11620、集成11654、集成11666），即吳
王光，春秋晚期人，名光，字闔廬，一
作闔閭，吳國國王。諸樊之子，曾派勇
士專諸刺殺王僚，代立為吳王。後任用
伍子胥、孫武與謀國事，不斷加強戰備，
公元前506年又聯合唐、蔡二國，大舉伐
楚，五戰破郢（今湖北省江陵縣北），
因秦國發兵救楚，弟夫槩反叛出走，被
迫退兵。十年後，與越王句踐戰於檇李
（今浙江省嘉興縣西南），北越大敗，
受重傷而死。在位十九年（前514—前496
年）。

攻眾 即工眾，見燕王喜戈（2件，集成
11243—11244），戰國晚期人，名眾，
燕國冶鑄作坊的技術工。

攻豎 即工豎，見燕王喜戈（集成11350），
戰國晚期人，燕國冶鑄作坊的技術工。

攻敨 即工敨，見廿年寺工矛（集成11548），
戰國晚期人，秦王政二十年（前227年）
前後，秦國冶鑄作坊的技術工。

攻盧王 即攻吳王，見攻盧王劍（集成
11665）、夫欼申鼎（文物1989年4期54
頁圖4），春秋晚期吳國某代國君。

攻盧王虘伐此鄙 即攻吳王虘伐此鄙，見攻
盧王虘伐此鄙劍（考古2000年4期95頁圖
3），史書作句餘，春秋晚期人，吳國國
君，也就是《史記·吳太伯世家》中的
吳王余昧。公元前544年即位，在位十七
年。

克 見太保罍（又稱克罍，考古1990年1期25
頁圖4.1）、太保盉（考古1990年1期25
頁圖4.2），銘文中"令克侯于匽"，李
學勤、劉雨、張長壽、陳公柔、王世民
等先生認為"克"是人名，成王初年
人，召公奭的元子，第一代燕侯。罍銘
講成王封克於燕，並令管理羌、馬、叡、
邗、馭、微等原屬於殷王朝的一些方邦。

克 見克甗（曲村356頁圖523.5），西周早
期後段人。

克 見大克鼎（集成02836）、小克鼎（7件，
集成02796—02802）、伯克壺（集成
09725）、克鐘（5件，集成00204—
00208）、克鎛（集成00209）、善夫克
盨（集成04465）、師克盨（2件，集成
04467、考古1994年1期圖版柒）、師克
盨蓋（集成04468），又稱伯克、師克、
善夫克，西周中期後段人，曾先後擔任
周王朝師職和善夫之職，祖父師華父臣
事恭王。小克鼎載：二十三年九月，王
命善夫克捨命于成周，遹正八師；克鐘
銘載：十六年九月初吉庚寅，周王在康
刺宮，命士曶召克，王親命克，遹涇東
至于京師，並賜給佃車和馬匹；伯克壺
銘載十六年七月既生霸乙未，伯太師賜

給伯克僕三十夫。

克　見克戈（中原文物1985年1期30頁圖
　　2.3），西周早期人。

克　見德克簋（集成03986），即德克，西周
　　晚期人。

克黃　見克黃鼎（2件，華夏考古1992年3期
　　116頁），春秋中期人，楚國若敖氏的後
　　裔，令尹子文之孫，子揚之子，楚莊王
　　時官至箴尹。莊王九年（前605年）七月
　　出使齊國，在回國途經宋國時，聽説楚
　　國發生了以令尹子越（克黃的堂叔，又
　　名斗越、越椒）為首的若敖氏叛亂，其
　　家族若敖氏被誅滅，随從人員勸其不要
　　回國，克黃以國事為重，毅然回國復命，
　　並把自己拘於司法官處。莊王念其祖父
　　子文治楚有功，釋放了克黃，改其名為
　　“生”，子孫仍為楚國重臣。

車　見車鼎（集成集成01150）、車瓶（4件，
　　集成06749—06752），商代晚期人或氏
　　族。

車　見車鼎（集成01149），西周晚期人。

車　見作車簋（集成03454），西周早期人。

車叔　見玑方鼎（2件，集成02612—02613），
　　西周早期人，玑的上司，車氏公族。某
　　年己亥日，玑在彭幹事，車叔賞給玑馬
　　一匹。

車瑉　見十七年鄭令戈（集成11371），戰國
　　晚期人，韓桓惠王十七年（前256年）前
　　後，擔任鄭縣武庫冶鑄作坊的工師。

車徙　見車徙簋（集成03126），商代晚期人。

束仲豆父　見束仲豆父簋蓋（集成03924），
　　西周晚期人，字豆父，束氏家族。

束泉　見束泉爵（9件，集成08284—08292）、
　　束泉瓢（7件，集成06773—06777、婦好
　　墓圖39.1、婦好墓82頁），即子束泉。

更　見更鼎（集成01940），西周中期前段人。

更　見四年昌國鼎（集成02482），戰國晚期
　　人，昌國君冶鑄作坊的冶吏。

豆閉　見豆閉簋（集成04276），西周中期人，
　　名閉，豆氏。某年二月既生霸，由邢伯
　　陪同在師戲太室接受冊命，周王命豆閉
　　繼承其祖考的官職，管理窷俞邦君司馬
　　和弓箭諸事，並賜給織衣、⊗市和鑾旂。

酉　見酉卣（集成05042），西周早期人。

酉　見師酉簋（4件，集成04288—04291），
　　西周中期人，擔任周王朝師職。元年正
　　月，在吳大廟由公族⌷鰲陪同接受冊
　　命。周王命師酉管理邑人、虎臣包括西
　　門夷、鸞夷、秦夷、京夷、舅（弁）身
　　夷等，並賜給赤市、朱黃、中鼏（裻）
　　和鋚勒。

甫丁　即父丁，見作甫丁爵（集成09052），
　　西周早期某人的父親。

甫人　即夫人，見為甫人盨（集成04406），
　　春秋早期某諸侯或卿大夫的夫人。

甫人父　見甫人父匜（集成10206），西周晚
　　期人，字人父，甫氏國族。楊樹達先生

說：“甫假為傅，《左傳》記有傅瑕，《史記·鄭世家》作甫瑕，即其証。”（見《積微居金文說》65頁）

甫妦　見妦仲簠（集成04534），春秋早期人，妦仲的女兒，妦姓。

甫季加　見甫季加匜（集成10265），西周晚期人，名加，甫國公族。

甫明　見甫明鑰（集成09972），西周晚期人，名明，甫氏。

李瘣　見李瘣壺（集成09495），戰國晚期人。

杢生　即廉生，見元年王襄鈹（又名元年王襄劍，集成11660），戰國晚期人，趙國右庫冶鑄作坊的工師。舊釋杜生。

杢波　即廉頗，見十五年守相杢波鈹（3件，集成11700—11702）、守相杢波鈹（集成11670），戰國晚期人，趙國著名將領，趙惠文王時為將，後升上卿。趙孝成王十五年（前251年）進封信平君，擔任守相。悼襄王時，奔魏居大梁，後老死於楚。

杢相女　即廉相如，見十年杢相如鈹（又稱十年杢相如劍，集成11685），戰國晚期人，名相如，廉氏。趙孝成王十年（前256年）前後，擔任趙國得工嗇夫，監造兵器。舊釋杜相如。

杜伯　見杜伯鬲（集成00698）、杜伯盨（5件，集成04448—04452），西周晚期杜國國君，周宣王的大夫，無罪被殺，其子適晉，裔孫後為晉正卿，食邑於范，

為范氏。郭沫若先生云：“《墨子·明鬼篇》‘周宣王殺其臣杜伯而不辜’，《國語·周語》‘周之興，鸑鷟鳴於岐山，其衰也，杜伯射王於鄗’，蓋即此杜伯。”（見《大系》考153頁）

杜媵　即杜祁，見公鋪（集成04684），西周晚期祁姓婦女，公的夫人。

杕氏　見杕氏鼎（集成01509），戰國晚期人。

杕　見公朱左官鼎（集成02701），戰國晚期人，某國冶鑄作坊的大夫。

杕氏福及　見杕氏壺（集成09715），春秋晚期到戰國初期燕國人，名福及，杕氏。郭沫若先生云：“杕即《詩·杕杜》“有杕有杜”之杕，序釋文“本或作夷狄字”。顏氏家訓書證“詩有杕有杜江南本並木旁施大，而河北本皆夷狄之狄字，讀亦如字。”疑杕氏蓋自狄人，諱其字而改書為杕也。（見《大系》考227頁）

杞子每刃　見杞子每刃鼎（集成02428），即杞伯每刃。

杞伯每刃　見杞伯每刃鼎（3件，集成02494—02495、集成02642）、杞伯每刃簋（5件，集成03897—03901）、杞伯每刃盆（集成10334）、杞伯每刃壺（集成09688）、杞伯每刃壺蓋（集成09687）、杞伯每刃匜（集成10255），春秋早期人，名每刃，杞國國君，夫人是邾國女子，娟（曹）姓。郭沫若先生是“每刃”為“每刂”，說：“每者，余意即謀娶公，

說文謀古文作𣅈若誨，與每同，從母聲；
卜剝之或作，與娒同屬候部。《史記‧
陳杞世家》‘謀娶公當周厲王時’。”
（見《大系》考197頁）；楊樹達先生釋
每刃，謂即杞孝公，《春秋‧襄公二十
三年》書杞伯匄卒，即孝公也。刃字似
匃而非匄，秦漢間人不識古字，誤認為
匄耳。金文每刃，經傳但作匄者，古人
於二字之名往往單稱一字（見《積微居
金文說》173頁）。

杞孟𡣀　即杞孟妸，見是叔虎父簋（4件，集
成04592），春秋早期妸姓婦女。

杞婦　見杞婦卣（集成05097），商代晚期婦
女，族徽為“𤔲（亞醜）”。

杝𤕫　見杝𤕫簋（集成03443），西周中期人。

孛朮　見大司馬孛朮簋（集成04505），春秋
早期人，名孛朮，某國的大司馬。

厎生　見魯內小臣厎生鼎（集成02354），西
周晚期或春秋早期人，魯國公室的內小
臣。

夷伯　見夷伯壺（集成09702），西周中期前
段人。某年，周王曾贈給箭鏃一束、素
絲一束等。

夾　見大盂鼎（集成02837），西周早期人，
與盂同朝用事。

夾　見夾壺（集成09533），西周早期人，族
徽為“𠄌”。

夾　見夾卣（又稱夾壺，集成05314），西周
早期人，族徽為“𤔲（亞剛）”。

夾　見員卣（集成05024），西周早期後段人，
員的親屬。

弅者君　見弅者君尊（集成05945），西周早
期人，族徽為“𧾷”。

吾　見吾鬲（集成00565），西周早期滕國國
君的後裔。

旭伯罰　見旭伯罰卣（集成05317），西周早
期人，名罰，旭氏家族首領，族徽為
“魚”。

判它　見四年雍令韓匡戟刺（原稱四年雍令
韓匡矛，集成11564），戰國晚期人，魏
國雍縣司寇。

折　見折斝（集成09248），即作冊折，西周
早期後段人，族徽為“木𠂤卌（羊
冊）”。

臣　鑄子叔黑臣簋（2件，集成04570—
04571），即鑄子叔黑臣，

邥姞　見散伯車父鼎（4件，集成02697—
02700），一作鄖姞（見散車父簋），西
周中期後段人，姞姓婦女，散伯車父的
夫人。

邥相吏微　即代相吏微，見六年代相吏微劍
（文博1987年2期53頁圖1），戰國晚期
人，名微，吏氏。代王嘉六年（前222
年）前後，擔任代（趙）國相邦。

邪　見十七年丞相啟狀戈（集成11379），戰
國晚期人，秦王政十七年（前230年）前
後，在郘陽縣冶鑄工場當工匠。

匝　見八年相邦建信君劍（集成11680）、廿

九年相邦趙狐戈（集成11391），戰國晚期人，趙惠文王後期和趙孝成王前期先後擔任邦左庫的冶史和邦右庫冶鑄作坊的冶尹。

㝅仲　即邿仲，見邿仲簠（2件，文物2003年4期90頁圖12—圖14），西周晚期人，邿國公族，長女為孟嬀。

肖不絴　即趙不絴，見十一年庫嗇夫鼎（集成02608），戰國晚期人，名不絴，魏國貯氏的庫嗇夫。

肖亡智　即趙亡智，見廿七年大梁司寇鼎（2件，集成02609—02610），戰國晚期人，名亡智，魏國大梁司寇。

肖世　即趙世，見伎令趙世鈹（集成11669），戰國晚期人，名世，趙氏，趙孝成王時（前265—前245年）趙國伎縣縣令。

肖它　即趙它，見卅一年鄭令楃湝戈（集成11398）、卅二年鄭令楃湝矛（集成11555）、卅三年鄭令楃湝劍（集成11693）、卅四年鄭令楃湝矛（集成11560），戰國晚期人，名它，趙氏，韓桓惠王三十一年到三十四年（前246—前239年）期間，擔任鄭縣司寇。

肖或　即趙或，見二年邦司寇趙或鈹（保金274），戰國晚期人，名或，趙氏，趙王遷時（前235—前228年）曾擔任趙國邦司寇。

肖狐　即趙狐，見廿九年相邦趙狐戈（集成11391），戰國晚期人，名狐，趙氏，趙惠文王二十九年（前270年）前後，擔任

趙國的相邦。

肖軓　即趙軓，見六年屏令趙軓戈（集成11320），戰國晚期人，名軓，趙氏，趙國屏縣縣令。

肖狽　即趙狽，見十一年藺令趙狽矛（集成11561），戰國晚期人，名狽，趙氏，趙國（？）藺縣縣令。

肖距　即趙距，見十四年鄭令趙距戈（集成11387）、十五年鄭令趙距戈（集成11388）、十六年鄭令趙距戈（集成11389），戰國晚期人，名距，趙氏，韓國鄭縣縣令。

肖閒　即趙閒，見四年相邦春平侯鈹（集成11707），戰國時期人，名閒，趙氏，趙悼襄王四年（前241年）前後，擔任邦左庫冶鑄作坊的大工尹。

肖閒　即趙閒，見□年邦府戈（集成11390），戰國晚期人，名閒，趙氏，趙國的邦府大夫。

肖新　即趙新，見十二年邦司寇趙新劍（集成11676），戰國晚期人，名新，趙氏，趙國邦邦司寇之職。

肖瘄　即趙瘄，見元年相邦春平侯矛（集成11556）、二年相邦春平侯鈹（集成11682）、三年相邦春平侯鈹（集成11683）、相邦春平侯鈹（集成11688），戰國晚期人，名瘄，趙氏，趙悼襄王元年到三年（前244—前242年）期間，擔任左庫冶鑄作坊的工師。

里瘣　見公孳里脽戈（集成11402），戰國晚期燕國人。

弔朏　即史朏，見史朏斝（集成09235），商代晚期人。

粤相　見十年洱令張疋戟（文物1990年7期40頁圖4），戰國時期人，韓國洱縣的司寇。

粤郐　即粤郐，見三年武信令馬師關鈹（集成11675），戰國晚期人，趙國武信縣右庫冶鑄作坊的工師。

貝車　見貝車爵（集成08252），商代晚期人。

貝鳥　見貝鳥觚（集成07310）、貝鳥爵（2件，集成09050—09051），商代晚期人，族徽為"𡗶𤇾"。

見　見見甗（集成00818）、見父己甗（集成00819）、見簋（集成03390）、見尊（集成05812）、見卣（集成05196），西周早期人。

見　見見簋（集成03685），西周早期人，族徽為"亞忖（其）"。

見工　見應侯見工簋（2件，保金續124）、應侯見工鐘（4件，集成00107—00108、保金續158—159），西周中期前段應國國君，名見工。某年正二月，護送周王從成周回到周，辛未日，榮伯陪同在康廟接受周王賞賜的彤弓、彤矢、馬匹等物；某年正月初吉，周王在㘉饗醴酒，應侯見工侑觴，周王賜給玉五玨，馬四匹，矢三千。

見爻　見見爻觚（集成06922），商代晚期人。

夏　即得，見二年寧冢子得鼎（集成02481），戰國晚期人，擔任魏國寧縣的冢子。

夏尚　即得尚，見五年邦司寇馬愸劍（集成11686），戰國晚期人，趙國下庫冶鑄作坊的工師。

串　見串鼎（集成02319），西周早期後段人，族徽為"𤉢曲（戈葡）"。

足剗次留　見之乘長鐘（文物2004年2期72頁圖3、圖4），春秋晚期人，之乘長的父親，徐王旨後之子。

呂　見呂方鼎（集成02754），亦稱呂伯，西周中期前段人，呂國族首領，名牁，穆王時期任周王朝司寇，作呂刑之法。《尚書·呂刑》："呂命，穆王訓夏贖刑作呂刑。"《偽孔傳》："呂侯以穆王命作書，訓暢夏禹贖刑之法。"某年，曾率領部族隨毛公班征伐東國瘄戎。

呂大叔　見呂大叔斧（3件，集成11786—11788），春秋時期人。

呂王　見呂王壺（集成09630），西周晚期呂國國君，夫人為芮姬。

呂王　見呂王鬲（集成00635），西周晚期呂國國君。

呂王　見𩍼鐘（9件，下寺277頁圖209—圖216）、𩍼鎛（8件，下寺259—260頁圖193—208），𩍼的祖父，生世在春秋早期。

呂不韋　見三年相邦呂不韋戈（2件，秦銘文圖版60、考古1996年3期86頁圖1）、三年相邦呂不韋戟（秦銘文圖版61）、四年相邦呂不韋戈（3件，集成11308，秦銘文圖版65、陝西青銅器255）、五年相邦呂不韋戈（3件，集成11380、集成11396、秦銘文圖版69）、五年相邦呂不韋戟（考古與文物1983年4期）、七年相邦呂不韋戟（秦銘文圖版70）、八年相邦呂不韋戈（集成11395）、三年相邦呂不韋矛（秦銘文圖版66）、四年相邦呂不韋矛（文物1987年8期64頁圖6.1）、九年相邦呂不韋戟（文物1992年11期93頁圖4、5），戰國晚期趙國陽翟人，名不韋，呂氏，家累萬金，當秦莊襄王為人質於趙國時，獻計使其回到秦國繼承王位，莊襄王封其為文信侯。呂不韋曾將邯鄲一孕婦獻給莊襄王，生子名政，即秦始皇。始皇尊其為仲父，從秦莊襄王元年（前249年）到秦王政十年（前237年）任相邦，後因與太后私通，畏罪自殺。曾著有《呂氏春秋》一書。

呂仲生屮　見呂仲生匜（集成10243），西周晚期人，名生屮，呂國公族。

呂仲僕　見呂仲僕爵（集成09095）、呂仲僕尊（希古5.3.2、總集4826），西周早期後段人，名僕，呂國公族，族徽為“或”。

呂行　見呂行壺（集成09689），西周早期前段人，某年四月，曾隨伯懋父北征。

呂自　即呂師，見呂自戈（集成10955），西周早期人。

呂伯　見呂伯觶（集成06503），西周早期人，呂國族首領。

呂伯　見班簋（集成04341），西周中期前段人，呂國族首領，名犅（見靜簋，稱呂犅），穆王時期曾率領族人作為右路軍，輔助毛伯征伐東國痡戎。

呂伯　見呂伯簋（集成03979），西周中期人，呂國族首領。

呂伯　銘文作郘伯，見郘黛鐘（13件，集成00225—00237），魏國人郘黛的父親，生世在春秋中期。

呂季姜　見呂季姜壺（2件，集成09610—09611），西周晚期姜姓婦女，嫁於呂國公室。

呂服余　見呂服余盤（集成10169），西周中期前段人，名服余，呂氏。某年二月甲寅日，周王册命服余繼承祖、父輩的職事，輔佐備仲主管西六師的軍務，並賜給赤紅色的圍裙、黑色鞶帶、馬轡、絡头、鑣銜以及有鈴的旗幟。

呂姜　見呂姜簋（集成03348），西周早期姜姓婦女，嫁於呂國公室。

呂犅　即呂犅，見靜簋（集成04273），西周中期前段人，呂國族首領，名犅（見靜簋，稱呂犅）。某年八月初吉庚寅，穆王與吳朿、呂犅卿豳益師邦君射于大池。

呂雔鷨　見呂雔鷨鬲（集成00636），西周晚期人。

呂黛　銘文作郘黛，見郘黛鐘（13件，集成

00225—00237），春秋晚期魏國人，名䜌，呂氏，畢公的後裔，呂伯之子。

邑　見邑鼎（文物1986年11期7頁圖11.1），商代晚期人。

邑　見邑觶（集成06459），西周早期後段人。

邑人趞　見五祀衛鼎（集成02832），西周中期人，名趞，屬所在的邑里之人擔任司土之職。五年正月初吉庚戌，衛與邦君厲交換田地時，邢伯、伯邑父等執政大臣命司土邑人趞參與勘查地界和交付儀式。

邿子彰　見邿子彰缶（集成09995），春秋晚期人。

吳　見吳方彝蓋（集成09898），西周中期前段人，擔任周王朝作冊之職。某年二月初吉丁亥，由宰朏陪同在周成太室接受冊命，周王命吳管理“旃冞叔金”，並賜給秬鬯一卣、玄袞衣、赤舄、金車、賁靣朱虢靳、虎冟、纁裏、賁較、畫轉、金甬（筩）、馬四匹和鋚勒。

吳　見吳盤（集成10066），吳盉（集成09407），西周早期人，族徽為“亞卟（御）”。

吳　銘文原篆作𣎆，見吳鼎（2件，集成01814、集成02250）、吳卣（集成05025），西周早期人。

吳大父　見同簋蓋（集成04270）、同簋（集成04271），西周中期人，字大父，擔任周王朝的虞衡，主管國家的場、林、虞、牧。

吳王　見蔡侯韅尊（集成06010）、蔡侯韅盤（集成10171），春秋晚期人，吳國國君，據考證即吳王夫差，夫人為蔡侯申的大姐孟姬。

吳王　見吳王御士尹氏叔緐簠（集成04527），春秋早期人，吳國國君，名不詳。

吳王　見吳王孫無土鼎（集成02359），春秋時期吳國國王，無土（或釋為無壬）的祖父。

吳王　見羅兒匜（東南文化1991年1期208頁圖4.3），春秋晚期人，吳國國君，羅兒的舅父。

吳王　見配兒鉤鑃（2件，集成00426—00427），此吳王是指吳王闔間，配兒和吳王夫差的父親。

吳王　見吳王長景帶鉤（集成10406），戰國時期人，吳國國君，名不詳。

吳王夫差　見吳王夫差盉（上博刊7期18頁）、吳王夫差鑑（3件，集成10294—10296）、吳王夫差矛（集成11534），春秋末期人，名夫差，吳國國君，闔廬之子，公元前495年即位，在位二十年。

吳王光　見吳王光鑑（集成10298），春秋晚期吳國國王，名光，字闔廬，一作闔間。諸樊之子，曾派勇士專諸刺殺王僚，代立為吳王。後任用伍子胥、孫武與謀國事，不斷加強戰備，公元前506年又聯合唐、蔡二國，大舉伐楚，五戰破郢（今湖北省江陵縣北），因秦國發兵救楚，弟夫槩反叛出走，被迫退兵。十年後，與越王句踐戰於檇李（今浙江省嘉興縣西南），被越打敗，受重傷而死。

吳王光逗　見蔡侯墓殘鐘（集成00224），即吳王光。

吳王姬　見吳王姬鼎（集成02600），西周晚期或春秋早期婦女。

吳父　見吳父壺（集成09578），西周早期人。

吳疌　見靜簋（集成04273），西周中期前段人，吳國族首領。某年八月初吉庚寅，穆王與吳疌、呂犅卿黻葊師邦君射於大池。

吳伯　見班簋（集成04341），西周中期前段吳國族首領，名疌（見靜簋，稱吳疌），穆王曾命其率領族人作為左路軍，協助毛伯征伐東夷瘠戎。

吳叔　見吳叔戈（文物1988年3期40頁圖16），春秋早期晉國人。

吳虎　見吳虎鼎（考古與文物1998年3期70頁圖2），西周宣王時期人，名虎，擔任周王朝的虞（吳即虞）官，管理山林。宣王十八年十三月丙戌日，由伯導導引吳虎在周康宮夷宮接受冊命，王命善夫豐生、司工雝毅重申王命，將吳葊原有的土地付給吳虎，參與封疆的有善夫豐生、司工雝毅、伯導、內司土寺葊等人。封畢，吳虎賓贈給善夫豐生和司工雝毅

玉璋、馬匹，賓贈給內司土寺葊玉璧，賓贈給史由葊韋兩。

吳季子　見吳季子之子逞劍（集成11640），春秋晚期吳國人，逞的祖父。

吳彩父　見吳彩父簋（3件，集成03980—03982），西周晚期人。郭沫若先生云："此虞器，金文虞每作吳，而吳越之吳則作攻敔、攻吳若攻敔……"。（見《大系》考246頁）

吳師　見十二年大簋（2件，集成04298—04299），西周晚期人。十二年三月既生霸丁亥，周王在糧仮宮命吳師召大，賜給趞覈里。

吳姬　見伯頵父鼎（集成02649）、伯頵父簋（集成04027），伯頵父的母親，犀（徲）伯的夫人，生世在西周中晚期。

吳姬　見㒼簋（集成04195），西周中期姬姓婦女。某年六月既生霸辛巳，周王命㒼和叔縣父向吳姬饋贈饗器。

吳姬　見戲叔簠（集成04552），西周晚期姬姓婦女，戲叔的夫人。

吳姬　見自作吳姬匜（集成10186），西周晚期吳國人，自的女兒。

吳逨　見卌二年逨鼎（2件，盛世吉金67頁）、卌三年逨鼎（10件，盛世吉金66頁），即吳逨，名逨，擔任周王朝的虞官（管理國家森林水澤），故以虞（吳）為氏。西周宣王時期人，四十二年五月伐獫狁侵犯邢阿、曆厰，逨率兵當伐於弓谷，

執訊獲馘，俘獲器具、車馬，立有戰功乙卯日，周王在康穆宮賞給秬鬯一卣，鄭地的土地卅田，隣地的土地廿田；四十三年六月既生霸丁亥，周王在康宮穆宮周廟冊命吳迷，命其繼續協助榮兌，管理國家虞林，以供宮御之用，並管理歷人，並賜給秬鬯一卣、玄袞衣、趞舄、駒車、貢較、朱虢鞃、虎冟熏裏、畫轉畫輴、金甬、馬四匹、鋚勒等禮服和車馬器具。

吳庶　見八年茲氏令吳庶戈（集成11323），戰國時期人，名庶，吳氏，趙國茲氏縣縣令。

吳買　見吳買鼎（集成02452），春秋早期人，擔任陣父的走馬之職。

吳薟　見吳虎鼎（考古與文物1998年3期70頁圖2），西周宣王時期人，名薟，在吳虎之前擔任周王朝的虞官，管理山林。

吳疕　即吳瘠，見十八年相邦平國君鈹（考古1991年1期，中國文字新11期39—41頁）、趙武襄君鈹（集成11635）、相邦建信君鈹（濟南市博物館藏商周青銅器選粹324頁圖6、圖版15.7），戰國晚期人，名瘠，吳氏，趙國邦右庫冶鑄作坊的工師。

吳喜　即虞喜，九年衛鼎（集成02831），西周中期前段人，名喜，看守顏林禽獸的虞人。

吳爯　見十七年邢令吳爯戈（集成11366），戰國晚期人，名爯，吳氏，趙孝成王十

七年（前249年）前後，擔任邢縣縣令。

吹　見吹方鼎（集成02179），西周早期人，夫人為楷妊。

兇　即殺，見殺鼎（集成02012），西周早期前段人。

叙辛伯　見乃子克鼎（集成02712），乃子克的上司，西周早期人。

复伯皇　見番仲戈（集成11261），戰國晚期人，名皇，番國公族，封於复（作）。

利　見利簋（集成04131），商末周初人，周武王時擔任周王朝右史之職，參加滅商戰爭，就在滅商後的第七天，辛未日在闌師，武王賞給右史利金（青銅）。唐蘭先生認為此人可能就是《左傳》成公十一年"昔周克商，使諸侯撫封，蘇忿生以溫為司寇，與檀伯達封於河"中的檀伯達。唐先生云："利和達名與字可以相應，有司一般指司徒、司馬、司空等，跟蘇忿生為司寇的身份也正相稱。"（見《西周時代最早的一件銅器——利簋銘文解釋》《文物》1977年8期）

利　見利簋（集成03580），西周早期人。

利　見利鼎（集成02804），西周中期人。某年九月丁亥，周王在般宮冊命利，並賜給利赤⊗巿和鑾旂。

利　見次又缶（文物1989年12期54頁圖2），春秋中期徐國人，徐王次又之父。

利　銘文作秢，見次尸祭缶（東南文化1988年3、4期24頁圖拓片4），春秋中晚期人，

顧君之子，次尸祭的父親。

私官龇　見私官龇鼎（集成01508），戰國晚期人，名龇，秦國私官官員。

我　見我方鼎（集成02763），西周早期人，族徽為"𡆥（亞若）"。

何　見何觶（集成06505），商代晚期人，族徽為"亞得"。

何　銘文作𣊟，見何尊（集成06014），西周早期前段人，王室宗族子弟，其父輩曾輔佐文王、武王，有功於王室。成王五年四月丙戌，在宗室接受訓誥，成王並賜給何貝三十朋。

何　銘文作𣊟，見𣊟作兄日壬尊（集成05933）、𣊟卣（集成05339），西周早期後段人，族徽為"日"。

何　銘文作𣊟，見𣊟簋（小校7.82.2），西周中期人。

何　銘文作𣊟，見𣊟簋蓋（集成03761），西周晚期人。

何　銘文作𣊟，見𣊟簋（集成04202），西周晚期人。某年三月初吉庚午，由虢仲陪同在華宮接受冊命，周王賜給𣊟赤市、朱亢和鑾旂。

何　見十六年喜令韓駵戈（集成11351），戰國晚期人，名何，擔任韓國喜縣左庫冶鑄作坊的冶吏。

何此　銘文作𣊟此，見（3件，下寺11頁圖7.1、下寺11頁圖7.2.3、下寺14頁圖9），春秋中期人，畢的孫子。

何台君党　見何台君党鼎（集成02477），春秋晚期人。

何嬃𠬝　見何嬃𠬝甗（集成00885），西周早期人。

攸　見攸爵（集成09076），西周早期人。

攸　見井鼎（集成02720），西周中期前段人。某年七月，曾隨同周王捕魚於嫌池。

攸　見攸鼎（集成01971），一作悠（見叔趞父卣），西周中期前段人，叔趞父的幼弟，𩏩侯的屬臣。某年，叔趞父曾賜給悠青銅彝器。

攸　見攸簋（集成03906），西周早期（成康世）燕國人。某年，燕侯旨曾賞給攸貝三朋。

攸　見大夫始鼎（集成02792），西周中期後段人，大夫始的僚友。

攸比　見𤔲比鼎（集成02818），即𤔲比、攸𤔲。

攸𤔲　見攸𤔲盨（集成04344），即𤔲比（見𤔲比鼎），西周晚期人，名比，𤔲攸氏，族徽為"𠂤（襄）"。

攸衛牧　見𤔲比鼎（集成02818）、𤔲比簋蓋（集成04278），西周晚期人，名牧。厲王三十二年，因租種田地和𤔲攸比發生糾紛，被𤔲攸比告到周王處，周王命虢旅處理。

但　見廿一年寺工車𩜵（集成12041），戰國末到秦代人，上造爵（二等爵），秦王政廿一年（前226年）前後，在官營冶鑄作坊當技術工。

㑇　見高陵君鼎（秦文字圖版22），戰國晚期人，秦昭襄王時期（前306—251年）高陵君家的冶鑄工匠。

作冊大　見作冊大方鼎（4件，集成02758—02761），西周康王時期人，名大，擔任周王朝作冊，族徽為"❖❖❖（雋冊）"。鼎銘載某年三月己丑，太保賞給作冊大白馬一匹。由令簋、令方彝得知矢令的族徽和大相同，亦任作冊之職。周代世官，所以矢令與大應為父子關係。從銘文字體看，令器稍晚於大器，故大是令的父輩。

作冊矢令　見作冊矢令簋（2件，集成04300—04301），西周早期後段人，名矢，字令，擔任周王朝作冊，族徽為"❖❖❖（雋冊）"。周王討伐楚伯之年的九月丁丑，王姜在炎師賞給矢令貝十朋、臣十家、鬲百人。

作冊友史　見帝蒦鼎（集成02710），商代晚期人，名史，擔任周王朝作冊。某年二月庚午日，殷王命作冊史賜給寢蒦貯貝。

作冊尹　見師晨鼎（集成02817）、走簋（集成04244）、走馬休盤（集成10170）、免簋（集成04240）、輔師嫠簋（集成04286）、十三年癲壺（2件，集成09723—09724），周夷王時期又稱內史尹、內史尹氏、尹氏，即內史之長。西周恭懿時期的作冊尹，嘗參與周王對師晨、師永、走、免、楚、癲、師察、師嫠等人的冊命儀式，代宣王命。

作冊尹　見南宮柳鼎（集成02805），周夷王時期的內史之長。某年五月初吉甲寅，南宮柳在康廟接受冊命，作冊尹代宣王命。

作冊尹克　見元年師旋簋（4件，集成04279—04282），西周晚期的內史之長，名克。某王元年四月既生霸，周王在減应冊命師旋，作冊尹克代宣王命。

作冊兄　見作冊兄鼎（郭家莊38頁圖27.6），商代晚期人，名兄，擔任商王朝作冊之職。

作冊令　見矢令方尊（集成06016）、矢令方彝（集成09901），即矢、令、矢令、作冊矢令，西周早期後段人，名矢，字令，族徽為"❖❖❖（雋冊）"，擔任周王朝作冊之職。方尊、方彝銘文記載康王某年八月甲辰，"王令周公子明保尹三事四方，受卿事寮。丁亥，令矢告于周公宮，公令掃同卿事寮。"十月癸未，"明公朝至於成周，掃令捨三事令，眔（暨）卿事寮，眔諸尹、眔里君、眔百工、眔諸侯：侯、田、男，捨四方令，既咸令。甲申，明公用牲于京宮，乙酉，用牲于康宮，咸既，用牲于王。明公錫亢師鬯、金、小牛，曰：用祓；錫令鬯、金、小牛，曰：用祓。廼令曰：今我唯令汝二人亢眔矢，爽左右于乃寮以乃友事。"

作冊吾　見作冊吾玉戈（全國出土文物珍品選117），商代晚期人，名吾，擔任商王朝作冊之職。

作冊折　見作冊折尊（集成06002）、折方彝（集成09895）、作冊折觥（集成09303），西周早期後段人，名折，昭王時期擔任周王朝作冊，族徽為"木∀卅（羊冊）"。十九年五月，昭王在㟓，命作冊折將望土贈送給相侯，完成任務後，周王賜給作冊折金和臣僕。

作冊吳　見吳方彝蓋（集成09898），西周中期前段人，名吳，恭王時期擔任周王朝作冊。某年二月初吉丁亥，由宰脁陪同在周成太室接受冊命，周王命吳管理"旃罘叔金"，並賜給秬鬯一卣、玄袞衣、赤舄、金車、賁冈朱虢靳、虎冟、纁裏、賁較、畫轉、金甬（箭）、馬四匹和鑾勒。在師虎、師痕和牧的冊名儀式上，代宣王命。

作冊宅　見作冊宅方彝（西清13.6），即小臣宅，西周早期人，名宅，康王初擔任周王朝的小臣，事伯懋父，康王晚期擔任作冊之職。

作冊𢼒　即作冊封，見作冊封鬲（2件，中國歷史文物2002年2期4頁），西周晚期人，名封，擔任周王朝作冊之職。

作冊般　見作冊般甗（集成00944）、作冊豐鼎（集成02711），商代晚期人，名般，擔任商王朝作冊之職，族徽為"𡿺卅（來冊）"。

作冊麥　見麥方尊（集成06015），西周早期人，名麥，擔任周王朝作冊之職。某年十一月，邢侯來到麥家，賜給麥赤金（紅銅）；某年二月，周王在璧雍舉行大射禮，邢侯伺射，周王賞賜邢侯，邢侯於是又賜給麥金。

作冊寓　見寓鼎（集成02756），西周中期前段人，名寓，擔任周王朝作冊之職。

作冊睘　見作冊睘尊（集成05989）、作冊睘卣（集成05407），西周早期後段人，名睘，擔任周王朝作冊之職，族徽為"𠬝"。某年，在㟓，王姜命作冊睘安夷伯，夷伯賓贈給作冊睘貝、布。

作冊豐　見作冊豐鼎（集成02711），商代晚期人，名豐，擔任商王朝作冊之職。某年癸亥日，殷王到了作冊般的新宗，王賞給作冊豐貝，太子賜給東大貝。

作冊嗌　見作冊嗌卣（集成05427），西周中期前段人，名嗌，擔任周王朝作冊之職。

作冊掔　見六祀㓤其卣（集成05414），商代晚期人，名掔，帝辛時期擔任商王朝作冊之職。㓤其曾賜給作冊掔賏、玽各一件。

作冊寁　見作冊寁鼎（集成02504），西周早期人，名寁，擔任周王朝作冊之職。某年，在柯師康侯賜給作冊寁貝。

作冊𦥑　即作冊申，見作冊𦥑尊（集成05991）、作冊𦥑卣（集成05400），西周早期人，名申，擔任周王朝作冊之職，族徽為"肖卅（冊）舟"。明保殷成周之年曾賜給作冊𦥑秬鬯酒和貝幣。

作冊䰝　見作冊䰝卣（集成05432），西周早期人，名䰝，擔任周王朝作冊之職。公太史見服於宗周之年的四月，公太史在豐邑賞給作冊䰝馬一匹。

邵子大　即鄴子大，見鄴子大簠（近出510），春秋晚期楚國人，名大，鄴氏。

邵子辛　即鄴子辛，見鄴子辛簠（楚文物圖典 36 頁）、子辛戈（和尚嶺 165 頁圖 156），春秋晚期楚國人，名辛，鄴氏。

邵子昊　即鄴子昊，見鄴子昊鼎（2 件，和尚嶺 256 頁圖 242、244），春秋晚期楚國人，名昊，鄴氏。

邵子受　即鄴子受，見鄴子受鼎（和尚嶺 177 頁圖 167.2）、鄴子受鬲（和尚嶺 181 頁圖173）、鄴子受鐘（9件，華夏考古1992年 3 期 125 頁）、鄴子受鎛（鳥篆編下141）、鄴子受戟（2件，和尚嶺 163—164頁圖 154—155），春秋晚期楚國人，名受，鄴氏，約與楚昭王同時（前 500 年左右）。

邵子孟升嬭　即鄴子孟升，見鄴子孟升嬭鼎（和尚嶺 130 頁圖 122），春秋晚期楚國人，名升，羋姓，鄴子的長女。

邵子孟青嬭　即鄴子孟青嬭，也就是鄴子孟嬭青，見鄴子孟青嬭簠（和尚嶺227頁圖212）

邵子孟羋青　即鄴子孟嬭青，見鄴子孟嬭青簠（文物2004年3期26頁圖6.1、2），春秋晚期楚國人，名青，羋姓，鄴子的長女。

伯丁　見伯丁甗（集成00869），西周早期人。

伯丁父　見作冊矢令簋（2件，集成04300—04301），西周早期後段人，征伐楚伯的主帥，又被尊為公尹。陳夢家先生認為即《史記·齊世家》所說的姜太公兒子，齊侯丁公呂伋（見《西周銅器斷代》）。

伯丂庚　見伯丂庚簋（2件，集成03538—03539），西周早期前段人。

伯士父　見伯吉父鼎（集成02656），即伯吉父。

伯上父　見伯上父鬲（集成00644），西周中晚期人，夫人為姜氏。

伯山父　見伯山父壺蓋（集成09608），西周晚期人。楊樹達先生釋作"伯火父"（見《積微居金文說》252頁）。

伯元　見陳伯元匜（集成10267），春秋早期人，陳侯鴟之子。

伯太祝追　銘文作伯大祝追，見大祝追鼎（上博刊8期132頁圖6），西周晚期人，名追，擔任周王朝太祝。

伯太師　銘文作伯大師，見師訇鼎（集成02830），此指西周中期前段擔任周王朝太師的人。

伯太師　銘文作伯大師，見伯克壺（集成09725），此指西周中期後段擔任太師的人。十六年七月既生霸乙未，伯太師賜給伯克僕卅夫。

伯太師　銘文作伯大師，見伯大師盨（2件，集成04394—04395）、伯公父簠（集成04628），西周晚期人，伯公父的父親。

伯太師釐　銘文作伯大師釐，見伯大師釐盨（集成04404），西周晚期人，名釐。

伯中父　見伯中父簋（集成04023），西周中期人。

伯公父　見伯公父盨蓋（集成04384）、伯公父簠（集成04628）、伯公父盂（集成10314）、伯公父壺蓋（集成09656）、伯公父勺（又稱伯公父爵，2件，集成09935—09936），西周晚期人，伯太師的小子。

伯氏　見伯氏始氏鼎（又稱鄧伯氏鼎，集成02643），春秋早期人，鄧國族首領，名不詳，夫人為姒氏。

伯氏　見不娶簋（集成04328）、不娶簋蓋（集成04329），西周晚期人，不娶的宗族長。某年九月，玁狁内侵，周王命伯氏和不娶抗擊。李學勤先生認為即秦莊公之兄（見《秦國文物的新認識》《文物》1980年9期）。

伯氏　見五年珊生簋（集成04292），此伯氏是指召伯虎，幽伯的長子。西周中期後段人，曾參與處理珊生土田爭訟之事。

伯氏　見伯氏鼎（5件，集成02443—02447），春秋早期人，某氏族族長，夫人為媸（曹）氏。

伯氏　見大祝追鼎（上博刊8期132頁圖6），此伯氏系指大祝追。

伯氏　見敔簋（集成04099），此伯氏系指敔所在氏族的族長，西周早期人。某年，曾次給敔弓、矢束、馬匹和貝五朋。

伯氏茬　見湯叔盤（集成10155），西周晚期人。

伯矢　見伯矢戟（集成10886），西周早期人。

伯六辭　見伯六辭方鼎（集成02337），西周早期人。

伯朿　見伯朿匜（集成10250），西周晚期人。

伯玉毅　見白玉毅盂（集成09441），西周中期人。

伯正父　見伯正父匜（集成10231），西周晚期人。

伯田父　見伯田父簋（集成03927），西周晚期人，夫人為丼妘。

伯丙　見伯丙簋（集成10564），西周早期人。

伯芮　見伯芮簋（集成03792），西周中期前段人。

伯芮父　見妊小簋（集成04123），西周晚期人，周王朝的執政大臣。某年曾派觎去齊師執行任務。

伯申　見伯申鼎（集成02039），西周早期人。

伯禾獿　見伯禾獿鼎（集成02034），商代晚期人，族徽為“亞”。

伯邦父　見伯邦父鬲（集成00560），西周晚期人。

伯匜　見伯匜盂（集成09427），西周中期前段人。

伯禾　見伯禾鬲（集成00530），西周早期人。

伯吉父　見伯吉父鼎（集成02656）、伯吉父
　　簋（集成04035）、伯吉父匜（集成
　　10226），亦稱兮吉父（見兮吉父簋）、
　　善夫吉父（見善夫吉父鬲）、兮甲（見
　　兮甲盤）、吉父（見吉父鼎），名甲，
　　字吉父，兮氏，西周宣王時期的重臣，
　　即《詩·六月》“文武吉甫”中的吉甫。
　　（詳見兮甲）

伯百父　見伯百父簋（集成03920），西周中
　　期前段人，夫人為周姜。

伯百父　見伯百父盤（集成10079）、伯百父
　　鑒（集成09425），西周晚期姬姓國人，
　　字百父，其女孟姬。

伯夸父　見伯夸父盨（集成04345），西周晚
　　期人。

伯考父　見伯考父鼎（集成02508）、伯考父
　　簋（考古與文物1990年5期39頁圖
　　10.9）、伯考父簋蓋（陝金1.336）、伯
　　考父盤（集成10108），西周晚期人。

伯囷父　見望簋（集成04272），師望的祖父，
　　西周中期前段人。

伯先父　見伯先父鬲（10件，集成00649—
　　00658），西周晚期人，微氏家族族長，
　　字先父，夫人為妜。

伯各　見伯各尊（集成05844）、伯各卣（2
　　件，集成10523—05232），西周早期後
　　段人，名各，弜國族首領。

伯多人非　見伯多人非壺（集成09613），西
　　周晚期人。

伯多父　見伯多父盨（4件，集成04368—
　　04371）、伯多父作成姬盨（集成04419），
　　西周晚期人，夫人為成國女子，字多母。

伯汏父　見伯汏父鬲（集成00671），西周中
　　期人，夫人為大姬。

伯好父　見伯好父簋蓋（集成03691），西周
　　中期後段人。

伯辰　見余大子鼎（集成02652），春秋早期
　　人，徐國太子。

伯克　見伯克壺（集成09725），即善夫克，
　　西周中期後段人。某王十六年七月既生
　　霸乙未，伯太師賜給伯克僕三十夫。

伯克　見黃太子伯克盤（集成10162）、黃大
　　子伯克盆（2件，集成10338），春秋早
　　期人，名克，黃國太子。

伯孝鼓　見伯孝鼓盨（2件，集成04407—
　　04408），西周晚期人。

伯車父　見伯車父盨（2件，集成04382—
　　04383），西周中期後段人，從出土地點
　　和時代判斷，當為散伯車父。

伯囩　見伯囩卣（集成05340），西周中期前
　　段人。

伯邑父　見五祀衛鼎（集成02832）、裘衛盉
　　（集成09456），西周中期前段人，恭王
　　時期的執政大臣。恭王三年三月和五年
　　正月，同榮伯、邢伯、瘭伯、定伯、單
　　伯、伯俗父等執政大臣，共同處理裘衛
　　和伯矩、邦君厲以物換田和土地交換的
　　事情。

伯吳　見魯司徒伯吳盨（集成04415），西周晚期人，魯國司徒。

伯吹　見虞司寇伯吹壺（2件，集成09694—09695），西周晚期人，虞國司寇。

伯旬　見伯旬鼎（集成02414），西周中期人。

伯身　見伯身簋（集成03362），西周早期人。

伯角父　見伯角父盂（集成09440），西周中期人。

伯辛父　見善夫伯辛父鼎（集成02561），西周晚期人，擔任周王朝善夫之職。李學勤先生認為與旅伯、此為一人，名此，字辛父，旅氏家族族長。

伯尾父　見伯尾父爵（集成09040），西周早期人。

伯叀姑　見伯叀姑鼎（集成02263），西周早期人。

伯炰父　見伯炰父甗（集成00923），西周中期人，族徽為"丼"。

伯其父慶　見伯其父慶簋（集成04581），春秋早期人，名慶，字其父。慶即麐、麟，其父可借為麒父，麒與麟，名字相應。

伯者父　見伯者父簋（集成03748），西周早期人。

伯戔　見伯戔盤（集成10160）、邛仲之孫伯戔盆（集成10341），春秋早期人，江仲之孫，約在魯莊閔時期（前693—前658年）。

伯致　見伯致簋（集成03490）、伯致方壺（集成09569），西周中期前段人。

伯具　銘文作伯鼎，見伯具簋（集成03615），西周早期人。

伯尚　見伯尚簋（集成03491），西周中期人。

伯明父　見乘父士杉盨（集成04437），西周中晚期人，乘父士杉的父親。

伯舍　見復公子伯舍簋（3件，集成04011—04013），西周晚期人，復國公子。

伯㠱　見伯㠱簋（曲村375頁圖543.1），西周早期後段人。

伯享父　見伯享父簋（集成10563），西周早期人。

伯定　見伯定盂（集成09400），西周中期前段人。

伯剏父　即伯怡父，見伯怡父鼎（2件，徐仲舒先生百年誕辰紀念文集126頁圖3—圖4），春秋晚期人。

伯限　見伯限爵（集成09036），西周早期人。

伯帚　即伯婦，見比簋（集成10551），西周早期前段人，比所在氏族的宗婦。

伯貟　即伯眞，見伯眞甗（集成00870），西周早期人。

伯剌　見嚚仲之子伯剌戈（集成11400），春秋早期人，嚚仲之子。

伯咸父　見伯咸父鼎（集成02197），西周晚期人。

伯易鑪　見嘉子伯易鑪簋（集成04605），春秋晚期人，嘉的兒子。

伯宬父　見伯宬父鼎（集成02487），西周中期人。

伯亞臣　見伯亞臣鎛（集成09974），春秋早期人，黃國公族，封於須頸，故又稱須頸子。

伯祓　見伯祓方鼎（集成02336），西周早期人。

伯茲　見伯茲簋（集成03489）、伯茲簋（集成04115）、伯茲飲壺（2件，集成06454—06455），即彔伯茲，西周中期前段人，彔國族首領，事周王室。穆王之世曾隨伯雍父戍守古師，征伐淮夷，因有功於王室，多次受到賞賜。某年淮夷侵犯內地，奉命戍守堂師，在棫林與淮夷打了一仗，取得勝利，殺敵百餘人，繳獲兵器甲胄一百三十五件，奪回被淮夷擄去的周人一百一十四人，受到王后姐姜的獎賞。

伯斫　見伯斫戈（集成10895），春秋時期人。

伯矩　見伯矩方鼎（集成02456）、伯矩鼎（集成02170）、伯矩鬲（集成00689）、伯矩甗（2件，集成00892—00893）、伯矩簋（2件，集成03532—03533）、伯矩壺（2件，集成09567—09568）、伯矩卣（2件，集成05228—05230）伯矩盉（2件，集成09398、集成09412），西周早期前段人。某年戊辰日，燕侯曾賜給伯矩貝。

伯矩　見伯矩盤（集成10073），又稱Ⅹ（規）伯矩，西周早期前段人。

伯俗父　見五祀衛鼎（集成02832）、南季鼎（集成02781），又稱師俗父（見永盂），西周恭懿時期的執政大臣。恭王五年正月，曾參與處理裘衛和邦君厲的土地交易之事；十二年又參與周王賞賜師永田地的出命儀式，在洛河附近亦有土地，和新賜給師永的土地毗連；某年五月既生霸庚午，在周王冊命庚季時擔任儐相。

伯皇　見番仲戈（集成11261），戰國晚期人。

伯侯父　見伯侯父盤（集成10129），西周晚期人，三女為叔嬀襲母。

伯賊父　見伯賊父簋（集成04554），西周晚期人。

伯姜　見伯姜鼎（集成02791），西周昭穆時期姜姓國長女，昭伯日庚的夫人。某年正月庚申，周王在蒡京濕宮，矜恤伯姜，賜給貝一百朋。

伯姜　見從鼎（集成02435），西周中期姜姓婦女。某年曾賜給從貝三十朋，身份地位很高，或即王伯姜，周懿王的后妃。

伯姜　見伯姜甗（集成00927），西周晚期姜姓婦女。

伯姜　見伯姜鬲（集成00605），西周晚期姜姓婦女。

伯陷　見耳伯陷簋（集成03242），西周早期人，族徽為"耳"。

伯夏父　見伯夏父鼎（集成02584）、伯夏父鬲（10件，集成00719—00728）、伯夏父罐（2件，集成09967—09968），西周晚期人，夫人為畢國族女子畢姬。

伯索史　見伯索史盉（集成10317），春秋早期人。

伯彞　即伯鑾，見伯倗簋（集成03784），西周晚期人。

伯員　銘文作伯鼎，見伯員鼎（集成02038），西周中期人。

伯卿　見伯卿鼎（集成02167），西周早期人。

伯殷父　見事鹽鼎（集成02575），西周早期人。

伯倗　見伯倗簋（集成03784），西周晚期人。

伯徒父　見魯司徒仲齊盨（2件，集成04440—04441）、魯司徒仲齊匜（集成10275），春秋早期魯國人，司徒仲齊之父。

伯猎父　見伯猎父鬲（集成00615），西周中期人，夫人為井季姜。

伯高父　見伯高父甗（集成00938），春秋早期人，鄭氏，故又稱鄭氏伯高父。

伯旂　見伯旂鼎（集成02040），西周中期前段人。

伯唐父　見伯唐父鼎（考古1989年6期526頁圖2.1），西周早期後段人。某年乙卯日，陪同周王在鎬京辟池射獵，捕獲兕、虎、貉、白鹿、白狐，周王賜給伯唐父秬鬯一卣，貝五朋。

伯旅　見伯旅鼎（集成01730），西周早期人。

伯效父　見異卣蓋（集成05372），異的父親，

西周早期後段人。

伯家父　見伯家父鬲（集成00682）、伯家父簋（2件，集成03856—03857）、伯家父簋蓋（集成04156），西周晚期人，長女為孟姜。

伯谘　見曾子伯谘盤（集成10156），春秋早期人，曾國長公子。

伯卩　見伯卩爵（集成09035），西周早期人。

伯犀父　見御史競簋（2件，集成04134—04135）、競卣（集成05425）、縣改簋（又稱縣妃簋、縣伯彝，集成04269），西周中期前段人，御史競和縣伯的上司。某年六月既死霸壬申，曾賞給御史競金；某年十三月既望，伯犀父賜給縣伯夫人縣改以爵瓚之戈、瑁玉和黃㻌。

伯陶　銘文作白陶，見伯陶鼎（集成02630），西周中期前段人。

伯闌　即伯闖，見伯闌簋（2件，集成03773—03774），西周中期人。

伯姬　見宑父簋（陝金1.322），西周中期前段姬姓婦女，宑父的夫人。

伯姬　見伯姬簋（集成03350），西周中期姬姓婦女，族徽為"亻"。（此族徽有可能是夫家的族徽）

伯姬　見豐邢叔簋（集成03923），西周晚期姬姓婦女，豐邢叔的夫人。

伯春　見伯春盉（集成09399），西周中期人。

伯薦父　見伯薦父鼎（集成02580），西周晚期人，某太師的小子。

伯堂　見伯堂鼎（集成02538），西周晚期人。
"伯堂"或釋為"伯尚、伯堂"。

伯妻俯　見伯妻俯簋（集成03537），西周早期人。

伯卹父　即伯俎父，見小臣傳簋（集成04206），西周早期人。

伯殆　見伯殆方鼎（集成02185）、農卣（集成05424），西周中期前段人。

伯偈父　見伯偈父簋（集成03995），西周晚期人。

伯魚　見伯魚鼎（集成02168）、伯魚簋（3件，集成03534—03535、集成10545）、伯魚簋（2件，三代6.35.3、攗古1.3.57）、圉簋（又稱伯魚簋，集成03825）、伯魚卣（集成05234），西周早期前段人。

伯魚父　見伯魚父壺（集成09599），西周晚期人，與伯鮮或為一人，名鮮，字魚父。

伯產　見伯產甗（集成00898），西周早期人。

伯康　見伯康簋（2件，集成04160—04161），西周晚期人。

伯庶父　見伯庶父簋（集成03983）、伯庶父簋（小校7.81.3）、伯庶父盨蓋（集成04410）、伯庶父壺（集成09619）、伯庶父匜（集成10200），西周晚期人。

伯庸父　見伯庸父鬲（8件，集成00616—00623）、伯庸父盂（集成09437），西周中期後段人。

伯富　見伯富爵（集成08299），即伯富父。

伯富父　見伯富父卣（集成05390），西周早期人。

伯梁父　銘文作伯沴父，見伯梁父簋（4件，集成03793—03796），西周晚期人，夫人為嬿姞。

伯梁其　銘文作伯沴其，見伯梁其盨（2件，集成04446—04447），亦稱梁其、善夫梁其，西周晚期人，擔任周王朝善夫之職。

伯敢舅厤　見伯敢舅厤盨（2件，保金96），西周中期前段人。

伯浬　見伯浬卣（集成05393），西周早期人。

伯頪　見伯頪觶（集成06175），西周早期人。

伯婦　見比簋（集成03625），西周早期前段人，比所在氏族的宗婦。

伯喜　見伯喜簋（4件，集成03997—04000），又單稱喜，西周中期後段人。

伯喜父　見伯喜父簋（2件，集成03837—03839），西周晚期人。

伯彭　見伯彭盂（集成09369），西周早期人。

伯彭父　見伯彭父卣（集成05103），西周早期人。

伯橈　見伯橈簋（集成04073），西周中期人。

伯橈盧　見伯橈盧簋（4件，集成04091—04094），西周晚期人。

伯毂　見伯毂鬲（集成00592），春秋早期人，士的孫子。

伯郋父　見晉司徒伯郋父鼎（集成02597），西周晚期人，擔任晉國的司徒，夫人為周姬。

伯媿　見馭叔馭姬簋（2件，集成04062—04064）、馭叔馭姬簋蓋（3件，04065右—04067右），西周晚期人，馭叔馭姬的長女。

伯瓢父　即伯揚父，見儀匜（集成10285），西周中期後段人。某年三月甲申，周王在荼上宮，伯揚父受理牧牛和師儀的訟事，並作判決書。黃盛璋先生認為此即《國語·周語》"幽王三年，西周三川皆震，伯陽父曰：周將亡矣"中的伯陽父。伯陽父應是厲、宣時期人，受理牧牛與師儀的訟事應屬司寇一類官職，與周大夫伯陽父的身份正合（見《岐山新出土儀匜若干問題探索》《文物》1976年6期）。

伯買父　見中甗（集成00949），西周早期後段人，字買父。某年周王省視南國，奉命率其部屬戍守漢、中、州等地。

伯筍父　見伯筍父鼎（2件，集成02513—02514）、伯筍父盨（集成04350），西周晚期人。

伯就父　見伯就父簋（集成03762），西周中期人。

伯寬父　見伯寬父盨（2件，集成04438—04439），西周晚期人。

伯廎父　見伯廎父鬲（集成00576），西周晚期人。

伯宲　即伯憲，見伯憲方鼎（遺珠80）、伯憲盉（集成09430），又單稱憲，西周早期人，召伯父辛之子，與燕侯旨、龢為兄弟。陳夢家先生認為召伯父辛是召公奭，旨、憲、龢皆是召公的子輩（見《斷代》）；日人貝塚茂樹和白川靜則認為伯憲與召公奭為兄弟（見《金文通釋》卷一下）。

伯幾父　見伯幾父簋（2件，集成03765—03766），即幾父，西周中期後段人。

伯剄　見伯剄簋（集成03488），西周早期人。

伯貉　見伯貉尊（集成05845）、伯貉卣（集成05233），西周早期人。

伯韻　見伯韻簋（陝金1.303），西周中期前段人。

伯遟父　見伯遟父鼎（集成02195），西周中晚期人。

伯遹　即伯趫，見伯趫角（集成07477），西周早期人。

伯壽父　見伯壽父簠（集成04535），春秋早期人。

伯碩夆　見伯碩夆盤（集成10112），西周晚期人。

伯趥　見伯趥方鼎（集成02190），西周早期人。

伯賓父　見伯賓父簋（2件，集成03833—03834），西周晚期人。

伯馴父　見伯馴父盤（集成10103），春秋早期人，字馴父，擔任魯國的宰職，故又稱魯宰馴父（見魯宰馴父鬲），其女為姬淪。

伯嘉父　見伯嘉父簋（2件，集成03679—03680），西周晚期人，夫人為喜姬。郭敬書、趙安傑在其《靈寶縣發現銅簋一件》一文中認為伯家父即春秋時期的鄭簡公，鄭釐公（僖公）之子，名嘉，字子孔。五歲立，在位三十六年（前565—前530年）。

伯蔡父　見伯蔡父簋（集成03678），西周中期後段人。

伯晨　即伯晨，見伯晨鼎（集成02816），亦稱師晨（見師𠭁鼎）西周中期後段人，䣑（垣）國族首領，擔任周王朝師職。某年八月丙午，周王冊命伯晨繼承其祖父和父親的職位，繼續做䣑（垣）侯，並賜給伯晨秬鬯一卣、玄袞衣、幽夫（韍）、赤舄、駒車、畫紳、幬較、虎幃、冟衼里幽、鑾勒、旂五旂、彤弓、彤矢、旅弓旅矢、𢦤戈、皋胄等。

伯遲父　見伯遲父簋蓋（集成03887），西周晚期人。

伯㝢父　見伯㝢父鼎（集成02535），西周晚期人。

伯𧖅　見伯𧖅盉（2件，集成09417—09418），西周中期前段人。

伯詣　見曾子伯詣鼎（集成02450），春秋早期曾國長公子。

伯榮父　見伯榮父簋（陝金1.389），西周晚期人。

伯雝父　即伯雍父，見伯雍父盤（集成10074）、彔作辛公簋（集成04122）、彔𢏱卣（2件，集成05419—05420），西周中期前段人，字雍父，擔任周王朝師職，故又稱師雍父。

伯雝倗　即伯雍倗，見伯雍倗鼎（曲村361頁圖530.1），西周早期人，族徽為"⋈"。

伯導　見吳虎鼎（考古與文物1998年3期70頁圖2），西周晚期人，周宣王十八年十三月丙戌日，陪同吳虎在周康宮夷宮接受冊命。

伯衛父　見伯衛父鼎（集成02489）、伯衛父盉（集成09435），西周中期前段人，字衛父，夫人為嬴姓女子。

伯魯父　見伯魯父壺（集成09600），西周晚期人。

伯㡭　見伯㡭甗（集成00868），西周早期人。

伯倝父　見伯倝父鼎（集成02465），西周晚期人，族徽為"丼"。

伯鼎　見伯員鼎（集成02038），即伯員。

伯𦥛　見伯具簋（集成03615），即伯具。

伯燘　見伯燘簋蓋（2件，集成03692—03693），西周中期人，夫人為媿氏。

伯鵙父　見伯鵙父鼎（集成02500）、伯鵙父簋（集成04536），西周晚期人。

伯彊 見伯彊簋（集成04526），春秋時期人。

伯頵父 見伯頵父鼎（集成02649）、伯頵父簋（集成04027），西周晚期人，其父為屖（犀）伯，母為吳姬。

伯艅 見伯艅簋（集成03536），西周早期人。

伯懋父 見伯懋父簋（北窰墓85頁圖45.2）、師旂鼎（集成02809）、小臣謎簋（2件，集成04238—04239）、召尊（集成06004）、召卣（集成05416）、呂行壺（集成09689），亦稱懋父，西周康王時期人。郭沫若先生認為伯懋父就是康伯髦（見《大系》23頁），即衛康叔之子。《史記·衛康叔世家》云："康叔卒，子康伯髦代立。"《索引》宋忠云："即王孫牟也，事周康王為大夫。"《左傳·昭公十二年》亦云："熊繹與呂伋、王孫牟、燮父、禽父，並事康王。"從小臣謎簋、呂行壺、御正衛簋、小臣宅簋、師旂鼎等銘文得知伯懋父曾多次率領駐屯在衛國的殷八師征東夷和北征。

伯瞀 見伯瞀簋（集成03943），西周中期人。

伯鮮 見伯鮮鼎（4件，集成02663—02666）、伯鮮甗（集成00940）、伯鮮盨（4件，集成04361—04364），西周晚期人，與伯魚父或為一人，名鮮字魚父，名字相應。

伯旟魚父 即伯旅魚父，見伯旟魚父簋（集成04525），春秋早期人，名旟（借為魯），字魚父。

伯豐 見伯豐爵（北窰墓218頁圖116.4）、伯豐方彝（集成09876），西周中期前段人。

伯衛 見吳虎鼎（考古與文物1998年3期70頁圖2），即伯導。

伯歸夆 見伯歸夆鼎（2件，集成02644—02645）、伯簋夆盤（考古1984年6期511頁），春秋早期人。

伯濼父 見伯濼父壺蓋（集成09570）、伯濼父壺蓋（集成09620），西周中期人。

伯旟 見伯旟觶（2件，集成06477—06478），西周早期人。

伯宷 見伯宷盉（集成09413），西周晚期人。

伯闢 銘文作伯閈，見伯闢簋（2件，集成03773—03774），西周中期人。

伯盥父 見伯盥父甗（集成00900），西周晚期人。

伯龢 見伯龢鼎（集成02407），西周早期人，召伯父辛之子，與燕侯旨、伯憲為兄弟。

伯龢父 見師嫠簋（集成04311），又稱師龢父（見師兌簋），西周晚期人。郭沫若先生認為即共伯和，西周厲王時期人，宣王時期仍健在。厲王三年國人造反，厲王奔彘，共伯和執政十四年。

伯旟 見伯旟方鼎（集成02404），西周早期人。

伯龕 見伯龕卣（集成05326），西周早期人，族徽為"⋈"。

伯⊃子　見伯⊃子鬲（集成00612），西周晚期人。

伯朩父　見歿尊（集成05973），西周早期人。某年乙卯日，曾賜給歿金（青銅）。

伯⟨⟩林　見伯⟨⟩林鼎（集成02621），春秋早期人。

皂高　見五年鄭令韓攴戈（集成11385）、八年鄭令先豐戈（集成11386），戰國晚期人，韓桓惠王時期（前272—前239年）曾擔任鄭縣右庫冶鑄作坊的工師。

自丞　見自丞卣（集成05318），西周早期人，族徽為“∶”。

征　見征作父辛角（集成09099），商代晚期人，族徽為“亞禾（吳）”。某年丁未日，觊賞給征貝。

征　見征盤（集成10067），西周早期人，周公的後裔。

征　見征觶（集成06487），西周早期人。

余　見余矛（東南文化1988年3、4期35頁圖17.8），春秋晚期人。

余　見六年安平守變疾鈹（集成11671），戰國時期人，名余，趙國安平左庫冶鑄作坊的冶吏。

余子汆　即徐子汆，見余子汆鼎（集成02390），春秋中期人，名汆，徐國王子。

余冉　銘文作余冄，見冉鉦鍼（集成00428），戰國時期人，羕子的孫子，曾參與伐徐的戰爭。

余达斯于　見余購逤兒鐘（4件，集成00183—00186），余購逤兒的祖父，余茲佲的父親，春秋中期徐國人。

余茲佲　見余購逤兒鐘（4件，集成00183—00186），余購逤兒的父親，余达斯于之子，春秋晚期徐國人，比徐王義楚高一輩。

余憨　見余憨壺（安徽金文107），戰國晚期人。

余慶　見十六年寧壽令戟（文物季刊1992年4期70頁圖2），戰國晚期人，名慶，余氏，趙國寧壽縣縣令。

余購逤兒　見余購逤兒鐘（4件，集成00183—00186），即僕兒，春秋晚期徐國人，余达斯于之孫，余茲佲之長子，而逤的父親，徐王義楚時期的執政大臣。

兌　見兌簋（集成03955），西周晚期人。

兌　見嚣兌簋（集成04168），即嚣兌，西周晚期人，名兌，嚣氏。

兌　見元年師兌簋（2件，集成04274—04275），即師兌，西周晚期人，名兌，擔任周王朝師職。宣王元年五月初吉甲寅，在同仲的陪同下在康廟接受冊命，周王命師兌輔佐師龢父管理左右走馬和五邑走馬，並賜給祖巾、五黃、赤舄；三年二月丁亥，在周大廟接受冊命，周王命其管理走馬，並賜給鬯酒一卣、金車一輛。

谷昏　見谷昏造戟（集成11183），戰國晚期人。

采　見采卣（集成05205），商代晚期人，族
　　徽爲"坐"。

采　見采卣（集成05075），西周早期人。

孚　見曶鼎（集成02838），西周中期後段人，
　　曶的下屬。

孚公狄　即孚公狄，見孚公狄甋（集成
　　00918），西周中期人。

旬　見二十年相邦冉戈（集成11359），戰國
　　晚期秦國人，秦昭襄王二十年（前287
　　年）前後，秦國冶鑄作坊的工師。

旬人邑再　見旬人邑再戈（2件，集成11165—
　　11166），戰國早期人，名邑再。

迆　見工師迆戈（集成10965），春秋晚期人，
　　某國冶鑄作坊的工師。

狄　見安邑下官鍾（集成09707）、滎陽上官
　　皿（文物2003年10期79頁圖2），戰國晚
　　期魏國（李學勤先生認爲是韓國）人。

狄　見六年鄭令韓熙戈（集成11336），戰國
　　晚期人，韓國鄭縣右庫冶鑄作坊的冶吏。

角　見二年寺工聾戈（集成11250），戰國晚
　　期到秦代人，秦王政二年（前245年）前
　　後，擔任秦國冶鑄兵器管理機構的丞。

角　見十一年右使車壺（集成09684），戰國
　　中期人，中山國右使車屬下的冶鑄工。

夆　見夆方鼎（3件，文物1996年12期11頁圖
　　16.2、文物1996年12期7頁、文物1996
　　年12期11頁圖16.4）、夆彝簋（3件，集

成03130—03131）、夆觶、夆盤（文物
1996年12期11頁圖16.6）、夆盉（文物
1996年12期11頁圖16.5），西周昭穆時
期人。一說爲國族名，夆一作"逄"。
《左傳》有"昔爽鳩氏居之，季萴因之，
有逄伯陵因之，薄姑氏因之，而後大王
因之。"《國语·周语》韋昭注："逄
公，伯陵之後，太姜之侄，殷之諸侯，
封於齊地。"

夆莒父　即夆莫父，見夆莫父卣（集成05245）
　　西周早期人，字莫父，夆國族。

夆伯命　見夆伯命甋（集成00894），西周早
　　期人，名命，夆國族首領。

夆叔　見夆叔盤（集成10163），夆叔匜（集
　　成10282），春秋早期人，夆國公族，夫
　　人爲季改。

夃　即夙，見五祀衛鼎（集成02832），邦君
　　厲的小兒子，西周中期前段人。恭王五
　　年正月初吉庚戌，邦君厲與裘衛交換土
　　地時，參與勘界和交付儀式。

夃妐公　即夙妐公，見曹伯狄簋殘蓋（集成
　　04019），春秋早期人，曹伯狄的長輩。

系　見廿三年下丘齒夫戈（集成11301），戰
　　國時期人，下丘縣冶鑄作坊的冶吏。

言　見言鼎（集成02399），西周中期人。

疕　見趙武襄君鈹（集成11635），戰國晚期
　　人，趙國邦右庫冶鑄作坊的冶吏。

辛　見辛鼎（集成02660），西周早期人。

辛　見辛鼎（集成01987）、辛尊（集成

05774）、辛卣（集成05116），西周早期後段人。

辛王姬　見辛王姬簋（故周金106），西周晚期人。

辛中姬皇母　見辛中姬皇母鼎（2件，集成02582—02583），西周晚期中氏族女子，字皇母，嫁於辛氏家族。

辛父　見仲辛父簋（集成04114），亦稱仲辛父，西周中期人。

辛公　見录作辛公簋（集成04122），录伯威的祖父，生世在西周早期前段。

辛公　見繁卣（集成05430），繁的父親，生世在西周早期，族徽為"或"。

辛公　見師晨鼎（集成02817），師晨的祖父，生世在西周中期前段。

辛公　見量簋（集成04159），量的長輩，生世在西周中期前段。

辛公　見癲鐘（集成00246），微伯癲的曾祖父，牆的祖父，牆稱其為祖辛，生世約在西周成康時期。

辛公　見量方尊（集成06005），量的長輩，生世約在西周早期。

辛公冪父　見夾伯壺（集成09702），夾伯的父親，西周早期人。

辛伯　見乃子克鼎（集成02712），乃子克的上司，西周早期人。

辛叔皇父　見辛叔皇父簋（集成03859），西周晚期人，字皇父，辛氏家族，夫人為中姬。

辛事　見辛事簋（集成10582），西周早期人，族徽為"山"。某年六月，伊㲵曾賞給金（青銅）。

辛宮　見舍父鼎（集成02629），西周中期前段人，舍父的上司。某年，辛宮曾賜給舍父帛、金。

辛姬綝人　銘文作亲姬綝人，見中伯簋（2件，集成03946—03947）、中伯壺蓋（集成09667）、中伯壺（集成09668），西周晚期人，亦稱嬐姬（見中伯盨），中伯的女兒。

冶人參　見十一年繭令趙狽矛（集成11561），戰國晚期人，名參，趙國繭縣下庫冶鑄作坊的冶吏。

冶大夫杕　見公朱左官鼎（集成02701），戰國晚期人，名杕，擔任某國冶鑄作坊的大夫。

冶才　見二年皇陽令戈（2件，集成11314—11315），戰國晚期人，名才，皇陽縣冶鑄作坊的冶吏。

冶小　見八年盲令戈（集成11344），戰國晚期人，名小，盲（芒）縣冶鑄作坊的冶吏。

冶山　見卅三年鄴令衺戈（原稱三十三年叢令戈，甘衣戈，集成11312），戰國中期人，名山，魏惠王三十三年（前338年）前後，擔任鄴縣左庫冶鑄作坊的冶吏。

冶己女　即冶己如，見羕陵公戈（集成11358），戰國晚期人，名己如，羕陵冶鑄作坊的冶吏。

冶刃　見卅三年大梁戈（集成11330），戰國
晚期人，名刃，魏惠王三十三年（前338
年）前後，擔任大梁左庫冶鑄作坊的冶
吏。

冶王石　見信安君鼎（集成02773），戰國中
期魏國人，名石，王氏，魏襄王時（前
318—前296年）曾擔任信安君家冶鑄作
坊的冶吏。

冶午　見梟落戈（考古1991年5期414頁圖
2），戰國晚期人，名午，秦國梟落縣冶
鑄作坊的冶吏。

冶匀　見十七年相邦春平侯矛（集成
11558），戰國晚期人，名匀，趙孝成王
十七年（前2249年）前後，擔任邦左庫
冶鑄作坊的冶吏。

冶匀　見十年扁壺（集成09683）、八年冶匀
匜（集成10257）、八年鳥柱盆（集成
10328），戰國中期人，名匀，中山國冶
鑄作坊的冶吏。

冶气　見四年右庫戈（集成11266），戰國時
期人，名气，某國冶鑄作坊的冶吏。

冶氏聑（髯）　見四年邘令貉庶戈（集成
11335），戰國晚期人，韓國上庫冶鑄作
坊的冶吏。

冶尹五月　見相邦春平侯鈹（集成11688），
戰國晚期人，名五月，趙孝成王時（前
265年—前245年）曾擔任邦左庫冶鑄作
坊的冶尹。

冶尹肉　見八年相邦建信君劍（2件，集成
11679、集成11681），戰國晚期人，名
肉，趙國邦右庫冶鑄作坊的冶尹。

冶尹弘　見五年鄭令韓半矛（集成11553），
戰國晚期人，名弘，韓王安五年（前234
年）前後，擔任鄭縣左庫冶鑄作坊的冶
尹。

冶尹匝　見八年相邦建信君劍（集成
11680），戰國晚期人，名匝，趙孝成王
八年（前258年）前後，擔任邦右庫冶鑄
作坊的冶尹。

冶尹明　見六年司空馬鈹（保金274），戰國
晚期人，名明，趙王遷六年（前230年）
前後，擔任邦左庫冶鑄作坊的冶尹。

冶尹匋　見八年相邦建信君鈹（2件，集成
11677—11678）、八年相邦建信君劍（集
成11706），戰國晚期人，名匋，趙孝成
王八年（前258年）前後，先後擔任邦右
庫和邦左庫冶鑄作坊的冶尹。

冶尹匋㝵　即冶尹匋得，見燕王喜劍（集成
11705），戰國晚期人，名匋得，燕國南
行唐縣冶鑄作坊的冶尹。

冶尹貞　見元年鄭令椢涽矛（集成11552），
戰國晚期人，名貞，韓王安元年（前238）
前後，擔任鄭縣冶鑄作坊的冶尹。

冶尹弜　見七年鄭令先㲋矛（集成11554）、
三年鄭令椢涽矛（集成11559），戰國晚
期人，名弜，韓王安時（前238—前230
年）擔任鄭縣左庫冶鑄作坊的冶尹。

冶尹敇　見四年鄭令韓半戈（集成11384），戰國晚期人，名敇，韓王安四年（前2235年）前後，擔任鄭縣武庫冶鑄作坊的冶尹。

冶尹㓀　見二年鄭令棺潘戟刺（原稱二年鄭令棺潘矛，集成11563）、卅二年鄭令棺潘矛（集成11555）、卅四年鄭令棺潘矛（集成11560），戰國晚期人，名㓀，韓桓惠王三十一年到韓王安二年（前246—前237年）期間，擔任鄭縣生庫冶鑄作坊的冶尹。

冶尹啟　見卅一年鄭令棺潘戈（集成11398）、卅三年鄭令棺潘劍（集成11693），戰國晚期人，名啟，韓桓惠王三十一年到三十三年（前246—前244年）期間，擔任鄭縣冶鑄作坊的冶尹。

冶尹朝　見十年㚤相如鈹（又稱十年㚤相如劍，集成11685），戰國晚期人，名朝，趙孝成王十年（前256年）前後，擔任左得工冶鑄作坊的冶尹。

冶尹端　見五年鄭令韓夊戈（集成11385），戰國晚期人，名端，韓王安五年（前234年）前後，擔任鄭縣右庫冶鑄作坊的冶尹。

冶尹頯　見二年邦司寇趙或鈹（保金274），戰國晚期人，名頯，趙王遷二年（前234年）前後，擔任趙國工庫冶鑄作坊的大工尹。

冶左勿　見七年得工戈戈（集成11271），戰國晚期人，名左勿，東周國冶鑄作坊的冶吏。

冶同　見囗年邦府戈（集成11390），戰國晚期人，名同，趙國邦上庫冶鑄作坊的冶吏。

冶句　見十五年相邦春平侯劍（集成11691）、十五年守相廉頗鈹（集成11702）、十七年相邦春平侯劍（集成11714）、十七年相邦春平侯鈹（集成11713），戰國晚期人，名句，趙孝成王十五年到十七年（前251年—前249年）前後，先後擔任邦左庫和邦右庫冶鑄作坊的冶吏。

冶市　見宜陽戈（文物2000年10期76頁圖3、4），戰國晚期人，名市，韓國宜陽庫冶鑄作坊的冶吏。

冶疋　見六年襄城令韓沽戈（第三屆國際中國古文字學研討會論文集422頁），戰國時期人，名疋，韓桓惠王六年（前267年）前後，擔任柏縣冶鑄作坊的冶吏。

冶吏狄　見安邑下官鍾（集成09707），戰國晚期人，名狄，魏國冶鑄作坊的冶吏。

冶吏秦　見冶吏秦勺（2件，集成09931—09932），戰國晚期人，名秦，楚幽王熊悍時期（前237—前228年），擔任楚國冶鑄作坊的冶吏。

冶吏息　見四年代相樂寏劍（考古與文物1989年3期20頁，山西珍166）、六年代相吏微劍（文博1987年2期53頁圖1），戰國晚期人，代王嘉四年到六年（前224—前222年）期間，先後擔任代（趙）

國右庫和左庫的冶吏。

冶吏痀　見七年相邦陽安君鈹（集成11712），戰國晚期人，名痀，趙國邦右庫的冶吏。

冶吏開　見元年相邦春平侯矛（集成11556）、二年相邦春平侯鈹（集成11682）、三年相邦春平侯鈹（集成11683），戰國晚期人，名開，趙悼襄王元年到三年（前244—前242年）期間，在邦右庫冶鑄作坊當冶吏。

冶吏[illegible]　見八年邦右庫兵器（集成11837），戰國時期人，名[illegible]，曾擔任趙國邦右庫的冶吏。

冶昍　見十九年矛（中原文物1992年2期66頁），戰國晚期人，名昍，某國上庫冶鑄作坊的冶吏。

冶㔾　見十七年相邦春平侯劍（集成11699），戰國晚期人，名㔾，趙孝成王十七年（前249年）前後，擔任邦左庫冶鑄作坊的冶吏。

冶臣　見合陽矛（中原文物1988年3期810圖2），戰國晚期人，名臣，秦國郃陽冶鑄作坊的冶吏。

冶臣成　見四年春平相邦鄗得劍（集成11694），戰國晚期人，名臣成，趙悼襄王四年（前241年）前後，邦右庫冶鑄作坊的冶吏。

冶肉　見三年相邦建信君鈹（集成11687），即冶尹肉，戰國晚期人，名肉，先在趙國邦左庫冶鑄作坊當冶吏，其後擔任趙國邦右庫冶鑄作坊的冶吏。

冶仲　或釋為"旨仲"，見冶仲尊（集成05881），西周中期前段人，族徽為"（戈）"。

冶仲丂父　見冶仲丂父壺（集成09708），春秋早期人，字丂父，冶氏公族。

冶向　見廿三年襄田令夆名矛（集成11565），戰國時期人，名向，趙國（？）襄田縣右庫冶鑄作坊的冶吏。

冶池　見廿九年冶池戈（集成11216），戰國早期人，名池，某國冶鑄作坊的冶吏。

冶巡　見見十二年邦司寇趙新劍（集成11676）、卅年虒令癰鼎（集成02527），戰國中期人，名巡，魏惠王十二年（前359年）前後，擔任虒縣冶鑄作坊的冶吏。

冶巡　守相杢波鈹（集成11670）、十五年守相廉頗鈹（2件，集成11700—11701）、十七年相邦春平侯鈹（2件，集成11708、集成11715），戰國晚期人，名巡，趙孝成王十五年到十七年（前251—前249年）前後，擔任邦右庫冶鑄作坊的冶吏。

冶更　見四年昌國鼎（集成02482），戰國晚期人，名更，趙國昌國君冶鑄作坊的冶吏。

冶匜　見廿九年相邦趙狐戈（集成11391），戰國晚期人，名匜，趙惠文王二十九年（前270年）前後，擔任邦左庫冶鑄作坊的冶吏。

冶余　見六年安平守變疾鈹（集成11671），戰國時期人，名余，趙國安平左庫冶鑄作坊的冶吏。

冶何　見十六年喜令韓齰戈（集成11351），戰國晚期人，名何，韓國喜縣左庫冶鑄作坊的冶吏。

冶狄　見六年鄭令韓熙戈（集成11336），戰國晚期人，名狄，韓桓惠王六年（前267年）前後，鄭縣右庫冶鑄作坊的冶吏。

冶系　見廿三年下丘嗇夫戈（集成11301），戰國時期人，名系，下丘縣冶鑄作坊的冶吏。

冶良　見廿年郜令戈（集成11299），戰國時期人，名良，魏國郜縣冶鑄作坊的冶吏。

冶疕　見趙武襄君鈹（集成11635），戰國晚期人，名疕，趙國邦右庫冶鑄作坊的冶吏。

冶者　見廿一年啟封令癰戈（集成11306），戰國時期人，名者，魏國啟封縣冶鑄作坊的冶吏。

冶妏　見廿七年安陽令戈（考古1988年7期617頁圖3），戰國晚期人，名妏，韓桓惠王二十七年（前246年）前後，擔任韓國右庫冶鑄作坊的冶吏。

冶昌　見工城戈（集成11211），戰國早期人，名昌，某國冶鑄作坊的冶吏。

冶明　見二年邢令孟慶戈（文物1988年3期51頁圖4、3.2）、十六年守相信平君鈹（遺珠178）、十七年相邦春平侯鈹（集成11690），戰國晚期人，名明，趙孝成王十六年（前250年）到趙悼襄王二年（前243年）期間先後在邦右庫和邦左庫冶鑄作坊當冶吏。

冶明無　見十年洱令張定戟（文物1990年7期40頁圖4），戰國晚期人，名無，明氏，韓桓惠王十年（前263年）前後，擔任邦左庫冶鑄作坊的冶吏。

冶私　見五年相邦春平侯矛（集成11557），戰國晚期人，名私，趙悼襄王五年（前240年）前後，擔任邦左庫的冶吏。

冶皐　見芒陽守令虡戈（東南文化1991年2期259頁圖6），戰國晚期人，名皐，芒陽冶鑄作坊的冶吏。

冶沽　見三年隘令棺唐鈹（集成11661），戰國晚期人，名沽，趙國隘縣下庫冶鑄作坊的冶吏。

冶泪　見三年杖首（集成10465），戰國時期人，名泪，中富縣冶鑄作坊的冶吏。

冶幸　見嗇夫冰戈（集成11284），戰國晚期人，名幸，某國冶鑄作坊的冶吏。

冶珍　見涑鄂戈（集成11213），戰國早期人，名珍，某國冶鑄作坊的冶吏。

冶匣　見十七年相邦春平侯劍（集成11716），戰國晚期人，名匣，趙孝成王十七年（前249年）前後，擔任邦左庫冶鑄作坊的冶吏。

冶浊　見七年邢疫令邦乙劍（集成11672），

戰國晚期人，名浊，趙國邢疲縣下庫冶鑄作坊的冶吏。

冶狙　見九年鄭令向佃矛（集成11551）、十四年鄭令趙距戈（集成11387）、十七年鄭令戈（集成11371），戰國晚期人，名狙，韓桓惠王時（前272—前239年），曾擔任鄭縣武庫冶鑄作坊的冶吏。

冶朔　見伎令趙世鈹（集成11669），戰國晚期人，名朔，趙孝成王時（前265—前245年）曾擔任伎縣上庫冶鑄作坊的冶吏。

冶疾　見十五年相邦春平侯劍（集成11709），戰國晚期人，名疾，趙孝成王十五年（前251年）前後，擔任邦右庫冶鑄作坊的冶吏。

冶窑瀕　見四年相邦春平侯鈹（集成11707），戰國時期人，名窑瀕，趙悼襄王四年（前241年）前後，擔任邦左庫冶鑄作坊的冶吏。

冶屌　見十七年邢令吳夵戈（集成11366），戰國晚期人，名屌，趙孝成王十七年（前249年）前後，擔任邢地冶鑄作坊的冶吏。

冶徣　見冶徣繣（集成06488），西周早期人。

冶裒　見四年雍令韓匡戟刺（原稱四年雍令韓匡矛，集成11564），戰國晚期人，名裒，魏國雍縣左庫冶鑄作坊的冶吏。

冶奚易　見十九年邦司寇陳授鈹（東南文化1991年2期261頁圖8），戰國晚期人，名易，奚氏，趙國冶鑄作坊的冶吏。

冶疾　見旨府之右冶疾鼎（集成02309），戰國晚期人，名疾，某國冶鑄作坊的冶吏。

冶疢　見大梁司寇綏戈（東南文化1991年2期259頁圖5），戰國晚期人，名疢，魏國大梁冶鑄作坊的冶吏。

冶息　見四年建信君鈹（集成11695），戰國晚期人，名息，與建信君同時，趙國邦右庫冶鑄作坊的冶吏。

冶倉　見十二年趙令戈（集成11355），戰國早期人，名倉，趙國邯鄲冶鑄作坊的冶吏。

冶問　見四年咎奴薯令戈（集成11341），戰國晚期人，名問，魏國咎（高）奴縣冶鑄作坊的冶吏。

冶隔　即冶堨，三年㐭余令韓譙戈（3件，集成11317—11319），戰國晚期人，名堨，韓國㐭余（負黍）縣冶鑄作坊的冶吏。

冶愁　見廿三年晉上庫戈（東南文化1991年2期260頁圖7），戰國晚期人，名愁，晉上庫冶鑄作坊的冶吏。

冶赦　見十七年相邦春平侯鈹（集成11689），戰國晚期人，名赦，趙孝成王十七年（前249年）前後，擔任邦左庫冶鑄作坊的冶吏。

冶赶　見七年宅陽令隟餤矛（集成11546），戰國時期人，名赶，韓國右庫冶鑄作坊的冶吏。

冶厬　見六年令司寇書戈（集成11337），戰國早期人，名厬，韓國冶鑄作坊的冶吏。

冶馬　見十七年相邦春平侯劍（集成11684），戰國晚期人，名馬，趙孝成王十七年（前249年）前後，擔任邦右庫冶鑄作坊的冶吏。

冶昔　見工師明戈（集成11269），戰國早期人，名昔，魏國冶鑄作坊的冶吏。

冶得　見南行昜令瞿卯劍（2件，集成11673—11674），戰國時期人，名得，趙國南行昜（唐）縣左庫冶鑄作坊的冶吏。

冶得　見九年𢦏丘令癰戈（集成11313），戰國中期人，名得，魏國甾丘縣冶鑄作坊的冶吏。

冶得砝　見十八年相邦建信君鈹（集成11717），戰國晚期人，名得砝，趙國邦右庫冶鑄作坊的冶吏。

冶戀　即冶謀，見七年侖氏令韓化戈（集成11322），戰國時期人，名謀，韓國侖氏縣冶鑄作坊的冶吏。

冶章　見十四年武城令戈（集成11377），戰國晚期人，名章，趙國武城縣冶鑄作坊的冶吏。

冶庶　見四年宜陽令韓誁戈（集成11316），戰國晚期人，名庶，韓國宜陽冶鑄作坊的冶吏。

冶祥　見王三年馬雍令戈（集成11375），戰國時期人，名祥，馬雍縣冶鑄作坊的冶吏。

冶参　見元年王褱鈹（又名元年王褱劍，集成11660），戰國晚期人，名參，趙國生□縣右庫冶鑄作坊的冶吏。

冶綤　即冶紹，見陳共車飾（集成12040），戰國末期人，名紹，楚國冶鑄作坊的冶吏。與冶紹圣或為同一人。

冶綤圣　即冶紹圣，見楚王酓忎鼎（集成02795）、冶紹圣匕（2件，集成00977—00978），戰國末期人，名紹圣，楚國冶鑄作坊的冶吏。

冶陽　見藺相如戈（文物1998年5期92頁圖2—4），戰國晚期人，名陽，趙國邦左庫冶鑄作坊的冶吏。

冶瘂　見六年安陽令韓壬戟刺（原稱安陽令韓壬劍，集成11562），戰國晚期人，名瘂，趙國安陽右庫冶鑄作坊的冶吏。

冶敬　見十七年平陰鼎蓋（集成02577），戰國時期人，名敬，魏國瑕邑冶鑄作坊的冶吏。

冶黃　見十三年□陽令𣪘戲戈（集成11347），戰國早期人，名黃，三晉某國□陽縣冶鑄作坊的冶吏。

冶期　見卅五年虒令周収鼎（集成02611）、卅五年虒令周収盉（集成09449），戰國中期人，名期，魏惠王時（前370—前332年）在魏國冶鑄作坊當冶吏。

冶期　見鄭武庫劍（集成11590），戰國晚期人，名期，韓國鄭縣武庫冶鑄作坊的冶吏。

冶督　見十二年邦司寇野弟矛（集成11549），戰國中期人，名督，魏國上庫冶鑄作坊的冶吏。

冶数近　見五年韓令思戈（2件，集成11348—11349），戰國時期人，名数近，魏國冀縣冶鑄作坊的冶吏。

冶遣　見冶遣簠（集成04516），西周晚期人。

冶與　見司馬成公權（集成10385），戰國時期人，名與，三晉某國冶鑄作坊的冶吏。

冶禽　見三年鈖陶令富反戈（集成11354），戰國時期人，名禽，趙國鈖陶縣冶鑄作坊的冶吏。

冶舒　見十八年冢子韓矰戈（集成11376），戰國時期人，名舒，魏國邦庫冶鑄作坊的冶吏。

冶戠　見九年戈（集成11283），戰國晚期人，名戠，趙國鈖陶縣冶鑄作坊的冶吏。

冶渫　見七年邢肖下庫劍（集成11657），戰國晚期人，名渫，某國冶鑄作坊的冶吏。

冶勮　見梁陰令鼎（集成02590）戰國晚期人，名勮，魏國梁陰縣冶鑄作坊的冶吏。

冶勮　見廿九年高都令陳鶵劍（2件，集成11652—11653）、廿九年高都令陳鶵戈（2件，集成11302—11303），戰國晚期人，名勮，魏國高都縣冶鑄作坊的冶吏。

冶象　見廿七年泌陽戈（文物1993年8期70頁圖7），戰國中期人，名象，泌陽冶鑄作坊的冶吏。

冶䏠　見七年邦司寇富勮矛（集成11545），戰國晚期人，名䏠，魏國上庫冶鑄作坊的冶吏。

冶夢　見卅四年頓丘令變戈（集成11321），戰國中期人，名夢，魏惠王三十四年（前337年）前後，擔任頓丘左庫冶鑄作坊的冶吏。

冶剸　見廿五年陽春嗇夫維戈（集成11324），戰國晚期人，名剸，魏安釐王二十五年（前252年）前後，擔任陽春縣冶鑄作坊的冶吏。

冶矴　見十八年相邦春平侯劍（集成11710），戰國晚期人，名矴，趙孝成王十八年（前248年）前後，是邦左庫冶鑄作坊的冶吏。

冶微　銘文作冶散，見三年邘令樂疛戈（集成11338），戰國時期人，名微，趙國邘縣冶鑄作坊的冶吏。

冶褚　見八年新城大令韓定戈（集成11345），戰國晚期人，名褚，趙國新城冶鑄作坊的冶吏。

冶痦　見相邦建信君鈹（濟南市博物館藏商周青銅器選粹324頁圖6、圖版15.7），戰國晚期人，名痦，趙國邦右庫冶鑄作坊的冶吏。

冶瘀　見三年武信令馬師關鈹（集成11675），戰國晚期人，名瘀，趙國武信縣右庫冶鑄作坊的冶吏。

冶緤　見廿一年鄭令戈（集成11373），戰國晚期人，名緤，韓桓惠王二十一年（前252年）前後，擔任鄭縣右庫冶鑄作坊的冶吏。

冶愨　見公朱左官鼎（集成02701），戰國晚期人，名愨，某國冶鑄作坊的冶吏。

冶豎　見廿四年邲陰令萬為戈（集成11356），戰國晚期人，名豎，韓桓惠王二十四年（前249年）前後，擔任邲陰縣右庫冶鑄作坊的冶吏。

冶盤埜　即冶盤野，見冶盤野匕（2件，集成00975—00976），戰國晚期人，名野，楚國冶鑄作坊的冶吏。

冶譜　見二年寧冢子得鼎（集成02481），戰國晚期人，名譜，魏國寧縣冶鑄作坊的冶吏。

冶謳　十三年信平君鈹（集成11711），戰國晚期人，名謳，趙孝成王十六年（前250年）前後，擔任邦右庫的冶吏。

冶澤　見邙皮戈（文物季刊1992年3期68頁圖2），戰國晚期人，名澤，趙國右庫冶鑄作坊的冶吏。

冶瘍　見十六年鄭令趙距戈（集成11389），戰國晚期人，名瘍，韓桓惠文十六年（前257年）前後，擔任徃（往）庫冶鑄作坊的冶吏。

冶闒　即冶闇，見元年鄩令夜胥戈（集成11360），戰國晚期人，名闇，趙惠文王元年（前298年）前後，擔任鄩縣冶鑄作坊的冶吏。

冶𦨅　見王何戈（集成11329），戰國晚期人，名𦨅，趙惠文王時（前298—前239年）擔任趙國官營冶鑄作坊的冶吏。

冶瘡　見信安君鼎（集成02773），戰國中期魏國人，名瘡，魏襄王時（前318—前296年）擔任信安君家冶鑄作坊的冶吏。

冶斵　見格氏矛（集成11499），戰國晚期人，名斵，格氏縣冶鑄作坊的冶吏。

冶竃　見三年佐余令韓譙戈（集成11319），戰國晚期人，韓國附魚縣冶鑄作坊的冶吏。

冶贛　見二十年鄭令韓恙戈（集成11372）、十五年鄭令趙距戈（集成11388），戰國晚期人，名贛，韓桓惠王時（前272—前239年）擔任鄭縣右庫冶鑄作坊的冶吏。

冶富　見陰晉左庫戈（集成11135），戰國晚期人，名富，魏國陰晉左庫冶鑄作坊的冶尹。

冶𠂇　見十八年蒲阪令戈（考古1989年1期85頁圖2、3），戰國晚期人，名𠂇，秦國蒲阪縣冶鑄作坊的冶吏。

冶𢎺　見冶𢎺戈（集成10941），戰國晚期人，名𢎺，某國冶鑄作坊的冶吏。

冶夕　見六年格氏令戈（集成11327），戰國晚期人，名夕，格氏縣冶鑄作坊的冶吏。

汪伯　銘文作洼伯，見汪伯卣（集成05223），西周早期人，汪氏家族首領，名不詳。

沐㪿　見二年上郡守冰戈（集成11399），戰國晚期人，秦莊襄王二年（前248年）前後，擔任上郡高奴冶鑄作坊的丞，輔佐工師管理鑄造諸事。

沈　見沈盂（2件，集成09421—09422）、沈

壺（集成09566），商代晚期人，族徽為"㮁冊（虢冊）"。

沖子鴎 見沖子鴎鼎（集成02229），戰國早期吳國人。

沈子 見沈子它簋蓋（集成04330），即沈子它。

沈子它 見沈子它簋蓋（集成04330），西周早期後段人，名它，魯煬公之子，魯幽公時因功受封於沈。陳夢家先生認為沈子是也（它）對其父考的自稱之詞，不是國邑封地名（見《西周銅期斷代》）。

沇兒 見沇兒鎛（集成00203），春秋晚期人，徐王庚之子，約在魯成公、襄公之世。

沏伯 即梁伯，見梁伯戈（集成11346），春秋早期人，梁國國君，名不詳。

沏其 即梁其，見梁其鼎（3件，集成02768—02770）、梁其壺（2件，集成09716—成09717）、梁其鐘（6件，集成00187—00192），西周晚期人，擔任周王朝善夫之職，故又稱善夫梁其。

娑 銘文原篆作㝵，即光，見娑壺（中原文物1988年1期21頁圖2），西周早期人。

宋 見敀孫宋鼎（保金137），春秋晚期人，敀的孫子。

宋 見十一年右使車盉（集成09448）、十二年右使車盉（集成09450），戰國中期人，中山國右使車嗇夫。

宋公戌 見宋公戌鎛（6件，集成00008—00013），春秋晚期人，名戌，宋國國君，即宋平公，《史記》和《左傳》昭十年誤作宋公成，《公羊傳》誤作宋公成。公元前575年即位，在位四十四年。

宋公差 見宋公差戈（3件，集成11204、集成11281、集成11289），春秋晚期人，宋國國君，名差，史書作佐。周景王十四年（前531）即位，在位十五年，死後諡元公。

宋公旻 即宋公得，見宋公得戈（集成11132），春秋晚期人，宋國國君，名得，《史記》作特，《左傳》作德，宋景公之子，公元前450年即位，在位四十七年，諡昭公。

宋公㺻 即宋公欒，宋公欒鼎蓋（集成02233）、宋公㺻簠（2件，集成04589—04590）、宋公欒戈（集成11133），春秋末期到戰國初期人，即宋景公，名欒，宋國國君。《左傳》昭二十年："癸卯，取大子欒與母弟辰，公子地以為質。"註："欒，景公也。"《史記·宋微子世家》作頭曼，周敬王四年（前516年）即位，卒於周定王十八年（前451年），在位六十六年。

宋㞖 見十七年邢令吳敀戈（集成11366），戰國晚期人，名㞖，宋氏，趙孝成王十七年（前249年）前後，擔任邢縣上庫冶鑄作坊的工師。

宋右師延 見宋右師延敦（文物1991年5期89頁圖2、3），春秋時期人，名延，擔任宋國的右師。

宋句　見永盂（集成10322），西周中期人。恭王十二年某月初吉丁卯，參加恭王賞賜給師永田地的交付儀式，負責踏查勘定田界。

宋君夫人　見宋君夫人鼎蓋（集成02358），春秋晚期宋國某代國君的夫人。

宋費　見八年新城大令韓定戈（集成11345），戰國晚期人，名費，宋氏，趙國新城冶鑄作坊的工師。

宋繆公　即宋莊公，見趞亥鼎（集成02588），趞亥的祖父，春秋早期宋國國君，名馮，公元前710年即位，在位十七年。

宋釁父　即宋眉父，見宋釁父鬲（集成00601），春秋早期宋國人，字眉父，女兒名豐子。

审易王　見中易王鼎（湖南考古集刊4輯27頁圖8.3），即中易王，戰國中期人。

牢　見牢尊（集成05804），西周早期人。

牢犬　見牢犬簋（集成03608），西周早期人。

守　見守鼎（集成02755），西周中期人。某年九月既望乙巳，趙仲令守管理奠田。

弟叟　見弟叟鼎（集成02638），西周中晚期人。某年，异侯曾賜給弟叟司威。

良　見廿年鄁令戈（集成11299），戰國時期人，魏國鄁縣冶鑄作坊的冶吏。

良季　見良季鼎（集成02057），西周中期良氏家族人。

初　見工師初壺（集成09673），戰國晚期人，

秦莊襄王時期（前249—前247年）曾任官營冶鑄作坊的工師。

罕瘮　銘文作罘瘮，見三年偯余令韓譙戈（3件，集成11317—11319），戰國晚期人，韓國偯余（負黍）縣冶鑄作坊的冶吏。

即　見即簋（集成04250），西周中期後段人。某年三月初吉庚申，由定伯陪同在康公接受冊命，周王命其管理琱宮人和虢𤜣，並賜給赤市、朱黃、玄衣、黹純和鑾旂。

即　見十八年蒲阪令戈（考古1989年1期85頁圖2、3），戰國晚期人，秦國蒲阪縣冶鑄作坊的工師。

即墨華　見即墨華戈（集成11160），戰國時期人，名華，齊國即墨人。

君子　見君子之弄鼎（集成02086），戰國早期人。

君子翻　見君子翻戟（集成11088），春秋晚期人。

君夫　見君夫簋蓋（集成04178），西周中期人。

君夫人　見君夫人鼎（集成02106），戰國時期某位封君的夫人。

君氏　見五年琱生簋（集成04292），此君氏是指周生的宗族長，即召氏宗族族長，也就是召伯虎的父親幽伯。

屋父　見散伯卣蓋（2件，集成05300—05301），西周早期人，散伯的長輩。

坒　銘文作靯，見靯角（集成09100）、靯卣

（集成05355），商代晚期人，族徽為"𩵋
𤘈"。

幵　即芊，見芊簋（集成10581），西周早期
　　人，族徽為"𤰜"。某年八月甲申，公
　　仲在宗周，賜給貝五朋。

弢伯　見弢伯鬲（集成00697），西周中期人，
　　夫人為叔姬。

攺　見攺盨（集成04414），西周中期人，族
　　徽為"鼎"。

壯䍤　見四年咎奴蕡令戈（集成11341），戰
　　國晚期人，魏國咎（高）奴縣蕡令。

妝王　見妝王爵（集成08309），商代晚期人。

妌仲　見妌仲簠（集成04534），春秋早期人，
　　妌氏家族。

妘氏　銘文作媚氏，見亩鼎（集成02490），
　　亩的母親，西周中期妘姓國女子，微伯
　　癲的夫人。

妍彊　見鄧伯盨（集成04347），西周晚期婦
　　女，鄧伯的夫人。

妊　見妊爵（2件，集成09027—09028）西周
　　早期人。

妊小　見妊小簠（集成04123），西周晚期人，
　　族徽為"亻"。

妊氏　銘文作任氏，見作任氏簋（2件，集成
　　03455—03456），西周早期妊姓婦女，
　　名不詳。

妊氏　見蓋鼎（集成02765），西周中期前段
　　妊姓婦女，某周王的后妃。某年三月曾

贈給蓋僕（奴隸）二家。

妣乙　銘文作匕乙，見我方鼎（集成02763），
　　我的祖母，生世在商代晚期。

妣丁　見舌爵（2件，集成08978—08979），
　　舌的祖母，生世在商代晚期。

妣己　見中觶（集成06482），中的祖母，生
　　世在商代晚期。

妣丙　見二祀弋其卣（集成05412），商王大
　　乙的配偶，商紂王的祖母輩，生世在商
　　代晚期。

妣戊　見緋簋（集成04144），商王武乙的配
　　偶，商紂王的祖母輩，生世在商代晚期。

妣辛　見睪鼎（集成02374），睪的祖母，生
　　世在商代晚期。

妣癸　銘文作匕癸，見我方鼎（集成02763），
　　我的祖母，生世在商代晚期。

妣癸　見啟爵（集成09024），啟的祖母，生
　　世在商末周初。

妣癸　見輦尊（集成05893）、輦卣（集成
　　05266），輦的祖母，生世在商代晚期，
　　族徽為"𧰼"。

姒　銘文作姤，見臺姒觚（集成07311），此
　　姒指周文王妃，即太姒。某年曾賜給臺
　　姒貝。

姒　銘文作窅，見瀕吏鬲（曾稱陝角、瀕事
　　簋、瀕事鼎，集成00643），此指王姒，
　　周成王的后妃。

姒　銘文作窅，見窅鼎（又稱乙未鼎，集成

02425)，商末周初奻姓婦女，地位頗高。某年乙未日，王在寢賞給帛。

奻　銘文作台勹，見台勹方豆（集成04662)，春秋晚期奻姓婦女。

奻丩　銘文作剑丩，見奻丩爵（集成09098)，商代晚期奻姓婦女。張亞初先生釋為"奻瓦"。

奻氏　銘文作始氏，見伯氏始氏鼎（集成02643)，西周晚期或春秋早期奻姓婦女，鄧國族首領的夫人。

奻奴　銘文作姰奴，見奻奴甗（集成00851)，西周早期人。

邵　見邵簋（集成10543)、邵簋（集成03382)、邵尊（文博1991年2期73頁圖7.2)，西周早期人。

邵　見邵器蓋（2件，江漢考古1986年2期101頁圖1)，春秋中期人。

邵　見邵之飤鼎（集成01980)，戰國早期人。李復華先生認為"邵"即"昭"，為楚國昭氏（見《四川新都戰國木槨墓》《文物》1986年6期)。

邵　見邵方豆（2件，集成04660—04661)，春秋時期人。

邵　見邵之造戈（集成11060)，戰國晚期人。

邵王　即昭王，見史牆盤（集成10175)、逨盤（盛世吉金30頁)，此指周昭王，周康王之子，史書記載名瑕，在位僅十九年，因伐楚喪師於漢，溺死於漢江。

邵王　即昭王，見邵王之諻鼎（集成02288)、邵王之諻簋（2件，集成03634—03635)，此指楚昭王，名珍，楚平王之子，公元前515年即位，在位二十七年。

邵王之諻　見邵王之諻鼎（集成02288)、邵王之諻簋（2件，集成03634—03635)，張政烺先生根據《方言》"南楚母謂之諻"，解釋邵王之諻（諻假為媓）應為楚昭王之母，即楚平王的夫人（見《邵王之諻鼎及簋銘考證》《歷史語言研究所集刊》第二本)。

邵公　即召公，見中山王䤶方壺（集成09735)，此指召公君奭，燕君的始祖。

邵伯　即昭伯，見戎生鐘（8件，保利藏金120、文物1999年9期79頁圖6.1—8、圖7.1—8)，戎生的父親，生世在西周宣幽時期，臣事晉侯。

邵伯日庚　即昭伯日庚，見伯姜鼎（集成02791)，伯姜的丈夫，西周昭穆時期人。黃盛璋先生釋為召伯，云："召伯即召伯奭之後，長子襲召公之職，為王卿士，世稱召伯，亦稱召公。伯表長幼之次，公乃官爵，故有兩稱。（《長安鎬京地區西周墓新出銅器群初探》《文物》1986年第1期)。

邵者果　即昭者果，見大市量（文字研究22輯129頁)，戰國中期楚國人，名者果，昭氏，郑地的封君。

邵昜　即昭陽，見鄂君啟車節（3件，集成

12110—12112）、鄂君啟舟節（2件，集成12113、銅全10.98左），戰國時期人，楚國大司馬，楚懷王六年（前323年）率師攻打魏國，在襄陵打敗魏軍，奪得八城，後升為上柱國。

吳　即疑，見亞其吳卣（3件，集成05292—05294）、吳鼎（集成02035）、吳簋（集成10553），商代晚期人，族徽為"亞其"。

妅　即妅，見妅鼎（又稱乙未鼎，集成02425），商末周初妅姓婦女，地位頗高。某年乙未日，王在寢賞給帛。

妅丩　即妅丩，見妅丩爵（集成09098），商代晚期妅姓婦女。

訇　即妅，見訇方豆（集成04662），春秋晚期妅姓婦女。

訇伯趭　見訇伯趭簋蓋（集成03846），西周晚期人，名趭，訇氏家族首領。

甬　見甬鬲（中原文物1986年4期99頁圖2），西周早期前段人。

甬　見八年丞甬戈（秦文字圖版34），戰國晚期人，秦王政八年（前239年）前後，擔任秦國冶鑄管理機構的丞。

函父　見永盂（集成10322），西周中期前段人，擔任鄭地的司徒。恭王十二年某月初吉丁卯，參予授田給師永的勘界活動。

卣弗生　見卣弗生甗（集成00887），西周早期人。

孜父　見孜父鬲（集成00627），西周晚期人。

八　劃

長　見作長鼎（集成02348），西周中期前段人，族徽為"㫃（旅）"。

長子口　見長子口鼎（11件，長墓59頁—63頁、61頁圖42.2—圖42.4）、長子口方鼎（5件，長墓68頁—長墓72頁、72頁圖53.1、圖53.4）、長子口甗（2件，長墓78頁、長墓85頁圖66.2）、長子口簋（長墓76頁）、長子口爵（2件，長墓86頁、長墓88頁）、長子口角（2件，長墓90頁、長墓91頁）、長子口方斝（2件，長墓93頁、長墓95頁）、長子口尊（3件，長墓99頁圖80.1—圖80.3）、長子口方尊（2件，長墓102頁圖83.1、長墓97頁）、長子口卣（3件，長墓107頁圖88.3）、長子口方卣（2件，長墓107頁圖88.2）、長子口殘卣（長墓116頁）、長子口方觥（2件，長墓90頁圖71.4、長墓104頁、）、長子口觚（長墓107頁圖88.1、4）、長子口方罍（長墓119頁圖98），又稱子口尋，西周早期前段人，名尋，字子口，某諸侯的長子。

長子狗　見長子狗鼎（集成02369），西周早期後段人，名狗，某諸侯的長子。

長子䜌臣　銘文作曡子䜌臣，見長子䜌臣簠（集成04625），春秋中期人，名䜌臣，晉國大夫，以封邑長子為氏。

長五鹿　即張五鹿，見四年代相樂寏劍（考古與文物1989年3期20頁，山西珍166），戰國晚期人，名五鹿，張氏，代王嘉四年（前224年）前後，擔任代（趙）國右庫冶鑄作坊的工師。

長父　見卅二年逨鼎（2件，盛世吉金67頁），西周厲宣時期人，吳逨的父親，又稱恭叔。

長圤　即張圤，見（宜陽戈（考古與文物2002年2期69頁圖2），戰國晚期人，名圤，一作埔，張氏，韓襄王二年（前310年）前後在宜陽右庫冶鑄作坊當工師。）

長史盧　即張史盧，見五年鄲令思戈（2件，集成11348—11349），戰國時期人，名史盧，張氏，魏國鄲縣冶鑄作坊的工師。

長疋　即張疋，見十年洱令張疋戟（文物1990年7期40頁圖4），戰國晚期人，名疋，張氏，韓桓惠王十年（前263年）前後，擔任洱縣縣令。

長朱　即張朱，見四年鄭令韓半戈（集成11384）、五年鄭令韓炱戈（集成11385）、五年鄭令韓半矛（集成11553），戰國晚期人，名朱，張氏，韓王安四年（前235年）前後，擔任鄭縣的司寇。

長缶　即張缶，見七年邢疫令邦乙劍（集成11672），戰國晚期人，名缶，張氏，趙國邢疫縣下庫冶鑄作坊的工師。

長甶　見長甶簋（集成03581）、長甶簋蓋（集成03582）、長甶盤（考報1956年3期122

頁圖3.5)、長由盉（集成09455），西周中期前段人。某年三月丁亥，穆王在下減应舉行饗醴，"即邢伯、大祝射，穆王蔑長由，速即邢伯，邢波氏彊（是賣）不姦，長由蔑曆。"

長社 見長社鬲（考古1993年1期85頁圖2），西周晚期人。

長身 即張身，見四年相邦春平侯鈹（集成11707）、四年相邦春平侯劍（考古與文物1989年3期20頁，山西珍165），戰國晚期人，名身，張氏，趙悼襄王四年（前241年）前後，擔任左庫的工師。

長阪 即張阪，見二十年鄭令韓恚戈（集成11372），戰國晚期人，名阪，張氏，韓桓惠王二十年（前253年）前後，擔任鄭縣右庫冶鑄作坊的工師。

長武 即張武，見八年玆氏令吳庶戈（集成11323），戰國時期人，名武，張氏，趙國玆氏縣冶鑄作坊的工師。

長隹壺 見長隹壺爵（2件，集成08816—08817）、長隹壺尊（集成05695），西周早期前段人。

長信侯 銘文作㴱誇侯，見長信侯鼎蓋（原稱梁鼎蓋，集成02304），戰國晚期人，魏國的封君，名不詳，約與安釐王同時（前275—252年）。

長埔 即張埔，見（宜陽戈，2件，文物2002年10期76頁圖3.4，考古與文物2002年2期70頁圖3.5），戰國晚期人，名埔，一作圤，張氏，韓襄王二年（前310年）前後擔任宜陽縣右庫冶鑄作坊的工師。

長猗 即張猗，見十二年上郡守壽戈（2件，集成11363，集成11404）、十三年上郡守壽戈（秦文字圖版21）、上郡守戈（秦文字圖版36），即工隸臣猗（見十五年上郡守壽戈，集成11405），戰國晚期秦國人，名猗，張氏，秦昭襄王十五年（前292年）以前曾以平民身份服第一期徭役（稱更、更卒），分配到上郡漆垣縣當冶鑄工，十五年又淪為隸臣（刑徒），仍在上郡漆垣縣工室當冶鑄工。

長埔 即張埔，見宜陽戈（文物2000年10期76頁圖3、4），戰國晚期人，名埔，張氏，宜陽庫冶鑄作坊的工師。

長畫 即張畫，見車大夫長畫戈（集成11061），戰國中期人，名畫，張氏，任燕國的車大夫，主造兵器。

長義 即張義，見十九年邦司寇陳授鈹（東南文化1991年2期261頁圖8），戰國晚期人，名義，張氏，趙國庫冶鑄作坊的工師。

長瞿 即張鳳，見五年相邦春平侯矛（集成11557）、十五年相邦春平侯劍（集成11691）、十七年相邦春平侯矛（集成11558）、十七年相邦春平侯劍（2件，集成11714、集成11716）、十七年相邦春平侯鈹（3件，集成11689—11690、集成11713），戰國晚期人，名鳳，張氏，與春平侯同時，趙孝成王十五年（前2251年）到趙悼襄王五年（前240年）擔任邦左庫冶鑄作坊的工師。

奉　見奉鼎（集成02126），西周早期後段人。

青　見八年五大夫青弩機（集成11931），戰國晚期人，身份為五大夫，任某國工尹。

青　見燕王詈戈（集成11350），戰國晚期人，燕國冶鑄作坊的右工尹。

青公　見旬盃（文物1998年4期91頁圖3），西周中期前段人。旬的上司，某年四既生霸戊申曾派旬去氐地公幹，使司史旬贈給旬柬麀萊韋兩件、赤金（紅銅）一鈞。

青尹　見吳方彝蓋（集成09898），作冊吳的長輩，生世在西周昭穆之世。

玑　即揚，見玑方鼎（2件，集成02612—02613），西周早期人，族徽為"🚶🎋"。某年己亥日，揚去彭幹事，車叔賞給玑馬一匹。

玟　見乖伯簋（或稱𤔲伯簋，集成04331），即文王、周文王。

玟王　即文王，見大盂鼎（集成02837）、何尊（集成06014），此指周文王。

武　見中山王䤨方壺（集成09735），即武公。此指第二代中山國國君，公元前414年即位，在位八年。《世本》載："中山武公居顧"。

武　見丞相觸戈（集成11294），戰國晚期秦國人，秦昭襄王時期（前306—前251年）咸陽官營冶鑄作坊的工匠。

武　見廿六年蜀守武戈（集成11368），戰國晚期到秦代人，秦始皇二十六年（前221年）前後，擔任蜀郡郡守。

武　見九年相邦呂不韋戈（文物1992年11期93頁圖4、5），戰國晚期人，秦王政九年（前238年）前後，擔任蜀郡東工室的丞。

武乙　見𨝅簋（集成04144），商王帝辛（紂）的父親死後的諡稱，又稱帝乙，配偶為妣戊。

武王　銘文或作珷王，見大盂鼎（集成02837）、小盂鼎（集成02839）、宜侯夨簋（集成04320）、何尊（集成06014）、中方鼎（集成02785）、作冊大方鼎（4件，集成02758—02761）、史牆盤（集成10175）、逨盤（盛世吉金30頁）、晉公盆（集成10342）、何尊（集成06014）、癲鐘（集成00251），即周武王，文王之子，名發，嗣位西伯。尊文王遺志，即位後第二年，便在孟津（今河南孟縣南）大會諸侯，檢閱軍容，舉行伐商的演習。商王紂不再警戒，仍頑固拒諫，肆意殘害百姓，打擊宗室重臣，引起眾叛親離。武王看到時機成熟，於四年一月甲子的清晨，親自率領戰車三百兩，虎賁三千人，甲士四萬五千人，聯合各方國部落，一舉進攻商都朝歌（今河南淇縣），經牧野（今河南淇縣西南）會戰，與陣前起義的商奴隸兵配合，推翻了商王朝的統治，建立了西周王朝，即天子位，定都鎬京（今陝西西安市長安區灃河東岸），以子月為歲首，大封諸侯於天下。滅商後二年而死，在位十九年。

武王　見武王戈（4件，集成11102—11104、文物1998年5期93頁圖3），戰國晚期楚國國君。

武公　見南宮柳鼎（集成02805）、禹鼎（2件，集成02833—02834）、多友鼎（集成02835），周夷王時期的執政大臣。某年五月初吉甲寅，南宮柳在康廟接受冊命，武公擔任佑者；某年十月，玁狁進犯京師，周王命令武公“遣乃元士，羞追于京師。”武公便派多友率公車追殺。先後在筍、郗、龏、楊冢等地進行戰鬥，取得了勝利，獻俘馘之後，武公賜給多友圭瓚一件，錫鐘一肆，鐈鋚百鈞；禹鼎銘文記載，某年鄂侯馭方率領南淮夷、東夷造反，廣伐南國、東國，武公奉命遣禹率戎車百乘、甲士二百、步卒千人去討伐，擒獲鄂侯馭方。

武公　見孟姬淯簋（2件，集成04071—04072），西周晚期人，周王朝貴族，孟姬淯的丈夫。

武父　見散氏盤（又稱散盤、夨盤、夨人盤，集成10176），西周厲王時期人，夨國族眉田的田官。某年九月乙卯，參與夨付給散氏田地的封樹和交付儀式。

武生毁　見武生毁鼎（2件，集成02522—02523），春秋早期人。

武伯　見𤔲簋（集成04153），𤔲的祖父，生世在西周中期。

武安　見武安戈（集成10928），即武安君，也就是白起，戰國晚期秦國郿縣人，著名將領，善用兵，秦昭襄王封其為武安君，戰勝攻取凡七十餘城，南定鄢、郢、漢中，北破趙括，坑趙降卒四十萬，後與范雎有隙，稱病不起，免為士伍，遷陰密，賜死。

武叔　見庚壺（集成09733），即庚，春秋晚期人，自稱殷王之孫，右師之子。齊靈公十二年（前570年）伐吳戰爭中，三軍圍攻萊城，庚攻其大門，多有殺獲，獻功於靈公之所，公賞之以城邑以及衣、裘、車、馬；庚又率二百乘舟從黃河進入筥都，以伐虣廩丘，殺其酋長，俘其士女，並相繼征戰於鯀丘和梁，歸獻於靈公之所，公賞其車馬；庚戍陸，又截獲敵軍車馬，獻之於成公之所，公亦有所賞賜。

武乖幾王　或釋為“武𢆶”，見乖伯簋（或稱𢆶伯簋，集成04331），乖伯歸夆的父親，西周中期前段人，乖國國君（異姓諸侯）。幾王為生稱，武乖為溢美之辭，魁偉威璅之義。

武侯　見應侯見工簋（2件，保金續124），應侯見工的父親，生世在西周中期前段。

武敔　見武敔矛（集成11469），戰國早期人。

武襄君　見趙武襄君鈹（集成11635），戰國晚期人，趙國守相。

㛄姬　即梁姬，見梁姬罐（虢國墓254頁圖

182.2），春秋早期姬姓婦女，嫁於虢國公室。

敉　見敉鼎（集成01979），西周早期人。

敉　見廿七年安陽令戈（考古1988年7期617頁圖3），戰國晚期人，韓桓惠王二十七年（前246年）前後，擔任右庫冶鑄作坊的冶吏。

敉裕　見二十年鄭令韓恙戈（集成11372）、廿一年鄭令艇□戈（集成11373），戰國晚期人，韓桓惠王二十年（前253年）前後，擔任鄭縣司寇。

敉湯　見十八年冢子韓矰戈（集成11376），戰國時期人，魏國邦庫的嗇夫。

孟　見孟方鼎（2件，文物1997年12期31頁圖1—圖2）、孟甗（保金62），西周早期前段人。

孟　見孟卣（集成05399），西周早期人，族徽為“𦍌（羊）”。某年，兮公曾賞給孟鬯束和貝十朋。

孟　見大盂鼎（集成02837）、小盂鼎（集成02839）、盂爵（集成09104），西周康王時期人。大盂鼎銘文載，康王二十三年九月在宗周，王命予協助榮管理政治、軍事以及刑罰，賜給孟鬯一卣、冂衣、市、舄、車、馬，以及祖父南公的旂，賜給還賜給“邦司四伯，人鬲自馭至于庶人六百又五十又九夫，夷司王臣十又三伯，人鬲千又五十夫”。小盂鼎銘載二十五年孟奉王命征伐鬼方，歸告成功於周廟，受到康王的獎賞。戰役前

後兩次，第一次俘獲一萬三千零八十一人，捉住鬼方首領三人，殺死敵人四千八百餘人，繳獲戰車十輛，馬匹若干，牛三百五十頭，羊二十八隻；第二次捉獲鬼方首領一人，繳獲馬一百零四匹，戰車一百餘輛，獻俘完畢，王賞給孟弓一、矢百、畫皋一、貝冑一、金冊一、戜戈二、矢臺八。

坪　見臧孫鐘（9件，集成00093—00101），春秋晚期人，臧孫的父親。

坪安夫人　即平安夫人，見平安夫人漆盒（文物1980年9期19頁圖10），戰國中期人，衛國的嗣君（平安君）的夫人，名不詳。

坪安君　即平安君，見廿八年平安君鼎（集成02793）、卅二年平安君鼎（集成02764），戰國中期人，衛國嗣君，在位四十二年（前324—前283年）。《史記·魏世家》：“成侯十六年貶號曰侯，（孝襄侯）……嗣君五年更貶曰君。”

坰夜君成　即墉夜君成，見墉夜君成鼎（集成02305），戰國時期人，名成，墉夜的封君。

夌　見夌觶（集成06449），西周早期人，族徽為“屮”。

夌　見小臣夌鼎（集成02775），西周早期人，擔任周王朝小臣之職。某年正月，周王擬去楚山之麓視察，命小臣夌事先察看楚地的駐蹕之所，周王安全到達寓所後，賜給小臣夌貝幣和兩匹馬。

夌伯　見夌伯觶（集成06453），西周早期夌

國族首領。

夋姬 見夋姬鬲（集成00527），西周早期後段姬姓婦女，嫁於弻國族。

者 見廿一年啟封令雍戈（集成11306），戰國時期人，魏國啟封縣冶鑄作坊的冶吏。

者汈 見者汈鐘（或釋為者沪、者汚，12件，集成00121—00132）、者汈鎛（集成00120），戰國早期人，越國執政大臣。容庚先生認為是越王勾踐之子鼫與；郭沫若先生認為汈是訠的初文，者汈就是諸咎，越翳王的太子（勾踐後第五世），翳王三十六年（前354年）弑父自立，不久被越人所殺；饒宗頤先生認為是柘稽，見於《史記・越世家》，越王勾踐的大夫（見《者沪鐘釋》《金匱考古綜刊》一）。

者旨 見越王者旨矛（鳥篆編下76），即越王者旨於賜。

者旨於賜 見越王者旨於賜鐘（集成00144）、越王者旨於賜戈（3件，集成11310—11311、鳥篆編下79）、越王者旨於賜矛（3件，集成11511、11512、鳥篆編下73）、越王者旨於賜劍（10件，集成11596—11600、銅全11.101、鳥篆編下81、鳥篆編下84—85、文物2000年1期71頁圖1.1），戰國初期人，名者旨於賜，越國國王，越王勾踐之子，《史記・越世家》作鼫與，《國語・吳語》作諸稽郢，《左傳》哀公二十四年作太子適郢，《竹書紀年》作鹿郢，《越絕書》

作與夷。鼫與是者旨於賜的急讀音，諸稽是者旨於賜的對音，於夷是於賜的對音。者旨於賜於公元前464年即位，在位六年。

者旨鬻 即諸稽耕，見徐令尹爐爐（集成10391），春秋晚期徐國人，名耕，諸稽氏，瘀（疣）君之孫，擔任徐國令尹。

者君 見番昶伯者君鼎（2件，集成02617—02618）、番昶伯者君盤（2件，集成10139—10140）、番昶伯者君匜（2件，集成10268—10269），鼎作"番昶者尹"，"者尹"即"者君"，春秋早期人，楚國貴族，番（潘）氏的一支，名者君，昶氏，其祖先始封於潘，故稱潘昶伯。

者兒 即諸兒，見者兒觶（集成06479），西周中期前段人。

者尚余卑 見者尚余卑盤（集成10165），春秋時期人。

者故蟝 見郤譜尹征城（集成00425），春秋前期人，擔任徐國的譜尹，約與徐王義楚同時。

者減 見者減鐘（集成00202），春秋中期人，吳王皮難（然）之子。郭沫若先生云："《史記・吳太伯世家》敘自太伯一降至第十五世為轉，索引引譙周《古史》考作柯轉，柯轉即此皮難也，柯皮古同歌部，轉難古同元部，難古然字。柯轉之子為頗高，頗高之子為句卑（《古史考》作畢珍），句卑時晉獻公滅周、北虞公（見春秋僖五年），此者減與頗高為兄弟，大約當春秋初年，魯國桓莊之世也。"（見《大系》考153頁）；馬承源先生認為皮難即句卑，者減與去齊均為句卑子，兄弟行（見《關於㠱生盨和者減鐘的幾點意見》《考古》1979年1期）。

者膚　見九年衛鼎（集成02831），西周恭懿時期人，眉敖國國王。九年正月曾派使臣朝見周王。

者盨　見者減鐘（9件，集成00193—00201），即者減。

幸　見嗇夫冰戈（集成11284），戰國晚期人，某國冶鑄作坊的冶吏。

亞　見亞觚（2件，集成07290—07291）、亞作父乙簋（集成03509），西周早期人。

亞　見亞盉（集成09439），西周早期前段人，族徽為"㠱侯亞矣（矣）"，燕侯旨的屬官。某年，燕侯曾賜給亞貝。

亞　見亢鼎（上博刊8期121頁圖2），又稱業亞，西周早期人，名亞，業氏。某年乙未日，公太保從業亞處買一件大珏（玉器），值貝五十朋，公太保命亢將貝五十朋、邑、鬯和牛一頭交付給業亞，業亞送給亢騂金二鈞。

亞又　見亞又方彝（集成09853），商代晚期人或氏族。

亞子　見亞子爵（集成07788），商代晚期人或氏族。

亞井　見亞井觶（集成06163），商代晚期人或氏族。

亞天　見亞天鼎（集成01408），商代晚期人或氏族。

亞夫　見亞夫簋（集成03103）、亞夫觚（2件，集成07285—07286），西周早期人或氏族。

亞丏　見亞丏卣（集成04814），商代晚期人或氏族。

亞犬　見亞犬戈（集成10840），商代晚期人或氏族。

亞戈　見亞戈鼎（集成01447）、亞戈爵（集成07827），商代晚期人或氏族。

亞厷　見亞厷方鼎（集成01409），商代晚期人或氏族。

亞止　見亞止罍（集成09769），商代晚期人或氏族。

亞父　見亞父鉞（3件，集成11747—11749），商代晚期人。

亞父🔲　見亞父🔲方鼎（2件，高家堡63頁圖51.2、高家堡74頁圖60.3），西周早期前段人。

亞刖　見亞刖爵（集成07816），商代晚期人或氏族。

亞丙　見亞丙爵（集成07825），商代晚期人或氏族。

亞弁　見亞弁父癸簋（集成03339），商代晚期人或氏族。

亞母　見亞母卣（集成04818），西周早期婦
　　女。

亞卯　見亞卯方鼎（集成01413），商代晚期
　　人或氏族。

亞光　見亞光簋（集成03104），商代晚期人
　　或氏族。

亞矢　見父乙亞矢簋（集成03298），商代晚
　　期人或氏族。

亞开　見亞开觶（集成06484），商代晚期人。

亞此　見亞此犧尊（集成05569），商代晚期
　　人或氏族。

亞伐　見亞伐卣（集成04805），商代晚期人
　　或氏族。

亞舟　見亞舟鼎（2件，集成01406—01407）、
　　亞舟爵（3件，集成07822—07823，海銅
　　31）、亞舟方彝（集成09846）、亞舟勺
　　（集成09911），亦見於殷墟第一期卜
　　辭，商代中期人，名舟，商王的臣僚，
　　身份為亞（相當於侯）。

亞屰　見亞屰爵（2件，集成07795—07796）、
　　亞屰父丁爵（集成08887）、亞屰卣（2
　　件，集成04815—04816）、亞屰方彝（集
　　成09854）、亞屰勺（集成09910），商
　　代晚期人或氏族。

亞弜　見亞弜鼎（8件，集成01393—01400）、
　　亞弜父癸簋（集成03338）、亞弜爵（3
　　件，集成07819—07821）、亞弜父丁角
　　（2件，集成08891—08892）、亞弜觚（3
　　件，集成06956—06958）、亞弜壺（集

成09479），商代晚期人或氏族。

亞狀　見亞狀鼎（曲村348頁圖512.6），商
　　代晚期或西周早期前段人。

亞酉　見亞酉觚（2件，集成06989—06990）、
　　亞酉斝（集成09160），商代晚期人或氏
　　族。

亞豕　見亞豕鼎（集成01401），亦見於殷墟
　　第一期卜辭，商代中期人，商王的臣屬。

亞告　見亞告鼎（2件，集成01410—01411）、
　　亞告簋（集成03094）、亞告爵（集成
　　07828）、亞告觚（集成06972），商代
　　晚期人或氏族。

亞夅　見亞夅鼎（集成01446），商代晚期人
　　或氏族。

亞辛　見亞辛爵（集成07844），商代晚期人
　　或氏族。

亞址　見亞址角（10件，郭家莊101頁圖
　　77.11—20）、亞址方觚（10件，郭家莊
　　101頁圖77.1—10）、亞址觶（郭家莊80
　　頁圖58.12、14）、亞址方斝（2件，郭
　　家莊80頁圖58.6、7）、亞址尊（郭家莊
　　80頁圖58.15）、亞址方尊（2件，郭家
　　莊80頁圖58.5）、亞址卣（郭家莊80頁
　　圖58.9、11）、亞址罍（郭家莊80頁圖
　　58.10），商代晚期人或氏族。

亞沚　見亞沚爵（2件，集成07817—07818），
　　商代晚期人或氏族。

亞朶　見亞朶觚（集成06975），商代晚期人
　　或氏族。

亞吴　即亞疑，見亞吴鼎（7件，集成01426—01431、銅全2.64）、亞吴方鼎（集成01432）、亞吴甗（集成00789）、亞吴簋（3件，集成03090—03092）、亞吴豆（集成04653）、亞吴爵（11件，集成07772—07782）、亞吴角（集成07777）、亞吴瓿（9件，集成06959—06966、故宮文物月刊1997年總總176期21頁圖26）、亞吴父己瓿（集成07241）、亞吴觶（集成06156）亞吴父乙觶（集成06377）、亞吴斝（3件，集成09156—09158）、亞吴尊（集成05570）、亞吴卣（集成04813）、亞吴方彝（集成09845）、亞吴罍（2件，集成09761—集成09762）、亞吴瓶（集成09948）、亞吴戈（7件，集成10830—10836）、亞吴矛（5件，集成11433—11437）、亞吴鉞（3件，集成11744—11746），商代晚期人，名吴，身份為亞（相當於侯），是商王朝地位很高的貴族，負責商王的貞卜。

亞若　見亞若觥蓋（集成09253），商代晚期人或氏族。

亞叀　見亞叀鼎（集成02260），西周早期人。

亞其　見亞其爵（13件，集成07831—07843）、亞其瓿（10件，集成06946—06955）、亞其斝（集成09163）、亞其卣（集成04817），商代晚期人或氏族。

亞明　見亞明鼎（集成01414），商代晚期人或氏族。

亞戌　見亞戌父乙方鼎（集成01818）、亞戌父乙鼎（三代2.20.1）、亞戌父乙簋（集成03297）、亞戌父乙尊（集成05730）、亞戌方彝（集成09847）、亞戌鉞（集成11742）、亞戌戈（集成10845），亦見於殷墟第一期卜辭，武丁時期人，名戌，身份為“亞”（相當於侯）。

亞受　見亞受戈（集成10843），商代晚期人或氏族。

亞兴　見亞兴觶（集成06157），商代晚期人或氏族。

亞昰　見亞昰爵（集成07815），商代晚期人或氏族。

亞龟　見亞龟鴞尊（集成05565）、亞龟方彝（集成09851），名龟，身份為亞。亦見於殷墟第一期卜辭，武丁時期人，商王的臣僚，受商王指揮，商王亦關心其禍福休咎。

亞俞　見亞俞父乙觶（集成06379），西周早期人或氏族。

亞夏　見亞夏瓿（集成06984），商代晚期人或氏族。

亞盂　見亞盂爵（集成07800）、亞盂瓿（集成06991），商代晚期人或氏族。

亞羌　見亞羌壺（集成09544），商代晚期人或氏族。

亞敕　見亞敕爵（2件，集成07798—07799），商代晚期人或氏族。

亞盉　見亞盉鼎（集成02248）、亞盉尊（集成05571）、亞盉父丁瓿（集成07232）、亞盉父丁甗（集成00840），商代晚期人或氏族。

亞佣　見亞佣爵（集成07789）、亞佣壺（集成09478）、亞佣戈（集成10838），商代晚期人或氏族。

亞倸　見亞倸觶（集成06162），商代晚期人或氏族。

亞隻　見亞隻爵（3件，集成07811—07813）、亞隻觚（2件，集成06981—06982）、亞隻觶蓋（集成06165），商代晚期人或氏族。

亞旁　見亞旁罍（集成09768），西周早期人或氏族。

亞敉　見亞敉爵（集成07801）、亞敉觚（集成06973），商代晚期人或氏族。

亞奚　見亞奚簋（集成03093）、亞奚尊（集成05572）、亞奚卣（集成04812），商代晚期人或氏族。

亞舀　見亞舀壺（集成09545），西周早期人或氏族。

亞竝　見亞竝父己簋（集成03326），商代晚期人或氏族。

亞枲　見亞枲鼎（集成01412）、亞枲觚（集成06974）、亞枲戈（集成10837），商代晚期人或氏族。

亞陲　見亞陲戈（遺珠69），商代晚期人或氏族。

亞殳　即亞殺。見亞殺父乙簋（集成03301），西周早期前段人或氏族。

亞晕　見亞晕盉（集成09415），商代晚期人或氏族。

亞豚　見亞豚鼎（集成02315），西周早期人。

亞豕豕　見亞豕豕觚（集成06983），商代晚期人或氏族。

亞魚　見亞魚鼎（銅全2.59）、亞魚父丁爵（2件，集成08888—08889）、寢魚爵（集成09101），商代末期人，亦稱寢魚，名魚，亞爵（即亞旅、众大夫），擔任商王朝管理宮寢的官。

亞鳥　見亞鳥爵（集成07809），商代晚期人或氏族。

亞徹　見亞徹鬲（集成00456）、亞徹觶（集成06158），商代晚期人或氏族。

亞斋　見亞斋鼎（2件，集成01416—01417），商代晚期人或氏族。

亞竟　見亞竟觚（集成06971），商代晚期人或氏族。

亞商　見亞商爵（集成09011），西周早期人。

亞登　見亞登簋（集成03105），商代晚期人或氏族。

亞覃　見亞覃父丁爵（集成08890），商代晚期人或氏族。

亞絑　見亞絑鼎（集成01405），商代晚期人或氏族。

亞殷　見亞殷斝（集成09161），商代晚期人或氏族。

亞獏　見亞獏簋（集成03102）、亞獏父丁爵

（集成08895）、亞獏父丁角（集成08894）、亞獏父丁觚（集成07231）、亞獏斝（集成09164）、亞獏父丁尊（集成05736）、亞獏父辛卣（集成05086），商代晚期人或氏族。

亞徙 見亞徙爵（3件，集成07790—07792），商代晚期人或氏族。

亞聘 見亞聘爵（集成07824），西周早期人或氏族。

亞𡨦 見亞𡨦鬲（集成00455）、亞𡨦觶（集成06164）、亞𡨦尊（集成05567），西周早期人或氏族。

亞橐 見亞橐觶（集成06161），商代晚期人或氏族。

亞義 見亞義方彝（集成09852），商代晚期人或氏族。

亞衡 見亞衡鼎（集成01425），商代晚期人或氏族。

亞盥 見亞盥簋（集成03100）、亞盥卣（集成04819），商代晚期人或氏族。

亞𩠐 見亞𩠐父乙簋（集成03300），西周早期前段人或氏族。

亞雔 見亞雔爵（集成07810）、亞雔觚（2件，考報1986年2期173頁圖22.22、考報1986年2期173頁圖22.24），商代晚期人或氏族。

亞𡫸 見亞𡫸鼎（集成01423）、亞𡫸孤竹鼎（集成02033）、亞𡫸止鼎（集成01424）、亞𡫸角（2件，集成207793—07794）、亞𡫸觚（集成06986）、亞𡫸觶（考古與文物1996年6期76頁圖2.3）、亞𡫸址斝（郭家莊83頁圖60.1），商代晚期人或氏族。

亞趯 見亞趯鼎（2件，集成01419—01420）、亞趯尊（集成05568）、亞𡫸矛（集成11444），商代晚期人或氏族。

亞獿 見亞獿鼎（集成01415），商代晚期人或氏族。

亞獸 見亞獸父乙簋（集成03299）、亞獸爵（6件，集成07802—07807）、亞獸觚（集成06945）、亞獸戈（集成10841），西周早期前段人或氏族。

亞𨼆 見亞𨼆鼎（2件，集成01421—01422），商代晚期人或氏族。

亞㪤 見亞㪤鼎（集成01418）、亞㪤卣（集成04811），商代晚期人或氏族。

亞旛 見亞旛觚（集成07288），商代晚期人或氏族。

亞醜 或釋為“亞醜”，見亞醜鼎（5件，集成01433—01437）、亞醜方鼎（8件，集成01438—01445）、亞醜甗（集成00886）、亞醜簋（4件，集成03095—03097、集成03099）、亞醜父辛簋（3件，集成03331—03333）、亞醜方簋（集成03098）、亞醜爵（6件，集成07783—07787、北圖拓208）、亞醜父丙角（集成08882）、亞醜觚（4件，集成06967—06969、故宮文物月刊1997年總177期25頁圖27）、亞醜方觚（集成06970）、亞醜父丁瓴（集成07230）、亞醜觶（3件，集成06159—06160、故宮文物月刊1997年總177期8頁圖5）、亞醜斝（集成09159）、亞醜尊（4件，集成05559—05561、集成05840）、亞醜方尊（3件，集成05562—05563、故宮文物月刊1997年總176期25頁圖33）、亞醜父乙尊（集成05728）、亞醜父丁尊（集成05735）、亞醜卣（6件，集成04806—04810、三代12.40.2）、亞醜父辛卣（集成05085）、亞醜方彝（3件，集成09848—09850）、亞醜罍（4件，集成09763—09764、集成09766—09767）、亞醜方罍（集成09765）、亞醜戈（集成10839）、亞醜矛（6件，集成11438—11443）、亞醜鉞（集成11743），商代晚期人或氏族。

亞斝 見亞斝父辛簋（集成03330）、亞斝父辛尊（集成05747），商代晚期人或氏族。

亞鑾 見亞鑾父辛簋（集成03334），商代晚期人或氏族。

亞龜 見亞龜爵（集成07814），商代晚期人或氏族。

亞馨 見亞馨簋（集成03101）、亞馨爵（集成07808），商代晚期人或氏族。

亞⊂ 見亞⊂斝（集成09162），商代晚期人或氏族。

亞凡 見亞凡鼎（集成01402）、亞凡尊（集成05566），商代晚期人或氏族。

亞⿂ 見亞⿂鼎（銅全4.5），商代晚期人或

氏族。

亞⺼ 見亞⺼爵（集成07826），商代晚期人或氏族。

亞⿓ 見亞⿓爵（集成07829），商代晚期人或氏族。

亞⿰ 見亞⿰爵（集成07830），商代晚期人或氏族。

亞⿱ 見亞⿱尊（集成05564），商代晚期人或氏族。

亞⿳ 見亞⿳戈（集成10844），商代晚期人或氏族。

亞壴（壴） 亞壴鼎（集成02317），西周早期人。

其 見梁其鼎（3件，集成02768—02770）、梁其壺（2件，集成09716—09717）、梁其鐘（6件，集成00187—00192），即梁其，西周晚期人，擔任周王朝善夫之職，故又稱善夫梁其。

其 見燕王詈戈（2件，集成11243—11244），戰國晚期人，燕國冶鑄作坊的右工尹。

其父 見甗鼎（集成02721），西周中期前段人。馘地的戍守官，某年十一月，甗隨伯雍父巡視戰車道路到達胡，其父賜給甗金（青銅）。

其史 見其史觶（集成06489），西周早期人。

其次 見其次句鑃（2件，集成00421—00422），春秋晚期人。

取子狋鼓 即耶子狋鼓，見取子狋鼓鉞（集

成11757），西周早期人，名孜鼓，郏國
國君。

取它人　即郏它人，見取它人鼎（集成
02227），春秋時期郏國人。

取膚上子商　見取膚上子商盤（集成
10126）、取膚上子商匜（集成10253），
春秋時期人。

邯鄲截　銘文作甘丹截，見六年襄城令韓沽
戈（第三屆國際中國古文字學研討會論
文集422頁），戰國晚期人，名截，邯鄲
氏。韓桓惠王六年（前267年），擔任右
庫工師。

芊侯　銘文作萆侯，見芊侯簋（集成03589），
西周晚期人，芊國國君，名不詳。

芮子仲殿　銘文作内子仲殿，見芮子仲殿鼎
（集成02517），春秋早期人，名仲殿，
芮國國君的次子。

芮大乿　銘文作内大乿，見芮大乿戈（集成
11203），春秋晚期芮國人，名大乿。

芮太子　銘文作内大子，見芮太子鼎（2件，
集成02448—02449），春秋早期人，芮
國太子。

芮太子白　銘文作内大子白，見芮太子白鼎
（集成02496）、芮太子白簋蓋（2件，
集成04537—04538）、芮太子白壺（2
件，集成09644—09645），春秋早期人，
名白，芮國太子。

芮公　銘文作内公，見芮公鬲（3件，集成
00711—00712、集成00743）、芮公簋（3

件，集成03707—03709）、芮公簋（集
成04531）、芮公鐘（集成00031）、芮
公鐘鈎（2件，集成00032—00033），春
秋早期人，芮國國君。

芮公　銘文作内公，見芮公從鼎（3件，集成
02387—02389）、芮公飢鼎（集成
02475）、芮公壺（3件，集成09596—
09598），春秋早期人，芮國國君，名不
詳。

芮公　銘文作内公，見芮公戈（集成10973），
春秋早期人，芮國國君，名不詳。

芮公叔　銘文作内公叔，見芮公叔簋（2件，
文物1986年8期72頁圖13、14），西周早
期後段人，名叔，芮國國君。

芮伯　銘文作内伯，見芮伯壺（集成09585），
西周中前段人，芮國國君，名不詳。

芮伯多父　銘文作内伯多父，見芮伯多父簋
（集成04109），西周晚期人，字多父，
芮國國君。

芮叔　銘文作内叔，見芮叔鼎（集成01924），
西周中期人，芮國公族。

芮叔隆父　銘文作内叔隆父，見芮叔隆父簋
（3件，集成04065左、集成04066左、集
成04067左），西周晚期人，字隆父，芮
國公族。

芮姑　銘文作内姑，見芮姑簋（故周金23），
西周晚期姑姓婦女，所鑄銅器有"⋈"
徽記。

芮姬　銘文作内姬，見呂王壺（集成09630），

西周晚期芮國公室之女，呂王的夫人。

昔父　見昔父匜（集成10236），春秋早期人。

林夙　見林夙鬲（集成00613），西周早期人，族徽為"囧（亞俞）"。

析　銘文作斨，見子璋鐘（7件，集成00113—00119），群的兒子，子璋的父親，春秋中晚期許國人。

析家　見析家卣（集成05310），西周早期人。

析論　見十八年相邦春平侯劍（集成11710），戰國晚期人，趙孝成王十八年（前248年）前後，擔任邦左庫冶鑄作坊的工師。

析君墨脀　銘文作斨君墨脀，見斨君墨脀戟（集成11214），戰國早期人，名墨脀，封於析地。

來父　見來父盉（集成09429），西周中期人。

述　見述尊（集成05934）、述卣（集成05336），西周中期前段人。

或　見或方鼎（2件，集成02133—02134），西周早期前段人。

或　見或鼎（集成02249），西周早期人。

東臣　見九年衛鼎（集成02831），西周中期前段人，濂粦的下屬官吏。

東宮　見東宮方鼎（集成01484）、鼓霉簋（集成04047），西周早期後段人。

東宮　見效尊（集成06009）、效卣（集成05433），西周中期前段人。某年四月初吉甲午，王觀於嘗，公東宮納饗於王，王賜給東宮貝五十朋。

東宮　見召鼎（集成02838），西周中期後段人。

東眀　見東眀尊（集成05982），西周中期前段人。

東姬　見東姬匜（下寺36頁圖29），春秋中後期姬姓女子，自稱宣王之孫、雍王之女。

事　見事觶（集成06460）、事尊（集成05817），西周早期後段人。

事從　見事從盤（集成10061），西周早期人。

事父　見事父簋（集成03463），西周早期人。

事吳　即吏吳，見王三年馬雍令戈（集成11375），戰國時期人，擔任三晉某國（一說趙國）馬雍縣縣令。

事伯　見事伯尊（集成05813），西周中期人，事氏族首領，名不詳。

事良父　見大自事良父簋蓋（集成03914），西周晚期人，字良父，事氏，周王朝的太師。與事季良父當為一人。

事季良父　事字銘文原篆作"킁"，原釋為"癹季良父"、"弁季良父"，見事季良父壺（集成09713），西周晚期人，字良父，事氏公族，夫人為敔姒。

事召　見儹匜（集成10285），即吏召。

事孟　見屖敖簋蓋（集成04213），即史孟或吏孟，西周中期人。某年，戎獻給子牙父金百車，賜給屖敖金十鈞，史孟陪同屍敖接受賞賜，而用一張豹皮作為酬謝。

事歔　見八年鄭令先曾戈（集成11386），戰國晚期人，韓桓惠王八年（前265年）前後，擔任鄭縣的司寇。

事衺　即吏衺，見王三年鄭令韓熙戈（集成11357），戰國晚期人，韓國鄭縣右庫冶鑄作坊的工師。

事族　見事族簋（集成04089），西周晚期人。

事喪　即史喪，見史喪尊（集成05960），西周昭穆時期人。

事蚨　見攡匜（集成10285），即吏蚨，

事歝　見十四年武城令戈（集成11377），戰國晚期人，趙國武城縣庫嗇夫。

事斁　見十年銅盒（集成10358），戰國中期人，中山國左使車嗇夫。

事盥　見事盥鼎（集成02575），西周早期人。

叀　即惠，見叀簋（三代6.38.8）、叀卣（集成05277），西周早期人。

叀　即惠，見叀尊（集成05952），西周中期前段人。

叀　即惠，見叀鼎（集成02490），西周中期人，微氏家族的後裔，族徽為"Ｙ卌（羊冊）"，或即微伯癰之子，其母為妊氏。

叀　即惠，見史叀鼎（陝金1.145）、史叀簋（陝金1.309），西周晚期人，擔任周王朝史官。

叀　即惠，見叔伕父簋（集成03555），西周晚期人。

叀公　即惠公，見爾比鼎（集成02818）、爾比簋蓋（集成04278）、爾比盨（集成04466），爾比的父親，族徽為"Ｙ（襄）"，生世在西周中晚期。

叀仲　即惠仲，見同簋蓋（集成04270）、同簋（集成04271），同的父親，生世在西周早期。

叀仲　即惠仲，見虢姜簋蓋（集成04182），虢姜的父親，生世在西周中期。

叀仲　即惠仲，見善夫梁其簋（5件，集成04147—04151），善夫梁其的父親，生世在西周晚期。

叀叔　即惠叔，見虢叔旅鐘（7件，集成00238—00244），虢叔旅的父親，生世在西周中期。

叀姬　即惠姬，見蔡姞簋（集成04198），蔡姞的母親，生世在西周中期。

柸沽　見柸沽簋（集成03623），西周中期前段人。

邳伯夏子　銘文作不伯夏子，見邳伯夏子缶（又稱邳伯罍，2件，集成10006—10007），戰國早期人，名夏子，邳氏家族首領，商奚仲之後。

奄　見應公方鼎（2件，集成02553—02554），西周早期後段應國族人。

客　見客甗（集成00875）、客簋（集成03385）、客簋（集成04194），西周中期前段人。某年四月初吉丁卯，周王賜給客牛三頭。

旮父　見考鼎（集成02188），考的長輩，西周早期人。

豖　見十二年大簋（2件，集成04298—04299），即善夫豖，西周晚期人，擔任周王朝善夫之職。十二年三月既生霸丁亥，周王在𩁹侲宮命吳師下詔，將原屬於𧽊睽的邑里賜給大，善夫豖與𧽊睽一同向大辦理了移交手續。

豖　見十四年相邦冉戈（秦文字圖版38，總集7529），戰國晚期人，秦昭襄王十四年（前293年）前後，擔任櫟陽冶鑄作坊的工師。

拑　見工師初壺（集成09673），戰國晚期人，秦莊襄王二年（前248年）前後，擔任秦國冶鑄管理機構的丞。

拍　見拍敦（集成04644），春秋晚期人，夫人為平姬。

招　銘文作𪔂，見𪔂觚（集成07299），西周早期人，族徽為“□（尧）丏”。

臤　見臤爵（考古與文物1990年5期39頁圖10.7），西周早期人。

臤　見臤尊（2件，集成06008、北京文物精粹大系·青銅器卷110），西周中期前段人。某年十三月，曾隨師雍父戍守古師，仲競父賜給臤赤金（紅銅）。

臤子　見臤子環權（集成10379），戰國晚期楚國人。

臤石　見十一年藺令趙狽矛（集成11561），戰國晚期人，名臤石，趙國藺縣下庫冶鑄作坊的工師。

戓　見戓戈（北窯墓102頁圖56.1），西周早期人。

[女凡]　見小子网簋（集成04138）、小子夫尊（集成05967）、孝卣（集成05377）、征作父辛角（集成09099）、麋婦觚（集成07312）、鳳簋（集成03712）、𡠧方鼎（集成02702），商代乙辛時期人，商王朝的執政大臣，曾命小子网征伐人方，對小子网、小子夫、孝、鳳、征、𡠧、麋婦等人進行賞賜。

[女凡]　見[女凡]簋（集成03905），西周早期人，族徽為“亞”。

[女凡]是　見麃父尊（集成05930）、麃父卣（集成05348），西周中期前段人，麃父（戎帆）之父。

殀　見殀簋（集成03380），西周早期人。

殺　見殺尊（集成05973），西周早期人，族徽為“□□”。某年乙卯日，伯礻父賜給殺金（青銅）。

戒偖生　見戒偖生鼎（2件，集成02632—02633），春秋早期人。

邚王鳩淺　見越王勾踐劍（集成11621），即越王勾踐。

邚王欿淺　即越王勾踐，見越王之子勾踐劍（2件，集成11594—11595）、越王勾踐劍（集成11621），春秋末戰國初期人，名勾踐，越國國君，其父為吳王闔廬所敗，勾踐遂敗闔廬而雪其恥，闔廬之子

夫差復報越，困勾踐於會稽，勾踐以美女寶器行成於吳，用范蠡文種十年生聚十年教訓之策，因以滅吳，渡淮水，會諸侯，受方伯之命，橫行江淮，名震中國。公元前494年即位，在位三十二年。

叔　見叔鼎（2件，集成02052、集成02054）、叔簋（原稱叔卣、史叔隋器，2件，集成04132—04133），西周早期後段人。在周王大祓於宗周之年，王姜命叔事於太保，太保賞給叔鬱鬯、白金和雛牛。

叔上　見叔上匜（集成10281），春秋早期人，擔任鄭國大內史。

叔尸　即叔夷，見叔尸鐘（13件，集成00272—00284）、叔夷鎛（集成00285），春秋晚期人，宋國國君的後裔，其父為宋穆公之孫，其母為齊襄公的甥女，秦成公（一說杞成公）之女。齊靈公時（前581—前554年）仕齊。齊靈公十五年（前567年）十二月率軍滅萊，立有戰功；翌年五月戊寅，在淄隉，齊靈公賞給叔夷萊邑及其子邑塍（密）、劋其下三百縣，掌管萊嫡或徒四千。其後官至正卿，統率三軍，治理民事，掌管王家外內之事，屢有功勞；靈公又賜給馬匹、車輛、戎兵和萊僕三百又五十家。

叔元父　見叔元父盨蓋（文博1991年2期73頁圖7.1），西周晚期人。

叔夫父　見叔夫父卣（集成05302），西周早期人，族徽為“卌（冊）”。

叔友父　見叔友父簋蓋（集成03725），西周中期人。

叔五父　見叔五父盤（集成10107）、叔五父匜（盛世吉金38頁），西周中期人。

叔旡父　見衛子叔旡父簠（集成04499），春秋早期衛國人，字旡父，兄弟間排行第三。

叔牙　見叔牙爵（集成09037），西周早期人。

叔牙父　見叔牙父鬲（集成00674），春秋早期人。

叔氏　見公貿鼎（集成02719），西周中期人，公貿的長輩，周王朝的執政大臣。某年十二月初吉壬午，叔氏派貿去安撫異伯。

叔氏　見逆鐘（4件，集成00060—00063），西周晚期人，逆所在氏族的首領，名不詳。某王元年三月既生霸庚申，在大廟召見逆，賜給“冊五、錫戈彤屝（綏）”命其管理公室僕庸臣妾、小子室家。

叔氏　見士父鐘（原稱叔氏鐘，4件，集成00145—00148），士父的父親，生世在西周中晚期。

叔氏　見鼒休簋（4件，文物1994年8期5頁圖3.1），鼒休的父親，生世在西周晚期。

叔氏　見兌簋（集成03955），西周晚期人，兌的宗族長。

叔夨　即叔虞，見叔虞方鼎（文物2001年8期9頁圖12），西周早期前段人，又稱唐叔虞，晉國的始封君，名虞，字子于，周武王之子，成王的幼弟，周公東征得勝，成王以夏墟封之，賜以懷姓九宗，職官五正，於戎狄間立國，建都於翼，國號唐。其子姬燮繼位後，因南有晉水，改國號為晉。方鼎銘文記載，某年十四月，成王在成周賜給叔虞仒、衣、車、馬，以及貝三十朋。

叔尹　見叔尹方鼎（集成01925），西周早期人。

叔史　見小子𣪘鼎（集成02598），西周晚期人，𣪘的父親。

叔旦　見叔旦簋（集成03819），西周晚期人。

叔皮父　見叔皮父簋（集成04090），西周晚期人，族徽為"弓"，其父為荓公，母為季姬。

叔皮父　見鑄叔皮父簋（集成04127），春秋早期人，字皮父，鑄（祝）國公族。

叔㝬　即叔堯，見㝬盤（集成10106）、㝬盉（集成09436），西周中期人，夫人為姜姓女子。

叔西父　見辛王姬簋（故周金106），西周晚期人，姬西母的丈夫。

叔邦父　見叔邦父簋（集成04580）、𤼈盨（集成04469），西周厲宣時期人，名𤼈，字邦父，在厲王末年，國人造反，厲王奔彘後，輔佐宣王有功，宣王賜給鬯酒、命服、朱𣄰、駒車、四馬和許多貴重的車馬器具等。

叔向父　見叔向父簋（7件，集成03849—03855）、叔向父為備簋（集成03870）、叔向父禹簋（集成04242），即叔向父禹

叔向父禹　見叔向父禹簋（集成04242），亦單稱禹或向父（見禹鼎、多友鼎），西周夷、厲時期人，武公的部屬，夫人為婞姒。郭沫若先生認為即《詩・十月》"楀維師氏"的楀；孫詒讓云："古者名字相應，《說文》云'𧒽，知聲蟲也，重文蜶，司馬相如說從向。'《玉篇・虫部》云'蠁，禹蟲也。'若然，禹蠁一蟲，禹字叔向，即蟲名為義，向即蜶之省。"（見《古籀餘論》三・一一）

叔各父　見叔各父簋（2件，考古與文物1993年5期11頁圖3.1），西周晚期人。

叔伐父　見叔伐父鼎（集成02050），西周中期後段人。

叔佽父　見叔佽父簋（集成03555），西周晚期人。

叔多父　見叔多父簋（3件，集成04004—04006），西周晚期人，師趛父之孫。

叔安父　見丼戈叔安父簋（集成03891），西周晚期人。

叔妣　見叔妣簋（集成04137），西周晚期妣姓婦女。

叔妃　即叔改，見虢文公子㜏鼎（3件，集成02634—02636）、虢文公子㜏鬲（集成00736），西周晚期改姓婦女，虢文公子㜏的夫人。郭沫若先生云："叔妃即㜏之室，蓋蘇女也。鼎之形制與蘇冶妊鼎頗相近，彼鼎之虢妃或即此人。蘇與東虢毗鄰，故相為婚。"（見《大系》考

245頁）

叔改　見叔改簋蓋（2件，集成03728—03729），西周中期改姓婦女。

叔車　見叔車爵（集成08253），商代晚期人。

叔男父　見叔男父匜（集成10270），西周晚期人，族徽為"井"，其女霍姬。

叔牧父　見叔牧父簋蓋（集成04544），春秋晚期人。

叔攸　見叔攸鼎（集成02049），西周晚期人。

叔良父　見叔良父盨（集成04409），西周晚期人。

叔良父　見叔良父匜（考古1984年2期156頁圖1），西周晚期人，鑄（祝）國的大正。

叔角父　見叔角父簋蓋（2件，集成03958—03959），西周晚期人，族徽為"亻"，其父為宄公。

叔妊墩　即叔妊襄　見薛侯盤（集成10133）、薛侯匜（集成10263），西周晚期女子，某代薛侯的三女，名襄，妊姓。

叔虎父　見叔虎父鼎（集成02343），西周中期人，夫人為叔姬。

叔具　見叔具鼎（集成02341），西周中期前段人。

叔咠　見叔咠簋（集成03485），西周早期人。

叔京　見叔京簋（集成03486），西周早期人。

叔夜　見叔夜鼎（集成02646），春秋早期人。

叔歐　見叔歐簋（集成03487），西周中期人。

叔侯父　見叔侯父簋（2件，集成03802—03803）、叔侯父匜（集成10203），西周晚期人，族徽為"亻"，夫人是姜姓國女子。

叔皇父　見叔皇父鬲（集成00588），西周晚期人，夫人為仲姜。

叔皇父　見鄭伯氏士叔皇父鼎（集成02667），春秋早期鄭國人。

叔姜　見叔姜壺（集成09492），西周中期姜姓婦女。

叔姜　見太師鼎（集成02409），西周中期姜姓婦女，某太師的夫人。

叔姜　見散季簋（集成04126），西周晚期姜姓婦女，散季的母親。

叔姜　見單子白盨（集成04424），西周晚期姜姓婦女，單子白的夫人。

叔姜　見成伯邦父方壺（集成09609），西周晚期姜姓婦女，成伯邦父的夫人。

叔姜　見衛夫人鬲（3件，集成005959、銅全6.2），春秋早期姜姓婦女，衛文君的夫人。

叔姜　見申王之孫叔姜簋（考古1998年4期45頁圖5），春秋中期姜姓婦女，申國族的後裔。

叔姜　見子叔壺（2件，集成09603—09604），西周晚期姜姓婦女，子叔的夫人。

叔姜　見眚公壺（集成09704），春秋早期人，眚公的三女。

叔姑　見叔姑盨（集成04388），西周晚期姑姓婦女。

叔姞 見叓盨（集成04469），西周晚期姞姓婦女，叔邦父（叓）的夫人。

叔班 見弭叔作叔班盨蓋（集成04430），西周中期後段人，弭叔的夫人。

叔劃父 見叔劃父盨（4件，集成04454—04457），西周晚期人。（原釋為"叔專父"）

叔造父 見叔造父尊（北窰墓87頁圖47.2），西周早期後段人，召伯奭的孫子。

叔倉父 見叔倉父盨（集成04351），西周晚期人。

叔徝 即叔德，見叔德簋（集成03942），西周早期前段人。某年，周王賜給叔德臣嫊十人、貝十朋、羊一百隻。

叔殷毅 見虢叔作叔殷毅鬲（集成00603）、虢叔尊（集成05914）、虢叔簋蓋（集成04498），西周晚期人，虢叔的夫人。

叔師父 見叔師父鼎（集成02411），西周晚期人。

叔師父 見叔師父壺（集成09706），春秋中期人，邛（江）國太宰之孫。

叔高父 見叔高父匜（集成10239），西周晚期人，夫人為仲妌。

叔亯父 即叔誥父，見應姚簋（考古2003年3期93頁圖2.2）、應姚鬲（2件，考古2003年3期93頁圖2.2）、應姚盤（考古2003年3期92頁圖1.2），西周中期人，應姚

的長輩。

叔旅 銘文作叔旝，見叔旅鼎（集成02187），西周中期前段人。

叔旅魚父 見叔旅魚父鐘（集成00039），亦稱虢旅、虢叔旅，西周晚期人，周王朝的執政大臣，名旅，字魚父，虢國族。

叔家父 見叔家父簋（集成04615），春秋早期人，夫人為仲姬。

叔㺇父 見叔㺇父簋（集成04068）、叔㺇父簋蓋（2件，集成04069—04070），西周晚期人，牧師父之弟，夫人為微姚。

叔孫殼 見叔孫殼戈（集成11040），戰國早期人，名殼，叔孫氏。

叔訾父 見叔訾父鼎（文物1999年9期23頁圖12），西周晚期人，族徽為"亻"。

叔姬 見弢伯鬲（集成00697），西周中期姬姓婦女，弢伯的夫人。

叔姬 見荀侯盤（集成10096）、伯庸父鬲（8件，集成00616—00623），西周中期後段人，荀國公室的三女，姬姓，伯庸父的夫人。

叔姬 見芮公鬲（3件，集成00711—00712、集成00743），春秋早期人，芮公的三女，嫁於京氏家族，故又稱京氏婦叔姬、京仲氏婦叔姬。

叔姬 見鄭伯筍父鬲（集成00730），西周晚期姬姓婦女，鄭伯筍父的夫人。

叔姬 見叔姬鼎（集成02392），西周晚期姬

姓婦女。

叔姬　見叔虎父鼎（集成02343），西周中期姬姓婦女，叔虎父的夫人。

叔姬　見金父鼎（集成02562），西周晚期姬姓婦女，金父的夫人。

叔姬　見伯公父壺蓋（集成09656），西周晚期姬姓女子，伯公父的夫人。

叔姬　見戴叔慶父鬲（集成00608），春秋早期姬姓婦女，戴叔慶父的夫人。

叔姬　見吳王光鑑（2件，集成10298—10299），即叔姬寺吁。

叔姬　見曾侯簠（集成04598），此叔姬指叔姬霝。

叔姬可母　見蔡太師䐓鼎（集成02738），春秋晚期人，蔡太師的小女，字可母，姬姓，嫁於許國公室。

叔姬寺吁　見吳王光鑑（2件，集成10298—10299），春秋晚期人，吳王光的小女，名寺吁，與夫差為兄妹。郭沫若先生認為嫁於蔡聲侯（見《由壽縣蔡器論到蔡墓的年代》《考古學報》11冊）。

叔姬寺男　見鼄侯簠（2件，集成04561—04562），春秋早期姬姓女子，名寺男，鼄侯的女兒。

叔姬霝　見曾侯簠（集成04598），春秋早期人，姬姓曾侯的三女，名霝，嫁於黃國宗室。約與楚成王同時（前671—前626年）。

叔䑣　見叔䑣方尊（集成05962）、叔䑣方彝（集成09888），西周早期後段人。某年，王姒曾賜給貝幣。

叔偈父　見叔偈父觶（集成06458），西周早期人。

叔商父　見叔商父鼎（中原文物1992年2期88頁圖5），西周晚期人。

叔梁掃　銘文作叔郛掃，見八年亯令戈（集成11344），戰國晚期人，名掃，叔梁氏，亯（芒）縣冶鑄作坊的工師。

叔宔　見叔宔簋（集成03724），西周早期人。

叔㡿父　見叔㡿父匜（集成10248），西周晚期人。

叔㰙父　見叔㰙戈戈（文物1972年10期24頁圖14.3），西周中期前段人。

叔液　見叔液鼎（集成02669），春秋早期人。

叔彭父　見廣簋蓋（集成03890），西周晚期人。

叔猒父　見魯士商叡簋（2件，集成04110—04111），魯士商叡的父親，西周晚期人。

叔㴱　見叔㴱甗（集成00909），西周晚期人。

叔黑叵　見鑄子叔黑叵鼎（集成02587）、鑄子叔黑叵鬲（集成00735）、鑄子叔黑叵盨（集成04423）、鑄子叔黑叵簠（3件，集成04570—04571）叔黑叵匜（集成10217），春秋早期人，名黑叵，又單稱叵（見鑄子叔黑叵），鑄（祝）國公子。

叔單　見叔單簋（集成03624），西周早期人。

叔單　見叔單鼎（集成02657），春秋早期人，黃國公室的後裔，自稱黃孫子，又稱綏

（綖）君叔單，綏（綖）地的封君。從銅器出土地點可知綏（綖）君的封邑在今河南羅山縣和信陽縣之間。

叔朕　即叔朕，見叔朕簠（3件，集成04620—04622），春秋早期人。

叔朕父　即叔朕父，見智簋（文物2000年6期87頁圖2），西周中期人。某年四月，曾送給智赤金一鈞。

叔狄父　見叔狄父鼎（集成02440），西周晚期人。

叔敔父　見叔敔父簋（2件，集成03921—03922），西周晚期人。

叔毅　見叔毅匜（集成10219），西周晚期人。

叔魖　見叔魖尊（集成05857），西周早期人。

叔杲父　見叔杲父簋（集成03764），西周早期人。

叔媿　或釋為叔娓，見庚姬鬲（4件，集成00637—00640），西周中期媿姓婦女，庚姬的婆母或宗婦。

叔媿　見芮子仲殿鼎（集成02517），春秋早期媿姓國婦女，芮子仲殿的夫人。

叔宿　見叔宿簋（集成03694），西周中期人，族徽為“冄（冉）”。

叔趞父　見叔趞父禹（集成11719），西周中晚期人。

叔碩父　見叔碩父鼎（集成02596）、叔碩父方甗（集成00928）、善夫山鼎（集成02825），西周晚期人，善夫山的父親，

夫人為監姬。

叔嫚　見鄧子與盤（江漢考古1993年4期91頁），春秋中期人，鄧子與的姊妹或女兒。

叔截　見叔截卣（集成05237），西周早期人。

叔職　見叔職鼎（集成01930），西周中期人。

叔賓父　見叔賓父盨（集成04377），西周晚期人。

叔荍父　見叔荍父鼎（集成02511），西周晚期人。

叔噩父　見叔噩父簋（3件，集成04056—04058），西周晚期人，夫人為鷥姬。

叔臨父　見叔臨父簋（集成03760），西周晚期人。

叔頡父　見叔頡父鼎（考古與文物1990年5期40頁圖11.2），西周晚期人，族徽為“Ꭾ”。

叔羉　見叔羉鬲（集成00614），西周早期紀國人，稱過世的父親為己（紀）伯父丁。

叔嬭　見鄭登伯鼎（集成02536）、鄭登伯鬲（3件，集成00597—00599），西周晚期嬭姓婦女，鄭登伯的夫人。

叔嬀　見陳姬小公子盨（集成04379），春秋早期嬀姓婦女，陳姬小公子的夫人。

叔嬀奡母　見伯侯父盤（集成10129），西周晚期人，伯侯父之女，字奡母，嬀姓，姊妹間排行第三。

叔爽父　見叔爽父尊（三代11.32.5），西周

晚期人。

叔觵　見叔觵簋（3件，集成03552—03554），西周中期人。

叔𡠜　見叔𡠜觶（集成06486），西周早期人。

叔嬴　見叔嬴鬲（集成00563），西周晚期嬴姓婦女。

叔嬴爲心　見䣄伯受簠（集成04599），春秋中期嬴姓婦女，嬴姓，名爲心，䣄國國君伯受的大妹。

叔嬴𤔲　即叔嬴芈，見樊君鬲（集成00626），西周晚期人，芈姓，某代樊君的三女兒。李學勤先生認為“叔嬴𤔲”是兩個女子，一個是嬴姓女子，稱叔嬴，是出嫁者；一個是𤔲，即芈（姓），樊君之女，為叔嬴的媵女，（見《光山黃國墓的幾個問題》《考古與文物》1985年3期）。

叔絲父　見𠨘簋（集成04195），西周中期人。某年六月既生霸辛巳，周王命叔絲父和𠨘向吳姬饋贈饗器。

叔嬌　即叔祁，見杜伯鬲（集成00698），西周晚期祁姓婦女，杜伯的姑母或姊。

叔豐　見叔豐簋（4件，保金68），西周中期人。

叔虢　見留鎛（集成00015），戰國時期人，留的長輩。

叔嫣　即叔妘，見芈伯碩父鬲（集成00642），西周晚期妘姓女子，芈伯碩父的夫人。

叔嫣　即叔妘，見叔上匜（集成10281），春秋早期妘姓女子，鄭國大內史叔上的三女兒。

叔㝬父　見叔㝬父簋（集成04108），西周晚期人。

叔龜　見叔龜鼎（2件，集成01468—01469）、叔龜簋（集成03116）、叔龜作父丙簋（2件，集成03426—03427），商代晚期人。

叔黿　見叔黿鼎（集成02342），西周早期人。

叔遱父　即叔原父，見陳公子叔原父甗（集成00947），春秋早期人，陳國公子。

叔嬛　即叔芈，見上鄀公簠（下寺10頁圖6），春秋中期人，上鄀公的三女，芈姓。

叔諫父　見叔諫父盨（2件，集成04375—04376），西周晚期人。

叔趞父　見叔趞父卣（又名倐卣，2件，集成05428—05429），西周中期前段人，軧侯的屬臣。李學勤先生認為叔趞父與臣諫為一人，名諫，字趞父，名字相應。

叔丞父　見叔丞父鼎（集成02412），西周晚期人。

卓林父　見卓林父簋蓋（集成04018），春秋早期人。

卓僕　見十六年寧壽令戟（文物季刊1992年4期70頁圖2），戰國晚期人，名僕，卓氏，趙國寧壽縣上庫冶鑄作坊的工師。

虎　見虎簋蓋（2件，考古與文物1997年3期79頁圖3，古文字研究24輯183頁）、師虎簋（集成04316），即師虎，西周中期前段人，名虎，擔任周王朝師職。穆王三十年四月甲戌，由密叔陪同在周新宮

接受冊命，周王命虎輔佐師戲管理走馬
馭人及五邑走馬馭人，並賜給戴市、幽
黃、玄衣、黻纯等禮服，以及繪有五日
的旗幟；元年六月既望甲戌，由邢伯陪
同在杜立太室接受冊命，周王命師虎繼
承其祖考的官職，管理左右戲緜荊。

虎　見吳虎鼎（考古與文物1998年3期70頁圖
2），即吳虎，西周宣王時期人，擔任周
王朝的虞官，管理山林。宣王十八年十
三月丙午日，由伯導陪同在周康宮夷宮
接受冊命，宣王命善夫豐生、司工雖毅
重申王命，將吳茲原有的土地付給吳
虎，參與封疆的有善夫豐生、司工雖毅、
伯導、内司土寺奉等人。封畢，吳虎賓
贈給善夫豐生和司工雖毅玉璋、馬匹，
賓贈給内司土寺奉玉璧，賓贈給史由奉
韋兩。

虎叔　見虎叔簋（保金85），西周中期人。

尚　見尚方鼎（集成01769），西周中期前段
人。

尚　銘文作冏，見尚壺（集成09618），西周
中期人。

尚　見尚觶（集成06466），西周中期前段人，
族徽為"鳥"。

怊糕　銘文作惄糕，見鄂君啟車節（3件，集
成12110—12112），戰國晚期人，楚懷
王時（前328—前299年）擔任楚國集尹。

具　見具鼎（集成02128），西周中期前段人。

果　見果簋（集成03474），西周中期人。

果　見蔡公子果戈（3件，集成11145—
11147），春秋晚期人，蔡國公子。

固　見十六年寧壽令戟（文物季刊1992年4
期70頁圖2），戰國晚期人，趙國寧壽縣
上庫的冶鑄工匠。某年，王征埶（蓋），
賜給犅刧貝一朋。

昌　見昌鼎（上博刊6期153頁圖4），西周中
期前段人。某年七月丙申日，曾奉晉侯
之命，追擊來犯之敵到倗地，取得胜利，
並有擒獲，晉侯賜給皋胄、盾、戈、弓
各一件，箭一束及貝十朋。

昌　見工城戈（集成11211），戰國早期人，
某國冶鑄作坊的冶吏。

昌國　見四年昌國鼎（集成02482），即昌國
君，戰國晚期人樂毅及其子樂間的封
號。樂毅初仕燕，封為昌國君，後畏誅
降趙，趙改封為望諸君，樂毅往復通燕，
燕趙以為卿客，後來其子樂間、樂乘皆
奔趙不返。昌國鼎銘刻格式屬於三晉，
黃盛璋先生斷為趙器，謂樂間、樂乘奔
趙後，樂乘封為武襄君，樂間沒有交代，
當是在趙沿用燕國舊封號（兼《關於魯
南新出趙得工劍與齊工師銅泡》《考古》
1985年5期）。

邑平侯　即春平侯，見元年相邦春平侯矛（集
成11556）、二年相邦春平侯鈹（集成
11682）、三年相邦春平侯鈹（集成
11683）、四年相邦春平侯劍（考古與文
物1989年3期20頁）、四年相邦春平侯鈹
（集成11707）、五年相邦春平侯矛（集

成11557）、五年相邦春平侯劍（集成
11662）、十五年相邦春平侯劍（2件，
集成11691、集成11709）、十七年相邦
春平侯矛（集成11558）、十七年相邦春
平侯劍（4件，集成11684、集成11699、
集成11714、集成11716）、十七年相邦
春平侯鈹（五件，集成11689—11690、
集成11708、集成11713、集成11715）、
十八年相邦春平侯劍（集成11710）、相
邦春平侯鈹（集成11688），戰國晚期人，
趙國的相邦。《史記》正義認為即太子
嘉，但劉向《烈女傳》載趙悼襄王死後，
倡后淫逸不正，通於春平侯，可知春平
侯不是太子嘉。據李學勤先生考證，春
平侯是張平，趙孝成王十五年（前251
年）任趙國的相邦。

鼌成侯　即春成侯，見春成侯盉（上博刊8
期152頁圖1）、春成侯壺（集成09616），
戰國早期人。

易仲　見王臣簋（集成04268），王臣的父親，
西周中前段期人。

昆疕王貯　見昆疕王鐘（集成00046），西周
晚期人，名貯，昆疕國王（非姬姓諸侯
國）。

咏　見咏尊（集成05887）、咏卣（集成05157），
西周早期人。

咏　見咏尊（集成05799），西周中期前段人。

明　見明尊（集成05693），西周中期前段人。

明　見六年司空馬鈹（保金274），戰國晚期
人，趙王遷六年（前230年）前後，擔任

邦左庫冶鑄作坊的冶尹。

明　見二年邢令孟慶戈（文物1988年3期51
頁圖4、3.2）、十六年守相信平君鈹（遺
珠178）、十七年相邦春平侯鈹（集成
11690），戰國晚期人，趙孝成王十六年
（前250年）到趙悼襄王二年（前243年）
期間，先後擔任邦右庫和邦左庫冶鑄作
坊的冶吏。

明　見工師明戈（集成11269），戰國早期人，
魏國冶鑄作坊的工師。

明公　見魯侯簋（集成04029）、夨令方尊（集
成06016）、夨令方彝（集成09901），
又稱明保、明公尹，西周早期後段人，
與夨令、王姜同時，周公旦的兒子，封
於明，任保尹之職。康王十八年曾率師
征伐東國，昭王某年十月，帶領作冊夨
令和亢師去成周宣佈王命，並用犧牲祭
祀京宮、康宮和王城。陳夢家先生認為
明公是周公的次子，伯禽的弟弟君陳。
君亦是官職，與保尹同，陳是名。周公
在世時稱為明公，周公死後受周公的爵
位，亦稱周公，世守采地周，為王官。
（見斷代581頁）

明保　見作冊䰧尊（集成05991）、作冊䰧卣
（集成05400）、夨令方尊（集成06016）、
夨令方彝（集成09901），即明公。于省
吾先生認為明保本不是人名，明是勉
義，明保系黽勉保衛的意思。銘文中屢
稱明保為明公，同時器如䰧卣稱明保，
魯侯簋稱名公，因為王命周公子負"明
保"之責，遂以名保為周公子的代名，

這與《書·君奭》稱伊尹為“保衡”相同（見《吉金文選》）。

明伯　見小盂鼎（集成02839），西周康王時期人，明國族首領。康王二十三年隨盂征伐鬼方，立有戰功。

明我　見明我鼎（集成01988），西周中期人。

明我　見二年主父戈（集成11364），戰國晚期人，趙孝成王二十七年（前245年）前後，擔任趙王宮内的工正，掌管百工，主作器械。

明無　見十年洱令張疋戟（文物1990年7期40頁圖4），戰國晚期人，名無，明氏，韓桓惠王十年（前263年）前後，擔任邦左庫冶鑄作坊的冶吏。

典　見典兔尊（保金續145），西周早期人。

㚷　即姒，見瀕吏鬲（曾名陝角、瀕事簋、瀕事鼎，集成00643），此指王姒，周成王的后妃。

峉客　見峉客簋（集成03996），又單稱客，西周晚期人。

㐭女　即㐭母，見享角（集成08980），享的夫人，西周早期人。

罕瘳　即罕瘳，見三年偖余令韓譙戈（3件，集成11317—11319），戰國晚期人，韓國偖余（負黍）縣冶鑄作坊的工師。

岡刧　見岡刧卣（集成05383），一作犅刧（見犅刧尊），西周早期人。某年，王征棥（蓋），賜給岡刧貝一朋。

過白　即過伯，見過伯簋（集成03907）、過伯爵（集成08991），西周早期後段人，過國族首領。曾隨周王征伐楚荊，俘獲了一批青銅。

㐲　見八年相邦建信君鈹（2件，集成11677—11678）、八年相邦建信君劍（集成11706），戰國晚期人，曾先後擔任趙國邦右庫和邦左庫冶鑄作坊的冶尹。

㐲旻　即㐲得，見燕王喜劍（集成11705），戰國晚期人，燕國南行唐縣冶鑄作坊的冶尹。

丮　即封，見作丮从彝方鼎（2件，集成01981—01982）、作丮從彝觶（集成06435）、丮從彝盤（集成10057），西周早期人。

丮　即封，見丮簋（集成03518）、丮簋（集成10560），西周早期人。

丮　見作冊封鬲（2件，中國歷史文物2002年2期4頁），即封、作冊封，西周晚期人，擔任周王朝作冊之職。

丮公　見師宝鐘（文物1994年2期96頁圖11）、姬寏母豆（集成04693），師宝的祖先，生世在西周早期。

牧　見牧簋（集成04343），西周中期前段人，擔任周王朝司土之職。七年十三月既生霸甲寅，由公族絙陪同在師汓父宮接受冊命，周王命牧繼續擔任司土，管理百僚，並賜給秬鬯一卣、金車、賁較、畫轉、朱虢（鞹）、鬲靳、虎冟（冪）、纁裏、旂和騄馬四匹。

牧　見覞比鼎（集成02818）、覞比簋蓋（集
　　成04278），即攸衛牧，西周晚期人，名
　　牧，攸衛氏。

牧牛　見𤷅匜（集成10285），本為職官名，
　　相當於《周禮》中的牧人，職司牧養王
　　室祭祀用牛。𤷅匜銘文中的牧牛，名不
　　詳，西周中期後段人，𤷅的下屬，因在
　　任職期間違背先前的誓言而涉訟，經伯
　　揚父審理判決，本應鞭打一千下，並處
　　以墨刑，經過大赦，改判鞭打五十下，
　　罰銅三百鋝。

牧師父　見叔㝔父簋（集成04068）、叔㝔父
　　簋蓋（2件，集成04069—04070），西周
　　晚期人，叔㝔父之兄。

牧𠂤　見牧𠂤簋（集成03651），西周早期人，
　　名𠂤，擔任周王朝牧人之職。

井伯　見井伯甗（考古與文物1987年5期101
　　頁圖2），西周早期人，井國族的首領，
　　名不詳。

乖伯　見乖伯簋（或稱𠅤伯簋、𥅫伯簋、𡵻
　　伯簋，集成04331），西周中期後段人，
　　名歸𢐗，乖國族首領（異姓諸侯國）。
　　九年九月，王命益公前往眉敖徵其來
　　朝，第二年二月，乖伯來朝，見而獻帛，
　　紂王賜給貂裘。

乖叔　見乖叔鼎（集成01733），西周早期后
　　段人，乖國公族。

季子　宋公綜簋（2件，集成04589—04590），
　　春秋晚期人，宋公欒（景公）的小妹，
　　適吳王（闔廬或夫差），故稱句吳夫人。

季日乙　見𠑇簋（2件，集成03912—03913），
　　𠑇的長輩，生世約在西周中期前段。

季氏　見虢季鼎（7件，虢國墓33頁圖22—圖
　　28），此指虢季。

季氏　見𩦮兌簋（集成04168），𩦮兌父親，
　　生世在西周中晚期。

季右父　見季右父鬲（集成00559），西周晚
　　期人。

季生　見工盧季生匜（集成10212），即攻吳
　　季生，春秋晚期人，吳國公族。

季老或　見季老或盂（集成09444），西周中
　　期前段人，其父為太伯。

季改　見夆叔盤（集成10163），夆叔匜（集
　　成10282），春秋早期改姓女子，夆叔的
　　夫人。

季佝父逸　見季佝父逸簋蓋（集成03877），
　　西周晚期人，名逸，字佝父。

季良父　見季良父盂（集成09443），又稱事
　　季良父（見事季良父壺），西周晚期人，
　　字良父，事氏公族，擔任西周王朝太師
　　之職，夫人為敏妃。

季妃　銘文作季𡥉　見季妃簋（集成03557），
　　西周中期前段妃姓婦女，所鑄銅器有
　　“𣬉（眉）”徽記，與季台䚻罍相同，
　　時代一致，故與季妃䚻當為一人。

季台䚻　銘文作季妃䚻，見季妃䚻罍（集成
　　09827），西周中期妃姓婦女，名䚻，所
　　鑄銅器有“𣬉（眉）”徽記。

季妓始　即季妓妃，見仲師父鼎（2件，集成

02743—02744），西周晚期姒姓婦女，
仲師父的夫人。

季訢　即季怡，見周王孫季訢戈（集成
11309），又作季彝（見曾大攻尹季彝
戈），春秋中期人，姬姓曾國穆侯之子，
故又稱周王孫，擔任曾國大工尹之職。

季姞　見師㝨父鼎（集成02353）、師㝨父簋
（2件，集成03705—03706），西周晚期
姞姓女子，師㝨父的夫人。

季姞　見鄭丼叔甗（集成00926），西周晚期
姞姓婦女，鄭丼（邢）叔的夫人。

季姜　見趩簋（集成04266），西周中期前段
姜姓婦女，趩的夫人。

季姜　見伯狷父鬲（集成00615），西周中期
姜姓婦女，伯狷父之妾。

季姜　見萬簋（西周中期），西周中期姜姓
婦女，萬的夫人。

季姜　見鄭鑄友父鬲（集成00684），西周晚
期姜姓婦女，鄭鑄友父的夫人。

季姜　見鄭羌伯鬲（2件，集成00659—
00660），西周晚期姜姓婦女，鄭羌伯的
夫人。

季姜　見鄭義伯匜（集成10204），西周晚期
姜姓婦女，鄭義伯的夫人。

季姜　見鑄侯求鐘（集成00047），春秋早期
人，鑄侯求的小女，姜姓。

季姜　見陳逆簋（2件，集成04629—04630），
戰國晚期姜姓婦女，陳逆的原配夫人。

季姜　見伯索史盂（集成10317），春秋早期
人，伯索史的夫人。

季盎　見季盎尊（集成05940），西周早期後
段人。從季盎尊與憧季遽父尊、憧季遽
父卣同墓出土，造型風格一致推斷，季
盎與憧季遽父為一人，名盎，字遽父，
憧氏家族，兄弟間排行第四。

季宮父　見季宮父簠（集成045727），西周
晚期人。

季姬　見季姬尊（文物2003年9期89頁圖4），
西周中期前段人，已出嫁的周王的小
女。某年八月初吉庚辰，王后命宰蒱賜
給季姬卑臣二十五家，馬十四匹，牛六
十九頭，羊二百三十五隻，糧食二廩。

季姬　見師㝨父盤（集成10111），西周晚期
人，師㝨父的姊或妹。

季姬　見牀侯簋（集成03752），西周中期姬
姓婦女，牀侯的夫人。

季姬　見叔皮父簋（集成04090），叔皮父的
母親，丈夫為莽公，生世在西周中晚期。

季姬　見季姬匜（集成10179），西周晚期姬
姓婦女，姊妹間排行最小。

季姬　見虜北鼎（集成02082），春秋早期姬
姓婦女，虜北的夫人。

季姬　見王伯姜鼎（集成02560），此指季姬
嫡母。

季姬牙　見魯大宰原父簋（集成03987），春
秋早期人，名牙，姬姓，魯太宰原父的
小女。

季姬婧　見魯伯大父簋（集成03974），春秋

早期人，名婧，姬姓，魯伯大父的小女。

季姬福母 見王伯姜鼎（集成02560），西周中期後段姬姓婦女，字福母，周懿王的姐或妹。

季妟 即季姒，見季姒簋（集成03557），西周早期姒姓婦女，所鑄銅器有"𣄔（昍）"徽記。

季犀 見季犀簋（集成03556），西周早期前段人。

季執 見季執鬲（集成00541），西周早期人。

季念 見季念鼎（集成02378），西周晚期人。

季隆父 見季隆父匜（文物2000年12期28頁圖9.1），西周晚期人，字隆父，虢國族。

季𤲞父 見季𤲞父簋（3件，集成04563—04564、周金3.132.2），西周晚期人。

季𣪘 見季𣪘簋（集成03730），西周中期前段人。

季楚 見季楚簋（集成03448），西周中期人。

季𦏵 即季怡，見曾大攻尹季𦏵戈（集成11365），又作季舍（見周王孫季舍戈），春秋中期人，姬姓曾國穆侯之子，擔任曾國大工尹。

季叟 見季叟簋（集成03444），西周中期人。

季衛父 銘文作季𢼸父，見衛尊（集成05915）、衛卣（集成05323），衛的長輩，西周早期人。

季鼎 即季眞，見季眞鬲（集成00531）西周中晚期人。

季盠 見季盠方鼎（集成02340），西周早期後段人。

季嬴 見黃季鼎（集成02565），春秋早期人，嬴姓，黃季的姐或妹。

季嬴 見國子碩父鬲（2件，虢國墓473頁圖322.3、圖322.6），春秋早期嬴姓婦女，國子碩父（虢石父）的夫人。

季嬴秘 見黃君簋蓋（集成04039），西周晚期人，名秘，黃國國君的小女。

季魯 見季魯簋（集成03949），西周中期前段人，井叔之子。

季嬴霝德 見季嬴霝德盤（集成10076）、季嬴霝德盉（集成09419），西周中期人，嬴姓國公室的小女，名霝德。

季妘 即季妘，見小臣夌鼎（集成02775），西周早期妘姓婦女，小臣夌的夫人。

季嬴□ 見仲自父盨（集成04453），西周中期前段人，仲自父的夫人。

玑 見玑鼎（集成02255），西周早期前段人。

玑 見玑鼎（集成02324），西周早期人，族徽為"𤳡（糞）"。

斫 即析，見子璋鐘（7件，集成00113—00119），羣的兒子，子璋的父親，春秋晚期許國人。郭沫若先生認為斫即許子妝，亦即鹽自（見《大系》考179頁）。

斫君墨脊 即析君墨脊，見斫君墨脊戟（集成11214），戰國早期人，名墨脊，封於析地。

延 即征，見𣪒孟延盨（2件，集成04420—

04421），又稱毀孟延，毀氏，西周中期人，身份為走亞。

伥斨 見三年鄭令椃溍矛（集成11559），戰國晚期人，韓王安三年（前236年）前後，擔任鄭縣左庫冶鑄作坊的冶尹。

佳 見佳尊（集成05901），西周中期前段人，族徽為"𠂤乪（戊匍）"。

侃孫奎母 見侃孫奎母盤（集成10153），春秋時期女子。

兒 見兒鼎（5件，集成01037—01039）、兒簋（4件，集成02938—02940），西周中期前段人，彊伯的妾，彊伯死後同墓殉葬。

臭 見臭簋（集成03909），西周中期前段人，族徽為"旅"。

臭女 即臭母，見臭女盨蓋（集成04352），西周晚期婦女。

兒 即鬼，見鬼壺（集成09584），西周中期前段人，族徽為"𩰍"。

卑梁君光 見卑梁君光鼎（集成02283），春秋中期人，名光，吳國卑梁邑的封君。

帛女 即帛母，見帛女鬲（集成00535），西周晚期女子。

阜 見芒陽守令虐戈（東南文化1991年2期259頁圖6），戰國晚期人，名阜，芒陽冶鑄作坊的冶吏。

欣仲履 即欣仲履，見欣仲履盤（集成10134），西周晚期人，名履，欣氏公族。

征 見征簋（集成04020），即征人。

征 銘文作延，見毀孟延盨（2件，集成04420—04421），又稱毀孟延，毀氏，西周中期人，身份為走亞。

征人 見征人鼎（集成02674），西周早期人，族徽為"𠂤𩰍"。某年丙午日，天君饗禓酒，在斤，天君賞給征人斤貝；癸亥日，天君饗甜酒，有賞給征人斤貝。

所汋 即所洀，見齊城左戈（文物2000年10期74頁圖2），戰國晚期人，齊國冶鑄作坊的冶吏。

金父 見金父鼎（集成02562），西周晚期人，𩰍氏家族，夫人為叔姬。

舍 見舍作寶簋（集成03373），西周中期人。

舍父 見舍父鼎（集成02629），西周中期前段人。某年，辛宮曾賜給舍父帛、金。

命 見命甗（集成00852）、命簋（集成04112），西周中期前段人。簋銘載某年十一月初吉甲申，王在華，王賜給命鹿。

命父謹 見命父謹簋（2件，集成03925—03926），西周晚期人，名謹，字命父。

命瓜君 即令狐君，見令狐君嗣子壺（2件，集成09719—09720），戰國初期晉國大夫，魏氏之後，封於令狐，名不詳。《左傳·宣十五年》有令狐顆，即魏顆，其子令狐文子，即魏頡，是其後裔。

命瓜君嗣子 即令狐君嗣子，見令狐君嗣子壺（2件，集成09719—09720），戰國中期人，魏國令狐氏的後裔，與周威王或周安王同時。

命仲　見滕虎簋（6件，集成03828—03832），
　　　滕虎的父親，西周早期人，約與滕伯文
　　　同時。

貪莫高　即僉莫高，見貪莫高卣（集成
　　　05345），西周中期前段人。

卻智　見卻智簋（集成04197），西周晚期人，
　　　擔任周王朝司土。元年三月丙寅，在太
　　　室接受冊命，周王命卻智繼承其祖父和
　　　父親的官職繼續擔任司徒，並賜給織
　　　衣、赤◯戟。

羍名　即舉名，見廿三年襄田令羍名矛（集
　　　成11565），戰國時期人，趙國（？）襄
　　　田縣縣令。

效槷父　即效權父，見散氏盤（又稱散盤、
　　　矢盤、矢人盤，集成10176），西周厲王
　　　時期人，散國的有司（管事者）。某年
　　　九月乙卯，參與矢付給散氏田地的勘界
　　　封樹和交付儀式。

采隅　見十五年守相廉頗鈹（集成11702），戰
　　　國晚期人，趙國邦右庫冶鑄作坊的工師。

受　見受爵（集成07460）、受觚（3件，集
　　　成06601—06603）、受觶（集成06041）、
　　　受父乙觶（集成06229），商代晚期人。

受　見鄭牧馬受簋蓋（集成03878），西周晚
　　　期人，擔任鄭國牧馬之職。

周　見周罍（集成09759），西周早期人。

周　見七年相邦呂不韋戈（秦銘文圖版70），
　　　戰國晚期人，秦王政七年（前240年）前

後，擔任秦國冶鑄兵器作坊的工師。

周王叚　見周王叚戈（集成11212），即春秋
　　　末年的周敬王，名叚，史書作丐。叚、
　　　丐二字音義相通。周景王之子，悼王之
　　　弟，公元前519年即王位，在位43年。《史
　　　記·周本紀》載："二十年，景王愛子
　　　朝欲立之，會崩，丐之黨與爭立，國人
　　　立長子猛為王，子朝攻殺猛，猛為悼王。
　　　晉人攻子朝而立丐，是為敬王。敬王元
　　　年，晉人入敬王，子朝自立，敬王不得
　　　入，居澤。四年晉率諸侯入敬王於周，
　　　子朝為臣，諸侯城周。十六年子朝之徒
　　　復作亂，敬王奔於晉，十七年晉定公遂
　　　入敬王於周。"

周公　見周公方鼎（集成02268）、小臣單觶
　　　（集成06512）、禽簋（集成04041）、
　　　史牆盤（集成10175）、榮簋（集成
　　　04241）、沈子它簋蓋（集成04330）、
　　　柞伯簋（文物1998年9期56頁圖3）、矢
　　　令方尊（集成06016）、矢令方彝（集成
　　　09901），西周王族，周文王之子，武王
　　　之弟，名旦，一稱叔旦。初封於畿内的
　　　周。佐武王伐紂滅商。武王卒，成王年
　　　幼，周公攝政。平管叔、蔡叔之變，安
　　　定東夷之亂。成王年長後，還政於王。
　　　後改封於魯，由長子伯禽就封，周公仍
　　　留王室輔佐成王。營建東都洛邑，遷殷
　　　貴族於成周，加強控制。又制定禮樂制
　　　度，分封諸侯，使周王朝強盛。

周公　見征盤（集成10067），西周早期人。

周奴 或釋為"周友"，見卅五年虒令周收鼎（集成02611）、卅五年虒令周奴盉（集成09449），戰國中期人，魏惠王三十五年（前336年）前後，擔任虒縣縣令。

周乎 見周乎卣（集成05406），西周中期前段人，名乎，周氏，族徽為"囲"。

周生 銘文作琱生，見琱生甗（又稱琱生鬲，集成00744）、五年琱生簋（曾稱召伯虎簋，集成04292）、六年琱生簋（曾稱召伯虎簋，集成04293），西周中期後段人，其母為琱氏（妘姓），即琱氏家族的外甥，故名琱生。召公的後裔，但任周王朝的宰職，故又稱宰琱生（見師叕簋）。

周生 見周生豆（2件，集成04682—04683），西周晚期人。

周伯邊 見仲爯父鼎（集成02734），西周晚期人。某年五月，曾和仲爯父一起征伐南淮夷。

周我父 銘文作琱我父，見周我父簋（3件，集成04048—04050），西周晚期人。

周季 見義仲方鼎（集成02338），西周早期人，義仲的父親，周氏公族。

周釞駼 見周釞駼鼎（集成02491），西周晚期人。

周姜 見伯百父簋（集成03920），西周中期前段姜姓婦女，伯百父的夫人。

周宅 見周宅匜（集成10218），西周晚期人，名宅，周氏，族徽為"囲"。

周師 見免簋（集成04240）、免盤（集成10161）、守宮盤（集成10168），西周中期人。某年正月既生霸乙未，曾賜給守宮一束絲、五件蘆穰、兩件蘆萱、一匹馬、三件毳布、三件團蓬和一朋琭。周為氏稱，或私名，師為職稱。陳夢家先生認為此師是《周禮》中的師氏，其職為"使其率四夷之隸，各以其兵服守王門之外。"

周姬 見晉司徒伯郜父鼎（集成02597），西周晚期姬姓婦女，晉國司徒伯郜父的夫人。

周登 見周登鼎（集成01497），戰國時期人。

周雒 見周雒盨（集成04380），西周晚期人，名雒，周氏，族徽為"囲"。

周蓼 見周蓼壺（2件，集成09690—09691），西周中期人，名蓼，周氏，族徽為"囲"。

周旸 即周陽，見周旸戈（集成11043），名陽，周氏。

周婦 即周妘，見函皇父鼎（2件，集成02548、集成02745）、函皇父簋（3件，集成04141—04143）、函皇父盤（集成10164）、函皇父匜（集成10225），西周厲宣時期妘姓婦女，函皇父的夫人。

周繇生 見周繇生簋（集成03915）、周繇生盤（集成10120），西周中期人，名繇生，周氏，族徽為"囲"。

服 見服方尊（集成05968），西周中期前段人。

服 見裘衛盉（集成09456），西周中期人，衛邑人氏，擔任司工之職。三年三月既生霸壬寅，參加了矩伯庶人以十三田土地換取裘衛的一件瑾璋、兩件赤琥、兩件麀𩊚和一件賁韐的土地勘界和交接儀式。

服余　見呂服余盤（集成10169），即呂服余，西周中期前段人，名服余，呂氏。某年二月甲寅日，周王册命服余繼承祖父和父親的職事，輔佐備仲主管西六師的軍務，並賜給赤紅色的圍裙、黑色繫帶、馬轡、絡头、鑣銜以及有鈴的旗幟。

㕚　即覩，見曶鼎（集成02838），西周中期後段人，曶的屬吏。某年四月丁酉，曾參與限和曶為五個奴隸的訟事。

免　見免簋（集成04240）、免簠（集成04626）、免尊（集成06006）、免卣（集成05418）、免盤（集成10161），西周中期前段人，擔任西周王朝的司土。簋銘載，某年十二月，周王在太廟册命免，命其輔助周師管理倉廩，並賜給免赤⊘市（韍）；簠銘載；某年三月既生霸乙卯，周王在周册命免擔任司土，管理鄭還的倉廩、虞、牧，並賜給織衣和鑾旂。此免與史免不是一個人。

免伯　見師閔鼎（集成02281），西周中期人，師閔的長輩或上司。

曶　見虫曶鼎（集成02175），西周早期人，族徽為“虫”。

曶　見曶尊（集成05814）、曶作日庚尊（集成05931）、曶卣蓋（集成05190），西周早期後段人。

曶　見曶鼎（集成02838）、曶壺蓋（集成09728）、蔡簋（集成04340），西周中期後段人，曾擔任周王朝宰職，故又稱宰曶（見太師虘簋）。曶鼎銘文記載，元年六月既望乙亥，王在穆王太室册命曶，命曶繼承祖父和父親的職務，管理卜事，並賜給赤⊘市（韍）；某年，王在𨕖应，周王命邢叔賜給曶赤金鍫；二年四月，因用匹馬束絲購買五個奴隸與限發生訴訟，經邢叔判決，曶勝訴；又在某饑饉之年，匡縱其衆人臣僕偷割曶的禾（穀子），曶告到東宮，經東宮判決匡給曶賠償禾十秭，饋送十秭，種植十秭，然兩造未依公判，最後匡給了曶土地七田、奴隸五人作為賠償，並交還偷割的十秭禾才算了事；曶壺記載，某年正月初吉丁亥，由邢公陪同在成宮接受册命，周王命曶擔任成周八師的冢司土，並賜給秬鬯一卣、赤韍、幽黃、赤舄、鋚勒和鑾旂。

曶　見曶簋（文物2000年6期87頁圖2），西周中期人。某年四月初吉丙午，周王命曶管理鄭馬，並賜給載市（韍）、冋黃等。

匋娟　即匋娟，見陶子盤（集成10105），西周早期娟姓婦女，陶子或曾賜給匋娟金（青銅）一鈞。

豻　見卅五年虒令周収鼎（集成02611）、卅五年虒令周収盉（集成09449），戰國中期人，魏惠王三十五年（前337年）前後，擔任虒縣的視事（主管造器之吏）。

咎　見卻咎簋（集成04197），即卻咎。

咎公矢　見能匋尊（集成05984），能匋的上司，西周早期人。某年曾賜給能匋貝五朋。

釜伯　見釜伯鬲（集成00696），西周中期人，夫人為陞孟姬。

享　銘文作亯，見享角（集成08980），西周早期人。

享叔　見醒史屖壺（集成09718），醒史屖的長輩（可能為父親），西周晚期人，享氏公族。

京公　見耳尊（集成06007），微師耳的長輩，西周早期前段人。

京氏　見芮公鬲（2件，集成00711—00712），西周晚期人，名不詳，夫人為芮公的三女。

京仲氏　見芮公鬲（集成00743），即京氏。

京叔　見京叔作饋盨（集成04381）、京叔作寶盨（考古與文物2003年2期84頁圖5）、京叔盤（集成10095），西周中期後段人，京國公族，嬴姓，名不詳，長女孟嬴。

京叔姬　見京叔姬簋（集成04504），春秋早期姬姓婦女。

京姜禾母　見京姜禾母鬲（集成00641），西周中期姜姓女子，字禾母，嫁於京氏家族。

京姬　見善吉父鬲（集成00700）、善夫吉父鬲（5件，集成00701—00704、陝金1.217）、伯吉父匜（集成10226），善夫吉父的夫人。

夜疷　見七年宅陽令隔餕矛（集成11546），戰國時期人，韓國宅陽右庫冶鑄作坊的工師。

夜胥　見元年鄩令夜胥戈（集成11360），戰國晚期人，曾擔任趙國鄩縣（今山西神池）縣令。

放　見果簋（集成03474），西周中期人，果的親屬。

庚　見庚壺（集成09733），又稱武叔，春秋晚期人，自稱殷王之孫，右師之子。齊靈公十二年（前570年）伐吳戰爭中，三軍圍攻萊城，庚攻其大門，多有殺獲，獻功於靈公之所，公賞之以城邑以及衣、裘、車、馬；庚又率二百乘舟從黃河進入筥都，以伐麇麇丘，殺其酋長，俘其士女，並相繼征戰於鰍丘和梁，歸獻於靈公之所，公賞其車馬；庚戍陸，又截獲敵軍車馬，獻之於成公之所，公亦有所賞賜。

庚　見冊年上郡守起戈（2件，集成11370，秦銘文圖版50），戰國晚期人，身份為隸臣（刑徒），秦昭襄王四十年（前267年）前後，在上郡冶鑄作坊當工匠。

庚仲　見周乎卣（集成05406），周乎的父親，生世在西周早期人，族徽為"雷"。

庚兒　見庚兒鼎（2件，集成02715—02716），春秋中期徐國國君——徐王庚為世子時的稱謂。沇兒的父親，遺者的祖父，主要活動在魯襄公時期（前572—前524

年）。郭沫若先生云："遺者余意當即
容居，檀弓下邾婁考公之喪，徐君容居
來吊含……，容居之年代可據邾婁考公
而定。……余意定亦系誤字，定當為宣，
邾宣公輕與魯襄公同時，於時徐尚未
弱。"（見《大系》考160頁）

庚孟　見吳虎鼎（考古與文物1998年3期70
頁圖2），吳虎的祖父或父親，生世在西
周中晚期。

庚孟　見吳㝬父簋（3件，集成03980—
03982），吳㝬父的祖父或父親，生世在
西周中晚期。

庚姜　見保姼母簋（集成10580），西周早期
婦女，曾賜給保姼母貝。

庚宮　見保侃母簋蓋（2件，集成03743—
03744），本為王宮嬪妃居住的宮名。此
指西周早期某王妃，或即保姼母簋中的
庚姜，曾賜給保侃母貝。

庚姬　見商尊（集成05997）、商卣（集成
05404），西周早期前段姬姓婦女，商的
夫人。某年五月丁亥，帝后賞給庚姬貝
卅朋、述絲二十鋝。

庚姬　見庚姬簋（集成10576），西周早期姬
姓婦女，族徽為"𡩬（冀）"。

庚姬　見庚姬鬲（4件，集成00637—00640），
西周中期姬姓婦女。

庚嬴　見庚嬴鼎（集成02748）、庚嬴卣（集
成05426），西周穆王時期嬴姓婦女。廿
二年四月既望己酉，王格周宮，舉行衣
事。丁巳日，王蔑庚嬴曆，賜給庚嬴裸

璋和貝十朋。

庮監　見庮監鼎（文物1991年5期85頁圖4），
西周早期人。

庖宰憙　銘文作勹㔾憙，見廿八年平安君鼎
（集成02793）、卅二年平安君鼎（集成
02764），戰國中期人，名憙，擔任衛國
單父上官的庖宰。"庖宰"二字為合
文，張亞初先生釋"勹㔾憙"為"嗣
憙"。

羌　見羌鼎（集成02673），西周早期人，父
親為寡叔。

羌　見羌鼎（集成02204），西周中期人，夫
人為宄姜。

羌仲尢　見羌仲尢簋（集成04578），西周晚
期人，名尢，羌氏公族。

厸　見五年相邦春平侯矛（集成11557），戰
國晚期人，趙悼襄王五年（前240年）前
後，擔任邦左庫的冶吏。

法　見曾都尹孫法簋（2件，華夏考古1990
年1期圖版1.5），春秋晚期人，曾國都
尹之孫。

沽　見三年陟令楢唐鈹（集成11661），戰國
晚期人，趙國陟縣下庫冶鑄作坊的冶吏。

泪　見三年杖首（集成10465），戰國時期人，
中富縣冶鑄作坊的冶吏。

沃伯寺　見沃伯寺簋（集成04007），西周晚
期人，名寺，沃氏家族首領。

洛叔　見洛叔之行鼎（集成02355），亦作盜
叔（盜叔壺、盜叔之行戈），春秋中期

人，曾國貴族，封於浝，故以浝為氏。

宗人 見宗人斧（北窰墓229頁圖124.2），本為西周王朝職官名，主管王室宗族諸事。此處是指西周中期前段擔任此職的某人，名不詳，

宗仲 見宗仲盤（集成10071）、宗仲匜（集成10182），西周晚期人，宗國公族，字其父，夫人為尹姞。

宗伯 見黃尊（集成05976），黃的父親或所在氏族的族長，生世在西周早期。

宗君 見六年琱生簋（集成04293），此宗君是指周生的宗族長，召伯虎的父親幽伯，生世在西周中期。

宗庚豐 見豐鼎（集成02625），亦單稱豐，商代晚期人，族徽為"亞畐"。某年乙未，殷王賞給宗庚豐貝二朋。

宗嬭 即宗妘，見季𩰬父簋（2件，集成04563—04564），西周晚期妘姓婦女，季𩰬父姊妹或女兒。

定伯 見五祀衛鼎（集成02832）、裘衛盉（集成09456）、即簋（集成04250），西周中期前段人，定氏家族的首領，周王朝的執政大臣。恭王三年三月和五年正月，曾會同邢伯、榮伯、伯邑父、𤸰伯、單伯、伯俗父等執政大臣，處理裘衛與矩伯、裘衛與邦君厲之間以物換田和土地交易之事，共同命令三有司勘界付田。

宓 見宓甗（集成00855），西周早期人。

宜 見宜鑄戈（集成11052），戰國時期人。

宜子 見戌甬鼎（集成02694），商代晚期人，宜國族首領。某年丁卯日，曾奉商王之命，"會西方于曽"。

宜生 見朕卣（集成05361），朕的上司，西周早期人。

宜侯夨 見宜侯夨簋（集成04320），西周早期人，名夨，原封為虞侯，康王某年四月改封於宜（金江蘇省丹徒附近），並賜給鬯卣一卣，商瓚（瓚）一件、彤弓一件、彤矢百支、旅弓十件、旅矢千支；賜給土地：厥川三百□，厥□百又廿，厥宅邑卅又五，厥□百又卅；賜給在宜王人十又七姓，奠、甸七伯，厥盧□又五十夫，宜地的庶人六百又□六夫。

宜桐 見宜桐盂（集成10320），春秋晚期人，徐王季糧之孫。

宜詥 即宜信、見梁上官鼎（集成02451），也就是宜信君，魏惠王時期（前276—前203年）的封君，戰國晚期人，名不詳。

宜無 見宜無戟（集成11112），戰國晚期人。

官変父 見官変父簋（集成04032），西周晚期人。

宛姬 即宄姬，見師酉簋（4件，集成04288—04291），師酉的母親，丈夫為乙伯，生世約在西周中期前段。

宛伯 即宄伯，見㫚鼎（集成02838），㫚的父親，生世在西周中期人。

客 見害客簋（集成03996），即害客，西周晚期人。

宝父　即主父，見二年主父戈（集成11364），
　　趙武靈王傳國後的稱號。趙武靈王於公
　　元前325年即位，二十七年（前299年）
　　五月傳位給小兒子何（即王何），自號
　　主父。後來又憐惜被廢的公子章，欲分
　　趙國北部立公子章為代王，其猶豫未
　　決，最終導致趙惠文王四年的沙丘之
　　亂，公子章和主父都在亂中死難。

宓伯　見小臣鼎（集成02678），易的上司，
　　西周中期前段人。某年十月，易使於曾，
　　宓伯在成周曾賞給易金（青銅）。

祈　見伯六辭方鼎（集成02337），西周早期
　　人，伯六辭的長輩或上司。

逑　見逑盂（集成10308），西周早期後段人，
　　族徽為"？"。

帚好　見婦好甗（集成00794）、婦好甗（婦
　　好墓48頁圖32.7）、婦好爵（10件，集
　　成08122—08131）、婦好觚（9件，集成
　　06848—06852、集成06862—06864、集
　　成06867）、婦好方尊（集成05535）、
　　婦好鴞尊（2件，集成0553—05537）、
　　婦好壺（2件，集成09486—09487）、婦
　　好正壺（集成09509）、婦好方彝（集成
　　09861）、婦好方罍（2件，集成09781—
　　09782）、婦好瓶（2件，集成09952—
　　09953）、婦好箕（集成10394），即婦
　　好。

帚妹　即婦妹，見婦妹簋（集成03081），商
　　代晚期婦女。

帚聿　即婦聿，見婦聿卣（集成05099），商
代晚期婦女。

帚姦　即婦姦，見婦姦觶（集成06148），商
　　代晚期婦女。

帚嫡　即婦嫡，見婦嫡觶（集成06143），商
　　代晚期婦女。

帚絀　即婦絀，見婦絀鼎（3件，集成01341—
　　01343）、婦絀鬲（集成00463）、婦絀
　　瓿（2件，集成06868—06869）、婦絀卣
　　（集成04845）、婦絀卣蓋（集成04846），
　　商代晚期婦女，某商王的后妃。

帚嬉　即婦嬉，見婦嬉方鼎（集成01711），
　　商代晚期婦女，族徽為"🚶🐉"。

建䋊君　即建信君，見三年相邦建信君鈹（集
　　成11687）、四年建信君劍（集成11619）、
　　四年建信君鈹（集成11695）、八年相邦
　　建信君劍（集成11680）、八年相邦建信
　　君劍（集成11706）、八年相邦建信君鈹
　　（5件，集成11677—11681）、十八年建
　　信君鈹（集成11717）、相邦建信君鈹（濟
　　南市博物館藏商周青銅器選粹324頁圖
　　6、圖版15.7），戰國晚期人，名不詳。
　　趙孝成王十八年到韓王安時（前246—前
　　230年）曾擔任趙國相邦。《戰國策·韓
　　策》有"建信君輕韓熙，趙敖為謂建信
　　君"云云。

屈子赤目　見楚屈子赤目簠蓋（集成
　　04612），春秋晚期人，名赤目，屈氏，
　　楚國大夫。趙奎夫先生釋為"屈子赤
　　角，認為即《左傳》文公三年的息公子
　　朱，屈禦寇之子，名赤角，字子朱，其

義相關（見《屈子赤角考》《江漢考古》1982年1期），子朱曾繼承其父屈禦寇為息公;《左傳》文公九年（前619年）"秋，楚公子朱自東夷伐陳"，杜註: "子朱，息公也。"文公十年: "子朱及文之無畏為左司馬。"屈氏世為莫敖，襲世職者可稱爲屈子，子朱為息公，亦當兼任莫敖。

屈上以　見鄖客問量（集成10373），戰國中期楚國人，名上以，屈氏，擔任楚國連嚻（敖）之職。

屈叔佗　見楚屈叔佗戈（集成11198）、楚王戈（集成11393），春秋早期楚國人，名佗，屈氏公族。

屈禜　即屈㝷，見㝷篙鐘（集成00038），春秋晚期人，名㝷，屈氏。某年與㝷篙救戎人於楚境。

狀侯　見狀侯簋（集成03752），西周中期人，夫人為季姬。

狀　見十七年丞相啟狀戈（集成11379）、北私府橢量（秦銘文圖版146）、始皇詔橢量（8件，善圖173、秦銘文圖版102—108）、始皇詔方升（4件，秦銘文圖版98—101）、武城橢量（秦銘文圖版109）、兩詔橢量（4件，秦銘文圖版148—149、度量衡108、文物1984年11期96頁圖2）、左樂兩詔鈞權（秦文字圖版42—43）、兩詔斤權（2件，《文博》1985年第4期）、始皇詔權（26件，衡齋上3、秦銘文圖版119、秦銘文圖版110—117、秦銘文圖版135附1—16）、始皇詔鐵權（善圖169）、始皇詔八斤權（2件，秦銘文圖版134—135）、始皇詔十六斤權（5件，善圖172、秦銘文圖版127—130）、始皇詔廿斤權（善圖171）、始皇詔廿四斤權（善圖170）、廿六年詔鐵權（3件，文物1979年12期92頁、文叢5輯111頁、秦銘文圖版125）、始皇詔□斤權（秦銘文圖版135附17）、兩詔斤權（2件，秦文字圖版45—46、秦文字圖版47.2—49）、始皇詔石權（度量衡170）、始皇詔鐵石權（5件，秦銘文圖版120—121、秦銘文圖版123、度量衡169、度量衡174）、平陽銅權（秦銘文圖版182）、兩詔權（7件，秦銘文圖版175—176、秦銘文圖版178、秦銘文圖版135附18、秦銘文圖版179—181）、始皇詔版（5件，秦銘文圖版136—138、秦銘文圖版143—144）、美陽權（秦銘文圖版183）、始皇詔銅權（秦銘文圖版118）、兩詔詔版（秦銘文圖版174），戰國晚期到秦代人，名狀，隗氏，秦王政十七年（前230年）以後到秦代，擔任秦國的丞相。

陽仲　即陽仲，見陽仲卣（保金續137），西周早期前段人。

附矩　見五祀衛鼎（集成02832），西周中期人，擔任司工之職。五年正月初吉庚戌，衛與邦君厲交換田地時，邢伯、伯邑父等執政大臣命附矩參與勘查地界和交付儀式。

阽　見五年相邦呂不韋戈（秦銘文圖版69），

戰國末期到秦代人，秦王政五年（前242年）前後，擔任少府工室的工師。

姑馮昏同　見姑馮昏同之子句鑃（集成00424），春秋晚期人，越國大夫，與越王勾踐同時。《越絕書》請糴內傳及外傳范伯又德序作馮同，外傳紀地作逢同；《史記·越世家》及《韓非說疑》亦作逢同，《吳越春秋》句踐入臣外傳作扶同，扶、馮、逢古為雙聲字。

姑發郎　見曹黻劍（文物1998年6期91頁圖1、2），即姑發閂反。

姑發閂反　見攻獻太子姑發閂反劍（集成11718）、工盧王姑發閂反劍（文物1990年2期78頁圖3），春秋晚期人，即攻吳王元，吳王壽夢的長子，《史記》作諸樊。公元前560年即位，在位十三年。郭沫若先生云："吳越遠離中原，人名稱謂頗保留原始習俗……，姑發閂反四字，合為諸樊，猶姑馮句鑃之'姑馮昏同'為馮同，笴趄箕尸戈之'笴趄箕尸'為句踐，越王鐘及矛之'者旨於賜'為諸咎。"（見《江陵與壽縣出土銅器群》《考古》1963年4期）；陳夢家先生認為此人可能是吳王夫差的太子友。

姛　即姒，見鼙姒瓵（集成07311），此姒指周文王妃，太姒。某年曾賜給鼙姒貝。

姛奴　即姒奴，見姒奴瓺（集成00851），西周早期人。

始　見大夫始鼎（集成02792），即大夫始，西周中期後段人。

始氏　即姒氏，見伯氏始氏鼎（集成02643），西周晚期或春秋早期姒姓婦女，鄧國族首領的夫人。

羿　見羿簋（2件，集成03993—03994），西周中期前段人。

孟　見孟簋（3件，集成04162—04164），西周中期前段人，其父曾和毛公、遣仲一起征伐無需，受到毛公的賞賜。

孟　見孟爵（集成08820），西周中期人。

孟　見司馬成公權（又稱司馬禾石權，集成10385），戰國時期人，三晉某國下庫冶鑄作坊的工師。

孟上父　見孟上父壺（集成09614），西周晚期人。

孟改　見匜君壺（集成09680），匜君的女兒，春秋時期人。

孟改乖　見番匊生壺（集成09705），西周中期後段人，番匊生的長女，名乖，改姓。

孟狂父　銘文作孟狴父，見孟狂父簋（考古1989年6期526頁圖4.1）、孟員鼎（考古1989年6期526頁圖2.3）、孟員瓺（考古1989年6期526頁圖2.2），西周中期前段人，字狂父，孟氏家族的族長。某年，曾賜給本族子弟孟員貝十朋。

孟辛父　見孟辛父鬲（3件，集成00738—00740），西周晚期人，夫人為孟姞。

孟妊　見郱伯鼎（集成02601），春秋早期妊姓婦女，郱伯的夫人。

孟妊車母　見鑄公簠（集成04574），春秋早期妊姓女子，字車母，鑄公的長女。

孟妣䀠　見弗奴父鼎（集成02589），春秋早期妣姓婦女，名䀠，費奴父的夫人。

孟姒　即孟姒，見孟姒鬲（集成00534），西周中晚期姒姓婦女。

孟叔　見孟叔匜（湖南考古輯刊1輯92頁），西周晚期人。《左傳》魯公二十一年秋，宋公、楚子、陳侯、蔡侯、鄭伯、許男、曹伯會歟孟。杜註："孟，宋地。"今河南睢縣有孟亭。

孟庚　見齊叔姬盤（集成10142），西周晚期人，齊叔姬的親屬。

孟柬慶　見二年邢令孟柬慶戈（文物1988年3期51頁圖4、3.2），戰國晚期人，名柬慶，孟氏。趙孝成王二年（前264年）前後，擔任邢縣的縣令。

孟皇父　見孟皇父匜（集成10185），西周晚期人。

孟姞　見孟辛父鬲（3件，集成00738—00740），西周晚期姞姓婦女，孟辛父的夫人。

孟姞　見曶叔奐父盨（2件，文物1995年1期7頁圖11、13），西周晚期姞姓女子，曶叔奐父的長女。

孟城　銘文作孟䇗，見孟城瓶（集成09980），春秋早期鄀國人。

孟姜　見魯伯大父作孟姜簋（集成03988），春秋早期姜姓女子，魯伯大父為其作媵器。

孟姜　見太師簋（集成03633），西周中期後段姜姓婦女，太師的夫人。

孟姜　見伯家父鬲（集成00682）、伯家父簋（集成03856），西周晚期人，伯家父的長女，姜姓。

孟姜　見叔多父簋（3件，集成04004—04006），西周晚期姜姓婦女，叔多父的夫人。

孟姜　見叔䜌父簋（集成04108），西周晚期姜姓婦女，叔䜌父的夫人。

孟姜　見太師盤（藏上海博物館），春秋早期人，某國太師之女，姜姓。

孟姜　見慶叔匜（集成10280），春秋早期人，慶叔的長女。

孟姜　見許子妝簋（集成04616），春秋時期人，許子妝的長女。

孟姜　見齊侯盤（集成10159），春秋晚期人，齊侯的長女，嫁於寯圂家族，故又稱寯圂孟姜。

孟姜　見陳侯作孟姜媵簠（2件，集成04606—04607），春秋早期姜姓女子，陳侯次女王仲嬀媵母的媵女。

孟姜　見洹子孟姜壺（2件，集成09729—09730），春秋晚期人，名雷，齊景公（前547—前490年）之女，田桓子陳純的夫人。

孟員　銘文作孟鼎，見孟員鼎（考古1989年6期526頁圖2.3）、孟員甗（考古1989年6

期526頁圖2.2），西周中期前段人，名員，孟氏。某年，族長孟狂父曾賜給貝十朋。

孟姬　見侯氏簋（2件，集成03781—03782），西周晚期姬姓女子，侯氏的夫人。

孟姬　見伯百父盤（集成10079）、伯百父鑑（集成09425），西周晚期姬姓女子，伯百父的長女。

孟姬　見不嬰簋（集成04328）、不嬰簋蓋（集成04329），西周晚期姬姓婦女，不嬰的祖母，公伯的夫人。

孟姬　見齊趫父鬲（2件，集成00685—00686），春秋早期姬姓婦女，齊趫父的夫人。

孟姬　見孟姬涽簋（2件，集成04071—04072），即孟姬涽。

孟姬　見劊伯簋（集成04484），西周晚期姬婦女，劊伯的夫人。

孟姬　見黃子鬲（集成00624）、黃子罐（集成09987）、黃子鑴（2件，集成09966）、黃子器座（集成10355），又稱黃孟姬，春秋早期某姬姓國女子，黃國國君的夫人。

孟姬　見毛叔盤（集成10145），春秋早期人，毛叔的長女，嫁於彪氏家族，故又稱彪氏孟姜。

孟姬　見禾簋（集成03939），禾的母親，謚號懿龏，故又稱懿龏孟姬。

孟姬　見蔡大司馬燮盤（古文字研究24輯168頁圖），春秋晚期人，姬姓，蔡大司馬燮的庶長女。

孟姬　見齊侯作孟姬盤（集成10123），春秋時期姬姓婦女，齊侯的夫人。

孟姬有　見蔡叔季之孫䚘匜（集成10284），春秋晚期蔡國人，䚘的長女。

孟姬安　見孟姬安甗（集成00910），西周中期人。

孟姬涽　見孟姬涽簋（2件，集成04071—04072），西周晚期姬姓婦女，名涽，武公的夫人。

孟姬念母　見曹公簋（集成04593）、曹公盤（集成10144），春秋早期人，字念母，姬姓，曹國某代國君的長女。

孟姬鄒　見曾子原彝簋（集成04573），春秋時期姬姓婦女，名鄒，曾子原彝的長女。

孟姬嬰　見魯少司寇封孫宅盤（集成10154），春秋中期人，名嬰，魯少司寇封孫宅的長女。

孟姬寶女　即孟姬庿母，見寺季鬲（集成00718），西周晚期姬姓女子，字庿母。

孟姬嬙　即孟姬嬸，見魯伯者父盤（集成10087），春秋早期人，名嬸，姬姓，魯伯者父的長女。

孟得　見孟得簋（曲村555頁圖777），西周早期後段人。

孟奠父　見孟奠父簋（3件，集成03842—03844），西周晚期人。

孟澳父　見孟澳父鼎（集成02213），西周晚期人。

孟㲄父　見孟㲄父壺（集成09571），西周中
　　期前段人。

孟弝父　見孟弝父簋（4件，集成03960—
　　03963），西周晚期人，女兒為幻伯妊。

孟肅父　見孟肅父簋（集成03704），西周晚
　　期人。

孟嬭媚小　見復公仲簋蓋（集成04128），春
　　秋晚期人，復公仲若我的長女。

孟聰父　見任鼎（中國歷史文物2004年2期21
　　頁圖1），西周中期人。

孟嫣　見郜仲簠（2件，文物2003年4期90頁
　　圖12—圖14），西周晚期人，郜仲的長
　　女，嫣姓。

孟嫣毃女　見陳子匜（集成10279），春秋早
　　期人，陳子的長女，字毃女，嫣姓，嫁
　　於郕氏族。

孟嬬　即孟祁，見單叔鬲（9件，盛世吉金43
　　頁—47頁），西周晚期祁姓婦女，單叔
　　的夫人。

孟滕姬　見孟滕姬缶（2件，集成10005、下
　　寺69頁圖58.3、4），春秋晚期前段姬姓
　　婦女。

孟嬴　見京叔盤（集成10095），西周晚期人，
　　嬴姓，京叔的長女。

孟嬴啎不　見孟嬴啎不缶（又稱孟嬴啎不
　　瓶，二屆補282頁圖1），春秋中期嬴姓
　　國長女，名啎不。

孟鮮　見十三年鑲金銀泡（集成11863），戰
　　國中期人，中山國私庫冶鑄作坊的工匠。

孟媥之母　即孟芈之母，見長子龘臣簠（集
　　成04625），春秋晚期芈女子，字之母，
　　長子龘臣的長女。

孟媥青　即孟芈青，見鄅子孟媥青簠（文物
　　2004.年3期26頁圖6.1、2），春秋晚期
　　楚國人，名青，鄅子的長女。

孟𤯃（貴）　見孟𤯃鼎（集成02202），西周
　　中期人。

彔　見彔簋甲（集成03863）、彔簋乙（集成
　　03702）、彔作辛公簋（集成04122）、
　　彔𢔣卣（2件，集成05419—05420），即
　　伯𢔣、彔伯𢔣，西周中期前段人。

彔　見彔盨（4件，集成04357—04360），西
　　周晚期人。

彔　見散氏盤（又稱散盤、夨盤、夨人盤，
　　集成10176），西周厲王時期人，夨國族
　　眉田的田官，居住在豆邑。某年九月乙
　　卯，參與夨付給散氏田地的封樹和交付
　　儀式。

彔子耴　即彔子聽，見大保簋（集成04140），
　　西周早期後段人，名聽，彔國族首領。
　　彔國，子爵，地處南方，與楚近，成王
　　時叛周，太保召公奭奉命往征。

彔伯𢔣　見彔伯𢔣簋蓋（集成04302），由單
　　稱彔（見彔尊、彔簋、彔𢔣卣）、𢔣（見
　　𢔣鼎、𢔣方鼎、𢔣瓢、𢔣簋等），亦稱
　　伯𢔣（見伯𢔣簋、伯𢔣飲壺），西周中

期前段人，泵國族首領，名螫，事於周王室。泵尊銘文載穆王之世，淮夷侵伐內地，周王命螫以成周師氏戍於古師；泵伯螫簋銘文載，某年正月庚寅，周王念起泵伯螫的祖考對於開闢周王朝的疆域有功，賞賜給泵伯螫秬鬯一卣、金車、賁幬較、賁函朱虢（鞹）靳、虎冪朱裏、金甬、畫輯、金軛、畫轉、馬四匹和鎣勒等；螫簋銘文載，某年六月初吉乙酉，螫戍守堂師，戎侵敤，伯螫率有司、師氏追戎於棫林，取得勝利，殺死敵人一百多，俘虜二人，繳獲敵人兵器有盾、矛、弓、箙、矢胄等共一百三十五件，奪回被敵人俘去的周人一百一十四人；螫方鼎銘文載，由於在此次戰役中有功，九月乙丑，王俎姜派內史員賞給螫玄衣朱襮裣。

泵螫 見泵螫卣（2件，集成05419—05420），即泵伯螫。

希商 見作希商簋（集成03453），西周早期人。

函交仲 銘文作函交仲，見函交仲簋（集成04497），西周晚期人，與函皇父同一家族。

函皇父 銘文作函皇父，見函皇父鼎（2件，集成02548、集成02745）、函皇父簋（3件，集成04141—04143）、函皇父盤（集成10164）、函皇父匜（集成10225），西周晚期人，字皇父，函國族。郭沫若先生認為即《詩·十月》"皇父卿士"中的皇父，歷事屬宣二世（見《大系》考131頁）。

甾 見甾觶（集成 06504），西周中期前段人，族徽為"南宮"。

九　劃

春平侯　銘文作旾平侯，見元年相邦春平侯矛（集成11556）、二年相邦春平侯鈹（集成11682）、三年相邦春平侯鈹（集成11683）、四年相邦春平侯劍（考古與文物1989年3期20頁）、四年相邦春平侯鈹（集成11707）、五年相邦春平侯矛（集成11557）、五年相邦春平侯劍（集成11662）、十五年相邦春平侯劍（2件，集成11691、集成11709）、十七年相邦春平侯矛（集成11558）、十七年相邦春平侯劍（4件，集成11684、集成11699、集成11714、集成11716）、十七年相邦春平侯鈹（五件，集成11689—11690、集成11708、集成11713、集成11715）、十八年相邦春平侯劍（集成11710）、相邦春平侯鈹（集成11688），戰國晚期人，趙國的相邦。《史記》正義認為即太子嘉，但劉向《烈女傳》載趙悼襄王死後，倡后淫逸不正，通於春平侯，可知春平侯不是太子嘉。據李學勤先生考證，春平侯是張平，韓釐王和桓惠王時期（前295—前239年）擔任韓國的相邦；黃盛璋先生據春平侯監造的兵器有十五年和十七年，建信君和春平侯監造的兵器各有三年和八年，建信君為趙孝成王的相邦，趙悼襄王在位僅九年，故春平侯可能是趙孝成王十五年（前251年）到悼襄王八年（前237年）擔任趙國相邦。

春成侯　銘文作旾成侯，見春成侯盉（上博刊8期152頁圖1）、春成侯壺（集成09616），戰國早期韓國人，名不詳，封號春成侯。

姞衍　見姞衍簋蓋（集成03804），西周晚期人。

珍　見涑鄩戈（集成11213），戰國早期人，某國冶鑄作坊的冶吏。

政父　見五祀衛鼎（集成02832），西周中期人。其土地與裘衛、邦君厲接壤。

壴　見壴卣（集成05401），西周早期人，族徽為“單𦎣（光）”。

耆史　見耆史尊（集成05885），西周早期人。

赼母　見時伯鬲（3件，集成00589—00591），時伯的夫人，西周晚期人。

封　見作冊封鬲（2件，中國歷史文物2002年2期4頁），即作冊封，西周晚期人，擔任周王朝作冊之職。

封氏　銘文作封氏，見封氏戈（北窰墓102頁圖56.2），西周早期封國族人，名不詳。

封虎　見封虎鼎（集成02437），西周中期人。

封孫宅　銘文作垟孫宅，見魯少司寇封孫宅盤（集成10154），春秋中期人，名宅，封孫氏，擔任魯國少司寇。

垣侯伯晨　銘文作𡑾侯伯晨，見伯晨鼎（集

成02816），亦稱師晨（見師𠭯鼎），西周中期後段人，垣國族首領擔任周王朝師職。某年八月丙午，周王冊命伯晨繼承其祖父和父親的職位，繼續做垣侯，並賜給伯晨秬鬯一卣、玄袞衣、幽㦙、赤舄、駒車、畫紳、幬較、虎幃、冪裡幽、鋚勒、旂五旒、彤弓、彤矢、旅弓旅矢、𠁁戈、皋胄等。

城 見工城戈（集成11211），戰國早期人，某國冶鑄作坊的工師。

城公 銘文作䣄公，見元年師兌簋（2件，集成04274—04275），師兌的祖父，釐公的父親，生世在西周中期。

城虢仲 銘文作䣄虢仲，見城虢仲簋（集成03551），西周晚期人，周王朝的執政大臣。疑與城虢遣生為一人。

城虢遣生 銘文作䣄虢遣生，見城虢遣生簋（集成03866），西周晚期人，名遣生，城虢氏。疑與虢仲、城虢仲為一人。

垠 見廿年鄩令戈（集成11299），戰國晚期人，魏國鄩縣縣令。

郘子姜 見寺公典盤（文物1998年9期23頁圖5），春秋中期姜姓國女子，郘公典的夫人。

郘公典 見寺公典盤（文物1998年9期23頁圖5），春秋中期人，名典，郘國國君，其夫人為姜姓國女子。

郘仲 銘文作𡥀仲 見郘仲簋（2件，文物2003年4期90頁圖12—圖14），西周晚期人，郘國公族，長女為孟嬀。

郘伯 銘文作時伯，見時伯鬲（3件，集成00589—00591），西周晚期人，郘國族首領，名不詳。

郘伯 見郘伯鼎（集成02601），春秋早期人，郘國國君，夫人為孟妊。

郘伯祀 見郘伯祀鼎（集成02602），春秋早期人，名祀，郘國國君。

郘季 銘文作寺季，見寺季鬲（集成00718），西周晚期人，郘國公族，名不詳。

郘季故公 見寺季故公簋（2件，集成03817—03818），西周晚期人，郘國公族。

郘造譴 銘文作郘遊邎，見郘造譴鼎（集成02422），亦稱郘譴，春秋早期郘國人。郭沫若先生云："遊與邎一名一字，遊即造之異，邎亦當遣之繁文。遣縱也，送也；造詣也，適也。名字相應。"（見《大系》考194頁）

郘邎 即郘譴，見郘譴簋（集成04040），即郘造譴。

郘𥀰 即郘召，見郘召簋（2件，考古1998年9期29頁圖3），春秋早期人，名召，郘國族。

甚 見甚觶（集成06497），西周早期人，族徽為"𠂤子"。

甚六 見夫跃申鼎（文物1989年4期54頁圖4），即斟六、遳邚，春秋晚期人，舍（此字或釋舒或釋徐）王之孫，尋楚歔之子。

甚諆 見甚諆鼎（集成02410），西周中期人，族徽為"𦍝（羊）"。

甚鷥君　見甚鷥君簋（集成03791），西周早
期人。

耶　即聽，見遷簋（集成03975），商代晚期
人。約在帝乙帝辛之世，身份為亞，族
徽為“𣪣矣（耶髭）”。

郴叚　見八年相邦建信君鈹（5件，集成
11677—11681）、八年相邦建信君劍（集
成11706），戰國晚期人，名叚，郴氏，
曾先後擔任趙國邦左庫和邦右庫冶鑄作
坊的冶吏。

茍　見楚王酓忑鼎（集成02794），戰國晚期
人，在楚國冶鑄作坊擔任冶吏。或即苛
脰。

苟詀　見苟詀匜（安徽金文110），戰國晚期
人。

苛脰　見冶吏秦勺（2件，集成09931—
09932），戰國晚期人，名脰，楚國冶鑄
作坊的冶吏。

若母鷗　見若母鷗鼎（三代3.17.5），西周
早期女子，名鷗，字若母。

苗姦　見苗姦盨（集成04374），西周晚期人。

苟　見苟鬲（集成00543），西周早期後段人。

茀公　見叔皮父簋（集成04090），叔皮父的
父親，生世在西周中晚期，族徽為
“弓”，夫人為季姬。

相公子崝　見相公子崝戈（集成11285），戰
國時期人，名崝，相公子。

相邦冉　見十四年相邦冉戈（秦文字圖版

38）、廿年相邦冉戈（集成11359）、卅
一年相邦冉戈（集成11342）。戰國晚期
人，名冉，秦昭襄王母宣太后的異母弟。
自惠文王、武王時任職用事，昭王即位，
任用為將軍，守衛咸陽。時昭王年少，
宣太后自治，任冉為政，封於穰，復益
封於陶，號曰穰侯，四登相位，舉白起
為將，先後伐韓、魏、齊、楚，使秦向
東擴張，以削弱諸侯，功最高，後昭王
用范睢，冉免相就封邑而卒。

相邦張義　見王四年相邦張儀戈（西漢南越
王墓圖版22.1，秦文字圖版17），戰國
中期魏國人，名義，張氏，史書作張儀，
與蘇秦同師鬼谷子，以遊説著名，秦惠
文君十年（前328年）擔任秦國相邦，惠
文王更元三年（前322年）為秦相魏，八
年復相秦，十二年為秦相楚，前後歷時
十八年，以連橫之策説六國，使背縱約
而事秦。號曰武信君，惠文王卒，不悅
於武王，六國皆叛橫合縱，武王元年（前
310年）離秦去魏，二年死於魏國。

相邦賈　見中山王𧊒方壺（集成09735），即
司馬賈，戰國中期後段人，名賈，擔任
中山國相邦。詳見司馬賈條。

相邦義　見十三年相邦義戈（集成11394），
即相邦張義。

相邦樛斿　見四年相邦樛斿戈（集成
11361），戰國中晚期人，名斿（一作游，
見陳直《史記新証》所載一九八四年陝
西戶縣出土的秦右庶長封邑陶券。陶券

稱大良造庶長游），樛氏。秦惠文王前
四年（前344年）任秦國庶長，爵位為大
良造，後四年（前321年）繼任相邦。

相邦蕭　見相邦蕭戈（中國文物精華大辭典
0944），戰國晚期人，名蕭，曾任某國
相邦。

相侯　見作冊折尊（集成06002）、作冊折方
彝（集成09895）、作冊折觥（集成
09303），西周早期後段人，相國國君，
名不詳。《世本》以相氏為巴郡南蠻五
姓之一。十九年五月，昭王在斥，命作
冊折將塱土贈送給相侯。

相侯　見殳簋（集成04136），西周早期相國
國君。某年，曾賜給屬臣殳帛和金。

柞　見柞鐘（7件，集成00133—00139），西
周晚期人。三年四月初吉甲寅，在仲太
師陪同下接受冊命。周王賜給載、朱黃、
鑾旂，命其掌管五邑甸人諸事。

柞伯　見柞伯簋（文物1998年9期56頁圖3），
西周中期前段人。某年八月庚申，周王
在周舉行大射之禮，柞伯十射十中，弓
無廢矢，周王獎給柞伯赤金十鈑。

柳　見南宮柳鼎（集成02805），即南宮柳，
西周夷王時期人。

柠　見柠簋（集成03512），西周早期人。

柜伯觪　即梾伯津，見梾伯觪鼎（集成
02460），西周中期人，名津，梾氏族首
領。

柬人守父　見柬人守父簋（集成03698），西

周早期人。

剌　見剌卣（集成05338），商代晚期人，族
徽為"𠅧（亞旇）"。

剌　見剌鼎（集成02436），西周早期人。

剌　見剌鼎（集成02485），西周早期人，夫
人為宄嬀日辛。

剌　見剌鼎（集成02127），西周中期前段人。

剌　見剌鼎（集成02776），西周中期前段人。
某年五月丁卯，周王在殷，剌陪同穆王
用犧牲祭祀昭王，事後穆王賜給剌貝三
十朋。

剌　見剌鬲（4件，集成00663—00665），西
周晚期人，釐（萊）伯和齊母的兒子。

剌　見鄭莊公之孫缶（2件，考古1991年9期
790頁圖11.1—2），此剌指剌疚。

剌王　見逨盤（盛世吉金30頁）、吳虎鼎（考
古與文物1998年3期70頁圖2），即周厲
王。

剌夫人　見鄭莊公之孫盧鼎（2件，考古1991
年9期787頁圖8），盧的母親，剌叔的夫
人，春秋晚期人。

剌公　見伯喜簋（4件，集成03997—04000），
伯喜的父親，西周中期人。

剌公　見伯梒盧簋（4件，集成04091—
04094），伯梒盧的父親，生世在西周中
晚期。

剌公　見宗婦郜嬰鼎（7件，集成02683—
02689）、宗婦郜嬰簋（6件，集成04077—

04078、集成04080、集成04086、北圖拓
114—115)、宗婦郜嬰簋蓋(8件，集成
04076、集成04079、集成04081—04085、
集成04087)、宗婦郜嬰壺(2件，集成
09698—09699)、宗婦郜嬰盤(集成
10152)，西周晚期人，郜國王子。郭沫
若先生認為即周宣王之子。

刺曲 見曾子𣏾鼎(原稱曾子斿鼎，集成
02757)，馬承源先生認為刺曲是曾氏的
先祖，《通志‧氏族略》引《世本》"曾
氏，夏少康封其少子曲烈於鄫，襄六年
莒滅之。"金文的刺字，經典作烈，曲
烈蓋即烈曲傳抄之誤(見《記上海博物
館新收集的青銅器》《文物》1964年7
期)。郭沫若先生釋為"烈祖"(見《曾
子斿鼎、無者俞鉦及其它》《文物》1964
年9期)。

刺仲 銘文作剌仲，見師𡥉父鼎(集成
02813)，師𡥉父的父親，生世在西周早
期後段到中期前段。

刺伯 見十二年大簋(2件，集成04298—
04299)，大的父親 生世在西周中晚期。

刺叔 見鄭莊公之孫盧鼎(2件，考古1991
年9期787頁圖8)，即刺疚。

刺侯 見晉侯喜父盤(文物1995年7期14頁圖
15.3)，即晉厲侯，《史記‧晉世家》
云厲侯名福，其子為靖侯宜臼。

刺疚 見鄭莊公之孫盧鼎(2件，考古1991
年9期787頁圖8)，盧的父親，即刺叔，
春秋晚期鄭國人。

勅 見勅𤉢鼎(集成02346)，西周早期人，
族徽為"🧍🐚"。

逗 即桓，見攻敔王光劍(集成11666)，詳
見光逗條。

咸 見咸方鼎(井叔墓138頁圖103.4)、咸
簋(井叔墓149頁圖111.3)，西周早期
後段人。

咸井叔 見趞觶(集成06516)，西周中期前
段人。二年三月初吉乙卯，在周王冊命
趞的儀式上，擔任儐相。

咸媟子 見咸媟子作祖丁鼎(集成02311)，
商代晚期人。

南公 見大盂鼎(集成02837)，盂的祖父，
生世在商末周初。

南公 見南宮乎鐘(集成00181)，南宮乎的
先祖，生世約在周初。

南公 見南公有司䋣鼎(集成02631)，西周
中期後段人，䋣的上司。

南仲 見無叀鼎(集成02814)，即南仲邦父。

南仲邦父 見駒父盨蓋(集成04464)，即
《詩‧大雅‧常武》中的南仲，西周宣
王時期人，字邦父，南國公族，擔任周
王朝司徒。宣王十八年正月，曾派駒父
和高父去南淮夷徵收貢賦；某年九月甲
戌，在周王冊命無叀的儀式上，擔任儐
相。

南伯 見裘衛簋(集成04256)，西周中期前
段人 南國族首領 周王朝的執政大臣。
穆王二十七年三月既生霸戊戌，在周王

冊命裘衛的儀式上，擔任儐相。

南季 見南季鼎（集成02781），西周中期人。某年五月既生霸庚午，周王命南季協助伯俗父司寇，並賜給赤◎市、玄衣、黹純和鑾旂。

南叔 見司馬南叔匜（集成10241），西周晚期南國族人，擔任周王朝司馬，其女為虩姬。

南旁 見妣瓔母簋（集成03845），西周晚期人。

南宮 見中方鼎（集成02751）、中觶（集成06514）、叔龜鼎（集成02342），西周早期後段人，南宮括的後裔，征伐楚荊的將領。

南宮 見叔龜鼎（集成02342），西周早期後段人，叔龜的長輩。

南宮 見伯作南宮簋（集成03499），西周早期後段人。

南宮 見柞伯簋（文物1998年9期56頁圖3），西周中期前段人。某年八月庚申，周王在周舉行大射之禮 南宮率王多士參加

南宮史叔 見吳王姬鼎（集成02600），西周晚期人，名史叔，南宮氏。

南宮乎 見南宮乎鐘（集成00181）、善夫山鼎（集成02825），西周宣王時期人，名乎，南宮氏，擔任周王朝司土之職。先祖南公、亞祖公仲和必父。宣王三十七年正月庚戌，在周王冊命善夫山的儀式上，擔任儐相。

南宮柳 見南宮柳鼎（集成02805），西周晚期人，名柳，南宮氏。夷王某年五月初吉甲寅，由武公陪同在康廟接受冊命，周王命柳管理六師牧場大友和義夷場佃事，並賜給赤市、幽黃和鑾勒。

南宮姬 見南宮姬鼎（2件，曲村348頁圖512.4—5），西周早期姬姓女子，嫁於南宮氏。

南君䖞鄖 見南君䖞鄖戈（九店228頁圖150.1），春秋晚期人，名䖞鄖，楚國南地封君。

南㝅 見南㝅爵（4件，保金續37、保金續45），商代晚期人。

南龗厥辭 見南龗厥辭簋（2件，集成04188—04189），西周晚期人，仲再父的太宰。

厚 銘文作㕒，見戈厚簋（集成03665），商代晚期人，族徽為"𠬝（戈）"。

厚氏元 見魯大司徒厚氏元鋪（3件，集成04689—04691），春秋中期人，名元，厚氏，擔任魯國的大司徒。

厚趠 見厚趠方鼎（集成02730），西周早期後段人，族徽為"𣏂（束）"，與濂公同朝用事。

屌氏 見屌氏扁壺（集成09682），戰國時期人，名不詳。

㿝向 見六年令司寇書戈（集成11337），戰國早期人，韓國右庫冶鑄作坊的工師。

奎父 見永盂（集成10322），西周中期人。恭王十二年某月初吉丁卯，曾參予授田

給師永的勘界活動。

彧　見彧方鼎甲（集成02789）、彧方鼎乙（集成02824）、彧鼎（集成02074）、彧簋（集成04322）、彧作旅簋（集成03378）、彧甗（集成00837）、彔彧卣（2件，集成05419—05420），西周中期前段人，彔國族首領，事周王室。穆王時隨伯雍父戌守古師，多次征伐淮夷立有戰功，受到周王和王后姐姜的賞賜。某年六月率師駐守在堂師，戎侵伐䓣地，彧率有司、師氏奔追䘿戎于棫林，與戎搏鬥，取得勝利，殺死敵人一百名，俘虜二人，俘獲敵人的兵器盾、矛、戈、弓、箙、矢、裨、冑，共一百三十五件，奪回被戎擄去的周人一百一十四人。

彧　見彧簋（集成03865），西周中期人，族徽為"◆〉"。

夾　見夾爵（集成09073），西周早期人，族徽為"㣏日"。

塦　見鄴子塦簋（集成04545），也作黃塦（見鄴子黃塦鼎），春秋晚期或戰國早期人，鄴國公子。

扷　見廿七年上守趞戈（集成11374），戰國晚期人，秦昭襄王二十七年（前280年）前後，擔任上郡漆垣冶鑄作坊丞。

匡　即匡，見曶鼎（集成02838），西周中期後段人。鼎銘載："昔饉歲，匡眾厥臣廿夫，寇曶禾十秭，以匡季告東宮，東宮廼曰：求乃人，乃弗得，汝匡罰大，匡乃稽首于曶，用五田，用眾一夫曰嗌，用臣曰疐，曰朏，曰奠，曰用茲四夫，稽首曰：余無由具寇正秭，不出，鞭余。曶或（又）以匡季告東宮，曶曰：弋唯朕禾是償。東宮乃曰：償曶禾十秭，遺十秭，為廿秭，若〕來歲弗償，則付冊秭，廼或（又）即曶，用田二又臣一夫，凡用即曶田七田，人五夫，曶覓匡卅秭。"

匡　見十七年相邦春平侯劍（集成11716），戰國晚期人，趙孝成王十七年（前249年）前後，擔任邦左庫冶鑄作坊的冶吏。

匡季　見曶鼎（集成02838），即匡季、匡。

匽王喜　即燕王喜，見燕王喜戈（遺珠177），戰國晚期人，名喜，燕國國君。

匽公　即晏公，見匽公匜（集成10229），春秋早期人，齊國貴族，晏地的封君。

匽伯聖　即燕伯聖，見匽伯聖匜（集成10201），西周晚期人，名聖，燕國族首領。

匽侯　即燕侯，見堇鼎（集成02703）、圉方鼎（集成02505）、伯矩鬲（集成00689）、復尊（集成05978）、亞盉（集成09439），西周成康時期燕國的國君。某年，曾派堇前往宗周向太保奭奉獻禮品。李學勤先生認為此即燕侯旨，召公奭的長子，第一代燕侯，他活到召公死後，大約到昭王初年（見《北京遼寧出土銅器與周初的燕》《考古》1975年5期）。

匽侯　即燕侯，見燕侯舞戟（考古1990年1

期28頁圖7.3）、燕侯泡（3件，集成11854、集成11860—11861）、燕侯舞鍚泡（3件，琉璃河212頁圖128.2、考古1990年1期30頁圖10、考古1990年1期26頁圖5.17）、燕侯舞泡（考古1990年1期26頁圖5.18），西周早期燕國的國君，名不詳。

匽侯　即燕侯，見燕侯戈（集成10887）、燕侯戟（集成11011），西周早期的燕侯，名不詳。

匽侯　即燕侯，見燕侯戟（集成10953），西周早期燕國的國君，名不詳。

匽侯　即燕侯，見燕侯簋（集成03614）、燕侯旅盂（2件，集成10303—10304）、燕侯饙盂（集成10305），西周早期燕國的國君。

匽侯旨　即燕侯旨，見燕侯旨鼎（集成02628）、燕侯旨作父辛鼎（集成02269），西周早期前段人，名旨，召公奭的長子，武王滅商後封於燕。旨與伯龢、伯憲、太史冬為兄弟。某年初見事於宗周，周王賞給貝二世朋。

煩父　見煩父鼎（集成02022），西周早期人。

䧻　即何，見何尊（集成06014），西周早期前段人，王室宗族子弟，其父輩曾輔佐文王、武王，有功於王室。成王五年四月丙戌，在宗室接受訓誥，成王並賜給何貝三十朋。

䧻　即何，見䧻作兄日壬尊（集成05933）、䧻卣（集成05339），西周早期後段人，族徽為“⊠”。

䧻　即何，見䧻簋（小校7.82.2），西周中期人。

䧻　即何，見䧻簋蓋（集成03761），西周晚期人。

䧻　即何，見䧻簋（集成04202），西周晚期人。某年三月初吉庚午，由虢仲陪同在華宮接受冊命，周王還賜給䧻赤市、朱亢和鑾旂。

䧻此　即何此，見何此簠（3件，下寺11頁圖7.1、下寺11頁圖7.2、3、下寺14頁圖9），春秋中期人，畢的孫子。

郢　見郢簋（文物1996年7期59頁圖10），西周中期前段人。

郘君　見郘君戈（集成11048），戰國早期人，郘地的封君，名不詳，曾侯乙去世後曾有賵贈。

貞　見貞鼎（集成01751），西周中期前段人。

貞　見散氏盤（又稱散盤、夨盤、夨人盤，集成10176），西周厲王時期人，夨國族眉田的田官，居住在豆邑。某年九月乙卯，參與夨付給散氏田地的封樹和交付儀式。

貞　見元年鄭令棺涵矛（集成11552），戰國晚期人，韓王安元年（前238年）前後，擔任鄭縣冶鑄作坊的冶尹。

柴　見徐王元子柴爐（集成10390），春秋晚期人，徐王的長子。

省　銘文作眚，見小子省卣（又稱小子省壺，集成05394），即小子省，商代晚期人，族徽為"𤰨（冀）"。

省史南 銘文作眚史南，見鬲比鼎（集成02818），西周晚期人。

省史桓 銘文作眚史趄，見省史趄尊（集成05951），西周早期人，族徽為"𤰨冊"。

冑 見冑簋（集成04532），春秋早期魯國人。

是叔虎父 見是叔虎父簋（4件，集成04592），春秋早期人，字虎父，是氏家族。

是埶 見邗王是埶戈（集成11263），春秋晚期人，吳國國王，文獻作壽夢。公元前585年即位，在位二十五年。

是婁 見是婁簋（2件，集成03910—03911），西周中期後段人。

是駶 銘文作是驫，見是駶簋（集成03917），西周中期人，族徽為"鼎"。

易 見易鼎（集成02256），西周早期人。

易 銘文作号，見小臣鼎（集成02678），西周中期前段人，小臣氏。某年十月，小臣易使於曾，宓伯在成周賞給小臣易金（青銅）。

易兒 見易兒鼎（集成01991），戰國晚期人。

易叔 見易叔盨（集成04390），西周晚期人，易氏公族。

易姚 見盧叔樊鼎（集成02679），西周晚期姚姓婦女，盧叔樊的夫人。

易旁 見易旁簋（2件，集成04042—04043），西周早期後段人，擔任周王朝小臣之職。某年，趙叔曾賜給貝三朋、臣三家。

易𤏳 即陽倢，見五年鄭令韓半矛（集成11553），戰國晚期人，韓王安五年（前234年）前後，擔任鄭縣左庫冶鑄作坊的工師。

昊生 見昊生殘鐘（2件，集成00104—00105），西周晚期人，單國族首領。

旻 見旻作父乙爵（集成09069），西周早期人。

思 見五年韓令思戈（2件，集成11348—11349），戰國時期人，魏國龔縣縣令。

禺 見十四年相邦冉戈（秦文字圖版38）、王廿三年戈（故宮博物院院刊2004年4期70頁圖2、3），戰國晚期人，秦昭襄王十四年（前293年）前後，在櫟陽冶鑄作坊當工匠，二十年升任西工師丞，二十三年（前284年）轉任相邦魏冉家丞。

則 銘文作劓，見則爵（集成08828），西周中期前段人。

盅 見盅鼎（集成02356），春秋中晚期人。

盅子戠 見盅子戠鼎蓋（集成02286），春秋晚期人。

時伯 即邿伯，見時伯鬲（3件，集成00589—00591），西周晚期人，邿國族首領，名不詳。

昭王 銘文作瑶王、邵王，見鮮簋（集成10166）、史牆盤（集成10175）、逑盤（盛世吉金30頁），即周昭王，康王之子，名瑕。十九年南征楚地各族，渡漢水，溺死於中流。《古本竹書紀年》載："昭王十六年伐荊楚，涉漢，遇大兕"，"十九年天大曀，雉兔皆震，昭王溺死於漢水，喪六師於漢。"

昭王　銘文作卲王，見卲王之諻鼎（集成02288）、卲王之諻簋（2件，集成03634—03635），此指楚昭王，名珍，楚平王之子，公元前515年即位，在位二十七年。

昭伯　見戎生鐘（8件，保利藏金120、文物1999年9期79頁圖6.1—8、圖7.1—8），戎生的父親，生世在西周宣幽時期，臣事晉侯。

昭伯日庚　見伯姜鼎（集成02791），西周昭穆時期人，伯姜的丈夫。黃盛璋先生釋為召伯，黃云："召伯即召伯奭之後，長子襲召公之職，為王卿士，世稱召伯，亦稱召公。伯表長幼之次，公乃官爵，故有兩稱。（《長安鎬京地區西周墓新出銅器群初探》《文物》1986年第1期）。

昭者果　銘文作卲者果，見大市量（文字研究22輯129頁），戰國中期楚國人，名者果，昭氏，郑地的封君。

昭陽　見鄂君啟車節（3件，集成12110—12112）、鄂君啟舟節（2件，集成12113、銅全10.98左），戰國晚期人，名陽，昭氏（楚國王族三大姓之一），擔任楚國大司馬，懷王六年（前323年）率師攻魏，在襄陽大敗魏軍，大獲全勝，奪得八個城邑，此後升為上柱國。

眂事司馬猷　即視事司馬猷，見信安君鼎（集成02773），戰國中期人，名猷，司馬氏，魏襄王時（前318—前296年）曾擔任信安君家的視事（主管造器之吏）。

眂事狄　即視事狄，見卅五年虒令周收鼎（集成集成02611），戰國中期人，名狄，魏惠王三十五年（前337年）前後，擔任虒縣的視事（主管造器之吏）。

眂事猷　即視事猷，見信安君鼎（集成02773），即眂事司馬猷。

眂事燈　即視事燈，見十七年平陰鼎蓋（集成02577），戰國中期人，名燈，魏國瑕邑的視事（主管造器之吏）。

眂事駰　即視事駰，見卅年虒令癰鼎（集成02527），戰國中期人，名駰，魏惠王三十年（前341年）前後，擔任虒縣的視事（主管造器之吏）。

峡　見慶孫之子峡簠（集成04502），春秋晚期人，慶孫之子。

遌　即微，見遌簋（集成03862），一作微（見微尊），西周早期人，族徽為"🔲🔲"。

遌乘　即微乘，見微乘簠（集成04486），春秋早期人。

幽　見摯司土幽尊（集成05917）、摯司土幽卣（集成05344），西周早期後段人，擔任摯地司土。

幽大叔　見叔向父禹簋（集成04242），禹的祖父，生世約在西周中期。

幽尹　見寓卣（集成05381），寓的長輩，生世在西周早期。

幽仲　見宰獸簋（2件，陝西歷史博物館館刊2000年第7輯99頁圖2、文物1998年10期40頁圖7.2），宰獸的祖父，其夫人為姜益，生世約在西周早期。

幽仲　見伯營簋（集成03943），伯營的父親，生世約在西周中期。

幽伯　見六年琱生簋（集成04293），召伯虎的父親，召族的宗君，夫人為幽姜，西周中期人。

幽叔　見即簋（集成04250）、師丞鐘（集成00141），即的父親，丞的祖父，虢國公族，生世在西周中期前段。

幽姜　見六年琱生簋（集成04293），召伯虎的母親，幽伯的夫人，召族的宗婦，西周中期人。

幽□恒　見十七年鄭令戈（集成11371），戰國晚期人，韓桓惠王十七年（前256年）前後，擔任鄭縣縣令。

昷伯　見過伯爵（集成08991），即過伯。

卸　即御，見御簋（文物1996年7期59頁圖10），西周中期前段人。

祝　見祝簋（集成03630），西周中期前段人。

邾太宰徵　銘文作鼃大宰徵，見鼃大宰徵子敚鐘（集成00086），即邾太宰襛。

邾太宰襛　銘文作鼃大宰襛，見邾太宰襛子䚅簋（集成04623），春秋早期人，名襛，䚅（一作敚）的父親，擔任邾國的太宰。

邾友父　銘文作鼃舎父，見邾友父鬲（集成00717），春秋早期邾國人，字友父。郭沫若先生云：“友父疑即春秋邾子益之子，與魯哀公同時（前494—前467年）。”（見《大系》考193頁）；楊樹達先生據《春秋》莊公五年“郳犁來來朝”，孔註“郳之上世出於邾國，譜云：‘小邾，邾挾之後也’，夷父顏有功於同，其子友訓封為附庸，居郳。”認為此銘友父即邾顏直之子友，始別封於郳，所謂小邾子（見《積微居金文說》178）。

邾公鈺　銘文作鼃公鈺，見邾公鈺鐘（集成00102），春秋晚期人，名鈺，邾國國君，諡定公，自稱為陸融之孫。郭沫若先生云：“鈺字從金乇聲，以聲類求之，當是鉏之古字。《左傳》文公十四年‘邾文公元妃齊姜生定公，二妃晉姬生捷菑。’王引之言捷字菑名，云：‘《元和姓纂》有捷姓，引《風俗通》曰邾公子捷菑之後，以王父字為氏。’俞樾云捷緇，故名菑字捷。准此，則邾定公名貜且者（見《春秋》成十七年）以當是一字一名，貜假為鑊，且鉏省。兄若同以農事字為名也。故此邾公鈺當即邾定公貜且。”（見《大系》考191頁）

邾公華　銘文作鼃公華，見鼃公華鐘（集成00245），春秋晚期邾國國君，名華，邾公輕之子，魯昭公八年（前534年）即位，在位十五年，死後諡悼公。

邾公孫班　銘文作鼃公孫班，見邾公孫班鎛

（集成00140），春秋晚期人，名班，邾
國某代國君之孫。

邾公牼　銘文作鼄公牼，見鼄公牼鐘（4件，
成00149—00152），春秋晚期邾國國君，
名牼，《公羊傳》、《穀梁傳》均作瞯，
乃假借字。魯成公十八年（前573年）即
位，在位三十九年，死後諡宣公。

邾伯　銘文作鼄伯，見邾伯鬲（集成00669），
西周中晚期人，邾國某代國君。

邾伯御戎　銘文作鼄伯御戎，見邾伯御戎鼎
（集成02525），西周晚期或春秋早期
人，字御戎，邾國國君，夫人為滕姬。
郭沫若先生說：“邾君之名見於春秋者
八世，曰克（字儀父）、曰瑣、曰蘧蒢、
曰貜且、曰牼、曰華、曰穿、曰益，無
與御戎相當者，由文字觀之，疑在春秋
以前，然相去不遠矣。”（見《大系》
考193頁）

邾君　銘文作鼄君，見鼄君鐘（集成00050），
春秋晚期人，邾國某代國君。

邾來隹　銘文作鼄來隹，見邾來隹鬲（集成
00670），名來隹，春秋早期邾國人。

邾叔之伯　銘文作鼄叔之伯，見鼄叔之伯鐘
（集成00087），春秋時期人，名之伯，
邾國公族。

邾討　銘文作鼄討，見邾討鼎（集成02426），
西周晚期或春秋早期人。郭沫若先生認
為邾討與邾伯御戎為一人，名討，字御
戎，名字相應（見《大系》考194頁）。

詳見邾伯御戎條。

邾姬仁　銘文作鼄姬𡥀，見魯伯愈父盤（3
件，集成10113—10115）、魯伯愈父鬲
（6件，集成00690—00695）、魯伯愈父
匜（集成10244），西周晚期人，魯伯愈
父之女，名仁，姬姓，嫁於邾國。

邾曹　銘文作鼄𡥀，見杞伯每刃鼎（3件，集
成02494—02495、集成02642）、杞伯每
刃簋（5件，集成03897—03901）、杞伯
每刃盆（集成10334）、杞伯每刃壺（集
成09688）、杞伯每刃壺蓋（集成09687）、
杞伯每刃匜（集成10255），春秋早期邾
國女子，曹姓，杞伯每刃的夫人。

邾嬴　銘文作㲋嬴，見妊爵（2件，集成
09027—09028），西周早期人。

邾翔伯　銘文作鼄翱伯，見邾翱白鼎（2件，
集成02640—02641），春秋早期邾國人，
夫人為此嬴。

邾𪔛　銘文作鼄𪔛，見苢父匜（集成10236），
春秋早期邾國人。

垂　見淮伯鼎（古文字研究24輯229頁），西
周中期人，名垂，鄩國族人。

垂姬　見王作垂姬鼎（集成02273），西周早
期人，周王的姑母或姊妹。

矩　見矩尊（集成05818）、矩盤（集成
10060），西周早期人。

矩　見矩方鼎（故周金12），西周早期後段
人。

矩　見裘衛盉（集成09456）、九年衛鼎（集

成02831），即矩伯庶人。

矩　見申五氏孫矩甗（山西珍85），春秋早
　　期人，自稱申五氏之孫。

矩父　見作矩父簋（集成03392），西周中期。

矩伯庶人　見裘衛盉（集成09456），名庶人，
　　矩國族首領，西周中期人。盉銘載"三
　　年三月既生霸壬寅，王爯旂于豐。矩伯
　　庶人取瑾璋于裘衛，才（財）八十朋，
　　厥寘（價），其舍田十田；矩又取赤琥
　　兩、麀韐兩，賁鞶一，才（財）廿朋，
　　其舍田三田。"報告給伯邑父、榮伯等
　　執政大臣，得到允許後進行勘界，並舉
　　行交接儀式；九年衛鼎記載在九年正
　　月，周王接見眉敖大使之日，矩伯用林
　　𦤆里換取裘衛的一輛省車和一批車馬用
　　具。

矩叔　見矩叔壺（2件，集成09651—09652），
　　西周晚期人，矩氏公族。

矩姜　見九年衛鼎（集成02831），西周中期
　　姜姓婦女，矩伯庶人的夫人。

矩爵　見矩爵簋（考古1997年4期58頁圖
　　2.2），西周早期人。

牲　見六年漢中守戈（集成11367），戰國晚
　　期人，秦昭襄王六年（前301年）前後，
　　是漢中郡冶鑄作坊的工匠。

祈　見𤲃侯少子簋（集成04152），春秋時期
　　人，𤲃侯之小子，不巨的父親。

秒　即利，見次尸祭缶（東南文化1988年3、
　　4期24頁圖拓片4），春秋中晚期人，顧

君之子，次尸祭的父親。

重棠　即董棠，見十年洱令張定戟（文物1990
　　年7期40頁圖4），戰國時期人，名棠，
　　董氏，韓國洱縣左庫冶鑄作坊的工師。

罕　見罕簋（集成10581），西周早期人，族
　　徽為"㾪"。某年八月甲申，公仲在宗
　　周，賜給貝五朋。

段　見段簋（集成04208），西周中期人，畢
　　仲之孫。

段金簪　見段金簪簋（2件，集成03586—
　　03587）、段金簪尊（集成05863），西
　　周中期前段人。

保　見保尊（集成06003）、保卣（集成
　　05415），保為召公奭的官名，亦稱太保
　　（見太保簋、太保方鼎）、公太保、皇
　　天尹太保。召公在周室的地位僅次於周
　　公和太公，遠在文武時期就居輔弼之
　　職，《詩·江漢》："昔文武受命，召
　　工維翰"，《尚書序》："召公為保，
　　周公為師，相成王左右。"保尊和保卣
　　銘文載，某年二月既望乙卯，周王命保
　　殷東國五侯。

保　見菲鼎（集成02201），西周中期人。

保子達　見保子達簋（集成03787），西周晚
　　期人，族徽為"ㄣ"。

保侙母　見保侙母簋（集成10580），西周早
　　期女子，字侙母，擔任周王朝內宮保姆
　　之類的官職，庚姜曾賜給貝。與保侃母
　　或為一人，庚姜當為庚宮。

保酉　見亞保酉簋（集成03235），西周早期
　　人，族徽為“亞”。

保侃母　見保侃母簋蓋（2件，集成03743—
　　03744）、保侃母壺（集成09646），西
　　周早期女子，字侃母，擔任周王朝内宮
　　保姆之類的官職，庚宮曾賜給貝。

保鼎　即保員，見保員簋（上博刊6期150頁
　　圖2），西周康王時期人。某年十一月懱
　　公參加了周王征伐東夷班師告廟之禮
　　後，自周返回到虘地，由於員在伐東夷
　　之時，担當車右和近衛有功勞，懱公賜
　　給青銅裝飾的車一輛，以資勉勵。

俗父　見南季鼎（集成02781），即伯俗父，
　　西周中期人。某年五月既生霸庚午，周
　　王冊命南季時擔任儐相。

係　見廿二年臨汾守嘽戈（集成11331），戰
　　國晚期人，秦王政廿二年（前225年）前
　　後，擔任臨汾郡冶鑄作坊的庫吏。

信平君　見十三年信平君鈹（集成11711），
　　十六年守相信平君鈹（遺珠178），廉頗
　　的封號。《史記·趙世家》載：孝成王
　　“十五年，以尉文封相國廉頗為信平
　　君。”《正義》曰：“尉文蓋尉州地也。
　　信平廉頗號也，言篤信而平和也。”趙
　　孝成王時（前265—前245年）擔任趙國
　　守相。

信母　銘文作伯母，見信母爵（集成08138），
　　商代晚期女子。

信安君　見信安君鼎（集成02773），戰國中
　　期人，魏國公族，名魏信，封號信安君，
　　曾任魏國的相邦。約與魏襄王同時（前
　　318—前296年）。《戰國策·魏策》：
　　“秦召魏相信安君，信安君不欲往，蘇
　　代為說秦王，曰：夫魏王之愛信安君也，
　　甚矣……。”

信陰君　見信陰君庫戈（集成11055），戰國
　　時期人，某國封君，名不詳。

信姬　銘文作伯姬，見獣叔信姬鼎（集成
　　02767），西周晚期姬姓婦女，獣叔的夫
　　人。

侯父　見遟父鐘（集成00103），遟父的父親，
　　西周中晚期人。

侯父　見侯父甗（集成00937），西周晚期人，
　　鄭國太師的小子。

侯父　見侯母壺（集成09657），春秋早期人，
　　魯國國君，侯母的丈夫。

侯氏　見侯氏鬲（4件，華夏考古1992年3期
　　95頁），此是西周中期後段某代應侯的
　　自稱，夫人為姚姓女子，稱姚氏，又稱
　　應姚。

侯氏　見侯氏簋（2件，集成03781—03782），
　　西周晚期某國君侯的自稱，夫人為孟姬。

侯氏　見國差𨮣（集成10361）、鎛鎛（原稱
　　齊侯鎛，集成00271），此指春秋中期的
　　齊頃公或齊靈公，群臣稱齊侯為侯氏。

侯母　見侯母壺（集成09657），春秋早期魯
　　君的夫人。

侯興　見侯興權（集成10382），戰國時期人。

禹　見燹公盨（又稱豳公盨，中國歷史文物2002年5期5頁）、叔尸鐘（13件，集成00272—00284）、叔尸鎛（集成00285），即夏禹。燹公盨記載："天命禹敷土，墮山濬川，廼差荻埶（地設）征，降民監德，廼自作配饗民，成父母，生我王、作臣。厥沫唯德，民好明德，襄（任）在天下。用乎邵好，益美懿德，康亡不楙。孝友訏明，經齊好祀，無諆（欺）心。好德婚媾，亦唯協，天釐用考神，復用被祿，永御于寧"。

禹　見禹鼎（2件，集成02833—02834）、叔向父禹簋（集成04242），即叔向父禹，西周晚期人，名禹，字向父。詳見叔向父禹條。

泉女　即泉母，見史伯碩父鼎（集成02777），史頵鼎（集成02762），史伯碩父（即史頵）的母親，生世在西周中晚期。

皇　見皇鼎（保金56），西周早期前段人。

皇氏伯　見伯彊簋（集成04526），春秋時期人，伯彊的長輩。

皇母　見辛中姬皇母鼎（2件，集成02582—02583），西周晚期中氏族女子，嫁於辛氏族。

皇酉　見十一年柏令戈（九店228頁圖150.2），春秋晚期人，晉國柏縣冶鑄作坊的工匠。

皇隹　見十六年鄭令趙距戈（集成11389），戰國晚期人，韓桓惠文十六年（前257年）前後，擔任上庫冶鑄作坊的工師。

追　見追簋（6件，集成04219—04224），西周中期後段人。

追尸　即追夷，見追夷簋（2件，華夏考古2000年3期20頁圖4、5），西周晚期人。

帥　見帥鼎（集成02774），西周中期人。

徾　即微，見微盂（集成10309），西周早期人，康公的後人。

徾　即微，見微尊（集成05975），一作造（見造簋），西周早期人，族徽為"⊼⊻"。

徾　即微，見微卣（集成05066），西周早期人。

衍耳　見衍耳簋（集成10554）、衍耳尊（集成05825），西周早期人。

後仲　見伯克壺（集成09725），伯克（即善夫克、師克）的父親，生世在西周中期。

後男鬺　見師袁簋（2件，集成04313—04314），西周晚期人，簋銘為"余用作朕後男鬺隬殷"。孫仲容先生認為後男當為師袁的祖父，男者舉其爵，鬺讀為臘，後男之名（見《積微居金文說》226頁引文）；楊樹達先生則認為後男即後子，長子的意思，後男鬺當是師袁的長子，名鬺（臘）（見《積微居金文說》226頁）。

俞　銘文作兪，見師兪鼎（集成02723）、師兪尊（集成05995），西周早期後段人，擔任西周王朝師職。某年護送周王省視上侯，周王賞給俞青銅。

俞　銘文作艅，見師俞簋蓋（集成04277），西周中期後段人，擔任西周王朝師職。簋銘載，三年三月初吉甲戌，由司馬共陪同，在周師录宮接受冊命，周王命師俞管理佳人，並賜給赤市、朱黃和鑾旂。

俞伯　銘文作艅伯，見俞伯簋（集成10566）、艅伯尊（集成05849）、艅伯卣（集成05222），西周早期俞氏族首領。

食生走馬谷　見食生走馬谷簋（集成04095），西周晚期人，名谷，字食生，擔任走馬之職。

食仲走父　見食仲走父盨（集成04427），西周晚期人，字走父，食氏公族。

冄　見冄罍（集成09814），西周早期人。

冄　見冄鬲（曲村526頁圖734），西周早期後段人。

冄　見應侯冄盨（文物1998年9期11頁圖10）、冄簋（保金75），即應侯冄，冄一作霝（見霝尊、霝卣）。西周穆恭時期應國國君，其父為釐公。冄是未即位時的稱謂。李家浩先生認為應侯冄是應侯見工的父親，釐公、冄、見工有可能是祖孫三代（見《應侯冄簋銘文考釋》，《文物》1999年第9期）。據冄簋銘文記載："周歷某年十一月丁亥，冄在姑地見到周王（可能是穆王）。周王贊美冄，並賜給貝三十朋、馬四匹。

冄　見冄簋（2件，集成03912—03913），西

周中期人，鼍生的下屬。

冄　見榮有司冄鼎（集成02470）、榮有司冄鬲（集成00679），西周晚期人，榮公室的有司（管事者），女兒為嬴齹母。

冄父　見夨伯壺（集成09702），夨伯的父親，西周早期人。

盍女　即盍母，見盍女觶（集成06149），商代晚期婦女。

胙曹　銘文作腪嬟，見邾友父鬲（集成00717），春秋早期人，邾友父之女，曹姓，嫁於胙國。

朏　見曶鼎（集成02838），西周中期後段人，原為匡季的臣僕，後送給曶，作為盜割禾稻的賠償。

朏　見九年衛鼎（集成02831），即覛朏，西周中期前段人，名朏，覛氏，裘衛的家臣。

胸　見上郡武庫戈（集成11378），戰國晚期人，秦昭襄王十八年（前289年）前後，擔任上郡武庫冶鑄作坊的工師。

龟　見亞龟鴞尊（集成05565）、亞龟方彝（集成09851），身份為亞。亦見於殷墟第一期卜辭，武丁時期人，商王的臣僚，受商王指揮，商王亦關心其禍福休咎。

欰　見信安君鼎（集成02773），即司馬欰，戰國中期魏國人，魏襄王時（前318—前296年）擔任信安君家的視事（主管造器之吏）。

歟　見歟鼎（集成02258）、歟簋（3件，集成03660—03662）、歟尊（集成05907）、歟卣（集成05315），西周早期人，族徽為"旅"。

匐　見匐盉（文物1998年4期91頁圖3），西周中期前段人。某年四既生霸戊申在氒，青公派司史㑬贈給柬麀秦韋兩件，赤金（紅銅）一鈞。

旬　即詢，見旬簋（集成04321），又稱師詢（見師旬簋），西周中期後段人，名詢，擔任周王朝的師職。旬簋載懿王十七年，由益公陪同在射日宮接受冊命，周王命詢繼承其祖考的官職，管理邑人，先虎臣後庸：西門夷、秦夷、京夷、鼻夷、師笭、側新（薪）、□華夷、弁矛夷、𧽚人、成周走亞、戍、秦人、降人、服夷；並賜給玄衣黹純、緇韍、同黃（綱衡）、戈琱戟、厚柲、彤沙（綏）、鑾旂和鋚勒；師旬簋載孝王元年二月庚寅，周王命旬"惠雍我邦小大猷，邦弘濟辥，敬明乃心，率以乃友捍禦王身"，並賜給鬯酒、圭瓚和奴隸三百人。

旬辛　見斂寁敄簋（集成03746），斂寁敄的長輩，西周早期人。

欨戔　見越王之子勾踐劍（2件，集成11594—11595），即勾踐。

欨淺　見越王勾踐劍（集成11621），即勾踐。

敄　見四年鄭令韓半戈（集成11384），戰國晚期人，韓王安四年（前235年）前後，擔任鄭縣武庫冶鑄作坊的冶尹。

狙　見九年鄭令向佃矛（集成11551）、十四年鄭令趙距戈（集成11387）、十七年鄭令戈（集成11371），戰國晚期人，韓桓惠王時期（前272—前239年）擔任鄭縣武庫冶鑄作坊的冶吏。

猂　即猲，見猂方鼎（集成01768），西周早期人。

胤伯　見進簋（2件，集成04074—04075），進的父親，生世在西周中晚期。

訒　見訒爵（集成08830），西周早期人。

亯　即享，見享角（集成08980），西周早期人。

哀公　見郜公孜人鐘（集成00059），春秋早期郜國國君孜人祖父的諡號，生世在西周晚期。

哀成叔　見哀成叔鼎（集成02782）、哀成叔豆（集成04663）、哀成叔鋗（集成04650），戰國中期人，名嘉，鄭國最後一位君主康公之子，少年時因韓哀侯滅鄭（前375年），便離開了父母之邦，寓居周都王城。

㳆　見㳆鼎（集成02347），西周早期後段人。

疢　見十五年相邦春平侯劍（集成11709），戰國晚期人，趙孝成王十五年（前251年）前後，擔任邦右庫冶鑄作坊的冶吏。

疥　見十三年右使車勺（2件，集成09933—09934）、左使車箕（集成10396、10397）、十四年雙翼神獸（2件，集成10445—10446）、十四年龍鳳方案（集成10477），

戰國中期人，中山國右使車屬下的冶鑄
工。

帝乙　見四祀邶其卣（又稱四祀邶其壺，集
成05413），商代晚期國王，商紂王之父。

帝后　見商尊（集成05997）、商卣（集成
05404），西周早期前段某周王的后妃。
某年五月丁亥，曾賞給庚姬貝卅朋、迖
絲二十鋝。唐蘭先生釋為帝嗣，認為即
牆盤的"上帝嗣夏"，也就是夏祝（見
《略論西周圍是家族窖藏銅器群的重要
意義》《文物》1983年3期）。

亲姬綝人　見中伯簋（2件，集成03946—
03947）、中伯壺蓋（集成09667）、中
伯壺（集成09668），即辛姬綝人，西周
晚期人，名綝人，中伯的女兒，嫁給辛
國族。與中伯盨中的蠻姬為一人。

朔　見俬令趙世鈹（集成11669），戰國晚期
人，趙孝成王時（前265—前245年）曾
擔任俬縣上庫冶鑄作坊的冶吏。

斉　見斉鼎（集成02499），西周早期人。

恆　見恆壺（集成09564），西周早期人。

恆　見恆簋蓋（2件，集成04199—04200），
西周中期後段人。某年，周王命恆管理
直鄙，並賜給鑾旂。

恆　見曶鼎（集成02838），西周中期後段人，
限賣給曶的五個奴隸之一。

恆父　見恆父作旅簋（文物1987年2期6頁圖
8.1、2）、恆父作寶簋（文物1987年2
期6頁圖8.3），西周早期後段人。

悖　見悖距末（3件，集成11915，鳥篆編下
124，古文字研究24輯269頁上圖），戰
國時期人。

美　見美爵（2件，集成09086—09087），西
周早期人。

姜　見魯侯盉蓋（集成09408），西周早期姜
姓婦女，魯侯的夫人。

姜　見息伯卣蓋（集成05385）、作冊夨令簋
（2件，集成04300—04301），西周早期
姜姓婦女，此指王姜，周康王的后妃。

姜　見兂盤（集成10106）、兂盂（集成
09436）、兂壺（集成09518），西周中
期前段姜姓婦女，叔堯的夫人。

姜　見叔侯父匜（集成10203），西周晚期姜
姓婦女，叔侯父的夫人。

姜氏　見燹王鬲（2件，陝金1.185、考古與
文物1990年5期40頁圖11.7），西周晚期
姜姓婦女，燹王的夫人。

姜氏　見衛作小仲姜氏鼎（集成02616），西
周中期姜姓婦女，衛的夫人。

姜氏　見伯上父鬲（集成00644），西周中晚
期姜姓婦女，伯上父的夫人。

姜氏　見王作姜氏簋（2件，集成03570、保
金81），西周中期後段人，某周王的后
妃，姜姓。劉啟益先生以為是厲王的后
妃（見《西周金文中所見周王后妃》《考
古與文物》1980年4期）。

姜氏　見楷侯簋蓋（集成04139），西周早期
姜姓婦女，楷侯方的夫人。

姜氏　見蔡簋（集成04340），西周晚期姜姓婦女，從銘文內容看，當為周夷王的后妃或太后。

姜林母　見姜林母簋（集成03571），西周晚期姜姓婦女，字林母。

姜虎　見許姬鬲（集成00575），西周晚期人。

姜𣄰　見徵先父鬲（泉博8），西周晚期姜姓婦女，徵先父的夫人。

姜㑹　見姜㑹簋（集成03452），西周早期人。

姜乘　見匽公匜（集成10229），春秋早期人，名乘，姜姓，齊大夫晏公的親屬。

姜益　見宰獸簋（2件，陝西歷史博物館館刊2000年第7輯99頁圖2、文物1998年10期40頁圖7.2），宰獸的祖母，幽仲的夫人，生世約在西周早期。

姜無　見異伯窹父盤（集成10081）、異伯窹父匜（集成10211），春秋早期人，異國國君窹父之女。

姜澳　見㣬盨（集成04436），西周晚期姜姓婦女。

姜縈　見己侯簋（集成03772），西周中期姜姓婦女，紀侯的姑母或姊妹。

姜懿母　見穆父鼎（2件，集成02331—02332），西周中期姜姓婦女，字懿母，穆父的夫人。

逆　見逆尊（集成05874），西周早期人。

逆　見逆鐘（4件，集成00060—00063），西周晚期人，用事於公室。元年三月既生霸庚申，叔氏在大廟召見逆，賜給"毌五、錫戈彤琱（綏）"，命其管理公室的僕庸臣妾、小子室家。

逆　見鄂君啟車節（3件，集成12110—12112）、鄂君啟舟節（2件，集成12113、銅全10.98左），戰國晚期人，楚懷王時（前328—前299年）擔任楚國織尹。

逆　見陳逆簋（集成04096），即陳逆，戰國晚期齊國人，陳純的孫子，事齊平公（前476—前456年）。

洹　見伯喜父簋（2件，集成03837—03839），西周晚期人。

洹子　即桓子，見洹子孟姜壺（2件，集成09729—09730），春秋晚期齊國人，文子之子，名無宇，又稱陳純，事齊莊公（前553前548年），甚受其寵。

洹秦　見洹秦簋（集成03867），西周中期前段人，族徽為"舟"。

洧伯君董生　見汆伯君董生匜（集成10262），西周晚期人。

浊　見七年邢疫令邦乙劍（集成11672），戰國晚期人，趙國邢疫縣下庫冶鑄作坊的冶吏。

泦叔益　即江叔益，見江叔益鬲（集成00677），春秋中期人，名益，江國公族。

戚伯異生　見戚伯異生壺蓋（集成09615），西周晚期人，名異生，戚氏家族首領。

室叔　銘文作窒叔，見室叔簋（三代8.51.1），西周晚期人，室氏公族，夫人為豐姞蒸。

宦　見廿六年蜀守武戈（集成11368），戰國晚期人，秦始皇二十六年（前221年）前後，擔任蜀郡東工室冶鑄作坊的工師。

宁史戠　即寪史戠，見寪史戠甗（集成00888），西周早期人。

宁長　即寪長，見寪長方鼎（集成01968），西周早期人。

宧瀨　見四年相邦春平侯鈹（集成11707），戰國時期人，趙悼襄王四年（前241年）前後，擔任邦左庫冶鑄作坊的冶吏。

宧　即字，見宧簋（3件，集成03046—03048），西周晚期人。

宓　見宓卣（集成05367），商代晚期人。某年丙寅日，商王曾賜給宓貝一朋。

祝鄩　銘文作祝鄩，見鄩簋蓋（集成04296）、鄩簋（集成04297），西周晚期人，名鄩，擔任周王朝的主管祭祀禱告的祝官。幽王二年正月初吉，由毛伯陪同在周昭宮宣榭接受冊命，周王命其擔任祝官，兼管五邑祝，並賜給赤市、同絲黃（絅縷衡）和鑾旂。

祖乙　見我方鼎（集成02763），商王的謚稱，生世在商代晚期。

祖乙　見唐子祖乙爵（3件，集成08834—08836）、唐子祖乙觶（集成06367），唐子的祖父，生世在商代晚期。

祖乙　見小臣妶卣（2件，集成05378—05379），小臣系的祖父，生世在商代晚

期，族徽為"爻鼄"。

祖乙　見魁尊（集成05891），魁的祖父，生世在商代晚期，族徽為"子鄏"。

祖乙　見小臣貜簋（曲村505頁圖702.7），小臣貜的祖父，生世在商代晚期。

祖乙　見冃作祖乙彝爵（集成08992），冃的祖父，生世在商代晚期。

祖乙　見榮子旅甗（集成00930），榮子旅的祖父，生世在商末周初。

祖乙　見洹秦簋（集成03867），洹秦的祖父，生世在商末周初，族徽為"舟"。

祖乙　見譖鼎（集成02244），譖的祖父，生世在商末周初。

祖乙　見羂鼎（集成02506），羂的祖父，生世在商末周初，族徽為"田告亞"。

祖乙　見剫爵（2件，集成09043—09044），剫的祖父，生世在商末周初。

祖乙　見舟輪夷爵（集成09097），輪夷的祖父，生世在商末周初，族徽為"舟"。

祖乙　見扨卣（集成05262），扨的祖父，生世在商末周初。

祖乙　見交卣（集成05321），交的祖父，生世在西周早期前段，族徽為"史"

祖乙　見守宮盤（集成10168），守宮的祖父，生世在西周早期。

祖乙　見遣卣（集成05260），遣的祖父，生世在西周早期。

祖乙　見遹卣（集成05261），遹的祖父，生

世在西周早期。

祖丁　見耳尊（集成05865），耳的祖父，生世在商代晚期，族徽為“亞”。

祖丁　見咸妌子鼎（集成02311），咸妌子的祖父，生世在商代晚期。

祖丁　見雋鼑簋（集成03940），雋鼑的祖父，生世在商代晚期，族徽為“亞舟”。

祖丁　見省史趠尊（集成05951），省史趠的祖父，生世在商代晚期，族徽為“ᙍ冊”。

祖丁　見孝卣（集成05377），孝的祖父，生世在商代晚期，族徽為“曩侯亞𥝂（矣）”。

祖丁　見𦎧夫甗（集成00916），𦎧夫的祖父，生世在商代晚期，族徽為“𦥑（冀）”。

祖丁　見枞作祖丁尊（集成05715），枞的祖父，生世在商代晚期。

祖丁　見徙觶（集成06368），徙的祖父，生世在商代晚期。

祖丁　見啟尊（集成05983）、啟卣（集成05410），啟的祖父，生世在商末周初，族徽為“𥀵葡（戉箙）”。

祖丁　見燮卣（集成05396），燮的祖父，生世在商末周初，族徽為“冎”。

祖丁　見作冊大方鼎（4件，集成02758—02761），作冊大的祖父，生世在商末周初，族徽為“𩵋𣍼冊（雋冊）”。

祖丁　見㣇鼎（集成02110），㣇的祖父，生

世在商末周初。

祖丁　見嬴爵（集成09045），嬴的祖父，生世在商末周初。

祖丁　見遣作祖丁鼎（集成02310），遣的祖父，生世在商末周初。

祖丁　見𡣕作祖丁簋（集成03600），𡣕的祖父，生世在商末周初。

祖丁　見趄卣（集成05263），趄的祖父，生世在商末周初。

祖己　見曆鼎（集成02245），曆的祖父，生世在商代晚期，族徽為“亞俞”。

祖己　見盤婦方鼎（集成02368），盤婦的祖父，生世在商代晚期。

祖己　見我方鼎（集成02763），商王的諡稱，生世在商代晚期。

祖己　見盬爵（集成09066），盬的祖父，生世在商代晚期。

祖己　見𣆪作祖己觚（集成07289），𣆪的祖父，生世在商代晚期，族徽為“𢍰”。

祖己　見其史觶（集成06489），其史的祖父，生世在商代晚期。

祖己　見蘇罍（集成09822），蘇的祖父，生世在西周中期前段，族徽為“𢦔（戈）”。

祖壬　見繡鼎（集成02365），繡的祖父，生世在商末周初。

祖戊　見戍宁無壽觚（考古與文物1998年4期96頁圖3），戍宁無壽的祖父，生世在

商代晚期。

祖戊　見繁簋殘底（集成04146），繁的祖父，生世在商代晚期。

祖戊　見吳鼎（集成01814），吳的祖父，生世在商末周初。

祖戊　見劏函簋（集成03684），劏函的祖父，生世在商末周初，族徽為“□”。

祖戊　見效爵（集成09065），效的祖父，生世在商末周初。

祖甲　見寢孿商方鼎（曲村348頁圖512.2、3），寢孿的祖父，生世在商代晚期，族徽為“毌侜（偁）”。

祖甲　見乃孫𤔲罍（集成09823），𤔲的祖父，生世在商代晚期。

祖辛　見尹伯甗（集成00912），尹伯的祖父，生世在商代晚期。

祖辛　見齊史遷觶（2件，集成06490—06491），齊史遷的祖父，生世在商代晚期。

祖辛　見𩰫玃觶（集成06481），𩰫玃的祖父，生世在商代晚期，族徽為“□（㠱）”。

祖辛　見史棶䚂簋（集成03644），史棶䚂的祖父，生世在商代晚期。

祖辛　見盩司土幽尊（集成05917）、盩司土幽卣（集成05344），司土幽的祖父，生世在商代晚期。

祖辛　見𡩜簋（集成03868），𡩜的祖父，生世在商末周初。

祖辛　見𨔵爵（集成09046），𨔵的祖父，生世在商末周初。

祖辛　見襄庚爵（集成09047），襄庚的祖父，生世在商末周初。

祖辛　見恆壺（集成09564），恆的祖父，生世在西周早期前段。

祖辛　見瞀尊（集成05892），瞀的祖父，生世在西周早期，族徽為“八”。

祖辛　見史牆盤（集成10175），史牆的祖父，即作冊折，生世在西周成康時期。

祖庚　見邦簋（文物1996年7期59頁圖10），邦的祖父，生世在西周早期。

祖庚　見㦰簋（集成03865），㦰的祖父，生世在西周早期，族徽為“♦♪”。

祖癸　見六祀𠨘其卣（集成05414），𠨘其的祖父，生世在商代晚期，族徽為“亞獏”。

祖癸　見叟方彝（集成09877），叟的祖父，生世在商代晚期，族徽為“冊”。

祖癸　見偁缶簋（集成03601），偁缶的祖父，生世在商代晚期。

祖癸　見寢敄簋（集成03941），寢敄的祖父，生世在商代晚期。

祖癸　見敎簋（集成03645），敎的祖父，生世在商末周初，族徽為“□（㠱）”。

祖癸　見鳳簋（集成03712），鳳的祖父，生世在商代晚期，族徽為“𠬝”。

祖癸　見中作祖癸鼎（集成02458），中的祖父，生世在商末周初。

祖癸　見竟尊（集成05867），竟的祖父，生世在商末周初。

袑　見二年上郡守廟戈（集成11362），戰國晚期人，秦莊襄王二年（前248年）前後，擔任上郡漆垣冶鑄作坊的丞。

宦車父　銘文作飤車父，見宦車父壺（2件，集成09601—09602），西周晚期人，字車父，宦氏。

昶戊　見昶戊罍（2件，集成09969—09970），西周晚期人。

昶仲無龍　見昶仲無龍鬲（2件，集成00713—00714）、昶仲無龍匕（集成00970）、昶仲無龍匜（集成10249），春秋早期人，楚國貴族潘氏的一支，名無龍，昶氏。

昶仲□　見昶仲匜（文叢6輯170頁圖2），春秋早期人，楚國貴族潘氏的一支，昶氏，名字漫漶不清。

昶伯庸　銘文作昶伯韋，見昶伯庸盤（集成10130）、昶伯庸罍（考古1965年7期371頁圖1.1）、昶伯庸罍（集成09960），春秋早期人，名庸，昶氏，楚國貴族潘氏的一支。

昶伯燅　即昶伯業，見昶伯業鼎（集成02622），春秋早期人，名業，昶氏，楚國貴族潘氏的一支。

昶伯㦰　見昶伯㦰匜（集成10237），春秋早期人，名㦰，昶氏，楚國貴族潘氏的一支。

叚　見中甗（集成00949），西周早期後段人，伯買父的部屬。某年周王省視南國，隨同伯買父戍守漢、中、州等地。

叚　見徐王之子叚戈（集成11282），春秋晚期人，徐王之子。

皆　見皆壺（集成09535），西周中期人。

弭仲　見弭仲簠（集成04627），西周晚期人，弭國公族。

弭伯　見弭叔師察簋（2件，集成04253—04254）、弭伯匜（集成10215），西周中期後段人，弭國族首領，與弭伯師耤當為同一人。

弭伯師耤　見弭伯師耤簋（集成04257），西周中期後段人，弭國族首領，名耤，擔任周王朝的師職。某年八月戊寅，由榮伯陪同接受冊命，周王賜給師耤玄衣、黹純、鈢市（素韍）、金亢、赤舄、戈琱戟、彤沙（綏）、鉴勒和繪有五日的鑾旂。

弭叔　見弭叔師察簋（2件，集成04253—04254）、弭叔盨（集成04385）、弭叔作叔班盨蓋（集成04430）、弭叔鬲（4件，集成00572—00574、陝金1.193），即弭叔師察。

弭叔師察　見弭叔師察簋（2件，集成04253—04254），西周中期後段人，名察，弭國公族，夫人為犀妊，擔任周王朝的師職。某年五月初吉甲戌，在蒼京太室接受冊命，周王命弭叔師察輔佐弭伯，並賜給赤舄和鉴勒。

弜 見七年鄭令先甾矛（集成11554）、三年
鄭令椊涫矛（集成11559），戰國晚期人，
韓王安時（前238—前230年）擔任鄭縣
左庫冶鑄作坊的冶尹。

屒 見屒簋（集成03588），西周中期人。

敀 見雝工敀壺（集成09605），戰國晚期人，
秦國雍縣冶鑄作坊的工匠。

眉敖 見九年衛鼎（集成02831）、乖伯簋（集
成04331），西周時期臣服於周王朝的一
個戎人部族。眉敖既是部族名，又是部
族首領的私名。恭王九年正月曾派使臣
者膚朝見周王，九月，恭王又派益公去，
眉敖才來朝見，並獻賦。

眉壽 見眉壽作彝鼎（集成01989），西周早
期人。

眉能王 見眉能王鼎（集成02705）、眉能王
簋（集成04097），西周中期前段異族君
長。唐蘭先生認為可能就是穆王時期的
帝嗣或上帝嗣，也就是夏祝。夏后氏生
前稱爲“后”，死後稱爲“帝”，所以
也稱帝嗣（見《略論西周微氏家族窖藏
銅器群的重要意義》《文物》1978年3
期）。

陽飤生 即陽飤生，見陽飤生簋蓋（2件，集
成03984—03985），西周晚期人。

陆 見陆尊（文物2001年6期43頁圖30.9）、
陆卣（2件，文物2001年6期43頁圖30.6—
8、10），西周早期人。

降人龏 見降人龏簋（集成03770），西周中

期人，名龏，降（絳）氏家族。

陕 見陕簋（集成03475），西周中期人，族
徽為“奐（冉）”。

限 見曶鼎（集成02838）、爾比盨（集成
04466），西周中期後段到西周晚期人。
夷王二年四月，因用匹馬束絲購買五個
奴隸與限發生訴訟，經邢叔判決，限敗
訴；厲王二十五年七月又與爾比發生土
地糾紛內史無㛃和太史䩉在師田宮予以
處理。

韋 見韋鼎（集成02120），西周早期後段人，
族徽為“龏（龏）”。

姞 見遣尊（集成05992），西周早期後段姞
姓婦女，遣的夫人。

姞 見虢仲鬲（2件，集成00561—00562），
即虢姞（見虢姞鬲），西周晚期姞姓婦
女，虢仲的夫人。

姞 見伯崩父鬲（集成00576），西周晚期姞
姓婦女，伯崩父的夫人。

姞氏 見乎簋（集成03769），西周中期姞姓
婦女，乎的夫人。

姞氏 見散車父壺（集成09697），即鄝姞（見
散車父簋），西周中期姞姓婦女，散伯
車父的夫人。

姞氏 見伯庶父簋（小校7.81.3）、伯庶父
壺（集成09619），西周晚期姞姓婦女，
伯庶父的夫人。

姞氏 見姞氏簋（集成03916），西周晚期姞
姓婦女。

姞氏　見叔牙父鬲（集成00674），春秋早期姞姓婦女，叔牙父的夫人。

姞伋父　見姞伋父簋（集成03563），西周早期人。

姞亘母　見姞亘母觶（集成06451），西周早期姞姓女子，字亘母。

姞召母　見姞召母方鼎（集成02330），西周早期姞姓女子，字召母。

姞㦤母　見姞㦤母匜（集成10183），西周晚期姬姓婦女，字㦤母。

姁　見姁爵（集成07414），商代晚期婦女。

姚　見姚鼎（集成02068），西周中期前段人。

姚氏　見侯氏鬲（4件，華夏考古1992年3期95頁），即應姚，西周中期後段姚姓婦女，某代應侯的夫人。原簡報釋為“妙氏”。

癸　見作冊睘卣（集成05407），即日癸，作冊睘的父親，族徽為“宀”，生世在西周早期前段。

癸　見◎作文考癸卣（集成05335），◎的父親，族徽為“𣌭（竹）”，生世在西周早期。

癸父　見癸父鬲（集成00460），西周早期人。

癸父甲　見蘇公子癸父甲簋（2件，集成04014—04015），春秋早期人，蘇國公子，名甲，字癸父。甲癸分別為天干的首位和末位，名與字相應。

癸公　見康生豆（集成04685），康生的父親，

生世在西周早期。

癸公　見此鼎（3件，集成02821—02823）、此簋（8件，集成04303—04310），亦稱朱癸，此的父親，生世在西周中晚期。

癸伯矩　見伯矩盤（集成10073），即伯矩。

癸夏　見癸夏爵（集成09034），西周早期人。

癸宗　見保尊（集成06003）、保卣（集成05415），太保召公奭父親宗廟的稱號。

勇叔買　見勇叔買簋（集成04129），西周晚期人，名買，勇氏公族。

敄　見敄觶（集成06474），西周早期人，族徽為“舟”。

敄人　見上䣄公敄人簋蓋（集成04183）、䣄公敄人鐘（集成00059），春秋早期人，上䣄國國君，䣄晨公之子，平侯的父親。

敄嘼　見敄嘼盉（集成09386），西周早期人。

紀伯父丁　見叔鼏鬲（集成00614），叔鼏的父親，生世在西周早期前段。

紀侯　銘文作己侯　見己侯簋（集成03772），西周中期紀國某代國君。

紀侯　銘文作己侯　見己侯鬲（集成00600），西周晚期紀國某代國君。

紀侯　銘文作己侯　見己侯壺（集成09632），春秋早期紀國某代國君。

紀侯虎　銘文作己侯虎，見己侯虎鐘（集成00014），西周晚期人，名虎，紀國國君。

紀侯貉子　銘文作己侯貉子，見己侯貉子簋蓋（集成03977），西周中期前段紀國國

君，名貉子。某年正月丁丑，周王在呂，命士道贈給貉子三隻鹿。

紀姜　銘文作己姜，見己侯貉子簋蓋（集成03977）、作己姜簋（集成03230），西周中期前段姜姓婦女，紀侯貉子的夫人。

紀華父　銘文作己華父，見己華父鼎（集成02418），西周晚期紀國人，字華父。

十　劃

郘湯伯莊　見郘湯伯莊匜（2件，集成10188、集成10208），春秋早期人，名莊，郘湯氏。

郘□　見四年邘令輅庶戈（集成11335），戰國晚期人，韓國上庫冶鑄作坊的工師。

馬　見馬作父乙爵（集成08878），西周早期人。

馬永　見馬永卣（或稱馬永盉，集成04885），商代晚期人。

馬重　即馬童，見王何戈（集成11329），戰國晚期人，趙武靈王二十七年前後為尚未傅籍的成童（大小孩），名不詳，在趙國官營冶鑄作坊服役，學習技藝。

馬重　即馬童，見十七年蓋弓帽（集成12032），戰國時期人，某位尚未傅籍的成童（大小孩），名不詳，在某國官營冶鑄作坊服役，學習技藝。

馬重丹　即馬童丹，見二年主父戈（集成11364），戰國晚期人，名丹，趙武靈王二十七年前後為尚未傅籍的成童（大小孩），在趙王宮內冶鑄作坊服役學習技藝。（關於馬重的解釋詳見董珊《二年主父戈與王何立事戈考》《文物》2004年8期）

馬師關　即馬師間，見三年武信令馬師關鈹（集成11675），戰國晚期人，名瘷，趙國武信縣縣令。

馬怒　見五年邦司寇馬怒劍（集成11686），戰國晚期人，名怒，馬氏，曾擔任趙國邦司寇。

秦　見冶吏秦勺（2件，集成09931—09932），戰國晚期人，楚國冶鑄作坊的冶吏。

秦　見卅七年上郡守慶戈（陝西歷史博物館徵集文物精粹）、卅八年上郡守慶戈（文物1998年10期79頁圖4）、卌年上郡守起戈（2件，集成11370，秦銘文圖版50），戰國晚期人，秦昭襄王卅八（前269年）前後，擔任上郡漆垣工室丞，四十年（前267年）又任高奴工室丞。

秦子　見秦子戈（3件，集成11352—11353、考古與文物2003年2期81頁圖2）、秦子元用戈（秦文字13）、秦子矛（集成11547），春秋早期秦國公子，很可能是秦靜公，秦文公的長子，卒於文公四十八年（前718年）。王輝先生認為是前出子。前出子在位六年（前703—前698年），而實際執掌國柄的是大庶長弗忌、威壘、三父等。他们凌駕於國君之上，擅權廢立。

秦王　見秦王鐘（集成00037），戰國晚期某代秦王，名不詳。據饒宗頤先生考證，此秦王當為秦昭襄王，周赧王九年（前306年）即位，在位五十三年。

秦公　銘文作龔公，見秦公鼎（2件，上博刊

7期25頁圖3—圖4)、秦公簋 (2件, 上博刊7期26頁圖5、27頁圖7),周末到春秋早期秦國國君。王輝先生認為是秦襄公 (《秦文》18頁)。襄公是秦莊公次子,受其兄世父讓,為太子繼位 (前778年),公元前771年建立秦國。《史記·秦本紀》載:幽王之亂時,"秦襄公將兵救周,戰甚力,有功。"平王東遷時,"襄公以兵送周平王。平王封襄公為諸侯,賜之岐山以西之地。……襄公於是始國,與諸侯通使聘享之禮。"

秦公　銘文作粶公,見秦公鼎 (4件,上博刊7期24頁圖1—圖2、秦文字圖版圖版8.1—8.2)、秦公簋 (2件,秦文字圖版8.3、文物2000年5期77頁圖4.1)、秦公壺 (2件,考古與文物1995年4期64頁圖1),周末到春秋早期秦國國君。王輝先生認為是秦文公 (見《秦文字》18頁)。

秦公　秦公鎛 (3件,上博刊2002年9期39頁圖3),西周末到春秋早期秦國國君,不是襄公便是文公。

秦公　見秦公鐘 (5件,集成00262—00266),秦公鎛 (3件,集成00267—00269),春秋早期秦國國君。此鐘、鎛出土於春秋早期秦都平陽遺址。銘文在敍述先祖接受天命建立國家之後,連述文公、靜公和憲公的事跡,可知鑄鐘的秦公在憲公之後,《史記》記載憲公生子三人,長子武公立為太子,次子德公,少子出子。德公和出子為魯姬所生,憲公死後,大庶長弗忌等人,廢太子而立出子為君,

出子五歲,立六年又被三父殺害,隨後武公即位,德公在武公之後即位,國都遷到雍,故此秦公應為秦武公。秦武公於公元前679年即位,在位二十年。武公是一位精明能幹的國君,他納聚優秀人才,勵精圖治,勤於國政,即位後首先採取斷然措施,誅殺三父等人,消除了內部隱患,鞏固了國內的安定和統一,經過一段努力,國力漸強,先後征伐彭戲氏、冀戎和小虢,設立了邽 (今甘肅天水市)、冀 (今甘肅甘谷縣南)、杜 (今西安市長安區北)、鄭 (今陝西華縣) 等縣,是疆域擴大到了今陝西關中東部和甘肅隴西一帶。

秦公　見秦公鎛 (原稱盠和鐘,集成00270)、秦公簋 (集成04315),春秋晚期秦國國君。鎛的銘文敍述秦國先祖接受天命,建立國家,又敍及十二公。據史書和平陽遺址出土的秦公鐘銘文可知秦襄公是受命立國之君,此後十二公是文公、憲公、靜公、武公、德公、宣公、成公、穆公、康公、共公、桓公和景公。此秦公應是第十三公,即秦畢公。《史記·秦本紀》和《春秋》均作哀公。公元前536年即位,在位三十六年。畢公是春秋晚期較有作為的國君,前306年在楚國的請求下,出動兵車五百輛,浩浩蕩蕩翻越險峻的秦嶺,前往漢水流域,援救楚國,打敗了吳國軍隊。

秦忑　見楚王酓忑鼎 (集成02794)、冶盤野匕 (2件,集成00975—00976),戰國末

期人，在楚國冶鑄作坊擔任冶吏。

秦嬴　見許子妝簠（集成04616），春秋時期秦國女子，許子妝長女孟姜的媵女。

菁　見菁斝（集成09239），西周早期後段人。

菁　見南單菁觚（集成07191），商代晚期人，族徽為"南單"。

敖叔微　見敖叔微簋蓋（集成04130），西周晚期人，名微，敖氏公族。

㼌　見㼌作祖丁尊（集成05715），商代晚期或西周早期人。

班　見班簋（集成04341），即毛伯班，亦稱毛伯，周穆王時期的一位軍事統帥。《穆天子傳》作毛班，《竹書紀年》穆王十二年"毛公班、共公利、逢公固率師從王伐犬戎"。其曾祖父是周文王之子毛叔鄭（毛國的始封君），故穆王稱班為毛父。班簋銘文記述周王命班繼承虢城公的職位，負責保衛王身，監管繁、蜀、巢等三個方國，並賜給旗幟、馬絡銜等。周王命毛班率領各同盟部落首領、徒兵和車兵，以及周人去討伐東夷瘠戎。周王又命吳伯率其族人為左師，呂伯率其族人為右師，一同隨毛伯出征，戰爭進行了三年，終於把東國安定下來，毛班告捷於天子。

班　見邾公孫班鎛（集成00140），春秋晚期人，邾國某代國君之孫。

耆　見十三年相邦義戈（集成11394），戰國中期人，秦惠文王時（前337—前311

年），是咸陽冶鑄作坊年長的工匠。

埶氏　即封氏，見封氏戈（北窰墓102頁圖56.2），西周早期人，只知其氏不知其名。

起　見卅年上郡守起戈（2件，集成11370，秦銘文圖版50），即白起，戰國晚期郿縣人，秦國大將，事昭襄王（前306—前251年），善用兵，封為武安君。戰勝攻取，凡七十餘城，南定鄢郢、漢中，北破趙括，昭襄王四十年（前275年）前後任上郡太守，四十七年在長平大破趙軍，坑降兵四十萬。後與范睢有隙，稱病不起，免為士伍，遷密陰，賜死。

柬歖　見柬歖鼎（集成02065），西周中期人。

荊人敢　銘文作㓝人嫛，見五祀衛鼎（集成02832），西周中期前段人，邦君厲的有司（管事者），名敢，荊地人氏。恭王五年正月初吉庚戌，邦君厲與裘衛交換土地時，參與勘界和交付儀式。

荊公孫　銘文作㓝公孫，見荊公孫敦（2件，集成04642、考古1989年6期565頁圖2），春秋晚期或戰國早期楚國人，荊地的封君，名孫。或荊公之孫。

荀伯大父　銘文作筍伯大父，見荀伯大父盨（集成04422），西周晚期人，字大父，荀國族首領。

荀侯　銘文作筍侯，見荀侯盤（集成10096），西周中期後段人，荀國國君，三女名叔姬。

荀侯頡　銘文作筍侯頡，見荀侯匜（集成
　　　10232），春秋早期人，名頡，荀國國君。

兹女　即兹母，見嗇父盤（集成10075）、嗇
　　　父盃（集成09416），嗇父之女，西周早
　　　期人。

兹恆　見十七年鄭令兹恆戈（集成11371），
　　　戰國晚期人，韓桓惠王十七年（前256
　　　年）前後，擔任鄭縣縣令。

兹曟　即兹晨，見萬諆觶（集成06515），西
　　　周中期前段人。

恭王　銘文作龏王，見五祀衛鼎（集成
　　　02832）、十五年趞曹鼎（集成02784）、
　　　逨盤（盛世吉金30頁）、大克鼎（集成
　　　02836），即周恭王，穆王之子，名繄扈，
　　　在位約二十年。恭王嘗游涇水，密康公
　　　從，康公乃納一族之奔女三人，王以為
　　　非禮，後一年王乃滅密。

恭伯　銘文作龏伯，見奰簋（集成04153），
　　　奰的父親，生世在西周中晚期。

恭伯　銘文作龏伯，見鄦簋蓋（集成04296）、
　　　鄦簋（集成04297），鄦的父親，生世在
　　　西周中晚期。

恭妊　銘文作龏妊，見龏妊甗（集成00877），
　　　西周中期前段妊姓婦女，所鑄銅器有
　　　"♀（單）"字徽記。

恭姒　銘文作龏姒，見龏姒方鼎（2件，集成
　　　02433—02434）、龏姒瓶（集成07311），
　　　商代晚期或西周早期姒姓婦女。

恭姒　銘文作龏始，見頌鼎（3件，集成

02827—02829）、頌簋（8件，集成04332—
04339），史頌的母親，恭叔的夫人，生
世在西周中晚期。

恭叔　銘文作龏叔，見頌鼎（3件，集成
02827—02829）、頌簋（8件，集成04332—
04339）、頌壺（2件，集成09731—
09732），史頌的父親，生世在西周中晚
期，夫人為恭姒。

恭叔　銘文作龏叔，見逨鐘（4件，文博1987
年2期18—22頁）、逨盤（盛世吉金30
頁），逨的父親，懿仲的兒子，零伯的
孫子，臣事龏王。

韓宗敔　即韓宗徹，見鄘羌鐘（5件，集成
00157—00161），戰國早期人，名徹，
韓國國君。郭沫若先生認為此即韓烈侯。

桓　銘文作趄，見中山王譻方壺（集成
09735），即桓王，史書作桓公。中山國
第三代國君，中山王譻的祖父。

桓子　銘文作洹子，見洹子孟姜壺（2件，集
成09729—09730），春秋晚期齊國人，
田文子之子，名無宇，又稱陳純，《史
記·田敬仲完世家》稱其有力，事齊莊
公（前553前548年），甚受其寵。

桓王　見中山王譻鼎（集成02840），戰國早
期人，中山國國王，中山王譻的祖父，
約在公元前378年復國，徙都靈壽，在位
約三十九年。

桓公　銘文作趄公，見陳侯因資敦（集成
04649），即齊桓公陳侯午，齊威王因齊

之父死後的諡號。桓公以其兄無道，出
奔莒，襄公被弒，歸國即位，鮑叔牙薦
管仲為相，尊周室，攘夷狄，九合諸侯，
一匡天下，為五霸之首。後管仲死，用
豎刁、易牙、開方等人，怠於政事，多
內寵，及卒，諸公子爭立，霸業遂衰，
在位四十三年（前685—前643年）。

桓仲　銘文作趄仲，見尌仲簋蓋（集成
　　04124），尌仲的父親，生世在西周中晚
　　期。

梀伯津　銘文作柜伯銉，見梀伯銉鼎（集成
　　02460），西周中期人，名津，梀氏族首
　　領。

柚　見柚簋（集成10556）、柚尊（集成
　　05827），西周早期人。

格伯　見格伯簋（集成03952）、倗生簋（原
　　稱格伯簋，4件，集成04262—04265），
　　西周中期前段人，格氏家族首領，夫人
　　為晉姬。某年正月曾用三十畝土地，換
　　取倗省的四匹良馬。

索魚王　見索魚王戈（文物1996年2期92頁圖
　　2），春秋晚期人。

索諆　見索諆爵（集成09091），西周早期人。

鬲　見鬲尊（集成05956），西周中期前段人。
　　某年，周王賜給鬲貝。

鬲叔興父　見鬲叔興父盨（集成04405），西
　　周晚期人，字興父，鬲氏公族。

舁公　即鄧公，見鄧公鼎（考古與文物1990
　　年5期39頁圖10.10），西周中期前段鄧

國某代國君。

舁公　即鄧公，見鄧公簋（4件，集成03775—
　　03776、考古1985年3期286頁圖3.1—
　　5），西周中期後段鄧國國君，名不詳，
　　女兒為應嫚妣。

舁公　即鄧公，見鄧公簋（集成03858），西
　　周晚期鄧國某代國君。

舁公午離　即鄧公午離，見鄧公午離簋（未
　　著錄），春秋早期人，名午離，鄧國國
　　君。《左傳》作吾離，桓公七年有“鄧
　　侯吾離來朝”。

舁公牧　即鄧公牧，見鄧公牧簋（2件，集成
　　03590—03591），春秋早期人，名牧，
　　鄧國國君。

舁公乘　即鄧公乘，見鄧公乘鼎（集成
　　02573），春秋中期人，名乘，鄧國國君。

舁夰　即鄧公，見鄧公盂（于省吾先生百年
　　誕辰紀念文集75頁），商代晚期人，鄧
　　國族首領。

舁仲　即鄧仲，見鄧仲犧尊甲（集成05852）、
　　鄧仲犧尊乙蓋（集成05853），西周早期
　　後段人，鄧國公族，名不詳。

舁伯　即鄧伯，見盂爵（集成09104），西周
　　早期後段人，鄧國國君。某年，周王初
　　祓於成周，王令盂寧鄧伯，鄧伯賓贈給
　　盂貝。

舁孟　即鄧孟，見鄧孟壺蓋（集成09622），
　　西周晚期人。

專　見儐匜（集成10285），匜銘有“專趙嗇

觏儳，寽亦茲五夫，亦既卲乃誓，汝亦既從辭從誓。"李學勤先生認為專、趞、嗇、覿、儳是五個人名，即下面所說的五夫，出席伯揚父對牧牛的審判，其身份當為此案的證人。按《周禮》記載牛人一職計有中士二人，下士四人，共計六人，甫等五人可能是牧牛的同僚（見《岐山縣董家村訓匜考釋》《古文字研究》第一輯）。儳匜時代判斷，甫等人當為西周中期後段人。

逋　銘文作逋，見小臣逋鼎（集成02581），西周中期前段人，擔任周王朝小臣之職。

逋　銘文作逋，見逋盂（集成10321），西周晚期人。某年，曾奉周王后之命前往述（遂）土遴選宮人宮婢。

連迁　見連迁鼎（2件，集成02083—02084），春秋時期人。

郙王蘆　見郙王蘆劍（集成11611），春秋晚期人，名蘆，郙國國君。

或伯　見或伯鼎（集成01913），西周早期人，或國族首領。楊樹達先生釋為國伯。

或者　見或者鼎（集成02662）、或者簋（集成03675），西周中期前段或國族人。楊樹達先生釋為國書，認為是《春秋》哀公十一年"齊國書率師伐我"中的國書，亦稱國子，春秋晚期人，事齊景公、悼公、簡公。簡公元年（前484年）春率師伐魯，戰於郊，五月魯與吳會兵伐齊，戰於艾陵，齊師敗績，國書被擒遭殺。（見《積微居金文說》278頁）

酛　見酛尊（集成05894），商代晚期人，族徽為"𧟰（亞䣊）"。

配兒　見配兒鉤鑃（2件，集成00426—00427），春秋晚期人，吳王闔廬的太子，《吳越春秋·闔閭內傳》作太子波。配、波雙聲通假。配兒是吳王夫差的長兄，聘於齊女，未立而卒。《吳越春秋·闔閭內傳》云：吳王"復謀伐齊，齊子使女為質於吳，吳王因為太子波聘齊女。女少，思齊，日夜號泣，因乃為病。闔閭乃起北門，名曰望齊門，令女往遊其上。女思不止，病日益甚，乃至殂落。……是時太子亦病而死。"沙孟海先生認為配兒（波）與《左傳》定公六年記載的"吳太子終纍敗楚舟師，獲潘子臣、小惟子及大夫七人"的太子終纍是一個人（見《配兒句鑃考釋》《考古》1983年4期）。

屌　見屌觶（集成06509），西周早期人。某年乙丑日，公仲曾賜給貝。

屌　見廿五年上郡守屌戈（集成11406），戰國晚期人，名屌（一作趄），秦國著名大將，史書作司馬錯，歷事秦惠文王、武王和昭襄王。惠文王時曾與張儀共滅巴蜀，昭襄王十六年（前291年）伐魏取軹、鄧二邑，二十一年攻魏取安邑，二十五年前後任上郡郡守，二十七年後率兵自巴蜀浮江伐楚。

夏　見廿四年邯陰令萬為戈（集成11356），戰國晚期人，韓桓惠王時期（前272—前

239年）擔任韓國右庫冶鑄作坊的工師。

夏吳　銘文作頤吳，見十三年鑲金銀泡（集成11864），戰國中期人，中山國私庫作坊的工匠。

原父　銘文作邍父，見鄭饔原父鼎（集成02493），春秋早期人，擔任鄭國公室的饔人，掌管公事烹飪之事。

原父　銘文作邍父，魯大宰原父簋（集成03987），春秋早期人，擔任魯國的太宰，故又稱魯原（見魯原鐘）。

原氏仲　銘文作邍氏仲，見原氏仲簠（3件，考古1989年4期311頁圖2.2─圖2.4），亦稱原仲，春秋早期人，原氏家族，嬀姓，陳國的大夫，事陳宣公，公元前667年去世《左傳‧莊公二十七年》："秋，公子友如陳，葬原仲。"杜注："原仲，陳大夫；原，氏；仲，字也。"

羍　見太師小子羍簋（3件，考古與文物1990年5期40頁圖11.3─圖11.4，考古與文物1990年5期40頁圖11.5蓋，上博刊8期130頁器），即太師小子羍，西周晚期人，太師的小子。

逐　見逐簋（集成02972），西周早期人。

部命垠　見廿年部令戈（集成11299），戰國時期人，名垠，曾擔任魏國部縣縣令。

晉人事寓　見晉人事寓簋（集成03771），西周中期前段晉國族人，名事寓。

晉公　見晉公戈（2件，文物1995年8期94頁，藏臺北市王振華先生的古越閣），西周

晚期晉國某代國君，名不詳。

晉公　見晉公戈（文物1993年4期21頁圖3），春秋早期晉國某代國君，名不詳。

晉公　見晉公車軎（2件，集成12027─12028），春秋時期晉國某代國君，名不詳。

晉公　見晉公盆（又稱晉公蓋 集成10342），春秋末期晉國國君，名牁，史書作午，晉頃公之子，公元前511年即晉侯位，在位三十六年，死後謚定公。

晉公　見子犯鐘（2套16件，故宮文物月刊2000年5月總206期48─67頁），此晉公即晉文公，名重耳，晉獻公的次子。驪姬之亂，重耳出奔，在外十九年，歷經狄、衛、齊、曹、宋、鄭、楚、秦諸國。惠公死後，懷公繼立，不得人心。公元前697年，遂借秦穆公之力歸晉，得即君位。任用狐偃、趙衰等人，整頓內政，增強軍力，使國力復強。平周王室王子帶亂，迎周襄王復位，以尊王為號召，樹立威信。城濮之戰，大敗楚、陳、蔡三國軍，會諸侯於踐土，遂成霸主。在位九年。

晉公　見鷹氏鐘（9件，集成00162─00170），此指晉桓公，前388年即位，前376年韓趙魏滅晉。

晉仲韋父　見晉仲韋父盉（曲村505頁圖702.4、5），西周中期前段人，字韋父，晉侯邦父之弟，晉叔家父的二兄。

晉伯隆父　銘文做晉伯夆父，見晉伯隆父甗（上博刊7期43頁圖9），西周晚期晉國族首領，字隆父。

晉叔家父　見晉叔家父方壺（2件，文物1995年7期23頁圖32）。西周晚期人，字家父，晉國公族，晉叔韋父之弟。李學勤先生認為可能是晉殤叔（見《〈史記·晉世家〉與新出金文》，《學術集林》卷四160頁）。《史記·晉世家》載穆侯二十七年（前785年）卒，弟殤叔自立。後四年（前781年）為文侯所殺。

晉侯　見昌鼎（上博刊6期153頁圖4），西周穆恭時期人，晉國國君，名不詳。某年七月丙申日，曾命昌擊伐來犯之敵於佣，取得勝利。

晉侯　見晉侯尊（文物2001年8期15頁）、晉侯豬尊（文物2001年8期17頁圖31），西周早期晉國某代國君。

晉侯　見晉侯鬲（2件，故周金82、故周金83），西周晚期晉國某代國君。

晉侯　見戎生鐘（8件，保利藏金120、文物1999年9期79頁圖6.1—8、圖7.1—8），此指晉文侯，西周末期晉國國君，名仇，晉穆侯之子，穆侯時立為太子。穆侯卒，弟殤叔自立，仇出奔。公元前780年率其徒襲殤叔而為晉君。犬戎攻殺周幽王，平王、攜王並立。文侯二十一年，擁平王而殺攜王。在位三十五年。

晉侯邦父　見晉侯邦父鼎（2件，文物1994年8期5頁圖3.2）。西周晚期人，字邦父，晉國國君。李學勤先生認為是晉穆侯費王（見《〈史記·晉世家〉與新出金文》，《學術集林》卷四160頁）。穆侯為晉獻侯之子，名弗生，《晉世家》作弗王。曾討伐條、千畝兩地。取齊女為夫人，生太子，名仇；後又生少子，名成師。公元前811年即位，在位二十七年。

晉侯斯　見晉侯斯簋（4件，一件藏藏上海博物館，上博刊7期42頁圖8；二件藏山西省考古研究所，文物1994年1期圖24.2；另一件藏香港某人）、晉侯斯壺（2件，文物1994年1期圖24.3）。西周中期人，名斯，晉國國君。李朝遠先生認為：斯讀為咎，與仇雙聲疊韻可以通假。所以晉侯斯即晉侯仇（見《晉侯斯方座簋銘管見》，《二屆古》231頁）。"斯"或釋為"斯"

晉侯夆父　即晉伯隆父，見晉伯隆父甗（上博刊7期43頁圖9），西周晚期某一晉侯的長子，字隆父。周亞先生認為夆父可能是晉侯邦父（穆侯）之兄，因早亡未能即位（《館藏晉侯青銅器概論》，《上博刊》第7期）。隆父、邦父、家父可能為兄弟三人。夆父為長兄，邦父排行仲，家父為叔。夆父早逝，邦父即位為穆侯，穆侯死，家父援其例自立為君，是為殤叔，後為文侯所殺。

晉侯喜父　見晉侯喜父盤（文物1995年7期14頁圖15.3）、晉侯喜父盂殘片（文物1995

年7期9頁圖9），西周中期人，字喜父，晉國國君，也就是晉靖侯宜臼。李學勤先生云：喜父為晉靖侯宜臼，喜父與宜臼為一名一字，喜讀為糦，意為炊黍稷，與臼為搗米所用相應。林聖傑先生云：晉靖侯名宜臼，字喜父。喜父當為靖侯之字，宜臼為名。喜當為糦之借。糦，酒食也。昕為臼的借字，宜可釋為祭名，宜臼意為祭祀時的舂搗，與糦（祭祀所用之粢盛）為相承之詁言。”

晉侯楙馬　見晉侯楙馬方壺（2件，文物1995年7期6頁圖2、圖5）、晉侯楙馬壺（2件，文物1995年7期14頁圖15.1），西周中期人，名楙馬，晉國國君。林聖傑先生認為：楙與福同音可相借，楙馬即晉厲侯福。文獻單稱名福，銅器復名楙馬（見《晉侯昕小考》《三屆古》371頁）。

晉侯穌　即晉侯蘇，見晉侯蘇鼎（4件，一件藏上海博物館，上博刊7期42頁圖7；另一件藏山西省考古研究所，文物1994年1期圖24.1，另二件藏曲沃縣博物館，文物季刊1996年3期54頁圖3.1—圖3.2）、晉侯蘇鐘（16件，14件藏上海博物館，2件藏山西省考古研究所，上博刊7期3頁圖5—20），西周晚期人，名蘇，晉國國君，也就是《史記·晉世家》記載的晉獻侯籍，靖侯之孫，釐侯之子。《史記》記載晉獻侯蘇於周宣王六年（前822年）即位，十六年（前812年）卒，在位十一年。（關於晉侯蘇的生世和在位年份尚有不同說法，參見有關論文）。晉侯蘇

鐘銘載：厲王三十三年正月八日，晉侯蘇受命伐夙夷，從宗周出發，歷時兩月到達菓地，然後兵分兩路進攻濩邑和□邑。晉侯蘇殺死敵人120個，俘虜23人。隨後，厲王親自來到晉侯蘇的部隊中，命令晉侯蘇自西北方進攻勳城。晉侯蘇率領亞旅、小子和或人，攻陷了勳城，殺死敵人100個，俘獲11人，夷人恐懼，全部逃跑。厲王命令晉侯蘇統帥大室小臣和兵車追擊，晉侯蘇殺死敵人110個，俘虜20人；大室小臣和車僕的部隊殺死敵人150個，俘虜60人。班師回到成周，六月戊寅在太室賞給晉侯蘇馬駒四匹；十三日，司工揚父導引晉侯蘇進入太室，厲王又賜給香酒一卣、弓一張、箭百支、馬四匹。

晉侯　即晉侯對，見晉侯對鼎（2件，文物1995年7期14頁圖15.2、上博刊7期35頁圖1）、晉侯對寶尊汲盨（4件，上博刊7期36頁圖2—38頁圖4，另一件藏美國一收藏家）、晉侯對寶尊盨（上博刊7期39頁圖5）、晉侯對鋪（故周金113）、晉侯　盤（藏日本，中國文物報1993年12月14日）、晉侯對匜（上博刊7期40頁圖6），西周晚期人，名對，晉國國君。

晉姜　見晉姜鼎（集成02826），西周末年到春秋早期姜姓婦女，晉文侯的夫人。晉昭侯六年（前740年）時，遵照文侯的遺命曾派出一千輛大車，運載當地所產的鹽前往繁陽換取青銅，來作為鑄造彝器的原料。

晉韋父　見晉韋父盤（文物2004年2期62頁圖3），即晉仲韋父。

晉姬　見格伯簋（集成03952），西周中期前段姬姓婦女，格伯的夫人。

䣄　見高奴禾石權（集成10384），戰國晚期人，秦昭襄王三年（前304年）前後，擔任上郡漆垣冶鑄作坊的工師。

䣄　見六年漢中守戈（集成11367），戰國晚期人，秦昭襄王時（前306—前251年）曾擔任漢中郡冶鑄作坊的丞。

述　見二年上郡守冰戈（集成11399），戰國晚期人，身份為隸臣（刑徒），秦莊襄王二年（前248年）前後，在上郡冶鑄作坊當工匠。

虔　見芒陽守令虔戈（東南文化1991年2期259頁圖6），戰國晚期人，曾擔任芒陽縣守令。

悍　見八年丞甬戈（秦文字圖版34），戰國晚期人，秦王政八年（前239年）前後，在秦國工室當工匠。

眲　見眲鼎（集成02257），西周早期人。

眲卯　即瞿卯，見南行昜令瞿卯劍（2件，集成11673—11674）、燕王喜劍（集成11705），戰國時期人，趙國南行昜（唐）縣縣令。

逞　見吳季子之子逞劍（集成11640），春秋晚期人，吳國公族。

員　銘文作鼎，見員卣（集成05387）、作員從彝罍（2件，集成09803—09804）、諸簋（2件，集成03950—03951），西周早期後段人。某年，曾跟隨史旟伐鄭，員首先攻入鄭邑，並奪得青銅；昭王時，又隨王征伐楚荊。

員　銘文作鼎，見威方鼎甲（集成02789），西周中期前段人，擔任周王朝內史。某年九月既望乙丑，在堂師曾奉王姐姜之命，賜給威玄衣、朱褾袷。

員　銘文作鼎，見員作用鼎（集成01958）、員盂（集成09367）、員爵（2件，集成08818—08819）、員觶（2件，集成06431—06432）、員尊（集成05692）、員壺（集成09534）、員卣（集成05024），西周中期前段人。

員　見員作寶彝鼎（考古1984年5期414頁圖11.1），西周中期前段人。

員　銘文作鼎，見員尊（集成05966），西周中期前段人，族徽為"冄（冉）"。

員　銘文作鼎，見員方鼎（集成02695），西周中期前段人，族徽為"冀（冀）"。方鼎記載"正月既望癸酉，王狩于眠數，王令員執犬"。

員父　銘文作鼎父，見員父簋（集成03564）、員父尊（集成05861），西周中期前段人。

㝵母　見㝵母鼎（集成02026），商代晚期女子。

晏公　銘文作匽公，見匽公匜（集成10229），春秋早期人，齊國貴族，晏地的封君。

邵伯　即呂伯，見邵鸞鐘（13件，集成

00225—00237），邵黻的父親，晉國大夫，生世在春秋中期。

邵黻 即呂黻，見邵黻鐘（13件，集成00225—00237），春秋晚期人，名黻，呂氏，畢公的後裔，呂伯之子，晉國大夫。王國維云：“魏氏出於畢公，此器云畢公之孫，邵伯之子，其為呂錡後人所為作，彰彰明矣。”（見《邵鐘跋》《觀堂集林》卷18.5）白川靜認為即魏獻子，據“正月初吉丁亥”，定其為前475年（見《金文通釋》35輯139頁）。

梟 見梟之造戈（集成11006），戰國晚期人。

哦 見哦簋（集成03613），西周早期人。

咢君 見咢君壺（集成09542），戰國時期咢地的封君。

咢孝子 見咢孝子壺（集成09516），戰國時期人，咢君之子。

奊 見奊戟（北窑墓112頁圖123.8），西周早期人。

圛 見圛盨（2件，集成04402—04403），西周晚期人。

國子 見國子鼎（集成01348）、國子中官鼎（集成01935），春秋晚期齊國人。

國差 見國差罎（集成10361），春秋中期人，史書作國佐，齊頃公、靈公時期（前598—前554年）齊國的執政大臣。

圓君 見圓君鼎（集成02502），圓君婦媿霝盂（集成09434），西周中期人，圓國族首領，夫人為媿霝。

嶣 見嶣簋（集成10569），西周時期人。

敄 即微，見微罤（集成09244），西周早期人。

敄 即微，見散氏盤（又稱散盤、矢盤、矢人盤，集成10176），西周厲王時期人，矢國族眉田的田官。

敄父 即微父，見微父簋（集成03562），西周早期人。

敄父 即微父，見散氏盤（又稱散盤、矢盤、矢人盤，集成10176），西周厲王時期人，散氏新任命的眉田的田官。

敄仲 即微仲，見微仲鬲（集成00521），西周早期人。

敄伯 即微伯，見微伯鬲（5件，集成00516—00520）、曩鼎（集成02490），也就是微伯癲，曩的父親，西周中期後段人，微氏家族族長，族徽為“∀卌（羊冊）”，夫人為妵氏。

敄伯癲 即微伯癲，見微伯癲鋪（集成04681）、微伯癲匕（2件，集成00972—00973），西周孝王時期人，名癲，史牆的兒子，曩的父親，微氏家族族長，族徽為“木∀卌（羊冊）”。

敄邑 即微邑，見裘衛盉（集成09456），西周中期前段人，擔任司土之職。恭王三年三月既生霸壬寅，參加了矩伯庶人與裘衛之間交割土地的勘界和交接儀式。

敄姚 即微姚，見叔猴父簋（集成04068）、叔猴父簋蓋（2件，集成04069—04070），西周晚期姚姓婦女，叔猴父的夫人。

敳姬　即微姬，見臭女盨蓋（集成04352），西周晚期姬姓女子，臭母的女兒。

敳癲　即微癲，見微癲盉（2件，集成10324—10325），也就是微伯癲。

敳緣　即微緣，見微緣鼎（集成02790），西周晚期人，名緣，微氏。厲王二十三年九月，周王在宗周命微緣管理九陂。

遑　見遑作祖丁鼎（集成02310），西周早期人。

剛　見剛爵（集成09033），西周早期人。

眚　見眚觚（集成07234），西周早期人。

眚　見召鼎（集成02838），西周中期後段人，限賣給召的五個奴隸之一。

眚　即省，見小子省卣（又稱小子省壺，集成05394），也就是小子省，商代晚期人，族徽為"𤔎（冀）"。

眚史南　即省史南，見爾比鼎（集成02818）、爾比簋蓋（集成04278），西周晚期人。

眚史趛　即省史桓，見省史趛尊（集成05951），西周早期人，族徽為"𤔎冊"。

眚仲　見眚仲之孫簋（集成04120），為𤔎（噂）的祖父，生世在西周晚期。

殺嬴　即邾嬴，見妊爵（2件，集成09027—09028），西周早期人。

乘　見乘戈（集成10638），也就是殷墟第一期卜辭常見的望乘，商王武丁時期的一員戰將，名稱，望族。

乘　見十二年上郡守壽戈（2件，集成11404，集成11363）、十三年上郡守壽戈（秦文字圖版21）、十五年上郡守壽戈（集成11405）、上郡守戈（秦文字圖版36），戰國晚期人，秦昭襄王時期（前306—前251年）擔任上郡漆垣冶鑄作坊的工師。

乘父士杉　或釋為"爽父士杉"，見乘父士杉盨（集成04437），西周晚期人，名杉，字乘父。

乘邊　見洹子孟姜壺（2件，集成09729—09730），春秋晚期人，齊莊公（前553前548年）的太子。

愄　見愄卣（集成05113），西周早期人。

愄公　見愄公鼎（集成01345），戰國時期人。

愄戲　見十三年□陽令愄戲戈（集成11347），戰國早期人，曾擔任□陽縣縣令。

愄伯武君　見繁伯武君鬲（文物1991年11期92頁圖2），即繁伯武君，春秋早期人。

桼　見桼尊（集成05876），西周早期人，族徽為"𤔎（冀）"。

侯仲嫐子　見侯仲嫐子削（集成11816），春秋早期人，名嫐子，侯國公族。

倗　見倗鬲（集成00586）、倗簋（集成03667），西周早期人，族徽為"丂"。

倗　見倗尊（集成05955）、倗卣（集成05366），西周中期前段人。

倗　見王子午鼎（7件，集成02811、下寺117

頁圖95—123頁圖100）、楚叔之孫佣鼎（3件，集成02357、下寺56頁圖45、下寺219頁圖162）、佣鼎（7件，下寺105頁圖85.2、下寺105頁圖85.4、下寺108頁圖88.4、下寺108頁圖88.1、下寺108頁圖88.2、下寺108頁圖88.3、下寺216頁圖159.2、3）、佣之遵鼎（下寺112頁圖91.3）、佣簋（2件，集成04471、下寺66頁圖55.1、2）、佣盤（下寺136頁圖113.1）、佣匜（下寺136頁圖113.2）、佣缶（2件，下寺225頁圖167.1—3）、佣尊缶（4件，集成09988、下寺71頁圖60.1、2、下寺226頁）、佣戟（下寺188頁圖141.3—5）、佣矛（下寺190頁圖142.1），即鄝子佣，史書作遠子馮或蒍子馮，名佣，楚叔之孫，鄝氏，春秋晚期前段人，楚康王時期擔任楚國大司馬，地位與令尹子庚（王子午）相當，子庚死後的第二年（前550年）接任令尹，三年後卒於任。

佣女 即佣母，見佣母鼎（文物1989年12期92頁），西周早期女子。

佣史 見佣史車鑾鈴（集成12012），西周時期人。

佣生 見佣生簋（原稱格伯簋，4件，集成04262—04265）、㠱仲飲壺（集成06511），西周中期前段人，族徽為"冊"。恭王某年正月癸巳，曾用四匹馬換得了格伯的土地三十田（三百畮）。

佣舟 見佣舟鼎（集成01459），商代晚期人或氏族。

佣仲 見佣仲鼎（集成02462），西周中期佣國族人，女兒為畢媿。

佣伯廬 見佣伯廬簋蓋（集成03847），西周晚期人，名廬，佣國族首領。

佣妣 見虎叔簋（保金85），西周中期妣姓婦女，虎叔的女兒。

隻 見隻爵（集成09038），西周早期人，族徽為"聑日"。

烏 見十二年右使車盉（集成09450），戰國中期人，中山國右使車屬下的冶鑄作坊的工匠。

射 見射甗（集成00848），西周早期人，族徽為"彳（襄）"。

射女 即射母，見射女鼎（3件，集成01377—01379）、射女瓿（集成06878），商代晚期女子，族徽為"𩫖"。

射南 見射南簋（2件，集成04479—04480），西周晚期人。

師中 見靜方鼎（文物1998年5期86頁圖4），西周早期後段人，名中，亦見於中方鼎、中觶、中甗，擔任周王朝的師職。昭王某年十月曾奉命與靜作為先行官赴南國巡視，為王建立行宮。

師毛父 見師毛父簋（集成04196），西周中期人。某年六月既生霸戊戌，周王在太室冊命師毛父，並賜給赤市。

師公 見師公鼎（集成01932），戰國晚期人。

師氏 見永盂（集成10322），此指西周中期以師為氏的某人。恭王十二年某月初吉丁卯，參予授田給師永的勘界活動。

師氏右眚　見散氏盤（又稱散盤、矢盤、矢人盤，集成10176），西周厲王時期人，矢國族眉田的田官。某年九月乙卯，參與矢付給散氏田地的封樹和交付儀式。

師田　見鬲比盨（集成04466），西周中晚期人，名田，擔任周王朝的師職。

師田父　見小臣傳簋（集成04206），西周早期人，字田父，擔任周王朝的師職。《說文》："田，陳也。"《詩·東山》釋文"古田、陳音同"，作冊翩卣有"唯明保殷成周年"，與小臣傳簋"師田父殷成周年"所述都是去成周殷見東都三事大夫與内外諸侯。在成王時只有明保代父周公為東方的公尹，宣佈王命與東都百官和諸侯，故師田父可能就是明保、明公、明公尹，也就是周公的次子君陳。

師永　見永盂（集成10322），西周中期人，名永，擔任周王朝的師職。恭王十二年丁卯，王派益公、邢伯、榮伯、尹氏、師俗父和遣仲等執政大臣宣佈命令，賜給師永洛河南北的土地。

師同　見師同鼎（集成02779），西周中期後段人，名同，擔任周王朝師職。某年，跟隨周王在某地作戰，殺死了許多敵人，並抓獲俘虜，奪得敵人的車馬五乘，大車二十乘，羊百隻；在罪地又奪得敵人的金胄三十個、戎鼎二十件、鋪五十件、劍二十把。

師同　見永盂（集成10322），西周中期人，居住在畢邑。與師同鼎的師同或為同一人。恭王十二年某月初吉丁卯，曾參予授田給師永的勘界活動。

師汙父　見牧簋（集成04343），西周中期人，字汙父，擔任周王朝師職。

師丞　見師丞鐘（集成00141），西周晚期（夷王世）人，虢季的後裔，名丞，擔任周王朝師職，其父為德叔（即）的兒子。

師孝　見瘖鼎（未著錄，作者藏有拓本），師彪的兒子，瘖的父親，生世約在西周晚期。

師克　見師克盨（2件，集成04467、考古1994年1期圖版柒）、師克盨蓋（集成04468），又稱善夫克，西周晚期人，名克，先後擔任周王朝的師和善夫。某年，周王重申前命，命克繼承祖考的官職，並監管左右虎臣，賜給秬鬯一卣，赤市、五黃、赤舄、牙僰、駒車、賁較、朱虢（鞹）、靷靳、虎冟（幎）、纁裏、畫轉、畫輯、金甬（箁），朱旂，馬四匹、鋚勒和素鉞。

師酉　見師酉簋（4件，集成04288—04291），西周中期人，名酉，擔任周王朝師職。元年正月，在吳大廟由公族l淾釐陪同接受冊命，周王命師酉管理邑人、虎臣包括西門夷、𤞷夷、秦夷、京夷、弁（弁）身夷等，並賜給赤市、朱黃、中𢆶（裞）和鋚勒。

師吳父　見師吳父簋（集成03892），西周晚期人。

師昌 見師昌鼎（集成02557），西周中期人，名昌，擔任周王朝師職，族徽為“亻”。

師兌 見元年師兌簋（2件，集成04274—04275）、三年師兌簋（2件，集成04318—04319），西周晚期人，名兌，擔任周王朝師職。元年五月初吉甲寅，在同仲的陪同下在康廟接受冊命，周王命師兌輔佐師龢父管理左右走馬和五邑走馬，並賜給祖巾、五黃、赤舄；三年二月初吉丁亥，由𨸏伯陪同在周太廟接受冊命，周王重申前命，命師兌繼續管理走馬，並賜給秬鬯一卣、金車、賁較、朱虢（鞹）、㔻靳、虎冪、熏裏、右軛、畫轉、畫輯、金甬（筩）、馬四匹和鋚勒。

師奎父 見師奎父鼎（集成02813），西周中期人，字奎父，擔任周王朝師職。某年六月既生霸庚寅，周王在太室冊命師奎父，命師奎父繼承其父的官職，並賜給載市、冋黃、黹純、戈琱戟和鑾旂等。

師虎 見師虎簋（集成04316），亦單稱虎（見虎簋蓋），西周中期人，名虎，擔任周王朝師職。元年六月既望甲戌，由邢伯陪同在杜㝉太室接受冊命，周王命師虎繼承其祖考的官職，管理左右戲緐荊。

師夆 見𩰫鼎（未著錄，作者藏有拓本），𩰫的六世祖，師寏的父親，師婁的兒子，生世約在西周中期前段。

師彔 見師俞簋蓋（集成04277）、師晨鼎（集成02817）、宰獸簋（2件，陝西歷史博物館館刊2000年第7輯99頁圖2、文物1998年10期40頁圖7.2）、諫簋（集成04285）、㾓盨（2件，集成04462—04463），這些器銘均作“王在師彔宮”，宮即廟，師彔宮即師彔的廟。這些器物是懿王時鑄造的，那麼，師彔當是懿王之前人。

師俗 見師晨鼎（集成02817）、史密簋（考古與文物1989年3期9頁圖3），即師俗父。

師俗父 見永盂（集成10322），西周中期人，字俗父，擔任周王朝的師職。恭王元年正月，曾參與處理裘衛和邦君厲的土地交易之事；十二年又參加周王賞賜給師永田地的出命儀式，在南洛河上游附近有土地，和新賜給師永的土地毗連；史密簋載，懿王某年十二月，南淮夷的盧虎糾合杞夷、舟夷和觀國廣伐周王朝的齊師、族人和遂地，於是周王命師俗和史密東征，師俗率齊國的軍隊和遂人為左翼，圍攻長必；史密率領族人及萊、僰、眉等國的軍隊為右翼，圍攻長必。

師訇 即師詢，見師訇簋（集成04342），西周中期人，名詢，擔任周王朝的師職。訇簋載懿王十七年，由益公陪同在射日宮接受冊命，周王命詢繼承其祖考的官職，管理邑人，先虎臣後庸：西門夷、秦夷、京夷、㚘夷、師笭、側新（薪）、□華夷、弁豸夷、𠟭人、成周走亞、戍、秦人、降人、服夷；並賜給玄衣黹純、緇韍、冋黃（絅衡）、戈琱戟、厚柲、彤沙（綏）、鑾旂和鑾勒；師訇簋載孝王元年二月庚寅，周王命詢"惠雍我邦小大猷，邦𢀛漢辪，敬明乃心，率以乃友捍禦王身"，並賜給秬酒、圭瓚和奴隸三百人。

師華父　見大克鼎（集成02836），善夫克的祖父，臣事周恭王，有功於周室。

師秦　見師秦宮鼎（集成02747），西周時期人，名秦，擔任西周王朝師職。

師隻　見師隻簋（文物1992年6期77頁圖4.2）、師隻卣蓋（原稱師隻壺蓋，集成05194），西周早期人，名隻，擔任西周王朝師職。

師朕　見師遽簋蓋（集成04214）。西周中期前段人，名朕，擔任周王朝師職。恭王三年四月辛酉，王命師朕賜給師遽貝十朋。

師高　見師高簋（集成10565）、師高鼎（未著錄，藏故宮博物院），西周早期人，名高，擔任周王朝師職。

師旋　見師旋鼎（集成02809），西周中期前段人，名旋，擔任西周王朝師職。某年三月，師旋的眾僕不跟隨周王征伐方雷，厥友引告於伯懋父，伯懋父起初判處放逐，後改判罰銅三百鋝。

師害　見師害簋（2件，集成04116—04117），西周晚期人，糜生舀的父親，名害，擔任周王朝師職。

師𣈏父　見師𣈏父鼎（考古1986年11期978頁圖1.2），西周中期前段人，字𣈏父，擔任周王朝師職。

師彪　見𧊒鼎（未著錄，作者藏有拓本），𧊒的祖父，生世約在西周孝、夷時期。

師嫠　見𧊒鼎（未著錄，作者藏有拓本），𧊒的七世祖，師夆的父親，該家族的始祖，生世約在西周昭、穆時期。

師麻孝叔　見師麻孝叔鼎（集成02552）、師麻孝叔簠（集成04555），春秋時期人。

師旋　見五年師旋簋（3件，集成04216—04218）、元年師旋簋（4件，集成04279—04282），西周晚期人，名旋，擔任周王朝師職。元年四月既生霸，由遲公陪同在減应接受冊命，周王命師旋備於大左，官司豐苑，並賜給赤市、同黃和麗敚；五年九月既生霸壬午，周王命師旋去齊地追殺敵人，賜給師旋干鍚簪、戈琱威、厚柲、彤沙（綏）等物，告訴他不要失敗。

師寏　見師寏鐘（文物1994年2期96頁圖11），西周晚期人，名寏，擔任周王朝的師職。

師絆　見師絆銅泡（集成11862），戰國中期中山國人。

師閔　見師閔鼎（集成02281），西周中期人，名閔，擔任周王朝師職。

師黃　銘文作𪊲黃，見兩簋（集成04195），西周中期人，吳姬的丈夫。

師量　見太師盧簋（2件，集成04251—

04252），西周中期人，名量，擔任周王朝師職。

師湯父　見師湯父鼎（2件，集成02780、考古1999年4期18頁圖3）、仲枏父簋（2件，集成04154—04155）、仲枏父鬲（8件，集成00746—00752、上博刊8期127頁圖2b），西周中期後段人，字湯父，擔任周王朝的師職。鼎銘載：某年十二月丙午，師湯父在周新宮射廬接受冊命，“王呼宰應賜盛弓、象弭、矢臷和彤欮。”

師窶父　見師窶父鼎（集成02353）、師窶父簋（2件，集成03705—03706）、師窶父盨（2件，集成04348—04349）、師窶父盤（集成10111），西周晚期人，字窶父，擔任周王朝師職，夫人為季姞。

師發　銘文作帀癹，見陳純釜（集成10371），戰國早期人，齊國左關的關吏。約與齊湣王同時（前301—前284年）。

師楷　見旟鼎（集成02704），西周康王時期人，名楷，擔任周王朝的師職。某年八月，康王的后妃王姜把原賜給師楷的三田和田裏待收割的禾稻轉賜給旟。

師㝬　見師㝬簋（2件，集成04324—04325），亦稱輔師㝬（見輔師㝬簋），西周中晚期人，名㝬，擔任周王朝的師職。輔師㝬簋載，某年九月既生霸甲寅，由榮伯陪同在周康宮接受冊命，周王命其繼承祖考的官職繼續管理輔，賜給緇韍、素黃和鑾旂，並增賜玄衣、黹純、赤韍、

朱黃、戈彤沙（緌）珝戚和繪有五日的旗幟。師㝬簋載，十一年九月初吉丁亥，由宰珝生陪同在周太室接受冊命，周王命師㝬繼承其祖考的官職，管理演奏小輔和鼓鐘的人，並賜給素韍，金黃、赤舃、和鍪勒。

師廬　見盠駒尊（集成06011），即師遽。

師餘　即師俞，見師餘鼎（集成02723）、師餘尊（集成05995），西周早期後段人，名俞，擔任西周王朝師職。某年，師俞曾護送昭王到上侯省視，王賜給師俞金。

師餘　即師俞，見師俞簋蓋（集成04277），西周中期後段人，名俞，擔任西周王朝師職。簋銘載，三年三月初吉甲戌，由司馬共陪同，在周師录宮接受冊命，周王命師俞管理佳人，並賜給赤市、朱黃和鑾旂。

師雍父　銘文作師雝父，見癹鼎（集成02721）、遇甗（集成00948）、臤尊（2件，集成06008、北京文物精粹大系·青銅器卷110）、稽卣（集成05411），西周中期前段人，名雍父，擔任周王朝的師職。某年十一月，曾去省視南國的道路，到了獣國；某年，又率領遇、臤、稽等人戍守古師。

師袁　見師袁簋（2件，集成04313—04314），西周晚期人，名袁，擔任周王朝的師職。厲王時曾奉王命率齊、冟、蟄（萊）、棘、尿諸邦國的部隊和虎臣編成的左右

兩軍，征伐淮夷，取得了勝利，抓獲了淮夷的四名首領，並殺死和俘獲大量敵人，奪取了大量民人士女，繳獲大量牛羊和銅料等物資。郭沫若先生認為師袁就是《詩·大雅·採芑》中的方叔，《詩》云："蠢爾蠻荊，大邦為讎，方叔元老，克壯其猶，方叔率止，執訊獲醜。"所言事跡與此相合。袁與方蓋一名一字也。袁假爲圜，名圜而字方者，乃名字對文之例，如名沒字子明，名偃字子犯之類（見《大系》考26頁）。

師壽　見三年瘐壺（2件，集成09726—09727），西周中期後段人，名壽，擔任周王朝師職。孝王三年九月己丑，周王在句陵饗逆酒，呼師壽召瘐，賜給瘐戠俎。

師耤　銘文作師𥨊，見弭伯師耤簋（集成04257），西周中期後段人，弭國族首領，名耤，擔任周王朝的師職。某年八月戊寅，由榮伯陪同接受周王冊命，賜給師耤玄衣、黹純、素韠、金亢、赤舄、戈琱祓、彤綏、鎣勒和繪有五日的鑾斿。

師晨　即師晨，見師晨鼎（集成02817），西周中期人，名晨，擔任周王朝的師職。三年三月初吉甲戌，在師录宮太室接受冊命，周王命師晨"胥師俗司邑人，唯小臣、善夫、守、友、官、犬，眔甸人、善夫、官、守、友。"

師僕　見簪鼎（未著錄，作者藏有拓本），簪的曾祖父，師彪的父親，生世約在西周中期後段。

師察　見弭叔師察簋（2件，集成04253—04254），即弭叔師察　西周中期後段人，名察，弭國公族，夫人為犀妊，擔任周王朝的師職。某年五月初吉甲戌，在葊京太室，接受周王的冊命，周王命弭叔師察輔佐弭伯，並賜給赤舄和鎣勒。

師趛　見師趛鼎（集成02713）、師趛鬲（集成00745）、師趛盨（集成04429），西周中期後段人，名趛，擔任周王朝的師職，族徽為"亻"，其父為聖公，母為聖姬。

師望　即師望，見師望鼎（集成02812）、太師小子師望簋（集成03682）、師望盨（集成04354）、太師小子師望壺（集成09661），西周中期後段人，名望（望），太師的小子，擔任周王朝師職。

師訊　見師訊鼎（集成02830），西周恭王時期人，名訊，虢氏國族人，從穆王時期起就擔任周王朝師職，有功於王室。鼎銘載恭王八年正月丁卯，再次接受冊命，周王命曰："師訊！汝克蓋乃身，臣朕皇考穆穆王，用乃孔德逤純，乃用心引正乃辟安德。唯余小子肇淑先王德，錫汝玄袞、黼純、赤韠、朱橫、鑾斿、太師金膺、鎣勒。用型乃聖祖考，隣明令辟前王，事余一人。"

師邊　見師邊簋蓋（集成04214）、師邊方彝（集成09897），一作師鷓（見盠駒尊），西周中期前段人，名遽，擔任周王朝的師職。方彝銘載某年正月既生霸丁酉，周王在康寢饗醴，王呼宰利賜給師遽珛圭一件、璓璋四件；簋銘載三年四月辛酉，王在周新宮命師朕賜給貝十朋。盨駒尊載某年十二月甲申，與盨一起參加恭王在庌地舉行的執駒典禮。

師器父 見師器父鼎（集成02727），西周中期人，字器父，擔任周王朝師職。

師魯父 見柞伯簋（文物1998年9期56頁圖3），西周中期前段人。某年八月庚申，周王在周舉行大射之禮，師魯父率小臣參加。

師趛 見師趛方甗（集成00884），西周早期後段人，名趛，擔任周王朝師職。

師毇 見師毇簋（集成04311），西周晚期人，名毇，擔任周王朝師職。共和元年正月初吉丁亥，伯龢父冊命師毇主管王室事務，管理王室西偏、東偏，僕馭百工、牧臣妾，董裁內外，並賜給戈珚戚、厚柲、彤綏、冊五、錫鐘一肆以及青銅等物。

師戲 見虎簋蓋（2件，考古與文物1997年3期79頁圖3，古文字研究24輯183頁）、豆閉簋（集成04276），西周中期前段人，名戲，擔任周王朝的師職，是師虎的上司，主管周王朝的走馬馭人和五邑馭人。

師膆父 見師膆父鼎（集成02558），西周中期前段人，字膆父，擔任周王朝師職，夫人為竆姬。

師寰 見譽鼎（未著錄，作者藏有拓本），師僕的父親，師夆的兒子，譽的五世祖，生世約在西周恭王時期。

師轉 見師轉鑒（集成09401），西周中期人，名轉，擔任周王朝師職。

師穎 見師穎簋（集成04312），西周晚期人，名穎，擔任周王朝的師和司土。元年九月既望丁亥，由液伯陪同在周康宮太室接受冊命，周王命師穎繼續擔任司土，管理汸闇，並賜給赤市、朱黃、鑾旂和鑾勒。

師晨 即師晨，見師晨鼎（集成02817）、太師盧簋（2件，集成04251—04252），亦稱伯晨（見伯晨鼎），西周中期後段人，名晨，擔任周王朝師職。懿王三年三月甲戌，由司馬共陪同在周師彔宮太室接受冊命，作冊尹宣佈王命，周王命師晨輔佐師俗管理邑人小臣、膳夫、守友、官犬，以及甸人膳夫、官、守、友，並賜給赤舄。

師龢父 見元年師兌簋（2件，集成04274—04275）、三年師兌簋（2件，集成04318—04319）、師袤簋（2件，集成04324—04325），又稱伯龢父（見師毇簋），西周晚期人，字龢父，擔任周王朝師職。郭沫若先生認為即共伯龢，厲王三年國人造反，厲王奔彘，共伯龢執政十四年。宣王十一年九月，共伯龢去世，師袤素服報喪於王（見《大系》考149頁）。

師瘨 銘文作師瘨，見師瘨簋蓋（集成

04284），西周中期前段人，名癞，擔任周王朝師職。某年二月初吉戊寅，司馬井伯親陪同在師馬宮太室接受冊命，周王重申先王的冊命，命其管理邑人和師氏。

師趨父　見叔多父簋（3件，集成04004—04006），西周晚期人，叔多父的祖父，字趨父，擔任周王朝師職。

師龢　見師龢簋（集成03573），西周早期人，名龢，擔任周王朝師職。

鬼　銘文作鬼，見鬼壺（集成09584），西周中期人，族徽為"㝵"。

息　見四年代相樂寇劍（考古與文物1989年3期20頁，山西珍166）、六年代相吏微劍（文博1987年2期53頁圖1），戰國晚期人，代王嘉四年到六年（前224—前222年）期間，擔任代（趙）國右庫和左庫的冶吏。

息　見四年建信君鈹（集成11695），戰國晚期人，與建信君同時，趙國邦右庫冶鑄作坊的冶吏。

息子行　銘文作郞子行，見郞子行盆（集成10330），春秋早期人，名行，息國公子。

息伯　見息伯卣（2件，集成05385—05386），西周早期人，息國族首領，名不詳。

徒　即走，見走簋（集成04244），西周中期人。十二年三月既望庚寅，由司馬邢伯陪同在周太室接受周王的冊命。

徝　即德，見德鼎（集成02405）、德方鼎（集成02661）、德簋（集成03388）、德簋（集成03733），西周早期人。

徟　見冶徟觶（集成06488），西周早期人。

徐子㣆　銘文作余子㣆，見余子㣆鼎（集成02390），春秋中期人，名㣆，徐國王子。

徐王　銘文作郤王，見庚兒鼎（2件，集成02715—02716），此指庚兒（即徐王庚）的父親，沇兒的祖父。

徐王　銘文作郤王，見徐王爐（集成10390），春秋晚期人，徐國國君，名不詳。

徐王　銘文作郤王，見徐王元子柴爐（集成10390），春秋晚期徐國國君，柴的父親，也就是義楚。

徐王宋又　銘文作郤王宋又，見徐王宋又觶（集成06506），春秋晚期人，名宋又，徐國國君，晚於徐王庚而早於徐王義楚，約與魯昭公同時（前541—前510年）。

徐王子旃　銘文作郤王子旃，見徐王子旃鐘（集成00182），春秋晚期人，名旃，徐王之子。

徐王元子柴　銘文作郤王元子柴，見徐王元子柴爐（集成10390），春秋晚期人，名柴，徐王義楚的長子。

徐王旨後　銘文作郤王旨後，見自鐘（文物2004年2期72頁圖3、圖4），春秋晚期人，名旨後，徐國國王，自的祖父，足利次留之父。曹錦炎先生認為可能就是《左傳》昭四年（前538年）記載的失名徐王，其母為吳國王室的女子（見《自鐸銘文考釋》《文物》2004年2期）。

徐王季糧 銘文作郤王季糧，見宜桐盂（集成10320），春秋中期人，名季糧，一作糧（見徐王糧鼎），徐國國君，即王位約在魯僖公到魯文公時（前659—前609年）。

徐王庚 銘文作郤王庚，見沇兒鎛（原稱沇兒鐘，集成00203），春秋中期人，名庚，沇兒的父親，徐國國君，未即位時稱庚兒（見庚兒鼎），約在魯宣公到魯成公時（前608—前573年）即王位。

徐王義楚 銘文作郤王義楚，見徐王義楚盤（集成10099）、徐王義楚觶（集成06513）、徐王義楚劍（鳥篆編下159）、徐王義楚之元子柴劍（集成11668），春秋晚期人，名義楚，徐國國君。魯昭公六年"聘於楚"，被楚拘禁，逃回本國。昭公三十年吳國滅徐，徐子章禹奔楚，故義楚即徐王位當在魯昭公七年至二十九年（前536—前513年）。

徐王糧 銘文作郤王糧，見徐王糧鼎（集成02675），即徐王季糧。

徐頵君 銘文作郤頵君，見次又缶（文物1989年12期54頁圖2），徐王次又的先祖。商志醰先生認為即《禮記·檀弓下》徐國大夫容居云："昔我先君駒王西討，濟於河"所言的駒王，西周早期後段徐國國君，康王時，乃率九夷，以伐宗周，西至於河。（見《次缶銘文考釋及相關問題》《文物》989年12期）

徐鍾 銘文作郤鍾，見郤鍾矢（故宮文物月刊1993年總129期15頁圖17），戰國時期人。

殷 見叔虞方鼎（文物2001年8期9頁圖12），西周早期人。某年十四月，周王在成周賞賜矢時，殷代宣王命。

殷 見殷簋（集成03379），西周早期人。

殷 見殷簋（2件，陝金1.402—403），西周中期後段人。某年二月丁丑，由士戍陪同在周新宮接受周王冊命，内史音代宣王命，王命殷繼承祖、父的職位掌管東鄙五邑的王子弟公卿大夫的采地。

殷敎 見殷敎盤（2件，集成10127—10128）、虢叔簠蓋（集成04498），即叔殷敎，西周晚期人，虢叔的夫人。

殷 見殷方鼎（集成02114），商代晚期人，族徽為"呂卅（冊）"。

殷 見朢丂阹觥（又稱殷觥，集成09299），西周早期人。某年，王令殷既米於朢丂阹。

殷仲柔 見殷仲柔盤（集成10143），春秋時期人，名柔，殷氏公族。

殷仲虞 見殷仲虞簋（集成04485），西周晚期人，名虞，殷氏公族。

殷殷 見上曾太子殷殷鼎（集成02750），春秋早期人，上曾國太子，客死於齊國。上曾國文獻作繒或鄫，姒姓，故址在今山東省境内。

殺　銘文作兇，見殺鼎（集成02012），西周早期前段人。

途　見楚叔之孫途盉（集成09426），春秋晚期人，楚叔之孫。

郤王　即徐王，見庚兒鼎（2件，集成02715—02716），此指庚兒（即徐王庚）的父親，沇兒的祖父。

郤王　即徐王，見徐王爐（集成10390），春秋晚期徐國國君，名不詳。

郤王　即徐王，見徐王元子柴爐（集成10390），春秋晚期人，徐國國君，柴的父親，也就是義楚。

郤王子旃　即徐王子旃，見徐王子旃鐘（集成00182），春秋晚期人，名旃，徐國王子。

郤王元子柴　即徐王元子柴，見徐王元子柴爐（集成10390），春秋晚期人，名柴，徐王義楚的長子。

郤王𠂤又　即徐王𠂤又，見徐王𠂤又觶（集成06506），春秋晚期人，名𠂤又，徐國國君，晚於徐王庚而早於徐王義楚，約與魯昭公同時（前541—前510年）。

郤王旨後　即徐王旨後，見自鐘（文物2004年2期72頁圖3、圖4），春秋晚期人，名旨後，徐國國王，自的祖父，足利次留之父。曹錦炎先生認為可能就是《左傳》昭四年（前538年）記載的失名徐王，其母為吳國王室的女子（見《自鐸銘文考釋》《文物》2004年2期）。

郤王季糧　即徐王季糧，見宜桐盂（集成10320），春秋中期人，名季糧，一作糧（見徐王糧鼎），徐國國君，即王位約在魯僖公到魯文公時（前659—前609年）。

郤王庚　即徐王庚，見沇兒鎛（原稱沇兒鐘，集成00203），春秋中期人，名庚，沇兒的父親，徐國國君，未即位時稱庚兒（見庚兒鼎），約在魯宣公到魯成公時（前608—前573年）即王位。

郤王義楚　即徐王義楚，見徐王義楚盤（集成10099）、徐王義楚觶（集成06513）、徐王義楚劍（鳥篆編下159）、徐王義楚之元子柴劍（集成11668），春秋晚期人，名義楚，徐國國君。魯昭公六年"聘於楚"，被楚拘禁，逃回本國。昭公三十年吳國滅徐，徐子章禹奔楚，故義楚即徐王位當在魯昭公七年至二十九年（前536—前513年）。

郤王糧　見徐王糧鼎（集成02675），即徐王糧、徐王季糧。

郤頎君　即徐頎君，見次又缶（文物1989年12期54頁圖2），徐王次又的先祖。商志醰先生認為即《禮記·檀弓下》徐國大夫容居云："昔我先君駒王西討，濟於河"所言的駒王，西周早期後段徐國君，康王時，乃率九夷，以伐宗周，西至於河。（見《次缶銘文考釋及相關問題》《文物》989年12期）

郤鍾　即徐鍾　見郤鍾矢（故宮文物月刊1993

年總129期15頁圖17），戰國時期人。

戔 見廿四年錐形器（集成10453），戰國時期人，某國冶鑄作坊的工匠。

舍王 見遱邗鐘（7件，東南文化1988年3、4期30頁）、遱邗鎛（5件，銅全11.162），西周晚期或春秋早期舍（此字或釋舒或釋徐）國國君，遱邗（甚六）的祖父，尋楚默之父，名不詳。

舍王 見舒王矛（文物1989年第4期51頁），春秋時期人，舒國國君，名不詳。

舍喜 見皋落戈（考古1991年5期414頁圖2），戰國晚期人，名喜，舍氏，秦國皋落縣冶鑄作坊的工師。

倉 見十二年趙令戈（集成11355），戰國早期人，趙國邯鄲冶鑄作坊的冶吏。

倉慶 見七年鄭令先聾矛（集成11554），戰國晚期人，名慶，倉氏，韓王安時（前238—前230年）擔任鄭縣左庫冶鑄作坊的工師。

爰子沱 見爰子沱鼎（集成02239），戰國早期人。

裘 見卅三年鄴令裘戈（原稱三十三年叢令戈，甘衣戈，集成11312），戰國中期人，魏惠王三十三年（前338年）前後，擔任鄴縣縣令。

裘 見四年雍令韓匡戟刺（原稱四年雍令韓匡矛，集成11564），戰國晚期人，魏國雍縣左庫冶鑄作坊的冶吏。

奚易 見十九年邦司寇陳授鈹（東南文化1991年2期261頁圖8），戰國晚期人，名易，奚氏，趙國庫冶鑄作坊的冶吏。

絲氏劍 見絲氏劍籃（2件，保金90），西周晚期人，名劍，絲氏。

朕 見朕觶（集成06475），西周早期人。

朕 見朕鐘（集成00020），西周晚期人。

朕母 見朕母觚（集成06879），商代晚期婦女。

卿 見卿盉（集成09402）、卿爵（集成08880）、卿觚（集成07292）、卿尊（集成05889）、卿卣（2件，集成05258—05259），亦稱臣卿（見臣卿籃），西周早期人。成王時曾隨周公視察東國，在新邑洛受到周公的賞賜。

卿旗 見小子馭籃（集成03904），商代晚期人。某年乙未日，曾賜給小子馭貝二百。

狽 見狽尃（集成09242），西周早期人，族徽為"口（宁）"。

狽 見狽尊（集成05839）、狽卣蓋（集成05197），西周中期前段人。

留 見留鎛（集成00015），戰國時期人。

畬 見畬籃（集成03737），西周中期人。

歂 見歂孫宋鼎（保金137），宋的祖父，生世在春秋中期。

毫 見毫鼎（集成02316），西周早期人，族徽為"亞弘"。

毫 見毫鼎（集成02654），西周早期人。某年，公侯賜給毫杞土、鄠土、鄠禾、齵禾。

高 見高卣（集成05431），西周早期人，族徽為“亞”。某年十二月，尹賜給高臣僕。

高 見高觶（集成06441），西周早期人。

高 見上郡守高戈（集成11287），戰國晚期人，曾擔任秦國上郡郡守。

高子 見高子戈（集成10961），春秋早期齊國人，名侯，字白兔，高氏，謚敬仲，齊桓公（前685—643年）的上卿。

高父 見駒父盨蓋（集成04464），西周晚期人。宣王八年正月，曾隨同駒父去南淮夷徵收貢賦。

高姑 見陸婦簋（集成03621），西周早期前段婦女，陸婦的婆母。

高雁 見旨令司馬伐戈（集成11343），戰國晚期人，名雁，高氏，旨縣右庫冶鑄作坊的工師。

高陵君 見高陵君鼎（秦文字圖版22），戰國晚期人，名悝，秦國公子，又稱公子悝，昭襄王的同母弟，初封於彭，後封於高陵，故號高陵君；昭襄王在位其間任秦國的將軍，因其母宣太后專政，與舅父穰侯魏冉、華陽君羋戎，其兄弟涇陽君公子市並擅國事，私家富於王室，成為當時秦國最富實力的四貴之一。昭襄王十六年（前291年），昭襄王聽從范雎之言，廢太后，逐穰侯、高陵君、華陽君、涇陽君於關外。改封公子悝於

鄧，稱葉陽君。至四十五年（前262年）死於就國途中。

高陽 見秦景公石磬（秦文字圖版59—60），傳說中的高陽氏，秦人稱其為始祖。

庌季 見伯歸塦鼎（2件，集成02644—02645）、伯歸塦盤（考古1984年6期511頁），春秋早期人，庌氏家族，歸塦之弟。

庫入 見葭明戈（秦文字圖版26.2），戰國晚期人，名入，秦國某工室倉庫管理官員。

庫吏高 見十九年矛（中原文物1992年2期66頁），戰國晚期人，名高，某國上庫冶鑄作坊的庫吏。

庫脾 見十七年丞相啟狀戈（集成11379），戰國晚期人，名脾，秦王政十七年（前230年）任秦國鄐陽縣冶鑄工場的庫嗇夫。

唐子 見唐子祖乙爵（3件，集成08834—08836）、唐子祖乙觶（集成06367），商代晚期人。

唐父 見伯唐父鼎（考古1989年6期526頁圖2.1），即伯唐父，西周早期後段人。某年乙卯日，伯唐父陪同周王在鎬京辟池射獵，捕獲兕、犛虎、貉、白鹿、白狐等，周王賜給伯唐父秬鬯一卣、貝五朋。

唐公 銘文作酈公，見晉公盆（又稱晉公盎，集成10342），晉國始封君，即唐叔虞，名虞，字子于，周武王之子，成王的幼

弟，周公東征得勝，成王以夏墟封之，賜以懷姓九宗，職官五正，於戎狄間立國，建都於翼，國號唐，後世尊稱唐公。

唐仲　銘文作矞仲，見矞仲鼎（井叔墓138頁圖103.3），即唐仲多。

唐仲多　銘文作矞仲多，見矞仲多壺（集成09572），西周晚期人，名多，唐國公族。

啻智　見藺相如戈（文物1998年5期92頁圖2—4），戰國晚期人，趙國邦左庫冶鑄作坊的工師。

疾　見王五年上郡守疾戈（集成11296）、王六年上郡守疾戈（集成11297）、王七年上郡守疾戈（秦文字圖版29）、廿四年上郡守疾戈（考古學報2002年1期112頁圖19），戰國晚期人，即樗里疾，秦惠文王的異母弟，以居渭南陰鄉之樗里，故號樗里子。為人滑稽多智，秦人號曰智囊，伐晉、趙、楚有功。惠文王後元五年（前320年）任上郡郡守，武王二年（前309年）升任右丞相，昭襄王七年（前300年）去世，葬於渭河之南的章台。

疾　見二年上郡守廟戈（集成11362），戰國晚期人，秦莊襄王二年（前248年）前後，擔任上郡漆垣冶鑄作坊的工師。

疾　見旨府之右冶疾鼎（集成02309），戰國晚期人，某國冶鑄作坊的冶吏。

痰　見大梁司寇綏戈（東南文化1991年2期259頁圖5），戰國晚期人，魏國大梁冶鑄作坊的冶吏。

疴　見七年相邦陽安君鈹（集成11712），戰

國晚期人，趙國邦右庫的冶吏。

旄叔　見師遽簋蓋（集成04214），師遽父親，西周早期後段人。

旂　見旂鼎（集成02555），西周早期人。

旂　見旂鼎（集成02670），西周早期人，族徽為"𠦪（糞）"。鼎銘記載某年八月初吉乙卯，得到上司賜給的奴隸。

旂　見旂作寶簋（集成03371），西周早期人。

旂　見旂簋蓋（2件，集成03735—03736），西周中期前段人。

旂　見師旂鼎（集成02809），西周中期前段人，擔任西周王朝師職。某年三月，師旂的眾僕不跟隨周王征伐方雷，厥友引告于伯懋父，伯懋父起初判處放逐，後改判罰銅三百鋝。

旂父　見旂父鼎（集成02144），西周早期人。

旂姬　見旂姬鬲（集成00532），西周中期姬姓婦女。

旅　見旅鼎（集成02728），西周早期前段人，族徽為"朿（來）"。成王時曾跟隨公太保（召公奭）征伐反夷，當年十一月庚申日在𢦏師，公太保賜給旅貝十朋。

旅　見虢叔旅鐘（7件，集成00238—00244），即虢叔旅，西周晚期人，虢國公族，周王朝執政大臣。

旅　見散氏盤（又稱散盤、矢盤、矢人盤，集成10176），西周厲王時期人，矢國族眉田的田官。某年九月乙卯，參與矢付

給散氏田地的勘界封樹和交付儀式。

旅仲　見旅仲簋（集成03872），西周晚期人，旅氏家族。李學勤先生認為旅仲與廟孱、仲涿父為一人，名廟孱，字涿父，旅氏。

旅伯　見善夫旅伯鼎（集成02619），西周晚期人，旅氏家族首領，夫人為毛仲姬。李學勤先生認為旅伯與此鼎、此簋、伯辛父鼎同坑出土，鼎的形制、花紋、銘文字體基本相同，簋的時代亦相當，故善夫旅伯、善夫伯辛父和此是一個人。善夫為官職，旅為國族或氏族名，此為名，辛父為字。《月令》註："大者可析謂之薪，小者合束謂之柴"。此即柴，辛即薪，名字相應。（見《矩伯、裘衛兩家族的消長與周禮的崩潰》《文物》1976年6期）

旅莫　見旅莫尊（集成05926），商代晚期人，族徽為"（亞旃）"。

旁　見旁尊（集成05922），西周中期前段人，族徽為""。

旁庳　見旁庳鼎（集成02071），西周中期前段人。

皴　見二年鄭令棺活戟刺（原稱二年鄭令棺活矛，集成11563）、卅二年鄭令棺活矛（集成11555）、卅四年鄭令棺活矛（集成11560），戰國晚期人，韓桓惠王三十二年到韓王安二年（前245—前237年）期間，擔任鄭縣㘴庫冶鑄作坊的冶尹。

效　見效尊（集成05943），西周早期人，族徽為"亞鳥"。

效　見效尊（集成06009）、效卣（集成05433）、效爵（集成09065），西周早期後段人。某年四月初吉甲午，公東宮將周王賜給他的五十朋貝中的二十朋賜給效。

效父　見效父簋（2件，集成03822—03823），西周早期人。某年，周王賜給效父鋁三錠。

效父　見曶鼎（集成02838），西周中期後段人，限的屬吏。某年四月丁酉，參與限和曶為五個奴隸的訟事。

效槼父　即效權父，見散氏盤（又稱散盤、夨盤、夨人盤，集成10176），西周厲王時期人，散國的有司（管事者）。某年九月乙卯，參與夨付給散氏田地的勘界封樹和交付儀式。

畜　見欒書缶（集成10008），欒書的祖父，春秋早期晉國人。

凌姬　見凌姬鬲（集成00527），西周早期後段姬姓婦女。（原釋作夌姬）

羕亞　見亢鼎（上博刊8期121頁圖2），西周早期人，名亞，羕氏。某年乙未日，公太保從羕亞處買一件大琟（玉器），值貝五十朋，公太保命亢將貝五十朋、鬯、黼和牛一頭交付給羕亞，羕亞送給亢駵金二鈞。

羞　見羞鼎（集成01770），西周中期人。

羕　見十年邙令羕戈（集成11291），戰國晚期人，擔任魏國邙縣縣令。

羕子　見冉鉦鋮（集成00428），余冉的祖父，戰國時期人。

羌　見羌尊（集成05879），西周中期前段人。

羌柔　見羌柔觚（集成06926），商代晚期人。

羌斻向　見羌斻向觚（集成07306），商代晚期人，族徽為"亞✕"。

戕　見三年大將吏弩機（拓本尚未發表，器藏陝西歷史博物館），戰國晚期人，趙國大將的屬吏。

益公　見盠方尊（集成06013）、盠方彝（2件，集成09899—09900），即公叔（見速盤），盠的祖父，生世在西周成王時期。

益公　見益公鐘（集成00016）、訇簋（集成04321）、走馬休盤（集成10170）、申簋蓋（集成04267）、王臣簋（集成04268）、乖伯簋（或稱𢐗伯簋，集成04331）、永盂（集成10322），西周中期人，夫人為楚氏，西周王朝的執政大臣，官職可能是司土。恭王十二年曾同榮伯、邢伯、尹氏、伯俗父等執政大臣宣佈周王給師永賞賜土地的命令，參加過周王對師訇、走馬休、王臣和申等人的冊命儀式，擔任儐相。

益公　見畢鮮簋（集成04061），畢鮮的祖父，西周中期人。

益公　見𤪤簋（集成04153），𤪤的高祖，生世在西周前期。

益仲　見元年師旋簋（4件，集成04279—04282），師旋的祖父，生世在西周中期。

益伯　見牧簋（集成04343），牧的父親，生世在西周中期前段。

益余　銘文作𥁰余，見益余敦（保金續183），春秋時期人，夫人為陳叔嬀。

益叔　見有司簡簋蓋（文物2004年3期96頁圖5），有司簡的父親，生世在西周中期。

欹　見欹簋（集成03745），西周早期人。

兼　見十七年丞相啟狀戈（集成11379），戰國晚期人，秦王政十七年（前230年）擔任郃陽縣冶鑄工場的丞。

涇伯　見涇伯尊（集成05848），西周早期涇國族首領。（"涇伯"或釋爲"溧伯"）

洼伯　即汪伯，見汪伯卣（集成05223），西周早期人，汪氏家族首領，名不詳。

涉　見涉鼎（集成02123），西周中期前段人。

涅　見八年五大夫青弩機（集成11931），戰國晚期人，某國冶鑄作坊的工匠。

浮公　見公父宅匜（集成10278），公父宅的祖父，春秋前期人。

浸嬴　銘文作湒嬴，見成伯孫父鬲（集成00680），西周晚期嬴姓婦女，成伯孫父的夫人。據同坑出土的榮有司再鬲推斷，浸嬴就是榮有司再的女兒嬴瓏母，出嫁後稱浸嬴。

燊　即榮，見大盂鼎（集成02837）、小盂鼎（集成02839）、榮簋（集成04121），西周康王時期人，周公旦的後裔，周王朝的重臣。康王二十三年，曾參與審訊戰爭中俘虜的鬼方酋長。

燊　即榮，見緐簋（2件，集成04192—04193）、師訇簋（集成04342），西周中期後段人。孝王元年二月庚寅，在周王冊命師訇的儀式上，擔任儐相；某年十二月丁亥，周王又命其對緐進行賞賜。

燊子　見榮子鼎（集成02206）、榮子方尊（集成05843）、榮子方彝（2件，集成09880—09881）、榮子盤（集成10069）、榮子戈（集成10888），即榮子、榮子旅。

燊子旅　即榮子旅，見榮子旅鼎（集成02503）、榮子旅甗（集成00930）、榮子旅簋（集成03584）、榮子旅卣（集成05256），西周早期人，名旅，榮族首領。

燊又司再　即榮有司再，見榮有司再鼎（集成02470）、榮有司再鬲（集成00679），西周晚期人，名再，榮公室的有司（管事者），女兒為嬴龐母。

燊仲　即榮仲，見榮仲爵（北窰墓218頁圖116.3），西周早期人，榮國公族，名不詳。

燊伯　即榮伯，見衛簋（4件，集成04209—04212）、裘衛盉（集成09456）、應侯見工鐘（4件，集成00107—00108、保金續158—159）、卯簋蓋（集成04327）、永盂（集成10322）、康鼎（集成02786）、弭伯師耤簋（集成04257）、輔師嫠簋（集成04286）、同簋蓋（集成04270）、同簋（集成04271）、十月敔簋（集成04323），西周恭懿時期人，榮國族首領，周王朝的執政大臣之一，官職可能是司工。曾多次參加周王對裘衛、應侯見工、弭伯師耤、輔師嫠、師永、康、同等人的冊命儀式；擔任儐相；並和邢伯、益公、師俗父等執政大臣處理裘衛和矩伯以玉璋、玉琥和皮蔽膝交換土地的事情，出席賞賜給師永田地的出命儀式等。

燊伯　即榮伯，見榮伯鬲（集成00632），西周中期後段人，某代榮國族首領，名不詳。

燊兌　即榮兌，見逨盤（盛世吉金30頁），西周宣王時期人，名兌，榮氏，管理國家虞林，以供王室宮廷之用。

燊季　即榮季，見卯簋蓋（集成04327），西周中期前段人，榮伯之弟。

害　見害簋（3件，集成04258—04260），西周晚期人。某年四月初吉，由宰屖父陪同在屖宮接受冊命，周王命害繼續擔任其祖父和父親的官職，管理夷僕、小射和底魚，並賜給朱黃、玄衣、黹純、旗幟、戈琱胾、彤沙（綏）等。

害叔　見害叔簋（2件，集成03805—03806），西周晚期人，害氏公族。

宔　見宔父丁簋（集成03604），商代晚期人，族徽為"僉◆（爨册）"。

家父　見家父爵（集成09021），商代晚期或西周早期人。

家父　見家父盤（曲村505頁圖702.6），即晉叔家父。

宵　見宵簋（集成10544），西周早期人。

宴　見宴簋（2件，集成04118—04119），西周晚期人。某年正月庚寅，隨頪父去東部諸侯國公幹，得到頪父的賞賜。

宮氏白子元　即宮氏伯子元，見宮氏白子戈（2件，集成11118—11119），春秋早期人，即虢太子元。

宮仲　見變簋（集成04046），變的長輩，西周中期人。

宮伯　見季籃方鼎（集成02340），季籃的長輩，生世在西周早期前段。

宮伯　見或者鼎（集成02662）、或者簋（集成03675），或者的父親，生世在西周中期前段。

宮叔　見仲敬簋（北窰墓211頁圖110.3），仲敬的父親，生世在西周早期後段。

宮叔　見伯陶鼎（集成02630），伯陶的父親，生世在西周中期前段。

窵　見卅年上郡守起戈（考古1992年8期757圖2），戰國晚期人，身份為隸臣（刑徒），秦昭襄王時（前306—前251年）在上郡冶鑄作坊當工匠。

宰女　即宰母，見宰女彝鼎（集成01712），西周早期女子。

宰引　見頌鼎（3件，集成02827—02829）、頌簋（8件，集成04332—04339）、頌壺（2件，集成09731—09732），西周晚期人，名引，擔任周王朝宰職。三年五月既死霸甲戌，在周王冊命頌的儀式上，擔任儐相。

宰甫　見宰甫卣（集成05395），商代晚期人，名甫，擔任周王朝宰職。某年，商王在豆麓狩獵，又在禳阱饗酒，賞給宰甫貝五朋。

宰利　見師遽方彝（集成09897）、穆公簋蓋（集成04191），西周中期前段人，名利，擔任周王朝宰職。某年正月既生霸丁酉，周王在康寢饗醴，王呼宰利賜給師遽瑚圭一件、璜璋四件。

宰茀　見季姬尊（文物2003年9期89頁圖4），西周中期前段人，名茀，擔任周王朝宰職。某年八月初吉庚辰，奉王后之命賜給已出嫁的周王的小女季姬卑臣、田地、馬、牛、羊和糧食。

宰䛙　見太師盧簋（2件，集成04251—04252）、蔡簋（集成04340），西周中期後段人，名䛙，擔任周王朝宰職。懿王元年既望丁亥，在周王冊命蔡的儀式上，擔任儐相；十二年正月甲午，在周師量宮太室，周王命宰䛙賜給太師盧虎裘。

宰朏　見吳方彝蓋（集成09898），西周中期前段人，名朏，擔任周王朝宰職。某年二月初吉丁亥，在周王冊命作冊吳的儀式上，擔任儐相。

宰秦　見宰秦匕（集成00969），戰國時期人。

宰訊　見趩鼎（集成02815），西周厲王時期人，名訊，擔任周王朝宰職。十九年四月既望辛卯，在周王冊命趩的儀式上，擔任儐相。

宰倗父　見望簋（集成04272），又稱仲倗父（見楚簋），西周中期後段人，字倗父，擔任周王朝宰職。十三年六月初吉戊戌，在周王冊命師望的儀式上，擔任儐相。

宰犀父　見害簋（3件，集成04258—04260），西周晚期人，字犀父，擔任周王朝宰職。某年四月初吉，在周王冊命害的儀式上，擔任儐相。

宰椃　見宰椃角（集成09105），商代晚期人，名椃，族徽為“𡨥䀠（廌冊）”，擔任商王朝宰職。商紂王二十五年六月庚申日，王在闌，賜給宰椃貝五朋。

宰珊生　見師㝬簋（2件，集成04324—04325），西周晚期人，名珊生，擔任周王朝宰職。十一年九月初吉丁亥，在周王冊命師㝬的儀式上，擔任儐相。

宰僕　見粵鐘（集成00048），西周晚期人，名僕，擔任周王朝宰職。某年，奉周王之命賜給粵白金十鈞。

宰德父　見散氏盤（又稱散盤、夨盤、夨人盤，集成10176），西周厲王時期人，字德父，擔任散國的宰。某年九月乙卯，參與夨付給散氏田地的勘界封樹和交付儀式。

宰頵　見袁鼎（集成02819）、袁盤（集成10172），西周厲王時期人，名頵，擔任周王朝宰職。二十八年五月既望庚寅，周王冊命袁的儀式上，擔任儐相。

宰應　銘文作宰雁，見師湯父鼎（集成02780），西周中期後段人，名應，擔任周王朝的宰職。某年十二月初吉丙午日，王在周新宮射廬，王命宰應賜給師湯父盛弓、象弭、矢簪和彤欮。

宰獸　見宰獸簋（2件，陝西歷史博物館館刊2000年第7輯99頁圖2、文物1998年10期40頁圖7.2），西周中期後段人，名獸，擔任周王朝的宰職。孝王六年二月甲戌，由司徒榮伯陪同在師彔宮接受冊命，周王命宰獸管理康宮的臣妾，掌管王家內外事務，並賜給赤色蔽膝、幽亢、攸勒等物。

寧母　即寧母，見寧母父丁方鼎（集成01851）、寧母方鼎（集成02107）、寧母鬲（集成00462），商代晚期或西周早期婦女。

𣲘气　見𣲘气簋（集成10561），西周早期人。

剴　見剴鼎（集成02072），西周早期人。

冡子导　即冡子得，見二年寧冡子得鼎（集成02481），戰國晚期人，名得，魏國寧縣冡子。

冡子疾　見梁陰令鼎（集成02590），戰國晚期人，名疾，魏國梁陰縣上官冡子。

書　見欒書缶（集成10008），春秋中期晉國人，欒氏，欒畜之孫。

書　見六年令司寇書戈（集成11337），戰國早期人，韓國某縣的司寇。

書　見廿年距末（集成11916），戰國時期人，燕國冶鑄作坊的工匠。

犀　見犀尊（集成05953），西周中期前段人。

犀　見犀甗（集成00919），西周晚期人，族徽為"豐丼"。

犀伯　見伯頵父鼎（集成02649），一作徲伯（見伯頵父簋），伯頵父的父親，夫人為吳姬，生世在西周中晚期。

殷　見殷鼎（上博刊8期128頁圖3），西周中期人。某年正月丁亥，周王在西宮賜給殷大具。

叕　見叕甗（集成00901），西周早期人，族徽為"朿（束）"。

叕　叕簋（集成03236），西周早期人。

敊　見敊作父丁卣（集成05275），西周早期人。

姬　見姬鼎（集成02333），西周早期姬姓女子。

姬　見亢伯簋（集成03531），西周早期後段姬姓婦女，亢伯的夫人。

姬　見伯作姬飲壺（集成06456），西周中期前段姬姓婦女。

姬大母　見虢伯鬲（集成00709），西周晚期姬姓女子，字大母，虢伯的姑母或姊。

姬仁　銘文作姬孕，見魯伯俞父簋（3件，集成04566—04567），又稱邾姬仁（魯伯愈父盤），西周晚期姬姓女子，魯伯俞父之女，名仁，嫁於邾國。楊樹達先生說："孕乃說文主字也。八篇上主部云：'主，善也，從人士。士，事也，一曰：象物出土挺也。'按許君二義，後說為是。銘文下二橫劃像土形，中直劃像根，銘文下出，像根深入土中，比較篆文不下出者為長也。"（見《積微居金文說》88頁）

姬芳母　銘文作姬芳母，見姬芳母鬲（集成00546），西周中晚期姬姓婦女，字芳母。

姬永　見宻父簋（陝金1.322），西周中期前段姬姓婦女，宻父的夫人。

姬西母　見辛王姬簋（故周金106），西周晚期人，辛王姬的女兒，叔西父的夫人。

姬安　見蔡公子缶（集成10001），戰國時期姬姓婦女，名安，蔡國某公子的夫人。

姬屏　見燕侯簋（集成03614），西周早期姬姓婦女，燕侯的姊或姑。

姬妊　見姬妊旅鬲（集成00511），西周中期婦女。

姬尚母　見仲伐父甗（集成00931），西周中期姬姓婦女，字尚母，仲伐父的夫人。

姬娸　見蠻王盂（集成09411），即姬娸姊，西周中期姬姓女子，蠻王的夫人。

姬羞　見公太史方鼎（2件，集成02339、集成02370），西周早期姬姓婦女，名羞，公太史的夫人。

姬淪　見伯馭父盤（集成10103），西周晚期魯國女子，伯馭父之女，與姬雕為姊妹。

姬翏 見魯侯鼎（2件，文物1986年4期13頁圖1、3）、魯侯簋（2件，文物1986年4期13頁圖4、6），西周晚期某代魯侯之女，名翏，姬姓。

姬單 見蔡侯匜（集成10195），西周晚期人，名單，某代蔡侯之女，嫁於楚國鄔氏，故又稱鄔仲姬單（蔡侯作鄔仲姬丹匜）。

姬番 見魯侯鬲（集成00545），西周晚期人，名番，某代魯侯之女。

姬窦母 見姬窦母豆（集成04693），春秋早期姬姓婦女，字窦母。

姬齊姜 見遲父鐘（集成00103），西周晚期齊國女子，遲父的夫人。

姬夒母 見王作姬夒母鬲（集成00646），西周晚期人，某周王的姑母或姊妹。

姬趣母 見姬趣母鬲（2件，集成00628—00629），西周晚期姬姓婦女，字趣母，族徽為"亻"。

姬雕 見魯宰馭父鬲（集成00707），春秋早期姬姓婦女，魯宰馭父的女兒，與姬淪為姊妹。

姬廉 見伯偈父簋（集成03995），西周晚期姬姓婦女，伯偈父的夫人。

姬獻 見學父簋（集成03894），西周晚期人，學父的女兒，姬姓。

姬遽母 即姬原母，見應侯簋（集成03860），西周晚期姬姓婦女，字原母，應侯的姑母或姊妹。

婷姒 見叔向父簋（7件，集成03849—03855），西周晚期姒姓婦女，叔向父的夫人。

頒 見頒方彝（集成09892），西周早期後段人，族徽為"爻"。

眞 見眞盤（集成10091），西周中期前段人。

逤 即邌，見濟司土逤簋（集成04059）、逤鼎（2件，集成02177—02178）、逤盤（10078）、逤盂（集成09424），西周早期人，濟氏家族首領，亦稱濟伯逤（濟伯逤鼎），族徽為"朋（聑）"，擔任沫地的司土。

函交仲 即函交仲，見函交仲簋（集成04497），西周晚期人，與函皇父為同一家族，

函皇父 即函皇父，見函皇父鼎（2件，集成02548、集成02745）、函皇父簋（3件，集成04141—04143）、函皇父盤（集成10164）、函皇父匜（集成10225），西周晚期人，字皇父，函氏。郭沫若先生認為即《詩·十月》"皇父卿士"中的皇父，歷事屬宣二世（見《大系》考131頁）。

重夜君成 見重夜君成鼎（集成02305），重夜君亦見於曾侯乙墓竹簡遣冊，戰國早期人，名成，楚國重夜邑的封君。饒宗頤先生云："蓋為地名，即楚之涌。"（見《說竟重、重夜君與重皇》《文物》1981年5期）

鄑駒 見鄑駒壺（安徽金文109），戰國晚期

人。

能　見能爵（集成09059），西周早期人。

能匋　見能匋尊（集成05984），西周早期人，族徽為"𤔲（𤔲）"。

能奚　即熊奚，見能奚壺（文物1986年8期70頁圖4），西周中期人。

孫屯　見三年隥令楯唐鈹（集成11661），戰國晚期人，名屯，孫氏，趙國隥縣下庫冶鑄作坊的工師。

孫苟（？）　見十一年柏令戈（九店228頁圖150.2），春秋晚期人，名苟（？），晉國柏縣縣令。

孫屏　見七年邢疫令邦乙劍（集成11672），戰國晚期人，名屏，孫氏，趙國邢疫縣下庫冶鑄作坊的工師。

孫叔左　見孫叔左簠（集成04619），戰國早期人。

孫固　見妟鎣壺（集成09734）、三年左使車壺（集成09692）、十二年扁左使車壺（集成09685）、十三年左使車壺（2件，集成09675、集成09686）、十四年雙翼神獸（2件，集成10444、集成10447）、左使車帳桿接扣（20件，集成12054—12063，中山王418頁圖175.1、2，中山王418頁圖175.5、6，中山王418頁圖175.9、10，中山王419頁圖176.5、6，中山王419頁圖176.9、10，中山王421頁圖178.1、2，中山王421頁圖178.5、6，中山王421頁圖178.9、10，中山王423頁圖179.1、2，中山王423頁圖179.5、6），戰國中期人，名固，孫氏，中山國左使車嗇夫。

孫䖵　即孫烛，見七年邢肖下庫劍（集成11657），戰國晚期人，名烛，孫氏，趙國下庫冶鑄作坊的工師。

陷　見曶鼎（集成02838），西周中期後段人，限賣給曶的五個奴隸之一。

㝬𧶚贊母　見王作贊母鬲（集成00611），春秋早期婦女，字贊母。

敊始　即敊姒，見事季良父壺（集成09713）、季良父盉（集成09443），西周晚期姒姓婦女，事季良父的夫人。

邕子良人　見邕子良人甗（集成00945），春秋早期人，族徽為"保"。

十 一 劃

昬子口　見長子口爵（2件，長墓90頁圖
　　71.3、長墓85頁），即長子口。

辴　即辰，見辰簋蓋（集成03734），西周中
　　期人。

春　見春鼎（北京文物精粹大系·青銅器卷
　　49），西周早期人。

珝王　見鮮簋（集成10166），即昭王、周昭
　　王。

敼　見邾太宰欉子敼簠（2件，集成04623—
　　04624），亦作敼（見黿大宰欉子敼鐘），
　　春秋早期邾國人，太宰欉之子。

執　見執尊（集成05971）、執卣（集成
　　05391），西周早期人。某年，尹賜給執
　　鋁鋌二塊、筆二支。

執　見執爵（集成09003），西周早期人，族
　　徽為“ 𠭯（冉）”。

剹　見剹爵（2件，集成09043—09044），西
　　周早期人。

勖母　即嘉母，見嘉母卣（2件，集成04762—
　　04763），西周早期婦女。

赦　見十七年相邦春平侯鈹（集成11689），
　　戰國晚期人，趙孝成王十七年（前249
　　年）前後，在邦左庫冶鑄作坊當冶吏。

執其　銘文作槷其，見執其簋（集成03873），
　　西周中期後段人。

起　見七年宅陽令矤鐵矛（集成11546），戰

國時期人，韓國右庫冶鑄作坊的冶吏。

逨　見逨觶（集成06436），西周早期後段人。

逨　見卌二年逨鼎（2件，盛世吉金67頁）、
　　卌三年逨鼎（10件，盛世吉金66頁）、
　　逨盤（盛世吉金30頁）、逨盉（盛世吉
　　金16頁）、逨鐘（4件，文博1987年2期
　　18—22頁），即吳逨，名逨，擔任周王
　　朝的虞官（管理國家森林水澤），故以
　　虞（吳）為氏。西周宣王時期人，四十
　　二年五月玁狁侵犯邢阿、歷厰，逨率兵
　　戰於弓谷，執訊獲馘，俘獲器具、車馬，
　　立有戰功。乙卯日，周王在康穆宮賞給
　　秬鬯一卣，鄭地的土地卅田，陂地的土
　　地廿田；四十三年六月既生霸丁亥，周
　　王在康宮穆宮周廟冊命吳逨，命其繼續
　　協助榮兌，管理國家虞林，以供宮御之
　　用，並管理歷人，賜給秬鬯一卣、玄袞
　　衣、赤舄、駒車、賁較、朱虢鞃、虎冟
　　熏裏、畫轉畫輨，金甬、馬四匹、鋚勒
　　等禮服和車馬器具。

蒲　見蒲簋（集成04195），西周中期人。某
　　年六月既生霸辛巳，周王命蒲和叔緐父
　　向吳姬饋贈饗器，吳姬和丈夫師黃賓贈
　　給蒲帛束、玉璋和兩匹馬。

菫　見菫鼎（集成02703），西周成康時期人，
　　燕國的重卿，族徽為“ 𣃚（丩冊）”。
　　某年，曾奉燕侯之命，去宗周向召公奉
　　獻食物，受到召公的賞賜。

堇生　見柔伯君堇生匜（集成10262），西周晚期人。

堇伯　見堇伯鼎（2件，集成02155—02156）、堇伯簋（集成10571），西周早期人，堇國族首領，名不詳。

堇臨　見堇臨方鼎（集成02312）、堇臨簋（2件，集成03647—03648），西周早期人。

郰子敔鼓　見取子敔鼓鉞（集成11757），西周早期人，名敔鼓，郰國國君。

郰它人　見取它人鼎（集成02227），春秋時期郰國人。

鄀嬰　銘文作鄇嬰，見宗婦鄀嬰鼎（7件，集成02683—02689）、宗婦鄀嬰簋（6件，集成04077—04078、集成04080、集成04086、北圖拓114—115）、宗婦鄀嬰簋蓋（8件，集成04076、集成04079、集成04081—04085、集成04087）、宗婦鄀嬰壺（2件，集成09698—09699）、宗婦鄀嬰盤（集成10152），西周晚期嬰姓婦女，鄀國王子剌公的夫人，鄀國族的宗婦。

都于子瓶　見都于子瓶簋（2件，集成04542—04543），春秋早期人。

都公　見都公簠蓋（集成04569），春秋早期都國國君。

都公平侯　見都公平侯鼎（2件，集成02771—02772），春秋早期人，名平侯，上都國國君，其父為敔人（犀盉公），祖父為晨公。

都公孟城　銘文作孟融，見孟城瓶（集成09980），春秋早期人，名孟城，都國國君。

都公敔人　見都公敔人鐘（集成00059），春秋早期人，名敔人，都國國君，祖父謚號哀公，父親謚號晨公。

都公諴　銘文作蜡公諴，見都公諴簋（集成04600），又稱下都雍公諴，西周晚期人，名諴，下都國國君。

都兒　銘文作蘇兒，見都兒罍（考古與文物1988年3期76頁圖2），春秋中晚期人。

華　見見廿九年高都令陳鷀劍（2件，集成11652—11653）、廿九年高都令陳鷀戈（2件，集成11302—11303），戰國晚期人，魏國邦左庫冶鑄作坊的工師。

華母　見華母壺（集成09638），春秋早期婦女。

華季嗌　見華季嗌鼎（集成02547）、華季嗌盨（集成04412），西周晚期華氏家族人，名嗌。

革　見革簋（集成03835），西周中期人，族徽為"甲"。

莽　見工師初壺（集成09673），戰國晚期人，秦莊襄王二年（前248年）前後，擔任秦國的廩人，主管糧倉。

莫　見莫尊（集成05776），西周早期人。

莓伯　見莓伯簋（集成03722），西周晚期人，莓氏族首領，夫人為丼姬。

葡亞罶　即箙亞罶，見葡亞罶角（集成

09102），商代晚期人，某年丙申日，商王在槀地，賞給葡亞羀貝。

莊公　見庚壺（集成09733），此指齊莊公。

曹公　見曹公簠（集成04593）、曹公盤（集成10144），春秋早期曹國某代國君，名不詳，長女為孟姬念母。

曹公子沱　見曹公子沱戈（集成11120），春秋早期人，名沱，曹國的公子。

曹伯狄　見曹伯狄簠殘蓋（集成04019），春秋早期人，名狄，曹國國君。陳邦懷先生認為即《春秋》莊公二十四年"冬，戎侵曹，曹羈出奔陳，赤歸於曹"的曹伯赤，亦即曹僖公。謂狄字《說文》從犬，亦省聲。亦、赤古同在魚部，故可通用。狄、赤聲近通假。

曹黻　見曹黻劍（文物1998年6期91頁圖1、2），戰國早期，工盧王姑發臂反之子。

槍衣　見廿七年安陽令戈（考古1988年7期617頁圖3），戰國晚期人，韓桓惠王二十七年（前246年）前後，擔任安陽縣的司寇。

麥　見麥方鼎（集成02706）、麥方尊（集成06015）、麥盉（集成09451）、麥方彝（又稱邢侯方彝，集成09893），西周早期人，任周王朝作冊之職，故亦稱作冊麥。某年十一月，邢侯來到麥家，賜給麥赤金（紅銅）；某年二月，周王在璧雍舉行大射禮，邢侯伺射，周王賞賜邢侯，邢侯於是又賜給麥金。

麥　見麥鬲（集成00490），西周早期前段人。

麥宴　見麥宴盤（集成10085），西周晚期人。

犾父　見犾父鼎（集成02141），西周早期人，夫人為媇妣。

犾馭　見犾馭簋（集成03976）、犾馭觥蓋（集成09300），即犾馭弟

犾馭弟　見犾馭觥蓋（集成09300），西周早期後段人，名弟，族徽為"𢎜（吳）"，擔任周王朝遣馬之職，跟隨昭王南征楚荊有功，得到賞賜。

斬皿　銘文作斬罕，見伯作斬罕簋（陝金1.302），西周中期前段人。

軝侯　見叔趯父卣（2件，集成05428—05429），西周中期前段人，軝國國君。

專車季　見專車季鼎（集成02476），春秋早期人。

肆　即鬄，見四年邢令觡庶戈（集成11335），戰國晚期人，韓國上庫冶鑄作坊的冶吏。

帶　見七年上郡守閒戈（文物1987年8期61頁圖1—4），戰國晚期人，身份為刑徒（鬼薪），秦昭襄王七年（前300年）前後，在上郡漆垣冶鑄作坊當工匠。

厔父　見宴簋（2件，集成04118—04119），宴的上司，西周晚期人。

帀　見六年令司寇書戈（集成11337），戰國早期人，韓國國冶鑄作坊的冶吏。

厔　見十七年邢令吳鿄戈（集成11366），戰國晚期人，趙孝成王十七年（前249年）

前後，擔任趙國邢地冶鑄作坊的冶吏。

厝　見毛公鼎（集成02841），西周晚期人，
　毛國族首領，宣王的輔弼大臣，因與厲
　王同輩，故宣王稱其為父厝。宣王命其
　治理國家和王室內外的大小政事，輔佐
　王位，使邦國上下同心同德，安撫四方。
　宣王說"我現在繼承先王的命令，任命
　你管理一方百姓，以宏大我邦我家。你
　處理政事的時候，不要擁塞庶民之口，
　不要受賄。……命令你兼管公族、三有
　司、小子、師氏、虎臣等執事官，和你
　們的家族一起捍衛我的王權。俸祿為三
　十鋝錢幣。"並賜給一卣鬯酒，祭祀用
　的玉圭瓚寶，有青色繫帶的紅色蔽膝，
　玉環、玉琭、用青銅裝飾的車子、有紋
　飾的車邊橫木、朱色皮革蒙包的車軾、
　虎皮車蓋、絳紅色的車覆裏子、右軛、
　畫轉、畫𦎫、金甬、錯衡、金踵、金轙、
　𩨹、𣪘（盛）、青銅製的車子兩旁的遮
　蔽物、魚形的箭袋、馬四匹、帶有銅飾
　的馬彎絡銜、金𪁪、縛在馬胸前的金色
　帶子、有二鈴的朱色旗幟，以及斧鉞等
　殺伐用具。

厝季　亦作暦季，見鄂侯弟厝季簋（集成
　03668）、鄂侯弟厝季尊（集成05912）、
　鄂侯弟厝季卣（集成05325），西周早期
　後段人，鄂侯之弟。

𦻊氏𧻚　見𦻊氏𧻚鑰（集成10350），西周晚
　期人，名𧻚，𦻊氏。

戚　見戚作彝觶（2件，集成06365—06366），

西周早期人。

戚子壴　見壴卣（集成05401），西周早期人，
　族徽為"單光"。

戚姬　見戚姬簋（集成03569），西周中期人，
　姬姓婦女。

盛季　見盛季壺（集成09575），戰國晚期韓
　國人。

盛君縈　見盛君縈簠（集成04494），戰國中
　期人，名縈，楚國盛地的封君。吳鬱芳
　先生認為盛通曾，盛君縈即曾君縈（見
　《擂鼓墩二號墓簠銘盛君縈小考》《文
　物》1986年第2期），饒宗頤先生認為姬
　姓盛伯之後，盛國即《左傳》中的成、
　郕國（見《談盛君簠》《江漢考古》1985
　年第1期）。

奢　見奢簋（集成04088），西周早期人。某
　年十月辛巳，公姒在莽京賜給奢貝。

致　即敔，見敔簋（集成03827），西周早期
　人。

致　即敔，見四月敔簋（集成04166），西周
　晚期人。

敔　銘文作致，見敔簋（集成03827），西周
　早期人。

敔　銘文作致或敔，見四月敔簋（集成
　04166）、敔簋（集成04323）、十一月
　敔簋蓋（考古與文物1991年6期64頁圖
　2），西周晚期人。某年四月初吉丁亥，
　周王在太室賜給大玄衣、赤社；某年十
　月，南淮夷的遷、殳，侵犯涾、昴、參

泉，裕敏，陰陽洛等地，周王命令敔追
攔於上洛，怨谷，一直到達伊才班師回
朝，這次戰役殺敵一百余名，俘虜四十
人，奪回被敵人擄去的周人四百；十一
月在周廟獻馘獻俘，周王賞給敔圭、瓚
和貝五十朋，賜給敔地的土地五十田、
旱地的土地五十田；某年十一月乙亥
日，周王在康宮，來到齊伯室，賜給敔
貅裘。

敔　見公鼎（又稱敔鼎，中原文物2001年3
期63頁），西周中期後段應國人，某代
應公的長輩。

敌　見敌之造戟（集成11046），戰國早期人。

敔王夫差　見吳王夫差盉（上博刊7期18
頁），即吳王夫差。

敔仲　見敔仲簋（集成03550），西周中期人。

雯人守　見雯人守鬲（集成00529），西周早
期人。

歔　見咏尊（集成05887），咏的長輩，西周
早期人。

毆妊　見倗生簋（原稱格伯簋，4件，集成
04262—04265），西周中期妊姓婦女，
倗生的夫人。

救　銘文作救，見救簋蓋（集成04243），西
周中期人。某年二月初吉，救在司馬宮
太室接受冊命，周王命救"用大備，于
五邑守堰"，並賜給玄衣黹純和繪有四
日的鑾旂。

救姜㝬　見周㝬匜（集成10218），西周晚期

姜姓女子，周㝬的夫人。

救　見救簋蓋（集成04243），即救。

菲　見菲鼎（集成02201），西周中期人。

貲　見工師明戈（集成11269），戰國早期人，
魏國冶鑄作坊的冶吏。

貲侯　即正侯，見正侯簋（集成03127），商
代晚期人，正國族首領。

盧　見太師盧簋（2件，集成04251—04252）、
大師盧豆（集成04692），亦作戲（見戲
鐘），即太師盧，西周中期後段人，擔
任周王朝太師之職。懿王十二正月既望
甲午，周王在周師量宮賜給太師盧虎裘。

盧　見盧鐘（2件，集成00088—00089），西
周中期人，其夫人為蔡姬。

盧　見盧簋（集成03520）、盧爵（集成
08952），西周早期後段人。

虖北　見虖北鼎（集成02082），春秋早期人，
夫人為季姬。

虖司丘堂　見虖司丘堂匜（集成10194），春
秋時期人。

彪氏孟姬　見毛叔盤（集成10145），春秋早
期人，毛叔的長女，嫁於彪氏。

滿　見滿戈（又稱太保戈，集成10954）、滿
戟（又稱太保戟。中原文物1995年2期58
頁圖5），又作徧（見徧方鼎），西周早
期後段人，太保召公奭的後裔，以太保
為氏，所鑄銅器有"太保"徽記。

恌子杣　即蔡子杣，見蔡子杣鼎（集成
02087），戰國早期人。

堂 或釋為尚、堂，見伯堂鼎（集成02538），即伯堂，西周晚期人。

雀釐 銘文作雀𨤲，見雀釐（文物1982年2期90頁圖5.4），西周早期人，族徽為“亞朿（朿）”。

昉 見陳昉簋蓋（集成04190），戰國早期齊國人，陳仲𣪘（即陳敬仲完）之孫，釐叔和（即陳釐子）之子，史書作田成子常。

啚 見渣司土逘簋（集成04059），即康侯鄙。

睪 見睪鼎（集成02374），西周早期前段人，族徽為“亞矣（矣）”。

㗊豐父 見散氏盤（又稱散盤、夨盤、夨人盤，集成10176），西周厲王時期人，夨國族眉田的田官。某年九月乙卯，參與夨付給散氏田地的封樹和交付儀式。

罟 見戈罟簋（3件，集成03394—集成03396）、戈罟盉（集成09381）、戈罟爵（2件，集成08989—08990）、戈罟作乎觚（集成07257）、戈罟觶（集成06433），西周早期人，名罟，族徽為“戈（戈）”。

哴公 見哴公鏃（集成11995），戰國時期人。

晀 見晀簋（2件，集成03700—03701），西周中期人。

晨 銘文作晨，見晨簋（集成03367），西周早期人。

晨 銘文作晨，見晨簋（集成03366），西周早期人，族徽為“朋（朋）”。

晨 銘文作㫳，見晨簋（2件，考古1989年1期18頁圖1.1）、晨角（2件，考古1989年1期18頁圖1.11、12、圖1.7、10）、晨觚（考古1989年1期18頁圖11.8），西周成康時期人，族徽為“䀠冊”。

晨 銘文作㫳或晨，見師㫳鼎（集成02817）、伯晨鼎（集成02816）、晨盤（集成10092），西周中期後段人，擔任周王朝師職。懿王三年三月甲戌，由司馬共陪同在周師彔宮太室接受冊命，作冊尹宣佈王命，周王命師晨輔佐師俗管理邑人小臣、膳夫、守友、官犬，以及甸人膳夫、官、守、友，並賜給赤舄。

晨公 銘文作晨公，見鄀公敄人鐘（集成00059），春秋早期上鄀國國君，敄人的父親，平侯的祖父生世在西周晚期。

曼龔父 銘文作曼龏父，見曼龔父盨蓋（4件，集成04431—04434），西周晚期人，字龔父，曼國公族。

婁君伯䵣 銘文作嬰君伯䵣，見婁君盂（集成10319），春秋晚期人，名伯䵣，婁國國君。于省吾先生釋為要君伯䵣。

異 見異卣蓋（集成05372），西周中期前段人，其父為伯效父。

野峁 見十二年邦司寇野峁矛（集成11549），戰國中期人，魏國的邦司寇。

圉 見圉方鼎（集成02505）、圉甗（集成00935）、圉簋（集成03824）、圉簋（集成03825）、圉卣（又稱圉壺，集成

05374），西周早期前段人。某年，周王被於成周，賜給圉貝。

國子碩父　見國子碩父鬲（2件，虢國墓473頁圖322.3、圖322.6），春秋早期人，字碩父，亦即文獻中的虢石父，虢國國君虢仲的繼承人，此時尚未繼位。

國差　見國差䚁（集成10361），春秋中期人，名差，國氏，史書作國佐，亦稱國子，事齊惠公、頃公、靈公。頃公十年（前589年）晉、魯、衛聯軍與齊戰於鞌，齊軍敗績。齊侯使國差以甗、磬及土地賂晉，以修舊好，晉國不許，國差謂晉使卻克曰：“子以君師，辱以敝邑，不腆敝賦，以犒從者。畏君之震，師徒橈敗，吾子惠微齊國之福，不泯其社稷，使繼舊好，唯是先君之敝器、土地不敢愛，子又不許，請收合餘燼，背城借一。敝邑之幸，亦云從也。況其不幸，敢不唯命是聽。”魯、衛亦從本國利害關係出發，勸請晉國答應齊國的要求。於是，齊、晉盟於爰婁。齊靈公八年（前574年）齊國發生慶克之難，國差殺慶克，以穀叛，齊侯與之盟於徐關。九年齊侯使士華殺國差於内宮之朝。

國楚子　見國楚戈（考古2000年10期56頁圖20），戰國早期齊國人。

囮公　見何尊（集成06014），即庚公，何的長輩，生世在商代晚期。

盟弓　即盟強，見盟強卣（集成05257），西周早期人。

眔　見燕王罾戈（2件，集成11243—11244），戰國晚期人，燕國冶鑄作坊的工匠。

崔子　銘文作㝵子，見庚壺（集成09733），春秋晚期齊國人。齊國三軍圍攻萊都，崔子執鼓，與庚一起戰勝敵軍，獻功於靈公之所。

過伯　見過伯簋（集成03907）、過伯爵（集成08991），西周早期後段人，過國族首領。曾隨周王征伐楚荆，俘獲了一批青銅。

智君子　見智君子鑑（2件，集成10288—10289），即智君之子，春秋晚期晉國人，唐蘭先生認為即智氏末代智襄子瑤（見《智君子鑑考》《輔仁學誌》7卷1—2期，1937年）。

秄　見秄簋（集成03751），西周中期前段人。

夅公　見征觶（集成06487），征的長輩，西周早期人。

苬鬲　即苬鬲，見六年司空馬鈹（保金274），戰國晚期人，名鬲，苬氏，趙王遷六年（前230年）前後，擔任邦左庫冶鑄作坊的冶吏。

敏　見十五年寺工鈹（3件，秦銘文圖版75—77）、十六年寺工鈹（秦銘文圖版78）、十七年寺工鈹（6件，秦銘文圖版79—80、秦銘文圖版82—84、秦銘文圖版91）、十八年寺工鈹（秦銘文圖版85），戰國晚期到秦代人，、秦王政時（前246—前221年）曾擔任秦國官營冶鑄作坊的工師。

慜　即謀，見七年侖氏令韓化戈（集成
　　11322），戰國時期人，韓國侖氏縣冶鑄
　　作坊的冶吏。

畁　見畁作之元戈（集成11066），春秋早期
　　人。

畁仲雫父　見畁仲雫父甗（集成00911），西
　　周晚期人，字雫父，畁氏家族。

悧　見國差繪（10361），春秋中期人，齊國
　　冶鑄作坊的工師。

郰始逯母　見郰始逯母鬲（集成00596），春
　　秋早期女子，名始，字逯母，嫁於郰國。

郰猙　見郰猙權（集成10381），春秋時期人。

焂　見焂斝（集成06193），西周早期人。

焂　見叔趞父卣（又名焂卣，2件，集成
　　05428—05429），一作攸（見攸鼎），
　　西周中期前段人，叔趞父的幼弟，軝侯
　　的屬臣。某年，叔趞父曾賜給青銅彝器
　　一套。

焂戒　見焂戒鼎（上博刊8期134頁圖7），西
　　周晚期人，在西六師任職。斡伯慶命其
　　整治六師，視察六師兵舍的處止，並賞
　　賜給賾弻、嚴膺、虎裘、豹裘等物品。

焂從　見散氏盤（又稱散盤、矢盤、矢人盤，
　　集成10176），西周厲王時期人，散國的
　　有司（管事者）。某年九月乙卯，參與
　　矢付給散氏田地的勘界封樹和交付儀
　　式。

偈屖　見五祀衛鼎（集成02832），即邢人偈
　　屖，西周中期前段人，邦君厲的有司（管

事者），邢邑人氏。五年正月初吉庚戌，
邦君厲與裘衛交換土地時，曾參與勘界
和交付儀式。

偁缶　見偁缶簋（集成03601），商代晚期人。

鳥母麀　見鳥母麀鼎（考古1988年10期876
　　頁圖4.2），商代晚期女子，名麀，字鳥
　　母。

鳥麀　見鳥麀簋（考古1988年10期876頁圖
　　4.1），即鳥母麀。

徎　見徎爵（集成09058），西周早期人，族
　　徽為："𨺅（帆）"。

徏　見徏觶（集成06368），商代晚期人。

得　見師旂鼎（集成02809），西周康王時期
　　人，師旂的僕官。某年三月，因不跟所
　　周王征伐方雷，被罰青銅三百鋝。

得　見十一年柏令戈（九店228頁圖150.2），
　　春秋晚期人，晉國柏縣冶鑄作坊的工師。

得　見南行易令瞿卯劍（2件，集成11673—
　　11674），戰國時期人，趙國南行易（唐）
　　縣左庫冶鑄作坊的冶吏。

得　見九年𢧜丘令癕戈（集成11313），戰國
　　中期人，魏國甾丘縣冶鑄作坊的冶吏。

得　銘文作㝵，見二年寧冡子得鼎（集成
　　02481），戰國晚期人，擔任魏國寧縣的
　　冡子。

得工戈　即得工或，見七年得工戈戈（集成
　　11271），戰國晚期人，名或，某國冶鑄
　　作坊的工師。

得尚　銘文作戛尚　見五年邦司寇馬愁劍（集成11686），戰國晚期人，趙國下庫冶鑄作坊的工師。

得毫　見十八年相邦建信君鈹（集成11717），戰國晚期人，趙國邦右庫冶鑄作坊的冶吏。

得居　見得居戈（2件，一件流入浙江民間，另一件澳門某氏收藏），春秋晚期人，越國國君。曹錦炎先生認為即越王允常，越王勾踐之父，前497年卒。允常與得居乃一名一字。（見《新出鳥蟲書越王兵器考》，《古文字研究》24輯240頁）

從　見從鼎（集成02435）、從卣（集成05026），西周中期前段人，某年伯姜曾賜給貝三十朋。

從　見蔡公子從戈（2件，鳥篆編下32—33）、蔡公子從劍（2件，集成11605、鳥篆編下63），春秋晚期人，蔡國公子。

從訬　見十七年相邦春平侯鈹（集成11715），戰國晚期人，趙孝成王十七年（前249年）前後，擔任邦左庫冶鑄作坊的工師。

鈐　見廿一年啟封令癰戈（集成11306），戰國時期人，名鈐，魏國啟封縣冶鑄作坊的工師。

㝅余　即益余，見益余敦（保金續183），春秋時期人，夫人為陳叔媯。

悆　見魯伯悆盨（集成04458），春秋早期人，

魯國國君。

郘諮　見十四年銅牛（集成10441）、十四年銅犀（集成10442）、十四年銅虎（集成10443），戰國中期人，中山國嗇夫。

酓忎　見楚王酓忎鼎（2件，集成02794—02795）、楚王酓忎盤（集成10158），戰國末期人，楚國國君，名忎，酓（熊）氏，史書作熊悍，諡幽王。公元前237年即位，在位十年。

酓肯　見楚王酓肯鼎（集成02623）、楚王酓肯铊鼎（集成02479）、楚王酓肯簠（3件，集成04549—04551）、楚王酓肯盤（集成10100），戰國晚期人，楚國國王，名肯（或釋為肯），酓（熊）氏。李學勤先生認為即考烈王熊完，公元前262年即位，在位十四年。

酓章　見楚王酓章鐘（2件，集成00083—00084）、楚王酓章鎛（集成00085），春秋晚期到戰國早期人，名章，酓（熊）氏，楚昭王之子，公元前488年即楚王位，在位五十七年，死後諡惠王。

酓璋　見楚王酓璋戈（集成11381）、楚王酓璋劍（2件，集成11659、鳥篆編下45），即楚王酓章。

酓審　見楚王酓審盞（楚文物圖典43頁），春秋中晚期人，名審，酓（熊）氏，楚國國王，公元前590年即位，在位三十一年，死後諡共王。

郳子宿車　見郳子宿車盆（集成10337），即

郰季寬車。

郰季寬車　銘文作郰季𡪢車，見郰季寬車壺（集成09658）、郰季寬車盤（集成10109）、郰季寬車匜（集成10234），春秋早期人，名寬車，郰國公族。

貧　見貧卣（集成05270），西周早期人，族徽為“𠁥”。

貧　見公貿鼎（集成02719），西周中期人，名貧，字公貿。某年十二月初吉壬午，奉叔氏之命安撫㠱伯，㠱伯賓贈給馬轡一乘。楊樹達先生云：“貧，疑是泉布之布本字也。泉布字經傳作布，乃假布帛為之，此字從貝，乃與泉布相合。……其人字公貿，蓋泉布為貿易所需，故名字義互相應和如此。《詩・衛風・氓》云：‘抱布貿絲’是其証也。”（見《積微居金文說》107頁）

䂑子　見䂑子劍（集成11578），春秋晚期人。

敹愷　見四年宜陽令韓訷戈（集成11316），戰國晚期人，名敹愷，韓國宜陽冶鑄作坊的工師。

辥　即薛，見辥尊（集成05928），西周早期人，族徽為“𢆶”。

辥子仲安　即薛子仲安，見薛子仲安簠（3件，集成04546—04548），春秋早期人，名仲安，薛國公子。

辥仲赤　即薛仲赤，見走馬薛仲赤簠（集成04556），春秋早期人，名赤，薛國公族，擔任走馬之職。

辥侯　即薛侯，見薛侯盤（集成10133）、薛侯匜（集成10263），西周晚期薛國國君，其三女為叔妊襄。

辥侯　即薛侯，見薛侯壺（銅全9.86），春秋早期薛國國君，名不詳。

辥侯戚　即薛侯戚，見薛侯戚鼎（集成02377），西周早期後段人，名戚，薛國國君。

胇嫊　即胙曹，見郳友父鬲（集成00717），春秋早期曹姓女子，郳友父之女。郭沫若先生說：“胇即胙，嫊從女從棗，即郳姓曹之本字。”

魚　見魚盉（集成09311），西周早期人。

魚　見魚簋（三代6.27.6）、魚尊（2件，集成05801、集成05833），西周早期人。

魚　見魚作父己尊（集成05880），西周早期人。

魚母　見魚母觚（2件，集成06876—06877），商代晚期婦女。

魚從　見魚從鼎（集成01465）、魚從簋（2件，集成03128—03129）、魚從觚（集成07057）、魚從盤（集成10036）、魚從盉（集成09331）、魚從尊（集成05588）、魚從卣（集成04853），西周早期人。

猚子臾　見猚子臾壺（集成09558），戰國早期人。

𤞞　見𤞞尊（集成05775）、𤞞卣（集成

05119），西周早期人。

匐公　見匐公鼎（集成02061），西周早期人。

牟　即觸，見十一年右使車盉（集成09448），戰國中期人，中山國左使車屬下的冶鑄工。

許子　銘文作鄦子，見許子戈（集成11045），戰國早期許國國君。

許子妝　銘文作鄦子妝，見許子妝簠（集成04616），春秋時期人，名妝，許國國君。郭沫若先生云："妝與許子鐘之噩自疑是一人。古人每名字並舉，或噩自乃一字一名。稱字則為妝，妝噩同為爿聲。"（見《大系》考179頁）

許子噩自　銘文作鄦子噩自，見許子噩自鎛（2件，集成00153—00154），春秋時期人，名噩自，許國國君。

許公買　銘文作鄦公買，見許公買簠（集成04617），春秋晚期人，名買，許國國君。許靈公之子，公元前546年即位，前523年被世子止殺害，死後謚悼公，事見《春秋》昭公十九年。

許仲疌　銘文作鄦仲疌，見鄦仲疌尊（集成05963）、鄦仲疌卣（集成05369），西周早期人，名疌，許國公族。

許男　銘文作鄦男，見許男鼎（集成02549），西周晚期許國國君，男爵，名不詳，女兒為成姜桓母。

許伯彪　銘文作無伯彪，見許伯彪戈（集成11134），春秋晚期人，名彪，許國國君。

許者俞　銘文作無者俞，見喬君鉦鍼（集成00423），喬君虎虘的長輩，春秋時期人。

許吏　銘文作無吏，見無吏鼎（集成02814），西周晚期人。某年九月既望甲戌，王在周廟圖室冊命許吏，王命許吏管理穆王遺側虎臣，並賜給許吏玄衣、黹純、厚柲、彤沙（綏）、鋚勒、鑾旂。

許叔姬可母　銘文作鄦叔姬可母，見蔡太師腆鼎（集成02738），春秋晚期人，字可母，姬姓，蔡太師腆的小女，嫁於許國公室。

許臭　銘文作無臭，見無臭鼎（2件，集成02098—02099），戰國晚期人。

許季姜　銘文作鄦季姜，見許季姜簋（文物1995年5期10頁圖7），西周晚期姜姓女子，嫁於許國公室。

許夆魯生　銘文作鄦夆魯生，見鄦夆魯生鼎（集成02605），春秋早期許國人，女兒為壽母。

許姜　銘文作鄦姜，見仲㝱父匜（北窯墓281頁、文物1986年7期60頁圖11），西周晚期後段人，許國女子，姜姓，仲原父的夫人。

許姬　銘文作鄦姬，見許姬鬲（集成00575），西周晚期姬姓女子，嫁於許國。

許憂　銘文作無憂，見無憂卣（集成05309），西周早期人，族徽為"亞夫"。

沙㞬　見十七年相邦春平侯鈹（集成11708），戰國晚期人，趙孝成王十七年

（前249年）前後，擔任邦右庫冶鑄作坊的工師。

庶　見庶觶（集成06510），西周早期人。某年乙丑日，公仲曾賜給庶貝十朋。

庶　見庶盂（集成10311），西周中期人。

庶　見庶鬲（三代5.28.4），西周晚期人。

庶　見韓將庶虎節（中歷博101），戰國時期人，韓國將軍。

庶　見四年宜陽令韓鉣戈（集成11316），戰國晚期人，韓國宜陽冶鑄作坊的冶吏。

庶長游　見宗邑瓦書（古文字研究14輯178頁、179頁），戰國晚期人，名游，擔任秦國庶長、大良造。四年冬十壹月，曾宣佈秦王之命賜給右庶長歜杜縣酆邱到滴水一帶的土地，作為宗邑。

庶長鞅　見十六年大良造庶長鞅鐓（集成11911）、十九年大良造庶長鞅殳鐓（秦文字圖版15）、大良造鞅鐓（秦文字圖版16），戰國中期人，名鞅，公孫氏，出生在衛國。少時好刑名之學，事衛相公孫痤，為中庶子，公孫痤死後，乃西入秦，秦孝公任為左庶長，爵為大良造，卒定變法之命，廢井田，開阡陌，改賦稅之法，行之十年，秦國大治，遂封於商，號商君，故稱商鞅，後為秦惠文王所誅。《史記·秦本紀》載：秦孝公六年（前356年）拜鞅為左庶長，十年為大良造。

庚公　銘文作閞公，見何尊（集成06014），

何的長輩，生世在商代晚期。

盧父　見盧父鼎（2件，集成02671—02672），西周早期人。

庸公　銘文作𢎗公，見師𡥼鐘（文物1994年2期96頁圖11）、姬寏母豆（集成04693），師𡥼和姬寏母的祖先，生世在西周早期。

庸伯　銘文作𢎗伯，見庸伯方鼎蓋（考古與文物1990年5期38頁圖9.15），西周中期前段人，庸國族首領，名不詳。

庸伯戜　銘文作𢎗伯戜，見𢎗伯戜簋（集成04169），西周早期後段人，名戜，庸國族首領。某年，周王征伐逨魚、淖黑，在宗周舉行燎祭，曾賜給𢎗伯戜貝十朋。

康　見康方彝（又稱戍鈴方彝，集成09894），商代晚期人。商王十年九月己酉，戍鈴尊宜于召，康向黹獻九律之樂，黹賞給康貝十朋和丏豚。

康　見康鼎（集成02786），西周中期後段人，族徽為"鄭井"。某年三月初吉甲戌，在康宮接受冊命，周王命康管理王家事務，並賜給康幽黃、鋆勒。

康　見伯康簋（2件，集成04160—04161），又稱伯康，西周晚期人。

康王　見史牆盤（集成10175），逨盤（盛世吉金30頁），即周康王，成王之子，名釗，即位後遍告諸侯以文武之業，作《康誥》；命畢公尹東郊，作《畢命》。曾發動對鬼方（今陝西北部）及東南各地的戰爭，開拓疆土，維護文王、武王治績，海內晏然，舊史與成王並稱，稱之

為“成康之治”。在位二十六年。

康公　見微盂（集成10309）、微𤼈（集成09244），微的父親，西周早期前段人，可能就是康叔。

康公　見卻胡簋（集成04197），西周晚期人，康叔的後裔，周王朝的卿士。某王元年三月丙寅，在周王冊命卻胡的儀式上，擔任儐相。

康公　見哀成叔鼎（集成02782），即鄭康公乙，哀成叔嘉的父親，鄭國亡國之君。周安王七年（前395年）即位，周烈王元年（前375年）亡國。

康生　見康生豆（集成04685），西周早期人。

康母　見康母簋（集成03085），西周早期婦女。

康伯　見康伯簋（2件，集成03720—03721）、康伯壺蓋（北窰墓93頁圖50.2），西周中期前段人，康國族首領，康叔封的後裔。

康季　見王作康季鼎（集成02261），西周康昭時期人，康國公族。據王獻唐先生考證，此康季當為衛康叔之子，康伯髦之弟（見《岐山出土康季鼎銘讀後記》《考古》1964年9期）。

康侯　見康侯鬲（集成00464）、康侯爵（集成08310）、康侯觶（集成06173）、康侯罍（考古學報1955年9期）、康侯矛（集成11450）、康侯刀（集成11812）、康侯斧（2件，集成11778—11779）、康侯車䡇鈴（集成12020）、作冊𡭽鼎（集成02504），此即康侯封。

康侯丰　見康侯丰方鼎（集成02153），西周早期人，名丰，文獻寫作封，即衛康叔，周武王的小弟，初封於畿内的康，成王平定武庚及管蔡叛亂之後，改封於衛，故亦稱衛康叔。

康侯啚　即康侯鄙，見沬司土送簋（又稱康侯簋，集成04059），簋銘作“征令康侯啚于衛”，陳夢家先生認為“康侯啚”亦即“康侯封”，說：“康侯圖當是康侯封，古文邦、封一字，圖、鄙一字；《說文》‘邦，國也’，《廣雅·釋詁》‘鄙，國也’。封與鄙當是一名一字。”（見《斷代》）；于省吾、楊樹達先生均不以圖為康侯名（見《歷史研究》1954年2期）。

痯禹　見工盧大叔盤（東南文化1991年1期207頁圖4），即攻吳太叔句余，春秋晚期吳國人。

旋　見五年師旋簋（3件，集成04216—04218），即師旋，西周晚期人，擔任周王朝師職。五年九月既生霸壬午，周王命師旋去齊地追殺敵人，賜給師旋干錫簺、戈琱戚、厚柲、彤沙（綏）等物，告訴他不要失敗。

旃　見旃戈（集成10646），亦見於殷墟第一期卜辭，商代武丁時期人。

章　見十四年武城令戈（集成11377），戰國晚期人，趙國武城縣冶鑄作坊的冶吏。

章子鄭　即章子國，見章子鄭戈（集成

11295），春秋中期人，名國，楚國章地的封君。《左傳·哀公六年》"江、漢、雎、章，楚之望也。"

章叔將 見章叔將簋（集成04038），西周晚期人。

竟 見竟鼎（集成02058）、竟鬲（2件，集成00497—00498）、竟尊（集成05862）、竟尊（集成05867）、竟卣（集成05253）、竟卣蓋（集成05286）、竟罍（集成09802）、竟父辛觶（集成06299），西周早期前段人。

豙姑 見王姒鼎（文物1996年12期11頁圖16.1），西周成王時期人，成王或王姒的姑母。

𡟎蚉 見𡟎蚉壺（集成09734），戰國中期到晚期人，中山王𡐨的世子，中山國第六位國君，未即位時自稱胤嗣𡟎蚉。王𡐨死後嗣立，約在公元前309或前308年即位，在位十三、四年。公元前296年趙破中山，𡟎蚉出走齊國，後死於齊。

𢦏 見𢦏簋（2件，集成03368—03369），西周早期人。

商 見商尊（集成05997）、商卣（集成05404），西周早期前段人，庚姬的丈夫，族徽為"𡕟（𩫏）"。

商 見商犧尊蓋（集成05828），西周早期人。

商丘叔 見商丘叔簋（3件，集成04557—04559），春秋早期人。

商婦 見商婦甗（集成00867），商代晚期婦女，所鑄銅器上有"𡕟（𩫏）"徽記。

商獻 見魯士商獻匜（集成10187），西周晚期或春秋早期人，擔任魯國的士。

望 銘文作朢，見朢爵（集成09094），西周早期人。

望 銘文作朢，見朢簋（集成04272），即師朢，西周中期後段人，擔任周王朝師職。十三年六月初吉戊戌，由宰佣父陪同在周新宮太室接受冊命，周王命其主管畢王家，並賜給赤⊘市和鑾旂。

望子 銘文作朢子，見伯作朢子簋（集成03674），西周中期人。

率 見梁陰令鼎（集成02590），戰國晚期人，魏國梁陰縣縣令。

淮伯 見淮伯鼎（古文字研究24輯229頁），西周中期人，淮國族首領，名不詳。

淊御事 銘文作淊卸事，見淊御事罍（2件，集成09824—09825），西周中期人。

淪仲嫚家母 見原氏仲簋（3件，考古1989年4期311頁圖2.2—圖2.4），春秋早期人，原仲的次女，字家母，嫚姓，嫁於淪氏。

淳于公 見淳于公戈（2件，集成11124—11125），春秋晚期人，淳于氏。

淊嬴 即浸嬴，見成伯孫父鬲（集成00680），西周晚期嬴姓婦女，成伯孫父的夫人。

梁丘 銘文作𨛬丘，見廿七年安陽令戈（考古1988年7期617頁圖3），戰國晚期人，韓桓惠王二十七年（前246年）前後，擔任右庫冶鑄作坊的工師。

梁伯　銘文作沵伯，見梁伯戈（集成11346），春秋早期人，梁國國君，名不詳。

梁其　銘文作沵其，見梁其鼎（3件，集成02768—02770）、梁其壺（2件，集成09716—09717）、梁其鐘（6件，集成00187—00192），西周晚期人，擔任周王朝善夫之職，故又稱善夫梁其。

梁姬　銘文作沵姬，見梁姬罐（虢國墓254頁圖182.2），春秋早期姬姓婦女，嫁於虢國公室。

羕史　見羕史尊（集成05811），西周早期人。

羕陵公　見羕陵公戈（集成11358），戰國晚期人，羕陵的封君，名不詳。

糊　見糊鼎（頤和園文物菁華·銅器類10），商代晚期人。

攽　見攽戟（集成11092），戰國中期人楚國人。

宏父　見宏父簋（陝金1.322），西周中期前段人。

寅　見寅鼎（集成01950），西周中期人。

寅　見五年相邦呂不韋戈（2件，集成11380、集成11396），戰國晚期人，秦王政五年（前242年）前後，在秦國官營冶鑄作坊當工匠。

寔女　即賓母，見賓母觚（2件，集成06872—06873），商代晚期女子。

宭乃　即宄乃，見歔簋（陝金1.325），歔的長輩，生世在西周早期。

宭公　即宄公，見師丞鐘（集成00141）、師望鼎（集成02812），師望的父親，師丞的高祖，生世在西周中期前段。根據師𩵋鼎、師望簋和師丞鐘銘文內在的聯係推斷，宭公就是師𩵋。楊樹達先生云：宭音宮，即宮字的繁體。

宭仲　即宄仲，見珊生瓾（又名珊生鬲，集成00744），珊生的父親，生世在西周中期前段。

宭仲　即宄仲，見追夷簋（2件，華夏考古2000年3期20頁圖4、5），追夷的父親，生世在西周中期。

宭伯　即宄伯，見闕卣蓋（集成05297）、闕卣（集成05298），闕的父親，生世在西周早期。

宭姜　即宄姜，見羌鼎（集成02204），羌的夫人，西周中期姜姓國女子。

宭嬀日辛　即宄嬀日辛，見刺鼎（集成02485），刺的夫人，嬀姓，生世在西周早期，死後祭日為辛。

宭團宮　即宄團宮，見骰子鼎（集成02345），骰子的長輩死後祭祀的廟名。

宿父　見宿父尊（三代11.27.6），西周中期前段人。

宭弃生　見宭弃生鼎（集成02524），春秋早期人，女兒為成媿。

密　見密作父辛簋（集成03519），西周早期人。

密姒　見密姒簋（集成04522），西周晚期姒姓婦女。

密叔　見虎簋蓋（2件，考古與文物1997年3期79頁圖3，古文字研究24輯183頁）、趨簋（集成04266），西周中期前段人，密國公族。穆王三十年四月甲戌日，曾陪同師虎在周新宮太室接受册命；某年三月，在周王册命趨的儀式上，擔任儐相。

䆧父　見異伯子宨父盨（4件，集成04442—04445），即異伯宨父。

帚出　即寢出，見寢出簋（集成03238）、寢出爵（集成08295），商代晚期人，名出，族徽為“辰”，擔任商王朝管理宗廟寢室的官職。

帚印　即寢印，見寢印爵（4件，考古1989年7期593頁圖6.1—4），商代晚期人，名印，擔任商王朝管理宗廟寢室的官職。

帚坴　即寢坴，見寢坴盤（集成10029），商代晚期婦女，名坴，擔任商王朝管理寢室的官職。

帚孜　即寢孜，見寢孜簋（集成03941），商代晚期人，名孜，擔任商王朝管理宗廟寢室的官職。某年辛亥日，商王在寢，賞給寢孜貝二朋。

帚魚　即寢魚，見寢魚簋（考古1986年8期708頁圖6.1）、寢魚爵（集成09101），又稱亞魚，商代末期人，名魚，亞爵，擔任商王朝管理宗廟寢室的官職。

帚蒦　即寢蒦，見帚蒦鼎（集成02710），商代晚期人，名蒦，族徽為“Ⅴ册（羊册）”，擔任商王朝管理宗廟寢室的官職。某年二月，殷王命省視北田，庚午日，讓作册友史賜給寢蒦貨貝。

帚蠚商　即寢蠚商，見寢蠚商方鼎（曲村348頁圖512.2、3），商代晚期人，名蠚商，族徽為“田偁（偶）”，擔任商王朝管理宗廟寢室的官職。二十年十二月甲子，商紂王曾賞賜寢蠚商。

帚磔　即寢磔，見寢磔玉斧（文物天地1992年4期21頁），商代晚期人，名字漫漶不清，擔任商王朝管理宗廟寢室的官職。

啟　見坰小子啟鼎（集成02272），西周早期人，名啟，坰的小兒子。（“啟”張亞初釋為“句”）

啟　見啟尊（集成05983）、啟卣（集成05410），西周早期後段人，族徽為“葡（戈葰）”。某年曾跟隨昭王南征楚荊，到達迦山谷、上侯滰川和洀水。

啟　見越君啟妾壺（集成09537），戰國時期人，名啟，越地的封君。

啟　見卅一年鄭令槍潲戈（集成11398）、卅三年鄭令槍潲劍（集成11693），戰國晚期人，韓桓惠王三十一年到三十三年（前246……前244年）期間，擔任鄭縣冶鑄作坊的冶尹。

啟　見十七年丞相啟狀戈（集成11379），戰國晚期人，秦王政十七年（前230年）與狀同時任秦國的丞相。田鳳嶺、陳雍二先生認為丞相啟可能就是"秦王政九年平定嫪毐的相國昌平君。"（《新發現的十七年丞相啟狀戈》《文物》1984年第3期）。

啟疆　見王子啟疆尊（三代11.28.4），春秋晚期人，某國王子。

学父　見学父簋（集成03894），西周晚期人。

眡事司馬歜　銘文作眡事司馬歜，見信安君鼎（集成02773），戰國中期人，名歜，司馬氏，魏襄王時（前318—前296年）擔任信安君家的眡事（主管造器之吏）。

眡事猇　銘文作眡事猇，見卅五年虒令周收鼎（集成集成02611），戰國中期人，名猇，魏惠王三十五年（前337年）前後，擔任虒縣的眡事（主管造器之吏）。

眡事歜　銘文作眡事歜，見信安君鼎（集成02773），即眡事司馬歜。

眡事餰　銘文作眡事餰，見十七年平陰鼎蓋（集成02577），戰國中期人，名餰，曾任魏國瑕邑的眡事（主管造器之吏）。

眡事駒　銘文作眡事駒，見卅年虒令癰鼎（集成02527），戰國中期人，名駒，魏惠王三十年（前341年）前後，擔任虒縣的眡事（主管造器之吏）。

裄僕父　見裄僕父鼎（集成02334），西周中期人，女兒名曶妁。

餐車父　即宜車父，見宜車父壺（2件，集成09601—09602），西周晚期人。

問　見四年咎奴蕾令戈（集成11341），戰國晚期人，魏國咎（高）奴縣冶鑄作坊的冶吏。

閉　見豆閉簋（集成04276），即豆閉，西周中期人，名閉，豆氏。某年二月既生霸，由邢伯陪同在師戲太室接受冊命，周王命豆閉繼承其祖考的官職，管理窋俞邦君司馬，弓箭諸事，並賜給織衣、⊙市和鑾旂。

彝片昶狖　見彝片昶狖鼎（2件，集成02570—02571），春秋時期人。

賈　見蔡叔季之孫賈匜（集成10284），春秋晚期蔡國人，蔡叔季之孫。

屍敖　見屍敖簋蓋（集成04213），即盠屍敖，春秋早期人。某年，戎獻給子牙父百車金（青銅），子牙父賜給屍敖十鈞。郭沫若認為是春秋早期魯國人，與齊桓公同時（前685—前643年）。屍字不識，疑是屓或俱（見《屍敖簋銘考釋》《考古》1973年2期）。

眥父　見眥仲之孫簋（集成04120），春秋早期人，為噂之子。

眥公　見眥公壺（集成09704），春秋早期眥國國君，女兒為叔姜。

眥母　見眥母鼎（集成02146），西周早期後段婦女，所鑄銅器上有"亞禾（癸）"徽記。

眥仲　見眥仲飲壺（集成06511），西周中期前段人，眥國公族。

眥污　見仲子眥污觥（集成09298），商代晚期人，族徽為"氃（鑊）戝"。

異甫人　即異夫人，見異甫人匜（集成10261），春秋早期人，異國國君的夫人。

異伯　見繁簋殘底（集成04146），西周早期人，異國族首領。某年十一月初吉辛亥，繁事於異伯，異伯儐贈柀廿、貝十朋。

異伯　見公貿鼎（集成02719），西周中期異國國君。某年十二月初吉壬午，贈送給周王朝使臣公貿馬韏一乘。

異伯子宼父　見異伯子宼父盨（4件，集成04442—04445），即異伯宼父，春秋早期人，字宼父，異國國君的長子，姜姓。此為即位前的稱謂，即位後稱為異伯宼父。

異伯宼父　見異伯宼父盤（集成10081）、異伯宼父匜（集成10211），春秋早期人，字宼父，異國國君，其女為姜無。

異孟姜　見王婦異孟姜匜（集成10240），西周晚期姜姓女子，周王的妻妾。

異侯　見異侯尊（集成05924），商代晚期異國國君，身份為亞，名不詳。

異侯　見弟叟鼎（集成02638），西周中晚期某代異國國君。某年，異侯曾賜給弟叟司戜。

異侯　見異侯簋（上博刊8期136頁圖8），西周晚期異國國君，女兒為邢姜妢母。

張二月　見九年將軍張二月戈（2件，集成11325—11326），戰國晚期人，名二月，張氏，燕國將軍。

張五鹿　銘文作長五鹿，見四年代相樂宎劍（考古與文物1989年3期20頁，山西珍166），戰國晚期人，名五鹿，張氏，代王嘉四年（前224年）前後，擔任代（趙）國右庫冶鑄作坊的工師。

張圤　銘文作長圤，見宜陽戈（考古與文物2002年2期69頁圖2），戰國晚期人，名圤，一作埔，張氏，韓襄王二年（前310年）前後擔任宜陽右庫冶鑄作坊的工師。

張史盧　銘文作長史盧，見五年鄴令思戈（2件，集成11348—11349），戰國時期人，名史盧，張氏，魏國鄴縣冶鑄作坊的工師。

張定　見十年洱令張定戟（文物1990年7期40頁圖4），戰國晚期人，名定，張氏，韓桓惠王十年（前263年）前後，擔任洱縣縣令。

張阪　銘文作長阪，見二十年鄭令韓恙戈（集成11372），戰國晚期人，名阪，張氏，韓桓惠王二十年（前253年）前後，擔任鄭縣右庫冶鑄作坊的工師。

張身　銘文作長身，見四年相邦春平侯鈹（集成11707）、四年相邦春平侯劍（考古與文物1989年3期20頁，山西珍165），戰國時期人，名身，張氏，趙悼襄王四年（前241年）前後，擔任趙國左庫的工師。

張武　銘文作長武，見八年茲氏令吳庶戈（集成11323），戰國時期人，名武，張氏，趙國茲氏縣冶鑄作坊的工師。

張宛　即張乘，見廿年距末（集成11916），戰國時期燕國人。

張埔　銘文作長埔，見宜陽戈（文物2000年10期76頁圖3、4），戰國晚期人，名埔，一作圤，張氏，宜陽庫冶鑄作坊的工師。

張畫　車大夫長畫戈（集成11061），戰國中期人，名畫，張氏。燕國的車大夫，主造兵器。

張儀　見王四年相邦張儀戈（西漢南越王墓圖版22.1，秦文字圖版17），戰國中期魏國人，史書作張儀，與蘇秦同師鬼谷子，以遊説著名，秦惠文君十年（前328年）擔任秦國相邦，惠文王更元三年（前322年）為秦相魏，八年復相秦，十二年為秦相楚，前後歷時十八年，以連橫之策說六國，使背縱約而事秦。號曰武信君，惠文王卒，不悅於武王，六國皆叛橫合縱，武王元年（前310年）離秦去魏，二年死於魏國。

張義　銘文作長義，見十九年邦司寇陳授鈹（東南文化1991年2期261頁圖8），戰國晚期人，名義，張氏，趙國庫冶鑄作坊的工師。

張鳳　銘文作長鼂，見五年相邦春平侯矛（集成11557）、十五年相邦春平侯劍（集成11691）、十七年相邦春平侯矛（集成11558）、十七年相邦春平侯劍（2件，集成11714、集成11716）、十七年相邦春平侯鈹（3件，集成11689—11690、集成11713），戰國晚期人，名鳳，張氏，趙孝成王十五年到十七年（前251—前249年）前後，擔任邦左庫冶鑄作坊的工師。

弜　見弜鼎（集成01772），西周早期人。

強戠　見二年皇陽令戈（2件，集成11314—11315），戰國晚期人，曾任皇陽縣令。

沽父　見陳公孫沽父瓶（集成09979），春秋早期人，字沽父，陳國公孫。

沽父　見塞公孫沽父匜（集成10276）、考叔沽父簠（2件，集成04608—04609），春秋早期人，字沽父，塞國公孫。于豪亮先生認為塞國即息國，塞與息音近義通（見《論息國與樊國的銅器》《江漢考古》1980年2期）。

婦　見婦觚（3件，集成06857—06858、集成06866），此指婦好。

婦己　見女母簋（集成10562），商代晚期婦女，汝母的長輩。

婦氏　銘文作婦氏，見五年琱生簋（集成04292）、六年琱生簋（集成04293），西周中期後段人，周生氏族的宗婦，召伯虎的母親幽姜，幽伯的夫人。

婦未　見婦未方鼎（集成01905），商代晚期婦女，族徽為"𡥼𤔔"。

婦冬　見婦冬觶（集成06142），商代晚期婦女。

婦田　見婦田觚（集成06871），商代晚期婦女。

婦竹　見婦竹爵（集成08755），商代晚期婦
　　女。

婦聿　見婦聿卣（集成05099），商代晚期婦
　　女，族徽為“征鼎（廝）”。

婦好　見婦好鼎（17件，集成01320—
　　01336）、婦好方鼎（3件，集成01337—
　　01338、銘文選1.3）、婦好帶流鼎（集
　　成01339）、婦好三聯甗（集成00793）、
　　婦好甗（集成00794）、婦好甗（婦好墓
　　48頁圖32.7）、婦好簋（故宮文物月刊
　　2001年105期131頁圖19）、婦好爵（10
　　件，集成08122—08131）、婦好觚（17
　　件，集成06848—06856、集成06859—
　　06865、集成06867）、婦好斝（集成
　　06141）、婦好罍（4件，集成09178—
　　09181）、婦好方尊（集成05535）、婦
　　好鴞尊（2件，集成0553—05537）、婦
　　好壺（2件，集成09486—09487）、婦好
　　正壺（集成09509）、婦好方彝（3件，
　　集成09861、集成09863—09864）、婦好
　　偶方彝（集成09862）、婦好觥（2件，
　　集成09260—09261）、婦好盤（集成
　　10028）、婦好盉（4件，集成09333—
　　09335、婦好墓71頁）、婦好方罍（2件，
　　集成09781—09782）、婦好瓿（2件，集
　　成09952—09953）、婦好勺（8件，集成
　　09916—09923）、婦好鉞（2件，集成
　　11739—11740）、婦好罐（集成09985）、
　　婦好箕（集成10394），又稱后粵母，（見
　　后粵母尊），商王武丁的配偶，名好，
　　字粵母，死後稱后母辛、后辛。

婦改　見召樂父匜（集成10216），西周晚期
　　改姓婦女，召樂父的夫人。

婦姝　銘文作帚姝，見婦姝簋（集成03081），
　　商代晚期婦女。

婦姑　見黿作婦姑鼎（集成02137）、黿作婦
　　姑方鼎（集成02138）、黿作婦姑甗（集
　　成00891），商代晚期婦女，族徽為“龕
　　（黿）”。

婦娗　見婦娗鼎（集成01709），商代晚期婦
　　女，族徽為“负（冉）”。

婦戠　見婦戠鼎（集成02139），商代晚期婦
　　女，族徽為“炎（父）癸”。

婦婭　見婦婭罍（彙編1093），商代晚期婦
　　女。

婦姦　銘文作帚姦，見婦姦觶（集成06148），
　　商代晚期婦女。

婦媟　見文父乙簋（集成03502），商代晚期
　　婦女。

婦妌　見婦妌鼎（2件，集成01710），商代
　　晚期婦女，族徽為“告”。

婦鳥　見婦鳥觚（集成06869），商代晚期婦
　　女。

婦旋　見婦旋鼎（集成01340）、婦旋簋（集
　　成03228）、婦旋觶（遺珠33），商代晚
　　期婦女。

婦姁　見子作婦姁卣（集成05375），商代晚
　　期婦女。

婦姫　見婦姫簋（集成03229），商代晚期婦
　　女，族徽為“咸”。

婦嫡　銘文作帚嫡，見婦嫡觶（集成06143），西周早期婦女。

婦絲　見婦絲С瓬（2件，集成07171—07172），商代晚期婦女，族徽為"С"。

婦鳿　見婦鳿瓬（集成07287），商代晚期婦女，族徽為"䍃（亞䍃）"。

婦穌　見邛君婦穌壺（集成09639），春秋早期人，江君的夫人，名穌。郭沫若先生說：時代"當在春秋魯閔四年（前623年）為楚人所滅以前（大約乃莊閔時）"（見《大系》考171頁）。

婦㚟　見婦㚟觶（集成06428），商代晚期婦女，族徽為"㡴（廙）冊"。

婦闌　見婦闌鼎（集成02403）、婦闌瓿（集成00922）、婦闌爵（2件，集成09092—09093）、婦闌斝（2件，集成09246—09247）、婦闌卣（2件，集成05349—05350）、婦闌罍（集成09820），商代晚期婦女，族徽為"冀（冀）"。

婦回　見婦回爵（集成08132），商代晚期婦女。

婦䍇　見顜卣（2件，集成05388—05389），顜的夫人，西周早期人。

婦㸔　銘文作帚㸔，見婦㸔方鼎（集成01711），商代晚期婦女，族徽為"大䢔"。

婦妣　銘文作帚妣，見婦妣鼎（3件，集成01341—01343）、婦妣鬲（集成00463）、婦妣瓬（2件，集成06868—06869）、婦妣卣（集成04845）、婦妣卣蓋（集成04846），商代晚期婦女。

婦㚒　見耴髭婦㚒鼎（集成01904）、耴髭婦㚒簋（集成03345）、耴髭婦㚒爵（3件，集成08982—08985、中原文物1985年1期30頁圖2.21）、耴髭婦㚒角（集成08984）、耴髭婦㚒瓬（集成07254）、婦㚒卣（集成05098）、耴髭婦㚒尊（集成05760），商代晚期婦女，族徽為"㚒莫（耴髭）"。

惄糈　即怊糈，見鄂君啟車節（3件，集成12110—12112），戰國晚期人，楚懷王時（前328—前299年）擔任楚國集尹。

琊　見六年安陽令韓壬戟刺（原稱安陽令韓壬劍，集成11562），戰國晚期人，趙國安陽右庫冶鑄作坊的冶吏。

郐丘　即梁丘，見廿七年安陽令戈（考古1988年7期617頁圖3），戰國晚期人，韓桓惠王二十七年（前246年）前後，擔任右庫冶鑄作坊的工師。

惠公　見惠公戈（集成11280），春秋早期人，惠地的封君，名不詳。

翌子　見翌子簋（集成03080），西周早期人。

翏生　見翏生盨（3件，集成04459—04461），西周晚期人，夫人為大妘。曾跟隨周王征伐南淮夷的角、津、桐、遹，殺死和俘虜了許多敵人，也俘獲了許多兵器和青銅。

翏改　銘文作翏改，見嬰士父鬲（2件，集成00715—00716），西周晚期改姓婦女，畟士父的夫人。

參 見元年王襃鈹（又名元年王襃劍，集成11660），戰國晚期人，趙國生□右庫冶鑄作坊的冶吏。

參 見十一年藺令趙狽矛（集成11561），戰國晚期人，趙國藺縣下庫冶鑄作坊的冶吏。

觬侯 見觬侯鼎（集成02457），西周早期前段人。史樹青先生釋為蔡侯，結合《史記·周本紀》和《蔡侯世家》等記載，認為此蔡侯即周初經營南國時所封的蔡叔，在伐巢戰爭中立有功勞（見《西周蔡侯鼎銘釋文》《考古》1966年2期），裘錫章先生釋為"緐侯"，即豫侯（見《□侯獲巢鼎銘補釋》《考古》1962年2期）。

陸 銘文作䨞、隣，見隣尊（集成05986），西周早期人，約在成康之世。

陸姞 見義伯簋（集成03619），即宄婦陸姞，西周中期前段姞姓婦女，義伯的夫人。

陸婦 見陸婦簋（集成03621），西周早期前段婦女。

陸蠶 即陸融，見邿公劃鐘（集成00102），鐘銘有"陸蠶之孫邿公劃"，王國維先生云："蠶字從二虫臺聲。臺古墉字，從聲類求之，當是螽。陸螽即陸終也。《大戴禮·帝繫篇》'陸終取於鬼方氏，鬼方氏之妹謂之衛氏，產六子，其五曰安，是為曹姓，曹姓者邿氏也。'《史記·楚世家》語同。其說蓋出於《世本》。此邿器而云陸蠶之孫，其為陸終無疑也。"

陵 見陵鼎（文物季刊1996年3期54頁圖3.3），西周早期人，其父日名為父庚。

陵 見陵方罍（集成09816），西周早期人，族徽為"單"。

陵 見陵尊（集成05823），西周中期前段人。

陵叔 見陵叔鼎（集成02198），西周中期陵國族人。

陳 銘文作隣，見獃侯之孫隣鼎（集成02287），春秋早期人，獃國公族，自稱獃侯之孫。

陳子 銘文作隣子，見陳子匜（集成10279），春秋早期人，陳國公子，長女孟嬀毅女。

陳子山 見陳子山戈（集成11084），春秋晚期齊國人。

陳子皮 銘文作墜子皮，見墜子皮戈（集成11126），戰國時期齊國人。

陳子翼 銘文作墜子翼，見墜子翼戈（2件，集成11086—11087），戰國時期齊國人。

陳子𦡊 銘文作墜子𦡊，見陳子戈（集成11038），戰國時期齊國人。

陳屯 銘文作墜屯，見陳逆簋（集成04096），即陳純。

陳生崔 銘文作隣生崔，見陳生崔鼎（集成02468），西周晚期人。

陳卯　銘文作塦卯，見陳卯造戈（集成11034），春秋晚期齊國人。何琳儀先生認為即《戰國策·齊策》三孟嘗君讌坐，與三先生交談中的田瞀，陳與田古本一姓，瞀諧矛聲，矛與卯音通，故卯可讀為瞀（見《戰國兵器銘文選釋》《古文字研究》20輯107頁）。

陳尔　銘文作塦尔，見陳尔徒戈（文物1993年4期94頁圖1.3），戰國時期齊國人。

陳共　銘文作塦共，見楚王酓忎鼎（集成02795）、冶紹圣匕（2件，集成00977—00978）、陳共車飾（集成12040），戰國末期人，楚幽王熊悍時（前237—前228年）楚國冶鑄作坊的冶吏。

陳仲嬴　銘文作塦仲，見陳肪簋蓋（集成04190），春秋晚期齊國人，陳（田）氏，釐叔和（陳釐子）的父親，陳肪的祖父。史書作陳敬仲，名完，陳厲公之子。宣公時陳人殺太子禦寇，完出奔齊國，齊桓公欲使為齊卿，辭而不受，乃是為工正，卒謚敬仲，及五世孫無宇，始大於齊（按《史記》稱敬仲如齊，以陳字為田氏，故敬仲子孫皆為田氏）。陳肪簋銘文為"肪曰：余，陳仲嬴孫，釐叔和子"，楊樹達先生謂"嬴"從彥聲，讀為彥，經傳記陳仲名完，完字從元聲，元彥二字古音相近，陳仲嬴即陳仲完（見《積微居金文說》188頁）

陳余　銘文作塦余，見塦余戈（集成11035），戰國時期齊國人。

陳坪　銘文作塦坪，見十五年鄭令趙距戈（集成11388），戰國晚期人，名坪，陳氏，韓桓惠文十五年（前258年）前後，擔任鄭縣右庫冶鑄作坊的工師。

陳丽子　銘文作塦丽子，見塦丽子戈（集成11082），戰國時期齊國人。

陳貝　銘文作塦貝，見塦貝散戈（集成11033），戰國時期齊國人。

陳叔媯　見益余敦（保金續183），春秋時期陳國公室之女，益余的夫人。

陳旺　銘文作塦畦或塦㞷，見塦旺戟（集成11251）、塦㞷戈（集成10924），戰國晚期齊國人。

陳侯　銘文作敶侯，見陳侯簋（集成03815），西周晚期人，陳國某代國君，女兒適周王，稱王媯。

陳侯　銘文作敶侯，見陳侯簋（集成03903），春秋早期陳國某代國君，夫人為嘉姬。

陳侯　銘文作敶侯，見陳侯壺（2件，集成09633—09634），春秋早期人，陳國某代國君，女兒為媯櫓。

陳侯　銘文作敶侯，見陳侯鼎（集成02650），春秋早期陳國某代國君，女兒為媯四母。

陳侯　銘文作敶侯，見陳侯作王仲媯𡚬簠（2件，集成04603—04604）、陳侯盤（集成10157），春秋早期陳國某代國君，次女為仲媯母𡚬（㛰），適周王。

陳侯　銘文作敶侯，見陳侯鬲（2件，集成00705—00706），春秋早期人，陳國某代國君，小女為畢季嬀。

陳侯午　銘文作墮侯午，見陳侯午簋（集成04145）、十年陳侯午敦（集成04648）、十四年陳侯午敦（2件，集成04646—04647），戰國早期人，名午，齊國國君，齊太公田和之子，齊康公二十一年（前384年）稱侯，史稱田齊桓公。《史記·田敬仲完世家》載："齊侯太公和卒，子桓公午立，六年卒。"《索隱》："紀年梁惠王十三年當齊桓公十八年，後威王始見，則桓公十九年卒。"陳侯午在位年數不止六年，《史記》記載有誤，陳侯午敦有十年鑄造的一件，十四年鑄造的兩件，可知陳侯午在位最少在十四年以上。

陳侯因脊　銘文作墮侯因脊，見陳侯因脊敦（集成04649）、墮侯因脊戈（3件，集成11081、集成11129、集成11260），即齊威王，名因脊，《史記·田敬仲完世家》作齊因。陳侯午（齊桓公）之子，公元前356年即位，在位三十六年。即位後委政於卿大夫，九年間諸侯並伐，國人不治，時即墨大夫毀言日至，而阿大夫譽言日至，於是王封即墨大夫，遂起兵西伐趙魏，敗魏於濁澤，齊國大治，諸侯不敢加兵於齊者二十餘年，自稱為王。

陳侯鬲　銘文作敶侯鬲，見陳伯元匜（集成10267），春秋時期人，名鬲，陳國國君，其子名伯元。

陳胎　銘文作墮胎，見墮胎戈（集成11127），戰國時期齊國人。

陳逆　銘文作墮逆，墮逆簠（集成04096）、陳逆簋（2件，集成04629—04630），戰國晚期人，名逆，陳（田）氏，陳趄（田桓）子的裔孫，齊國的重臣。

陳桓子　銘文作墮趄子，見陳逆簋（2件，集成04629—04630），一作洹子，經傳作田桓子，田文子之子，名無宇，戰國早期人，齊國的執政大臣，事齊莊公（前553—前548年）。

陳夏　銘文作墮夏，見鄭客問量（集成10373），戰國中期人，名夏，陳氏，擔任楚國集尹之職。

陳卿聖孟　見墮卿聖孟戈（集成11128），戰國時期齊國人，名聖孟，在王朝任職。

陳豕　見陳豕戈（集成10964），春秋晚期人。

陳純　銘文作墮屯、墮純，見陳純釜（集成10371）、墮逆簠（集成04096），戰國早期人，名純，陳氏，齊國的執政大臣。郭沫若先生認為是戰國晚期人，齊國大臣，約與齊湣王（前301—前284年）同時（見《大系》考223頁）；楊樹達先生認為是戰國中期齊國的大臣，與齊康公（前404—前379年）同時（見《積微居金文說》234頁）。

陳姬小公子　銘文作敶姬小公子，見陳姬小公子盨（集成04379），春秋早期陳國人。

陳授　見十九年邦司寇陳授鈹（東南文化
　　1991年2期261頁圖8），戰國晚期人，名
　　授，陳氏，擔任趙國的邦司寇。

陳曼　銘文作塦曼，見陳曼簠（2件，集成
　　04595—04596），戰國早期齊國人，名
　　曼，陳氏。郭沫若先生說：“疑即田襄
　　子盤，襄子名多異文，《史記·集解》
　　引徐廣曰：‘盤一作塦’，索引引《世
　　本》作班。塦殆盤之譌，因形相近，班
　　盤聲近曼。”（見《大系》考216頁）

陳得　銘文作塦旻，見陳璋方壺（集成
　　09703）、子禾子釜（集成10374）、陳
　　璋壺（集成09975），戰國中期人，名得，
　　陳氏，與鄭昜同時為齊國的執政大臣。

陳喜　銘文作塦喜，見陳喜壺（集成09700），
　　即陳喜子、陳乞，《史記》作田乞。齊
　　景公的大夫，齊悼公時擔任相邦。《史
　　記·田敬仲完世家》記載周敬王三十二
　　年（前488年）田乞發動政變立齊悼公事
　　云：“田乞盛陽生橐中，置坐中央，發
　　橐出陽生曰：‘此乃齊君矣’大夫皆伏
　　謁……，遂立陽生於田乞家，是為悼公，
　　乃使人遷晏孺子於駘，而殺孺子荼。悼
　　公既立，田乞為相專政四年。”

陳散　見陳散戈（集成10963），春秋晚期人。

陳御寇　銘文作塦御寇，見塦御寇戈（集成
　　11083），戰國時期齊國人，名御寇，陳
　　氏。

陳戠　銘文作塦戠，見陳戠戟（古文字研究
　　19輯83頁圖7.6），戰國晚期齊國人，名

戠，陳氏。

陳發　銘文作塦發，見陳發戈（文物2001年
　　10期48頁圖16），戰國晚期齊國人，名
　　發，陳氏。

陳盍　銘文作塦盍，見陳盍戈（考古與文物
　　1989年2期84頁圖2），春秋末戰國初年
　　齊國人，名盍，陳氏。王輝先生認為此
　　即《左傳·哀公十一年》記載的春秋末
　　年齊國武將陳瓘。齊簡公時擅掌齊國大
　　權的田成子之兄。簡公五年（前480年）
　　出使楚國，七年晉趙鞅圍攻衛國，他又
　　與國觀率師救衛（《周秦器銘考釋》《考
　　古與文物》1991年第6期）。

陳汮　銘文作塦汮，見公孫朝子鐘（9件，文
　　物19887年12期51頁圖9）、公孫朝子鎛
　　（7件，同上），戰國中期田齊的大臣。

陳猷　銘文作塦猷，見陳純釜（集成10371），
　　戰國早期齊國執政大臣，名猷，陳氏。
　　郭沫若先生認爲是戰國晚期人，齊國大
　　臣，約與齊湣王（前301—前284年）同
　　時（見《大系》考223頁）；楊樹達先生
　　認為是戰國中期齊國的大臣，與齊康公
　　（前404—前379年）同時（見《積微居
　　金文說》234頁）。

陳鄭　銘文作塦鄭，見陳鄭戈（考古與文物
　　1989年2期84頁圖2），戰國晚期齊國人，
　　名鄭，陳氏。

陳璋　銘文作塦璋，見陳璋方壺（集成
　　09703）、陳璋壺（集成09975），戰國
　　中期齊國人，名璋，陳氏。齊宣王五年

（前314年）曾參予伐燕之戰，有所繳獲。

陳樂君歈　銘文作敶樂君歈，見陳樂君歈瓶（考古1996年9期4頁圖5.5），春秋晚期人，名歈，陳國樂地的封君。

陳窨散　銘文作墜窨散，見墜窨散戈（集成11036）、墜窨散劍（集成11591）、陳窨散車轄（2件，集成12023—12024），戰國時期齊國人，名窨散，陳氏。

陳豫　銘文作墜豫，見墜豫車戈（集成11037），戰國時期齊國人，名豫，陳氏。

陳鷁　即陳鷁，見廿九年高都令陳鷁劍（2件，集成11652—11653）、廿九年高都令陳鷁戈（2件，集成11302—11303），戰國晚期人，名鷁，陳氏，魏國高都縣令。

陶子或　見陶子盤（集成10105），西周早期人。

隖　即塓，三年偪余令韓譙戈（3件，集成11317—11319），戰國晚期人，名塓，韓國偪余（負黍）縣冶鑄作坊的冶吏。

愍　見愍鼎（2件，集成01250），戰國晚期人。

憗　見廿三年晉上庫戈（東南文化1991年2期260頁圖7），戰國晚期人，晉上庫庫冶鑄作坊的冶吏。

紹　銘文作絫，見陳共車飾（集成12040），戰國末期人，楚幽王熊悍時期（前237—前228年）楚國冶鑄作坊的冶吏。與紹坴或為同一人。

紹坴　銘文作絫坴，見楚王酓忎鼎（集成02795）、冶紹坴匕（2件，集成00977—00978），戰國末期人，楚幽王熊悍時期（前237—前228年）擔任楚國冶鑄作坊的冶師。

緤　見廿七年泌陽戈（文物1993年8期70頁圖7），戰國中期人，韓國泌陽冶鑄作坊的工師。

十 二 劃

晁子䤾臣 即長子䤾臣，見長子䤾臣簠（集成04625），春秋中期人，名䤾臣，晉國大夫，以封邑長子為氏。

斌 見利簋（集成04131）、乖伯簋（或稱拜伯簋，集成04331）、德方鼎（集成02661），此指周武王。

斌王 見大盂鼎（集成02837）、小盂鼎（集成02839）、宜侯夨簋（集成04320）、何尊（集成06014）、中方鼎（集成02785），即周武王，文王之子，名發，商代帝辛時嗣為西伯。帝辛四年一月甲子的清晨，親率戰車三百乘，虎賁三千人，甲士四萬五千人，並聯合許多方國部落，一舉推翻了商王朝的統治，建立起西周王朝，建都鎬京。滅商後二年而死，在位十九年。

琱生 即周生，見琱生甗（又稱琱生鬲，集成00744）、五年琱生簋（曾稱召伯虎簋，集成04292）、六年琱生簋（曾稱召伯虎簋，集成04293），西周中期後段人，其母為琱氏（妘姓），也就是琱氏家族的外甥，故名琱生。召公的後裔，擔任周王朝的宰職，故又稱宰琱生（見師㝬簋）。郭沫若先生認為是宣王時期人（見《大系》考142頁）。林澐先生認為是屬王時期人（見《琱生簋新釋》《古文字研究》三120頁）。

琱我父 即周我父，見周我父簋（3件，集成04048—04050），西周晚期人，字我父，周氏。

琱嬬 即周妘，見函皇父鼎（2件，集成02548、集成02745）、函皇父簋（3件，集成04141—04143）、函皇父盤（集成10164）、函皇父匜（集成10225），西周宣王時期妘姓婦女，函皇父的夫人。

鬶篖 見鬶篖鐘（集成00038），春秋晚期人，某年與屈欒救戎人於楚境。

梓 見梓作父癸鼎（集成02323），西周早期人，族徽為"林（禦）"。

盘 即盂，見盂方鼎（2件，文物1997年12期31頁圖1—圖2），西周早期前段人。

馭 銘文作驜，見驜卣（集成05380），商代晚期人，族徽為"酰"。某年辛巳日，商王賜給馭貝一具。

馭方 銘文作驜方，見噩侯馭方鼎（集成02810）、禹鼎（2件，集成02833—02834），西周晚期人，鄂國國君。某年，周王南征，伐角、遹回來，駐蹕於坏，馭方納壺於王，與王舉行射禮、飲宴。宴罷，周王親賜給馭方玉五穀、馬四匹、矢五束。後來馭方又率南淮夷、東夷造反，廣伐南國、東國，至於歷內。周王派遣西六師、殷八師，以及武公的戎車百乘、斯馭二百、徒千人，殺入鄂國國都，抓獲了鄂侯馭方。

馭濂仲僕　銘文作駿濊仲廳，見令鼎（集成02803），又稱濂仲，西周早期人，名僕，濂氏公族，擔任周王馭者。某年隨成王前往諆田耤農。

喜　見伯喜簋（4件，集成03997—04000），西周中期後段人。

嘉　見嘉子伯昜臚簋（集成04605），伯昜臚的父親，春秋中晚期人。

嘉　見十七年丞相啟狀戈（集成11379），戰國晚期人，秦王政十七年（前230年）前後，擔任郘陽縣冶鑄工場的工師。

嘉母　銘文作劷母，見嘉母卣（2件，集成04762—04763），西周早期婦女。

嘉姬　見陳侯簋（集成03903），春秋早期姬姓婦女，陳侯的夫人。

嘉嫻　即嘉芊，見王子申盞（集成04643），春秋晚期芊姓婦女，王子申的親屬。

彭子仲　見彭子仲盆（集成10340），春秋時期人。

彭女　即彭母，見彭女鼎（2件，集成01907—01908）、彭母甗（集成00856）、彭母簋（集成03343）、彭女觶（集成06352）、彭女卣（集成05110），西周早期女子，族徽為"冄（冉）"。

彭史　見彭史尊（集成05810），西周早期人。

彭生　見彭生鼎（集成02483），西周早期人，族徽為"冄冊"。

彭伯　見彭伯壺（華夏考古1993年3期43頁圖1、44頁圖2），春秋早期人，彭國族首領。

彭璋　見十五年鄭令趙距戈（集成11388）、十六年鄭令趙距戈（集成11389）、十七年鄭令茲恆戈（集成11371），戰國晚期人，名璋，彭氏，韓桓惠王時期（前272—前239年）曾擔任鄭縣司寇。

尌仲　見尌仲簋蓋（集成04124）、尌仲甗（集成00933），西周晚期人，尌氏公族。

尌仲　見尌仲甗（集成00933）、尌仲盤（集成10056），春秋早期人，尌氏公族，名不詳。

堯　銘文作売，見売盤（集成10106）、売盂（集成09436）、売壺（集成09518），即叔売，西周中期前段人，夫人為姜姓女子。

堯氏　銘文作売氏，見堯氏戈（北窰墓148頁圖85.20），西周早期堯氏家族人，名不詳。

越王　銘文作戉王，見越王戈（3件，鳥篆編下69、鳥書考108頁圖85、集成11451）、越王矛（集成11451）、越王劍（集成11570）、越王鈹（集成11571），春秋晚期某代越王，名不詳。

越王　銘文作戉王，見越王劍（集成11692），戰國早期某代越王，名不詳。

越王　銘文作戉王，見越王石戈（鳥篆編下67），戰國早期某代越王，名不詳。

越王丌北古　銘文作戉王丌北古，見越王其

北古劍（2件，集成11703、文物2000年8期87頁），戰國早期人，名丌北古。曹錦炎先生認為可能是越王無彊（見《新出鳥蟲書越王兵器考》《古文字研究》24輯）。公元前342年即越王位，前333年楚威王敗越，殺越王無彊。

越王不光　銘文作戉王不光，見越王不光劍（11件，集成11644—11650、集成11664、集成11667、鳥篆編下113、文物2000年1期71頁）、越王不光石矛（古文字研究24輯243頁），戰國晚期人，字不光，越國國君。《越絕書》及《吳越春秋》作不揚，《竹書紀年》和《史記·越王勾踐世家》作翳。曹錦炎先生云：翳，本指華蓋，引申為障蔽，故目疾引起的障膜也稱翳，"正因為目有翳，所以不見光明，而劍作'不光'，與'翳'乃一字一名，其取名正符合古人名字相應的原則。另外，翳也指雲翳，天上有雲翳，自然會遮蔽陽光而不見了。陸賈《新語·慎微》：'罷雲霽翳，令歸山海，然後乃得覩其光明。'正可解翳與光明之間的關係。"（《越王嗣旨不光劍銘文考》《容百年》558頁）。公元前411年不光嗣其父翁（朱勾）即越王位，在位三十六年（前411—前376年），三十六年七月被太子諸咎所殺。

越王勾踐　銘文作郍王戉淺，見越王之子勾踐劍（2件，集成11594—11595）、越王勾踐劍（集成11621），春秋末戰國初期人，名勾踐，越國國君。其父為吳王闔廬所敗，勾踐遂敗闔廬而雪其恥，闔廬之子夫差復報越，困勾踐於會稽，勾踐以美女寶器行成於吳，用范蠡文種十年生聚十年教訓之策，因以滅吳、渡淮水、會諸侯、受方伯之命，橫行江淮，名震中國。公元前494年即位，在位三十二年。

越王州丩　銘文作戉王州丩，見越王朱句劍（2件，集成11625、集成11627），即越王州句。

越王州句　銘文作戉王州句，見越王州句劍（15件，集成11579、集成11622—11632、鳥篆編下99—100）、越王朱句復合劍（文物2000年1期71頁圖1.3）、越王州句鐵劍（鳥篆編下80）、越王州句矛（集成11535），戰國早期人，名州句，越國國君，越王勾踐的曾孫，不壽之子，《史記·越王勾踐世家》作"翁"，《竹書紀年》作"朱勾"。周定王二十一年（前448年）即位，在位三十七年，國力達到鼎盛，先後滅滕、滅郯，功績顯赫。

越王旨医　銘文作戉王旨医，見越王旨医劍（鳥篆編下148），越王者旨於睗的簡稱。

越王者旨　銘文作戉王者旨，見越王者旨矛（鳥篆編下76），即越王者旨於睗。

越王嗣旨不光　銘文作戉王嗣旨不光，見越王嗣旨不光劍（3件，集成11641—11642、集成11704），戰國晚期人，越王朱勾之子，字不光，諸稽氏（銘文作者旨，此處作旨，為者旨之省）。繼位前稱越王嗣，即越王的法定繼承人。

越嗣王　銘文作戉嗣王，越嗣王石戈（2件，鳥蟲書圖83—84），戰國早期越國某代儲君，名不詳。

敎　見敎簋（集成03645），西周早期人，族徽為"𦫳（䙲）"。

煮正　見十四年車軎（2件，集成12042—12043）、十四年衡飾（2件，集成12044—12045）、十三年鑲金銀泡（3件，集成11863—11865），戰國中晚期人，中山王十四年擔任私庫嗇夫。

達　見達爵（集成09079），西周早期人，族徽為"牛冊"。

達　銘文作逹，見達簋（集成03788）、達盨蓋（3件，井叔墓312頁圖234.1—3），西周懿孝時期人。孝王三年五月壬寅，在滆应参加了周王的執駒典禮，周王賜給一匹馬駒。張長壽先生認為達與同墓出土的井叔鼎銘文中的井叔為一人（見《論井叔銅器》《文物》1990年第7期）。

達　見師寰簋（2件，集成04313—04314），西周晚期人，被師寰俘獲的南淮夷酋長。

㦸尹逆　即織尹逆，見鄂君啟車節（3件，集成12110—12112）、鄂君啟舟節（2件，集成12113、銅全10.98左），戰國晚期人，名逆，楚懷王時（前328—前299年）擔任楚國織尹。

㦸敍阢　即織令阢，見鄂君啟車節（3件，集成12110—12112）、鄂君啟舟節（2件，集成12113、銅全10.98左），戰國晚期人，名阢，楚懷王時（前328—前299年）擔任楚國織令。

𠻦　見𠻦簋（集成03521），西周早期人。

䏉䍃　見䏉䍃簋（集成03124），商代晚期人。

聮子　見聮子觶（集成06446），西周早期人。

期　見卅五年虒令周㕦鼎（集成02611）、卅五年虒令周㕦盉（集成09449），戰國中期人，魏惠王時（前370—前332年）在魏國冶鑄作坊當冶吏。

期　見鄭武庫劍（集成11590），戰國晚期人，韓國鄭縣武庫冶鑄作坊的冶吏。

黃　見黃簋（集成03663），西周早期人，族徽為"☼"。

黃　見黃尊（集成05976），西周中期前段人。

黃　見十三年□陽令𢙇戲戈（集成11347），戰國早期人，三晉某國□陽縣冶鑄作坊的冶吏。

黃子　見黃子鼎（2件，集成02566—02567）、黃子鬲（集成00624）、黃子鬲（集成00687）、黃子豆（集成04687）、黃子壺（2件，集成09663—09664）、黃子盤（集成10122）、黃子𨱆（2件，集成09966）、黃子盉（集成09445）、黃子匜（集成10254）、黃子罐（集成09987）、黃子器座（集成10355），即黃君孟，春秋早期人，名孟，黃國國君，夫人為孟姬。子為黃國的爵稱。《太平寰宇記》卷127引《十三州志》載"黃國，子爵。"

黃子魯天　見黃子魯天尊（集成05970），西周中期前段人，名魯天，黃國國君。

黃夫人　銘文作黃甫人、黃父人，見黃子鼎（2件，集成02566—02567）、黃子鬲（集成00624）、黃子鬲（集成00687）、黃子豆（集成04687）、黃子壺（2件，集成09663—09664）、黃子罐（2件，集成09966）、黃子盉（集成09445）、黃子器座（集成10355），此指黃孟姬，春秋早期姬姓女子，黃君孟的夫人。

黃公　見剌鼎（集成02776），剌的長輩，西周早期人。

黃仲　見黃仲匜（集成10214），西周晚期人，黃國公族。

黃君　見黃君簋蓋（集成04039），西周晚期人，黃國某代國君，女兒為季嬴秘。

黃君孟　見黃君孟鼎（集成02497）、黃君孟豆（2件，集成04686）、黃君孟壺（2件，集成09636）、黃君孟盤（集成10104）、黃君孟匜（集成10230）、黃君孟罐（集成09963）、黃君孟戈（集成11199），春秋早期人，名孟，黃國國君。

黃季　見黃季鼎（集成02565），春秋早期人，黃國公族。

黃季佗父　見黃季佗父戈（考古1989年1期30頁圖6），春秋早期人，字佗父，黃國公

族。

黃孟姬　見黃子盤（集成10122）、黃子匜（集成10254）、黃子罐（集成09987），春秋早期姬姓婦女，黃君孟的夫人。

黃韋俞父　見黃韋俞父盤（集成10146），春秋時期人。

黃末柊　見黃末柊鬲（2件，集成00609—00610），西周晚期人。

散氏車父　銘文作㪔氏車父，見散氏車父壺（集成09669），即散伯車父。

散車父　銘文作㪔車父，見散車父簋（6件，集成03881—03886）、散車父壺（集成09697），即散伯車父。

散伯　見散伯卣蓋（2件，集成05300—05301），西周早期人。

散伯　銘文作㪔伯，見散伯簋（4件，集成03777—03780）、散伯匜（集成10193），西周晚期人，散國族首領，夫人為矢姬。

散伯車父　銘文作㪔伯車父，見散伯車父鼎（4件，集成02697—02700），亦稱散車父、散氏車父、伯車父（見伯車父盨），西周中期後段人，字車父，散國族首領，夫人為邿姞。

散季　銘文作㪔季，見散季簋（集成04126），西周晚期人，散國公族。

散姬　銘文作㪔姬，見散姬方鼎（集成02029），西周中期婦女。

萊叔和　見陳貤簋蓋（集成04190），戰國早

期齊國人，陳仲歂之子，陳肪的父親。

荲侯　即芇侯，見芇侯簋（集成03589），西周晚期芇國國君，名不詳。

敬　見十七年平陰鼎蓋（集成02577），戰國時期人，名敬，魏國瑕邑冶鑄作坊的冶吏。

敬章　見廿七年安陽令戈（考古1988年7期617頁圖3），戰國晚期人，韓桓惠王二十七年（前246年）前後擔任安陽縣令。

棘余子　見不降矛（集成11541），戰國時期人。

朝　見十年杢相如鈹（又稱十年杢相如劍，集成11685），戰國晚期人，趙孝成王十年（前256年）前後，擔任左得工冶鑄作坊的冶尹。

郾王　即燕王，見燕王右庫戈（集成11109），戰國晚期某代燕王，名不詳。

郾王　即燕王，見燕王右矛（集成11481），戰國晚期某代燕王，名不詳。

郾王　即燕王，見郾王戈（集成10942），戰國晚期某代燕王，名不詳。

郾王戎人　即燕王戎人，見燕王戎人戈（8件，集成11192、集成11237—11239、集成11273—11276），燕王戎人矛（9件，集成11479、集成11498、集成11525、集成11531、集成11536—11539、集成11543），戰國晚期人，名戎人，燕國國君。可能就是文獻記載的燕惠王，公元前278年即位，在位七年。

郾王喜　即燕王喜，見燕王喜戈（原稱燕王喜，9件，集成11004、集成11005、集成11195、集成11246—11249、集成11277—11278）、，燕王喜矛（6件，集成11482、集成11522—11523、集成11528—11529、文物1983年8期51頁圖3.12），燕王喜劍（11件，集成11583—11584、集成11606—11607、集成11612—11617、集成11705）、燕王喜鈹（集成11585），戰國晚期人，名喜，燕國國君，公元前254年即位，前254年被秦軍所殺，燕國滅亡，在位三十三年。何林儀先生釋為郾王告，讀為“莊”，疑即《燕世家》索隱引《年表》“釐侯莊”（見《戰國文字通論》94頁）。

郾王䚄　即燕王䚄，見燕王䚄戈（12件，集成11058、集成11193—11194、集成11196、集成11240—11245、集成11305、集成11350），燕王䚄矛（4件，集成11497、集成11524、集成11530、集成11540），戰國晚期人，名䚄，燕國國君。陳夢家、何林儀二先生均謂燕王䚄即燕王噲。何林儀先生云：“䚄從言，吅聲。即《燕世家》易王之子噲。從言與從口義近，從吅與從會音近。”（見《戰國文字通論》94頁）

郾王職　即燕王職，見燕王職壺（上博刊8期146頁圖3）、燕王職戈（23件，集成11003、集成11110、集成11187—11191、集成11224—11236、集成11304、銅全9.137、故宮文物月刊1996年總154期124

頁圖2）、燕王職矛（12件，集成11480、集成11483、集成11514—11521、集成11526—11527）、燕王職劍（3件，集成11634、集成11643、考古1998年6期83頁圖2），戰國晚期人，名職，燕國國君，未即位時稱公子職，燕王噲讓位於子之時，公子職在韓國，公元前315年齊軍攻破燕都，趙武靈王派樂池送公子職入國，立為燕王，即燕昭王，在位三十三年（前311—前279年）。

郾侯　即燕侯，見燕侯右宮戈（集成11057），戰國早期燕國國君，名不詳。

郾侯脮　即燕侯脮，見郾侯脮戈（2件，集成11184、集成11272），戰國中期人，名脮，燕國國君。可能是史書記載的燕易王，公元前332年即位，在位十二年。

郾侯軍　即燕侯載，見郾侯軍戈（6件，集成11184、集成11218—11220、集成11383、考古1993年3期238頁圖3.4）、燕侯軍矛（集成11513）、郾侯軍簋（集成10583），戰國早期人，名載，燕國國君，也就是燕成侯，在位十六年（前449年—前434年）。

郾侯職　見燕侯職戈（4件，集成11217、集成11221—11223），燕侯職矛（故宮文物月刊1996年總154期124頁圖1），即燕王職。

喪史賓　見喪史賓瓶（集成09982），戰國時期人，名賓，擔任某國喪史。

椒氏車父　見散氏車父壺（集成09669），即散氏車父、散伯車父。

椒伯車父　見散伯車父鼎（4件，集成02697—02700），即散伯車父。

椒車父　散車父簋（6件，集成03881—03886）、散車父壺（集成09697），即散伯車父

椒季　見散季簋（集成04126），即散季。

椒　見旟司土椒簋（集成03671），西周早期人，擔任旟地的司土，故又稱旟司土椒。

極　見九年相邦呂不韋戟（文物1992年11期93頁圖4、5），戰國晚期人，秦王政九年（前238年）前後，是蜀郡東工室的工匠。

斨　見斨尊（集成05988），西周中期前段人。

惠　銘文作叀，見叀鼎（集成02490），西周中期後段人，微伯瘝之子，族徽為"∀##（羊冊）"，其母為妘氏。

惠　銘文作叀，見叔侁父簋（集成03555），西周晚期人。

惠　銘文作叀，見史叀鼎（陝金1.145）、史叀簋（陝金1.309），即史惠，西周晚期人，擔任周王朝史官。

惠公　銘文作叀公，見鬲比鼎（集成02818）、鬲比簋蓋（集成04278）、鬲比盨（集成04466），鬲侁比的父親，生世在西周中晚期。

惠妘　見善夫梁其簋（5件，集成04147—04151），善夫梁其的母親，生世在西周中晚期。

惠仲　銘文作叀仲，見同簋蓋（集成04270）、同簋（集成04271），同的父親，生世在西周早期。

惠仲　銘文作叀仲，見虢姜簋蓋（集成04182），虢姜的父親，生世在西周中期。

惠仲　見善夫梁其簋（5件，集成04147—04151），善夫梁其的父親，生世在西周中晚期。

惠仲盠父　見逨盤（盛世吉金30頁），亦單稱盠（見盠駒尊、盠方尊、盠方彝），逨的高祖，新室仲的兒子，公叔的孫子，零伯的父親，臣事周昭王、穆王，曾跟隨昭王征伐楚荊，穆王時管理六師王行及三有司，兼理六師及八師藝。

惠伯　見諫簋（集成04285），諫的父親，生世在西周中期。

惠叔　銘文作叀叔，見虢叔旅鐘（7件，集成00238—00244），虢叔旅的父親，生世在西周中期。

惠叔　銘文作叀叔，見鮑鎛（原稱齊侯鎛，集成00271），即鮑叔，春秋早期齊國人，鮑的祖父。

惠孟　見裘衛盉（集成09456），裘衛的父親，生世在西周昭穆時期。

惠姜　銘文作叀姜，見鮑鎛（原稱齊侯鎛，集成00271），春秋早期齊國婦女，鮑的祖母，鮑叔的夫人。

惠姬　見蔡姞簋（集成04198），蔡姞的母親，生世在西周中期。

惠姬　見伯嘉父簋（2件，集成03679—03680），西周晚期人，伯嘉父的夫人。

酖　見酖尊（集成05900），西周早期人，族徽為“亯##（冊）”。

督　見十二年邦司寇野弟矛（集成11549），戰國中期人，魏國上庫冶鑄作坊的冶吏。

馮　見十七年相邦春平侯劍（集成11684），戰國晚期人，趙孝成王十七年（前249年）前後，擔任邦右庫冶鑄作坊的冶吏。

厤　見十八年相邦春平侯劍（集成11710），戰國晚期人，趙孝成王十八年（前248年）前後，擔任邦左庫冶鑄作坊的工師。

居　即厚，見戈厚簋（集成03665），商代晚期人，族徽為“↑（戈）”。

厤季　亦作厤季，見鄂侯弟厤季簋（集成03668）、鄂侯弟厤季尊（集成05912）、鄂侯弟厤季卣（集成05325），西周早期後段人，鄂侯之弟。

頫　見史頫簋（2件，集成04030—04031），西周早期後段人，擔任周王朝史官。康王某年乙亥，王誥畢公，賜給史頫貝十朋。

琼伯　見五祀衛鼎（集成02832）、裘衛盉（集成09456），西周中期前段人，琼氏家族首領，西周王朝的執政大臣。恭王三年三月和五年正月，曾和伯邑父、定伯等執政大臣一起處理裘衛和矩伯、裘衛和邦君厲以物換田、以物換林地等事。

猗　見十五年上郡守壽戈（集成11405），亦稱工更長猗（十二年上郡守壽戈，十三年上郡守壽戈，上郡守戈），張氏，秦昭襄王十二年（前295年）身份還是更，十五年又淪為隸臣（刑徒），仍在上郡漆垣縣工室當冶鑄工。

揚　銘文作玴，見揚簋（2件，集成04294—04295），西周中期後段人，擔任周王朝的司工。某年九月既生霸庚寅，由司徒單白陪同在周康宮太室接受冊命，周王命揚擔任周王朝的司工，主要管理農田官吏，兼管營造王的臨時駐蹕地的官吏、牛馬芻草官吏以及治安獄訟官吏和司工下屬的官吏等，並賜給赤⿰8木市、鑾旂，訊訟，取賸五鋝等命服和權利。

揚　銘文作玔，見玔方鼎（集成02612），西周早期人，族徽為“[illegible]”。某年己亥日，揚在彭幹事，車叔賞給玔馬一匹。

晢　見卅四年頓丘令燮戈（集成11321），戰國中期人，魏惠王三十四年（前337年）前後，擔任頓丘左庫冶鑄作坊的工師。

蜺仲　見蜺仲鐘（集成00036），西周中期人，其先父謚號𧓍公。

戱　見戱爵（集成09024），西周早期人，族徽為“蚽”。

量侯尉　見量侯尉簋（集成03908），西周早期人，名尉，量國國君。

畢　或釋為“異”，見何此簠（3件，下寺11頁圖7.1、下寺11頁圖7.2、3、下寺14頁圖9），何此的祖父，生世在春秋早期人。

畢公　見史話簋（2件，集成04030—04031）、獻簋（集成04205），西周早期後段人，周公之子，名高，封於畿内的畢。史書稱為作冊畢，或作冊畢公，是周王朝職位很高的三公之一。成王將崩，畢公於召公率諸侯，相康王，作《顧命》，康王時又作《畢命》。

畢公　見郘黛鐘（13件，集成00225—00237），王國維云呂黛即晉呂甥之後，呂甥亡，地為魏氏所有，魏氏出於畢公，所以此畢公當指畢公高。周悅、張之洞認為此字當釋“異”，讀為翼公，周悅云：“晉春秋初實別稱翼，見隱公五年傳。此呂伯宜為翼侯之公族，故曰翼公之孫，謂翼侯也。”

畢仲　見段簋（集成04208），段的祖父，即畢公高。

畢季媯　見陳侯鬲（2件，集成00705—00706），春秋早期人，陳國某代國君的小女，媯姓，嫁於畢國族。

畢姬　見伯夏父鼎（集成02584）、伯夏父鬲（10件，集成00719—00728）、伯夏父𦉜（2件，集成09967—09968），西周晚期姬姓國女子，伯夏父的夫人。

畢媿　見倗仲鼎（集成02462），西周中期媿姓女子，倗仲的女兒，嫁於畢國公室。

畢鮮　見畢鮮簋（集成04061），西周晚期人，名鮮，畢氏，祖父為益公。

鄦公伯韭　見鄦公伯韭簋（2件，集成04016—

04017），春秋早期人，名湯，字伯盉，郙地的封君。

郙公湯　見郙公湯鼎（集成02714），與郙公伯盉為同一人，春秋早期郙地的封君，名湯，字伯盉。盉可轉借為沸，湯、沸字義相關。

單　見單尊（集成05920），西周中期前段人，族徽為“子廟”。

單　見單盉（集成09396），西周早期人，族徽為“光”。

單　見司工單鬲（集成00678），春秋早期人，名單，慶國的大司工。

單子白　見單子白盨（集成04424）、單子白盤（集成10070），西周晚期人，名白，單國族首領。

單五父　見單五父方壺（2件，盛世吉金20頁），西周晚期人。

單公　見叔作單公方鼎（集成02270），西周早期後段人，單國族首領。李學勤先生認為“可能是成王的少子臻，也就是第一代的單公。”（見《論美澳收藏的幾件商周文物》《文物》1979年12期）

單公　見逨盤（盛世吉金30頁）、逨盉（盛世吉金16頁），逨家族的始祖，盠（盠父）的高祖，公叔的父親，新室仲的祖父，臣事周文王、武王，曾參與伐商戰爭，輔佐武王建立周王朝。

單光　見單光方鼎（2件，集成02055—02056）、單光簋（集成03441）、單光

爵（集成08163），西周早期人，族徽為“光”。

單伯　見裘衛盉（集成09456）、揚簋（2件，集成04294—04295），西周中期人，恭王、懿王時期擔任周王朝司徒。恭王三年三月，曾和伯邑父、榮伯、定伯、琼伯等執政大臣，共同處理裘衛以瑾璋、赤琥、麀韍、賁鞃換取矩伯的土地之事。

單伯昊生　見單伯昊生鐘（集成00082），西周晚期人，名昊生，單國族首領。

單伯邍父　即單伯原父，見單伯原父鬲（集成00737），西周晚期人，字原父，單國族首領。

單叔　見單叔鬲（9件，盛世吉金43頁—47頁），西周晚期吳逨家族人，夫人為孟嬭（祁）。

單昊生　見單昊生豆（集成04672），即單伯昊生。

單踖託　見單踖託戈（集成11267），戰國早期人。

單聂　見單聂尊（集成05905），西周早期人。

單旟　即單旗，見裘衛盉（集成09456），西周中期人，名旟，單氏，擔任司馬之職。三年三月既生霸壬寅，參加了矩伯庶人以土地換取裘衛的玉器和韍、鞃的土地勘界和交接儀式。

縈子冈車　見縈子冈車鼎（2件，集成02603—02604），春秋早期人。

歍父庚　見歍簋（集成03516），西周早期人。

罸　即雩，見雩鐘（集成00048），西周中晚期人。某年，周王曾命宰僕賜給白金十鈞。

𤕭　即揚，見揚簋（2件，集成04294—04295），西周中期人，擔任周王朝的司工。某年九月既生霸庚寅，由司徒單白陪同在周康宮太室接受冊命，周王命揚擔任周王朝的司工，主要管理農田官吏，兼管營造王的臨時駐蹕地的官吏、牛馬芻草官吏以及治安獄訟官吏和司工下屬的官吏等，並賜給赤𩎬市、鑾旂，訊訟，取㒸五鍚等命服和權利。

貴　見卅七年上郡守慶戈（陝西歷史博物館徵集文物精粹），戰國晚期人，身份為城旦，秦昭襄王卅七（前270年）前後，在上郡漆垣冶鑄作坊當工匠。

蛕　銘文作𧒽，見曾仲大父𧒽簋（2件，集成04203—04204），即曾仲大父蛕，西周晚期人，名蛕，字大父，曾國公族。

鄂史茞　銘文作噩事茞，見鄂史茞簋（考古1989年4期311頁圖2.1），春秋早期人，名茞，擔任鄂國的史官。

鄂君啟　銘文作噩君啟，見鄂君啟車節（3件，集成12110—12112）、鄂君啟舟節（2件，集成12113、銅全10.98左），戰國晚期人，楚懷王的親屬，名啟，封於鄂。郭沫若先生推測鄂君啟與楚懷王只能是叔姪、兄弟或父子關係。

鄂叔　銘文作噩叔，見鄂叔簋（集成03574），西周早期人，鄂國公族。

鄂叔㫤　銘文作噩叔㫤，見噩叔㫤尊（集成05855），西周早期人，名㫤，鄂國公族。

鄂季奞父　銘文作噩季奞父，見鄂季奞父簋（集成03669），西周早期後段人，字奞父，鄂國公族。與鄂侯弟厤季為同一人。

鄂侯　銘文作噩侯，見鄂侯弟厤季簋（集成03668）、鄂侯弟厤季尊（集成05912）、鄂侯弟厤季卣（集成05325），西周早期後段人，鄂國國君，其弟為厤季。

鄂侯　銘文作噩侯，見鄂侯簋（3件，集成03928—03930），西周中期後段（約為夷王時期）鄂國國君，名不詳，女兒適周王，稱王姑。

鄂侯馭方　銘文作噩侯馭方，見噩侯馭方鼎（集成02810）、禹鼎（2件，集成02833—02834），西周晚期人，名馭方，鄂國國君。某年，周王南征，伐角、遹回來，駐蹕於坯，鄂侯馭方納壺於王，與王舉行射禮、飲宴。宴罷，周王親賜給馭方玉五穀，馬四匹，矢五束。據禹鼎銘載，鄂侯馭方後來又反叛周王朝，率南淮夷、東夷廣伐南國、東國，至於歷內。周王派遣西六師、殷八師，以及武公的戎車百乘、斯馭二百、徒千人，殺入鄂國國都，抓獲了鄂侯馭方。

敄近　見五年鄋令思戈（2件，集成11348—11349），戰國時期人，魏國龔縣冶鑄作坊的冶吏。

買 即賏，見中山王臖鼎（集成02840）、中山王臖方壺（集成09735）、兆域圖銅版（集成10478），戰國中期人，中山國王臖、王盗的輔弼大臣。

買 見勇叔買簋（集成04129），即勇叔買，西周晚期人，名買，勇氏公族。

買王罘 見買王觚（2件，集成07275—07276）、買王卣（集成05252），西周早期人。

買車 或作車買，見買車尊（集成05590）、買車卣（集成04874）、買車觚（集成07048）、買車斝（集成09196）、車買爵（2件，集成08250—08251）、買車卣（集成04874），商代晚期人或氏族。

匽輅徒 見四年春平相邦鄍得劍（集成11694），戰國晚期人，名輅徒，匽（醫）氏，趙孝成王四年（前262年）前後，擔任邦右庫冶鑄作坊的工師。

𡩡 即孶，見小子孶鼎（集成02648），也就是小子孶，商代晚期人，族徽為"𤕫（冀）"。某年在𢆶𦤔，商王賞給貝幣。

嵋挽 見嵋挽壺（集成09635），西周中期人。

睪伯誃 即犅伯誃，見犅伯誃卣（保金續131），商代晚期或西周早期人，名誃，犅氏家族首領，族徽為"亞之"。

睪刦 即犅刦，見犅刦尊（集成05977），亦作岡刦（見岡刦卣），西周早期人。某年，王征埜（蓋），賜給犅刦貝一朋。

黑 見十五年寺工鈹（秦銘文圖版75）、十六年寺工鈹（秦銘文圖版78），戰國晚期人，秦王政十五年（前232年）前後，是秦國官營冶鑄作坊的工匠。

𤕫 見旨鼎（集成02838），西周中期後段人，旨用匹馬束絲從限那裏買來的五個奴隸之一。

毳 見毳簋（4件，集成03931—03934）、毳盤（集成10119），毳盉（集成09442），毳匜（集成10247），西周中期人，其母媿氏。

智君子 見智君子鑑（2件，集成10288—10289），即智君之子，春秋晚期晉國人，唐蘭先生認為即智氏末代智襄子瑤（見《智君子鑑考》《輔仁學誌》7卷1—2期，1937年）。

雒 見晉公盆（又稱晉公蠤，集成10342），春秋末期人，晉國國君。史書作午，魯昭公三十一年（前511年）即位，在位三十六年，卒於魯哀公十八年（前477年），諡定公。《左傳·哀公二年》"鄭勝亂從，晉午在難"，杜註："午，晉定公名。"《史記·晉世家》："頃公卒，子定公午立。"

無土 見吳王孫無土鼎（集成02359），春秋晚期人，名無土（或釋為無壬），吳王之孫，與闔廬或夫差同輩。

無伯彪 即許伯彪，見許伯彪戈（集成11134），春秋晚期人，名彪，許國國君。

無者俞 即許者俞，見喬君鉦鋮（集成

00423)，喬君湅盧的長輩，名者俞，春秋時期許國人。

無更　即許更，見無更鼎（集成02814），西周晚期人。某年九月既望甲戌，在周廟圖室接受冊命，周王命無更管理穆王左右虎臣，並賜給無更玄衣、黹純、戈琱𢧵、厚柲、彤沙（綏）、鑾勒、鑾旂。

無㠱　見無㠱鼎（2件，集成02098—02099），戰國晚期人。

無攷　見作冊般黿（集成00944），商代晚期人，人（夷）方的首領，卜辭稱爲人方伯。帝辛征伐人方，無攷被擒並遭殺害。

無㪤　見無㪤鼎（集成02432），西周早期人，族徽為"🀲（冀）"。

無攷　見無攷簋（集成03664），西周中期前段人。

無𠷎　即無壽，見戍宁無壽觚（考古與文物1998年4期96頁圖3），商代晚期人，名無壽，商王朝戍守宁地的武士。

無𠷎　即無壽，見亞無𠷎黿（集成00904），商代晚期人，族徽為"亞"。

無㠱　見無㠱簋（4件，集成04225—04228），西周晚期人。十三年正月，厲王親自率兵征伐南淮夷，無㠱從征，厲王賞給無㠱馬四匹。

無𣪊　見曾孫無𣪊鼎（集成02606），春秋晚期人。

無需　見孟簋（3件，集成04162—04164），西周穆王時期人，異族部落首領。

無㠱　見訊比盨（又稱訊从盨，集成04466），西周厲王時期人，擔任周王朝内史。厲王二十五年七月，奉命和太史𣄰典錄章，曡二人以邑里交換訊比的土地之事。

無憂　見無憂卣（集成05309），西周早期人，族徽為"亞𥝫"。李學勤先生釋為"無斁"。

程侯　見御侯戈（集成11202），春秋早期程地封君，名不詳。

勅　見梁陰令鼎（集成02590）戰國晚期人，魏國梁陰縣冶鑄作坊的冶吏。

勅　見廿九年高都令陳鶅劍（2件，集成11652—11653）、廿九年高都令陳鶅戈（2件，集成11302—11303），戰國晚期人，魏國邦左庫冶鑄作坊的冶吏。

郰公䣄　見郰公䣄簋（集成03919），西周晚期人。

喬夫人　見喬夫人鼎（集成02284），春秋早期婦女，名不詳。

喬君湅盧　見喬君鉦鋮（集成00423），春秋晚期人，名湅盧，喬地封君。

牄伯諓　銘文作亞犁伯諓，見牄伯諓卣（保金續131），商代晚期或西周早期人，名諓，牄氏家族首領，族徽為"亞之"。

牄刧　銘文作犁刧，見牄刧尊（集成05977），一作岡刧（見岡刧卣），西周早期人。某年，王征褻（蓋），賜給牄刧貝一朋。

餿句　見餿句壺（集成09676），西周中期人。

夆公穌　即隆公蘇，見夆公蘇戈（集成11209），春秋晚期人，名蘇，隆地的封君。

夆伯　即隆伯，見夆伯盨（集成04346），西周晚期人，隆氏家族首領。

夆叔　即隆叔，見夆叔鋪（集成04669），西周晚期人，隆氏家族。

燊造　見燊造簋（2件，集成03767—03768），西周中期前段人。

戜　即毀，見朝歌右庫戈（集成11182），戰國晚期人，魏國朝歌右庫冶鑄作坊的工師。

遇　見遇甗（集成00948），西周中期前段人。某年六月既死霸丙寅，隨從師雍父戍守古師，師雍父命其出使獣國，獣侯賜給遇金。與甈當為一人。

番　見番壺（集成09670），西周晚期人。

番生　見番生簋蓋（集成04326），西周中期後段人。某年，周王命番生管理公族、卿士、大史寮，取贈廿鋝，賜給朱市、蔥黃、鞞鞍（璠）、玉環、玉琮、車、電軨、賁緙較、朱缶（鞟）、畵靳、虎㠱（冪）、纁裏、錯衡、右軛、畵轉、畵轎、金瞳、金豪（軶）、金簟弼（茀）、魚箙、朱旂旜、金芺二鈴等。

番仲夋伯皇　即潘仲作伯皇，見番仲戈（集成11261），戰國晚期人，名皇，楚國潘氏公族，封於作。

番仲㠱　即潘仲㠱，見番仲㠱匜（集成10258），春秋時期人，名㠱，楚國潘氏公族。

番改　見王作番改鬲（集成00645），西周晚期改姓女子，周王的妃子。

番改　見上都公簠（下寺10頁圖6），春秋中期改姓女子，上都公的三女叔嫚（芈）的媵女。

番伯官曾　即潘伯官曾，見番伯官曾鑐（集成09971），西周晚期人，名官曾，楚國貴族，潘氏家族首領。

番伯酓　即潘君酓，見番伯酓匜（集成10259），春秋早期人，名酓，潘氏家族首領。

番伯ㄅ　即潘伯ㄅ，見番伯ㄅ孫自鬲（集成00630），ㄅ的祖父，西周晚期人，名ㄅ，楚國貴族，潘氏家族首領。

番君　即潘君，見番君匜（集成10271），西周晚期人，楚國貴族，潘氏家族首領。

番君召　即潘君召，見番君召簠（6件，集成04582—04587），春秋晚期人，名召，楚國貴族，潘氏家族首領。

番君伯龖　即潘君伯龖，見番君伯龖盤（集成10136），春秋早期人，名伯龖，楚國貴族，潘氏家族首領。

番君酏伯　即潘君酏伯，見番君酏伯鬲（3件，集成00732—00734），春秋早期人，名酏伯，楚國貴族，潘氏家族首領。

番叔□侖　即潘叔□侖，見番叔壺（考古1989年1期23頁圖6.1），春秋早期人，名□侖，楚國貴族，潘氏家族。

番匊生　見番匊生壺（集成09705），西周中期後段人，名匊生，番氏，改姓。郭沫若先生說：此番生"即《詩·十月》'番維司徒'之番，詩釋文云'或作潘，韓詩作繁'，人名表作皮，師古云'即十月之交詩所謂蕃維司徒'。今以本器銘証之，番乃正字，潘、繁、蕃均音近假字。"（見《大系》考133頁）

番昶伯□　即潘昶伯□，見番昶伯盤（集成10094），春秋早期人，楚國貴族，潘氏的一支，分封於昶地。

番昶伯者君　即潘昶伯者君，見番昶伯者君鼎（2件，集成02617—02618）、番昶伯者君盤（2件，集成10139—10140）、番昶伯者君匜（2件，集成10268—10269），鼎作"番昶者尹"，"者尹"即"者君"，春秋早期人，楚國貴族，潘氏的一支，名者君，分封於昶地。

敔伯　見敔伯鼎（集成02044），西周早期人，敔氏族首領。

復　見復鼎（集成02507）、復尊（集成05978），西周早期前段人，族徽為"𤔲（𤔲）"。某年，燕侯曾賞給復同衣、臣妾和貝三朋。

復公仲　見復公仲簋蓋（集成04128）、復公仲壺（集成09681），春秋晚期人，復氏公族。

御　見御簋（集成03468），西周早期前段人。

御　銘文作卸，見御簋（文物1996年7期59頁圖10），西周中期前段人。

御正良　見御正良爵（集成09103），西周早期人，名良，族徽為"𤔲"，擔任周王朝御正。某年四月既朢丁亥，公太保賞給御正良貝。

御正衛　銘文作卸正衛，見御正衛簋（集成04044），西周早期前段人，名衛，擔任周王朝御正。某年五月甲申，伯懋父賞給御正衛馬匹。

御史競　銘文做卸史競，見御史競簋（2件，集成04134—04135），西周中期前段人，名競，擔任周王朝御史。某年六月既死霸壬申，伯犀父曾賞給御史競金（青銅）。

斿父　即遊父，見曾侯仲子斿父鼎（2件，集成02423—02424），又稱曾中斿父（見曾仲斿父壺），春秋早期人，曾國公族。

徔　見徔鼎（集成02352），西周中期人。

須孟生　見須孟生鼎蓋（集成02238），戰國時期人。

須頸子　見伯亞臣鑪（集成09974），即伯亞臣，春秋早期人，黃國公族，封於須頸，故又稱須頸子。

舒　見十八年冢子韓矰戈（集成11376），戰國時期人，魏國邦庫冶鑄作坊的冶吏。

鄰訧　見十四年帳橛（3件，集成10473—10475），戰國中期人，中山國嗇夫。

飲　見飲卣（集成05312），先周時期人，族徽為"𠨰"。

師子于匹　見師子于匹盂（集成09432），西周中期人，名于匹，師氏家族首領。

䚓 見䚓簋（集成03467），西周早期人。

脽 見公孳里脽戈（集成11402），戰國晚期燕國人。

脽 見鄂君啟車節（3件，集成12110—12112）、鄂君啟舟節（2件，集成12113、銅全10.98左），戰國晚期人，楚懷王時（前328—前299年）曾擔任楚國大工尹。郭沫若先生認為即昭雎，懷王時位居顯要，乃王之近臣。

朕 見七年邦司寇富勳矛（集成11545），戰國晚期人，魏國上庫冶鑄作坊的冶吏。

𢍰 見𢍰鼎（集成01771），西周晚期人。

象 見廿七年泌陽戈（文物1993年8期70頁圖7），戰國中期人，泌陽冶鑄作坊的冶吏。

象 見廿九年太后漆𣿦（又稱廿九年太后漆樽，文物1979年12期，秦文字圖版27），戰國晚期秦國人，秦昭襄王二十九年（前278年）前後，擔任太后宮冶鑄作坊的右工師。

猲 銘文作猲，見猲方鼎（集成01768），西周早期人。

䚗 見䚗作母丙觥（郭家莊38頁圖27.1），商代晚期人，族徽為“亞址”。

䢰 即趨，見䢰方彝蓋（集成09890），商代晚期人。某年的癸未日，商王在圃觀京，賞給䢰貝。

訴 見訴鼎（集成02066），西周中期人。

詁 見詁簋（2件，集成03840—03841），西周晚期人。

訳 見訳觚（集成07302），商代晚期人。

詘 見廿五年上郡守厝戈（集成11406），戰國晚期人，身份為刑徒（鬼薪），秦昭襄王二十五年（前282年）前後，在上郡冶鑄作坊當工匠。

詘 見高奴禾石權（集成10384），戰國晚期人，秦昭襄王三年（前304年）前後，擔任上郡漆垣工室的丞。

詔事宕 見五十年詔事宕戈（秦文字圖版31），戰國晚期人，名宕，秦昭襄王五十年（前257年）前後，擔任秦國的詔事，主造兵器。

詔事圖 見五年相邦呂不韋戈（2件，集成11380、集成11396）、八年相邦呂不韋戈（集成11395），名圖，戰國晚期人，秦王政五年到八年（前242—前239年）期間，擔任秦國詔事之職。

亶 見亶斝（集成09146）、亶爵（集成08279）、亶觚（2件，集成06738—06739）、亶戈（集成10744），亦見於殷墟第一期卜辭，商代晚期人，商王朝的屬臣，受商王調遣，為商王朝納貢。

就䚕 見就䚕甗（井叔墓147頁圖109.2），西周中期前段人。

敓 見鼄大宰欉子敓鐘（集成00086），亦作晢（見邾太宰欉子晢簠），春秋早期邾國人，太宰欉之子。

旃　見徐王子旃鐘（集成00182），春秋晚期人，徐王之子。

旟　見旟簋（集成03676），西周中期前段人。

塙孟嬀䁅女　見陳子匜（集成10279），春秋早期人，陳子的長女，字䁅女，嬀姓，嫁於塙氏族。

瘵　見瘵鼎（集成02569），春秋時期人。

瘑撤　見二年皇陽令戈（2件，集成11314—11315），戰國晚期人，皇陽縣冶鑄作坊的工師。

啻　即億，見裘衛盉（集成09456），西周中期人，矩伯庶人的有司（管事者）。九年正月既死霸庚辰，曾參與矩伯庶人以土地換取玉器服飾的交接儀式。

啻　即億，見啻簋（集成03738），西周中期人。

啻與　即億與，見漳伯簋（集成03821），西周晚期人，漳伯的親屬。

迦　見迦尊（集成05944）、迦觥（集成09296），西周早期人，族徽為"⊞冊（戈宁冊）"。

哉　見北單哉簋（集成03239），商代晚期人，族徽為"𣎳（北單）"。

哉　見九年戈（集成11283），戰國晚期人，鈖陶縣冶鑄作坊的冶吏。

愠兒　見愠兒盞（文物1993年1期5頁圖10），戰國時期人。（原釋惡兒，今從劉釗先生所釋，見《釋愠》，《容百年》479頁）。

為　見二年邦司寇趙或鈹（保金274），戰國晚期人，趙王遷二年（前234年）前後，擔任趙國工庫冶鑄作坊的冶吏。

為訆　即為嘯，見眚仲之孫簋（集成04120），春秋早期人，眚仲的孫子。

善　見善鼎（集成02820），西周中期人。某年十二月丁亥，周王在宗周太師宮冊命善，王曰："善，昔先王既令汝佐胥㽙侯，今余唯肇申先王令，令汝佐胥㽙侯，監㽙（豳）師戍"，並賜給善旗幟。

善夫山　見善夫山鼎（集成02825），西周宣王時期人，名山，擔任周王朝善夫之職。三十七年正月初吉庚戌，在圖室接受冊命，宣王命山"官司歙獻人于舁，用作憲司貯，毋敢不善。"並賜給玄衣、黹純、赤市、朱黃和鑾旂。

善夫吉父　見善夫吉父鼎（考古與文物1990年5期39頁圖10.13）、善夫吉父鬲（5件，集成00701—00704、陝金1.217）、善夫吉父簋（集成04530）、善夫吉父盂（集成10315）、善夫吉父䀂（集成09962），西周晚期人，字吉父，名甲，兮氏，故又稱兮吉父，兮甲，伯吉父，兮伯吉父，擔任周王朝善夫之職。

善夫克　大克鼎（集成02836）、小克鼎（7件，集成02796—02802）、善夫克盨（集成04465）、㝸比盨（集成04466），西周中期後段人，名克，亦稱伯克（見伯克壺），擔任周王朝善夫之職，其祖父師華父在恭王時期供職王室，孝王時克

接替父親後仲擔任師職，掌管左右虎
臣。十六年九月，周王命克巡視涇河以
東，至於京師之地。夷王時克改任善夫，
二十三年九月，周王命克捨命於成周，
底績考成八師。周王多次賜給克土地、
奴隸和車馬等。

善夫伯辛父　見善夫伯辛父鼎（集成
02561），西周晚期人，字辛父，擔任周
王朝善夫之職。李學勤先生認為與旅
伯、此為一人，名此字辛父，旅氏家族
族長。

善夫豕　見十二年大簋（2件，集成04298—
04299），西周晚期人，名豕，擔任周王
朝善夫之職。十二年三月既生霸丁亥，
周王在糧㑊宮命吳師下詔，將原屬於趞
罞的邑里賜給大，善夫豕與趞罞一同向
大辦理了一家手續。

善夫旅伯　見善夫旅伯鼎（集成02619），西
周晚期人，旅氏家族首領，夫人為毛仲
姬。

善夫梁其　見善夫梁其簋（5件，集成04147—
04151），西周晚期人，名梁其，擔任周
王朝善夫之職。

善夫驟　見大鼎（3件，集成02806—02808），
西周中期人，名驟，擔任周王朝善夫之
職。十五年三月既霸丁亥，周王在糧㑊
宮饗醴，命善夫驟召見大，進行賞賜。

善夫豐生　見吳虎鼎（考古與文物1998年3
期70頁圖2），西周晚期人，名豐生，擔
任周王朝善夫之職，宣王十八年十三月

丙戌日，參與周宣王授予吳虎土地的儀
式和堪界封疆活動，吳虎賓贈玉璋和馬
匹。

善吉父　見善吉父鬲（集成00700），即善夫
吉父。

奠　見曶鼎（集成02838），西周中期後段人，
原為匡季的臣僕，後送給曶，作為盜割
禾稻的賠償。

奠子石　即鄭子石，見鄭子石鼎（集成
02421），春秋早期鄭國人，字子石。春
秋早期鄭國大夫中，有兩個人的字叫子
石。一個名印段，另一個名公孫段，兩
人同時為鄭卿。此鼎作者當為二子石之
一。

奠氏伯高父　即鄭氏伯高父，見伯高父甗（集
成00938），春秋早期人，字高父，鄭氏。

奠丼叔　即鄭邢叔，見鄭丼叔甗（集成
00926）、鄭丼叔鐘（2件，集成00021—
00022），西周晚期人。

奠丼叔康　即鄭邢叔康，見鄭丼叔康盨（2
件，集成04400—04401），西周中期人，
名康，鄭邢氏。

奠丼叔歔父　即鄭邢叔歔父，見鄭丼叔歔父
鬲（集成00581），春秋早期人，字歔父，
鄭邢氏。與鄭叔歔父可能為同一人。

奠同媿　即鄭同媿，見鄭同媿鼎（集成
02415），西周晚期媿姓婦女，嫁於鄭國。

奠伯　即鄭伯，見衰鼎（集成02819）、衰盤
（集成10172），衰的父親，鄭國族首領，

生世約在西周中期。

奠伯　即鄭伯，見鄭伯匜（考古1984年2期156頁圖1），西周晚期人，鄭國族首領，其女孟姬嫁於宋國。

奠伯　即鄭伯，見鄭伯盤（集成10090），春秋早期人，鄭國某代國君。

奠伯　即鄭伯，見召叔山父簠（2件，集成04601—04602），春秋早期人，鄭國某代國君。

奠伯筍父　即鄭伯筍父，見鄭伯筍父鬲（集成00730），西周晚期人，字筍父，鄭國族首領。

奠叔獻父　即鄭叔獻父，見鄭叔獻父鬲（集成00579），春秋早期人，字獻父，鄭國公族。

奠牧馬受　即鄭牧馬受，見鄭牧馬受簋蓋（3件，集成03878—03880），西周晚期人，名受，擔任鄭國牧馬之職。

奠戢句父　即鄭戢句父，見鄭戢句父鼎（集成02520），春秋早期鄭國人，字句父，戢氏，鄭國大夫。

奠季　即鄭季，見叔剌父盨（4件，集成04454—04457），西周晚期人，叔剌父的長輩。

奠羌伯　即鄭羌伯，見鄭羌伯鬲（2件，集成00659—00660），西周晚期鄭國人，羌氏家族首領。

奠昜　即鄭昜，見陳璋方壺（集成09703）、陳璋壺（集成09975），戰國中期人，與鄭得同時為齊國的執政大臣。

奠恙　銘文作鄭恙，見三年垣令樂痯戈（集成11338），戰國時期人，名恙，鄭氏，垣縣冶鑄作坊的工師。

奠姜　即鄭姜，見夨王簋蓋（集成03871），西周中期後段姜姓婦女，夨王的夫人。

奠姜伯　即鄭姜伯，見鄭姜伯鼎（集成02467），西周晚期人。與鄭羌伯當為一人。

奠師邍父　即鄭師原父，見鄭師邍父鬲（集成00731），春秋早期人，字原父，擔任鄭國的師職。

奠宣　即鄭宣，見十七年彘令艇𦜕戈（集成11382），戰國晚期人，名宣，鄭氏，韓國彘縣司寇。

奠姬　即鄭姬，見趞鼎（集成02815），西周孝夷時期姬姓婦女，趞的母親，𩰫伯的夫人。

奠姬　即鄭姬，見袁盤（集成10172），袁的母親，鄭伯的夫人，生世約在西周中期。

奠登伯　即鄭登伯，見鄭登伯鼎（集成02536），西周晚期鄭國人，登氏家族的首領，夫人為叔嬬。

奠義伯　即鄭義伯，見鄭義伯盨（集成04391）、鄭義伯匜（集成10204）、鄭義伯鑷（集成09973），西周晚期鄭國人，義氏家族首領，夫人為季姜。

奠義羌父　即鄭義羌父，見鄭義羌父盨（2件，集成04392—04393），西周晚期鄭

國人，字羌父，義氏。與鄭義伯或為一人

奠虢仲　即鄭虢仲，見鄭虢仲簋（3件，集成04024—04026），西周晚期人，鄭虢氏。

奠虢仲念戝　即鄭虢仲念戝，見鄭虢仲念戝鼎（集成02599），春秋早期人，名念戝，鄭虢氏。

奠𢀛伯　即鄭登伯，見鄭登伯鬲（3件，集成00597—00599），西周晚期鄭國人，登氏家族首領，夫人為叔嬭。

奠𢀛叔　即鄭登叔，見鄭登叔盨（集成04396），西周晚期鄭國人，登氏公族。

奠楙叔賓父　即鄭楙叔賓父，見鄭楙叔賓父壺（集成09631），西周晚期人，字賓父，鄭楙氏。

奠臧公　即鄭莊公，見鄭莊公之孫缶（2件，考古1991年9期790頁圖11.1—2），春秋早期人，鄭國國君，名寤生，公元前743年即位，在位四十三年。

奠饗遵父　即鄭饗原父，見鄭饗原父鼎（集成02493），春秋早期人，字原父，擔任鄭國公室的饗人，掌管公室烹飪諸事。

渫　見七年邢肖下庫劍（集成11657），戰國晚期人，某國冶鑄作坊的冶吏。

渣司土逸　見渣司土逸簋（集成04059），即渣伯逸。

渣伯逸　見渣伯逸鼎（集成02344）、渣伯遬尊（集成05954）、渣伯遬卣（2件，集成05363—05364），西周早期人，渣族首領，名逸（或作遬），族徽為“）（（田）”，擔任渣地司土，故亦稱渣司土逸。

湯　見十八年冢子韓矰戈（集成11376），戰國時期人，魏國邦庫的嗇夫。

湯　見襄腄子湯鼎（南方文物1997年4期55頁圖7），春秋晚期楚國人，襄腄之子。

渠　見廿四年上郡守疾戈（考古學報2002年1期112頁圖19），戰國晚期人，身份為隸臣（刑徒），秦昭襄王廿五年（前282年）前後，在上郡高奴冶鑄作坊當冶鑄工。

溮伯　即漣伯，見利鼎（集成02804），利的父親，生世在西周中期前段。

游　見宗邑瓦書（古文字研究14輯178頁、179頁），戰國晚期人，大良造爵，擔任秦國庶長。四年冬十一月，曾宣佈秦王之命賜給右庶長歜杜縣鄜邱到滴水一帶的土地，作為宗邑。

游　見高陵君鼎（秦文字圖版22），戰國晚期秦國人，秦襄王十六年（前291年）前後，擔任高陵君家的冶鑄作坊的工師。

滋　見滋盂（集成10310），西周中期人。

滑孝子　見滑孝子鼎（集成01947），戰國晚期人。或釋為滑斿子。

潡伯　見潡伯簋（集成03821），西周晚期人，潡氏家族首領。

遂　見遂鼎（集成02375），西周早期人。

曾大保　即曾太保，見曾大保簋（2件，集成

04054），西周晚期人，擔任曾國太保，名字泐去。

曾大保慶 即曾太保慶，見曾太保慶盆（古文字研究24輯166頁），春秋早期人，名慶，擔任曾國太保。

曾子白父 見曾子白父匜（集成10207），春秋早期人，字白父，曾國公子。

曾子仲宣 見曾子仲宣鼎（集成02737），春秋早期人，名仲宣，曾國公子。

曾子仲謱 見曾子仲謱鼎（3件，集成02620）、曾子仲謱甗（集成00943），春秋早期人，名仲謱，曾國公子。

曾子伯窞 見曾子伯窞盤（集成10156），春秋早期人，名伯窞，名伯窞，曾國長公子。

曾子伯誩 見曾子伯誩鼎（集成02450），春秋早期人，名伯誩，曾國長公子。

曾子䡅 或釋為曾子斿，見曾子䡅鼎（集成02757），春秋早期人，名䡅，曾國公子。

曾子㞒 見曾子㞒簠（2件，集成04528—04529），春秋晚期人，名㞒，曾國公子。

曾子單 見曾子單鬲（集成00625），春秋早期人，名單，曾國公子。

曾子義行 見曾子義行簠（東南文化1991年1期208頁圖4.2），春秋晚期人，名義行，曾國公子。

曾子遇 見曾子遇簠（2件，集成04488—04489）、曾子遇缶（集成09996），即曾侯遇，春秋晚期人，名遇，曾國國君，即位前稱曾子遇。

曾子遼彝 即曾子原彝，見曾子原彝簠（集成04573），春秋時期人，名原彝，曾國公子。

曾子□ 見曾子□簠（集成04588），春秋晚期人，曾國公子，名字殘泐不清。

曾太師鄭 銘文作曾大帀奠，見曾太師鄭鼎（銅全10.9），春秋晚期人，名鄭，曾國太師。

曾仲 見曾仲盤（集成10097），西周晚期人，曾國公族，名不詳。

曾仲 見曾仲之孫戈（集成11254），春秋早期人，曾國公族，名不詳。

曾仲大父蛕 銘文作曾仲大父螽，見曾仲大父螽簋（2件，集成04203—04204），西周晚期人，名蛕，字大父，曾國公族。

曾仲子敔 見曾仲子敔鼎（集成02564），春秋早期人，名敔，曾仲之子。

曾仲斿父 見曾仲斿父鋪（2件，集成04673—04674）、曾仲斿父方壺（2件，集成09628—09629），春秋早期人，字斿父，曾國公族。與曾侯仲子遊父為一人。曾侯仲子遊父鼎作器時間是遊父的父親做曾侯之時，曾仲遊父鋪和壺的作器時間是遊父之兄做曾侯之時。

曾仲鄔君腱 見曾仲鄔君腱鎮墓獸方座（文物天地1992年第6期12頁），春秋中期人，名㞤膌。

曾伯文 見曾伯文簠（3件，集成04051—04053）、曾伯文醽（集成09961），西周晚期人，名文，曾國族首領。

曾伯宮父穆 見曾伯宮父穆鬲（集成00699），西周晚期人，名穆，字宮父，曾國族首領。

曾伯陭 見曾伯陭壺（集成09712），春秋早期人，名陭，曾國族首領。

曾伯從寵 見曾伯從寵鼎（集成02550），春秋早期人，名從寵，曾國族首領。

曾伯霖 見曾伯霖簠（2件，集成04631—04632），春秋早期人，名霖，曾國族首領。

曾者子襂 見曾者子襂鼎（集成02563），春秋早期人。

曾孟嬭諫 即曾孟羋諫，見曾孟嬭諫盆（集成10332），春秋時期羋姓婦女，名諫，嫁於曾國。

曾侯 見曾侯簠（集成04598），春秋早期曾國國君，約與楚成王（前671—前626年）同時，三女為叔姬霝。

曾侯乙 見曾侯乙鼎（11件，集成02290—02295、曾侯乙191頁—196頁）、曾侯乙鬲（9件，集成00577、銅全10.116）、曾侯乙簋（8件，集成03636—03643）、曾侯乙簠（4件，集成04495—04496、銅全10.119左）、曾侯乙豆（3件，集成04670—04671、曾侯乙213頁）、曾侯乙匕（5件，集成00974、曾侯乙216頁、曾侯乙66頁）、曾侯乙盤（集成10077）、曾侯乙匜（2件，集成10197—10198）、曾侯乙盥尊（曾侯乙228頁）、曾侯乙壺（3件，集成09581—09582、曾侯乙223頁）、曾侯乙鑑（集成10292）、曾侯乙缶（2件，集成09998—09999）、曾侯乙冰缶（集成10000）、曾侯乙勺（又稱曾侯乙匕，2件，集成09927—09928）、曾侯乙勺（又稱曾侯乙斗，4件，集成09929—09930、曾侯乙235頁）、曾侯乙鐘（64件，集成00286—00349）、曾侯乙寢戈（集成11167）、曾侯乙走戈（3件，集成11168、集成11171、曾侯乙255頁圖149.4）、曾侯乙用戈（2件，集成11169—11170）、曾侯乙三戈戟（2件，集成11172—11173）、曾侯乙過瀘器（集成10348）、曾侯乙燎爐（集成10387）、曾侯乙箕（2件，集成10398—10399）、曾侯乙銅鶴（集成10439）、曾侯乙鉤形器（集成10455）、曾侯乙鼎鉤（4件，曾侯乙191頁）、曾侯乙鼓座（曾侯乙152頁）、曾侯乙磬座（曾侯乙140頁）、楚王酓章鐘（2件，集成00083—00084），戰國早期人，姬姓曾國國君，名乙，與楚王熊章（前488—前432年）同時。

曾侯仲子斿父 見曾侯仲子遊父鼎（2件，集成02423—02424），即曾仲斿父。

曾侯吳 見曾侯吳戈（鳥篆編下123），戰國早期人，名吳，曾國國君。

曾侯郕　見曾侯郕簠（古文字研究24輯167頁）、曾侯郕戈（3件，集成10981、集成11094—11095）、曾侯郕用戈（集成11174）、曾侯郕双戈戟（6件，集成11096—11098、集成11174—11177）、曾侯郕殳（集成11567），春秋晚期到戰國早期人，名郕，姬姓曾國國君。

曾侯馬白　見曾侯戈（集成11121），春秋早期人，名馬白，姬姓曾國國君。

曾侯遯　見曾侯遯三戈戟（2件，集成11180—11181），春秋晚期人，名遯，姬姓曾國國君，未即位時稱曾子遯。

曾侯顓　見曾侯顓双戈戟（2件，集成11178—11179），即曾侯遯。

曾都尹　見曾都尹孫法簠（2件，華夏考古1990年1期圖版1.5），都尹本為官名，此曾都尹是指春秋晚期擔任曾國都尹的一個具體人，法的祖父。

曾師季韍　見曾師季韍盤（集成10138），春秋時期人。

曾孫史尸　即曾孫史夷，見曾孫史夷簠（集成04591），戰國時期人。

曾孫定　見曾孫法鼎（華夏考古1990年1期圖版1.4），春秋晚期人。

曾孫無期　見曾孫無期鼎（集成02606），春秋晚期人。

曾姬無卹　見曾姬無卹壺（2件，集成09710—09711），戰國中期人，名無卹，曾國公室之女，楚王（諡號聖桓）的夫人。郭沫若先生認為當在楚惠王時（見《大系》考166頁）；李學勤先生認為是楚聲王的夫人，楚宣王的祖母，楚宣王二十六年（前344年）仍健在，享年約七十余歲，故壺銘稱"聖桓之夫人"。（見《論江漢間的春秋青銅器》《文物》1980年1期）

曾纍　見曾伯纍簠（集成04632），即曾伯纍。

害　即憲，見憲鼎（集成02749），也就是伯憲。西周早期後段人，召伯父辛之子，與燕侯旨、穌為兄弟。某年在燕國，燕侯賜給憲貝和金。

害公　即憲公，見戎生鐘（8件，保利藏金120、文物1999年9期79頁圖6.1—8、圖7.1—8），戎生的祖父，生世在西周晚期，西周王朝的大臣，受封於畿外，管理蠻戎，捍拒敵方。

害仲　即憲仲，見害仲簋（井叔墓149頁圖111.5），西周中期前段人。

害伯　即憲伯，見師宔鐘（文物1994年2期96頁圖11）、姬窆母豆（集成04693），師宔和姬窆母的祖先，生世在西周中期。

害伯　即憲伯，見揚簋（2件，集成04294—04295），揚的父親，西周中期前段人。

富反　見三年鈖陶令富反戈（集成11354），戰國時期人，趙國鈖陶縣縣令。

富春大夫　見富春大夫釜甑（考古與文物1994年3期6頁圖2.6、7），戰國晚期楚國富春縣（今江蘇富陽縣）的大夫，名不詳。

富奠　見富奠劍（集成11589），戰國時期人。

富無　或釋為富勅，見七年邦司寇富勅矛（集成11545），戰國中期人，魏國的邦司寇。

寒戊　見寒戊匜（集成10213），西周晚期人。

寒姒好　見小子毇鼎（集成02598），西周晚期婦女，毇的夫人。

寽　見寽鼎（2件，集成02740—02741），西周康昭時期人，周王征伐東夷時，曾奉遣公之命和史旟一起燮伐東夷腺（貊）國。

寓　見寓鼎（集成02718），西周早期前段人。某年十二月丁丑，寓獻佩給王姒，王姒賜給寓曼絲。

寏　見寏鼎（集成02756）、寏卣（集成05381），西周中期前段人，擔任周王朝作冊之職。

寍　見寍卣（集成05353），商代晚期人，族徽為"叀（廇）"。

寫史䢅　銘文作寫史䢅，見寫史䢅甗（集成00888），西周早期人。

寫長　銘文作寫長，見寫長方鼎（集成01968），西周早期人。

寫叔　見羌鼎（集成02673），羌的父親，西周早期人。

叡年伯　見叡年伯簋（集成03807），西周晚期人。

祥　見王三年馬雍令戈（集成11375），戰國時期人，馬雍縣冶鑄作坊的冶吏。

尋伯　見尋伯匜（集成10221），西周晚期尋國族首領，名不詳。

尋仲　見尋仲盤（集成10135）、尋仲匜（集成10266），春秋早期人，尋國公族，李學勤先生認為是鮑叔牙的子弟。

尋楚默　見遷卻鐘（7件，東南文化1988年3、4期30頁）、遷卻鎛（5件，銅全11.162），春秋早期人，舍（此字或釋舒或釋徐）國國君之子，遷卻（甚六）的父親。

開　見元年相邦春平侯矛（集成11556）、二年相邦春平侯鈹（集成11682）、三年相邦春平侯鈹（集成11683），戰國晚期人，趙悼襄王元年到三年（前244—前42年）期間，擔任趙國邦右庫冶鑄作坊的冶吏。

閒　見七年上郡守閒戈（文物1987年8期61頁圖1—4，秦銘文圖版33），戰國晚期人，秦昭襄王七年（前300年）前後，擔任上郡郡守。

閔相女　即藺相如，見藺相如戈（文物1998年5期92頁圖2—4），戰國晚期人。

閼　即闢，見闢罍（集成09241），西周早期人，族徽為"劦（劦）"。

犀仲　見郗公簠蓋（集成04569），春秋早期人。

犀伯魚父　見犀伯魚父鼎（集成02534），西周晚期人，字魚父，犀國族首領。

犀妊　見弭叔鬲（3件，集成00572—00574），

西周中期後段妊姓婦女，弭叔師察的夫人。

犀嬬　即犀妘，見王仲皇父盉（集成09447），西周晚期妘姓婦女，王仲皇父的夫人。

屖　見屖簋（3件，集成03656—03658）、屖尊（集成05927）、屖卣（集成05334），西周早期人，族徽為"𦥑（集）"。

彈　銘文作彊，見彈尊（集成05958）、彈方彝（集成09889），西周中期前段人。

費奴父　見弗奴父鼎（集成02589），春秋早期人，女兒為孟妡斿。

糷始　即糷姒，見欮父鼎（集成02141），西周早期姒姓婦女，欮父的夫人。

嫂　見嫂簋（集成02924），商代晚期貴族婦女。

媓　見媓爵（2件，集成07416—07417）、媓觚（集成06523），商代晚期婦女。

媚　見媚爵（集成07413），商代晚期貴族婦女。

嫋絫　見十二年趙令戈（集成11355），戰國早期人，趙國邯鄲冶鑄作坊的工師。

𩰚季　即嬴季，見嬴季簋（集成03558）、嬴季尊（集成05860）、嬴季卣（集成05240），西周早期人，嬴氏家族。"𩰚"字從能從卩，古女、卩通用，當為嬴字的別構。

欮　見欮尊（集成05981），西周早期人。

發　見發孫虞鼎（徐仲舒先生百年誕辰紀念

文集125頁圖2）、發孫虞簋（文物1994年4期79頁圖6），春秋晚期楚國人，虞的祖父。

發孫虞　見發孫虞鼎（徐仲舒先生百年誕辰紀念文集125頁圖2）、發孫虞簋（文物1994年4期79頁圖6），春秋晚期楚國人，名虞，發之孫。

登　銘文作𤼲，見𤼲爵（集成07478），商代晚期人。

登　銘文作𤼲，見登作尊彝觚（集成07258）、登罍（集成09236）、登尊（集成05768）、登卣（集成05115）、登爵（考古1972年2期），西周早期人。這批銅器出土於洛陽市東北的北窯村周墓中，故登的封地當在北窯村一帶。

登　銘文作𤼲，見芇侯簋（集成03589），西周晚期人。

登　銘文作𤼲，見𩰚登鼎（集成01491）西周早期人，族徽為"𩰚（𩰚）"。

登　銘文作𤼲，見康伯簋（2件，集成03720—03721），西周中期前段人。

登鯱　銘文作𤼲鯱，即鄧鱗，見鄧鱗鼎（集成02085），春秋中晚期人。

陲眶　見十三年鑲金銀泡（集成11865），戰國中期人，中山國私庫冶鑄作坊的工匠。

陽　見陽鼎（集成02420），西周晚期人。

陽　見藺相如戈（文物1998年5期92頁圖2—4），戰國晚期人，趙國邦左庫冶鑄作坊的冶吏。

陽尹　見陽尹簋（集成03578），西周早期人。

陽仲　銘文作陽仲，見陽仲卣（保金續137），西周早期前段人。

陽安君　見七年相邦陽安君鈹（集成11712），戰國晚期人，名不詳，封號陽安君，曾擔任趙國的相邦。

陽伯　見叔姬鼎（集成02392），叔姬的長輩，生世在西周晚期。

陽侴　銘文作昜桶，見五年鄭令韓半矛（集成11553），戰國晚期人，韓王安五年（前234年）前後，擔任鄭縣左庫冶鑄作坊的工師。

陽飤生　銘文作陽飤生或，見陽飤生簋蓋（2件，集成03984—03985）、陽飤生匜（集成10227），西周晚期人。

陽嬭　即陽芈，見揚鼎（彙編229），春秋晚期楚國女子，芈姓，嫁於陽（李學勤先生讀為唐）國族，其子名揚。

隢伯　見隢伯方鼎（2件，集成02160—02161）、隢伯簋（2件，集成03524—03525）、隢伯尊（集成05847）、隢伯卣（2件，集成05224—05225）、隢伯盉（集成09414），西周早期後段人，隢國

族首領，名不詳。

隆公蘇　銘文作夆公鯀，見夆公蘇戈（集成11209），春秋晚期人，名蘇，封於隆地。

隆伯　銘文作夆伯，見夆伯盨（集成04346），西周晚期人，隆氏家族首領。

隆叔　銘文作夆叔，見夆叔鋪（集成04669），西周晚期人，隆氏家族。

幾　見幾卣（文物2001年8期17頁圖30），西周早期人。

幾　見仲幾父簋（集成03954），銘文作"仲幾父史幾史于諸侯諸監"，楊樹達先生讀作"仲幾之父使幾使于諸侯諸監"，仲幾為人名，幾即仲幾，西周晚期人。（見《積微居金文說》103頁）

幾父　見幾父壺（2件，集成09721—09722），西周晚期人。某年五月初吉庚午，同仲賜給幾父开奉六件，臣僕四家，金十鈞。

絡　見四十年上郡守起戈（考古1992年8期757圖2），戰國晚期人，秦昭襄王四十年（前267年）前後，擔任上郡漆垣工室的丞。

絲駒父　見絲駒父鼎（集成02386），西周晚期人。

十 三 劃

羍　見羍鼎（集成02280），西周中期人。

酅公孫　即荊公孫，見荊公孫敦（2件，集成04642、考古1989年6期565頁圖2），春秋晚期或戰國早期楚國人，荊地的封君，名孫或荊公之孫。

項爕　即項爕，見項爕盨（集成04411），西周晚期人。

塚旅　見三年相邦建信君鈹（集成11687），戰國晚期人，趙國邦左庫冶鑄作坊的工師。

鼓晷　見鼓晷簋（集成04047），西周早期後段人。

鼓寢　見鼓寢盤（集成10031），商代晚期人。

鼓辠　見鼓辠觶（集成06500），西周早期人。

𣪘　見𣪘鼎（集成01489），西周早期人。

𣪘　見𣪘方尊（集成05964），西周中期前段人。

𣪘父　見𣪘父甗（集成00929），西周晚期人。

𣪘啟　見𣪘啟尊（集成05965），商代晚期人，族徽為"𣪘（𣪘）"。

趄　見趄卣（集成05263），西周早期人。

趄　見中山王𧙙方壺（集成09735），即桓王，史書作桓公。

趄王　即桓王，見中山王𧙙鼎（集成02840），中山國第三代國君，中山王𧙙的祖父，約在公元前378年復國，徙都靈壽，在位約三十九年。《世本》作桓公，云："中山武公居顧（今河北定縣），桓公徙靈壽（今河北平山縣三汲鄉古城一帶）。"稱桓王當是王𧙙追尊其祖父之詞。

趄公　見陳侯因𦻋敦（集成04649），即齊桓公，春秋五霸之一，齊威王因齊之父，襄公之弟，名小白。周莊王十一年（前686年）以其兄襄公無道，出奔莒，迨襄公被弑，乃歸國即位，鮑叔牙薦管仲為相，尊周室，攘夷狄，九合諸侯，一匡天下，為五霸之首。後管仲死，用豎刁、易牙、開方等人，怠於政事，多內寵，及卒，諸公子爭立，霸業遂衰，在位四十三年（前685—前643年）。

趄仲　即桓仲，見尌仲簋蓋（集成04124），尌仲的父親，生世在西周中晚期。

趙君啟　見趙君啟妾壺（集成09537），戰國時期人，名啟，趙地的封君。

趨　見儳匜（集成10285），匜銘有"專趨嗇親儳，寽亦茲五夫，亦既卲乃誓，汝亦既從辭從誓。"李學勤先生認為專、趨、嗇、親、儳是五個人名，即下面所說的五夫，牧牛的同僚，伯揚父審判牧牛時曾出庭作證。從儳匜時代判斷，甫等人當為西周中期後段人。（見《岐山董家村訓匜考釋》《古文字研究》第一輯）

馘　見馘簋蓋（集成04255），西周中期前段人，擔任周王朝司土。某年正月乙巳，由穆公陪同在太室接受冊命，周王命馘做司土，管理耤田，並賜給纖衣、赤⊘市、鑾旂、楚走馬，取賸五鋝。

斠六　銘文作遻郘，見夫趴申鼎（文物1989年4期54頁圖4），春秋晚期人，舍（此字或釋舒或釋徐）王之孫，尋楚歂之子。

輀侯伯晨　即垣侯伯晨，見伯晨鼎（集成02816），亦稱師晨（見師㝅鼎），西周中期後段人，垣國族首領，擔任周王朝師職。某年八月丙午，周王冊命伯晨繼承其祖父和父親的職位，繼續做垣侯，並賜給伯晨秬鬯一卣、玄袞衣、幽載、赤舄、駒車、畫紳、幬較、虎幃、冪秜里幽、鋚勒、旂五旂、彤弓、彤矢、旅弓旅矢、𠃬戈、皋胄等。

聖公　見師趛鼎（集成02713）、師趛鬲（集成00745），師趛的父親，生世在西周中期前段，族徽為“乁”，夫人姬姓，師趛稱聖姬。

聖叔　見鑃鎛（原稱齊侯鎛，集成00271），春秋早期人，鑃的曾祖父。楊樹達先生認為是鮑叔牙之父，即《國語·齊語》記載的鮑敬叔（見《積微居金文說》100頁）。

聖姜　見鑃鎛（原稱齊侯鎛，集成00271），春秋早期人，鑃的曾祖母，聖叔的夫人。

聖姬　見師趛鼎（集成02713）、師趛鬲（集成00745），師趛的母親，生世在西周中期前段。

聖趄　即聖桓，見曾姬無卹壺（2件，集成09710—08711），曾姬無卹丈夫死後的諡稱，楚國國君。李學勤先生認為是楚聲侯（前407—前402年）。（見《論江淮閒的春秋青銅器》《文物》1980年1期）

蕇　見蕇鼎（集成02765），西周中期人。鼎銘載：“三月初吉，蕇來遘于妊氏，妊氏令蕇事保厥家，因付厥且僕二家。”

枼　見卅一相邦冄戈（集成11342）、丞相觸戈（集成11294），戰國晚期人，秦昭襄王三十一年（前276年）前後，先後擔任咸陽、雍城冶鑄作坊的工師。

萬為　見廿四年邨陰令萬為戈（集成11356），戰國晚期人，韓桓惠王二十四年（前249年）前後，擔任邨陰縣令。

萬諆　見萬諆觶（集成06515），西周中期前段人。

莫　銘文作㒱，見莫卣（集成05370），西周早期人，族徽為“亞集”。

莫大　銘文作㒱大，見莫大爵（集成09083），西周早期人。

蓺君　見蓺君戈（集成11026），春秋晚期人，蓺地的封君，名不詳。

敃　銘文作敃，見敃卣（集成05287），西周早期人，族徽為“亞”。

敨　見敨簋（集成02971）、敨觚（3件，集成06780—06782）、亞敨斝（集成

09161），亦見於殷墟第一期卜辭，是商王武丁時期著名的貞人。

𡨦事正 見𡨦事正鬲（考古與文物1990年1期57頁圖5），西周早期人。

楊姞 見楊姞壺（2件，銅全6.51），西周晚期後段姞姓女子，嫁於楊國。

楕 即楷，見楷尊（故周金68），西周中期前段人。

楕伯 見獻簋（集成04205），即楷伯。

楕妊 見吹方鼎（集成02179），即楷妊。

楕叔知父 見楷叔知父鬲（集成00542），即楷叔知父。

楕侯 即楷侯，見楷侯壺（集成09553），西周中期前段人，楷國國君。

楕姬 見師趛盨（集成04429），即楷姬。

楷 銘文作楕，見楷尊（故周金68），西周中期前段人。

楷公 銘文作櫝公，見叔僡觶（集成06486），叔僡的長輩，西周早期人。

楷仲 銘文作櫝仲，見楷仲鼎（集成02045）、楷仲簋（集成03363）、歔𪛙方鼎（集成02729），西周早期後段人，楷國公族。某年二月初吉庚寅，在宗周楷仲曾賞給歔𪛙逐毛一兩、馬一匹。

楷仲 銘文作櫝仲，見𦳊簋（故宮博物院院刊2001年1期），西周中期前段人，楷國公族。

楷伯 銘文作楕伯，見獻簋（集成04205），西周早期人，楷國族首領。

楷妘 銘文作櫝嬶，周𩰫生盤（集成10120），即楷妘媎。

楷妘媎 銘文作櫝嬶，見周𩰫生簋（集成03915），西周中期人，周𩰫生之女，妘姓，嫁於楷國公室。

楷妊 銘文作楕妊，見吹方鼎（集成02179），西周早期妊姓婦女，吹的夫人。

楷妊 銘文作櫝侯，見方簋蓋（又稱楷侯簋蓋，集成04139），西周早期妊姓婦女，楷侯方的母親。

楷叔知父 銘文作楕知父，見楷叔知父鬲（集成00542），西周早期人，字知父，楷國公族。

楷侯 銘文作櫝侯，見方簋蓋（又稱楷侯簋蓋，集成04139），西周早期楷國國君，名方，夫人為姜氏。

楷侯 銘文作楕侯或櫝侯，見楷侯壺（集成09553）、𦳊簋（故宮博物院院刊2001年1期），西周中期前段楷國國君。

楷侯微逆 見楷侯微逆簠（集成04521），戰國早期人，名微逆，楷國國君。

楷姬 銘文作楕姬，見師趛盨（集成04429），西周中期後段姬姓婦女，師趛的夫人。

椬唐 即梈唐，見三年𨻰令椬唐鈹（集成11661），戰國晚期人，名唐，椬氏，趙國𨻰縣縣令。

椬湉 即梈湉，見元年鄭令椬湉矛（集成

11552）、二年鄭令棺潘戟刺（原稱二年鄭令棺潘矛，集成11563）、三年鄭令棺潘矛（集成11559）、卅一年鄭令棺潘戈（集成11398）、卅二年鄭令棺潘矛（集成11555）、卅三年鄭令棺潘劍（集成11693）、卅四年鄭令棺潘矛（集成11560），戰國晚期人，名潘，焞（郭）氏，韓桓惠王三十一年到韓王安二年（前246—前236年）期間，擔任國都鄭縣縣令。

棥姬　見齊侯盤（集成10117）、齊侯匜（集成10242），春秋中期姬姓婦女，齊國國君的夫人。

楚　見楚簋（4件，集成04246—04249），西周中期後段人。某年正月初吉丁亥，在康宮接受周王冊命，周王命其管理蓁京鄭館和内師舟，並賜給赤⊗鞁、鸞旂，取賕五鋝。

楚子翌鄴　見楚子翌鄴敦（集成04637），春秋晚期人，名翌鄴，楚國王子。

楚子哀　見楚子哀鼎（集成02230），戰國早期人，名哀，楚國王子。

楚子超　見楚子超鼎（集成02231），春秋晚期人，名超，楚國王子。

楚子棄疾　見楚子棄疾簋（銅全10.25），春秋晚期人，名棄疾，楚國王子。

楚子暖　見楚子暖簋（3件，集成04575—04577），戰國早期人，名暖，楚國王子。

楚王　見楚王鐘（集成00072），春秋早期楚國國王，即楚成王，名熊惲，楚文王之子，公元前671年即位，在位年前四十四年。其妹邛仲芈南，嫁於江國。

楚王　見中子化盤（集成10137），春秋時期某代楚王，名不詳。

楚王　見楚屈叔佗戈（又稱楚王戈，集成11393），春秋早期某代楚王，名不詳。

楚王　見蔡侯龖紐鐘（9件，集成00210—00218）、蔡侯龖鎛（4件，集成00219—00222），春秋晚期楚國國王，即楚昭王珍，與蔡侯申（蔡昭侯）同時。

楚王　齚鐘（9件，下寺277頁圖209—圖216）、齚鎛（8件，下寺259—260頁圖193—208），此指楚成王（前671—前626）。

楚王　見王孫誥鐘（26件，下寺173頁圖118—134），春秋後期某代楚王。

楚王　見楚王燈（集成10400），戰國時期某代楚王，名不詳。

楚王　見敓戟（集成11092），戰國中期某代楚王，名不詳。

楚王酓志　見楚王酓志鼎（2件，集成02794—02795）、楚王酓志盤（集成10158），戰國末期人，楚國國君，名志，酓氏，史書作熊悍，謚幽王。公元前237年即位，在位十年。

楚王酓肯　見楚王酓肯鼎（集成02623）、楚王酓肯鈀鼎（集成02479）、楚王酓肯簋（3件，集成04549—04551）、楚王酓肯盤（集成10100），戰國晚期人，名肯（或釋為肯），酓（熊）氏，楚國國王。李學勤先生認為即考烈王熊完，公元前262年即位，在位十四年。

楚王酓章 見楚王酓章鐘（2件，集成00083—00084）、楚王酓章鎛（集成00085），春秋晚期到戰國早期人，名章，酓（熊）氏，楚昭王之子，公元前488年即楚王位，在位五十七年，死後諡惠王。

楚王酓璋 見楚王酓璋戈（集成11381）、楚王酓璋劍（2件，集成11659、鳥篆編下45），即楚王酓章。

楚王酓審 見楚王酓審盞（楚文物圖典43頁），春秋中晚期人，名審，酓（熊）氏，楚國國王，公元前590年即位，在位三十一年，死後諡共王。

楚王領 即楚王頷，見楚王領鐘（集成00053），春秋晚期人，名頷，楚國國王。郭沫若先生云："領蓋頷之異文，從頁今聲也。又以形制而言，器有鈕，枚平，花紋乃所謂'秦式'，蓋戰國時代之器，不得遠至春秋中葉。准此以求之，余意即楚悼王（前401—前381年）。悼王名《史記·六國年表》及《通鑑》均作類，而《楚世家》作疑，類當即頷之字誤。世家文蓋本作領若頷，因錄年表者已誤為類，讀者疑之，遂於字旁注一'疑'字，其後錄書者又誤以疑字易正文也。"（見《大系》考168頁）

楚公逆 見楚公逆鐘（2件，集成00106、文物1994年8期6頁圖6），西周晚期人，名逆，楚國國君。史書熊咢，或作鄂。《史記·十二諸侯年表》載熊鄂元年為周宣王二十九年（前799年），在位九年。孫詒讓《古籀拾遺》云："此楚公逆即熊咢也，咢逆一聲孳生之字，古多通用，故史記以逆為咢。"

楚公豪 即楚公家，見楚公豪鐘（5件，集成00042—00045、考古1999年4期20頁圖6）、楚公豪戈（集成11064），西周晚期人，名家，楚國國君。

楚氏 見益公鐘（集成00016），西周晚期楚國女子，益公的夫人。

楚伯 見生史簋（2件，集成04100—04101），西周中期前段楚國國君，名不詳。某年召伯曾命生史來聘。

楚叔 見楚叔之孫佣鼎（3件，集成02357、下寺56頁圖45、下寺219頁圖162）、佣之濫鼎（下寺112頁圖91.3）、鄬子佣簋（下寺134頁圖110.1）、鄬子佣浴缶（2件，下寺132頁圖108.1—4）、以鄧鼎（下寺8頁圖5）、以鄧匜（下寺16頁圖11），鄬子佣和以鄧的祖父，春秋早期人，楚國王族。

楚叔 見楚叔之孫途盉（集成09426），途的祖父，春秋早期人。

楚尚 見楚尚車轄（集成12022），戰國晚期楚國人。

楚季 見楚季嘽盤（集成10125），春秋早期人，名嘩，楚國公族，其女為芈尊。

楚高　見楚高缶（2件，集成09989—09990），戰國時期人。

楚旆　見楚旆鼎（考古2000年5期26頁圖8.1），春秋晚期人。

楚嬴　見楚嬴盤（集成10148）、楚嬴匜（集成10273），西周晚期嬴姓女子，嫁於楚國王室。

焜　見王五年上郡守疾戈（集成11296），戰國晚期人，名焜（瓶），秦國上郡高奴縣冶鑄作坊的工匠。

盠公　即釐公，見應侯再盨（文物1998年9期11頁圖10），應侯再的父親，生世在西周早期後段或西周中期前段。

盠伯　即釐伯，見屍簋（集成03588），屍的長輩，生世在西周早期。

夋　見夋卣（集成05396），西周早期人，族徽為"仌"。

夋　見師夋簋（2件，集成04324—04325），即師夋，西周中晚期人，擔任周王朝的師職。十一年九月初吉丁亥，由宰琱生陪同在周太室接受冊命，周王命師夋繼承其祖考的官職，管理演奏小輔和鼓鐘的人，並賜給素軾，金黃、赤舄、和鑾勒。

嗇　見儶匜（集成10285），匜銘有"專趞嗇覿儶，寄亦兹五夫，亦既钔乃誓，汝亦既從辭從誓。"李學勤先生認為專、趞、嗇、覿、儶是五個人名，即下面所說的

五夫，出席伯揚父對牧牛的審判，其身份當為此案的證人。從儶匜時代判斷，甫等人當為西周中期後段人。

嗇夫冰　見嗇夫冰戈（集成11284），戰國晚期人，名冰，曾擔任某國的嗇夫。

嗇夫吳羌　見十年右使車壺（集成09674），戰國中期人，名羌，吳氏，中山國右使車嗇夫。

嗇夫亮疽　見十四年方壺（2件，集成09665—09666），戰國中期人，名亮疽，中山國嗇夫。

嗇夫成　見安邑下官鍾（集成09707）、滎陽上官皿（文物2003年10期79頁圖2），戰國晚期人，名成，擔任魏國（李學勤先生認為是韓國）嗇夫之職。

嗇夫孫固　見妌盆壺（集成09734）、三年左使車壺（集成09692）、十二年扁壺（集成09685）、十三年左使車壺（集成09675）、十三年左使車壺（集成09686），戰國中期人，名固，孫氏，中山國左使車嗇夫。

嗇夫孫恋　見八年鳥柱盆（集成10328），戰國中期人，名恋，孫氏，中山國嗇夫。

嗇夫庶魔　見梁十九年亡智鼎（集成02746），戰國晚期人，名庶魔，魏惠王時（前307—前319年）擔任國都大梁的嗇夫。

嗇夫殷重　八年冶勻匜（集成10257）、十年扁壺（集成09683），戰國中期人，名殷

重，中山國嗇夫。

嗇夫維　見廿五年陽春嗇夫維戈（集成11324），戰國晚期人，名維，魏安釐王二十五年（前252年）前後，擔任陽春縣嗇夫。

嗇夫郮瘠　見十年右使車盤（集成10333）、十一年右使車盉（集成09448）、十二年右使車盉（集成09450）、十一年右使車壺（集成09684）、十二年銅盒（集成10359）、十四年雙翼神獸（2件，集成10445—10446）、十四年龍鳳方案（集成10477）、工筒鼎（集成02707），戰國中期人，中山國右使車嗇夫。

輅庶　見四年邢令輅庶戈（集成11335），戰國晚期人，名庶，韓國邢縣縣令。

鄆姞　見散車父簋（6件，集成03881—03886），一作邘姞（見散伯車父鼎），西周中期後段姞姓婦女，散伯車父的夫人。

賈子己父　或釋貯子己父，見賈子己父匜（集成10252），春秋早期人，字己父，賈國國君。

剘　見廿五年陽春嗇夫維戈（集成11324），戰國晚期人，魏安釐王二十五年（前252年）前後，擔任陽春縣冶鑄作坊的冶吏。

爾比　或釋為爾从，見爾比鼎（亦稱爾从鼎，集成02818）、爾比簋蓋（集成04278）、爾比盨（集成04466），亦稱攸比、攸爾（見攸爾盨），西周晚期人，名比，爾攸氏，族徽為"ㄈ（裏）"。三十二年，

因租種田地與攸衛牧發生糾紛，三月初吉壬辰，周王在康宮夷太室，王命虢旅審理此案，爾比勝訴。

感　見卲宮盉（三代14.11.3），戰國晚期人，某國卲宮冶鑄作坊的工匠。

矗　見師旂鼎（集成02809），西周康王時期人，師旂的僕官。某年三月，因不跟所周王征伐方雷，被罰青銅三百鋝。

雷　銘文作䨥，見雷觥（集成00876），西周早期人。

雷　銘文作䨥，見洹子孟姜壺（2件，集成09729—09730），又稱孟姜，春秋晚期人，齊景公（前547—前490年）的長女，田桓子的夫人。

零伯　見逨盤（盛世吉金30頁），逨的高祖，盄父的兒子，新室仲的孫子，懿仲的父親，臣事周恭王、懿王。

戠　見戠鼎（集成02349），西周中期後段人。

裘衛　見五祀衛鼎（集成02832）、裘衛簋（集成04256）、裘衛盉（集成09456），西周穆、恭時期人，名衛，裘氏，是一個擁有大量土地森林、車馬器具和皮貨的工商奴隸主。穆王二十七年接受冊命；恭王五年和九年先後和矩伯、邦君厲進行土地和林地的交易。

搏武　見搏武鐘（集成00034），戰國時期人。

鄡夏　即鄡得，見四年春平相邦鄡得劍（集成11694），戰國晚期人，名得，鄡氏，趙孝成王四年（前262年）前後，擔任趙

國的相邦。

勁 見勁鬲（集成00741）、勁簋（集成03990），商代晚期人，名勁，身份為亞，族徽為"🐦（沚）"。某年庚寅日，商王在寢宮賞給勁貝；某年辛巳日，商王在小圃賞給勁貝。

歲婦 見作歲婦方鼎（集成02140），商代晚期婦女。

虞公 見虞公劍（3件，集成11663、鳥蟲書圖147、鳥篆編下17），春秋晚期封君，名不詳。

盧 見盧尊（集成05821），西周中期前段人。

虜 見發孫虜鼎（徐仲舒先生百年誕辰紀念文集125頁圖2）、發孫虜簋（文物1994年4期79頁圖6），春秋晚期楚國人，發的孫子。

㠥 見㠥簋（集成04167），西周中期前段人，公伯之弟。

虞 見虞之戟（集成11002），戰國晚期人。

虞丂 見散氏盤（又稱散盤、矢盤、矢人盤，集成10176），西周厲王時期人，矢國族眉田的田官，居住在豆邑。某年九月乙卯，參與矢付給散氏田地的封樹和交付儀式。

虞芍 銘文作虞芍，見散氏盤（又稱散盤、矢盤、矢人盤，集成10176），西周厲王時期人，矢國族眉田的田官，居住在原邑。某年九月乙卯，參與矢付給散氏田地的封樹和交付儀式。

虞公父丁 見宜侯矢簋（集成04320），宜侯矢的父親，生世在西周早期前段。

虞侯矢 見宜侯矢簋（集成04320），即宜侯矢，西周早期人，名矢，原封為虞侯，康王某年四月改封為宜侯，並賜給鬯瓚一卣，商瓚一件、彤弓一件、彤矢百支、旅弓十件、旅矢千支；賜給土地：厥川三百□，厥□百又廿，厥宅邑卅又五，厥□百又卌；賜給在宜王人十又七姓，奠、甸七伯，厥盧□又五十夫，宜地的庶人六百又□六夫。

虞侯政 見虞侯政壺（集成09696），西周中期人，名政，虞國國君。

虞喜 銘文作吳喜，九年衛鼎（集成02831），西周中期前段人，名喜，看守顏林禽獸的虞人。

虞鵑 見闌丘虞鵑造戈（集成11073），春秋晚期闌丘人。

戲 見冀戲鼎（集成01380）、冀戲鼎殘片（文物1982年9期39頁圖40）、冀戲甗（集成00796）、戲冀簋（集成03112）、冀戲爵（2件，集成08167—08168）、冀戲角（2件，集成08169—08170）、冀戲觚（2件，集成06918—06919）、戲冀觶（集成06187）、戲冀斝（集成09176）、冀戲尊（集成05556）、戲冀卣（集成04877）、戲冀卣（戲冀壺，集成04879）、戲冀方卣（集成04878）、冀戲罍（集成09770）、冀戲盉（集成09327），商代晚期人，族徽為"🐦（冀）"。

虘　見虘觚（2件，集成07294—07295）、虘尊（集成05899），西周早期人，族徽為"𠁁（虢）"。

虘　見虘壺（集成09577），西周早期人，族徽為"𠂤册（廌册）"。

虘　見虘鐘（2件，集成00091—00092），即虘。

虘䚕此鄱　見攻盧王虘䚕此鄱劍（考古2000年4期95頁圖3），史書作句餘，春秋晚期吳國國君，也就是《史記·吳太伯世家》中的吳王余昧。公元前544年即位，在位十七年。"虘䚕此鄱"即"虘䚕此余"，疑此即"勾余"，《左傳·襄公二十八年》作"句餘"。古越語具有多音節的習俗，春秋時吳越人稱"虘䚕此鄱"在文獻記載中則作"句餘"。服虔在《春秋左傳正義》中以"勾餘"為"余祭"，吳王壽夢第二子；《左傳·襄公二十八年》杜預注曰"勾餘，吳子夷末也"，以為是壽夢第三子（也作余昧、夷末）。今從杜說。也就是説"攻盧王虘䚕此鄱"是吳王余昧。《左傳》所記的"勾餘"，在位十七年，自魯襄公二十九年（前544年）至魯昭公十五年（前527年）。《史記·吳太伯世家》曾把余祭在位四年（前547—前544年）錯記為在位十七年（前547—前531年），而把余昧在位十七年錯記為四年，使兩位吳王的在位年代與《左傳》所記相反。

虘巢　見虘巢鐘（8件，考古1999年11期），春秋時期吳國國王的後裔，詨之子。

虘䲹妊　見虘䲹妊簋（集成03785），西周晚期妊姓婦女。

虘霝　見虘霝卣（集成05373），商代晚期人。

業　銘文作灓，見九年衛鼎（集成02831），西周中期前段人。

慺　見慺爵（集成08877），西周早期人。

圈窝　見圈窝鼎（集成02471），西周晚期人。

嗣憙　見廿八年平安君鼎（集成02793）、卅二年平安君鼎（集成02764），戰國中期人，衛國貴族，與衛嗣君同族，名憙，嗣氏，擔任衛國單父上官。

盟強　銘文作盟弘，見盟強卣（集成05257），西周早期人。

盟商　見盟商壺（集成09491），商代晚期人。

鼎　見鼎鼎（3件，集成01188—01190）、鼎簋（集成03015）、鼎觚（集成06724）、鼎尊（集成05496）、鼎卣（2件，集成04745—04746）、鼎方彝（2件，集成09837、遺珠42），商代晚期（先周）人或氏族。

鼎　見鼎瓢（集成00880），西周早期前段人。

鼎其　見鼎其鼎（集成02252），西周早期人。

豐　見豐鼎（集成02625），商代晚期人，族徽為"亞齒"。某年乙未，殷王賞給豐貝二朋。

豐　見豐方鼎（集成02275），西周早期人。

農　銘文作䢉，見農卣（集成05424），西周中期前段人。

農　銘文作𦦬，見農簋（集成03575），西周
　　早期人。

農父　銘文作𦦬父，見農父簋（集成03461），
　　西周早期人。

黽　見黽甗（集成00845），商代晚期人。

黽　見黽壺蓋（集成09677），西周晚期人。

郘公𩵋𩵋　見郘公鎛（集成11997），戰國時
　　期人。

嗌　見嗌鼎（集成01961），西周中期人。

嗌　見曶鼎（集成02838），西周中期後段人，
　　原為匡季的臣僕，後送給曶，作為盜割
　　禾稻的賠償。

蜍　銘文作𪓑，見𪓑壺（集成09531），西周
　　早期人。

瞏　見瞏鼎（集成02080），西周早期人。

睘　見作冊睘卣（集成05407），即作冊睘，
　　西周早期後段人，族徽為“𠕁”。擔任
　　周王朝作冊之職。作冊睘卣銘文載，昭
　　王十九年“王才斥，王姜令作冊睘安夷
　　伯，夷伯賓睘貝、布”

睘　見睘簋（集成03677），西周中期人。

蜀守若　見廿七年蜀守若戈（湖南沅陵三角
　　坪68號墓出土，《楚黔中地及其晚期墓
　　的初步考察》《楚文化研究論集》289
　　頁），即張若，戰國晚期人，秦昭襄王
　　二十七年（前280年）前後，擔任蜀郡郡
　　守。

蜀守宣　或釋“蜀守金”，見九年相邦呂不
　　韋戟（文物1992年11期93頁圖4、5），
　　戰國晚期人，名宣，秦王政九年（前238
　　年）前後，擔任蜀郡郡守。

蜀守武　見廿六年蜀守武戈（集成11368），
　　戰國晚期人，名武，秦始皇二十六年（前
　　221年）前後，任蜀郡郡守。

蜀守□　見卅四年蜀守□戈（秦文字圖版
　　29），戰國晚期人，秦昭襄王三十四年
　　（前273年）前後，擔任蜀郡的郡守。因
　　戈銘漫漶，名不詳，據推測當為李冰。

賦賥　見六年安平守變疾鈹（集成11671），
　　戰國時期人，趙國安平左庫冶鑄作坊的
　　工師。

賸于噈　見賸于噈盞（集成04636），春秋晚
　　期人。

遣　銘文作𨒦，見遣尊（集成05992）、遣卣
　　（集成05402）、憲鼎（集成02731），
　　西周昭穆時期人。某年十三月辛卯，周
　　王在斥，賜給遣采地和貝五朋；某年，
　　又奉命率兵征伐東國的反夷。

遣　見遣盉（集成09433），西周中期人。

遣　銘文作𨗠，見遣卣（集成05260），西周
　　中期人。

遣小子𩵋　銘文作𨒦小子𩵋，見遣小子𩵋簋
　　（集成03848），西周晚期人，名𩵋，遣
　　氏家族的小子。

遣仲　銘文作𨒦仲或𨗠仲，見窌鼎（集成
　　02755）、永盂（集成10322）、孟簋（3

件，集成04162—04164），西周中期前段人，遣氏公族。穆王晚期曾與毛公征伐無需；恭王十二年初吉丁卯，又參與周王賞賜師永土地的出命儀式。

遣妊　銘文作糩妊，見遣妊爵（2件，集成08137、小校6.34.4），商代晚期或西周早期妊姓婦女。

遣叔　銘文作趩叔，見遣叔鼎（集成02212），西周中期人，遣氏公族。

遣叔吉父　銘文作趩叔吉父，見遣叔吉父盨（3件，集成04416—04418），西周中期人，字吉父，遣氏公族。

虢胐　即虢胐，見九年衛鼎（集成02831），西周中期前段人，名胐，虢氏，裘衛的家臣。

盉　即春，見春鼎（北京文物精粹大系·青銅器卷49），西周早期人。

箄　見箄鼎（2件，集成01951—01952），西周中期人。

筥小子逆家　見筥小子簋（2件，集成04036—04037），西周中期人，名逆家，筥國國君的小兒子。

筥大叔　銘文作鄙大叔，見筥大叔壺（銅全9.76），春秋中晚期人，平的父親，筥國公族。

筥公　銘文作鄙公，見鄙公戈（文物1984年9期6頁圖9.2），春秋中期人，筥國國君，名不詳。

筥叔　銘文作鄙叔，見籚叔之仲子平鐘（9

件，集成00172—00180），即筥大叔。

筥侯　銘文作鄙侯，見鄙侯少子簋（集成04152），春秋時期人，筥國國君，析的父親，不巨的祖父。

筌胡　見七年相邦陽安君鈹（集成11712），戰國晚期人，名筌胡，筌氏，趙國邦右庫的工師。

筍伯大父　即荀伯大父，見筍伯大父盨（集成04422），西周晚期人，字大父，荀國族首領。

筍侯　即荀侯，見荀侯盤（集成10096），西周中期後段人，荀國國君，三女名叔姬。

筍侯頵　即荀侯頵，見荀侯頵匜（集成10232），春秋早期人，名頵，荀國國君。

傅　見傅尊（集成05925），西周早期人，族徽為"𡇥（亞牧）"。

傅　見小臣傅簋（集成04206），西周成王、康王時期人，擔任周王朝小臣之職，與伯俎父、師田父同朝共事。

傅史　銘文作進史，見傅史尊（集成05864），西周早期人。

備　見叔向父為備簋（集成03870），西周晚期人。

備仲　見呂服余盤（集成10169），西周中期前段人，備氏公族，名不詳。呂服余的上司，主管西六師軍務。某年二月甲寅日，曾陪同呂服余接受周王册命。

進　見進簋（2件，集成04074—04075），西周晚期人。

遹史　即傳史，見傳史尊（集成05864），西周早期人。

與　見司馬成公權（集成10385），戰國時期人，三晉某國冶鑄作坊的冶吏。

與子具　即與子具，見與子具鼎（文物1994年3期40頁圖59），春秋晚期人。

與兵　銘文作遇兵，見鄭太子之孫與兵壺（古文字研究24輯234-236頁），春秋晚期人，鄭國太子之孫。

敵史　見永盂（集成10322），西周中期人。恭王十二年某月初吉丁卯，參與授田給師永的勘界活動。

賃　見十二年扁壺（集成09685），即工師賃，戰國中期人，中山國左使車屬下的冶鑄工場的工師。

㲪　見㲪鼎鼎（集成01502），戰國時期人。

郹子行　即息子行，見郹子行盆（集成10330），春秋早期人。

梟生　見禹簋（2件，集成03912—03913），禹的上司，西周中期人。

梟叔　見梟叔盨（集成04425）、梟叔匜（集成10181），西周晚期人，梟氏公族。

樊可忌　見樊可忌豆（考古1990年10期1045頁圖2），戰國時期人，長女為仲姞。

御侯　即程侯，見御侯戈（集成11202），春秋早期程地封君，名不詳。

微　銘文作㣲或敓，見微盂（集成10309）、微罍（集成09244），西周早期人，康公的後人。

微　銘文作㣲、遣，見微尊（集成05975）、遣簋（集成03862），西周早期人，族徽為“𠂤𐀤”。

微　銘文作㣲，見微卣（集成05066），西周早期人。

微　銘文作敓，見散氏盤（又稱散盤、夨盤、夨人盤　集成10176），西周厲王時期人，夨國族眉田的田官。

微　見三年巸令樂痏戈（集成11338），戰國時期人，趙國巸縣冶鑄作坊的冶吏。

微父　銘文作敓父，見微父簋（集成03562），西周早期人。

微父　銘文作敓父，見散氏盤（又稱散盤、夨盤、夨人盤，集成10176），西周厲王時期人，散氏新任命的眉田的田官。

微仲　銘文作敓仲，見微仲鬲（集成00521），西周早期人。

微邑　銘文作敓邑，見裘衛盉（集成09456），西周中期人，擔任司土之職。三年三月既生霸壬寅，參加了矩伯庶人以土地換取裘衛的玉器服飾的土地勘界和交接儀式。

微伯　銘文作敓伯，見微伯鬲（5件，集成00516—00520）、更鼎（集成02490），即微伯瘐。

微伯瘐　銘文作敓伯瘐，見微伯瘐鋪（集成04681）、微伯瘐匕（2件，集成00972—

00973），西周中期後段時期人，名癲，
更的父親，微氏家族族長，族徽為"木
∀卌（羊冊）"，夫人為妘氏。懿王四
年二月戊戌，由司馬共陪同在周師彔宮
接受冊命；十三年九月又在司徒淲宮接
受周王的賞賜；孝王三年九月丁巳和己
丑日，分別在鄭和句陵，周王賞給羌俎
和彘俎。

微姚　銘文作𢼸姚，見叔㺇父簋（集成
04068）、叔㺇父簋蓋（2件，集成04069—
04070），西周晚期姚姓婦女，叔㺇父的
夫人。

微乘　銘文作遊乘　見微乘簠（集成04486），
春秋早期人。

微師耳　銘文作𢼸師耳，見耳尊（集成
06007），即耳，西周早期人，京公的後
輩。某年六月初吉辛卯，侯到了耳的住
處，侯讚揚耳，賜給耳十家奴僕。

微姬　銘文作𢼸姬，見臭女盨蓋（集成
04352），西周晚期姬姓女子，臭母的女
兒。

微癲　銘文作𢼸癲，見微癲盆（2件，集成
10324—10325），即微伯癲。

微絲　銘文作𢼸絲　見微絲鼎（集成02790），
西周晚期人。二十三年九月，王在宗周
命微絲管理九陂。

徥　即遲，見徥盨（集成04436），西周晚期
人。

徥王　見逨盤（盛世吉金30頁），即周夷王，

徥父　即遲父，見十三年癲壺（2件，集成

09723—09724），西周中期後段人。十
三年九月初吉戊寅，在成周王冊命微伯
癲的儀式上，擔任儐相。

徥伯　即遲伯，見伯頵父簋（集成04027），
一作犀伯（見伯頵父鼎），伯頵父的父
親，西周中晚期人，夫人吳姬。

徥叔　即遲叔，見伊簋（集成04287），伊的
祖父或父親，生世在西周中期。

舲　見舲玉戈（文物1979年12期74頁），即
小臣舲（見小臣舲犀尊），商代帝乙、
帝辛時期人，擔任商王朝小臣之職。

舲　即俞，見師舲鼎（集成02723）、師舲尊
（集成05995），西周早期後段人，擔任
西周王朝師職。某年護送周王到上侯省
視，周王賞給俞青銅。

舲　即俞，師俞簋蓋（集成04277），西周中
期後段人，擔任西周王朝師職。簋銘載，
三年三月初吉甲戌，由司馬共陪同，在
周師彔宮接受冊命，周王命師俞管理佳
人，並賜給赤市、朱黃和鑾旂。

舲伯　即俞伯，見舲伯尊（集成05849）、舲
伯卣（集成05222），西周早期人，俞國
族首領。

會始　即會姒，見會姒鬲（集成00536），西
周晚期姒姓婦女，嫁於會國族。

會媤　即會妘，見會妘鼎（集成02516），西
周厲王時期妘姓婦女，因與函皇父銅器
同地出土，或即就是鼎、簋銘中的琱妘，
函皇父的夫人。

僉莫高 銘文作僉莫高，見僉莫高卣（集成05345），西周中期前段人。

禽 見禽簋（集成04041），西周成康時期人，周公旦的長子，亦稱伯禽，成王初年任大祝之職，職司神事。成王伐蓋（蓋）侯，禽以脤器祝之，周王賜給金（青銅）百鋝。成王踐奄後，以奄國及其民人分封給周公，國號魯，但周公不就封，而以伯禽為第一代魯侯。

禽 禽鼎（集成02408）、禽作父辛鼎（集成02486），西周昭穆時期人， 妜進之弟，族徽為亞內"亞束"。

禽 見三年鈖陶令富反戈（集成11354），戰國時期人，趙國鈖陶縣冶鑄作坊的冶吏。

斂姬 見斂姬壺（集成09557），西周早期姬姓婦女。

鈴 見師袁簋（2件，集成04313—04314），西周晚期人，被師袁俘獲的南淮夷酋長。

嗇父 見嗇父盤（集成10075）、嗇父盃（集成09416），西周早期人，茲母的父親。

妊 見十八年相邦春平侯劍（集成11710），戰國晚期人，趙孝成王十八年（前248年）前後，擔任邦左庫冶鑄作坊的冶吏。

貉子 見貉子卣（集成05409），西周早期前段人。某年正月丁丑，周王到呂歔，在陟地圍獵，事畢，周王命士道饋贈給貉子三隻鹿。

頌 見蔡公子頌戈（鳥篆編下35），春秋晚期或戰國早期人，蔡國公子。

頌 見頌鼎（3件，集成02827—02829）、史頌簋（8件，集成04229—04236）、頌簋（8件，集成04332—04339）、頌壺（2件，集成09731—09732），即史頌，西周晚期人，擔任周王朝史官。三年五月既死霸甲戌，在周康卲宮太室接受冊命，周王命其管理成周貯二十家，監司新造，貯用宮御，並賜給玄衣黹純、赤韍、朱黃、鑾旂和鑾勒等。

頌人邦 見五祀衛鼎（集成02832），西周中期人，名邦，頌地人，擔任司馬之職。五年正月初吉庚戌，衛與邦君厲換田地時，邢伯、伯邑父等執政大臣命司馬頌人邦參與勘查地界和交付儀式。

豚 見豚卣（集成05365），西周中期前段人。

鳳 見鳳簋（集成03712），商代晚期人，族徽為"叔"。

解子 銘文作觶子，見解子觚（集成00874），西周早期人。

龜婦 見龜婦爵（2件，集成09029—09030），商代晚期或西周早期婦女。

詨 見虡巢鐘（8件，考古1999年11期），春秋時期人，吳國國王的後裔，虡巢之父。

詢 銘文作旬，見旬簋（集成04321），也就是師詢，西周中期後段人，擔任周王朝師職。旬簋載懿王十七年，由益公陪同在射日宮接受冊命，周王命詢繼承其祖考的官職，管理邑人，先虎臣後庸：西門夷、秦夷、京夷、臱夷、師笒、側新

（薪）、□華夷、弁豕夷、鬩人、成周走亞、戍、秦人、降人、服夷；並賜給玄衣黹純、緇韍、冋黄（絅衡）、戈琱㦸、厚柲、彤沙（緌）、鑾旂和鋚勒；師訇簋載孝王元年二月庚寅，周王命訇“惠雍我邦小大猷，邦𠇷潢辥，敬明乃心，率以乃友捍禦王身”，並賜給鬯酒、圭瓚和奴隸三百人。

稟　見三年相邦呂不韋矛（秦銘文圖版66），戰國晚期人，秦國上郡的郡尉。

稟人莽　即廩人莽，見工師初壺（集成09673），戰國晚期人，名莽，擔任秦國的廩人。

旐　見中甗（集成00949），西周早期後段人，伯買父的部屬。某年周王省視南國，隨同伯買父戍守漢、中、州等地。

廉生　銘文作䧅生，見元年王褻鈹（又名元年王褻劍，集成11660），戰國晚期人，趙國右庫冶鑄作坊的工師。舊釋杜生。

廉相如　銘文作䧅相女，見十年䧅相如鈹（又稱十年䧅相如劍，集成11685），戰國晚期人，名相如，廉氏。趙孝成王十年（前256年）前後，擔任趙國得工嗇夫，監造兵器。舊釋杜相如。

廉頗　銘文作䧅波、見十五年守相䧅波鈹（3件，集成11700—11702）、守相䧅波鈹（集成11670），戰國晚期人，趙國著名將領，趙惠文王時為將，後升上卿。屢次戰勝齊、魏等國，略取齊之幾，魏之防陵、安陽等地。長平之戰，堅壁固守，使秦出師三年，勞而無功。趙孝成王十五年（前251年）進封信平君，此年燕國大舉攻趙，廉頗率兵反擊，殺燕將栗腹，十六年進圍燕都。燕割五城求和。因功封於尉文，為信平君，擔任守相。悼襄王時，使樂乘代之。奔魏居大梁，後老死於楚。

瘖　見三年上郡守冰戈（集成11369），戰國時期人，秦莊襄王三年（前247年）前後，擔任上郡漆垣冶鑄作坊的工師。

瘨　見十八年相邦平國君鈹（考古1991年1期58頁圖2），戰國晚期人，趙國邦右庫冶鑄作坊的冶吏。

瘏　見相邦建信君鈹（濟南市博物館藏商周青銅器選粹324頁圖6、圖版15.7），戰國晚期人，趙國邦右庫冶鑄作坊的冶吏。

瘶君　即瘔君，見徐令尹爐爐（集成10391），春秋時期徐國人，者旨𦣻（諸稽耕）的祖父，瘶（瘔）地的封君。李學勤先生釋為“應君”，裘錫圭先生釋為“雁君”，者旨荊的祖輩；博熚、白堅諸先生以為即徐燕王。

瘀　見三年武信令馬師闞鈹（集成11675），戰國晚期人，趙國武信縣右庫冶鑄作坊的冶吏。

㖊䛐侯　即長信侯，見長信侯鼎蓋（原稱梁鼎蓋，集成02304），戰國晚期人，魏國的封君，名不詳，約與安釐王同時（前275—252年）。

新弨　見新弨戟（集成11161），戰國時期楚國人。

新室仲　見逨盤（盛世吉金30頁），即盠駒尊所稱的大仲，盠的父親，公叔的兒子，單公的孫子，逨的高祖，臣事周康王。

新𡥜　見新𡥜簋（2件，集成03439—03440），西周早期人。

雝　銘文作雗，見雝鼎（集成02521），西周晚期人。

雝　銘文作雗，見雝之田戈（集成11019），春秋時期人。

雝王　銘文作雟王，見雝王戈（集成11093），戰國時期燕國的封君，名不詳。

雝伯　銘文作雗伯，見雝伯鼎（集成02531），西周早期人，雝國族某代首領。

雝伯原　銘文作雗伯原，見雝伯原鼎（集成02559），西周晚期人，名原，雝氏族首領，族徽為“射令”。

雝妣　銘文作雗娷，見雗娷簋（集成03568），西周早期妣姓婦女。

逳　見十四年車𩨱（2件，集成12042—12043）、十四年衡飾（2件，集成12044—12045）、十四年蓋杠接管（8件，集成12046—12053），戰國中期人，中山國私庫冶鑄作坊的工匠。

義　見義卣（集成05213），西周早期人，族徽為“𤔠（耶）”。

義　見義盉蓋（集成09453），西周中期前段人。某年十一月既生霸甲申，王在魯，佮即邦君、諸侯、正和有司大射，義很

賣力，事後周王賜給貝十朋。

義　見十三年相邦義戈（集成11394）、王四年相邦張儀戈（西漢南越王墓圖版22.1，秦文字圖版17），即張儀。

義　見三年相邦呂不韋戟（秦銘文圖版61）、四年相邦呂不韋戈（3件，集成11308、陝西青銅器255、秦銘文圖版65）、五年相邦呂不韋戟（考古與文物1983年4期），戰國末期到秦代人，秦王政時（前246—前221年），擔任秦國官營兵器作坊的丞。

義工　見蔡公子義工簋（集成04500），春秋晚期（約蔡昭侯時）人，蔡國公子。

義友　見官変父簋（集成04032），西周中晚期人。

義公　見叔單簋（集成03624），西周早期人，叔單的長輩。

義行　見曾子義行簋（東南文化1991年1期208頁圖4.2），春秋晚期人，曾國公子。

義仲　見義仲方鼎（集成02338），西周早期人，義氏公族，其父為周季。

義伯　見義伯簋（集成03619），西周中期前段人，義國族首領。

義妣　見佣鬲（集成00586）、佣簋（集成03667），佣的祖母，生世約在商代晚期。

義叔昏　見義叔昏簋（集成03695），西周早期人，名昏，義氏公族。

義楚　見徐王義楚盤（集成10099）、義楚耑（集成06462）、徐王義楚觶（集成06513）

徐王義楚劍（集成11668）、徐王義楚之元子羽劍（集成11668），春秋晚期人，徐國國君。《左傳》昭六年有"徐義楚聘於楚"的記載，當是義楚為世子時之事。

叕愁　見客叕愁鼎（4件，集成01803—01806），戰國晚期人。

溓公　銘文作㳠公，見弯鼎（集成02740）、司鼎（集成02659）、厚趠方鼎（集成02730），西周早期後段人，周王朝的執政大臣，征伐東夷的主帥。

溓仲僕　銘文作㳠仲廬，見令鼎（集成02803），西周早期人，名僕，溓氏公族。某年，曾陪同周王在諆田大耤農，舉行射禮。

溓季　銘文作㳠季，見㳠季鬲（集成00495）、太史觶（陝金1.533），西周早期後段人，溓氏公族，擔任周王朝太史之職。

溓俗父　銘文作㳠俗父，見溓俗父鼎（集成02466），西周晚期人。

溓姬　銘文作㳠姬，見溓姬簋（集成03978），西周中期姬姓婦女。

溓粦　銘文作㳠粦，見九年衛鼎（集成02831），西周中期人，九年正月既死霸庚辰，曾與矩伯庶人以土地換取裘衛玉器服飾的交接儀式。

盜叔　即浍叔，見盜叔壺（2件，集成09625—09626）、盜叔之行戈（集成11067），春秋中期人，曾國貴族，封於浍，故以浍為氏。

嶜子　即榮子，見嶜子盂（2件，集成09390—09391），亦作焚子（見榮子方尊、榮子方彝），也就是榮子旅。

嶜子旅　即榮子旅，見嶜子旅鼎（集成02320）、嶜子旅鬲（集成00582），亦作焚子旅（焚子旅卣），西周早期後段人，名旅，榮國族。

塞　銘文作宰，見塞簠（集成04524），西周晚期人。

塞公屈頴　銘文作宰公屈頴，見塞公屈頴戈（藏西安錢幣學會某人），春秋中期人，名頴，屈氏，塞地封君。

寬兒　銘文作宲兒，見寬兒鼎（集成02722），春秋晚期人，蘇公之孫。

寬圖孟姜　銘文作宲圖孟姜，見齊侯敦（集成04645）、齊侯盤（集成10159）、齊侯匜（集成10283），春秋晚期人，齊侯的長女，嫁於寬氏家族。

袁　見袁鼎（集成02819）、袁盤（集成10172），西周厲王時期人，即師袁（見師袁簋），擔任周王朝師職。盤銘載二十八年五月既望庚寅，王在康穆宮太室冊命袁，並賜給袁玄衣、黹純、赤市、朱黃、鑾旂、鋚勒、戈琱威、厚柲、彤沙（綏）；鼎銘載某年袁奉周王之命，率齊、曩、萊、僰等邦國的部隊和虎臣編成的左右兩軍，征伐淮夷，大量殺死和俘虜淮夷士兵，捉住淮夷酋長丹、鐵、鈴、達等人，並擄掠了許多奴隸、牛羊和青銅。

宴婦陸姑 即宄婦陸姑,見義伯簋(集成03619),西周中期前段姑姓婦女,義伯的夫人。

窘 見窘尊(集成05777),西周早期人。

寧 見寧簋蓋(2件,集成04021—04022),西周昭穆時期人。

寧 見寧作父辛觶(集成06419),西周早期人。

寧 見廿七年寧缶(集成09997),戰國時期魏國人。

寧史 見耳卣(集成05384),耳的上司,西周早期人。

寧母 銘文作宁母,見寧母父丁方鼎(集成01851)、寧母方鼎(集成02107)、寧母鬲(集成00462),商代晚期或西周早期婦女。

寧遹 見寧遹簋(集成03632),西周早期人。

寔玄 即寢玄,見寢玄爵(集成08296),商代晚期人。

福 見八年鳥柱盆(集成10328),戰國中期人,中山國冶鑄作坊的工匠。

褚 見八年新城大令韓定戈(集成11345),戰國晚期人,趙國新城冶鑄作坊的冶吏。

發見駒 見發見駒簋(集成03750),西周早期前段人,族徽為"羊夅"。

賣 見賣簋(集成03335)、賣尊(集成05883)、賣卣(集成05283)、賣父辛卣(集成04971)、賣父辛觶(集成06320),西周早期人,亡父的諡號為父辛。

賣 見賣卣(2件,集成05290、文博1984年3期77頁圖2),西周中期前段人,亡父的諡號為父癸。

賣引 見賣引瓿(集成07278)、賣引觥(集成09288)、賣引勺(集成09915),商代晚期人。

賣甲 見賣甲罍(集成09773),商代晚期人。

間 見四年相邦樛斿戈(集成11361),戰國中期人,上造爵(二等爵),秦惠文王後元四年(前321年)前後,在櫟陽冶鑄作坊當技術工。

群 見子璋鐘(7件,集成00113—00119),析的父親,子璋的祖父,春秋中晚期許國人。

辟 見辟卣(考古與文物1990年5期38頁圖9.8、9),西周早期後段人,其父為父癸,族徽為"Ⅲ"。

辟東 見辟東尊(集成05869),西周早期人。

遲 銘文作徲,見徲盨(集成04436),西周晚期人。

遲王 見南離厥辭簋(2件,集成04188—04189),南離厥辭的祖父,生世在西周中期。

遲父 見遲父鐘(集成00103),亦作徲父(見十三年癲壺),西周中期後段人,其夫人為姬齊姜。懿王十三年九月戊寅,在周王冊命微伯瘋的儀式上，擔任儐相。

遲公 見元年師旋簋（4件，集成04279—04282），即遲叔，西周夷厲時期的重臣，屬王元年四月既生霸，在周王冊命師旋的儀式上，擔任儐相。屬王二十七年去世。

遲伯 見仲叡父簋（2件，集成04102—04103），仲叡父的父親，生世在西周早期，夫人為遲姬。

遲伯 銘文作㠱伯，見伯頵父簋（集成04027），一作㠱伯（見伯頵父鼎），伯頵父的父親，西周中晚期人，夫人吳姬。

遲叔 銘文作㠱叔，見伊簋（集成04287），伊的父親，生世在西周晚期。

遲姬 見仲叡父簋（2件，集成04102—04103），仲叡父的母親，生世在西周早期。

隃鐙 見七年宅陽令隃鐙矛（集成11546），戰國時期人，韓國宅陽縣縣令。

隝仲僕 見隝仲僕盤（集成10083），西周早期人，名僕，隝氏公族，族徽為"△（京）"。

隁孟姬 見釜伯鬲（集成00696），西周中期姬姓婦女，釜伯的夫人。

隆矩 即附矩，見五祀衛鼎（集成02832），西周中期前段人，擔任司工之職。恭王五年正月初吉庚戌，裘衛與邦君厲交換田地時，邢伯、伯邑父等執政大臣命附矩參與勘查地界和交付儀式。

娟氏 即妘氏，見㪅鼎（集成02490），㪅的母親，西周中期妘姓國女子，微伯瘋的夫人。

媿氏 見鼍簋（4件，集成03931—03934）、鼍盤（集成10119）、鼍盉（集成09442）、鼍匜（集成10247），西周中期媿姓婦女，鼍的母親。

媿氏 見伯燉簋蓋（2件，集成03692—03693），西周中期媿姓婦女，伯燉的夫人。

媿霝 見圉君鼎（集成02502）、圉君婦媿霝盉（集成09434），西周中期媿姓婦女，圉君的夫人。

嫊仲 見嫊仲簋（集成03620），西周晚期婦女，父親（或丈夫）為乙伯。

絮 即紹，見陳共車飾（集成12040），戰國末期人，楚幽王熊悍時期（前237—前228年）楚國冶鑄作坊的冶吏。與紹全或為同一人。

絮全 即紹全，見楚王酓忎鼎（集成02795）、楚王酓忎盤（集成10158）、冶紹全匕（2件，集成00977—00978），戰國末期人，楚幽王熊悍時期（前237—前228年）擔任楚國冶鑄作坊的冶師。

翟父 見翟父方鼎（3件，集成02453—02455），西周早期人。某年，周王曾賜給翟父貝。

殺 見殺甗（集成00882）、殺簋（集成03517），西周早期人。

㲚由　或釋為"㲚古"，見㲚由方尊（集成
　　05769），西周早期人。

䌛　見䌛簋（2件，集成04192—04193），西
　　周中期人。

緁　見廿一年鄭令戈（集成11373），戰國晚
　　期人，韓國鄭縣冶鑄作坊的冶吏。

十 四 劃

盢 即䨈，見䨈鼎（集成02067），西周中期
前段人。

遳 即遳，見小臣遳鼎（集成02581），西周
中期前段人，擔任周王朝小臣之職。

遳 即遳，見遳盂（集成10321），西周晚期
人。某年，曾奉周王后之命前往遂十遴
選宮人宮婢。

蕢塦 見鄰子蕢塦鼎（集成02498），春秋晚
期或戰國早期人，名蕢塦，鄭國公子。

夢 見卅四年頓丘令燮戈（集成11321），戰
國中期人，魏惠王三十四年（前337）前
後，擔任頓丘左庫冶鑄作坊的冶史。

蒼姜 見吳虎鼎（考古與文物1998年3期70
頁圖2），西周宣王時期人，吳虎土地的
西鄰。

蒼酖 見蒼酖觶（2件，北窯墓94頁圖51.1—
圖51.2），西周中期前段人，其父的日
名為父己。

蒈 見蒈簋（故宮博物院院刊2001年1期），
西周中期前段人，楷仲之子。某年十月
初吉壬申，馭戎侵犯楷國，蒈與戎戰鬥，
殺死許多敵人，楷侯賞給蒈馬四匹、臣
一家和貝五朋。

嘉 見哀成叔鼎（集成02782），即哀成叔，
戰國中期人，鄭國最後一位君主康公之
子，少年時因韓哀侯滅鄭（前375年）便
離開了父母之邦，寓居周都王城。

嘉 見寺工聾戈（集成11197），戰國晚期人，
秦王政時（前246—前221年）是官營冶
鑄作坊的工匠。

嘉母 見嘉母卣蓋（集成04762），西周早期
婦女。

嘉姬 見陳侯簠（集成03903），春秋早期姬
姓婦女，陳侯的夫人。

嘉㜌 即嘉芈，見王子申盞（集成04643），
春秋晚期芈姓婦女，王子申的夫人。

臺 見廿九年太后漆盦（又稱廿九年太后漆
樽，文物1979年12期，秦文字圖版27），
戰國晚期秦國人，秦昭襄王二十九年（前
278年）前後，是太后宮中的工大人（年
長的冶鑄工）。

壽 見壽簋（集成10558），西周早期人。

壽 見十二年上郡守壽戈（2件，集成11404，
集成11363）、十三年上郡守壽戈（秦文
字圖版21）、十五年上郡守壽戈（集成
11405），即向壽，戰國晚期人，秦昭襄
王十二年到十五年（前295—前292年）
期間，擔任上郡郡守，十三年伐韓取武
始。

壽母 見鄦麥魯生鼎（集成02605），春秋早
期人，鄦麥魯生之女。

壽商 見九年衛鼎（集成02831），西周中期
人，顏陳家的有司（管事者）。

趞 見五祀衛鼎（集成02832），西周中期人，

又稱邑人趞，擔任司土之職。五年正月初吉庚戌，衛與邦君厲換田地時，邢伯、伯邑父等執政大臣命司土趞參與勘查地界和交付儀式。

趞伯 見小盂鼎（集成02839），西周康王時期人，越國族首領。康王二十三年隨盂征伐鬼方，立有戰功。

趙不𦀚 銘文作肖不𦀚，見十一年庫嗇夫鼎（集成02608），戰國晚期人，名不𦀚，魏國貯氏的庫嗇夫。

趙亡智 銘文作肖亡智，見廿七年大梁司寇鼎（2件，集成02609—02610），戰國晚期人，名亡智，趙氏，安釐王二十七年（前250年）前後，擔任大梁的司寇。

趙世 銘文作肖世，見佊令趙世鈹（集成11669），戰國晚期人，名世，趙氏，趙孝成王時（前265—前245年）擔任佊縣縣令。

趙它 銘文作肖它 見卅一年鄭令楷涺戈（集成11398）、卅二年鄭令楷涺矛（集成11555）、卅三年鄭令楷涺劍（集成11693）、卅四年鄭令楷涺矛（集成11560），戰國晚期人，名它，趙氏，韓桓惠王三十一年到三十四年（前242—前2239年）期間，擔任鄭縣的司寇。

趙或 銘文作肖或 見二年邦司寇趙或鈹（保金274），戰國晚期人，名或，趙氏，趙王遷二年（前234年）前後，擔任趙國的邦司寇。

趙狐 銘文作肖，見廿九年相邦趙狐戈（集成11391），戰國晚期人，名狐，趙氏，趙惠文王二十九年（前270年）前後，擔任趙國的相邦。

趙明 見趙明戈（趙卿墓92頁），春秋晚期晉國人，名明，趙氏，即趙孟，亦即趙鞅（趙簡子）。陶正剛先生認為是晉大夫趙簡子趙鞅。《史記·趙世家》："趙景叔卒，生趙鞅，是為簡子。"又"晉出公十七年（前458年），簡子卒，太子毋卹代立，是為襄子。"一釋為懷或眚，即朔，趙朔為趙簡子之祖。

趙孟 見趙孟𠂤壺（2件，集成09678—集成09679），即趙鞅，春秋晚期人。晉國正卿，又稱趙簡子，後名志父，史稱趙簡主。其先為范氏、中行氏所攻，走保晉陽（今山西太原）；後發兵支持公室，反擊范氏、中行氏，連克朝歌（今河南淇縣）、邯鄲（今河北邯鄲），使范氏、中行氏出奔齊國。趙鞅將范宣子所著的《刑書》鑄成刑鼎，擴大實行按軍功賞田封官，提高庶人、奴婢身份，使私家勢力日益強大。

趙軷 銘文作肖軷，見六年庰令趙軷戈（集成11320），戰國晚期人，名軷，趙氏，趙國庰縣縣令。

趙狽 銘文作肖狽 見十一年藺令趙狽矛（集成11561），戰國晚期人，名狽，趙氏，趙國（？）藺縣縣令。

趙距 銘文作肖距 見十四年鄭令趙距戈（集成11387）、十五年鄭令趙距戈（集成

11388）、十六年鄭令趙距戈（集成11389），戰國晚期人，名距，趙氏，韓桓惠王十四年到十六年（前259—前257年）期間，擔任鄭縣縣令。

趙閒　銘文作肖閒，見四年相邦春平侯鈹（集成11707），戰國時期人，名閒，趙氏，趙悼襄王四年（前241年）前後，擔任邦左庫冶鑄作坊的大工尹。

趙閒　銘文作肖閒，見□年邦府戈（集成11390），戰國晚期人，名閒，趙氏，趙國邦府的大夫。

趙新　銘文作肖新，見十二年邦司寇趙新劍（集成11676），戰國晚期人，名新，趙氏，趙國邦司寇。

趙瘠　銘文作肖瘠，銘文作肖瘠，見元年相邦春平侯矛（集成11556）、二年相邦春平侯鈹（集成11682）、三年相邦春平侯鈹（集成11683）、相邦春平侯鈹（集成11688），戰國晚期人，名瘠，趙氏，趙悼襄王元年到三年（前244—前242年）期間，擔任左庫冶鑄作坊的工師。

趕叔　見易旁簋（2件，集成04042—04043），西周早期人，易旁的上司。某年，曾賜給易旁貝三朋、臣三家。

鴻叔　見鴻叔鼎（集成02615）、諓簋（2件，集成03950—03951），即鴻叔，西周早期後段人，名諓，鴻氏家族。曾隨昭王南征楚荊。

塘　銘文作韋，見韋鼎（集成01966），西周早期人。

挲飲生　即陽飲生，見陽飲生匜（集成10227），西周晚期人。

鞅　見商鞅方升（集成10372）、十三年大良造鞅戟（集成11279）、十六年大良造庶長鞅鐓（集成11911）、十九年大良造庶長鞅殳鐓（秦文字圖版15）、大良造鞅鐓（秦文字圖版16），戰國中期人，公孫氏，出生在衛國。少時好刑名之學，事衛相公孫痤，為中庶子，公孫痤死後，乃西入秦，秦孝公任為左庶長，爵為大良造，卒定變法之命，廢井田，開阡陌，改賦稅之法，行之十年，秦國大治，遂封於商，號商君，故稱商鞅，後為秦惠文王所誅。《史記·秦本紀》載：秦孝公六年（前356年）拜鞅為左庶長，十年封爵大良造。

椙　見椙鼎（集成01967），西周中期人。

椙侯　見椙侯壺（2件，集成09586—09587），西周晚期人，椙國國君。

檜伯　即縣伯，見縣改簋（又稱縣妃簋、縣伯彝，集成04269），西周中期前段人，縣氏家族首領，縣改的丈夫。

檜改　即縣改，見縣改簋（又稱縣妃簋、縣伯彝，集成04269），西周中期前段改姓婦女，縣伯的夫人。某年十三月既望，伯屖父賜給縣改爵瓚之戈、琱玉和黃雘。

檜改　即縣改，見仲義君簠（陝金1.458），戰國時期改姓婦女，仲義君的夫人。

憲　見憲鼎（集成02731）、憲鬲（集成00631）、憲甗（集成00862）、憲簋（集成03868）、𨓞尊（2件，集成05819—05820）、𨓞卣（集成05187）、𨓞作父丁卣（集成05209）、𨓞觥（集成09289），西周昭王到穆王時期人。曾跟隨趞征伐東國的反夷，作戰勇敢，衝鋒陷陣，並繳獲了敵人的兵器。

𨓞　或釋為"遣"，見𨓞鬲（集成00631），西周早期後段人。

𨓞　見曶鼎（集成02838），西周中期後段人，原為匡季的臣僕，後送給曶，作為盜割禾稻的賠償。

𠂤比　或釋為𠂤从，見𠂤比簋蓋（集成04278），即𠂤攸比，西周晚期人，名比，𠂤攸氏。三十二年三月初吉壬辰，𠂤比將攸衛牧告到周王那裏，說："汝爰我田，牧弗能許𠂤比"，周王命虢旅審理此案。

輔伯　見師嫠簋（2件，集成04324—04325），師嫠的父親，西周中期人，輔氏家族首領。擔任周王朝樂師，官司小輔。

輔伯㕡父　見輔伯㕡父鼎（集成02546），西周晚期人，字㕡父，輔氏家族首領，長女為豐孟妘。

輔師嫠　見輔師嫠簋（集成04286），西周中晚期人，名嫠，輔氏，擔任周王朝師職，管理演奏小輔和鐘鼓的人。輔師嫠簋載，某年九月既生霸甲寅，榮伯陪同在周康宮接受冊命，周王命其繼承祖考的官職繼續管理輔，賜給緇韍，素黃和鑾旂，並增賜玄衣、黹純、赤市朱黃、戈彤沙（緌）琱㦸和繪有五日的旗幟。師嫠簋載，十一年九月初吉丁亥，由宰琱生陪同在周太室接受冊命，周王命師嫠繼承其祖考的官職，管理演奏小輔和鼓鐘的人，並賜給素韍，金黃、赤舄、和鋚勒。

叡　見叡簋（2件，集成03888—03889）、叡盤（集成10110），西周晚期人。

奪　銘文作𡙇，見𡙇作父丁鼎（集成02366）、奪尊（集成05921）、奪壺（2件，集成09592—09593）、奪卣（2件，集成05330—05331），西周早期後段人，族徽為"𠃬冊（允冊）"。

奪　銘文作𡙇，見奪作寶簋（集成03372），西周中期人。

臧币　即臧師，見郾客問量（集成10373），戰國中期楚國人，名師，臧氏，擔任楚國羅莫敖之職。

臧孫　見臧孫鐘（9件，集成00093—00101），春秋晚期吳國人，攻敔仲冬戚之外孫，坪的兒子。

臧嘉　見郾客問量（集成10373），戰國中期燕國人。

㸚　即髮，見㸚鐘（集成00035），西周中晚期人。

敔　即敔，見敔簋（集成04323）、十一月敔簋蓋（考古與文物1991年6期64頁圖2），西周晚期人。某年十月，南淮夷的遱、殳，侵犯洰、昴、參泉，裕敏，陰陽洛等地，周王命令敔追攔于上洛，烅谷，一直到達伊才班師回朝，這次戰役殺敵一百餘名，俘虜四十人，奪回被敵人擄去的周人四百；十一月在周廟獻聝獻俘，周王賞給敔圭、瓚和貝五十朋，賜給敔地的土地五十田、早地的土地五十田；某年十一月乙亥日，周王在康宮，來到齊伯室，賜給敔貀裘。

零商　即露商，見九年鄭令向佃矛（集成11551），戰國晚期人，韓桓惠王九年（前264年）前後，擔任鄭縣的司寇。

貲　見十年銅盒（集成10358）、八年冶匀匜（集成10257），戰國中期人，中山國左使車屬下的冶鑄工。

朢　見朢爵（集成09094），西周早期人。

朢　見朢簋（集成04272），即師朢，西周中期後段人，擔任周王朝師職。十三年六月初吉戊戌，由宰倗父陪同在周新宮太室接受冊命，周王命朢主管畢王家，並賜給赤㊁市和鑾旂。

歐侯　見歐侯尊（保金續77），商代晚期諸侯。

監伯　見南𩰫厥辭簋（2件，集成04188—04189），南𩰫厥辭的父親，生世在西周中晚期。

監旻　即監曼，見鄧孟壺蓋（集成09622），西周晚期人，鄧國公室之女，鄧孟的大姑或小姑子。

監姬　見叔碩父鼎（集成02596），西周晚期姬姓婦女，叔碩父的夫人。

檠父　見檠父鼎（集成02194），西周中期人。

䱷　見䱷甗（集成00849），西周早期人。

對　見對尊（2件，集成05918—05919）、對卣（集成05328），西周中期前段人，族徽為“亞（亞木）”。

對　見對罍（集成09826），西周中期人，族徽為“冉（冉）”。

對　見蔡簋（集成04340），西周晚期人。

嘗公　見效尊（集成06009），西周早期後段人。某年四月初吉甲午，嘗公將周王賜給他的五十朋貝中的二十朋賜給效。

鄦仲　見自方鼎（4件，集成02264—02267），西周早期人，鄦國公族。

鄦仲孛　見隩仲孛簋（集成03918），西周中期人，名孛，鄦氏家族，族徽為“丿”。

鄦姞　見尹叔鼎（集成02282），西周中期人，尹叔的女兒，嫁於鄦國。

鄦季姚好　見井南伯簋（集成04113），西周中期姚姓婦女，名好，嫁於鄦氏家族。

團宮　見𣪘子鼎（集成02345），𣪘子的家廟。

團宮　見召尊（集成06004）、召卣（集成05416），召的家廟。

圖　見子廟圖尊（集成05682）、子廟圖方彝（集成09870），商代晚期人，名圖，族徽為“子廟”。

圖　見五年相邦呂不韋戈（2件，集成11380、集成11396）、八年相邦呂不韋戈（集成11395），戰國晚期人，秦王政五年到八年（前242—前239年）期間，擔任秦國詔事之職。

鼍 見左使車工鼍鼎（集成02091）、左使車壺（集成09562）、左使車工鼍豆（集成04665）、左使車勺（集成09926）、十四年雙翼神獸（集成10447）、左使車山形器（集成10451），戰國中期人，中山國左使車屬下的冶鑄工。

叟 見叟方彝（集成09877），商代晚期人，族徽為"卌（冊）"。

鳴士卿 銘文作敭士卿，見鳴士卿尊（集成05985），西周早期人，族徽為"子♣"。某年丁巳日，周王在新邑賜給鳴士卿一朋貝。

蛞公諴 即郜公諴，見郜公諴簠（集成04600），西周晚期人，名諴，下郜國國君。

遷 即疑，見遷觶（集成06480），西周早期人，族徽為"𠬝（冏）"。

稇 見稇卣（集成05411），西周中期前段人，族徽為"戉"。某年，曾跟隨師雍父戍守古師，師雍父賜給貝三十鋝。

槽妊 即趙妊、遣妊，見遣妊爵（集成08137），商代晚期或西周早期妊姓婦女。

簇亞醽 銘文作葡亞醽，見葡亞醽角（集成09102），商代晚期人。某年丙申日，商王在彙地，賞給葡亞醽貝。

簞 見簞匜（集成10251），西周晚期人。

簡 見工簡鼎（集成02707），戰國中期人，中山國右使車屬下的冶鑄工。

散伯 即散伯，見散伯簋（4件，集成03777—03780）、散伯匜（集成10193），西周晚期人，散國族首領，名不詳。

散姬 即散姬，見散姬方鼎（集成02029），西周中期姬姓婦女，嫁於散氏家族。

絲 即繁，見繁簋殘底（集成04146），西周早期人。某年十一月初吉辛亥，公命繁事於昊伯，昊伯儐贈柀廿、貝十朋。

毓子 見呂仲僕爵（集成09095）、呂仲僕尊（希古5.3.2、總集4826），西周早期後段人，呂國族，族徽為"或"。

毓祖丁 見毓卣（集成05396），毓的祖父，生世在商代晚期。杜乃松先生認為此毓祖丁可能指商帝辛（紂）的祖父文丁（見《談毓祖丁卣等三件商代長銘銅器》《文物》1984年10期）。

晨 即晨，見晨簋（集成03366），西周早期人，族徽為"𠬝（冏）"。

晨 即晨，見晨簋（集成03367），西周早期人。

晨 即晨，見伯晨鼎（集成02816）、師晨鼎（集成02817），晨盤（集成10092），西周中期後段人，擔任周王朝師職，故又稱師晨。懿王三年三月甲戌，由司馬共陪同在周師录宮太室接受冊命，作冊尹宣佈王命，周王命師晨輔佐師俗管理邑人小臣、膳夫、守友、官犬，以及甸人膳夫、官、守、友，並賜給赤舄。

晨公　即晨公，見都公孜人鐘（集成00059），上都國國君孜人父親，可公的兒子，生世在西周晚期。

僕　見史僕壺（2件，集成09653—09654），即史僕，西周晚期人，擔任周王朝史官。

僕麻　見僕麻卣（考古與文物1990年5期38頁圖9.13、14），西周早期人，族徽為"￼"。某年壬寅日，州子賜給僕麻帛及貝二朋。

雝王　見雝王戈（集成11093），即雝王。

歇　見廿二年臨汾守暊戈（集成11331），戰國晚期人，秦王政二十二年（前225年）前後，在臨汾郡冶鑄作坊當工匠。

魃父　即魃父，見魃父卣（集成05243），西周早期後段人，族徽為"￼"。

歸夗　見乖伯簋（或稱𠈌伯簋，集成04331），即乖伯歸夗，西周中期後段人，名歸夗，乖國國君（異姓諸侯）。

𦎡　見𦎡尊（集成05979），西周早期人，族徽為"何車"。

䀠　見䀠簋（集成03654），西周中期前段人，族徽為"￼（射）"。

躬平君　即信平君，見十六年守相信平君鈹（《遺珠》178號），廉頗的封號。《史記·趙世家》載：（孝成王）"十五年，以尉文封相國廉頗為信平君。"《正義》曰："尉文蓋尉州地也。信平廉頗號也，言篤信而平和也。"趙孝成王時（前265—前245年）擔任趙國守相。

微　見微冀鼎（集成01490），商代晚期人，族徽為"￼（冀）"。

微子　見微子戈（3件，集成10904—10905、集成11076），春秋晚期人。

艅伯　見艅伯簋（集成10546），西周早期人，艅氏家族首領。

鍼公　即成公，見叔尸鐘（13件，集成00272—00284）、叔尸鎛（集成00285），鐘、鎛銘曰："其配襄公之出鍼公之女"，郭沫若認為是秦成公。楊樹達認為是杞成公，說："考宋襄公元年當魯僖共十年，居齊靈公元年當魯成公十年者恰為六十年，年代正相合。其謚成之諸侯，除楚成王稱王，與此文不合，不必論外，有二人可以推論。其一為秦成公，其元年當魯莊共三十一年（前663年），時代略早，尚可銜接，然秦僻在西戎，中原之宋與之連婚，殆為事所難有。有其一為杞成公，杞成公以魯僖公六年（前654年）即位，在位凡十八年，與宋襄公同卒於魯僖公二十三年，二君時代相當，宋杞地望又相接，又同是二王之後，二國連姻，最為近理。……《史記·杞世家》奪去成公一代，集解引《世本》補訂之。"（見楊樹達《積微居金文說》49頁）

貍　見貍尊（集成05904），西周中期前段人，族徽為"單"。

𤔲　即𤔲、申，見作冊𤔲尊（集成05991）、作冊𤔲卣（集成05400），西周早期人，擔任周王朝作冊之職，族徽為"肖冊（冊）舟"。明保殷成周之年，曾賜給𤔲鬯酒和貝幣。

𤔲父　即䰜父、申父，見𤔲父簋（集成03559）、𤔲父盤（集成10068）、𤔲父盉（集成09395），西周中期前段人。

脁　見脁卣（集成05361），西周早期人，族徽為"🧍🦀"。

𠚪　見𠚪鼎（集成02838），西周中期後段人，限的下屬。某年四月丁酉，曾參與限和𠚪為五個奴隸的訟事，因限敗訴，𠚪還贈給𠚪的屬吏𢆶五百支箭。

畬　見小子畬卣（集成05417），即小子畬，商代晚期人，族徽為"🦋（冀）"。

𤐫　見𤐫尊（曲村505頁圖702.3），西周早期後段人。

詩　銘文作𢼸，見旅仲簋（集成03872），西周晚期人，旅氏家族。

諏公　見室叔簋（三代8.51.1），室叔的父親，生世在西周中期。

諻安君　即信安君，見信安君鼎（集成02773），戰國中期人，魏國公族，名魏信，曾任魏國的相邦，封號信安君。

諻陰君　即信陰君，見信陰君庫戈（集成11055），戰國時期人，某國的封君，名不詳。

稾朝　見十九年江千鼎（又稱享陵鼎、廿四年稾朝鼎，集成02693），戰國晚期魏國人，梁惠王到安釐王時期守護享陵之官。

畗伯　見畗伯簋（集成03526），西周早期人，畗氏家族首領。

畗姜　見畗姜鼎（集成02028），西周中期姜姓婦女。

敢　見廿年寺工矛（集成11548），戰國晚期人，秦王政廿年（前227年）前後，在秦國冶鑄作坊當工匠。

旂　見旂簋（集成03628），西周早期人。

齊　見齊卣（集成0520），西周早期人。

齊　見六年漢中守戈（集成11367），戰國晚期人，秦昭襄王六年301（前306—前251年）前後，擔任漢中郡冶鑄作坊的左工師。

齊史逗　見齊史逗簋（集成03740），西周中期人。

齊史遬　即齊史疑，見齊史遬觶（2件，集成06490—06491），西周早期人，名疑，擔任齊國史官。

齊生魯　見齊生魯方彝蓋（集成09896），西周中期前段人，名魯，字齊生。

齊母京　見齊母京爵（2件，集成08753—08754）商代晚期人。

齊仲　見齊仲簋（2件，考古1994年4期377頁圖1），西周早期人，齊國公族。

齊弁史喜　見齊弁史喜鼎（集成02586），西周晚期人。

齊伯　見十月敢簋蓋（考古與文物1991年6

期64頁圖2）。銘文作“格齊伯室”，在這裏是指齊人的始族姜太公呂尚的宗廟。

齊巫姜　見齊巫姜簋（集成03893），西周晚期齊國女子。

齊叔姬　見齊叔姬盤（集成10142），西周晚期姬姓婦女，某代齊國國君的夫人。

齊侯　見齊侯匜（集成10272）、齊侯作孟姬盤（集成10123），西周晚期或春秋早期人，齊國國君，夫人為虢國國君的長女，字良母，姬姓。

齊侯　見齊侯盤（集成10117）、齊侯匜（集成10242），春秋中期人，齊國國君，其夫人為𣏟姬。

齊侯　見洹子孟姜壺（2件，集成09729—09730），此齊侯指齊景公，孟姜雷的父親，莊公之弟，名杵臼。公元前547年即位，在位五十八年。史書載其好治宮室，聚狗馬，厚賦重刑。彗星見，公坐柏寢嘆曰：“美哉！泱泱乎，堂堂乎，誰有此乎。”群臣皆泣，晏嬰諫，後公與魯定公會於加谷，以孔子相魯，懼其霸，從黎鉏之計，方會進萊樂，孔子以禮讓公，公慚，乃歸魯侵地。

齊侯　見齊侯敦（集成04645）、齊侯盤（集成10159）、齊侯匜（集成10283），春秋晚期人，齊國國君，長女為寬闟孟姜。

齊侯　見叔尸鐘（13件，集成00272—00284）、叔尸鎛（集成00285），此齊侯指齊靈公，名環，齊頃公之子，公元前581年即位，在位二十八年。二十七年（前555年）晉國伐齊，齊師敗，靈公想放棄臨淄出走，晏嬰勸阻，靈公不聽，曰：“君亦無勇矣”，晉兵遂圍臨淄，焚城郭而去。

齊侯　見陳逆簠（2件，集成04629—04630），戰國晚期人，齊國國君，即齊平公，名驁，齊簡公之弟。公元前480年即位，在位二十五年。即位後以田常為相，田常專政，割安平以東為田氏封邑。

齊侯　見齊侯盂（集成10318），春秋晚期人，齊國國君，次女仲姜。張劍先生據此盂為嫁女媵器，且出土於洛陽中州渠推測，此齊侯當為《左傳》襄公十五年周定王娶齊靈公之女為妻的齊靈公（見《齊侯鑑銘文的新發現》《文物》1977年3期）。

齊侯　見齊侯敦（2件，集成04638—04639），春秋晚期人，齊國國君，名不詳。

齊侯子行　見齊侯子行匜（集成10233），春秋早期人，齊侯之子，名子行。

齊皇　見齊皇壺（集成09659），春秋時期人。

齊姜　見齊姜鼎（集成02148），西周中期前段齊國女子，邢叔的夫人。

齊姜　見遲父鐘（集成00103），西周晚期齊國女子，遲父的夫人。

齊婞　見齊婞尊（集成05686），商代晚期婦女，族徽為“𠁩”。

齊婦　見齊婦鬲（集成00486），西周早期前段婦女，族徽為"✲（羕）"。

齊趫父　見齊趫父鬲（2件，集成00685—
00686），春秋早期齊國人，字趫父，夫
人為孟姬。

齊縈姬　見齊縈姬盤（集成10147），春秋後
期姬姓女子，嫁於齊國公室。

齊媞姬　見齊媞姬簠（集成03816），西周晚
期姬姓女子，嫁於齊國公室。

鄵　見鄵戈（集成11027），春秋晚期人。

鄵子白　見鄵子白鐸（中原文物1997年4期12
頁圖11、12），春秋晚期人。

鄵伯受　見鄵伯受簠（集成04599），春秋中
期人，名受，嬴姓，鄵國族首領。

飙丂卣　見飙丂卣觥（又稱般觥，集成
09299），西周早期人。某年，王令般既
米於飙丂卣，族徽為"來"。

榮　銘文作燅，見大盂鼎（集成02837）、小
盂鼎（集成02839）、榮簋（集成04121），
周公旦的後裔，西周康昭時期的重臣。
康王二十三年曾參與審訊戰爭中俘虜的
鬼方酋長。

榮　銘文作燅，見緒簋（2件，集成04192—
04193）、師訇簋（集成04342），西周
中期後段人。孝王元年二月庚寅，在周
王冊命師訇的儀式上，擔任儐相；某年
十二月丁亥，周王又命榮對緒進行冊命
和賞賜。

榮子　銘文作燅子或䎞子，見榮子鼎（集成
02206）、榮子方尊（集成05843）、榮

子方彝（2件，集成09880—09881）、榮
子盤（集成10069）、䎞子盉（2件，集
成09390—09391）、榮子戈（集成
10888），即榮子、榮子旅。

榮子旅　銘文作燅子旅或䎞子旅，見榮子旅
鼎（集成02503）、榮子旅甗（集成
00930）、榮子旅簋（集成03584）、䎞
子旅鼎（集成02320）、䎞子旅鬲（2件，
集成00582—00583）、榮子旅卣（集成
05256），西周早期人，名旅，榮族首領。

榮有司冉　銘文作燅又司冉，見榮有司冉鼎
（集成02470）、榮有司冉鬲（集成
00679），西周晚期人，名冉，嬴姓，榮
公室的有司（管事者），女兒為朧母。

榮仲　銘文作燅仲，見榮仲爵（北窰墓218
頁圖116.3），西周早期人，榮國公族，
名不詳。

榮伯　銘文作燅伯，見衛簋（4件，集成
04209—04212）、裘衛盉（集成09456）、
應侯見工鐘（4件，集成00107—00108、
保金續158—159）、卯簋蓋（集成
04327）、永盂（集成10322），西周中
期前段人，榮國族首領，周王朝的執政
大臣。某年正二月，辛未日，曾陪同應
侯見工在康廟接受周王賞賜。

榮伯　銘文作燅伯，見康鼎（集成02786）、
弭伯師耤簋（集成04257）、輔師嫠簋（集
成04286），西周中期後段人，榮國族首
領，周王朝的執政大臣，曾和邢伯、益
公同朝共事，多次參與周王對師耤、師

嫠和康等人的冊命意識，擔任儐相。

榮伯 銘文作燚伯，見榮伯鬲（集成00632），西周中期人，榮國族首領。

榮兌 銘文作燚兌，見逨盤（盛世吉金30頁），名兌，榮氏，西周宣王時期人，管理國家虞林，以供王室宮廷之用。

榮季 銘文作燚季，見卯簋蓋（集成04327），西周中期前段人，榮國公族，周王朝大臣。某年十一月丁亥，在周王冊命卯的儀式上，擔任儐相。

榮兏 見七年侖氏令韓化戈（集成11322），戰國時期人，韓國侖氏縣冶鑄作坊的工師。

漢中守趄 即漢中守運 見六年漢中守戈（集成11367），戰國晚期人，名運，秦昭襄王六年（前301年）前後，擔任漢中郡郡守。

寢 銘文作痞，見殷鼎（上博刊8期128頁圖3），西周中期人。某年正月丁亥，周王在西宮命寢賜給殷大具。

寢玄 銘文作寏玄，見寢玄爵（集成08296），商代晚期人，名玄，擔任商王朝管理宗廟寢室的官職。

寢出 銘文作帚出，見辰寢出簋（集成03238）、寢出爵（集成08295），商代晚期人，名出，族徽為"辰"，擔任商王朝管理宗廟寢室的官職。

寢印 銘文作帚印，見寢印爵（考古1989年7期593頁圖6.1），商代晚期人，名印，

擔任商王朝管理宗廟寢室的官職。

寢夅 銘文作帚夅，見寢夅盤（集成10029），商代晚期婦女。

寢秋 銘文作帚秋，見寢秋簋（集成03941），商代晚期人，名秋，擔任商王朝管理宗廟寢室的官職。某年辛亥日，商王在寢，賞給寢秋貝二朋。

寢魚 銘文作帚魚，見寢魚簋（考古1986年8期708頁圖6.1）、寢魚爵（集成09101），即亞魚，商代末期人，名魚，亞爵，擔任商王朝管理宗廟寢室的官職。

寢蔑 銘文作帚蔑 見帚蔑鼎（集成02710），商代晚期人，名蔑，擔任商王朝管理宗廟寢室的官職。族徽為"∀冊（羊冊）"。某年二月，殷王命省視北田，庚午日，讓作冊友史賜給寢蔑賣貝。

寢孳商 銘文作帚孳商，見寢孳商方鼎（曲村348頁圖512.2、3），商代晚期人，名孳商，擔任商王朝管理宗廟寢室的官職。族徽為"冊佣（偶）"。二十年十二月甲子，商紂王曾賞賜寢孳商。

寢徶 銘文作帚徶，見寢徶玉笄（文物天地1992年4期21頁），商代晚期人，名徶，擔任商王朝管理宗廟寢室的官職。

嬪氏 即婦氏，見五年琱生簋（集成04292）、六年琱生簋（集成04293），此婦氏指的是周生氏族的宗婦，也就是召伯虎的母親幽姜，幽伯的夫人，生世在西周中晚期。

寡子 見寡子卣（集成05392），西周中期前

段人，族徽為"子"。

賓母 銘文作宮女，見賓母觚（2件，集成
06872—06873），商代晚期女子。

窥盠 見窥盠卣（集成05360），商代晚期人，
族徽為"𤕝（冀），𤐫（亞𣄰）"。

審 見審卣（集成05313），西周早期人，族
徽為"𤐫（亞䤵）"。

郯妞 見郯妞鬲（集成00634），西周晚期妞
（祁）姓婦女。

獣 見獣鼎（集成02063），西周早期後段人，
族徽為"𠔃"。

獣 見獣簋（陝金1.325），西周中期前段人。

獣 見大夫始鼎（集成02792），西周中期後
段人，大夫始的僚友。

獣 獣簋（集成04317）、獣鐘（原稱宗周鐘，
集成00260）、五祀獣鐘（集成00358），
即周厲王，史書作胡，夷王之子。史書
載其貪狠好利，嬖信虢公和榮夷公，橫
徵暴斂，對山林川澤實行專利，又命衛
巫監謗，鉗制國人言論，以告則殺之。
大臣屢諫不聽，終於激起衆怒，公元前
842年，國人暴動，狼狽出逃於彘（今山
西霍縣），在位三十四年。其後由共伯
和執政，史稱共和，共和十四年（前828
年）死於彘。

獣叔 見獣叔信姬鼎（集成02767），西周晚
期人，獣國公族，媿姓，夫人為信姬。

獣叔 見獣叔獣姬簋（2件，集成04062—
04064）、獣叔獣姬簋蓋（3件，04065

右—04067右），西周晚期人，獣國公族，
夫人為獣姬，長女為伯媿。

獣叔 見獣叔簋（集成04552），西周晚期人，
獣國公族，夫人為吳姬。

獣侯 見過鬲（集成00948），西周中期前段
人，獣國國君。

獣侯 見獣侯之孫墜鼎（集成02287），春秋
早期人，獣國族首領，墜的祖父。

獣姬 晉獣叔獣姬簋（2件，集成04062—
04064）、獣叔獣姬簋蓋（3件，04065
右—04067右），西周晚期姬姓婦女，獣
叔的夫人，長女為伯媿。

肇 見肇尊（北京文物精粹大系·青銅器卷
104）、肇卣（北京文物精粹大系·青銅
器卷97），西周中期前段人。

肇貯 見鼓䝨簋（亦稱肇貯簋，集成04047），
西周早期後段人，鼓䝨的父親。

聞 銘文作䎹，見聞爵（集成09032），西周
早期人。

斁伯 見小盂鼎（集成02839），西周康王時
期人，斁國族首領。康王二十三年隨盂
征伐鬼方，立有戰功。

弜 見弜鼎（集成02192），即弜伯。

弜伯 銘文作彊伯，見弜伯簋（2件，集成
03527—03528），西周早期前段人，弜
國族首領。

弜伯 銘文或作彊伯、彊伯，見弜伯鼎（集
成02276）、弜伯方鼎（集成02277）、

彊伯宊鼎（集成02278）、彊伯作丼姬鼎（2件，集成02676—02677）、彊伯鬲（集成00507）、彊伯甗（集成00895）、彊伯作丼姬甗（集成00908）、彊伯簋（2件，集成03616—03617）、彊伯簋（集成03618）、彊伯貘尊（集成05913）、彊伯盤（2件，集成10063—10064）、彊伯鋆（集成09409），西周中期前段人，彊國族首領，名不詳，夫人為丼姬。

彊季　銘文作彊季，見彊季尊（集成05858）、彊季卣（集成05241），西周早期後段人，彊國公族。

瀀　見陳侯作孟姜瀀簠（2件，集成04606—04607），即王仲嬀瀀母。

憖　見公朱左官鼎（集成02701），戰國晚期人，某國冶鑄作坊的冶吏。

嫪價　見嫪價鐮（集成11825），春秋戰國時期人。

㸤　見㸤簋（集成10534）、㸤作父戊盤（集成10052）、㸤作父戊卣（集成05214），西周早期人或國族。

疑　銘文作遘，見遘觶（集成06480），西周早期人，族徽為“𣄰（眻）”。

疑　見卅六年私官鼎（集成02658），戰國晚期人，秦昭襄王卅六年（前271年）前後，在秦國冶鑄作坊當工匠。

翟伐　見四年昌國鼎（集成02482），戰國晚期人，趙國昌國君冶鑄作坊的工師。

鄒子妝　見鄒子妝戈（下寺45頁圖38），春秋中後期人，名妝，封於鄒地。

熊奘　銘文作能奘，見能奘壺（文物1986年8期70頁圖4），西周中期人。

盠　見盠駒尊（集成06011）、盠方尊（集成06013）、盠方彝（2件，集成09899—09900），即盠父，逨的高祖，臣事周昭王、穆王。駒尊銘記載某年十二月甲申，周王在庌舉行執駒典禮，周王親自賜給盠父兩匹馬駒；方尊銘載，某年八月初吉，穆公陪同盠在周廟接受冊命，周王命盠管理六師、王行、三有司，兼理六師及八師藝，賜給赤市（韍）、幽亢和鋆勒。

盠父　見逨盤（盛世吉金30頁），亦稱惠仲盠父、盠（見盠駒尊、盠方尊、盠方彝），逨的高祖，新室仲的兒子，公叔的孫子，零伯的父親，臣事周昭王、穆王，曾跟隨昭王征伐楚荊，穆王時管理六師王行及三有司，兼理六師及八師藝。

盠冒梯　見九年衛鼎（集成02831），西周中期人，矩伯庶人下屬的辦事人員。

緐　見緐簋（集成04144），商代帝辛（紂）時期人，族徽為“𣄴（旅）”。帝辛二十年十一月戊辰日，參與祭祀妣戊乙的活動，彶師賜給緐貝。

陣父　見吳買鼎（集成02452），春秋早期人。

墜子皮　即陳子皮，見墜子皮戈（集成11126），戰國時期齊國人，名子皮，陳氏。

墜子翼　即陳子翼，見墜子翼戈（2件，集成 11086—11087），戰國時期齊國人，名子翼，陳氏。

墜子𤔲　即陳子𤔲，見陳子戈（集成11038），戰國時期齊國人，名子𤔲，陳氏。

墜屯　見墜逆簋（集成04096），即陳純。

墜卯　銘文作陳卯，見陳卯造戈（集成 11034），春秋晚期齊國人，名卯，陳氏。

墜尔　即陳尔，見陳尔徒戈（文物1993年4期94頁圖1.3），戰國時期齊國人，名尔，陳氏。

墜共　即陳共，見楚王酓忎鼎（集成02795）、冶䋣夲匕（2件，集成00977—00978）、楚王酓忎盤（集成10158）、陳共車飾（集成12040），戰國末期人，名共，陳氏，楚幽王熊悍時（前237—前228年）擔任楚國冶鑄作坊的冶吏。

墜仲齋　即陳仲齋，見陳肪簋蓋（集成04190），春秋晚期齊國人，仲齋陳（田）氏，釐（萊）叔和的父親，陳肪的祖父。史書作陳敬仲，名完，陳厲公之子。宣公時陳人殺太子禦寇，完出奔齊國，齊桓公欲使為齊卿，辭而不受，乃是為工正，卒諡敬仲，及五世孫無宇，始大於齊（按《史記》稱敬仲如齊，以陳字為田氏，故敬仲子孫皆為田氏）。陳肪簋銘文為"肪曰：余，陳仲齋孫，釐叔和子"，楊樹達先生謂"齋"從彥聲，讀為彥，經傳記陳仲名完，完字從元聲，元彥二字古音相近陳仲齋即陳仲完（見

《積微居金文說》188頁）

墜丽子　即陳丽子，見墜丽子戈（集成 11082），戰國時期齊國人，名丽子，陳氏。

墜貝　即陳貝，見墜貝散戈（集成11033），戰國時期齊國人，名貝，陳氏。

墜余　即陳余，見墜余戈（集成11035），戰國時期齊國人，名余，陳氏。

墜坪　銘文作陳坪，見十五年鄭令趙距戈（集成11388），戰國晚期人，名坪，陳氏，韓桓惠文十五年（前258年）前後，擔任鄭縣右庫冶鑄作坊的工師。

墜坣　即墜眭、陳旺，見墜坣戈（集成 10924），戰國晚期齊國人，名坣，陳氏。

墜胎　即陳胎，見墜胎戈（集成11127），戰國時期齊國人，名胎，陳氏。

墜逆　即陳逆，墜逆簋（集成04096）、陳逆簋（2件，集成04629—04630），戰國晚期人，名逆，陳（田）氏，陳桓（田桓）子的裔孫，齊國的重臣。

墜侯午　即陳侯午，見陳侯午簋（集成 04145）、十年陳侯午敦（集成04648）、十四年陳侯午敦（2件，集成04646—04647），戰國早期齊國國君，名午，齊太公田和之子，齊康公二十一年（前384年）稱侯，史稱田齊桓公。《史記·田敬仲完世家》載："齊侯太公和卒，子桓公午立，六年卒。"《索隱》："紀年梁惠王十三年當齊桓公十八年，後威

王始見，則桓公十九年卒。"陳侯午在位年數不止六年，《史記》記載有誤，陳侯午敦有十年鑄造的一件，十四年鑄造的兩件，可知陳侯午在位最少在十四年以上，"桓公十九年卒"不誤。

塦侯因脅 即陳侯因脅，見陳侯因脅敦（集成04649）、塦侯因脅戈（3件，集成11081、集成11129、集成11260），也就是齊威王，陳侯午之子，《史記·田敬仲完世家》作齊因，公元前356年即位，在位三十六年。即位後委政於卿大夫，九年間諸侯並伐，國人不治，時即墨大夫毀言日至，而阿大夫譽言日至，於是王封即墨大夫，遂起兵西伐趙魏，敗魏於濁澤，齊國大治，諸侯不敢加兵於齊者二十餘年，自稱為王。

塦夏 即陳夏，見郘客問量（集成10373），戰國中期人，名夏，擔任楚國集尹之職。

塦卿聖孟 即陳卿聖孟，見塦卿聖孟戈（集成11128），戰國時期齊國人，名聖孟，在王朝任職。

塦純 即陳純，見陳純釜（集成10371），又作陳屯（見陳逆簋），戰國早期人，名純，陳氏。齊國的執政大臣。郭沫若先生認為是戰國晚期人，約與齊湣王（前301—前284年）同時（見《大系》考223頁）；楊樹達先生認為是戰國中期齊國的大臣，與齊康公（前404—前379年）同時（見《積微居金文說》234頁）。

塦肪 即陳肪，見陳肪簋蓋（集成04190），

戰國早期齊國人，陳仲斋之孫，釐叔和（即陳釐子）之子，史書作田成子常。

塦曼 即陳曼，見陳曼簠（2件，集成04595—04596），戰國早期齊國人，名曼，陳氏。郭沫若先生說："疑即田襄子盤，襄子名多異文，《史記》集解引徐廣曰：'盤一作堅'，索引引《世本》作班。堅殆盤之譌，因形相近，班盤聲近曼。"（見《大系》考216頁）

塦夏 即陳得，見陳璋方壺（集成09703）、子禾子釜（集成10374）、陳璋壺（集成09975），戰國中期人，名得，陳氏，與鄭易同時為齊國的執政大臣。

塦喜 即陳喜，見陳喜壺（集成09700），也就是陳僖子、陳乞，《史記》作田乞。齊景公的大夫，齊悼公時為相國。《史記·田敬仲完世家》記載周敬王三十二年（前488年）田乞發動政變立齊悼公事云："田乞盛陽生橐中，置坐中央，發橐出陽生曰：'此乃齊君矣'大夫皆伏謁……，遂立陽生於田乞家，是為悼公，乃使人遷晏孺子於駘，而殺孺子荼。悼公既立，田乞為相專政四年。"

塦散 即陳散，見陳散戈（集成10963），春秋晚期齊國人，名散，陳氏。

塦旺 即陳旺，見塦旺戟（集成11251），戰國晚期齊國人，名旺，陳氏。

塦御寇 即陳御寇，見塦御寇戈（集成11083），戰國時期齊國人，名御寇，陳

氏。

墜戠　即陳戠，見陳戠戟（古文字研究19輯83頁圖7.6），戰國晚期齊國人，名戠，陳氏。

墜發　即陳發，見陳發戈（文物2001年10期48頁圖16），戰國晚期齊國人，名發，陳氏。

墜趄子　即陳桓子，見陳逆簠（2件，集成04629—04630），一作洹子，經傳作田桓子，田文子之子，名無宇，戰國早期人，齊國的執政大臣，事齊莊公（前553—前548年）。

墜盅　即陳盅，見陳盅戈（考古與文物1989年2期84頁圖2），春秋末戰國初年齊國人，名盅，陳氏。王輝先生認為此即《左傳·哀公十一年》記載的春秋末年齊國武將陳瓘。齊簡公時擅掌齊國大權的田成子之兄。簡公五年（前480年）出使楚國，七年晉趙鞅圍攻衛國，他又與國觀率師救衛（《周秦器銘考釋》《考古與文物》1991年第6期）。

墜婠　即陳婠，見公孫朝子鐘（9件，文物19887年12期51頁圖9）、公孫朝子鎛（7件，文物1987年12期49頁圖4），戰國中期人，名婠，陳氏，田齊的大臣。

墜猷　即陳猷，見陳純釜（集成10371），戰國早期齊國執政大臣，名猷，陳氏。郭沫若先生認為就是戰國晚期人，齊國大臣，約與齊湣王（前301—前284年）同時（見《大系》考223頁）；楊樹達先生

認為是戰國中期齊國的大臣，與齊康公（前404—前379年）同時（見《積微居金文說》234頁）。

墜鄩　即陳鄩，見陳鄩戈（考古與文物1989年2期84頁圖2），戰國晚期齊國人，名鄩，陳氏。

墜璋　即陳璋，見陳璋方壺（集成09703）、陳璋壺（集成09975），戰國中期齊國人，名璋，陳氏。齊宣王五年（前314年）曾參與伐燕之戰，有所繳獲。

墜豫　即陳豫，見墜豫車戈（集成11037），戰國時期齊國人，名豫，陳氏。

墜窐散　即陳窐散，見墜窐散戈（集成11036）、墜窐散劍（集成11591）、陳窐散車轄（2件，集成12023—12024），戰國時期齊國人，名窐散，陳氏。

隓仲　見自方鼎（4件，集成02264—02267），即鄏仲。

隓仲孛　見隓仲孛簋（集成03918），即鄏仲孛。

隓姞　見尹叔鼎（集成02282），即鄏姞。

雝伯　即雍伯，見雍伯鼎（集成02531），西周早期人，雍國族某代首領。

維　見廿五年陽春嗇夫維戈（集成11324），戰國晚期人，魏安釐王二十五年（前252年）前後，擔任陽春縣嗇夫。

綏　見大梁司寇綏戈（東南文化1991年2期259頁圖5），戰國晚期人，魏國大梁的司寇。

綏君單　見綏君單盤（原作奚君單盤，集成10132）、綏君單匜（集成10235），春秋早期人，黃國公室的後裔，名單，綏地的封君。

綏君叔單　見叔單鼎（集成02657），即綏君單。

綰　見北私府橢量（秦銘文圖版146）、始皇詔橢量（8件，善圖173、秦銘文圖版102—108）、始皇詔方升（4件，秦銘文圖版98—101）、武城橢量（秦銘文圖版109）、兩詔橢量（4件，秦銘文圖版148—149、度量衡108、文物1984年11期96頁圖2）、左樂兩詔鈞權（秦文字圖版42—43）、兩詔斤權（2件，《文博》1985年第4期），始皇詔權（26件，衡齋上3、秦銘文圖版119、秦銘文圖版110—117、秦銘文圖版135附1—16）、始皇詔鐵權（善圖169）、始皇詔八斤權（2件，秦銘文圖版134—135）、始皇詔十六斤權（5件，善圖172、秦銘文圖版127—130）、始皇詔廿斤權（善圖171）、始皇詔廿四斤權（善圖170）、廿六年詔鐵權（3件，文物1979年12期92頁、文叢5輯111頁、秦銘文圖版125）、始皇詔□斤權（秦銘文圖版135附17）、兩詔斤權（2件，秦文字圖版45—46、秦文字圖版47.2—49）、始皇詔石權（度量衡170）、始皇詔鐵石權（5件，秦銘文圖版120—121、秦銘文圖版123、度量衡169、度量衡174）、平陽銅權（秦銘文圖版182）、兩詔權（7件，秦銘文圖版175—176、秦銘文圖版178、秦銘文圖版135附18、秦銘文圖版179—181）、始皇詔版（5件，秦銘文圖版136—138、秦銘文圖版143—144）、美陽權（秦銘文圖版183）、始皇詔銅權（秦銘文圖版118）、兩詔詔版（秦銘文圖版174），戰國晚期到秦代人，名綰，王氏，秦王政（秦始皇）時期（前246—前221年）與隗狀同時任秦國的丞相。

䜌伯　即繼伯，見小盂鼎（集成02839），西周康王時期人，繼氏家族首領。康王二十三年隨盂征伐鬼方，立有戰功。

十五劃

髳　銘文作髳，見四年邘令䝮庶戈（集成
　　11335），戰國晚期人，韓國上庫冶鑄作
　　坊的冶吏。

髮　銘文作髬，見髬鐘（集成00035），西周
　　中晚期人。

馴父　見魯宰馴父鬲（集成00707），春秋早
　　期人，擔任魯國的宰職。

駒父　見駒父盨蓋（集成04464），西周晚期
　　人。盨銘載，宣王“八年正月，南仲邦
　　父命駒父殷南諸侯，率高父見南淮夷，
　　厥取厥服，至，夷俗㒸（遂）不敢不敬
　　畏王命，逆見我，厥獻厥服。我乃至於
　　淮小大邦，亡不敢炊具逆（迎）王命”，
　　四月回到蔡。

駢乎　見太師人鼎（集成02469），西周晚期
　　人，以太師為氏。

𩡖姜　即醒姜　見散氏車父壺（集成09669），
　　散伯車父的母親　生世在西周中期前段。

𩡖姜　見散車父壺（集成09697），即𩡖姜、
　　醒姜。

鼇　　見鼇尊（集成05893）、鼇卣（集成
　　05266），商代晚期人，族徽為“𤔲”。

鼇　見鼇卣（集成05189），西周早期人。

趙　見廿七年上守趙戈（集成11374），即上
　　郡守趙、上郡守厝，戰國晚期人，秦國
　　著名大將，史書作司馬錯，歷事秦惠文
　　王、武王和昭襄王。惠文王時曾與張儀

共滅巴蜀，昭襄王十六年（前291年）伐
魏取軹、鄧二邑，二十一年攻魏取安邑，
二十五年前後任上郡郡守，二十七年後
率兵自巴蜀浮江伐楚。

趙　見卅年上郡守起戈（2件，集成11370，
　　秦銘文圖版50），戰國晚期人，秦昭襄
　　王四十年（前267年）前後，擔任上郡冶
　　鑄作坊的工師。

趙曹　見七年趙曹鼎（集成02783）、十五年
　　趙曹鼎（集成02784），西周中期前段人，
　　擔任周王朝史官，故又稱史趙曹。七年
　　十月既生霸，在周般宮太室接受冊命，
　　周王賜給載市、冋黃和鑾旂；十五年五
　　月既生霸壬午，恭王在周新宮射盧舉行
　　射禮，賜給趙曹弓矢、虎盧、九（弘）、
　　胄、冊、殳。

趞　見厚趞方鼎（集成02730），西周早期後
　　段人，族徽為“㯥（束）”，與濂公同
　　朝用事。

趞　銘文作徲，見趞罍（集成09817），西周
　　早期人，族徽為“𣁌（雔冊）”。

趣女　即趣母，見趣女鼎（2件，集成01460—
　　01461），商代晚期或西周早期女子。

鄭哲　見廿九年相邦趙狐戈（集成11391），
　　戰國晚期人，名哲，鄭氏，趙惠文王二
　　十九年（前270年）前後，擔任邦左庫冶
　　鑄作坊的工師。

巽　見巽簋（集成04098），西周中期人。

巽子叔毂　見叔毂匜（集成10219），西周晚
　　期人。

喬阝　即瓚陶，見喬阝鼎（集成02406），西
　　周早期人，族徽為"𠁁⊙（戈同）"。

嬰父　見嬰父方鼎（集成02023），西周中期
　　前段人。

鄦嬰　即鄦嬰，宗婦鄦嬰鼎（7件，集成
　　02683—02689）、宗婦鄦嬰簋（6件，集
　　成04077—04078、集成04080、集成
　　04086、北圖拓114—115）、宗婦鄦嬰簋
　　蓋（8件，集成04076、集成04079、集成
　　04081—04085、集成04087）、宗婦鄦嬰
　　壺（2件，集成09698—09699）、宗婦鄦
　　嬰盤（集成10152），西周晚期嬰姓女子，
　　嫁於鄦國王子剌公，為宗婦。

蔡　見蔡尊（集成05974），西周中期前段人。
　　某年，王在魯，賜給蔡貝十朋。

蔡　見蔡爵（集成08832），西周早期人。

蔡　見蔡簋（集成04340），西周晚期人，擔
　　任周王朝的宰職。元年既望丁亥，由宰
　　詔陪同在減应接受冊命，周王命蔡繼承
　　其祖考的官職，擔任宰，和詔一起主管
　　王家内外諸事，管理百工，傳達王妃姜
　　氏的命令，並賜給袞衣、赤舄。

蔡　見蔡劍（2件，鳥蟲書圖148、鳥篆編下
　　64），春秋晚期人。

蔡　見左使車工蔡鼎（2件，集成02093—
　　02094）、左使車簋（集成04477）、左

使車勺（2件，集成09924—09925）、左
使車筒形器（集成10349）、十四年雙翼
神獸（集成10444）、左使車山形器（集
成10450），戰國中期人，中山國左使車
屬下的冶鑄工。

蔡大善夫趣　見蔡大善夫趣簋（考古1989年
　　11期1043頁圖6），春秋早期人，名趣，
　　擔任蔡國膳夫之職。

蔡子佗　見蔡子佗匜（集成10196），春秋後
　　期人，名佗，蔡國公子。

蔡子林　銘文作悕子林，見蔡子林鼎（集成
　　02087），戰國早期人，名林，蔡國公子。

蔡公子　見蔡公子壺（集成09701），西周晚
　　期人，蔡國公子，名不詳。

蔡公子　見蔡公子缶（集成10001），戰國時
　　期人，蔡國公子，夫人為姬安。

蔡公子加　見蔡公子加戈（集成11148），春
　　秋晚期人，名加，蔡國公子。

蔡公子果　見蔡公子果戈（3件，集成11145—
　　11147），春秋晚期人，名果，蔡國公子。

蔡公子從　見蔡公子從戈（2件，鳥篆編下
　　32—33）、蔡公子從劍（2件，集成11605、
　　鳥篆編下63），春秋晚期人，名從，蔡
　　國公子。

蔡公子頒　見蔡公子頒戈（鳥篆編下35），
　　春秋晚期人或戰國早期人，名頒，蔡國
　　公子。

蔡公子義工　見蔡公子義工簠（集成
　　04500），春秋晚期（約蔡昭侯時）人，

名義工，蔡國公子。

蔡生㲀 見蔡生鼎（集成02518），西周晚期人，名㲀，字蔡生（取義蔡姓的外甥），𣄣氏族人。

蔡加子 見蔡加子戈（集成11149），即蔡公子加。

蔡叔 銘文作鄰叔，見蔡叔戈（北窰墓148頁圖85.20），西周早期前段人，蔡國公族，名不詳。《北窰墓》的作者認為是蔡叔度，周文王的第五子，周初經營南國有功，武王克殷後封於蔡。周公攝政，叔度與叔鮮勾結武庚叛亂，平叛後被放逐。

蔡叔季 見蔡叔季之孫覞匜（集成10284），覞的祖父，春秋中期蔡國人。

蔡侯 見蔡侯壺（集成09627），西周晚期人，蔡國國君。

蔡侯 見蔡侯鼎（集成02441），西周晚期人，蔡國國君。

蔡侯 見蔡侯盤（下寺229頁圖170.2）、蔡侯匜（下寺229頁圖170.1）、蔡侯匜（集成10195），春秋晚期前段人，蔡國國君，次女為鄦仲姬丹。

蔡侯乇 見蔡侯乇戈（集成11150），春秋晚期人，名乇，蔡國國君。

蔡侯朱 見蔡侯朱缶（集成09991），春秋晚期人，名朱，蔡國國君，蔡平侯廬的長子，太子友之孫，魯昭公二十年（前522年）十一月即位，次年，東國（朱的叔父）與朱爭位，朱被迫出奔楚國。

蔡侯朔 見蔡侯朔戈（文物2000年8期91頁），春秋晚期人，名朔（或釋逆），蔡國國君。

蔡侯產 見蔡侯產戈（4件，集成11143—11144、集成11602、鳥篆編下25）、蔡侯產劍（5件，集成11587、集成11602—11604、文物2003年4期圖版96頁圖5），戰國早期人，名產，蔡國國君，即蔡聲侯，公元前471年即位，在位十五年。

蔡侯𬀩 即蔡侯申，見蔡侯𬀩鼎（4件，集成02215—02218）、蔡侯𬀩殘鼎（4件，集成02219—02220、集成02225—02226）、蔡侯𬀩殘鼎蓋（4件，集成02221—02224）、蔡侯𬀩簠（8件，集成03592—03599）、蔡侯𬀩尊（集成05939）、蔡侯𬀩尊（集成06010）、蔡侯𬀩簠（4件集成04490—04493）、蔡侯𬀩方壺（2件，集成09573—09574）、蔡侯𬀩盤（集成10072）、蔡侯𬀩盤（集成10171）、蔡侯𬀩匜（集成10189）、蔡侯𬀩方鑑（集成10290）、蔡侯𬀩瓶（2件，集成09974—09976）、蔡侯𬀩盥缶（集成09992）、蔡侯𬀩尊缶（集成09994）、蔡侯𬀩方缶（集成09993）、蔡侯𬀩作大孟姬缶（集成10004）、蔡侯𬀩紐鐘（9件，集成00210—00218）、蔡侯𬀩鎛（4件，集成00219—00222）、蔡侯𬀩行戈（集成11140）、蔡侯𬀩用戈（2件，集成11141—11142），春秋晚期人，名申，蔡國國君，即蔡昭侯，隱太子友之子，蔡悼侯東國之弟，公元前519年即位，在位二十九年。

蔡姞　見蔡姞簋（集成04198），西周晚期姞姓婦女，蔡侯的夫人。

蔡倅　銘文作鄀倅，見苛詌匜（安徽金文110），戰國晚期人。

蔡姬　見伯作蔡姬尊（集成05969），西周中期前段人，蔡國女子。

蔡姬　見虘鐘（4件，集成00088—00089、集成00091—00092），西周中期後段人，蔡國女子，虘的夫人。

蔡姬　見王孫𩰼簋（2件，集成04501），春秋晚期蔡國女子，王孫甂的夫人。趙德祥先生認為是楚平王（棄疾）的妃子，太子建之母。

蓼改　即蓼改，見夒士父鬲（2件，集成00715—00716），西周晚期改姓婦女，夒士父的夫人。

䣄史屎　見䣄史屎壺（集成09718），西周晚期人。

䣄仲奠父　見䣄仲奠父簋（集成03895），西周晚期人，字奠父，䣄氏公族。

樛大　見大官盉（秦銘文圖版209），戰國晚期人，秦國官營冶鑄作坊的冶吏。

樛斿　見四年相邦樛斿戈（集成11361），戰國中期人，秦惠文王前四年（前334年），擔任秦國大良造，後四年（前321年）擔任相邦。

褮姬　見褮姬簋（集成10549），西周早期姬姓婦女。

樊尹　見小臣氏樊尹鼎（集成02351），西周中期前段人，小臣氏。

樊君　見樊君鬲（集成00626），西周晚期人，樊國國君，名不詳，第三個女兒為叔𡢓鬶。

樊君夒　盆名作楙君夒，見樊君夒匜（集成10256）、樊君夒盆（集成10329），春秋早期人，名夒，樊國國君，夫人為龍嬴。

樊君鹿　銘文作樊君鹿，見樊君鹿簋（集成04487），春秋早期人，名鹿，樊國國君。

鄀　銘文作鄀，見鄀簋蓋（集成04296）、鄀簋（集成04297），西周晚期人，名鄀，擔任周王朝的祝官，主管王室祭祀禱告諸事。二年正月初吉，由毛伯陪同在周昭宮宣榭接受冊命，周王命擔任祝官，兼管五邑祝，賜給赤市、同夔黃（絅緌衡）和鑾旂。

憨𩵀孟姬　即懿恭孟姬，見厚趠方鼎（集成03939），禾的母親，諡懿恭，生世在春秋中晚期。

厲　見五祀衛鼎（集成02832），即邦君厲。

厲王　銘文作剌王，見逨盤（盛世吉金30頁）、吳虎鼎（考古與文物1998年3期70頁圖2），即周厲王，夷王之子，名胡，金文作趚。貪狠好利，以榮夷公為卿士。暴虐侈傲，諸侯不朝，國人謗之。又使衛巫監謗，國人莫敢言，道路以目。後激怒民人，相與造反，於是逃奔於彘，由共和行政。十四年後卒於彘。

敮　見大鼎（集成00540），西周早期人，大的夫人。

奭　見八年相邦呂不韋戈（集成11395），戰國晚期人，秦王政五年（前242年）前後，是官營冶鑄作坊的工匠。

奭信　見王三年馬雍令戈（集成11375），戰國時期人，馬雍縣武庫冶鑄作坊的工師。

縣屳夫　見自鐘（文物2004年2期72頁圖3、圖4），自的舅氏，春秋晚期人。

豬　或釋為"遾"，見廿七年上郡守戈（集成11374），戰國晚期人，秦昭襄王時（前306—前251年）擔任上郡漆垣冶鑄作坊的工師。

豎　見廿四年邮陰令萬為戈（集成11356），戰國晚期人，韓桓惠王二十四年（前249年）前後，擔任韓國右庫冶鑄作坊的冶吏。

豎　見燕王詈戈（集成11350），戰國晚期人，燕國冶鑄作坊的工匠。

賢　見賢簋（3件，集成04104—04106），西周中期人。簋銘載：某年九月初吉庚午，"公叔初見于衛，賢從，公命使畮賢百畮糧。"

區　見區方彝（集成09884）、區觥（集成09292），西周中期前段人，族徽為"夆（幸）"。

龢　見師龢鼎（集成02830），即師龢，西周中期前段人，從穆王時期就擔任周王朝師職，有功於王室。恭王八年正月丁卯，恭王再次冊命師龢。

齒　見廿年部令戈（集成11299），戰國時期人，魏國部縣冶鑄作坊的工師。

鼑　即貞，見貞鼎（集成01751），西周中期人。

膚丘子　見膚丘子戟（考古1994年9期858頁圖2.2），戰國時期齊國人。

鄭王　見鄭王戈（拓本未發表，器藏湖南懷化，劉彬徽《新見楚系金文考述》《三屆古》311頁），春秋晚期楚國境內鄭地的部族首領，名不詳。

冑　見冑卣（集成05329），西周早期人，族徽為"子廟"。

冑　見三年蒲子戈（集成11293），戰國時期人，魏國蒲子縣冶鑄作坊的工師。

冑叔奐父　見冑叔奐父盨（2件，文物2004年4期90頁圖1），西周晚期人，字奐父，冑氏公族。

冑妁　見裑儵父鼎（集成02334），西周中期人，裑儵父的女兒。

冑宮　見王作王母鬲（集成00602），西周晚期某周王母親的宗廟名。

冑麈　見散氏盤（又稱散盤、夨盤、夨人盤，集成10176），西周厲王時期人，擔任散國司馬。某年九月乙卯，參與夨付給散氏田地的勘界封樹和交付儀式。

雖公諴　即雍公諴，見郜公諴鼎（集成02753），春秋早期人，名諴，號雍公，下郜國國君。

盩　見盩爵（集成09066），西周早期人。

賙　銘文作賈，見中山王譽鼎（集成02840）、中山王譽方壺（集成09735）、兆域圖銅版（集成10478），戰國中期人，中山國王譽、王蚤的輔弼大臣，中山國相邦。詳見司馬賙條。

賙　見十年右使車壺（集成09674），戰國中期人，中山國右使車屬下的冶鑄作坊的工匠。

賙疾　見四年咎奴蕃令戈（集成11341），戰國晚期人，魏國咎（高）奴縣冶鑄作坊的工師。

劀　即則，見則爵（集成08828），西周中期前段人。

毌行　即貫行，見中方鼎（2件，集成02751—02752），郭沫若先生說"毌即古串字，串貫本一字。銘文的南國貫行，以宗周鐘例"南國艮孳"例之，當是國族名，"行"是酋長私名。

蠆焭　見蠆焭戈（集成11164），戰國早期人。

鄲孝子　見鄲孝子鼎（集成02574），戰國中期人。

鄙甘韋　見鄙甘韋鼎（文物1989年6期68頁圖7），春秋早期人。

斝　銘文作𣪘，見小子斝鼎（集成02648），商代晚期人，族徽為"𤔔（冀）"。某年在𜵂師，商王賞給貝幣。

斅　見斅尊（集成05957），西周早期人，族徽為"𜵂冊"。

剛伯　見剛伯簋（集成04484），西周晚期人，剛氏家族首領，夫人為孟姬。

剛叔　見剛叔𣪘（集成04378），西周晚期人，剛氏家族。

鄦子妝　即許子妝，見許子妝簋（集成04616），春秋時期人，名妝，許國國君。與許子鹽自或為同一人。

鄦子鹽自　即許子鹽自，見許子鹽自鎛（2件，集成00153—00154），春秋時期人，名鹽自，許國國君。

鄦麥魯生　即許麥魯生，見鄦麥魯生鼎（集成02605），春秋早期許國人，女兒為壽母。

燬　見九里墩鼓座（集成00429），春秋晚期人，封號聖䣄公。

學卯公□塦　見羅兒匜（東南文化1991年1期208頁圖4.3），春秋晚期人，名□塦，羅兒的父親，學卯地的封君。

彊　見彊方鼎（集成02739），西周早期人。鼎銘載："周公征于伐東夷，豐公、尃古（薄姑）咸戈，公歸㠯于周廟，戊辰，飲秦飲，公賞彊貝百朋"。

彊　見彊盨（集成04469），西周晚期人，名彊，字邦父。在厲王奔彘後，輔佐宣王有功，宣王賜給秬鬯一卣，乃父市、赤舄、駒車、賁較、朱虢（鞹）、靲靳、虎冟（幎）、繡裹、畫轉、畫輴、金甬（箭）、朱旂、馬四匹和鏊勒等。

𤰔肇家　見𤰔肇家鬲（集成00633），西周中期前段人。

遹　即遣，見遣卣（集成05260），西周中期人。

䓊　見䓊尊（文物1998年9期10頁圖9.6）、䓊卣（文物1998年9期10頁圖9.4），即應侯再，西周中期前段人，應國國君。

變得　即䲸得，見鄧小仲方鼎（集成02528），西周早期人，鄧國小宗。

敏寮祇　見敏寮祇簋（集成03746），西周早期人，族徽為"𠬞卌（庸冊）"。

顧君　見次尸祭缶（東南文化1988年3、4期24頁圖拓片4），春秋中期人，顧地的封君，利的父親，次尸祭的祖父。

德　見德鼎（集成02405）、德方鼎（集成02661）、德簋（集成03388）、德簋（集成03733），又稱叔德（見叔德簋），西周早期人。某年三月，周王在成周，"征珷𤲅自鎬，咸，王錫德貝廿朋"。

德尹　見蔡姞簋（集成04198），蔡姞的父親，生世在西周中期。

德克　見德克簋（集成03986），西周晚期人。

德叔　見師丞鐘（集成00141），丞的父親，虢國公族，生世在西周中期後段。

徲　見徲鼎（3件，集成02157—02159）、徲作宗室方鼎（集成02372）、徲鼎（北圖拓52）、徲鼎（北京文物精粹大系·青銅器卷60）、徲簋（北京文物精粹大系·青銅器卷86），又作薾（見薾戈），西周早期後段人，太保召公奭的次子或留在宗室的後裔，仍任周王朝太保，後以太保為氏，所鑄銅器均有"大俘（太保）"徽記。

衛　銘文作𢖍，見衛尊（集成05915）、衛卣（集成05323），西周早期人。陳夢家先生認為與御正衛是一個人。

衛　見衛簋（4件，集成04209—04212），西周中期人，母親為姜氏。某年八月初吉丁亥，榮伯陪同衛在康宮接受的冊命，周王並賜給赤市和鏊勒。這四件簋出土於西周豐鎬遺址，與出土於周原遺址的裘衛，時代相同，是否一個人，待考。

衛　見衛簋（集成03612），西周早期後段人。

衛　見五祀衛鼎（集成02832）、九年衛鼎（集成02831）、裘衛簋（集成04256），即裘衛。

衛　見衛鼎（集成02733），西周中期人，父親為己仲。

衛　見衛作小仲姜氏鼎（集成02616），西周中期後段人，父親為小仲姜氏。

衛小子　見五祀衛鼎（集成02832），即衛小子家。

衛小子家　見九年衛鼎（集成02831），名家，裘衛的小兒子，西周中期人。五年正月初吉庚戌，邦君厲與裘衛交換土地時，負責招待賓客諸事；九年正月既死霸庚辰，裘衛用省車和車馬用具換取矩的林畜里時，負責接管事宜。

衛小子𣄰　見裘衛盉（集成09456），名𣄰，裘衛的小兒子，西周中期人。三年三月既生霸壬寅，矩伯庶人用土地換取裘衛的玉器服飾，在交割儀式期間，負責招待賓客。

衛子叔旡父　見衛子叔旡父簠（集成04499），春秋早期人，衛國公子，字旡父，兄弟間排行第三。

衛夫人　見衛夫人鬲（銅全6.2），春秋早期人，即衛文君的夫人叔姜。

衛父　見衛父卣（集成05242），西周早期人。

衛文君　見衛夫人鬲（3件，集成005959、銅全6.2），春秋早期人，衛國國君，夫人為叔姜。

衛姒　銘文作衛㚶，見衛姒簋蓋（集成03836），西周中期前段姒姓女子，嫁於衛國者。

衛姒　見衛姒鬲（集成00594），西周晚期姒姓女子，嫁於衛國者。

衛始　即衛姒，見衛始豆（又稱衛始簋，2件，集成04666—04667），西周晚期姒姓女子，嫁於衛國者。

衛姬　見司寇良父壺（集成09641），西周晚期姬姓婦女，司寇良父的夫人。

衛㚶　見衛姒簋蓋（集成03836），即衛姒。

𢆶　見卅七年上郡守慶戈（陝西歷史博物館徵集文物精粹）、卅八年上郡守慶戈（文物1998年10期79頁圖4），秦昭襄王卅七

年（前270年）前後，擔任上郡漆垣冶鑄作坊的工師。

盤埜　見楚王畬忎鼎（集成02794）、冶盤野匕（2件，集成00975—00976），戰國末期人，楚幽王時（前237—前228年）擔任楚國冶鑄作坊的冶師。

䢵子大　見䢵子簠（楚文物圖典36頁），春秋晚期楚國人，名大，䢵氏。

䢵子吳　見䢵子吳器（器藏河南淅川，劉彬徽《新見楚系金文考述》《三屆古》310頁），春秋晚期楚國人，名吳，䢵氏。

䢵子辛　見䢵子簠（楚文物圖典36頁），春秋晚期楚國人，名辛，䢵氏。

䢵子受　銘文作䢵子受，見䢵子受鐘（9件，華夏考古1992年3期125頁）、䢵子受鎛（鳥篆編下141），春秋晚期楚國人，名受，䢵氏，約與楚昭王同時（前500年左右）。

䢵子孟羋青　銘文作䢵子孟嫡青，見䢵子孟嫡青簠（文物2004年3期26頁圖6.1、2），春秋晚期楚國人，名青，羋姓，䢵子的長女。

䢵子倗　見䢵子倗簠（下寺134頁圖110.1）、䢵子倗浴缶（2件，下寺132頁圖108.1—4）、䢵子倗尊缶（2件，下寺134頁圖110.2、3），春秋晚期前段人，名倗，䢵氏，楚叔之孫。

䢵仲姬丹　見蔡侯盤（下寺229頁圖170.2）、蔡侯匜（下寺229頁圖170.1），春秋晚期前段人，蔡侯的次女，名丹，姬姓，

嫁於楚國鄔氏。

滕子　銘文作鸁子，見鸁子戈（集成10898），春秋晚期人。

滕太宰得　銘文作鰧太宰𨥏，見滕太宰得匜（文物1998年8期88頁圖3），春秋中晚期人，名得，擔任滕國太宰。

滕公　銘文作鰧公，見滕侯簋（集成03670）、吾鬲（集成00565），滕侯和吾的父親，生世在西周早期。

滕司徒□　銘文作鰧嗣徒□，見滕司徒戈（集成11205），春秋晚期人，名字漶漉不清，擔任滕國司徒。

滕仲　銘文作鰧仲，見滕侯蘇盨（集成04428），滕侯蘇的父親，西周晚期人。

滕虎敢　銘文作鰧虎敢，見滕虎簋（6件，集成03828—03832），西周中期前段滕國人，名敢字虎。郭沫若先生說：“滕虎，王國維謂即《禮記·檀弓》‘滕伯文為孟虎齊衰，其叔公業，為孟皮齊衰，其叔父也’之孟虎（見《觀堂集林》卷六釋滕）。今按虎當是字，檀弓亦稱孟虎，即其証，敢乃名。名敢字虎者，《大雅·常武》‘闞如虓虎’、費鳳別碑‘虓若夫虓虎’，敢本字，闞借字，虓後起字。”（見《大系》考189頁）

滕侯　銘文作鰧侯，見滕侯方鼎（集成02154）、滕侯簋（集成03670），西周早期後段人，滕國國君。

滕侯吳　銘文作鰧侯吳，見滕侯吳敦（集成04635）、滕侯吳戈（3件，集成11018、集成11079、集成11123）、滕侯吳編鐘（8件，見於香港某古董店），春秋晚期人，名吳，滕國國君，死後諡隱公。

滕侯耆　銘文作鰧侯耆，見滕侯耆戈（2件，集成11077—11078），春秋晚期人，名耆，滕國國君。

滕侯蘇　銘文作鰧侯鯀，見滕侯蘇盨（集成04428），西周晚期人，名蘇，滕國國君。

滕姬　銘文作鰧姬，見邾伯御戎鼎（集成02525），春秋早期滕國公室女子，邾伯御戎的夫人。

鵩公　見鵩公圃劍（集成11651），春秋晚期人，名圃，鵩地封君。

龠　見蘇龠壺（考古與文物1993年5期11頁圖3.3），即蘇龠，西周中期後段人，族徽為“夆（幸）”。

龠伯　見龠伯卣（集成05221），西周早期人，龠氏家族首領。

虢王姞　見遣叔吉父盨（3件，集成04416—04418），西周中期姞姓婦女。

虢太子元　見虢太子元徒戈（2件，集成11116—11117），春秋早期人，名元，虢國太子。

虢文公　見虢文公子㲬鼎（3件，集成02634—02636）、虢文公子㲬鬲（00736），郭沫若先生在《大系》虢文公子㲬鼎考釋中說：虢文公“宣王時人，《史記·周本紀》集解引賈逵曰‘文公，文王母弟虢仲之後，為王卿士也。’又引韋昭曰

'文公，虢叔之後，西虢也，宣王都鎬在畿內也。' 二說不一，按賈說近是。" 即東虢。

虢文公子毀 見虢文公子毀鼎（3件，集成02634—02636）、虢文公子毀鬲（00736），西周宣、幽時期人，名毀，虢文公之子。或認為子毀為虢文公的私名，"子"尊稱也。

虢仲 見虢仲盨蓋（集成04435）、虢仲鬲（2件，集成00561—00562）、虢仲作虢妀鬲（集成00708）、公臣簋（4件，集成04184—04187）、柯簋（集成04202）、虢仲作虢妀盨（4件，文精華97.58），西周晚期人，虢國公族，周王朝的執政大臣。某年曾與厲王一同征伐南淮夷。《後漢書·東夷傳》載："厲王無道，淮夷入寇，王命虢仲征之，不克。"虢仲盨亦載"虢仲（與）王南征，伐南淮夷。"

虢仲 見虢仲簋（文物2000年12期28頁圖9.2），西周晚期人，虢國公族，周王朝的執政大臣。

虢妀 見虢仲作虢妀鬲（集成00708）、虢仲作虢妀盨（4件，文精華97.58），西周晚期妀姓婦女，虢仲的夫人。

虢妀魚母 見蘇冶妊鼎（集成02526）、蘇冶妊盤（集成10118），春秋早期某代蘇君之女，妀姓，字魚母，嫁於虢國公室。

虢伯 見虢伯甗（集成00897），西周中期人，某代虢國族首領。

虢伯 見虢伯鬲（集成00709），西周晚期人，某代虢國族首領。

虢叔 見虢叔盨（集成04389）、虢叔鬲（2件，集成00524—00525）、虢叔作叔殷穀鬲（集成00603）、虢叔簠蓋（集成04498）、虢叔簠（2件，集成04514—04515）、虢叔尊（集成05914），西周晚期人，虢國公族，夫人為叔殷穀。

虢叔 見瘋鼎（集成02742）、三年瘋壺（2件，集成09726—09727）、虢叔簋（集成03244）、虢叔盂（2件，集成10306—10307），即虢叔旅，西周中期後段人，名旅，虢國公族，周王朝的執政大臣。孝王三年四月庚午，王在豐，王呼虢叔召瘋，賜給瘋兩匹馬；九月丁巳，王在鄭饗醴，呼虢叔召瘋，賜給瘋羔俎；己丑，王在句陵饗逆酒，呼師壽召瘋，賜給瘋虒俎。

虢叔大父 見虢叔大父鼎（集成02492），西周晚期人，字大父，虢國公族。

虢叔旅 見虢叔旅鐘（7件，集成00238—00244），西周晚期人，名旅，虢國公族，周王朝執政大臣。

虢季 見師丞鐘（集成00141），丞的始祖，虢國公族，

虢季 見虢季匜（集成10192），西周中期人，虢國公族，名不詳。

虢季 見虢季鼎（7件，虢國墓33頁圖22—圖28）、虢季鬲（8件，虢國墓43頁圖32.1—8）、虢季簋（6件，虢國墓50頁圖41.1—

12）、虢季盨（4件，虢國墓56頁圖47.1—8）、虢季簠（2件，虢國墓57頁圖48.4、5）、虢季鋪（2件，虢國墓60頁圖51.1、2）、虢季方壺（2件，虢國墓63頁圖55.1、虢國墓65頁圖57.1）、虢季盤（虢國墓66頁圖58.2），虢季鐘（8件，虢國墓73頁圖65—圖72），春秋早期人，虢國公族，名不詳。

虢季子白　見虢季子白盤（集成10173），西周夷王時期人，名子白，號季氏，夷王的父輩，故夷王稱其爲白父。盤銘載十一年秋，曾作爲先行參加征伐玁狁的戰爭，在洛河北岸打敗玁狁，斬首敵人五百，俘虜五十。十二年正月丁亥，子白獻馘於王，王在周廟宣榭爰饗，賞賜給子白乘馬、弓矢和鉞。

虢季子組　見虢季子組鬲（集成00661）、虢季子組卣（集成05376），即虢季氏子組。

虢季氏子㲃　見虢季氏子㲃鬲（集成00683），即虢文公子㲃。

虢季氏子組　銘文作虢季氏子緄，見虢季氏子組簋（3件，集成03971—03973）、虢季氏子組鬲（集成00662）、虢季氏子組壺（集成09655），西周晚期到春秋早期人，名子組，號季氏。

虢季易父　銘文作虢季易父，見師虎鼎（集成02830），師虎的父親，字易父，虢國公族，臣事周穆王。

虢姜　見虢姜鼎（集成02472）、虢姜簋（集成03820）、虢姜簋蓋（集成04182），西周晚期姜姓女子，嫁於虢國公室。

虢孟姬良女　即虢孟姬良母（集成10272），西周晚期或春秋早期虢國公室女子，字良母，齊侯的夫人。

虢宣公　見虢宣公子白鼎（集成0263），號季子白之父，西周中期後段虢國國君。

虢宣公子白　見虢宣公子白鼎（集成0263），西周晚期人，名子白，號宣公之子，亦即虢季子白。

虢姞　見虢姞鬲（集成00512），西周晚期姞姓女子，號仲的夫人。

虢旅　見爾攸比鼎（集成02818）、爾比簋蓋（集成04278），即虢叔旅。

虢宮父　見虢宮父鬲（虢國墓474頁圖323.3）、虢宮父盤（虢國墓486頁圖335.3），春秋早期虢國人，字宮父。

虢碩父　見虢碩父簠（虢國墓483頁圖332.2、3），西周晚期到春秋早期人，虢國公族，《史記·周本紀》作虢石父，周幽王的卿士。《呂氏春秋·當染篇》稱其爲虢公鼓，《竹書紀年》稱其爲虢公翰。其中鼓是其名，石父是其字。因爲"鼓"與"石"皆是古代量器的計量單位名稱，其換算關係是四鈞爲一石，四石爲一鼓。正合古人名、字相因的舊制。而鼓、翰皆屬牙音，爲見、匣旁紐，魚、元通轉，故可字相通假。

虢諴公　即虢城公，見班簋（集成04341），西周昭穆時期人，封於虢城。

虢嬴改　見虢嬴改盤（集成10088），春秋早期改姓女子，嫁與虢國公室。

贙　見曶鼎（集成02838），西周中期後段人，曶的屬吏。某年四月丁酉，參與限和曶為五個奴隸的訟事。

魯　見齊生魯方彝蓋（集成09896），即齊生魯，西周中期前段人，名魯，字齊生。

穌　即蘇，見十年邙令恭戈（集成11291），戰國晚期人，魏國邙縣冶鑄作坊的工師。

穌子　即蘇子，見叔作穌子鼎（集成01926），春秋早期虢國族人。鼎銘四字，從左至右讀為“叔作蘇子”，從右至左讀為“蘇子叔作”，均通，故蘇子叔亦可能是人名。

穌公　即蘇公，見蘇公簋（集成03739），西周晚期人，蘇國族首領，名不詳。

穌公　即蘇公，見寬兒鼎（集成02722），寬兒的祖父，生世在春秋中期。

穌甫人　即蘇夫人，見蘇甫人盤（集成10080）、蘇夫人匜（集成10205），西周晚期人，蘇國國君的夫人，其女為嬞改襄。

穌冶妊　即蘇冶妊，見蘇冶妊鼎（集成02526）、蘇冶妊盤（集成10118），春秋早期妊姓婦女，某代蘇君的夫人，其女為虢改魚母。郭沫若先生釋為蘇沿妊，說：“蘇沿妊乃妊姓女子嫁於蘇者，沿如非國族，則當是字（見《大系》考242頁）。

穌貉　即蘇貉，見蘇貉豆（集成04659），春秋時期人，名貉，蘇氏。

穌鬺　即蘇鬺，見蘇鬺壺（考古與文物1993年5期11頁圖3.3），西周中期後段人，族徽為“爹（幸）”。

穌衛改　即蘇衛改，見蘇衛改鼎（4件，集成02381—02384），西周晚期蘇國女子，嫁於衛國公室。

魯士商戲　見魯士商戲簋（2件，集成04110—04111）、魯士商戲匜（集成10187），春秋早期人，名商戲，魯國的士。

魯士浮父　見魯士浮父簋（4件，集成04517—04520），春秋早期人，字浮父，魯國的士。

魯大宰遷父　見魯大宰原父簋（集成03987），即魯太宰原父。

魯子仲　見歸父敦（集成04640），齊大宰歸父的父親，春秋早期人。

魯公　見魯侯熙鬲（集成00648），西周武、成時期人，魯侯熙的父親，即伯禽，周公旦的長子，魯國開國之君。

魯太宰原父　見魯大宰原父簋（集成03987），春秋早期人，字原父，擔任魯國太宰。

魯正叔之守　見魯正叔之守盤（集成10124），春秋時期魯國人，名之守。

魯生　銘文作鄅夆魯生，見鄅夆魯生鼎（集成02605），春秋早期許國人，女兒為壽母。

魯司徒仲齊　銘文作鄭仕仲齊，見魯司徒仲齊盨（2件，集成04440—04441）、魯司徒仲齊盤（集成10116）、魯司徒仲齊匜

（集成10275），春秋早期人，名仲齊，擔任魯國司徒。

魯司徒伯吳　見魯司徒伯吳盨（集成04415），西周晚期人，名伯吳，擔任魯國司徒。

魯仲　見師宝鐘（文物1994年2期96頁圖11），即魯仲叝。

魯仲叝　見姬窶母豆（集成04693），師宝和姬窶母的先祖，生世在西周早期。

魯仲齊　見魯仲齊鼎（2件，集成02639）、魯仲齊甗（集成00939），春秋早期人，名齊，魯國公族。

魯伯大父　見魯伯大父簋（集成03974）、魯伯大父作孟姜簋（集成03988）、魯伯大父作仲姬俞簋（集成03989），春秋早期人，字大父，魯國國君，次女仲姬俞，小女季姬婧。

魯伯者父　見魯伯者父盤（集成10087），春秋早期人，字者父，魯國國君，長女名孟姬媾。

魯伯厚父　見魯伯厚父盤（集成10086），春秋早期人，字厚父。

魯伯俞父　見魯伯俞父簋（3件，集成04566—04567），即魯伯愈父。

魯伯念　見魯伯念盨（集成04458），春秋早期人，名念，魯國國君。

魯伯敢　見魯伯敢匜（集成10222），春秋早期人，名敢，魯國國君。

魯伯愈父　見魯伯愈父鬲（6件，集成00690—00695）、魯伯愈父盤（3件，集成10113—10115）、魯伯愈父匜（集成10244），西周晚期人，字愈父，魯國國君，其女姬仁嫁於邾國。

魯侯　見魯侯爵（集成09096），西周早期人，魯國國君，名不詳。

魯侯　見魯侯簋（集成04029），西周康王時期人，魯國國君。康王十八年明公派遣三族軍隊征伐東夷，在邀地，魯侯立下了卓越的戰功。從有關銘文看此魯侯當為伯禽之子魯考工酉。

魯侯　見魯侯盂蓋（集成09408），西周早期人，魯國國君，其夫人姜姓。

魯侯　見魯侯鼎（2件，文物1986年4期13頁圖1、3）、魯侯簋（2件，文物1986年4期13頁圖4、6），西周晚期人，魯國國君，其女名姬彗。

魯侯　見魯侯鬲（集成00545），西周晚期人，魯國某代國君，其女名姬番。

魯侯　見魯侯壺（集成09579），西周晚期人，魯國國君，名不詳。

魯侯熙　銘文作狱，見魯侯熙鬲（集成00648），西周康王時期人，名熙，周公旦的孫子，伯禽的次子，其兄考公卒後繼位魯侯，在位六年。《史記·魯世家》載："魯公伯禽卒，字考公酉立，考公四年卒，立弟熙，是為煬公，……六年卒。"

魯宰兩　見魯宰兩鼎（集成02591），春秋早
　　期人，名兩，擔任魯國的宰職。

魯宰駟父　見魯宰駟父鬲（集成00707），春
　　秋早期人，字駟父，擔任魯國的宰職。
　　與魯宰兩或為同一人，名兩，字駟父，
　　名字相應。

魯姬　見魯姬鬲（集成00593），西周晚期魯
　　國女子。

魯還　即魯原，見魯還鐘（集成00018），春
　　秋早期魯國人，名原。與魯太宰原父或
　　為一人。郭沫若先生說："還即說文
　　'邍，高平之野。'從辵從甸從彔，此
　　最為正確。金文中有誤為從备者，小篆
　　則更誤彔為彔矣。"

穌　即蘇，見十年邙令炎戈（集成11291），戰
　　國晚期人，魏國邙縣冶鑄作坊的工師。

穌子　即蘇子，見叔作穌子鼎（集成01926），
　　春秋早期虢國族人。鼎銘四字，從左至
　　右讀為"叔作蘇子"，從右至左讀為
　　"蘇子叔作"，均通，故蘇子叔亦可能
　　是人名。

穌公　即蘇公，見蘇公簋（集成03739）、蘇公
　　匜(晉侯墓地出土青銅器國際學術研討
　　會論文集507頁圖1、2)，西周晚期人，
　　蘇國族首領，名不詳。

穌公　即蘇公，見寬兒鼎（集成02722），寬兒
　　的祖父，生世在春秋中期。

穌甫人　即蘇夫人，見蘇甫人盤（集成
　　10080）、蘇夫人匜（集成10205），西周晚

期人，蘇國國君的夫人，其女為嬬改襄。

穌冶妊　即蘇冶妊，見蘇冶妊鼎(集成
　　02526)、蘇冶妊盤(集成10118)，春秋早
　　期妊姓婦女，某代蘇君的夫人，其女為
　　虢女魚母。郭沫若先生釋為蘇冶妊，說:
　　"蘇冶妊乃妊姓女子嫁於蘇者，冶如非
　　國族，則當是字"(見《大系》考242頁)。

穌貉　即蘇貉，見蘇貉豆(集成04659)，春秋
　　時期人，名貉，蘇氏。

穌匌　即蘇匌，見蘇匌壺(考古與文物 1993
　　年 5 期 11 頁圖 3．3)，西周中期後段
　　人，族徽為"舍(幸)"。

穌衛改　即蘇衛改，見蘇衛改鼎(4 件，集成
　　02381—02384)，西周晚期蘇國女子，嫁
　　於衛國公室。

艇□　見廿一年鄭令戈（集成11373），戰國
　　晚期人，韓桓惠王二十一年（前252年）
　　前後，擔任鄭縣縣令。

艇𦙃　見十七年龏令艇𦙃戈（集成11382），
　　戰國晚期人，韓國龏縣縣令。

𣪠子　見𣪠子鼎（集成02345），西周早期人。

諸兒　銘文作者兒，見者兒觶（集成06479），
　　西周中期前段人。

諸稽耕　銘文作者旨𧆑，見徐令尹爐爐（集
　　成10391），春秋晚期徐國人，名耕，諸
　　稽氏，痪（疕）君之孫，擔任徐國令尹。

譜　見二年寧豕子得鼎（集成02481），戰國
　　晚期人，魏國寧縣冶鑄作坊的冶吏。

諄大人　見寅鼎（集成02756），西周中期前

段人。

諆　見鳾叔鼎（集成02615）、諆簋（2件，集成03950—03951），即鴻叔，西周早期昭王世人，鴻氏家族。曾隨昭王南征楚荊。

鞏于公　見淳于公戈（2件，集成11124—11125），即淳于公。

鶊　見鶊戈（集成11047），戰國早期人，曾侯乙去世後曾有賵贈。

旐　見亞異矣旐簋（集成03689），西周早期人，族徽為"亞異禿（矣）"。

盍婦　見盍婦方鼎（集成02368），西周早期人。

廣　見廣簋（集成03611），西周早期人，族徽為"靐（旅）"。

廣　見廣簋蓋（集成03890），西周晚期人。

慶　見卅七年上郡守慶戈（陝西歷史博物館徵集文物精粹）、卅八年上郡守慶戈（文物1998年10期79頁圖4），戰國晚期人，秦昭襄王三十八年（前269年）前後，擔任上郡郡守。

慶　見曾太保慶盆（古文字研究24輯166頁），春秋早期人，擔任曾國太保。

慶狂　見守相杢波鈹（集成11670），戰國晚期人，名狂，慶氏，趙孝成王時（前265年—前245年）任邦右庫的工師。黃盛璋先生釋為"慶徒"（見《試論三晉兵器的國別和年代及其相關問題》《考古學報》1974年1期）。

慶叔　見慶叔匜（集成10280），春秋早期齊國人，慶氏公族，長女孟姜。

慶癸　見五祀衛鼎（集成02832），邦君厲的有司（管事者），西周中期人。五年正月初吉庚戌，邦君厲與裘衛交換土地時，曾參與勘界和交付儀式。

慶孫　見慶孫之子峹簠（集成04502），春秋中期人，峹的父親。

廟　見二年上郡守廟戈（集成11362），戰國晚期人，秦莊襄王二年（前248年）前後，擔任上郡郡守。

廟叔　見遂鼎（集成02375），遂的長輩，西周早期人。

廟孱　見廟孱鼎（集成02417），西周晚期人。根據廟孱鼎、仲涿父鼎、旅仲簋同坑出土，且兩鼎形制、紋飾、銘文字體基本相同，李學勤先生推斷廟孱、旅仲、仲涿父是一個人。善夫伯辛父之弟，名廟孱，字涿父，排行第二。孱假為潺湲之潺，流水貌；涿的意思是水流下滴，名字相應（見《矩伯裘衛兩家族的消長與周禮的崩壞》《文物》1976年6期）。

廌父　見廌父尊（集成05930）、廌父卣（集成05348），西周昭穆時期人，與戎帆系一人，名戎帆，字廌父。

瘨　見卅六年私官鼎（集成02658），戰國晚期人，秦昭襄王三十六年（前271年）前後，擔任官營冶鑄作坊的工師。

瘨　銘文作癭，見師瘨簋蓋（集成04284），西周中期前段人，擔任周王朝師職。某年二月初吉戊寅，由司馬丼伯親陪同在師馬宮太室接受冊命，周王重申先王的冊命，命其管理邑人和師氏。

毅　見伯吉父鼎（集成02656）、伯吉父簋（集成04035），伯吉父的長輩，西周晚期人。

毅　見毅簋（集成03681），西周晚期人。

嫬季　即嬴季，見嬴季簋（集成03558）、嬴季尊（集成05860）、嬴季卣（集成05240），西周早期人，嬴氏公族。"嫬"字是嬴字的別構，古從女與從卩相通。

導　見吳虎鼎（考古與文物1998年3期70頁圖2），即伯導，西周晚期人，周宣王十八年十三月丙戌日，在周王冊命吳虎的儀式上，擔任儐相。

穎　見穎甗（集成00865），西周早期後段人。

潦伯　見潦伯甗（集成00872），西周早期人，潦氏家族首領。

㵎伯　或釋為"涇伯"，見㵎伯尊（集成05848）、㵎伯卣（2件，集成05227、文物1972年12期8頁圖17、18），西周早期人，㵎國族首領，名不詳。封地在今甘肅靈臺縣白草坡一帶。

潘伯官曾　銘文作番伯官甾，見番伯官甾罐（集成09971），西周晚期人，名官曾，楚國貴族，潘氏家族首領。

潘君畲　銘文作番伯畲，見番伯畲匜（集成10259），春秋早期人，名畲，潘氏家族首領。

潘伯乃　銘文作番伯乃，見番伯乃孫自鬲（集成00630），自的祖父，西周晚期人，名乃，楚國貴族，潘氏家族首領。

潘君　銘文作番君，見番君匜（集成10271），西周晚期人，楚國貴族，潘氏家族首領。

潘君召　銘文作番君䂞，見番君召簋（6件，集成04582—04587），春秋晚期人，名召，楚國貴族，潘氏家族首領。

潘君伯歚　銘文作番君伯歚，見番君伯歚盤（集成10136），春秋早期人，名伯歚，楚國貴族，潘氏家族首領。

潘君酤伯　銘文作番君酤伯，見番君酤伯鬲（3件，集成00732—00734），春秋早期人，名酤伯，楚國貴族，潘氏家族首領。

潘叔□龠　銘文作番叔□龠，見番叔壺（考古1989年1期23頁圖6.1），春秋早期人，名□龠，楚國貴族，潘氏家族。

潘昶伯□　銘文作番昶伯□，見番昶伯盤（集成10094），春秋早期人，楚國貴族，潘氏的一支，分封於昶地。

潘昶伯者君　銘文作番昶伯者君，見番昶伯者君鼎（2件，集成02617—02618），番昶伯者君盤（2件，集成10139—10140），番昶伯者君匜（2件，集成10268—10269），鼎作"番昶者尹"，"者尹"即"者君"，春秋早期人，楚國貴族，潘氏的一支，名者君，分封於昶地。

漢伯筍父　見鄭伯筍父甗（集成00925），即鄭伯筍父。

鄭子石　銘文作奠子石，見鄭子石鼎（集成02421），春秋早期鄭國人，字子石。春秋早期鄭國有兩個子石，一個是大夫印段，一個是公孫段，同為鄭卿。《左傳》襄公二十七年："鄭伯享趙孟於垂隴，子展、伯有、子西、子產、子大叔、二子石從。"所謂二子石者，即印段和公孫段。此鼎作者當是二子石之一者。

鄭氏伯高父　銘文作奠氏伯高父，見伯高父甗（集成00938），春秋早期人，字高父，鄭氏。

鄭邢叔　銘文作奠丼叔，見鄭丼叔甗（集成00926）、鄭丼叔鐘（2件，集成00021—00022），西周晚期人。

鄭邢叔康　銘文作奠丼叔康，見鄭丼叔康盨（2件，集成04400—04401），西周中期人，名康，鄭邢氏。

鄭邢叔歡父　銘文作奠丼叔歡父，見鄭丼叔歡父鬲（集成00581），春秋早期人。與鄭叔歡父可能為同一人。

鄭同媿　銘文作奠同媿，見鄭同媿鼎（集成02415），西周晚期媿姓女子，嫁於鄭國。

鄭伯　銘文作奠伯，見袁鼎（集成02819）、袁盤（集成10172），袁的父親，鄭國族首領，夫人為鄭姬，生世約在西周中期。

鄭伯　銘文作奠伯，見鄭伯匜（考古1984年2期156頁圖1），西周晚期人，鄭國族首領，其女孟姬嫁於宋國。

鄭伯　銘文作奠伯，見鄭伯盤（集成10090），春秋早期人，鄭國國君，名不詳。

鄭伯　銘文作奠伯，見召叔山父簠（2件，集

成04601—04602），春秋早期人，鄭國某代國君。

鄭伯筍父　銘文作奠伯筍父或瀵伯筍父，見鄭伯筍父鬲（集成00730）、鄭伯筍父甗（集成00925），西周晚期人，字筍父，鄭國國君。

鄭叔歡父　銘文作奠伯歡父，見鄭叔歡父鬲（集成00579），春秋早期人，字歡父，鄭國公族。

鄭牧馬受　銘文作奠牧馬受，見鄭牧馬受簋蓋（3件，集成03878—03880），西周晚期人，名受，擔任鄭國牧馬之職。

鄭戩句父　銘文作奠戩句父，見鄭戩句父鼎（集成02520），春秋早期人，字句父，戩氏，鄭國大夫。

鄭季　銘文作奠季，見叔剌父盨（4件，集成04454—04457），西周晚期人，叔剌父的長輩，鄭國公族。

鄭易　銘文作奠易，見陳璋方壺（集成09703）、陳璋壺（集成09975），戰國中期人，名易，與鄭得同時為齊國的執政大臣。

鄭羌伯　銘文作奠羌伯，見鄭羌伯鬲（2件，集成00659—00660），西周晚期鄭國人，羌氏家族首領。

鄭悊　銘文作奠悊，見三年𨚵令樂疛戈（集成11338），戰國時期人，名悊，鄭氏，𨚵縣冶鑄作坊的工師。

鄭姜　銘文作奠姜，見矢王簋蓋（集成

03871），西周中期後段姜姓婦女，矢王的夫人。

鄭姜伯　銘文作奠姜伯，見鄭姜伯鼎（集成02467），即鄭羌伯。

鄭訇　銘文作奠訇，見十七年盉令艇鐓戈（集成11382），戰國晚期人，名訇，鄭氏，韓國訇縣司寇。黃盛璋先生釋為"鄭害"。

鄭師原父　銘文作奠邁父，見鄭師邁父鬲（集成00731），春秋早期人。

鄭姬　銘文作奠姬，見趨鼎（集成02815），西周孝夷時期姬姓婦女，趨的母親，鶱伯的夫人。

鄭姬　銘文作奠姬，見袁盤（集成10172），袁的母親，鄭伯的夫人，生世約在西周中期。

鄭登伯　銘文作奠鄧伯或奠彝伯，見鄭登伯鼎（集成02536）、鄭登伯鬲（3件，集成00597—00599），西周晚期鄭國人，登氏家族首領，夫人為叔嬬。

鄭登叔　銘文作奠彝叔，見鄭登叔盨（集成04396），西周晚期鄭國人，登氏公族。

鄭楙叔賓父　銘文作奠楙叔賓父，見鄭楙叔賓父壺（集成09631），西周晚期鄭國人，字賓父，楙氏公族。

鄭義伯　銘文作奠義伯，見鄭義伯盨（集成04391）、鄭義伯匜（集成10204）、鄭義伯罍（集成09973），西周晚期鄭國人，義氏家族首領，夫人季姜。

鄭義羌父　銘文作奠義羌父，見鄭義羌父盨（2件，集成04392—04393），西周晚期鄭國人，字羌父，義氏。

鄭莊公　銘文作奠臧公，見鄭莊公之孫缶（2件，考古1991年9期790頁圖11.1—2），盧的祖父，春秋早期鄭國國君，名寤生，公元前743年即位，在位四十三年。

鄭虢仲　銘文作奠虢仲，見鄭虢仲簋（3件，集成04024—04026），西周晚期人，鄭虢氏公族。

鄭虢仲悆䣄　銘文作奠虢仲悆䣄，見鄭虢仲悆䣄鼎（集成02599），春秋早期人，名悆䣄，鄭虢氏公族。

鄭鑄友父　銘文作奠畏友父，見鄭鑄友父鬲（集成00684），西周晚期鄭國人，夫人為季姜。

鄭饗原父　銘文作奠饗邁父，見鄭饗原父鼎（集成02493），春秋早期人，字原父，擔任鄭國公室的饗人，掌管公室烹飪諸事。

焎臣　見焎臣戈戈（集成11334），春秋早期人，某國冶鑄作坊的冶吏。

廟屌　見廟屌鼎（集成02417），即廟屌。

寮伯訇　見寮伯訇甗（集成00899），西周早期人，名訇，寮國族首領，族徽為"𤔲（眯）"。

窒叔　即室叔，見室叔簋（三代8.51.1），西周晚期人，室氏公族，夫人為豐姞懟。

寢　即寢，見殷鼎（上博刊8期128頁圖3），西周中期人。某年正月丁亥，周王在西宮命寢賜給殷大具。

嫐 即嬙，見伯邌父簋蓋（集成03887），西周晚期婦女，伯邌父的夫人。

窨 見廿五年上郡守厝戈（集成11406），戰國晚期人，秦昭襄王二十五年（前282年）前後，擔任上郡高奴冶鑄作坊的工師。

𩇕 見𩇕鼎（集成02037），西周早期人。

鄩仲 見尋仲盤（集成10135）、尋仲匜（集成10266），春秋早期人，鄩國公族，名不詳。李學勤先生認為是鮑叔牙的子弟（見《論山東新出土青銅器的意義》《文物》1983年12期）。

鄩垂 見淮伯鼎（古文字研究24輯229頁），西周中期人，名垂，鄩國族人。

閼 見閼簋（集成03376）、閼卣蓋（集成05297）、閼卣（集成05298），西周中期前段人。

彈 銘文作弓，見彈鼎（集成02321），西周早期前段人，族徽為"亞𤔔（叀）"。

𩰫伯慶 見焂戒鼎（上博刊8期134頁圖7），西周晚期人，𩰫國族首領，掌管西六師，曾命焂戒整治六師，視察六師兵舍的處址，並賞賜給賽弼、鼫膺、虎裘、豹裘等物品。

嫕 見嫕鼎（集成02578），商代晚期人，族徽為"𢆶冊（廎冊）"。

嫶 見嫶爵（集成09062），西周早期人。

嬠氏 即曹氏，見伯氏鼎（5件，集成02443—02447），春秋早期人，曹姓國女子，某氏族族長的夫人。

嫣四母 見陳侯鼎（集成02650），春秋早期人，姓嫣，字四母，陳國某代國君的女兒。

嫣櫓 見陳侯壺（2件，集成09633—09634），春秋早期人，姓嫣，名櫓，陳國某代國君的女兒。

𤼲 即登，見𤼲爵（集成07478），商代晚期人。

𤼲 即登，見登作尊彝觥（集成07258）、登斝（集成09236）、登尊（集成05768）、登卣（集成05115）、登爵（考古1972年2期），西周早期人。這組銅器出土於洛陽市東北二里北窯村周墓中，其封地當在附近。

𤼲 即登，見康伯簋（2件，集成03720—03721），西周中期前段人。

𤼲 即登，見芇侯簋（集成03589），西周晚期人。

𤼲 即登，見𤼲登鼎（集成01491），西周早期人，族徽為"𤼲（𤼲）"。

𤼲小仲鵂得 即鄧小仲鵂得，見鄧小仲方鼎（集成02528），西周早期人，名鵂得，鄧氏小宗。

𤼲公 即鄧公，見鄧公簋蓋（集成04055），西周晚期人，某代鄧國國君，夫人為薄姑氏之女。

鄾公　即鄧公，見鄧公匜（集成10228），春秋時期人，某代鄧國國君，鄧桀生曾送給一批青銅。

鄾伯　即鄧伯，見鄧伯盨（集成04347），西周晚期人，某代鄧國國君。

鄾伯吉射　即鄧伯吉射，見鄧伯吉射盤（集成10121），春秋時期人，名吉射，鄧國國君。

鄾孟媿　即鄧孟媿，見復公子伯舍簋（3件，集成04011—04013），西周晚期媿姓婦女，復公子伯舍的姑母，嫁於鄧國。

鄾桀生　即鄧桀生，見鄧公匜（集成10228），春秋時期鄧國人，曾送給鄧公一批青銅

鄧小仲鵴得　見鄧小仲方鼎（2件，集成02528、遺珠81），西周早期人，名鵴得，鄧國小宗。

鄧子午　銘文作鄴子午，見鄧子午鼎（集成02235），春秋晚期楚國人，名午，食邑於鄧。

鄧子與　見鄧子與盤（江漢考古1993年4期91頁），春秋中期人，名與，在楚國的鄧國族後裔。

鄧公　銘文作鄾弁，見鄧公盉（于省吾先生百年誕辰紀念文集75頁），商代晚期人，鄧國族首領。

鄧公　銘文作鄾公，見鄧公鼎（考古與文物1990年5期39頁圖10.10），西周中期前段人，鄧國國君。

鄧公　銘文作鄾公，見鄧公簋（4件，集成03775—03776、考古1985年3期286頁圖3.1—5），西周中期人，鄧國國君，女兒為應嫚妣。

鄧公　銘文作鄾公，見鄧公簋（集成03858），西周晚期人，某代鄧國國君。

鄧公　銘文作鄾公，見鄧公簋蓋（集成04055），西周晚期人，某代鄧國國君，夫人為薄姑氏之女。

鄧公　銘文作鄾公，見鄧公匜（集成10228），春秋時期人，鄧國國君，名不詳，鄧桀生曾送給一批青銅。

鄧公午離　銘文作鄾公午離，見鄧公午離簋（未著錄），春秋早期人，名午離，鄧國國君。《左傳》作吾離，桓公七年有"鄧侯吾離來朝"。

鄧公牧　銘文作鄾公牧，見鄧公牧簋（2件，集成03590—03591），春秋早期人，名牧，鄧國國君。

鄧公乘　銘文作鄾公乘，見鄧公乘鼎（集成02573），春秋中期人，名乘，鄧國國君。

鄧尹疾　銘文作鄴尹疾，見鄧尹疾鼎（集成02234），春秋晚期人，名疾，擔任鄧尹。

鄧仲　銘文作鄾仲，鄧仲犧尊甲（集成05852）、見鄧仲犧尊乙蓋（集成05853），西周早期後段人，鄧國公族，名不詳。

鄧伯　銘文作鄾伯，見盂爵（集成09104），西周早期後段人，鄧國國君。某年，周王初被於成周，王令盂寧鄧伯，鄧伯賓贈給盂貝。

鄧伯　銘文作鄭伯，見鄧伯盨（集成04347），
　　西周晚期人，鄧國國君。

鄧伯吉射　銘文作鄭伯吉射，見鄧伯吉射盤
　　（集成10121），春秋時期人，名吉射，
　　鄧國國君。

鄧孟　銘文作鄭孟，見鄧孟壺蓋（集成
　　09622），西周晚期人。

鄧孟媿　銘文作鄭孟媿，見復公子伯舍簋（3
　　件，集成04011—04013），西周晚期媿
　　姓婦女，復公子伯舍的姑母，嫁於鄧國。
　　據文獻記載及鄧孟壺銘文可知鄧國嫚
　　姓，此鄧國媿姓。陳夢家先生認為是另
　　一個鄧國，待考。

鄧籈生　銘文作鄭籈生，見鄧公匜（集成
　　10228），春秋時期鄧國人，曾送給鄧公
　　一批青銅。

鄧鱗　銘文作登鰶，見鄧鱗鼎（集成02085），
　　春秋中晚期人。

遹　見遹簋（集成04207），西周中期前段人。
　　某年六月既生霸，王在葊京大池捕漁，
　　其後舉行饗酒，由於遹在這次活動中表
　　現很好，王賜給遹爵。

遹邎　見遹邎簋（集成03688），西周早期人，
　　族徽為“𢦐（允冊）”。

親　見師痕簋蓋（集成04283），即司馬井伯
　　親，西周中期前段人，名親，邢國族首
　　領，穆王後期用事，擔任周王朝司馬，
　　參加過周王對長甶的賞賜儀式；恭王時
　　同伯邑父、定伯、瓊伯、伯俗父等人共

同處理裘衛和邦君厲的土地交易；在周
王冊命師奎父、走、師痕等人的儀式上
均擔任儐相。

陳子　即陳子，見陳子匜（集成10279），春
　　秋早期陳國人，長女孟嬀毂女。銘文
　　“子”字重文，或釋為“陳公子”。

陳生崔　即陳生崔，見陳生崔鼎（集成
　　02468），西周晚期人。

陳侯　即陳侯，見陳侯簋（集成03815），西
　　周晚期人，陳國某代國君，女兒嫁於周
　　王，稱王嬀。

陳侯　即陳侯，見陳侯鬲（2件，集成00705—
　　00706），春秋早期人，陳國某代國君，
　　小女為畢季嬀。

陳侯　即陳侯，見陳侯簋（集成03903），春
　　秋早期陳國某代國君，夫人為嘉姬。

陳侯　即陳侯，見陳侯鼎（集成02650），春
　　秋早期陳國某代國君，女兒為嬀四母。

陳侯　即陳侯，見陳侯壺（2件，集成09633—
　　09634），春秋早期陳國某代國君，女兒
　　為嬀櫓。

陳侯　即陳侯，見陳侯作王仲嬀㜏簋（2件，
　　集成04603—04604）、陳侯作孟姜㜏簋
　　（2件，集成04606—04607），春秋早期
　　陳國國君，次女為仲嬀㜏母，適周王。

陳侯鬲　即陳侯鬲，見陳伯元匜（集成
　　10267），春秋時期人，名鬲，陳國國君，
　　其子名伯元。

敶姬小公子　即陳姬小公子，見陳姬小公子
　　盨（集成04379），春秋早期陳國人。

敶樂君歔　即陳樂君歔，見陳樂君歔瓶（考
　　古1996年9期4頁圖5.5），春秋晚期人，
　　名歔，陳國樂地的封君。

隣　見瀕吏丒（曾稱陝角、瀕事簋、瀕事鼎，
　　集成00643），瀕史的長輩，商末周初人。

隙　見隙尊（集成05895），西周早期人，族
　　徽為"𣏂"。

雝伯原　即雍伯源，見雍伯原鼎（集成
　　02559），西周晚期人，名源，雍氏家族
　　首領，族徽為"射佥"。

雝娰　即雍姒，見雝娰簋（集成03568），西
　　周早期姒姓婦女。

樂　見樂鼎（2件，集成01969—集成01970），
　　西周中期人。

樂　見樂鼎（集成02419），西周晚期人。

樂子嚷酺　見樂子嚷酺簠（集成04618），春
　　秋晚期人，名嚷酺，樂氏，宋戴公之後。
　　馬承源先生疑即宋國將鉏，說："子，
　　男子的美稱。將、嚷發音部位相同，皆
　　齒頭音，古同屬陽部，叠韻。酺從甫得
　　聲，鉏、酺古同魚部。將鉏見於《左傳》
　　成十六年，'鄭子罕伐宋，宋將鉏、樂
　　懼敗諸汋陂，退舍於夫渠，不儆，鄭人
　　復之，敗諸汋陂，獲將鉏、樂懼。'"
　　（見《記上海博物館新收集的青銅器》
　　《文物》1964年7期）

樂文　見樂文瓹（集成06920），商代晚期人。

樂疛　即樂疛，見三年邘令樂疛戈（集成
　　11338），戰國時期人，名疛，趙國邘縣
　　縣令。

樂星　見侭令趙世鈹（集成11669），戰國晚
　　期人，名星，樂氏，趙孝成王時期（前
　　265—前245年）曾擔任侭縣上庫冶鑄作
　　坊的工師。

樂參　見二年邢令孟慶戈（文物1988年3期51
　　頁圖4、3.2），戰國晚期人，名參，樂
　　氏，趙孝成王二年（前264年）前後，擔
　　任邢縣某庫冶鑄作坊的工師。

樂宲　見四年代相樂宲劍（考古與文物1989
　　年3期20頁，山西珍166），名宲，樂氏，
　　代王嘉四年（前224年）前後 擔任代（趙）
　　國的相。王輝先生認為：樂宲即樂毅的
　　後裔樂巨（《史記·樂毅列傳》作樂臣
　　公，臣字為巨字的訛誤）。宲字從宀夗
　　聲，夗讀為邊，是虡字的簡化。《诗·
　　大雅·灵山》"虡業維樅"，《說文》
　　業字下引作"巨業維樅"。段玉裁注：
　　"虡作鐻"。可見巨、鐻、虡通用。而
　　虡從吳聲，吳（舉）即宲，則從夗得聲
　　的宲字必與巨相通（《跋朔縣揀選的四
　　年邘相樂宲劍》《考古與文物》1989年
　　第3期）。樂巨在秦滅趙後去了齊國高
　　密，"善修黃帝、老子之言，顯聞於齊，
　　稱賢師。"

鼠季　見鼠季鼎（集成02585），西周晚期
　　人，夫人為嬴氏。

十 六 劃

髭 見髭卣（集成05307），西周早期人，族徽為"米"。

靜 見靜方鼎（文物1998年5期86頁圖4）、靜簋（集成04273）、靜卣（集成05408），又稱小臣靜（見小臣靜卣），西周昭穆時期人，擔任周王朝小臣之職。昭王某年七月曾奉命與師中作為先行官赴南國巡視，為王建立行宮，任務完成後回到成周，王再次讓靜去管理曾、鄂兩地的軍隊，並賜給秬酒、旗幟、蔽膝等物品，以及采地暨；某年六月丁卯，穆王命靜在莽京學宮主持學射諸事，八月初吉庚寅，周王與吳㠱、呂犅卿夔盞師邦君射于大池，靜在這次活動中表現突出，周王賜給靜鞞剢；某年十三月，周王在莽京賜給小臣靜貝五十朋。

靜公 見秦公鐘（5件，集成00262—00266）、秦公鎛（3件，集成00267—00269），即秦靜公，春秋早期人，秦文公世子的謚號，《史記·秦本紀》作竫公，卒於文公四十八年（前718年），未享國。

靜公 見姬寏母豆（集成04693），師宏和姬寏母的父親，生世在西周中期。

靜叔 見靜叔鼎（集成02537），西周晚期人，靜氏公族，夫人為嚳嬐。

斳 見西替簋（集成03710）、西替簠（集成04503），西替的妹妹，戰國早期齊國或楚國女子（西替簠形制似壽縣出土的楚器，銘文書體卻像齊器）。

戠 見五年相邦呂不韋戈（2件，集成11380、集成11396）、八年相邦呂不韋戈（集成11395），戰國末期到秦代人，秦王政五年（前242年）前後，擔任秦國官營冶鑄作坊的丞。

達 即達，見見達簋（集成03788）、達盨蓋（3件，井叔墓312頁圖234.1—3），西周懿孝時期人。孝王三年五月壬寅，在漏应參加了執駒典禮，周王賜給一匹馬駒。張長壽先生認為達與同墓出土的井叔鼎銘文中的井叔為一人（見《論井叔銅器》《文物》1990年第7期）。

趲㝅 見十二年大簋（2件，集成04298—04299），西周晚期人。十二年三月既生霸丁亥，周王在糧伝宮命吳師下詔，將原屬於趲㝅的邑里賜給大，趲㝅讓善夫豕向周王轉達表示同意，並和善夫豕一同向大辦理了移交手續。

嬰 見嬰方鼎（集成02702），商代晚期人，族徽為"亞㠱侯禾（矣）"。某年丁亥日，㲋曾賞給嬰貝二百朋。

遱㽸 即甚六、戡六，見遱㽸鐘（7件，東南文化1988年3、4期30頁）、遱㽸鎛（5件，銅全11.162），春秋晚期人，舍（此字或釋舒或釋徐）王之孫，尋楚歔之子，

蒂子　見蒂子匜（集成10245），春秋早期人。

敔　即敔，見敔卣（集成05287），西周早期人，族徽為"亞"。

戲　見五年相邦呂不韋戈（2件，集成11380、集成11396）、八年相邦呂不韋戈（集成11395），戰國末期到秦代人，名戲，秦王政五年（前242年）前後，擔任官營冶鑄作坊的丞。

敔　見敔簋（集成04099），西周中期人。

燕王　銘文作郾王，見燕王右庫戈（集成11109），戰國晚期某代燕王，名不詳。

燕王　銘文作郾王，見燕王右矛（集成11481），戰國晚期某代燕王，名不詳。

燕王　銘文作郾玉，見郾王戈（集成10942），戰國晚期某代燕王，名不詳。

燕王戎人　銘文作郾王戎人，見燕王戎人戈（8件，集成11192、集成11237—11239、集成11273—11276）、燕王戎人矛（9件，集成11479、集成11498、集成11525、集成11531、集成11536—11539、集成11543），戰國晚期人，名戎人，燕國國君。可能就是文獻記載的燕惠王，公元前278年即位，在位七年。

燕王喜　銘文作郾王喜，見燕王喜戈（9件，集成11004、集成11005、集成11195、集成11246—11249、集成11277—11278）、燕王喜矛（6件，集成11482、集成11522—11523、集成11528—11529、文物1983年8期51頁圖3.12）、燕王喜劍（11件，

集成11583—11584、集成11606—11607、集成11612—11617、集成11705）、燕王喜鈹（集成11585），戰國晚期人，名喜，燕國國君，公元前254年即位，前254年被秦軍所殺，燕國滅亡，在位三十三年。

燕王詈　銘文作郾王詈，見燕王詈戈（13件，集成11058、集成11193—11194、集成11196、集成11240—11245、集成11305、集成11350、遺珠177）、燕王詈矛（4件，集成11497、集成11524、集成11530、集成11540），戰國晚期人，名詈，燕國國君。陳夢家、何林儀二先生均謂燕王詈即燕王噲。何林儀先生云："詈從言，吅聲。即《燕世家》易王之子噲。從言與從口義近，從吅與從會音近。"（見《戰國文字通論》94頁）燕王噲系燕易王之子，公元前320年即位，前316年讓位於相邦子之，三年國内大亂，齊宣王和中山國王乘機干涉，攻佔燕都，噲死於亂中。

燕王職　銘文作郾王職，見燕王職戈（23件，集成11003、集成11110、集成11187—11191、集成11224—11236、集成11304、銅全9.137、故宮文物月刊1996年總154期124頁圖2）、燕王職矛（12件，集成11480、集成11483、集成11514—11521、集成11526—11527）、燕王職劍（3件，集成11634、集成11643、考古1998年6期83頁圖2），戰國晚期人，名職，燕國國君，未即位時稱公子職，燕王噲讓位

於子之時，公子職在韓國，公元前315年齊軍攻破燕都，趙武靈王派樂池送公子職入國，立為燕王，在位三十三年（前311—前279年），死後諡昭王。

燕伯聖　銘文作匽伯聖，見匽伯聖匜（集成10201），西周晚期人，名聖，燕國國君。

燕侯　銘文作匽侯，見堇鼎（集成02703）、圉方鼎（集成02505）、伯矩鬲（集成00689）、復尊（集成05978）、亞盉（集成09439），西周成康時期人，燕國國君。某年，曾派堇前往宗周向太保奭奉獻禮品。李學勤先生認為此即燕侯旨，召公奭的長子，第一代燕侯，他活到召公死後，大約到昭王初年（見《北京遼寧出土銅器與周初的燕》《考古》1975年5期）。

燕侯　銘文作匽侯，見燕侯舞戟（考古1990年1期28頁圖7.3）、燕侯泡（3件，集成11854、集成11860—11861）、燕侯舞錫泡（3件，琉璃河212頁圖128.2、考古1990年1期30頁圖10、考古1990年1期26頁圖5.17）、燕侯舞泡（考古1990年1期26頁圖5.18），西周早期燕國某代國君，名不詳。

燕侯　銘文作匽侯，見燕侯戈（集成10887）、燕侯戟（集成11011），西周早期某代燕侯，名不詳。

燕侯　銘文作匽侯，見燕侯戟（集成10953），西周早期燕國某代國君，名不詳。

燕侯　銘文作匽侯，見燕侯簋（集成03614）、燕侯旅盂（2件，集成10303—10304）、燕侯饋盂（集成10305），西周早期燕國某代國君。

燕侯　見燕侯右宮戈（集成11057），戰國早期燕國某代國君。

燕侯旨　銘文作匽侯旨，見燕侯旨鼎（集成02628）、燕侯旨作父辛鼎（集成02269），西周早期前段人，名旨，召公奭的長子，武王滅商後封於燕，大約在周昭王初年去世，與伯龢、伯憲、太史各為兄弟。

燕侯載　銘文作郾侯軍，見郾侯軍戈（6件，集成11184級成11218—11220、繼承11383、考古1993年3期238頁圖3.4）、燕侯軍矛（集成11513）、燕侯軍器（集成10583），戰國早期人，名載，燕國國君，即燕成侯，在位時當周定王、考王二世。

燕侯脮　銘文作郾侯脮，見郾侯脮戈（2件，集成11184、集成11272），戰國中期人，名脮，燕國國君。可能就是史書記載的燕易王，公元前332年即位，在位十二年。

燕侯職　銘文作郾侯職，見燕侯職戈（4件，集成11217、集成11221—11223）、燕侯職矛（故宮文物月刊1996年總154期124頁圖1），即燕王職。

橐　見散氏盤（又稱散盤、夨盤、夨人盤，集成10176），西周厲王時期人，散國有司（管事者）。某年九月乙卯，參與夨付給散氏田地的勘界封樹儀式。

噩事苣　即鄂史苣，見鄂史苣簋（考古1989年4期311頁圖2.1），春秋早期人，名苣，擔任鄂國的史官。

噩君啟　即鄂君啟，見鄂君啟車節（3件，集成12110—12112）、鄂君啟舟節（2件，集成12113、銅全10.98左），戰國時期人，名啟，鄂地封君。

噩叔　即鄂叔，見鄂叔簋（集成03574），西周早期人，鄂國公族。

噩叔㘝　即鄂叔㘝，見噩叔㘝尊（集成05855），西周早期人，名㘝，鄂國公族。

噩季奞父　即鄂季奞父，見鄂季奞父簋（集成03669），西周早期後段人，字奞父，鄂國公族，與鄂侯弟厤季為同一人。

噩侯　即鄂侯，見鄂侯弟厤季簋（集成03668）、鄂侯弟厤季尊（集成05912）、鄂侯弟厤季卣（集成05325），西周早期後段人，鄂國國君，其弟為厤季。

噩侯　即鄂侯，見鄂侯簋（3件，集成03928—03930），西周晚期人，鄂國國君，女兒適周王，稱王姑。

噩侯駿方　即鄂侯馭方，見噩侯馭方鼎（集成02810）、禹鼎（2件，集成02833—02834），西周晚期人，名馭方，鄂國國君。某年，周王南征回來，駐蹕於坯，鄂侯馭方與王舉行射禮。宴罷，周王親賜給馭方玉五穀，馬四匹，矢五束。後來鄂侯馭方反叛周王朝。周王派遣西六師、殷八師，以及武公的戎車百乘、斯馭二百、徒千人，殺入鄂國國都，抓獲了鄂侯馭方。

頊　見頊卣（集成05188），西周早期人。

櫓公　即楷公，見叔㙸觶（集成06486），叔㙸的長輩，西周早期人。

櫓仲　即楷仲，見楷仲鼎（集成02045）、楷仲簋（集成03363）、歔鑠方鼎（集成02729），西周早期後段人，楷國公族。某年二月初吉庚寅，在宗周楷仲賞給歔鑠逐毛一兩、馬一匹。

櫓仲　即楷仲　見薯簋（故宮博物院院刊2001年1期），西周中期前段人，楷國公族。

櫓侯　即楷侯，見楷侯簋蓋（集成04139），西周早期人，楷國國君，名方，夫人為姜氏。

櫓侯　即楷侯　見薯簋（故宮博物院院刊2001年1期），西周中期前段人，楷國國君。

櫓侯造逆　即楷侯微逆，見楷侯微逆簋（集成04521），戰國早期人，名微逆，楷國國君。

櫓嬭　即楷妘，周纝生盤（集成10120），即櫓嬭娸、楷妘娸。

櫓嬭娸　即楷妘娸，見周纝生簋（集成03915），西周中期人，周纝生之女，妘姓，嫁於楷國公室。

鞖其　即執其，見執其簋（集成03873），西周中期後段人。

堇湯叔伯氏迶　即棠堇湯叔伯氏迶，見湯叔盤（集成10155），西周晚期人。

醒姜　銘文作齲姜、齲姜，見散氏車父壺（集成09669）、散車父壺（集成09697），散伯車父的母親，生世在西周中期前段。

霝嬭　見靜叔鼎（集成02537），西周晚期嬭姓女子，靜叔的夫人。

曆　見曆盤（集成10059），西周早期人。

曆　銘文作曆，見曆鼎（集成02245）、曆簋（保金續33），商代晚期或西周早期人，族徽為"亞（亞俞）"。

曆　銘文作曆，見曆方鼎（集成02614），西周早期前段人。

奮　見令鼎（集成02803），西周早期人。某年，曾跟隨成王到諆田耕農，舉行射禮。

螽　即蝳，見曾仲大父螽簋（2件，集成04203—04204），也就是曾仲大父螽，西周晚期人，名蝳，字大父，曾國公族。

霍　見霍鼎（集成02413），西周晚期人。

霍姬　銘文作霿姬，見叔男父匜（集成10270），西周晚期人，叔男父之女，族徽為"井"。

操　見張儀戈（秦文字圖版17），戰國晚期人，秦惠文王時（前337—311年）擔任秦國內史之職。

㪤史　見㪤史鼎（集成02166），西周早期前段人。

䎽　即聞，見聞爵（集成09032），西周早期人。

遽　見遽作父己鼎（集成01877）、遽父己象尊（集成05645）、遽父己卣（集成04959），西周早期人。

遽　見師遽簋蓋（集成04214），即師遽，西周中期前段人，擔任周王朝的師職。某年十二月甲申，和盠一起參加周王舉行的執駒典禮。

遽仲　見遽仲觶（集成06495），西周早期人，遽氏公族，族徽為"亞（亞鈺）"。

遽伯睘　見遽伯睘簋（集成03763），西周早期人，名睘，遽氏家族首領。

遽叔　見遽叔尊（集成05581），西周中期人，遽氏公族。

遽從　見遽從鼎（5件，集成01492—01496）、遽從瓶（集成00803）、遽從簋（集成03132）、遽從角（2件，集成08307—08308）、遽從盤（集成10037），西周早期人。

骱　見康方彝（又稱戍鈴方彝，集成09894），商代晚期人。商王十年九月己酉，戍鈴尊宜于召，康向骱獻九律之樂，骱賞給康貝十朋和丏豚。

鄴令裒　見卅三年鄴令裒戈（原稱三十三年叢令裒戈、甘衣戈，集成11312），戰國中期人，名裒，魏惠王三十三年（前338年）前後，擔任鄴縣縣令。

賭金氏　見賭金氏孫盤（集成10098）、賭金氏孫匜（集成10223），春秋早期人。

縣伯　銘文作楷伯，見縣女簋（又稱縣妃簋、縣伯彝，集成04269），西周中期前段人，縣氏家族首領，縣改的丈夫。

縣改　銘文作楷改，見縣改簋（又稱縣妃簋、縣伯彝，集成04269），西周中期前段改姓婦女，縣伯的夫人。某年十三月既望，伯屖父賜給縣改爵瓚之戈、瑪玉和黃㡯。

縣改　銘文作楷改，見仲義君簋（陝金1.458），戰國時期改姓婦女，仲義君的夫人。

鼎　即員，見員卣（集成05387）、作員從彝罍（2件，集成09803—09804）、諆簋（2件，集成03950—03951），西周早期後段人。某年，曾跟隨史旂伐䣛；昭王時，又隨王征伐楚荊。

鼎　即員，見威方鼎甲（集成02789），西周中期前段人，擔任周王朝內史之職。某年九月既望乙丑，在堂師奉王姐姜之命賞賜伯威。

鼎　即員，見員作用鼎（集成01958）、員盉（集成09367）、員爵（2件，集成08818—08819）、員觶（2件，集成06431—06432）、員尊（集成05692）、員壺（集成09534）、員卣（集成05024），西周中期前段人。

鼎　即員，見員作寶彝鼎（考古1984年5期414頁圖11.1），西周中期前段人。

鼎　即員，見員尊（集成05966），西周中期前段人，族徽為"囟（冉）"。

鼎　即員，見員方鼎（集成02695），西周中

期前段人，族徽為"䄒（冀）"。。

鼎父　即員父，見員父簋（集成03564）、員父尊（集成05861），西周中期前段人。

嚳　見中山王譻鼎（集成02840），戰國中期人，燕國國君。

獸　見先獸鼎（集成02655），即先獸，名獸，先氏，西周中期前段人。

靳侯　見靳侯戈（集成10770），亦見於殷墟第一期卜辭，商代中期人，靳國國君。

歌　見歌簋（集成03305），西周早期人。

嬰　即襄，見襄鼎（集成02079），西周早期人。

器較　見十七年彘令艇鐗戈（集成11382），戰國晚期人，韓國彘縣左庫冶鑄作坊的工師。

頀吳　即夏吳，見十三年鑲金銀泡（集成11864），戰國中期人，中山國私庫作坊的工匠。

暺　見廿二年臨汾守暺戈（集成11331），戰國晚期人，秦王政廿二年（前225年）前後，擔任臨汾郡太守。

疊　即農，見農卣（集成05424），西周中期前段人。

羃　見羃鼎（集成02506），西周早期人，族徽為"田告亞"。某年的己亥日，周王曾賜給羃貝。

郢子詠臣　或釋為"郢子誰臣"，見郢子詠臣戈（集成11253），春秋中期人，名詠

臣，鄂地的封君。

罞　見罞簋（集成04153），西周晚期人，其
皇祖諡號益公、文公、武伯，父親諡號
辪伯。

嶲　見嶲卣（集成05397），商代晚期人，族
徽為"仌"。十九年九月丁巳，商王在
齍賜給嶲貝。

嶲織　見嶲織簋（集成03940），商代晚期人，
族徽為"亞舟"。某年己亥，商王賜給
嶲織玉十珏和璋一件。

虢朏　見九年衛鼎（集成02831），西周中期
前段人，名朏，氏，裘衛的家臣。

穆　見穆鼎（集成02251），西周早期人。

穆　見五十年詔事宕戈（秦文字圖版31），
戰國晚期人，秦昭襄王五十年（前257
年）前後，擔任秦國冶鑄管理機構的丞。

穆王　見遹簋（集成04207）、長甶盉（集成
09455）、師訇鼎（集成02830）、史牆
盤（集成10175）、逨盤（盛世吉金30
頁）、曶鼎（集成02838），即周穆王，
周昭王之子，名滿，在位五十五年。據
文獻記載，穆王曾得八匹駿馬，西巡守，
樂而忘歸，四方諸侯爭訟無所質正，咸
歸於徐，朝之者三十六国，王恐，長驅
而歸，使楚人伐徐，會諸侯於塗山。又
攻越，東至九江。西征犬戎，獲其五王，
把一批部落遷到太原（今山西省南部），
開闢了通向西北的大道，在位五十五年。

穆父　見穆父鼎（2件，集成02331—02332），
西周中期人，夫人為姜懿母。

穆公　見穆公簋蓋（集成04191）、盠方尊（集
成06013）、盠方彝（2件，集成09899—
09900）、丼叔采鐘（2件，集成00356—
00357）、禹鼎（2件，集成02833—
02834），禹的先祖，叔采的祖父，西周
昭穆時期人，封於丼（邢），並擔任周
王朝的大尹。

穆公　見𢶉簋蓋（集成04255），西周中期人。
某年正月乙巳，在周王冊命𢶉的儀式
上，擔任儐相。

穆公　見昊生殘鐘（集成00105），單伯昊生
的長輩，生世約在西周中晚期。

穆公　見叔尸鐘（13件，集成00272—
00284）、叔尸鎛（集成00285），春秋
晚期人。此指宋穆公，名和，宋宣公之
弟，叔夷的祖父，公元前728年即位，在
位九年。穆公病，召大司馬孔父謂曰：
"先君捨太子與夷而立我，我不敢忘，
我死，必立於夷。"遂使其子馮出居鄭。

穆丙　見鄝客問量（集成10373），戰國中期
人，楚國工尹。

穆杏　即穆容，見葭明戈（秦文字圖版
26.2），戰國晚期秦國人。

穆侯　見曾大攻尹季怡戈（集成11365），季
怡的父親，春秋早期曾國國君。

興　見興爵（4件，集成07461—07464）、興
父辛爵（集成08616）、興觚（三代
14.15.3）、興斝（2件，集成09128—
09129）、興壺（2件，集成09465—

09466），商代晚期人。

興　見興鼎（集成01963），西周早期後段人。

興　見興鼎（集成01962），西周中期人。

𢇛公　即鑄公，見叔良父匜（考古1984年2期156頁圖1），西周晚期人，鑄（祝）國國君，名不詳。

𢇛章　即鑄章，見九年鄭令向佃矛（集成11551）、十四年鄭令趙距戈（集成11387），戰國晚期人，名章，鑄氏，韓桓惠王時期（前272—前239年）曾擔任鄭縣武庫冶鑄作坊的工師。

𡥈宮　即守宮，見守宮卣（集成05170），本為職官名。此指西周早期擔任此職務的人。

𡥈名　見廿三年襄田令牽名矛（集成11565），戰國時期人，趙國（？）襄田縣縣令。

𧽊兵　即與兵，見鄭太子之孫與兵壺（古文字研究24輯234-236頁），春秋晚期人，鄭國太子之孫。

𨢁伯　見三年師兌簋（2件，集成04318—04319），西周晚期人，𨢁氏家族首領。三年二月初吉丁亥，在周王冊命師兌的儀式上，擔任儐相。

魁　見魁尊（集成05891），西周早期後段人，族徽為"子廎"。

䃓　見䃓觥（集成09286），西周早期人。

會　即噲，見中山王嚳方壺（集成09735），戰國中期人，燕國國君，史書皆作子噲，燕易王之子，公元前320年即位，前316年讓位於相邦子之，三年國內大亂，齊宣王和中山國王乘機干涉，攻佔燕都，子噲死於亂中。

滕太宰𤔲　即滕太宰得，見滕太宰得匜（文物1998年8期），春秋中晚期人，名得，擔任滕國太宰。

滕公　即滕公，見滕侯簋（集成03670）、吾鬲（集成00565），西周早期人，滕侯和吾的父親。

滕𤔲徒□　即滕司徒□，見滕司徒戈（集成11205），春秋晚期人，名字漫漶不清，擔任滕國司徒。

滕仲　即滕仲，見滕侯蘇盨（集成04428），滕侯蘇的父親，西周晚期人。

滕虎敢　即滕虎敢，見滕虎簋（6件，集成03828—03832），西周中期前段人。

滕侯　即滕侯，見滕侯方鼎（集成02154）、滕侯簋（集成03670），西周早期後段人，滕國某代國君。

滕侯吳　即滕侯吳，見滕侯吳敦（集成04635）、滕侯吳戈（3件，集成11018、集成11079、集成11123）、滕侯吳編鐘（8件，見於香港某古董店），春秋晚期人，名吳，滕國國君。

滕侯耆　即滕侯耆，見滕侯耆戈（2件，集成11077—11078），春秋晚期人，名耆，滕國國君。

滕侯穌　即滕侯蘇，見滕侯蘇盨（集成

04428），西周晚期人，名蘇，滕國國君。

媵姬 即滕姬，見邿伯御戎鼎（集成02525），春秋早期滕國公室的女子，邿伯御戎的夫人。

錯 見芒陽守令虜戈（東南文化1991年2期259頁圖6），戰國晚期人，芒陽冶鑄作坊的工師。

戩萬丌 見四年戈（集成11340），戰國晚期人。

薳姬 見司馬南叔匜（集成10241），西周晚期南國族人，司馬南叔之女。

鑫 見曶鼎（集成02838），西周中期後段人，限賣給曶的五個奴隸之一。

盉生不 見郾侯奪戈（集成11383），戰國早期燕國人，與燕成侯同時。

膌 見膌所造鼎（集成02302），戰國晚期人。

魯男 銘文作釁男，見遣小子轛簋（集成03848），西周晚期人，遣小子轛的父親，王姬的丈夫。

魯侯 見魯侯鼎（保金58），西周中期前段人，魯國某代國君。

釐女 即釐母，見剌鬲（4件，集成00663—00665），西周晚期人，釐（萊）伯的夫人，剌的母親。

鈰 見秦子戈（3件，集成11352—11353，考古與文物2003年2期81頁圖2）、秦子矛（集成11547），春秋早期人，秦國冶鑄作坊的工師。

盠屍敖 即魯屍敖，見屍敖簋蓋（集成04213），春秋早期魯國人，名屍敖，約與齊桓公同時（前685—前634年）。

敛 見敛卣（集成05354），西周早期人。

諨 見十三年信平君鈹（集成11711），戰國晚期人，趙孝成王十三年（前253年）前後，擔任邦右庫冶吏。

諫 見諫作父己觶（集成06499），西周早期人，族徽為"亞及"。

諫 見諫觶（集成06493），西周早期人，族徽為"車"。

諫 見諫簋（2件，中原文物1988年3期6頁圖2），西周中期人。

諫 見諫簋（集成04285），西周中期後段人。五年三月初吉庚寅，由司馬共陪同在周師彔宮接受冊命，周王命諫管理王宥。

諫 見諫盨（考古1995年9期790頁圖6），西周晚期人。

諶 見諶鼎（集成02680），西周晚期人。

韋 即墉，見韋鼎（集成01966），西周早期人。

韋公 即庸公，見師𡨥鐘（文物1994年2期96頁圖11）、姬寏母豆（集成04693），師𡨥和姬寏母的祖先，生世在西周早期。

韋伯 即庸伯，見庸伯方鼎蓋（考古與文物1990年5期38頁圖9.15），西周中期前段人，庸國族首領，名不詳。

韋伯叞 即庸伯叞，見韋伯叞簋（集成

04169），西周早期後段人，名敃，庸國族首領。某年，周王征伐遫魚、淖黑，燎於宗周，賜給庸伯敃貝十朋。（鄣或釋為庸，或釋為郭）

鄣季易父　見師龢鼎（集成02830），師龢的父親，字易父，虢國公族，臣事周穆王。李學勤先生認為"鄣季"即"郭季"，也就是"虢季"。"鄣季易父"也就是師丞鐘銘中的"虢季"，師丞的高祖，師望的祖父（見《西周中期青銅器的重要標尺》《中國歷史博物館館刊》1979年1期）。

裏　見裏鼎（集成02551），春秋中晚期人。

廩人莽　銘文作稟人莽，見工師初壺（集成09673），戰國晚期人，名莽，擔任秦國的廩人。

瘋　見公孳里雎戈（集成11402），戰國晚期燕國人。

旟　即旟，見旟鼎（集成02704），也就是史旟，西周康昭時期人，擔任周王朝史官。某年八月，王姜原賜給師榴的三田和田裏待收割的禾稻轉賜給旟；周王征伐東夷時，曾奉淮公的命令和雪一起鈘伐東夷䐴（貉）國。

辨　見辨簋（3件，集成03714—03716），西周早期後段人，族徽為"𡥄"。

龍　見龍甗（集成00861），西周早期人。

龍母　見作龍母尊（集成05809），西周早期女子，族徽為"嘼（正）"。

龍嬴　見樊夫人龍嬴鬲（2件，集成00675—00676）、樊夫人龍嬴壺（集成09637）、樊夫人龍嬴盤（集成10082）、樊夫人龍嬴匜（集成10209），春秋早期嬴姓婦女，樊君的夫人。

嬴　見伯衛父盉（集成09435），西周中期前段嬴姓婦女，伯衛父的夫人。

嬴氏　銘文作嬴氏，見嬴氏鼎（集成02027），西周中期嬴姓婦女。

嬴氏　銘文作嬴氏，見鬶季鼎（集成02585），西周晚期嬴姓女子，鬶季的夫人。

嬴氏　見鑄叔鼎（集成02568）、鑄叔簠（集成04560），春秋早期嬴姓國女子，鑄（祝）叔的夫人。

嬴尹母　見鄳伯盤（集成10149），西周晚期人，字尹母，嬴姓，鄳伯之女。

嬴改　見筍伯大父盨（集成04422），西周晚期改姓婦女，筍伯大父的夫人。

嬴季　銘文作剛季，見嬴季簋（集成03558）、嬴季尊（集成05860）、嬴季卣（集成05240），西周早期人。

嬴霝德　見嬴霝德鼎（集成02171）、嬴霝德簋蓋（集成03585），即季嬴霝德，西周中期人，嬴姓國公室的小女，名霝德。

嬴朧母　見榮有司再鼎（集成02470）、榮有司再鬲（集成00679），西周晚期人，榮有司再的女兒，嬴姓，字朧母。與同墓出土的成伯孫父鬲的浸嬴當為一人，成伯孫父的夫人。

鵃婦　見鵃婦亞戜罍（集成09794），商代晚期婦女，族徽為“亞禾（戜）”。

澤　見邙皮戈（文物季刊1992年3期68頁圖2），戰國晚期人，趙國右庫冶鑄作坊的冶吏。

縈伯　銘文作縈伯，見縈伯簋（集成03481），西周中期人，縈氏家族首領。

縈叔　銘文作縈叔，見縈叔卣（集成05382），西周中期前段人，縈氏公族。

鄲王　見鄲王戈（文物1993年8期70頁圖3），春秋晚期人，楚國境内的部族首領，名不詳。

憲　銘文作𢼸，見憲鼎（集成02749）。召伯父辛（即召公奭）的兒子，與燕侯旨、𮥑等為兄弟。某年九月在燕國，燕侯賜給貝和金。

憲公　銘文作𢼸公，見戎生鐘（8件，保利藏金120、文物1999年9期79頁圖6.1—8、圖7.1—8），戎生的祖父，生世在西周晚期，西周王朝的大臣，受封於畿外，管理蠻戎，捍拒敵方。

憲公　見秦公鐘（5件，集成00262—00266）、秦公鎛（3件，集成00267—00269），即秦憲公，秦文公之孫，靜公之子，春秋早期人，公元前715年即秦公位，在位十二年。《史記·秦始皇本紀》作憲公，《秦本紀》誤作寧公，云：“五十年文公卒，葬西山，靜公子立，是為寧公。”又云：“寧公生十歲立，立十二年卒。”

《秦會要》註說：“徐廣曰：寧，一作曼，而始皇本紀作憲公。按諡法博文多能曰憲，無諡寧與曼者，則作憲為是。”秦公鐘、鎛銘文證明《秦會要》註的考證是對的。憲、寧、曼三字在金文與小篆中形相近，故相訛誤。

憲仲　銘文作𢼸仲，見𢼸仲簋（井叔墓149頁圖111.5），西周中期前段人。

憲伯　銘文作𢼸伯，見揚簋（2件，集成04294—04295），揚的父親，西周中期前段人。

憲伯　銘文作𢼸伯，見師𡩜鐘鐘（文物1994年2期96頁圖11）、姬寏母豆（集成04693），師𡩜和姬寏母的祖先，生世在西周中期。

寏　即寶，見寶爵（陝金1.509），西周早期前段人，族徽為“子羿”。

嚴　見嚴作寶鼎（集成01964）、嚴鼎（集成02721），西周中期前段人。穆王某年十一月，曾跟隨師雍父省視道路，至於𢽜，其父賜給金（青銅）。

褢　見褢鼎（集成02118），商代晚期人，族徽為“𝔖 𝔅（疋弓）”。

寫　見三年相邦呂不韋戟（秦銘文圖版61）、十五年寺工鈹（2件，秦銘文圖版76—77）、十七年寺工鈹（6件，秦銘文圖版79—80、秦銘文圖版82—84、秦銘文圖版91）、十八年寺工鈹（秦銘文圖版85），戰國晚期到秦代人，秦王政時期（前246—前221年）在秦國冶鑄兵器作坊當工匠。

閶　見閶簋（集成03476），西周中期人。

嫯　銘文作嫯，見伯遟父簋蓋（集成03887），西周晚期婦女，伯遟父的夫人。

豫　見虎台丘君戈（集成11265），戰國早期人，魏國虎台丘的封君。

鬴父　見鬴父寶簋（集成03231），西周早期人。

雝伯　即雍伯，見雍伯鼎（集成02531），西周早期人，雍國族某代首領。

椷　即詩，見旅仲簋（集成03872），西周晚期人，旅仲的親屬。

十 七 劃

騃　銘文作騃，見騃卣（集成05118），西周
早期人。

騙奭　見卅五年虒令周奴盉（集成09449），
戰國中期魏國人，約與魏惠王（前370—
前319年）同時。

駿　即馱，見駿卣（集成05380），商代晚期
人，族徽為"戠"。某年辛巳日，商王
賜給貝一具。

駿方　見噩侯馱方鼎（集成02810）、禹鼎（2
件，集成02833—02834）。即馱方、鄂
侯馱方。

駿溓仲僕　即馱溓仲僕，見令鼎（集成
02803），又稱溓仲，西周早期人，名僕，
溓氏公族，擔任周王馱者。某年隨成王
前往諆田耤農。

趞　見趞鼎（集成02815），西周厲王時期人。
十九年四月既望辛卯，厲王在康昭宮太
室冊命趞，賜給趞玄衣、黹純、赤市、
朱黃、鑾旂和鋚勒。

趞亥　見趞亥鼎（集成02588），春秋中期人，
宋莊公之孫，約與宋襄公同時（前652—
前620年）。郭沫若先生說："趞，字書
所無，疑是走馬二字的合文。"（見《大
系》考184頁）

釐司土幽　見釐司土幽尊（集成05917）、釐
司土幽卣（集成05344），西周早期後段
人，名幽，擔任釐地司土。

趙　見趙簋（集成04266），西周中期前段人。
某年三月，周王在宗周大廟冊命趙，周
王命其擔任斁自的冢司馬，管理僕、射、
士，訊小大有鄰，取賸五鋝，賜給赤市、
幽亢和鑾旂。

遣　即遣，見遣尊（集成05992）、遣卣（集
成05402）、竃鼎（集成02731），西周
昭穆時期人。某年十三月辛卯，周王在
斥，賜給遣采地和貝五朋；某年，又奉
命率兵征伐東國的反夷。

遣小子䶀　即遣小子䶀，見遣小子䶀簋（集
成03848），西周晚期人，名䶀，遣氏家
族的小子。

遣仲　即遣仲，見穷鼎（集成02755）、永盂
（集成10322）、盂簋（3件，集成04162—
04164），西周中期前段人，遣氏公族。
穆王晚期曾與毛公征伐無需；恭王十二
年初吉丁卯，又參加周王賞賜師永土地
的出命儀式。

遣妊　即遣妊，見遣妊爵（集成08137），商
代晚期或西周早期妊姓婦女。

遣叔　即遣叔，見遣叔鼎（集成02212），西
周中期人，遣氏公族。

遣叔吉父　即遣叔吉父，見遣叔吉父盨（3
件，集成04416—04418），西周中期人，
字吉父，遣氏公族。

遹　銘文作遹，見遹方彝蓋（集成09890），

商代晚期人。某年的癸未日，商王在圃觀京，賞給趞貝。

趞子俍　見趞子俍簋（集成10575），西周早期人。

戜　銘文作戈，見戈爵（集成09009），西周早期人。

戜伯　銘文作戈伯，見戈伯匜（集成10246），春秋早期人，衛邑的封君。

戜叔朕　銘文作戈叔朕，見戜叔朕鼎（3件，集成02690—02692），西周晚期人，名朕，戜國公族。

戜叔慶父　銘文作戈叔慶父，見戜叔慶父鬲（集成00608），春秋早期人，字慶父，戜國公族，夫人為叔姬。

薛　銘文作辥，見辥尊（集成05928），西周早期人，族徽為"
"。

薛子仲安　銘文作辥子仲安，見薛子仲安簋（3件，集成04546—04548），春秋早期人，名仲安，薛國公子。

薛比　見薛比戈（考古學報1991年4期471頁圖14.2），春秋早中期人。

薛仲赤　銘文作辥仲赤，見走馬薛仲赤簋（集成04556），春秋早期人，名赤，薛國公族，擔任走馬之職。

薛侯　銘文作辥侯，見薛侯盤（集成10133）、薛侯匜（集成10263），西周晚期人，薛國某代國君，其三女為叔妊襄。

薛侯　銘文作辥侯，見薛侯壺（銅全9.86），春秋早期人，薛國國君，名不詳。

薛侯戚　銘文作辥侯戚，見薛侯戚鼎（集成02377），西周早期後段人，名戚，薛國國君。

薛郭公子　見薛郭公子戈（古學報1991年4期471頁圖14.1），春秋早中期人。

莫　即莫，見莫卣（集成05370），西周早期人，族徽為"亞集"。

莫大　即莫大，見莫大爵（集成09083），西周早期人。

薛子甗　見薛子甗盨（江漢考古1993年3期圖版2），春秋早期人，名甗，薛氏，仕於楚國。

韓山　見□年邦府戈（集成11390），戰國晚期人，名山，韓氏，趙國邦上庫冶鑄作坊的工師。

韓壬　見六年安陽令韓壬戟刺（原稱安陽令韓壬劍，集成11562），戰國晚期人，名壬，韓氏，趙國安陽縣縣令。

韓化　見七年侖氏令韓化戈（集成11322），戰國時期人，名化，韓氏，韓國侖氏縣縣令。

韓氏　見韓氏私官方壺（集成09583），戰國時期人，名不詳。

韓半　見四年鄭令韓半戈（集成11384）、五年鄭令韓半矛（集成11553），戰國晚期人，名半，韓氏，韓王安四年（前235年）前後，擔任鄭縣縣令。

韓匡　見四年雍令韓匡戟刺（原稱四年雍令韓匡矛，集成11564），戰國晚期人，名匡，韓氏，魏國雍縣縣令。

韓侁　見十六年守相信平君鈹（遺珠178）、守相信平君鈹（集成11711），戰國晚期人，名侁，韓氏。趙孝成王時期（前265—前245年）擔任邦右庫冶鑄作坊的工師。

韓亥　見十五年守相廉頗鈹（2件，集成11700—11701），戰國晚期人，名亥，韓氏，趙國邦右庫冶鑄作坊的工師。

韓烎　見五年鄭令韓烎戈（集成11385），戰國晚期人，名烎，韓氏，韓國鄭縣縣令。

韓定　見八年新城大令韓定戈（集成11345），戰國晚期人，名定，韓氏，趙國新城縣大令。

韓担　見卅年韓担鈹（文物1992年4期81頁圖1、2），戰國晚期人，名担，韓氏，擔任魏國冢子。

韓沽　見六年襄城令韓沽戈（第三屆國際中國古文字學研討會論文集422頁），戰國時期人，名沽，韓氏，韓桓惠王六年（前267年）前後，擔任襄城縣令。

韓尚　見八年相邦建信君劍（集成11706）、十三年信平君鈹（集成11711）、十五年相邦春平侯劍（集成11709）、十五年守相廉頗鈹（集成11700）、十六年守相信平君鈹（遺珠178）、十七年相邦春平侯劍（2件，集成11714、集成11716）、十七年相邦春平侯鈹（3件，集成11708、集成11713、集成11715）、十八年相邦建信君鈹（集成11717），戰國晚期人，名尚，韓氏，趙孝成王十年到十八年（前

251年—前248年）期間，先後擔任邦右庫和邦左庫冶鑄作坊的大工尹。

韓段　見十年杢相如鈹（又稱十年杢相如劍，集成11685），戰國晚期人，名段，韓氏，趙孝成王十年（前256年）前後，擔任冶鑄作坊左得工工師。

韓叚　見四年建信君鈹（集成11695），戰國晚期人，名叚，韓氏，與建信君同時，曾管理趙國的邦右庫。

韓羔　見二十年鄭令戈（集成11372），戰國晚期人，名羔，韓氏，韓桓惠王二十年（前253年）前後，擔任鄭縣縣令。

韓貴　見六年格氏令戈（集成11327），戰國晚期人，名貴，韓氏，格氏縣縣令。

韓訷　見四年令韓訷戈甲（集成11316），戰國時期人，名訷，韓氏，韓國宜陽縣縣令。

韓啇　見七年相邦陽安君鈹（集成11712），戰國晚期人，名啇，韓氏，趙國邦右庫的大工尹。

韓熙　見王三年鄭令韓熙戈（集成11357）、六年鄭令韓熙戈（集成11336），戰國晚期人，名熙，韓氏，韓國鄭縣縣令。

韓鍾　見韓鍾劍（集成11588），春秋早期晉國人。

韓矰　見十八年冢子韓矰戈（集成11376），戰國時期人，名矰，韓氏，擔任魏國冢子。

韓蟜　見韓蟜鼎（銘文選2.902），戰國晚期人。

韓譙　見三年閻余令韓譙戈（3件，集成11317—11319），戰國晚期人，名譙，韓氏，韓國閻余（負黍）縣令。

韓騀　見十六年喜令韓騀戈（集成11351），戰國晚期人，名騀，韓氏，韓國喜縣縣令。

隸臣宁　見二年上郡守廟戈（集成11362），名宁，身份為隸臣（刑徒），戰國晚期人，秦莊襄王二年（前248年）前後，在上郡漆垣冶鑄作坊當工匠。

樊君麔　即樊君麔，見樊君麔簠（集成04487），春秋早期人，名麔，樊國國君。

懋　見史懋壺（集成09714），即史懋，西周中期前段人，擔任周王朝史官。某年八月既生霸戊寅，周王在莽京溼宮命史懋路筮，事畢，命伊伯賜給懋貝幣；某年，在周王冊命免的儀式上，史懋代宣王命。

懋父　見伯懋父簋（北窰85頁圖45.2）、師旂鼎（集成02809）、御正衛簋（集成04044），即伯懋父，西周康昭時期人。郭沫若先生認為伯懋父就是康伯髦（見《大系》23頁），即衛康叔之子。《史記·衛康叔世家》云："康叔卒，子康伯髦代立。"《索引》宋忠云："即王孫牟也，事周康王為大夫。"《左傳·昭公十二年》亦云："熊繹與呂伋、王孫牟、燮父、禽父，並事康王。"從小臣謎簋、呂行壺、御正衛簋、小臣宅簋、師旂鼎等銘文得知伯懋父曾多次率領駐屯在衛國的殷八師征東夷和北征。

懋史縣　見懋史縣鼎（集成01936），西周中期人。

蘆公　即蘆公，見芮伯壺（集成09585），芮伯的長輩，生世在西周早期。

蘆仲　即蘆仲，見史伯碩父鼎（集成02777），史伯碩父的父親，生世在西周晚期。

鵃得　見鄧小仲方鼎（2件，集成02528、遺珠81），西周早期鄧國小宗人。

齨趩　銘文作爕趩，見裘衛盉（集成09456），西周中期前段人。三年三月既生霸壬寅，矩伯庶人用土地換取裘衛玉器和服飾，齨趩參加了交接儀式。

齨表　銘文作爕表，見五祀衛鼎（集成02832），邦君厲的有司（管事者），西周中期人。五年正月初吉庚戌，邦君厲與裘衛交換土地時，參與勘界和交付儀式。

霝　見霝簋（集成03374），西周中期人。

霝　見鄭井叔鐘（2件，集成00021—00022），西周晚期人，鄭井叔的親屬。

瑂子　即望子，見伯作瑂子簋（集成03674），西周中期人。

觓　見妊小簋（集成04123），西周晚期人，伯芎父的屬吏。某年，伯芎父曾派觓帶領妊小去齊自執行任務。

劃函　見劃函簋（集成03684），西周早期人，族徽為"㦬"。

虞　見十二年銅盉（集成10359），戰國中期人，中山國左使車屬下的冶鑄工。

虘　見虘觶（集成06447），西周早期人，族徽為"兦"。

虘　見鄭莊公之孫虘鼎（2件，考古1991年9期787頁圖8），春秋晚期人，鄭莊公之孫，剌疚之子。

虘伯聚　見虘伯聚尊（集成05850），西周早期人，名聚，虘氏族首領。

戲　見作戲尊彝甋（集成00850）、作戲爵（文博1996年4期封二）、作戲卣（集成05144），西周早期人。

戲伯　見戲伯鼎（集成02043）、戲伯鬲（2件，集成00666—00667），西周晚期人，戲國族首領。

憧季遽父　見憧季遽父尊（集成05947）、憧季遽父卣（2件，集成05357—05358），西周早期後段人，字遽父，憧氏公族，夫人為豐姬。從尊、卣與同墓出土的季盆尊造型風格一致推斷，憧季遽父和季盆是一個人，名盆，字遽父。

飄　見飄簋（錄遺133）、飄壺（集成09550），西周早期人，族徽為"飄"。

嬰　見七年上郡守閒戈（文物1987年8期61頁圖1—4，秦銘文圖版33），戰國晚期人，秦昭襄王七年（前300年）前後，擔任上郡漆垣冶鑄作坊的工師。

嬰次　見王子嬰次鐘（集成00052）、王子嬰次爐（集成10386），春秋中期人，名嬰次，某國王子。關伯益先生認為是王子

積（見《新鄭古器圖錄》），約公元前673—前580年；王國維先生認為即楚令尹子重嬰齊，楚穆王之子。王云："獨楚令尹子重為莊王弟，故春秋書云子嬰齊，自楚人言之，則為王子嬰齊矣。"器是嬰齊在鄢陵之役楚師失敗後所遺（見《觀堂集林·王子嬰次爐跋》）；郭沫若先生認為即鄭公子嬰齊。郭說："此爐為燎炭之爐，出於河南新鄭。鄢陵之役在魯成公十六年六月，時當盛暑，子重無攜帶火盆之理，王說不足信。余意器出於鄭墓，自當為鄭器。一墓之殉葬品甚豐，則所葬者必系鄭君。王子嬰次即鄭子嬰齊也。左傳作子儀，當是字。史記作公子嬰，乃嬰齊之略，……漢書古今人表作嬰齊與古器合，稱王子者，可以僭分解之。……嬰齊與魯莊公同年即位，十四年而遇弒。"（見《大系》考182頁）。

覛　見亞旇覛觚（集成07307），商代晚期或西周早期人，族徽為"覛（亞旇）"。

斁　見廿五年陽春嗇夫維戈（集成11324），戰國晚期人，魏安釐王二十五年（前252年）前後，擔任陽春縣冶鑄作坊的工師。

斝　見斝鼎（集成02254），西周早期人，族徽為"斝"。

歜　見宗邑瓦書（古文字研究14輯178頁、179頁），戰國晚期人，史書作壽燭，右庶長爵。四年冬十壹月，秦王賜給杜縣酆邱到潏水一帶作為宗邑。

矰　見相公子矰戈（集成11285），戰國時期人，名矰，相公子。

犣蓳　見犣蓳戟（文物1994年4期52頁圖2），戰國晚期人。

盨公買　即許公買，見許公買簠（集成04617），春秋晚期人，名買，許靈公之子，公元前546年即位，前523年被世子止殺害，諡悼公。事見《春秋》昭公十九年。

盨仲殊　即許仲殊，見盨仲殊尊（集成05963）、盨仲殊卣（集成05369），西周早期人，名殊，許國公族。

盨男　即許男，見許男鼎（集成02549），西周晚期人，許國國君，女兒為成姜桓母。

盨季姜　即許季姜，見許季姜簠（文物1995年5期10頁圖7），西周晚期人，許國公室女子，姜姓，排行最小。

盨姜　即許姜，見仲邍父匜（北窯墓281頁、文物1986年7期60頁圖11），西周晚期後段許國女子，姜姓，仲原父的夫人。

盨姬　即許姬，見許姬鬲（集成00575），西周晚期姬姓女子，嫁於許國。

積　見王六年上郡守疾戈（集成11297）、廿七年上守趞戈（集成11374），戰國晚期人，秦昭襄王六年（前301年）以平民身份在國都咸陽冶鑄作坊當工匠，二十七年（前280年）淪為隸臣（刑徒），改在上郡漆垣冶鑄作坊當工匠。

繁　銘文作緐，見繁簋殘底（集成04146），西周早期人。某年十一月初吉辛亥，公命繁事於艅伯。艅伯償贈柀廿、貝十朋。

繁　銘文作緐，見繁卣（集成05430），西周中期前段人，族徽為“或”。某年九月辛亥，繁的族長祭祀辛公，祭祀完畢，族長賜給繁宗彝一肆，車馬一套。

繁伯武君　銘文作緐伯武君，見繁伯武君鬲（文物1991年11期92頁圖2），春秋早期人。

𧙧子　即解子，見解子甗（集成00874），西周早期人。

嬰君伯𩱡　即嫠君伯𩱡，見嫠君盂（集成10319），春秋晚期人，名伯𩱡，嫠國國君。

遷　見遷鼎（集成02070），西周中期前段人。

毀　見師毀簋（集成04311），即師毀，西周晚期人，屬王時期擔任周王朝師職。共和元年正月初吉丁亥，伯龢父冊命師毀主管周王室事務，管理王室西偏、東偏，僕馭百工、牧臣妾，董裁內外，並賜給戈琱㦵、厚柲、彤屝（綏）、毌五、錫鐘一肆以及青銅等物。

魁父　銘文作魝父，見魝父卣（集成05243），西周早期後段人，族徽為“𥃙”。

魁膚　見引尊（集成05950），引的長輩，西周早期人。

𩰚　見越邾盟辭鎛（集成00155），春秋晚期越國人。

龠　見龠簋（集成03652），西周早期人，族徽為"𤔲"。

侖　見四年呂不韋矛（文物1987年8期64頁圖
　　6.1），戰國晚期人，秦王政四年（前243
　　年）前後，擔任秦國冶鑄作坊的工師。

雞　見雞尊（考古與文物1990年5期38頁圖
　　9.20）、雞卣（考古與文物1990年5期38
　　頁圖9.18、19），西周早期人，族徽為
　　"天冊"。

𤔲父　銘文作𤔲父，見𤔲父簋（集成03559）、
　　𤔲父盤（集成10068）、𤔲父盃（集成
　　09395），西周中期前段人。

𤔲　即司，見司鼎（集成02659），西周早期
　　人，族徽為"𣃟"。

𤔲工邑人服　即司工邑人服，見裘衛盃（集
　　成09456），西周中期人，名服，本邑人
　　氏，擔任司工之職。三年三月既生霸壬
　　寅，參加了矩伯庶人土地換取裘衛玉器
　　服飾的交接儀式。

𤔲工虎孪　即司工虎孪，見散氏盤（又稱散
　　盤、夨盤、夨人盤，集成10176），西周
　　厲王時期人，名虎孪，淮邑人，擔任夨
　　國司工。某年九月乙卯，參與夨付給散
　　氏田地交付儀式。

𤔲工眉　即司工眉，見永盃（集成10322），
　　西周中期人，名眉，擔任司工。恭王十
　　二年某月初吉丁卯，參與授田給師永的
　　勘界活動。

𤔲工單　即司工單，見司工單鬲（集成
　　00678），春秋早期人，名單，擔任慶地
　　的大司工。

𤔲工隆矩　即司工附矩，見五祀衛鼎（集成
　　02832），西周中期前段人，名附矩，擔
　　任司工之職。。

𤔲工散　即司工散，見卌二年逨鼎（2件，盛
　　世吉金67頁），西周宣王時期人，名散，
　　擔任周王朝的司工。四十二年五月既生
　　霸乙卯，在周王冊命吳逨的儀式上，擔
　　任儐相。

𤔲工𢀛父　即司工揚父，見晉侯蘇鐘（16件，
　　14件藏上海博物館，2件藏山西省考古研
　　究所，上博刊7期3頁圖5—20），西周厲
　　王時期人，字揚父，擔任周王朝的司工
　　之職。厲王三十三年六月十三日，陪同
　　晉侯蘇接受周王的賞賜。

𤔲工騹君　即司工騹君，見散氏盤（又稱散
　　盤、夨盤、夨人盤，集成10176），西周
　　厲王時期人，名騹君，𣃟邑人，擔任散
　　國司工。某年九月乙卯，參與夨付給散
　　氏田地的交付儀式。

𤔲工雝毅　即司工雝毅，見吳虎鼎（考古與
　　文物1998年3期70頁圖2），西周晚期人，
　　名雝毅，宣王時擔任周王朝的司工之
　　職，宣王十八年十三月丙戌日，參與周
　　宣王授予吳虎土地的堪界封疆儀式，吳
　　虎賓贈玉璋和馬匹。

𤔲土毛叔　即司土毛叔，見此鼎（3件，集成
　　02821—02823）、此簋（8件，集成04303—
　　04310），西周宣王時期人，毛國公族，
　　擔任周王朝司土之職。十七年十二月既
　　生霸乙卯，在宣王冊命此的儀式上，擔

任儐相。

嗣土寺夆　即司土寺夆，見吳虎鼎（考古與文物1998年3期70頁圖2），西周晚期人，名寺夆，擔任周王朝的内司土之職，宣王十八年十三月丙戌日，參與周宣王授予吳虎土地的堪界封疆儀式，吳虎賓贈玉璧以謝。

嗣土芇寅　即司土芇寅，見散氏盤（又稱散盤、矢盤、矢人盤，集成10176），西周厲王時期人，名芇寅，擔任散國司土。某年九月乙卯，曾參與矢付給散氏田地的交付儀式。

嗣土幽　即司土幽，見螯司土幽尊（集成05917）、螯司土幽卣（集成05344），西周早期後段人，名幽，擔任螯地的司工。

嗣土散邑　即司土微邑，見裘衛盉（集成09456），西周中期人，名微邑，擔任司土之職。三年三月既生霸壬寅，參加了矩伯庶人以土地換取裘衛玉器服飾的交接儀式。

嗣土逑　即司土逑，見沬司土逑簋（又名康侯簋，集成04059），西周早期前段人，名逑，擔任沬地的司土，後以沬為氏，故又稱沬伯逑（見沬伯鼎），族徽為“（𣉢）”。

嗣土淲　即司土淲，見十三年㿴壺（2件，集成09723—09724）、鮮鐘（集成00143），壺、鐘銘文作“王在成周司土淲宮”，宮即廟，司土淲宮即司土淲廟，説明司土淲已經過世。壺和鐘均為西周懿、孝時期器，説明司土淲的生世當在懿王或者再早時期。

嗣土椃　即司土椃，見旖司土椃簋（集成03671），西周早期人，名椃，擔任旖地的司土。

嗣土榮伯　即司土榮伯，見宰獸簋（2件，陝西歷史博物館館刊2000年第7輯99頁圖2、文物1998年10期40頁圖7.2），西周恭、懿、孝時期榮國族的首領，名不詳，擔任周王朝的司徒。孝王六年二月甲戌，陪同宰獸在師彔宮接受册命。

嗣土司　即司土司，見司土司簋（2件，集成03696—03697），西周早期人，名司，擔任周王朝的司土。

嗣仕函父　即司徒函父，見永盂（集成10322），西周中期人，字函父，擔任鄭地的司徒。恭王十二年某月初吉丁卯，參與授田給師永的勘界活動。

嗣仕仲齊　即司徒仲齊，見魯司徒仲齊盨（2件，集成04440—04441）、魯司徒仲齊盤（集成10116）、魯司徒仲齊匜（集成10275），春秋早期人，名仲齊，擔任魯國司徒。

嗣馬丼伯　見師奎父鼎（集成02813）、走簋（集成04244），即司馬邢伯親。

嗣馬丼伯親　即司馬邢伯親，見師貛簋蓋（集成04283），西周中期前段人，名親，邢國族首領，穆王後期用事，任周王朝的司馬，參加過周王對長甶的賞賜儀式；

恭王時同伯邑父、定伯、㝿伯、伯俗父等人共同處理裘衛和邦君厲的土地交易之事；在周王冊命師㝬父、走、師瘨的儀式上均擔任儐相。

嗣馬南叔　即司馬南叔，見司馬南叔匜（集成10241），西周晚期人，南國族。擔任周王朝司馬，其女為𣪏姬。

嗣馬共　即司馬共，見師晨鼎（集成02817）、師俞簋蓋（集成04277）、諫簋（集成04285）、瘨盨（2件，集成04462—04463），西周中期後段人，名共，擔任周王朝司馬。在周王冊命師晨、師俞、諫、瘨等人的儀式上，擔任儐相。

嗣馬單旟　即司馬單旟，見裘衛盉（集成09456），西周中期人，名旟，單氏，擔任司馬之職。三年三月既生霸壬寅，參加了矩伯庶人以土地換取裘衛玉器服飾的交接儀式。

嗣馬壽　即司馬壽，銘文作嗣馬壽，見卌三年逨鼎（10件，盛世吉金66頁），西周宣王時期人，名壽，擔任周王朝的司馬。四十三年六月既生霸丁亥，在周王冊命吳逨的儀式上，擔任儐相。

嗣馬曶麎　即司馬曶麎，見散氏盤（又稱散盤、夨盤、夨人盤，集成10176），西周厲王時期人，名曶麎，擔任散國司馬。某年九月乙卯，參與夨付給散氏田地的勘界封樹和交付儀式。

嗣徒伯吳　即司徒伯吳，見魯司徒伯吳盨（集成04415），西周晚期人，名伯吳，擔任魯國的司徒。

嗣徒南仲　即司徒南仲，見無叀鼎（集成02814），即南仲邦父，西周晚期人，名邦父，南國公族，擔任周王朝司徒之職。

嗣徒單伯　即司徒單伯，見揚簋（集成04295），西周中期人，名昊生，單國族首領，擔任周王朝司徒之職。恭王三年三月曾與伯邑父、榮伯等執政大臣共同處理裘衛與矩的以物換取田地之事；在懿王冊命揚的儀式上，擔任儐相。

嗣寇伯吹　即司寇伯吹，見虞司寇伯吹壺（2件，集成09694—09695），西周晚期人，名伯吹，擔任虞國的司寇。

嗣寇良父　即司寇良父，見司寇良父壺（集成09641），西周晚期人，字良父，擔任周王朝司寇。

鮮　見鮮簋（遺珠108）、鮮鐘（集成00143），西周中期前段人。穆王三十四年五月既望戊午，周王在蒡京祭祀昭王，賜給鮮裸璋裸玉三品、貝廿朋；某年，周王在成周司徒淲宮，賜給鮮吉金。

鮮　見畢鮮簋（集成04061），即畢鮮，西周晚期人，其祖父為益公。

鮮　見散氏盤（又稱散盤、夨盤、夨人盤，集成10176），西周厲王時期人，夨國族眉田的田官。某年九月乙卯，參與夨付給散氏田地的封樹和交付儀式。

鮮父　見鮮父鼎（集成02143），西周早期後段人。

燮　見蔡大司馬燮盤（古文字研究24輯168頁圖），春秋晚期人，蔡莊侯甲午的兒子，文侯申的兄弟，擔任蔡國的大司馬。《春秋·襄公八年》：“鄭人侵蔡，獲蔡公子燮。”《左傳·襄公八年》：“庚寅，鄭子國、子耳侵蔡，獲蔡司馬公子燮。”蔡景侯三十二年（前552年）因建議遠楚而親晉被殺。

襄　見襄鼎（集成02079），西周早期人。

襄王孫□孀　見襄王孫盞（文物2002年1期95頁圖4），春秋晚期羋姓女子，襄王的孫女。

襄公　銘文作瞏公，見叔尸鐘（13件，集成00272—00284）、叔尸鎛（集成00285），此指齊襄公，名諸兒，公元前697年即位，在位十二年。

襄公上丞　見襄公上丞鼎（集成02303），戰國晚期人。

襄未　見襄未觚（集成06915），商代晚期人。

襄安君　銘文作纕安君，見襄安君扁壺（集成09606），戰國晚期人，燕昭王（前311—前297年）的子或弟。曾出使齊國，被齊扣留。馬王堆出土的《戰國縱橫家書》四〈蘇秦自齊獻書與燕王〉章：“趙疑燕而不攻齊，王使襄安君東，以便事。”“襄安君之不歸哭也，王苦之。”

襄庚　見襄庚爵（集成09047），西周早期人。

襄脽　見襄脽子湯鼎（南方文物1997年4期55頁圖7），春秋晚期楚國人，湯的父親。

應公　見應公方鼎（2件，集成02150—02151）、應公鼎（2件，集成02553—02554）、應公簋（2件，集成03477—03478）、應公觶（集成06174）、應公尊（集成05841）、應公卣（集成05177）、應公卣（又稱應公壺，集成05220），西周早期人，應國某代國君。

應史　見應史爵（集成09048），西周早期應國人。

應伯　見應伯盨（華夏考古1992年3期95頁）、應伯方壺（2件，華夏考古1992年3期95頁）、應伯盤（華夏考古1992年3期95頁），西周中期人，應國族首領。

應叔　見應叔鼎（集成02172），西周早期人，應國公族。

應事　見應事鼎（集成03442）、應事簋（集成03442）、應事觶（集成06469），西周中期前段應國人。

應侯　見應侯見工鐘（4件，集成00107—00108、保金續158—159），此指應侯見工的祖父，生世約在西周早期。

應侯　見應侯鼎（文物1998年9期10頁圖9.1）、應侯甗（文物1998年9期10頁圖9.2），西周中期前段人，應國國君，或即應侯見工。

應侯　見應侯簋（集成04045），西周中期人，應國國君，名不詳，夫人為生杙姜。

應侯　見應侯鼎（考古2003年3期92頁圖1.1）、應侯壺（2件，保金續155）、應侯盤（保金115）、應侯匜（考古2003年3期92頁圖1.3），西周晚期人，應國國君，名不詳，夫人為應姚。

應侯 見應侯簋（集成03860），西周晚期人，應國國君，名不詳，夫人為姬原母。

應侯見工 見應侯見工簋（2件，保金續124）、應侯見工鐘（4件，集成00107—00108、保金續158—159），西周中期前段人，名見工，應國國君。某年正二月，曾護送周王從成周回到周，辛未日，榮伯陪同在康廟接受周王賞賜的彤弓、彤矢、馬匹等物；某年正月初吉，周王在	饗醴酒，應侯見工侑觴，周王賜給玉五珏，馬四匹，矢三千。

應侯再 見應侯再盨（文物1998年9期11頁圖10），又單稱再（見再簋）或僑（見僑尊、僑卣），西周中期前段人，名再，應國國君，其父為釐公。再是未即位時的稱謂。據再簋銘文記載，某年十一月丁亥，再在姑地見到周王（可能是穆王）。周王贊美再，並賜給貝三十朋、馬四匹。

應姚 見應姚簋（考古2003年3期93頁圖2.2）、應姚鬲（2件，考古2003年3期93頁圖2.2）、應姚盤（考古2003年3期92頁圖1.2），西周晚期姚姓女子，應侯的夫人。

應監 見應監甗（集成00883），西周早期人。郭沫若先生在考證應監甗銘文時說："作器者自稱應監，見可能是應侯或者應公之名，也可能是中央派往應國的監國者。"（見《釋應監甗》《考古學報》1960年1期）

應嫚妣 見鄧公簋（4件，集成03775—03776、考古1985年3期286頁圖3.1—5），西周中期後段人，鄧公之女，嫚姓，嫁於應國公室。

應𩵋 見應𩵋鼎（集成01975），西周早期應國人。

𣪘仲 見𣪘仲鼎（集成02429），西周晚期人，𣪘氏公族。

𣪘孟延 見𣪘孟延盨（2件，集成04420—04421），西周中期人，名延，𣪘氏公族，擔任徒亞之職。

癢 見十六年鄭令趙距戈（集成11389），戰國晚期人，韓桓惠文十六年（前257年）前後，擔任徎（往）庫冶鑄作坊的冶吏。

瞀 見伯瞀簋（集成03943），即伯瞀，西周晚期人。

𩔋 見妌盉壺（集成09734）、左使車工𩔋鼎（3件，集成02088—02090）、左使車簋（集成04478）、左使車匕（2件，集成00971、中山文129頁）、十三年左使車壺（集成09686）、左使車帳桿接扣（20件，集成12054—12063，中山王418頁圖175.1、2，中山王418頁圖175.5、6，中山王418頁圖175.9、10，中山王419頁圖176.5、6，中山王419頁圖176.9、10，中山王421頁圖178.1、2，中山王421頁圖178.5、6，中山王421頁圖178.9、10，中山王423頁圖179.1、2，中山王423頁圖179.5、6），戰國中期人，中山國左使車屬下的冶鑄工。

遹仲　即躋仲，見綸鎛（原稱齊侯鎛，集成00271），春秋中期齊國人，綸的父親。

鴻叔　銘文作鴻叔，見鴻叔鼎（集成02615）、諓簋（2件，集成03950—03951），西周早期昭王世人，名諓，鴻氏家族。曾隨昭王南征楚荊。

濮侯　銘文作隩侯，見太保玉戈（考古與文物1993年3期74頁圖3），西周早期（成、康之世）濮國國君，名不詳。某年六月，周王命太保省視南國，賞給濮侯奴隸百名。

濂公　即濂公，見司鼎（集成02659）、厚趠方鼎（集成02730），司和厚趠的上司，西周早期人，周王朝的執政大臣。

濂仲僕　即濂仲僕，見令鼎（集成02803），西周早期人，名僕，濂氏公族。某年，曾陪同周王在諆田大耤農，舉行射禮。

濂季　即濂季，見濂季鬲（集成00495）、太史觶（陝金1.533），西周早期後段人，濂氏公族，擔任周王朝太史。

濂俗父　即濂俗父，見濂俗父鼎（集成02466），西周晚期人，名俗父，濂氏。

濂姬　即濂姬，見濂姬簋（集成03978），西周中期姬姓婦女，嫁於濂氏家族。

濂粦　即濂粦，見九年衛鼎（集成02831），西周中期人，九年正月既死霸庚辰，參與矩伯庶人以土地換取裘衛玉器服飾的交接儀式。

燮　即燮，見卅四年頓丘令燮戈（集成11321），戰國中期人，魏惠王時（前370—前319年）曾在魏國頓丘縣令。

燮　即燮，見燮簋（集成04046），西周中期人。

粲　即粲，見師袁簋（2件，集成04313—04314），西周晚期人，南淮夷酋長之一，宣王時被師袁俘獲。

賽公　見嚳鼎（2件，集成02740—02741），嚳的長輩，生世在西周成康時期。

闌　見王廿三年戈（故宮博物院院刊2004年4期70頁圖2、3）、廿六年武庫戈（集成10889），戰國晚期人，秦昭襄王二十三年（前284年）前後，擔任相邦魏冉封邑的左工師丞，三年後擔任西縣工室冶鑄作坊的工師。

牆　銘文作牆，見史牆盤（集成10175）、牆爵（2件，集成09067—09068），即史牆。

遜　銘文作遜，見濬司土遜簋（集成04059）、遜鼎（2件，集成02177—02178）、遜盤（10078）、遜盂（集成09424），西周早期人，濬氏家族首領，亦稱濬伯遜（濬伯遜鼎），族徽為"𝄞（眔）"，擔任沬地的司土。

雙　見雙方鼎（集成02579），商代晚期人，族徽為"◡◇"。某年癸日，朝見殷王，殷王賞給雙貝二朋。

隩仲僕　即隩仲僕，見隩仲僕盤（集成10083），西周早期人，名僕　隩氏公族，族徽為"仚（京）"。

十八劃

豐 或釋為“登”，見豐尊（集成05996）、豐卣（集成05403）、豐爵（3件，集成09080—09082），西周昭穆時期人，史牆的父親，族徽為“木♈卌（羊冊）”。某年六月既生霸乙卯，奉周王之命殷見大矩，大矩賜給金和貝。

豐 銘文作豐，見豐簋（集成03387）、豐卣（集成05191），西周早期人。

豐 或釋為“登”，見豐卣（集成05346），西周中期前段人，族徽為“晉大（晉𡗗）”。

豐子 見宋𩰫父鬲（集成00601），春秋早期人，宋𩰫父的女兒。

豐大母 見咸方鼎（井叔墓138頁圖103.4）、咸簋（井叔墓149頁圖111.3），咸的夫人，字大母，西周早期後段人。

豐王 見豐王銅泡（3件，集成11848—11850）、豐王斧（集成11774），西周早期人，非姬姓豐國國君，名不詳。

豐兮尸 即豐兮夷，見豐兮夷簋（3件，集成4001—04003），亦單稱夷，西周晚期人。

豐公𣪘 見豐公𣪘鼎（集成02152），西周早期人。

豐井叔 見豐井叔簋（集成03923），西周晚期人，豐井氏，夫人為伯姬。

豐生 見吳虎鼎（考古與文物1998年3期70頁圖2），即善夫豐生，西周晚期人，擔任周王朝的善夫之職，宣王十八年十三月丙戌日，參與周宣王授予吳虎土地的堪界封疆儀式，吳虎曾賓贈玉璋和馬匹。

豐仲次父 見有司簡簋蓋（文物2004年3期96頁圖5），西周晚期人，字次父，豐國公族。

豐伯 見塱方鼎（又稱周公鼎、周公東征鼎、豐伯塱鼎，集成02739），西周早期前段豐國族首領，名不詳。東夷的一支，封地在今山東省内。周成王時豐伯曾參與武庚叛亂，被周公平定。《左傳》昭二十年“昔爽鳩居此地（指齊地），季萴因之，有逢伯因之，薄姑氏因之，而後太公因之。”杜預註：“逢伯陵，殷諸侯，姜姓。”又《國語·周語》有“我姬氏出自天黿，及析本者有建星及牽牛焉，則我皇妣大姜之姪，伯陵之後，逢伯之所憑神也。”韋昭註：“大姜太王之妣，王季之母，伯陵，大姜之祖有逢伯陵也。逢公伯陵之後，大姜之姪，殷之諸侯，封於齊地。按此豐伯當是逢伯陵之後，逢、豐二字古同鍾部滂紐，聲韻全同，故豐伯亦可稱逢伯。”

豐伯 見豐伯戈（2件，集成11014、北窰墓112頁圖62.9）、豐伯劍（2件，集成11572—11573），西周早期後段人，豐國族首領，名不詳。

豐伯車父 見豐伯車父簋（集成04107），西周晚期人，字車父，豐國族首領。

豐妊單　見王盉（集成09438），西周晚期妊姓女子，某周王的后妃。

豐叔姬　見大祝追鼎（上博刊8期132頁圖6），太祝追的夫人，西周晚期姬姓婦女。

豐孟妦　即豐孟妦，見輔伯脡父鼎（集成02546），西周晚期人，輔氏家族的長女，妦姓，嫁於豐國族。

豐姞懿　見室叔簋（三代8.51.1），西周晚期姞姓婦女，室叔的夫人。

豐侯母　見豐侯母鬲（故周金84），西周晚期女子。

豐姬　見憧季遽父尊（集成05947）、憧季遽父卣（2件，集成05357—05358），西周早期後段姬姓婦女，憧季遽父的夫人。

豐嬏　即豐祁，見畚簋（集成03737），西周中期祁姓婦女，畚的夫人。

騠　即騠，見騠卣（集成05118），西周早期人。

騠君　見散氏盤（又稱散盤、矢盤、矢人盤，集成10176），西周厲王時期人，虢邑人，擔任散國司工。某年九月乙卯，參與矢付給散氏田地交付儀式。

豷　見豷鎛（原稱齊侯鎛，集成00271），春秋中期齊國人，鮑叔之孫，遵仲的兒子。

釐　銘文作盩，見釐鼎（集成02067），西周中期前段人。

釐王　見彔伯威簋蓋（集成04302），彔伯威父親，西周早期人。

釐公　見應侯見盨（文物1998年9期11頁圖10）、見簋（保金75），應侯見的父親，生世在西周早期後段或西周中期前段。

釐公　見三年師兌簋（2件，集成04318—04319），師兌的父親，城公的兒子，生世在西周中期。

釐公　見兇仲鐘（集成00036），兇仲的父親，生世在西周早期。

釐公　銘文作盩公，見芮伯壺（集成09585），芮伯的長輩，生世在西周早期。

釐公　見曶壺蓋（集成09728），曶的父親，生世在西周中期前段。郭沫若先生認為此釐公即曶鼎銘中的"文考弅伯"，弅伯是字，釐公乃號。

釐仲　見士山盤（中國歷史文物2002年1期4頁），士山的父親，生世在西周昭穆時期。

釐仲　見史伯碩父鼎（集成02777），史伯碩父的父親，生世在西周中晚期。

釐仲　見史顥鼎（集成02762），史顥的父親，生世在西周中晚期。

釐伯　銘文作盩伯，見屍簋（集成03588），屍的長輩，生世在西周早期。

釐伯　見虘鐘（集成00092），虘父親的諡號，生世在西周前期。

釐伯　見康鼎（集成02786），康的父親，生世在西周中期前段。

釐伯　銘文作盧伯，見屖簋（集成03588），屖的長輩，西周中期人。

釐伯　見叔爽父尊（三代11.32.5），叔爽父的父親，生世在西周中期。

釐伯　即萊伯，見剌鬲（4件，集成00663—00665），西周晚期人，剌的父親，萊國族首領，夫人為鼉母。

釐叔　見窃鼎（集成02755），窃的父親，生世在西周中期前段。

釐叔　見豆閉簋（集成04276），豆閉的父親，生世在西周中期前段。

釐叔和　銘文作竃叔和，見陳貹簋蓋（集成04190），陳仲嬀之子，貹的父親。簋銘為"余陳仲嬀孫，竃叔和子"。郭沫若先生認為是春秋時期的陳釐子乞（見《大系》考215頁；吳闓生和楊樹達認為是齊太公，"竃叔和"應連讀，吳闓生說："和齊太公也，云釐叔者，蓋當是諡號。"（見《文錄》3.16）

釐季　見小克鼎（7件，集成02796—02802），克的祖父，即師華父，西周中期前段人。

釐季　見無異簋（集成04225），無異的祖父，生世在西周中期。

釐姬　見伯碩夆盤（集成10112），西周晚期姬姓婦女，伯碩夆的夫人。

趩　見趩觶（集成06516），西周中期前段人。二年三月初吉乙卯，由咸井叔陪同在周太室接受冊命，周王命趩繼承其祖考的官職，並賜給縊衣、緇韍、冋黃和鑾旂。

趞　見趞觚（集成07305），西周早期人，族徽為"⿰"。

穎　見師穎簋（集成04312），即師穎，西周晚期人，擔任周王朝的師和司土。元年九月既望丁亥，由液伯陪同在周康宮太室接受冊命，周王命師穎繼續擔任司土，管理汸闔，並賜給赤韍、朱黃、鑾旂和鋚勒。

雚母　見雚母觶（集成06150），商代晚期婦女。

雚姒　見雚姒簋（2件，陝西歷史博物館館刊第1輯156頁），西周晚期姒姓婦女。

赫　銘文作犇，見赫罍（集成09822），西周中期前段人，族徽為"⿱（戈）"。

嘉仲者比　見嘉仲盉（集成09446），戰國早期人，名者比，嘉氏公族。

鄰叔　即蔡叔，見蔡叔戈（北窯墓148頁圖85.20），西周早期前段人，蔡國公族，名不詳。《北窯墓》的作者認為是蔡叔度，周文王的第五子，周初經營南國有功，武王克殷後封於蔡。周公攝政，叔度與叔鮮勾結武庚叛亂，平叛後被放逐。

鄰倅　即蔡倅，見苛諶（安徽金文110），戰國晚期人。

遴　見遴爵（集成09046），西周早期人。

嚳　見嚳尊（集成05892）、嚳卣（集成05254），西周中期前段人，族徽為"⿰"。

豎　見南公有司豎鼎（集成02631），西周中期後段人，南公氏族的有司（管事者）。

豐　見豐簋（集成03387）、豐卣（集成05191），即豐。

豐姞嬭　見室叔簋（三代8.51.1），即豐姞嬭。

豐侯母　見豐侯母鬲（故周金84），即豐侯母。

豐嬭　見耆簋（集成03737），即豐嬭。

轉　見轉盤（集成10055），西周早期人。

曆　即曆，見曆鼎（集成02245）、曆簋（保金續33），商代晚期或西周早期人，族徽為"𠄞（亞俞）"。

曆　即曆，見曆方鼎（集成02614），西周早期前段人。

燹趣　即幽趣，見裘衛盉（集成09456），西周中期前段人。三年三月既生霸壬寅，參與矩伯庶人用天地換取裘衛的玉器服飾的交接儀式。

燹裛　即幽表，見五祀衛鼎（集成02832），邦君厲的有司（管事者），西周中期人。五年正月初吉庚戌，邦君厲與裘衛交換土地時，參與勘界和交付儀式。

鄩忈　見二年邦司寇趙或鈹（保金274），戰國晚期人，趙王遷二年（前234年）前後，擔任趙國工庫冶鑄作坊的工師。

瞿卯　銘文作眀卯，見南行易令瞿卯劍（2件，集成11673—11674）、燕王喜劍（集成11705），戰國時期人，名卯，瞿氏，

趙國南行易（唐）縣的縣令。

鵑　見九年𢦦丘令癰戈（集成11313），戰國早期人，魏國甾丘縣冶鑄作坊的工師。

睢　即聽，見聽盂（考古1996年9期4頁圖5.4），春秋晚期人。

崔趢　見達盨蓋（3件，井叔墓312頁圖234.1—3），疑與趢鯶的趢為一人，西周懿孝時期人。孝王三年五月壬寅，周王在滆应參加執駒典禮，王命崔趢召達，賜給達一匹馬駒。

奚　亦作嬰，即陸，見嬰尊（集成05986），西周早期人，約在成康之世。

舜　即昜，見散氏盤（又稱散盤、矢盤、矢人盤，集成10176），西周厲王時期人。某年九月乙卯，曾參與矢付給散氏田地的交付儀式。

猋公　即秦公，見秦公鼎（4件，上博刊7期24頁圖1—圖2、秦文字圖版圖版8.1—8.2）、秦公簋（2件，秦文字圖版8.3、文物2000年5期77頁圖4.1）、秦公壺（2件，考古與文物1995年4期64頁圖1），周末到春秋早期秦國國君。王輝先生認為是秦文公（見《秦文字》18頁）。

魏公　見魏公瓶（又稱魏公扁壺，集成09978），戰國晚期人。

僬公　見保員簋（上博刊6期150頁圖2），西周康王時期人，某年十一月參加了周王征伐東夷的戰役，保員擔當車右和近

衛，班師告廟後在虔地对保員進行賞賜。

敄士卿　即鳴士卿，見鳴士卿尊（集成05985），西周早期人，族徽為“子𣏌”。某年丁巳日，周王在新邑賜給鳴士卿一朋貝。

晨　即晨，見晨簋（2件，考古1989年1期18頁圖1.1）、晨角（2件，考古1989年1期18頁圖1.11、12、圖1.7、10）、晨觚（考古1989年1期18頁圖11.8），西周成康時期人，族徽為“凱冊”。

晨　即晨，見師晨鼎（集成02817），也就是師晨，西周中期後段人，擔任周王朝師職。懿王三年三月甲戌，由司馬共陪同在周師录宮太室接受冊命，作冊尹宣佈王命，周王命師晨輔佐師俗管理邑人小臣、膳夫、守友、官犬，以及㪔人膳夫、官、守、友，並賜給赤舄。

鴑　見鴑觶（集成06372），西周早期人。

鄭子甗塞　見鄭子甗塞鼎（集成02498），春秋晚期或戰國早期人，名甗塞，鄭國公子。

鄭子塞　見鄭子塞簠（集成04545），即鄭子甗塞。

歸父　銘文作遍父，見歸父敦（集成04640），即歸父𪊧。

歸父𪊧　銘文作遍父𪊧，見齊太宰歸父盤（集成10151），春秋早期人，名𪊧（甾），字歸父，擔任齊國太宰。郭沫若先生說：“齊國有歸父，乃國佐之父，見左傳二十八年及三十三年經傳。傳又稱國莊子，或即此人。”（見《大系》考201頁）

歸夗　銘文作歸夗，見乖伯簋（或稱𦊷伯簋，集成04331），即乖伯，西周中期後段人，名歸夗，乖國國君（異姓諸侯）。

歸塈　見伯歸塈鼎（2件，集成02644—02645）、伯歸塈盤（考古1984年6期511頁），春秋早期人，廓季的兄長。

歸蘣　見王人甯輔瓹（集成00941），西周中期人，王人甯輔的夫人。

羿　見羿卣（集成05248），西周早期人，族徽為“亞羿（吳）”。

䢱　即趚，見趚罍（集成09817），西周早期人，族徽為“雔（雔冊）”。

衛　即導，見吳虎鼎（考古與文物1998年3期70頁圖2），也就是伯導，西周晚期人，周宣王十八年十三月丙戌日，陪同吳虎在周康宮夷宮接受冊命。

銚鍾　即韓鍾，見韓鍾劍（集成11588），春秋戰國時期人。

𤔲　見散氏盤（又稱散盤、矢盤、矢人盤，集成10176），西周厲王時期人，矢國族眉田的田官，居住在小門邑。某年九月乙卯，曾參與矢付給散氏二百畝田地的封樹和交付儀式。

𣄰　見𣄰鼎（集成02110），西周早期人。

瞡　見王何戈（集成11329），戰國晚期人，趙惠文王時（前298—前266年）在趙國官營冶鑄作坊當冶吏。

裂山旅虎　或釋為"龜山旅虎"，見裂山旅虎簋（集成04540），春秋早期人，名旅虎，裂山氏。

裂山奢虎　見裂山奢虎簋（集成4539），春秋早期人，名奢虎，裂山氏。楊樹達先生說："奢虎及旅虎也。知者，《說文》奢從者聲，者從 [字] 聲， [字] 為古文旅字，然則奢字古讀當與旅同，故銘文或作旅虎，或作奢虎。"（見《積微居金文說》110頁）

裂侯　見善鼎（集成02820），西周中期人，裂國族首領。某年十二月丁亥，周王命善協助裂侯管理 [字] 師的防務。

[字]　見向 [字] 簋（2件，集成04033—04034），即向 [字]，西周晚期人。

觴仲　即唐仲，銘文作 [字] 仲，見 [字] 仲鼎（井叔墓138頁圖103.3），也就是唐仲多。

觴仲多　銘文作 [字] 仲多，見 [字] 中多壺（集成09572），也就是唐仲多，西周晚期人，名多，唐國公族。

觴姬　銘文作 [字] 姬，見觴姬簋蓋（集成03945），西周晚期姬姓婦女，女兒為 [字] 嫚。

[字]還　見 [字] 還鼎（集成02200），西周中期人。

麋生 [字]　銘文作麋生 [字]，見師害簋（2件，集成04116—04117），西周晚期人。簋銘為"麋（麋）生 [字] 父師害及仲 [字]，以紹其辟"。楊樹達先生釋為"麋生 [字]"，謂麋生 [字] 是師害之子，亦稱仲 [字]（見《集微居金文說》117頁）；亦可讀為"麋生 [字] 父"，謂名生，字 [字] 父。

麋侯　銘文作麋侯，見麋侯鎛（集成00017），戰國早期人，麋國族首領，名不詳。

麋婦　銘文作麋婦，見麋婦瓿（集成07312），商代晚期婦女，族徽為"鑊 [字]"。

盧叔樊　見盧叔樊鼎（集成02679），西周晚期人，名樊，盧氏家族成員。

瘋　即瘋，見師瘋簋蓋（集成04284），西周中期前段人，擔任周王朝師職。某年二月初吉戊寅，由司馬井伯親陪同在師馬宮太室接受冊命，周王命其管理邑人和師氏。

瘡　見信安君鼎（集成02773），戰國中期魏國人，魏襄王時（前318—前296年）擔任信安君家冶鑄作坊的冶吏。

瘫　見廿一年啟封令瘫戈（集成11306），戰國時期人，魏國啟封縣縣令。

顏小子具　見九年衛鼎（集成02831），西周中期人，名具，顏陳的小兒子。

顏妠　見九年衛鼎（集成02831），西周中期妠姓婦女，顏陳的夫人。

顏陳　見九年衛鼎（集成02831），西周中期人，名陳，顏氏，矩伯庶人下屬的小奴隸主。

郪痙　見十年右使車盤（集成10333）、十一年右使車盉（集成09448）、十二年右使車盉（集成09450）、十一年右使車壺（集成09684）、十二年銅盒（集成10359）、十四年雙翼神獸（2件，集成10445—10446）、十四年龍鳳方案（集成10477）、工简鼎（集成02707），戰國中期人，中山國右使車嗇夫。

顏小子鼎　見九年衛鼎（集成02831），即顏小子具。

顏始　見九年衛鼎（集成02831），即顏姒。

顏陳　見九年衛鼎（集成02831），即顏陳。

繘　見繘鼎（集成02365），西周早期人。

繘　見繘鼎（集成02121），西周中期前段人。

繘　見繘爵（集成09020），繘舐進的氏稱，用以簡稱繘舐進。

繘舐　見繘舐甗（集成00920）、繘舐壺（《文物》1986年第1期），即繘舐進。

繘舐進　見繘舐進方鼎（2件，集成02725—02726、文物1986年1期10頁圖版3）、繘舐進壺（2件，集成09594—09595），西周昭王時期人，名舐，字進，以封邑為繘氏，與禽、厚趠為兄弟，族徽為"亞束（束）"。某年八月乙未，周王在蒡京賜給青銅。李學勤先生云："舐進是名、字連稱，《說文》云'舐若踝'，金文中常讀為果，意思是侍。這樣講的果和進意義相呼應（《論長安花園村兩墓青銅器》《文物》1986年第1期）。

繘叔山父　見繘叔山父簋（5件，集成03797—03801），西周晚期人，字山父，繘氏公族，夫人為疊姬。

寋　即塞，見塞簋（集成04524），西周晚期人。

寋公屈穎　即塞公屈穎，見塞公屈穎戈（藏西安錢幣學會某人），春秋中期人，名穎，屈氏，塞地封君。

寋兒　即寬兒，見寬兒鼎（集成02722），春秋晚期人，蘇公之孫。

寋圖孟姜　即寬圖孟姜，見齊侯敦（集成04645）、齊侯盤（集成10159）、齊侯匜（10283），春秋晚期某代齊侯的長女，嫁於寬氏家族。

竂欭　見曩甫人匜（集成10261），春秋早期曩國人。

竷父　見竷父簋（集成03462），西周早期人。

竈乎　見竈乎簋（2件，集成04157—04158），西周晚期人，名乎，竈（蛇）氏，族徽為"束（束）"。

闓　即間，見元年鄩令夜脀戈（集成11360），戰國晚期人，趙國鄩縣冶鑄作坊的冶吏。

闠　見闠甗（集成00854），西周早期人。

隆　即陳，見獻侯之孫隆鼎（集成02287），春秋早期人，獻國公族，自稱獻侯之孫。

雝　即雍，見雍鼎（集成02521），西周晚期人。

雝　即雍，見雍之田戈（集成11019），春秋時期人。

雝毅　即雝毅，見吳虎鼎（考古與文物1998年3期70頁圖2），西周晚期人，宣王時擔任周王朝司工，宣王十八年十三月丙戌日，參與周宣王授予吳虎土地的堪界封疆儀式，吳虎賓贈玉璋和馬匹。

織尹逆　銘文作裁尹逆，見鄂君啟車節（3件，集成12110—12112）、鄂君啟舟節（2件，集成12113、銅全10.98左），戰國時期人，名逆，楚懷王時（前328—前299年）曾擔任楚國織尹，主管文織繡錦。

織令阢　銘文作裁綮阢，見鄂君啟車節（3件，集成12110—12112）、鄂君啟舟節（2件，集成12113、銅全10.98左），戰國時期人，名阢，楚懷王時（前328—前299年）曾擔任楚國織令。

十九劃

蘮改　即蓼改、翏改，見鸎士父鬲（2件，集成00715—00716），西周晚期改姓婦女，鸎士父的夫人。

櫊仲　銘文作䩅仲，見櫊仲簋（集成03549），西周中期前段人，櫊氏公族。

鷊　見十五年上郡守壽戈（集成11405），戰國晚期秦國人，秦昭襄王十五年（前292年）前後，擔任秦國上郡漆垣工室的丞。

鸎　見十二年大簋（2件，集成04298—04299），即趞鸎，西周晚期人。十二年三月既生霸丁亥，周王在龏侲宮命吳師下詔，將原屬於趞鸎的邑里賜給大，趞鸎讓善夫豕向周王轉達表示同意，並和善夫豕一同向大辦理了一家手續。

鸎士父　見鸎士父鬲（2件，集成00715—00716），西周晚期人，字士父，鸎氏，夫人為蓼改。

獸　見獸尊（集成05902），西周早期後段人，族徽為"弓"。

獸　見獸爵（2件，集成09053—09054），西周早期人。

獸　見先獸鼎（集成02655），名獸，先氏，故又稱先獸，西周中期前段人。

獸　見宰獸簋（2件，陝西歷史博物館館刊2000年第7輯99頁圖2、文物1998年10期40頁圖7.2），西周中期後段人，擔任周王朝的宰職。孝王六年二月甲戌，由司徒榮伯陪同在師录宮接受冊命，周王命獸管理康宮的臣妾，掌管王家內外事務，並賜給赤色蔽膝、幽亢、攸勒等物。

獸　見儵司寇獸鼎（集成02474），春秋早期人，擔任儵地的司寇。

嘰　見嘰之行鼎（集成01990），春秋時期人。

巗　見巗盉（集成09406），西周早期人，族徽為"徙遽"。

羅兒　見羅兒匜（東南文化1991年1期208頁圖4.3），春秋晚期人，自稱為吳王的外甥，學卯公□塵之子。

斠　見格氏矛（集成11499），戰國晚期人，格氏縣冶鑄作坊的冶吏。

黸　見廿三年晉上庫戈（東南文化1991年2期260頁圖7），戰國晚期人，晉上庫冶鑄作坊的工師。

犢　見二年戈（集成11298），戰國晚期人，某國冶鑄作坊的工師。

犢共卑氏　見犢共卑氏戟（集成11113），戰國晚期人。

黿大宰徵　即邾太宰徵，見黿大宰徵子敄鐘（集成00086），春秋早期人，名徵，敄（一作䚄）的父親，擔任邾國的太宰。

黿大宰櫢　見邾太宰櫢子䚄簠（集成04623），即邾太宰櫢、邾太宰徵。

黿公鈺　即邾公鈺，見邾公鈺鐘（集成

00102），春秋中期人，名鈺，邾國國君，諡定公，自稱為陸融之孫。

鼄公牼　即邾公牼，見鼄公牼鐘（4件，成00149—00152），春秋晚期人，名牼，邾國國君，《公羊傳》、《穀梁傳》均作瞷，乃假借字。魯成公十八年（前573年）即位，在位三十九年，死後諡宣公。

鼄公華　即邾公華，見鼄公華鐘（集成00245），春秋晚期人，名華，邾國國君，邾公牼之子，魯昭公八年（前534年）即位，在位十五年，死後諡悼公。

鼄公孫班　即邾公孫班，見邾公孫班鎛（集成00140），春秋晚期人，名班，邾國國君之孫。

鼄伯　即邾伯，見邾伯鬲（集成00669），西周中晚期人，邾國國君，名不詳。

鼄伯御戎　即邾伯御戎，見邾伯御戎鼎（集成02525），西周晚期或春秋早期人，字御戎，邾國國君，夫人為滕姬。郭沫若先生說："邾君之名見於春秋者八世，曰克（字儀父）、曰瑣、曰蘧蒢、曰玃且、曰牼、曰華、曰穿、曰益，無與御戎相當者，由文字觀之，疑在春秋以前，然相去不遠矣。"（見《大系》考193頁）

鼄君　即邾君，見鼄君鐘（集成00050），春秋晚期人，邾國國君，名不詳。

鼄客父　即邾友父，見邾友父鬲（集成00717），春秋早期邾國人，字友父。詳見邾友父條。

鼄來隹　見邾來隹鬲（集成00670），春秋早期人，名來隹，邾國貴族。

鼄叔之伯　即邾叔之伯，見鼄叔之伯鐘（集成00087），春秋時期人，名之伯，邾國公族。

鼄討　即邾討，見邾討鼎（集成02426），西周晚期或春秋早期人。郭沫若先生認為邾討與邾伯御戎為一人，名討，字御戎，名字相應。

鼄姬𡰥　即邾姬仁，見魯伯愈父盤（3件，集成10113—10115）、魯伯愈父鬲（6件，集成00690—00695），西周晚期人，魯伯愈父之女，名仁，姬姓，嫁於邾國。

鼄嫞　即邾曹，見杞伯每刃鼎（3件，集成02494—02495、集成02642）、杞伯每刃簋（5件，集成03897—03901）、杞伯每刃盆（集成10334）、杞伯每刃壺（集成09688）、杞伯每刃壺蓋（集成09687）、杞伯每刃匜（集成10255），春秋早期邾國女子，曹姓，杞伯每刃的夫人。

鼄𩦡伯　即邾𩦡伯，見邾𩦡白鼎（2件，集成02640—02641），春秋早期邾國人，夫人為此嬴。

鼄𨬂　即邾𨬂，見昔父匜（集成10236），春秋早期人。

簷　見十三年少府矛（集成11550），戰國晚期人，在秦國少府負責冶鑄兵器諸事。

鴼鳶　見王二年鄭令戈（集成11328），戰國晚期人，韓桓惠王二年（前271年）前後，擔任鄭縣右庫冶鑄作坊的工師。

儥兒　即僕兒，見余贎逐兒鐘（4件，集成00183—00186），春秋晚期徐國人，余達斯于的孫子，余茲佫的長子，而逐的父親，徐王義楚的輔佐良臣。

儥　見儥匜（集成10285），西周中期後段人，亦稱師儥，掌管王室畜牧的長官，或即《周禮·夏官》的掌管牧地的牧師。曾和牧牛發生訴訟，經伯揚父審判，師儥勝訴。

衜　即衛，見衛尊（集成05915）、衛卣（集成05323），西周早期人。陳夢家先生認為與御正衛是一個人。

魯男　即魯男，見遣小子䡅簋（集成03848），西周晚期人，遣小子䡅的父親，王姬的丈夫。

邎　見邎卣（集成05261），西周中期前段人。

麋生曶　即麇生曶，見師害簋（2件，集成04116—04117），西周晚期人。簋銘為"麋（麇）生曶父師害及仲曶，以紹其辟"。楊樹達先生釋為"麋生曶"，謂麋生曶是師害之子，亦稱仲曶，（見《集微居金文說》117頁）；亦可讀為"麋生曶父"，謂名生，字曶父。

麋侯　即麇侯，見麋侯鎛（集成00017），戰國早期人，麇國族首領，名不詳。

麋婦　即麇婦，見麋婦觚（集成07312），商代晚期婦女，族徽為"䉛䖒"。

旟　見旟觥（集成09293），西周早期人。

旟　見旟爵（集成08876），西周早期人。

奪　即奪，見奪作父丁鼎（集成02366）、奪尊（集成05921）、奪壺（2件，集成09592—09593）、奪卣（2件，集成05330—05331），西周早期人，族徽為"㣺冊（允冊）"。

奪　即奪，見奪簋（集成03372），西周中期人。

竵　見五年鄭令韓夌戈（集成11385），戰國晚期人，韓王安五年（前24年）前後，擔任鄭縣右庫冶鑄作坊的冶尹。

鄘公　見鄘公戈（集成10977），戰國早期人。

瀕公　見伯晨鼎（集成02816），伯晨的父親，生世在西周中期前段。

瀕吏　見瀕吏鬲（曾稱陝角、瀕事簋、瀕事鼎，集成00643），西周早期前段人。

闞伯　見闞伯作寶鼎（集成02041）、闞伯作旅鼎（集成02042）、闞伯簋（集成03480），西周早期後段人。

嬶氏　即妘氏，見叀鼎（集成02490），叀的母親，西周中期後段妘姓國女子，微伯瘨的夫人。

嬢姬　見季宮父簠（集成045727），西周晚期姬姓婦女，季宮父的二姐。

鄧子午　即鄧子午，見鄧子午鼎（集成02235），春秋晚期楚國人，名午，食邑於鄧。

鄧尹疾　即鄧尹疾，見鄧尹疾鼎（集成02234），春秋晚期人，名疾，擔任鄧尹。

嚭　見嚭鼎（集成02244），西周早期人。

鑪　見鑪簋（集成03465），西周早期人。

隊侯　即濮侯，見太保玉戈（考古與文物1993年3期74頁圖3），西周早期（成、康之世）南方濮國國君，名不詳。某年六月，周王命太保省視南國，賞給濮侯奴隸百名。

繯　見大梁司寇緩戈（東南文化1991年2期259頁圖5），戰國晚期人，魏國大梁冶鑄作坊的工師。

䌛　見微䌛鼎（集成02790），即微䌛，西周晚期人，微氏。二十三年九月，周王命微䌛管理九陂。

䌛　見趙武襄君鈹（集成11635），戰國晚期人，曾負責管理趙國邦右庫。

䌛　見欒書缶（集成10008），即欒書。

䌛伯　即欒伯，見䌛伯盤（集成10167），西周中期後段人，欒國族首領。

䌛書　即欒書，見欒書缶（集成10008），春秋中期晉國人，名書，欒氏，欒畜之孫。

二 十 劃

籐子　即滕子，見籐子戈（集成10898），春
　　秋晚期人。

蘇　銘文作穌，見十年邗令夔戈（集成
　　11291），戰國晚期人，魏國邗縣冶鑄作
　　坊的工師。

蘇子　銘文作穌子，見叔作穌子鼎（集成
　　01926），春秋早期虢國族人。

蘇公　銘文作穌公，見蘇公簋（集成03739），
　　西周晚期人，蘇國族首領。

蘇公　銘文作穌公，見寬兒鼎（集成02722），
　　寬兒的祖父，生世在春秋中期。

蘇甫人　銘文作穌甫人，見蘇甫人盤（集成
　　10080）、蘇夫人匜（集成10205），西
　　周晚期人，蘇君的夫人，其女為嬴改襄。

蘇冶妊　銘文作穌冶妊，見蘇冶妊鼎（集成
　　02526）、蘇冶妊盤（集成10118），春
　　秋早期人，蘇君的夫人，妊姓，其女為
　　虢改魚母。郭沫若先生釋為蘇冶妊，說：
　　"蘇冶妊乃妊姓女子嫁於蘇者，冶如非
　　國族，則當是字。《左傳》隱十一年'若
　　朝於薛，不敢與諸妊齒。'引世本民姓
　　篇謝、章、薛、舒、呂、祝、終、泉、
　　畢、過十國，皆妊姓，字無與冶相近者，
　　蓋是女字。"（見《大系》考242頁）

蘇觚　銘文作穌觚，見蘇觚壺（考古與文物
　　1993年5期11頁圖3.3），西周中期後段
　　人，族徽為"含（幸）"。

蘇貉　銘文作穌貉，見蘇貉豆（集成04659），
　　春秋時期人。

蘇衛改　銘文作穌衛改，見蘇衛改鼎（4件，
　　集成02381—02384），西周晚期蘇國女
　　子，嫁於衛國公室。

藺相如　銘文作閵相女，見藺相如戈（文物
　　1998年5期92頁圖2—4），戰國晚期人，
　　名相如，藺氏，曾擔任趙國的丞。

戲　見戲鼎（集成01965），西周中期人。

農父　即農父，見農父簋（集成03461），西
　　周早期人。

黽　見黽簋（集成03732），西周早期後段人。
　　曾跟隨昭王伐荊楚，並有所俘獲。

獻　見獻簋（集成04205），即臣獻，西周早
　　期人，楷伯的屬臣。

獻　見廿一年寺工車事（集成12041），即寺
　　工獻，戰國晚期人，秦王政廿一年（前
　　226年）前後，擔任秦國官營冶鑄作坊的
　　工師。

獻叔　見陳曼簠（2件，集成04595—04596），
　　陳曼的父親，春秋晚期到戰國早期齊國
　　人。郭沫若先生認為即田成子常。

獻侯　見獻侯鼎（2件，集成02626—02627），
　　西周早期前段人，獻國族首領，族徽為
　　"🧍🐚"。某年，成王在成周舉行大袚，
　　賞給獻侯鼎貝。

罄　見郑瞯尹罄鼎（集成02766），戰國早期人，擔任徐國的瞯尹。

瞯半釪　見五年邦司寇馬愸劍（集成11686），戰國晚期人，曾擔任趙國下庫冶鑄作坊的冶尹。

晶　見晶簋（集成04159），西周中期人。某年正月丁卯，晶的上司賞給宗彝一肆、鼎二件、貝五朋。

朂公：即襄公，見叔尸鐘（13件，集成00272—00284）、叔尸鎛（集成00285），此指齊襄公，名諸兒，公元前697年即位，在位十二年。

罷簧　見公廚右官鼎（集成02361），戰國晚期人，某國冶鑄作坊的冶吏。

鄾叔姬可母　即許叔姬可母，見蔡太師腆鼎（集成02738），春秋晚期人，字可母，姬姓，蔡太師腆的三女，嫁於許國。

鄿　即鄿見鄿簋蓋（集成04296）、鄿簋（集成04297），也就是祝鄿，西周晚期人，擔任周王朝的祝官，主管王室祭祀禱告諸事。幽王二年正月初吉，由毛伯陪同在周昭宮宣樹接受冊命，周王命其擔任祝官，兼管五邑祝，並賜給赤韍、同罳黃（絅縷衡）和鑾旂。

羸　見羸鬲（集成00528），西周早期人。

龕　即蛉，見龕壺（集成09531），西周早期人。

戀　見戀簋（集成03606）、戀尊（集成05877）、戀卣（集成05362），西周早期人，族徽為“𤉸（巽）”。

徽先父　見徽先父鬲（泉古8），西周晚期人，夫人為姜啟。

鐘伯侵　見鐘伯侵鼎（集成02668），春秋時期人，名侵，鐘氏家族族長，擔任某國太師。

鄀宷　即都宷，見簡大史申鼎（集成02732），笞國太史申的祖父，生世約在春秋中期。

觸　見丞相觸戈（集成11294），史書作壽燭，戰國晚期人，秦昭襄王十五年（前292年）擔任秦國丞相。《史記·穰侯列傳》載，昭襄王十五年“魏冉謝病，其明年，燭免，復相冉。”

觸　銘文作牟，見十一年右使車盉（集成09448），戰國中期人，中山國左使車屬下的冶鑄工。

達氏仲　即原氏仲，見原氏仲簋（3件，考古1989年4期311頁圖2.2—圖2.4），亦稱原仲，春秋早期人，原氏國族人，嫣姓，陳國的大夫，事陳宣公，公元前667年去世。《左傳·莊公二十七年》：“秋，公子友如陳，葬原仲。”杜注：“原仲，陳大夫；原，氏，仲，字也。”

靴　即坒，見靴角（集成09100）、靴卣（集成05355），商代晚期人，族徽為“𠂤𧊒”。

靴敓白畀　即坒敓伯具，見伯具簋（集成03615），西周早期人。

旛公　見利簋（集成04131），利的父親，生世在商代晚期。

䫐王 見王作䫐王姬鬲（2件，集成00584—00585），西周晚期人，異姓王國首領。

䫐王姬 見王作䫐王姬鬲（2件，集成00584—00585），西周晚期人，周王室之女，適䫐王（異姓王國）。

䫐姞 見䫐姞鬲（集成00526），西周晚期姞姓婦女。

龏 見龏鬲（集成00688），西周早期人，族徽為“亞（亞俞）”。

龏 見龔鼎（集成02077），西周中期前段人。

龏子 見龏子簋（集成03078）、龏子觚（集成06915）、龏子勺（集成09914）、龏子鉞（集成11751），商代晚期人。

龏王 見五祀衛鼎（集成02832）、十五年趞曹鼎（集成02784）、逨盤（盛世吉金30頁）、大克鼎（集成02836），即周恭王，穆王之子，史書記載其名為繄扈，在位約二十年。

龏同 即龔同，見龏同鐓（集成11903），商代晚期人。

龏令思 即龔令思，見五年龏令思戈（2件，集成11348—11349），戰國時期人，名思，魏國龔縣縣令。

龏母 即恭母，見龏母簋（集成03083），商代晚期婦女。

龏伯 即恭伯，見㝬簋（集成04153），㝬的父親，生世在西周中晚期。

龏伯 即恭伯，見鄀簋蓋（集成04296）、鄀簋（集成04297），鄀的父親，生世在西周中晚期。

龏妊 即恭妊，見龏妊甗（集成00877），西周中期前段妊姓婦女，族徽為“單（單）”。

龏姛 即恭姒，見龏姒方鼎（2件，集成02433—02434）、龏姒觚（集成07311），商代晚期或西周早期姒姓婦女。

龏𤔲 見段簋（集成04208），西周中期人。

龏叔 即恭叔，見頌鼎（3件，集成02827—02829）、頌簋（8件，集成04332—04339），史頌的父親，夫人為龏姒，生世在西周中晚期。

龏叔 即恭叔，見逨鐘（4件，文博1987年2期18—22頁）、逨盤（盛世吉金30頁），逨的父親，臣事厲王，

龏始 即恭姒，見頌鼎（3件，集成02827—02829）、頌簋（8件，集成04332—04339）、頌壺（2件，集成09731—09732），史頌的母親，生世在西周中晚期。

龏賜 即龔賜，見郾客問量（集成10373），戰國中期人，擔任楚國少集尹之職。

競 見御史競簋（2件，集成04134—04135）、競鼎（考報1956年3期112頁）、競簋（集成10479）、競尊（集成05796）、競卣（集成05154）、競卣（集成05425），即御史競，西周中期前段人，名競，擔

任周王朝的御史。某年六月既死霸壬申，伯
犀父賞給御史競金（青銅）；某年六月
征伐東夷在坏，伯犀父賞給競玉璋。

競　見七年相邦呂不韋戟（秦銘文圖版70），
戰國晚期人，秦王政七年（前240年）前
後，是秦國冶鑄兵器作坊的工匠。

競之　見郾客問量（集成10373）、大市量（古
文字研究22輯129頁），戰國中期人，楚
國冶鑄作坊的工佐。

競父　見臤尊（2件，集成06008、北京文物
精粹大系・青銅器卷110），西周中期前
段人。某年十三月，曾隨師雍父戍守古
師，仲競父賜給臤赤金。

嬴氏　即嬴氏，見嬴氏鼎（集成02027），西
周中期嬴姓婦女。

嬴氏　即嬴氏，見𤔲季鼎（集成02585），西
周晚期嬴姓婦女，𤔲季的夫人。

瀼　銘文原篆作𣲖，見瀼卣（又稱王卣，三
代11.30.3）、瀼罍（又稱王罍，集成
09821），商代晚期人。

夔侯　見夔侯簠（2件，集成04561—04562），
春秋早期人，夔國國君。

夒　銘文作夒，見夒爵（陝金1.509），西周
早期前段人，族徽為“子羿”。

竈叔和　即釐叔和，見陳肪簋蓋（集成
04190），陳仲嬀之子，肪的父親。簋銘
為“余陳仲嬀孫，竈叔和子”。郭沫若
先生認為是春秋時期的陳釐子乞（見《大
系》考215頁；吳闓生和楊樹達認為是齊

太公，“竈叔和”應連讀，吳闓生說：
“和齊太公也，云釐叔者，蓋當是諡
號。”（見《文錄》3.16）

闢　見闢卣（集成05322），西周早期人。

隨公胄　或釋為“隨公克”，見隨公胄敦（集
成04641），春秋晚期人。

鞄叔　見鮭鎛（原稱齊侯鎛，集成00271），
春秋早期齊國人，鮭的祖父，遂仲的父
親，諡號有成惠叔。郭沫若先生說：“鞄
叔乃鮭祖字，其號為惠叔，其名又成。”
（見《大系》考209頁）因有功于齊，齊
侯賜給食邑二百九十九邑及鄢之民人都
鄙。楊樹達先生認為“鞄叔蓋即鮑叔。
知者，《說文・革部》云：‘鞄，柔革
工也，從革，包聲。’周禮曰：柔皮之
工鮑氏。鮑即鞄也。”“銘文鞄乃鞄之
或作。……鮑氏古有專官，鮑叔蓋以官
為氏。其字本作鞄，即說文之鞄。”“又
成惠叔又成惠姜即鮑叔牙與其婦，則鮭
之祖及祖母也，……古成與功義同，又
成即有功。”“鮑叔牙有功于齊故諡稱
有成惠叔。”鮑叔牙的父親經傳無所
見，唯《國語・齊語》云：“桓公自莒
返國，使鮑叔為宰。”韋昭註云：“鮑
敬叔之子叔牙也”。“然則鮑叔牙之父
為鮑敬叔，與銘文稱聖叔者不同。惟聖
敬古韻同在青部，音本相近，聖字從口
從耳壬聲，壬之孳乳字有巠，有徑，如
讀聖音如徑，則與敬為同音字矣。史載
鮑叔牙薦管仲相桓公，使齊稱霸於天

下，其有功於齊至大。齊桓公賜給二百
九十九邑之民人都鄙，使之世代相沿。”
（見《積微居金文說》100頁）

彊伯　即彊伯，見彊伯簋（2件，集成03527—
　　03528），西周早期前段人，彊國族首領。

彊伯　即彊伯，見彊伯炇鼎（集成02278）、
　　彊伯鬲（集成00507）、彊伯貘尊（集成
　　05913），西周中期前段人，彊國族首領。

彊季　即彊季，見彊季尊（集成05858）、彊
　　季卣（集成05241），西周早期後段人，
　　彊國公族。

㯅　見姚鼎（集成02068），西周中期人。

遍父　見歸父敦（集成04640），即遍父盨、
　　歸父盨。

遍父盨　即歸父盨，見齊太宰歸父盤（集成
　　10151），春秋早期人，魯子仲之子，名
　　盨（甾），字歸父，擔任齊國太宰。郭
　　沫若先生說：“齊國有歸父，乃國佐之
　　父，見左僖二十八年及三十三年經傳。
　　傳又稱國莊子，或即此人。”（見《大
　　系》考201頁）

齹　見齹卣（集成05308），西周早期人，族
　　徽為“單”。

徽　見徽簋（2件，集成03626—03627），西
　　周早期前段人。

徽　見徽尊（曲村371頁）、徽卣（曲村356
　　頁圖523.3、4）、徽卣（曲村375頁圖
　　543.2、3），西周早期人。

徽伯　見徽伯鼎（集成02109），西周早期人，
　　徽氏家族首領，族徽為“◊”。

燹公　即豳公，見燹公盨（又稱豳公盨，中
　　國歷史文物2002年5期5頁），西周中期
　　人，豳國族首領。

燹王　即豳王，見燹王鬲（2件，陝金1.185、
　　考古與文物1990年5期40頁圖11.7），西
　　周晚期人，豳國（非姬姓）國君。

變疾　見六年安平守變疾鈹（集成11671），
　　戰國時期人，趙國安平郡郡守。

繼伯　即繼伯，見小盂鼎（集成 02839），
　　西周康王時期人，繼國族首領。康王二
　　十三年隨盂征伐鬼方，立有戰功。

二十一劃

蘮兒　即都兒，見蘮兒缶（考古與文物1988
年3期76頁圖2），春秋晚期人。

虋　即農，見農簋（集成03575），西周早期
人。楊樹達先生釋為"苗辱"二字。

蓮　見高陵君鼎（秦文字圖版22），戰國晚
期秦國人，昭襄王時（前306—251年）
擔任高陵君的家丞。

鼁　見鼁鼎（北窯墓208頁圖108.1），西周
中期前段人。

轎妟父　見轎妟父鼎（集成02205），西周中
期人。

覻　見覻卣（集成05311），西周早期人，族
徽為"邒（覞）"。

霸伯　見霸伯簋（曲村407頁圖580.11），西
周早期人，霸氏家族首領。

霸姞　見霸姞鼎（集成02184）、霸姞簋（集
成03565），西周早期姞姓婦女。

露商　銘文作雺商，見九年鄭令向佃矛（集
成11551），戰國晚期人，名商，露氏，
韓國鄭縣司寇。

醫子鄭伯　見醫子鄭伯鬲（集成00742），春
秋早期人。

囂伯　見囂伯盤（集成10149），西周晚期人，
囂國族首領，女兒為嬴尹母。

盬澳侯　即盬淔侯，見盬淔侯戈（集成
11065），春秋早期人。

齎夫　見矕比盨（集成04466），西周晚期人。
厲王二十五年七月，用五個邑兌換矕比
的田地。

鼄　見鼄方尊（集成06005），西周中期前段
人。

簧叔　即筥叔，見簧叔之仲子平鐘（9件，集
成00172—00180），平的父親，筥國公
族，生世在春秋中晚期。

礜　見中山王礜鼎（集成02840），戰國中期
人，中山國國王。

獙姜　即丑姜，見虢仲簋（文物2000年12期
28頁圖9.2），西周晚期姜姓婦女，虢仲
的妻妾。

鼜　見鼜鼎（未著錄，作者藏有拓本），師
孝的兒子，西周晚期人。

鑄子叔黑臣　銘文作霾子叔黑臣、鑾子叔黑
臣或霾子叔黑臣，見鑄子叔黑臣鼎（集
成02587）、鑄子叔黑臣鬲（集成00735）、
鑄子叔黑臣簋（集成03944）、鑄子叔黑
臣盨（集成04423）、鑄子叔黑臣簠（2
件，集成04570—04571），春秋早期人，
名臣，字叔黑，鑄（祝）國公子。郭沫
若先生說：臣"即頤之初文，象形，像
有重頷而上有鬚也，鬚色黑，故此鑄子
名臣字叔黑。"（見《大系》考200頁）

鑄子㒸　銘文作霾子㒸，見鑄子㒸匜（集成

10210），春秋時期人，名獻，鑄（祝）國公子。

鑄公　銘文作盥鑄，見叔良父匜（考古1984年2期156頁圖1），西周晚期人，鑄（祝）國國君，名不詳。

鑄公　銘文作盥公，見鑄公簠（集成04574），春秋早期人，鑄（祝）國國君，名不詳，時代約在魯閔時期（前661—前627年），長女為孟妊車母。

鑄叔　銘文作盥叔或盥叔，見鑄叔鼎（集成02568）、鑄叔簠（集成04560），春秋早期人，鑄（祝）國公族，夫人為嬴姓國女子。

鑄叔皮父　銘文作盥叔皮父，見鑄叔皮父簠（集成04127），春秋早期人，字皮父，鑄（祝）國公族。

鑄侯求　銘文作盥侯求，見鑄侯求鐘（集成00047），春秋早期人，名求，鑄（祝）國國君。

鑄章　見九年鄭令向佢矛（集成11551）、十四年鄭令趙距戈（集成11387），戰國晚期人，名章，鑄氏，韓桓惠王十四年（前259年）前後，擔任鄭縣武庫冶鑄作坊的工師。

鐱頃　見鐱頃戈（文物1993年4期94頁圖1.1、2），戰國晚期人。

鬵工丁　即司工丁，見鬵工丁爵（集成08792），西周早期人，名丁，擔任周王朝司工。

鬵監引　即齍監引，見鬵監引鼎（集成02367），西周中期前段人。

癏　見癏鼎（集成02742）、癏簋（8件，集成04170—04177）、癏盨（2件，集成04462—04463）、癏爵（3件，集成08916—08917、集成09070）、三年癏壺（2件，集成09726—09727）、十三年癏壺（2件，集成09723—09724）、癏鐘（14件，集成00246—00259），西周懿孝時期人，又稱微伯癏，史牆的兒子，速的父親，微史家族首領，族徽為"木⋎∰（羊冊）"。懿王四年二月戊戌，由司馬共陪同在周師录宫接受冊命；十三年九月又在司徒淲宫接受周王的賞賜；孝王三年九月丁巳和己丑日，分別在鄭和句陵，周王賞給羔俎和彘俎。

齍伯歌弟　見齍伯歌弟匜（考古1993年1期75頁圖4），西周晚期人，名歌弟，齍國族首領。

籔　見亞旆籔尊（集成05684），西周早期人，族徽為"亞旆"。

竈　見廿四年上郡守疾戈（考古學報2002年1期112頁圖19）、廿五年上郡守厝戈（集成11406），戰國晚期人，秦昭襄王二十五年（前282年）前後，擔任上郡高奴工室的工師。

竈　見三年㕣余令韓譙戈（集成11319），戰國晚期人，韓國附魚縣冶鑄作坊的冶吏。

闖　銘文作閜，見闖罍（集成09241），西周早期人，族徽為"⚋⚋（劦）"。

孋嫭　即芈尊，見楚季嘿盤（集成10125），
　　春秋早期人，名尊，芈姓，楚季嘿之女。

隥　亦作嚢，即陸，見隥尊（集成05986），

西周早期人，約在成康之世。陳夢家先
生云："字近《說文》睦之古文，或是
睦或是陸，睦、陸古相通用，用訓厚。"
（見《西周銅器斷代》）

二十二劃

聽　銘文作耴，見邎簋（集成03975），商代晚期人，約在帝乙帝辛之世。身份為亞，族徽為"🅇🅇🐾（耴髭）"。

聽　銘文作䏻，見聽盂（考古1996年9期4頁圖5.4），春秋晚期人。

蘇　即蘇，見蘇甒（集成09822），西周中期前段人，族徽為"🕊（戈）"。

懿　見叔方鼎（集成02051），西周早期人。

懿王　見匡卣（集成05423）、逨盤（盛世吉金30頁），即周懿王，周穆王之孫，恭王之子，史書記載其名囏，曾自鎬徙都於犬丘。戎狄交侵，周王朝漸衰。在位二十年。

懿父　見沈子它簋蓋（集成04330），西周早期後段人，沈子它之子。

懿仲　見逨盤（盛世吉金30頁），逨的祖父，零伯的兒子，盄父的孫子，恭叔的父親，臣事周孝王、夷王。

懿伯　見番壺（集成09670），番的父親，生世約在西周中期。

懿叔　見禹鼎（2件，集成02833—02834），禹的父親，生世約在西周中期。

懿䢦孟姬　即懿恭孟姬，見禾簋（集成03939），禾的母親，姬姓，諡號懿恭，生世約在春秋中期。

覿　即睦，見儼匜（集成10285），匜銘有"尃、趙、嗇、覿、儼，宥亦茲五夫，亦既卲乃誓，汝亦既從辭從誓。"李學勤先生認為尃、趙、嗇、覿、儼是五個人名，即下面所說的五夫，出席伯揚父對牧牛的審判，其身份當為此案的證人。從儼匜時代判斷，尃等人當為西周中期後段人。

邎　見邎方鼎（集成02709），商代晚期人，族徽為"⼌"。殷王征井方之年，王在𧊒陳（次）饗酒，邎辦事得力，王賞給邎貝。

邎　見邎簋（集成03975），商代晚期人，族徽為"🅇🅇🐾（耴髭）"。

酈詝　銘文作麗𢧵，見宜陽戈（3件，考古與文物2002年2期70頁圖3.4、圖3.5，文物2000年10期76頁圖3、4），戰國晚期人，名詝，酈氏，韓襄王二年（前310年）前後擔任宜陽縣縣令。

龏　見虘父鼎（2件，集成02671—02672），虘父的長輩，西周早期人。

霝公　即靈公，見庚壺（集成09733），此指齊靈公，名環，齊頃公之子，公元前581年即位，在位二十八年。二十七年春，晉伐齊，靈公出走臨淄，晏嬰勸阻，靈公不聽，說："君亦無勇矣。"晉軍遂圍臨淄，焚城郭而去。

顲　見顲卣（2件，集成05388—05389），西周早期人，夫人為婦嫈。

闕嬢臾　見伯氏始氏鼎（原稱鄧伯氏鼎，集成02643），西周晚期或春秋早期鄧國女子。

疊姬　見繇叔山父簋（5件，集成03797—03801），西周晚期姬姓婦女，繇叔山父的夫人。

㽮　即雷，見洹子孟姜壺（2件，集成09729—09730），又稱孟姜，春秋晚期人，齊景公（前547—前490年）的長女，田桓子的夫人。

盠子叔黑臣　見鑄子叔黑臣盨（集成04423），即鑄子叔黑臣。

盠侯求　見鑄侯求鐘（集成00047），即鑄侯求。

罶仲　即召仲，見召仲卣（集成05020），西周早期人，召氏公族。

穌　見穌爵（集成09089），即伯穌，西周早期人，召公奭的兒子，與燕侯旨、伯憲為兄弟。

穌父　見妄鐘（2件，集成00110、集成00112），即伯穌父，西周晚期人，邢人妄的父親。郭沫若先生認為即共伯和，屬王奔彘後，共和行政十四年。

獵　見獵卣（集成05249），西周早期人，族徽為"⋈"。

獿　見獿卣（集成05198），西周早期人。

謙季獻　見謙季獻盨（集成04413），西周晚期人，名獻，謙氏公族。

絾公　即城公，見元年師兌簋（2件，集成04274—04275），師兌的祖父，生世在西周中期。

絾虢仲　即城虢仲，見城虢仲簋（集成03551），又稱虢仲，西周晚期人。

絾虢遣生　即城虢遣生，見城虢遣生簋（集成03866），西周晚期人，名遣生，城虢氏。

臺　見臺鼎（集成02262）、臺爵（集成09075）、臺作母癸觚（2件，集成07297—07298）、臺斝（集成09245）、臺尊（集成05888）、臺卣（集成05295），商代晚期人，族徽為"亞異禾（吳）"。

㪯　即祈，見伯六辥方鼎（集成02337），西周早期人，伯六辥的長輩或上司。

龏　銘文作龏，見龏鼎（集成02077），西周中期前段人。

龏子　銘文作龏子，見龏子簋（集成03078）、龏子觚（集成06915）、龏子鉞（集成11751），商代晚期人。

龏同　銘文作龏同，見龏同鐸（集成11903），商代晚期人。

龏令思　銘文作龏令思，見五年龏令思戈（2件，集成11348—11349），戰國時期人，名思，魏國龏縣縣令。

龏賜　銘文作龏賜，見鄦客問量（集成10373），戰國中期人，擔任楚國少集尹之職。

鼞　見鼞鼎（集成01974），西周中期人。

赢　即蝠，見赢爵（集成09045），西周早期人。

盦　見盦鼎（3件，集成01753—01755），西周早期人。

審　見審鬲（集成00567），西周早期人。

竊姬　即竊姬，見師贅父鼎（集成02558），西周中期前段姬姓國女子，師贅父的夫人。

彊　即彊，見彊尊（集成05958）、彊方彝（集成09889），西周中期前段人。

牆　見史牆盤（集成10175）、牆爵（集成09067），即牆、史牆。

嬎姞　見伯梁父簋（4件，集成03793—03796），西周晚期姞姓婦女，伯梁父的夫人。

嬗改襄　見蘇甫人盤（集成10080）、蘇夫人匜（集成10205），西周晚期人，名襄，改姓，蘇君之女。

嬗妊　見嬗妊壺（集成09556），西周早期妊姓婦女。

嬗妊　見嬗妊車轄（集成12030），春秋時期妊姓婦女。

嬺姬　見中伯匜（2件，集成04355—04356），西周晚期人，姬姓，亦稱辛姬緣人（見中伯壺）中伯的女兒。

二十三劃

趞仲　即趞仲、遣仲，見窃鼎（集成02755）、孟簋（3件，集成04162—04164），西周中期人，遣氏公族。某年九月既望乙巳，遣仲令窃管理莫田。

𣪘　見𣪘觶（文物1983年2期5頁圖7），西周早期人，族徽為"𤔲冊（虜冊）"。

顯　見二年邦司寇趙或鈹（保金274），戰國晚期人，趙王遷二年（前234年）前後，在趙國工庫冶鑄作坊擔任大工尹。

贊　見曶鼎（集成02838），西周中期後段人，限下屬。某年四月丁酉，參與曶與限之間以匹馬束絲贖取五個奴隸的訴訟。

歔𤔲　見歔𤔲方鼎（集成02729），西周早期人。某年二月初吉庚寅，楷仲在宗周賞給歔𤔲逐毛兩、馬一匹。

鬲　見鬲卣（集成05114），商代晚期人。

麗孟姬　見魯大司徒子仲白匜（集成10277），春秋早期魯國人，仲白的庶女，姬姓，嫁於麗。

𪔂　見𪔂尊（集成05929），商代晚期人，族徽為"木工冊"。

鬮　見鬮簋（集成04215），西周晚期人。某年正月甲午，周王命鬮管理成周里人及諸侯、大亞，並處理訟罰諸事，賜給夷臣十家。

贊母　見王作贊母鬲（集成00611），西周晚期女子。

纍嬌　見纍嬌壺（集成09555），西周中期前段嬌姓婦女。

籥　見十八年蒲阪令戈（考古1989年1期85頁圖2、3），戰國晚期人，名籥，魏襄王十八年（前301年）擔任魏國蒲阪縣令。

癰　見九年弋丘令癰戈（集成11313），戰國中期人，魏國甾丘縣縣令。

癰　見卅年虒令癰鼎（集成02527），戰國中期人，魏惠王三十年（前341年）前後，擔任虒縣縣令。

旟　銘文作旟，見旟鼎（集成02704），西周康王時期人。某年八月，王姜把原賜給師楷的三田和田裏待收割的禾稻轉賜給旟。

矗　見寺工矗戈（集成11197）、二年寺工矗戈（集成11250）、三年相邦呂不韋戟（秦銘文圖版61）、四年相邦呂不韋戈（3件，集成11308、陝西青銅器255、秦銘文圖版65）、五年相邦呂不韋戟（考古與文物1983年4期），戰國晚期到秦代人，秦王政時（前246—前221年）擔任秦國官營冶鑄作坊的工師。

竉　見竉方鼎（2件，文物1997年12期31頁圖5），西周早期前段人。

歔　見歔尊（集成05882），一作歔（見歔卣），西周早期後段人。

纕安君　即襄安君，見襄安君扁壺（集成
　　09606），戰國時期人。

欒　銘文作䜌，見欒書缶（集成10008），即
　　欒書。

欒伯　銘文作䜌伯，見䜌伯盤（集成10167），

西周晚期人，欒氏家族首領。

欒書　銘文作䜌書，見欒書缶（集成10008），
　　春秋中期晉國人，名書，欒氏，欒畜之
　　孫。

二十四劃

趱 見蔡大善夫趱簠（考古1989年11期1043頁圖6），春秋早期人，名趱，擔任蔡國膳夫之職。

矗塦 即蕢塦，見鄗子蕢塦鼎（集成02498），春秋晚期或戰國早期人，鄗國公子。

觀 見觀鼎（集成02076），西周早期人。

驫 見驫簋（集成03436），西周早期人。

靈公 見叔尸鐘（13件，集成00272—00284），此指齊靈公，名環，齊頃公之子，公元前581年即位，在位二十八年。二十七年（前555年）晉國伐齊，齊師敗，靈公想放棄臨淄出走，晏嬰勸阻，靈公不聽，曰："君亦無勇矣"，晉兵遂圍臨淄，焚城郭而去。

靈公 銘文作霛公，見庚壺（集成09733），此指齊靈公。

霍 即霍，見霍鼎（集成02413），西周晚期人。

齰 見齰鼎（集成02060）、齰爵（2件，集成08885—08886），西周早期人。

戲隱馬 見戲隱馬方鼎（集成02594），商代晚期人，族徽為"亞受"。某年戊寅日，彤祭之後殷王賜給戲隱馬貝。

壘姬 即疊姬，見緤叔山父簋（5件，集成03797—03801），西周晚期姬姓婦女，緤叔山父的夫人。

毉 見曶鼎（集成02838），西周中期後段人，曶的屬吏。某年四月丁酉，參與限和曶為五個奴隸的訟事，因限敗訴，限的屬吏䤾贈給毉五百支箭。

馭 見馭鐘（9件，下寺277頁圖209—圖216）、馭鎛（8件，下寺259—260頁圖193—208），春秋時期人，呂王之孫，楚成王時期（前671—前626）的執政大臣。

緣公 即秦公，見秦公鼎（2件，上博刊7期25頁圖3—圖4）、秦公簋（2件，上博刊7期26頁圖5、27頁圖7），周末到春秋早期人，秦國國君。王輝先生認為是秦襄公（《秦文》18頁）。襄公是秦莊公次子，受其兄世父讓，為太子繼位（前778年），公元前771年建立秦國。《史記·秦本紀》載：幽王之亂時，"秦襄公將兵救周，戰甚力，有功。"平王東遷時，"襄公以兵送周平王。平王封襄公為諸侯，賜之岐山以西之地。……襄公於是始國，與諸侯通使聘享之禮。"

鄝大叔 即笪大叔，見鄝大叔壺（銅全9.76），也就是笪叔，春秋中晚期人，平的父親，笪國公族。

鄝公 即笪公，見鄝公戈（文物1984年9期6頁圖9.2），春秋中期人，莒國國君，名不詳。

鄸叔　見鄸叔之仲子平鐘（9件，集成00172—00180），即筥叔、筥大叔。

鄸侯　即筥侯，見鄸侯少子簋（集成04152），
祈的父親，不巨的祖父，春秋晚期筥國國君。

匽　即召，見召角（集成09078）、召父丁爵
（集成08508），西周早期人，族徽為"亞頭"。

匽　即召，見召圜器（集成10360）、召尊（集成06004）、召卣（集成05416），西周早期人後段。某年九月在炎師，伯懋父曾賜給白馬、姝黃、髮微等；圜器銘文載：某年"十又二月初吉丁卯，召公肇進事，旋走事皇辟君，休王自般使賞畢土方五十里。"

匽　見五年琱生簋（集成04292），即召伯虎。

匽公　即召公，見五年琱生簋（集成04292），召伯虎和周生的祖父，生世約在西周中期前段。

匽公　即召公，見小臣謎鼎（集成02556）、大史客甗（集成00915）、叔造父尊（北窰墓87頁圖47.2）、六年琱生簋（集成04293）、者減鐘（10件，集成00193—集成00202），又稱召伯，也就是先秦史書上所說的太保君奭，周公旦的庶兄，初封於畿內的召，尊稱召公。周武王滅商以後，改封於燕，金文作匽，由長子就封燕侯，召公仍留在王室擔任太保，輔佐文、武、成、康四世，卒於康王後期。

匽伯　即召伯，見生史簋（2件，集成04100—04101），西周中期前段人，召氏族首領，召公的後代。某年曾命生史事於楚伯。

匽伯毛　即召伯毛，見召伯毛鬲（集成00587），西周晚期人，名毛，召氏族首領。

匽伯父辛　即召伯父辛，見伯龢鼎（集成02407）、憲鼎（集成02749）、伯憲盉（集成09430）龢爵（集成09089），燕侯旨和憲、龢的父親召公奭。唐蘭先生認為召伯是召公奭的後裔，馮蒸先生認為是召公奭的兒子（見《關於西周初期太保氏的一件青銅兵器》，《文物》1977年6期），日人白川靜、貝塚茂樹則認為召伯父辛是召公奭的父親（見《金文通釋》卷一下）。

匽伯虎　即召伯虎，見召伯虎盨（考古1995年9期790頁圖6）、五年琱生簋（集成04292）、六年琱生簋（集成04293），西周中期後段人，名虎，召氏公族首領，幽伯之長子，參與處理周生的多佔土田僕庸的案件。郭沫若先生認為即《詩·江漢》中的召虎，西周宣王時期人，曾率師討平淮夷。

雠茲　見雠茲鼎（集成02379），西周晚期人。

鸞姬　即鸞姬，見叔匽父簋（3件，集成04056—04058），西周晚期姬姓婦女，叔匽父的夫人。

鄬叔亟　見曾大保盆（集成10336），春秋早期人，名亟，鄬氏家族，擔任曾國太保。

龏伯　即恭伯，見鄸簋蓋（集成04296）、鄸簋（集成04297），鄸的父親，生世在西周中晚期。

龏妊　即恭妊，見龏妊甗（集成00877），西周中期前段妊姓婦女，族徽為"𢆶（單）"。

贛　見二十年鄭令戈（集成11372）、十五年鄭令趙距戈（集成11388），戰國晚期人，韓桓惠王二十年（前253年）前後，擔任鄭縣右庫冶鑄作坊的冶吏。

矞監引　銘文作矞監引，見矞監引鼎（集成02367），西周中期前段人。

富　見陰晉左庫戈（集成11135），戰國晚期人，魏國陰晉左庫冶鑄作坊的冶尹。

爵　見爵尊（集成05908），西周中期前段人。

爵子　見爵子寶爵（2件，集成08826—08827），西周早期人。

爵兌　見爵兌簋（集成04168），西周晚期人，名兌，爵氏。

爵母　見庚姬簋（集成10576），西周早期女子。

爵休　見爵休簋（4件，文物1994年8期5頁圖3.1），西周晚期人，晉國貴族。

爵嗌　銘文原篆作𤔲𤔲，見爵嗌卣（集成05251），西周早期人。

歔　見歔卣（集成05284），一作歔（見歔尊），西周早期後段人。

夔王　夔王盉（集成09411），西周中期人，夔國族（非姬姓諸侯）的首領。

二十五劃

畾　即雷，見雷甗（集成00876），西周早期
　　人。

鄦子　即許子，見許子戈（集成11045），戰
　　國早期人，許國國君，名不詳。

龗王　即申王，見申王之孫叔姜簠（考古1998
　　年4期45頁圖5），申國族的後代子孫追
　　稱申國先君的稱謂。

龗父　即龗父，見龗父簋（集成03559）、龗
　　父盤（集成10068），龗父盉（集成
　　09395），西周中期前段人。

龗伯詹多　即申伯詹多，見龗伯詹多壺（考
　　古1981年1期26頁圖3.2），春秋晚期人，
　　名詹多，申國族首領。

龗季　即申季，見五祀衛鼎（集成02832），
　　邦君厲的有司（管事者），西周中期人。
　　五年正月初吉庚戌，參與邦君厲與裘衛
　　交換土地的勘界和交付儀式。

龗季　即申季，見大克鼎（集成02836）、伊
　　簋（集成04287），西周晚期申國族人。
　　厲王二十七年正月既望丁亥，在周王冊命
　　伊的儀式上，擔任儐相；某年，周王在宗
　　周穆廟冊命善夫克，申季亦擔任儐相。

龗嬹　見龗嬹簋蓋（3件，集成03874—
　　03876）、觸姬簋蓋（集成03945），西
　　周晚期嬹姓婦女。

彌　見彌鼎（集成02192），即彌、彌伯。

彌伯　見彌伯方鼎（集成02277）、彌伯作丼
　　姬鼎（2件，集成02676—02677）、彌伯
　　作丼姬甗（集成00908）、彌伯簋（2件，
　　集成03616—03617），即彌伯。

龠裛　見舟龠裛爵（集成09097），西周早期
　　人，族徽為“舟”。

二十六劃以上

䁽仲　見䁽仲鼎（井叔墓138頁圖103.3），即唐仲、唐仲多。

䁽仲多　即唐仲多，見䁽仲多壺（集成09572），西周晚期人，名多，唐國公族。

䁽姬　即觿姬，見觿姬簋蓋（集成03945），西周晚期姬姓婦女，蘮嬰的母親。

儠仲　即遣仲，見永盂（集成10322），西周中期人，遣氏公族。

鬲伯歌弟　見鬲伯歌弟匜（考古1993年1期75頁圖4），西周晚期人，名歌弟，鬲國族首領。

鸞妣　見鸞妣鼎（集成02193）、鸞妣簋（集成03567），西周中期妣姓婦女。

鸞銅　見鸞妣鼎（集成02193）、鸞妣簋（集成03567），即鸞妣。

鸞侯叔　見祖乙告田簋（集成03711），商代晚期人，名叔，鸞國族首領，族徽為"告田"。

鸞爰　見鸞爰觶（集成06481），西周早期人，族徽為"斈（冀）"。

鸞氏　見鸞氏鐘（9件，集成00162—00170），即鸞羌。

鄺公　即唐公，見晉公盆（又稱晉公蠤，集成10342），晉公的遠祖，晉國始封君，也就是唐叔虞，名虞，字子于，周武王之子，成王的幼弟，周公東征得勝，成王以夏墟封之，賜以懷姓九宗，職官五正，於戎狄間立國，建都於翼，國號唐，後世尊稱唐公。

鸞姬　銘文作鸞姬，見叔噩父簋（3件，集成04056—04058），西周晚期姬姓婦女，叔噩父的夫人。

鸞羌　見鸞羌鐘（5件，集成00157—00161），戰國中期人，名羌，鸞氏，韓國將領，韓景侯和韓列侯（前408—前387年）的陪臣。鐘銘載："唯廿又再祀，鸞羌作戎，厥辟韓宗徹，率征秦迮齊，入長城，先會于平陰，武侄持力，富敓（奪）楚京，賞于韓宗，令于晉公，昭于天子。"郭沫若先生是為"鸞丂"，云："丂即說文苟之重文。殷周多省口作。其在卜辭屢用為祭牲，與羊牢同例，又用為沃甲之沃，由沃以得其音，由牲以得其義，更由字以得其形，知狗之初文，貼耳人立之行。以其口作者，乃以口為聲。……其在金文則大盂鼎、太保簋等均用為敬，蓋敬者警也，自來用狗警衛，故用狗形之文以為敬。……此鸞丂以丂為名，蓋用為敬字。謂狗在古並無惡意，殷王丂甲亦不諱狗，是則此即讀為鸞狗亦無不可。"（見《大系》考234頁）

鸞　即業，見九年衛鼎（集成02831），西周中期前段人。

鸕仲　即櫚仲，見櫚仲簋（集成03549），西周中期前段人，欚氏家族。

𤲺　見𤲺尊（集成05906），西周早期人。

𦀍　即召，見召尊（集成06004）、召卣（集成05416），西周早期人。某年九月在炎師，伯懋父賜給白馬、妹黃、髮微等。

𤔲　即招，見𤔲觚（集成07299），西周早期人，族徽為"𡗥（堯）丏"。

𩰪　見𩰪卣（上博刊7期46頁圖3），西周昭穆時期人，族徽為"戈"。某年九月己亥，𩰪隨從丙公在大朝會中，行獻功之禮，向周王貢獻燕享用器。之後，丙公在館舍中，飲酒燕饗，賜之以馬，勉勵有加。

𦈗子叔黑臣　見鑄子叔黑臣簠（集成03944），即鑄子叔黑臣。

𦈗叔　即鑄叔，見鑄叔簠（集成04560），春秋早期人，鑄（祝）國公族，夫人為嬴姓國女子。

𩔖姬　即霍姬，見叔男父匜（集成10270），西周晚期人，叔男父之女，族徽為"丼"。

𦈗子獻　即鑄子獻，見鑄子獻匜（集成10210），春秋時期人，名獻，鑄（祝）國公子。

𦈗子叔黑臣　見鑄子叔黑臣鼎（集成02587）、鑄子叔黑臣簠（2件，集成04570—04571），即鑄子叔黑臣。

𦈗公　即鑄公，見鑄公簠（集成04574），春秋早期人，鑄（祝）國國君，時代約在魯閔僖時期（前661—前627年），長女為孟妊車母。

𦈗叔　即鑄叔，見鑄叔鼎（集成02568），春秋早期人，鑄（祝）國公族，夫人為嬴姓國女子。

𦈗叔皮父　即鑄叔皮父，見鑄叔皮父簠（集成04127），春秋早期人，字皮父，鑄（祝）國公族。

未隸定人名

□ 見乃孫□罍（集成09823），商代晚期人。

□ 見□爵（集成09023），商代晚期人。

□ 見□作父乙卣蓋（考古1998年10期15頁圖8），西周早期人，族徽為"□冊"。

□ 見□作祖丁簋（集成03600），西周早期人。

□ 見□作祖己觚（集成07289），西周早期人，族徽為"□"。

□ 見□作寶彝鼎（集成01972），西周早期人。

□ 見□方鼎（集成01767），西周早期人。

□ 見□作文考癸卣（集成05335），西周早期人，族徽為"□（□）"。

□ 見齊鞷氏鐘（集成00142），春秋晚期齊國人，鞷氏之孫。

□ 見十二年趙令戈（集成11355），戰國早期人，趙國邯鄲縣縣令。

□ 見□作彝簋（集成03294），西周早期人。（此字或釋為縈）

□ 見□盉（集成09428），西周早期人。

□ 見□鼎（2件，集成02539—02540），西周晚期人。

□ 見□作寶彝鼎（集成01973），西周中期人。

□ 見□作祖乙彝爵（集成08992），西周早期人。楊樹達先生認為"□"即古文"良"字，因爵鋬局限，字上部截隱（見《積微居金文說》196頁）。

□ 見□鼎（集成02696），西周中期人。某年，天君令內史賜給金一鈞。

□ 見□簋（集成03451），西周早期人。

□ 見□甗（集成00934），西周晚期人。

□ 見□簋（集成02925），商代晚期婦女。

□ 見□簋（集成03469），西周早期人。

□ 見□鼎（集成02064），西周早期人。

□ 見由伯尊（集成05998），西周早期由國族人。

□ 見□作父己卣（集成05164），西周早期人。

□ 見□尊（集成05778），西周早期人。

□ 見□鼎（集成02122），西周中期前段人。

□ 見□簋（集成03717），商代晚期人，族徽為"□（冊）□"。

□ 見□簋（集成03749），西周早期人，族徽為"亞□"。

□ 見□作□子爵（集成08988），西周早期人。

□ 見□作父己卣（集成05279），西周早期人。

□ 見□作父丁卣（集成05332），西周早期人，族徽為"▢（亞此），▨（中）"。

▢　見▢尊（集成05770），西周早期人。

▢　見▢丂▢觥（又稱般觥，集成09299），即▢丂▢，西周早期人，族徽為"來"。

▢　見▢作父乙卣（集成05207），西周早期人。

▢　見▢觶（集成06508），西周早期人，族徽為"▢卌（雋冊）"。

▢　見▢作父癸觶（集成06501），西周中期前段人。

▢　見▢壺（集成09536），西周中期人。

▢　見▢簠（集成04475），春秋晚期人。

▢子　見▢作▢子爵（集成08988），西周早期人。

▢夫　見▢夫甗（集成00916），西周早期人，族徽為"▢（冀）"。

▢父　見▢父爵（集成08298），西周早期人。

▢父　見▢父鼎（中原文物1988年1期17頁圖6），商代晚期人。

▢公　見▢公爵（集成09061），西周早期人，族徽為"▢（羊）"。

▢公　見▢公鋪（集成04684），西周晚期人，夫人為杜嬀（祁）。

▢公　見伯▢簋（陝金1.303），伯▢的父親，西周早期人。

▢赤　見▢赤尊（集成05816），西周早期人。

▢右　見▢右盤（集成10150），春秋時期人。

▢伯　見▢伯壺蓋（集成09554），西周早期人。

▢伯　見小盂鼎（集成02839），西周康王時期人，▢國族首領。康王二十三年隨盂征伐鬼方，立有戰功。

▢▢　見▢▢卣（集成05193），西周早期人。

▢律　見▢律鼎（集成02073），西周中期人。

▢高　見▢高卣（集成05319），西周早期人。

▢姬　見▢姬匜（集成10202），西周晚期姬姓婦女。

▢婦　見▢婦簋（集成03082），商代晚期婦女。

▢婦　見▢婦簋（集成03687），西周早期前段婦女，族徽為"▢卌（虢冊）"。

▢戲　見曾仲之孫戈（集成11254），春秋早期人，曾仲之孫。

▢徒　見▢徒鼎（集成01499），戰國時期人。

▢季　見▢尊（集成05981），西周早期人。

▢季　見▢季鼎（集成02325），西周早期人。

▢▢　見▢▢作父己簋（集成03515），西周早期人。

▢▢　見▢▢作父辛卣（集成05285），商代晚期人。

▢忑　見四年鄭令韓半戈（集成11384），戰國晚期人，韓王安時（前238—前230年）任韓國鄭縣武庫冶鑄作坊的工師。

▢生▢　見▢生▢簋（集成03935），西周晚期人，族徽為"╰✦"。

✕伯矩　見伯矩盤（集成10073），即伯矩，西周早期前段人。

𤔲丁父　見𤔲丁父卣（文物2001年6期43頁圖30.4），西周早期人。

𤰔金父　見金父鼎（集成02562），西周晚期人，夫人為叔姬。

剑君中妃　見鄘侯少子簋（集成04152），斱的祖母，生世在春秋時期。

𣄰蔡生琥　見蔡生鼎（集成02518），西周晚，取義蔡姓的外甥，𣄰氏族

□畢　見父癸鬲（集成00564），□畢的父親，生世在西周早期前段。

金文人名研究

　　人名是一種社會文化現象。何謂人名？人名就是一個人的代號，就是人與人進行區別的一種標記。《禮記·檀弓上》孔穎達疏：“生若無名，不可分別，故始生三月而有名。”

　　人名的社會功能主要是用於區別。那麼，人名的產生必然是私有觀念出現以後的事情。在人類社會早期階段，人們沒有私有財產，人們沒有私有觀念，社會交往都是以氏族為單位，任何活動都體現了整體性，求偶活動也不例外，在當時以個人為規定性的“我”的概念並不存在。隨着社會的進一步發展，私有財產出現，人們的社會交往越來越多，個人在社會中的地位越來越突出，特別是實行了族外婚以後，促進了個體意識的產生與加強，於是就有了以個人為規定性的“我”的概念，有了代表“我”的符號和呼號，這種符號和呼號就是人名。應該說，人名產生於文明社會的初期。

　　到了商周時期，特別是西周時期，隨着禮制的建立和發展，人們對於命名取字十分重視，甚至發展到為子女取名還要舉行一定的儀式。《禮記·曲禮》說：“名子，父之則。命之名，所以示之教也。”是說父母通過取名，對子女進行“謹始”教育。成年之後，男子要舉行“加冠取字之禮”，同時對名字的含義也要講究。《白虎通義·姓名》說：“人必有名者何？所以吐情自紀，尊事人者也。〈論語〉‘名不正，則言不順。’”這就是說人生取名除了識別之外，人名的取義也反映了當時人們的思想意識和社會制度。

　　商周青銅器銘文中的人名約有7600多個，內容十分豐富，對於研究商周社會的歷史和中國人名文化有着重要意義，不少金文學家都進行過研究，貢獻很大，有的考釋人名，校勘史書；有的用人名與有關事件進行青銅器斷代，特別是盛冬鈴先生發表的《西周銅器銘文中的人名及其對斷代的意義》一文（《文史》第17輯），對西周金文人名做了較全面的分析研究，創見頗多，深受啟發。今在前人的基礎上，再從金文人名的種類、組成方式、取字命名的特點以及同名現象等幾個方面作一些論述，以就教大家。

一、金文人名的種類

　　商周金文人名指的是廣義上的人名，也就是把出現在青銅器銘文中代表某一具體人的名稱都當作人名，時代的下限定在秦始皇統一中國之年（即公元前221年）。這些人名大體可分為兩種四類。第一種是稱呼在世人的，可叫做在世人名；第二種是稱呼過世人的，可叫做過世人名。在世人名又可分為私名和通名，過世人名又可分為日名和諡號，現分述之。

1、私名

私名包括名和字。名和字都是一個人的稱謂，但兩者在意義和用途上有所不同。

"名"是一個人在初生之時所取的稱號，是為了父母和長輩叫的。一般的說，自稱用名，尊長對於晚輩、位高者對於位卑者，都可以稱呼其名。"字"是名的延伸，是名之外的又一稱謂。"字"是在成年時所取的稱號，按照古代禮儀，男子到了二十歲時要行加冠禮，同時取"字"，這就表示已成年，可以取妻成家，進行社交活動；而女子到了十五歲時要行及笄禮，表示該女已成年，可以許嫁婚配。稱字是為了顯示在朋輩間應該互相尊敬，祇稱其字，不呼其名。就是說，字是平輩之間相互稱叫的，尤其是位卑者對於位尊者和平輩之間稱呼對方的尊長，都祇能稱呼其字。《禮記·檀弓》："幼名冠字。"孔穎達疏："始生三月而加其名，故云幼名；年二十有為人父之道，朋輩等類不可複稱呼其名，故冠而加字。"《冊府元龜·名字》也說："孩而名之，冠而字之。"這就把名和字的緣由、作用和二者之間的關係講得十分清楚了。

2、通名

所謂通名，就是以官爵、行第、姓氏中的一種或幾種相互組合起來表示一個具體人所形成的人名。這種人名具有共性，是具有同一特定身份的人都可以使用的。它出現在不同的時空，表示的是不同的一個具體人，例如太師、太史、魯伯、蔡侯、虢仲、叔氏等。

3、日名

日名，有人也叫廟號，是古代活着的人對過世的人的稱謂。古人不願對故去的長輩（如祖父母、父母、兄長等）直呼其名，便通過占卜選定一個記日的天干字和親屬稱謂組成日名。

據文獻記載，夏代已出現日名，夏王的日名就有孔甲、履癸等。日名在商代最為流行，從卜辭和金文看，除商王之外，商王室成員和貴族不分男女都有日名。在西周時期商人的後裔仍舊使用日名，直至西周末年。商代日名的組成成分，一般是天干字前加上親屬稱謂，如：祖甲、父乙、母辛、兄丁等。另一種是在天干字之前加上"日"

字，如：日戊、日己、日辛等。西周時期，受周人習俗和禮制的影響，日名的組成情況也有了新的發展，除上述原有的兩種方式以外，還有在天干字之前加上親屬的身份稱謂，如：太子乙（見小臣缶鼎）、太子丁（見遹簋）、太子癸（見董鼎），或者在天干字之後加上尊稱"公"字或行第字，如：甲公、乙伯、日癸公等。親屬稱謂中稱亡父為考，祖父為祖，祖母為妣，並在親屬稱謂前增飾表示善、大、美等意思的形容詞，如：文祖乙公、烈考甲公、皇妣日庚、文母日庚、文考庚仲等。

4、諡號

諡號也是在世的人對過世的人的稱謂，是人死後按其生前的事蹟評定褒貶給予的稱號，臨葬而諡之。

《逸周書·諡法解》云："諡者，行之跡也；號者，功之表也；車服者，位之章也。是以大行受大名，細行受細名。行出於己，名生於人。"李學勤先生認為西周已有諡法。盛冬鈴更進一步闡發其說，認為商代日名中天干字前附加的康、文、武等有頌美之意的區別字，就是諡號的濫觴（見《文史》第17輯，下同），真正的諡號起源於周初。最初的諡號祇是為了追諡文王、武王，彪炳其開國的勳業，後來臣下也效仿起來。

金文中發現的諡號都是由具有尊隆意義的字與"王"、"公"等尊號或伯、仲、叔、季等行第字組成。目前發現的周王諡號有文王、武王、成王、康王、昭王（金文作卲王）、穆王、恭王（金文作龏王）、懿王、孝王（金文作考王）、夷王（金文作徲王）、厲王（金文作剌王）；諸侯卿大夫等貴族的諡號，如：文公（見㝬簋）、武伯（見㝬簋）、成公（見叔夷鍾）、康公（見嘉鼎）、穆公（見叔夷鍾）、恭伯（見鄅簋）、懿伯（見番壺）、靈公（見庫壺）、襄公（見叔夷鍾）、剌仲（見師奎父鼎）、幽伯（見琱生簋）、釐王（見彔伯䎨簋）、釐季（見小克鼎）、趄王（見王譻鼎）、趄公（見陳侯因育敦）、徲叔（見伊簋）、聖公（見師趛鼎）、宮伯（見叔興鼎）、德叔（見師丞鐘）、靜公（見秦公及王姬鐘）、憲伯（見揚簋）、惠孟（見衛盉）等。貴族婦女的諡號一般隨其丈夫，即以丈夫的諡詞加上本人的姓構成。如：龏叔之妻曰龏姒（見頌鼎）、聖公之妻曰聖姬（見師趛鬲）、聖叔之妻曰聖姜（見綸鎛）、幽伯之妻曰幽姜（見琱生簋）、惠仲之妻曰惠改（見善夫梁其簋）等。另外，還有以兩個或兩個以上尊隆字組成的諡號，如：有成惠叔、有成惠姜（見綸鎛）等。目前金文中尚未發現貶義諡號。

二、金文人名的組成方式

金文人名分別是由名、字、姓、氏、國名（氏名）、行第、爵稱、天干、尊隆字及親屬稱謂等成分中的一個或幾個組成，以名和字為主。

金文中的人名，由於被稱叫人的年齡、性別、地位，稱叫人的尊卑、長幼以及與被稱叫人的關係等因素，形成多種多樣的組成方式。上節已將過世的人名中的日名、謚號的組成方式講述清楚了，下邊主要講在世的人名的組成方式。

男子名與女子名的組成方式區別較大。

男子名大體有23種組成方式。

（1）單稱名。金文人名有單字名、雙字名和多字名。男子單字名最多，雙字名次之，多字名最少。

單字名就是用一個表義的字作為人名，如：啟（見啟尊）、望（見望爵）、永（見永盂）、禹（見禹鼎）、旅（見虢叔旅鍾）、麥（見麥尊）、員（見員鼎）、盧（見盧鍾）等。單字名中有一種兒化的人名，即在一個表義的字後面加上尾詞"兒"字，如：丁兒（見丁兒鼎蓋）、三兒（見三兒簋）、者兒（見者兒觶）、庚兒（見庚兒鼎）、易兒（見易兒鼎）、羅兒（羅兒匜）、慍兒（見慍兒盞）、寬兒（見寬兒鼎）、沇兒（見沇兒鐘）、儔兒（見余贎𨔼兒鐘）、配兒（見配兒句鑃）等，這種兒化的名子稱叫起來簡單上口，而且多含有親昵的意味，在金文中目前所見均是自稱。

雙字名是由兩個表義的字組成一個人名，如：多友（見多友鼎）、見工（見應侯見工鐘）、服余（見呂服余盤）、義楚（見徐王義楚盤）、宿車（見鄸子宿車盆）、棄疾（見楚子棄疾簠）等。

多字名是由兩個以上的字組成的人名，春秋戰國時期多見於南方的徐、越等國，如：余茲伓（見余贎𨔼兒鐘）、者故熙（見徐韶尹鉦）、余迖斯于（見余贎𨔼兒鐘）、者尚余卑（見者尚余卑盤）、笱趄箕尸（見笱趄箕尸戈）、姑馮昏同（見姑馮昏同之子句鑃）、姑發閆反（見攻敔太子姑發閆反劍）等。

在青銅器銘文中，單稱名的現象是很普遍的，所謂單稱名就是在名（不論是單字名、雙字名還是多字名）的前後不再附加任何成分。以尊臨卑都是直呼其名的，間接提到地位較低的人也是直呼其名的，如：蔡簋銘"王若曰：蔡，昔先王既命汝作宰，司王家。今余唯䕞（申）嫢乃命，命汝眔㝬叡疋（胥）對各，死司內外……"（集成04340，見《殷周金文集成》，下同）中的蔡和㝬；周我父簋銘"周我父作交尊簋"（集成04048）中的交；應公方鼎銘"應公作寶尊彝，曰奄以（與）厥弟用夙夕𧧻享"（集成02553）中的奄；生史簋銘"召伯命生史事于楚，伯錫賓，用作寶簋"（集成04100）

中的生史等，比比皆是。另外，自稱中單稱名的現象也很普遍，如：趩簋銘"趩作寶簋"（集成03788）中的趩；諫簋銘"諫拜稽首，敢對揚天子丕顯休，用作朕文考惠伯尊簋"（集成04285）中的諫；梁其壺銘"梁其作尊壺"（集成09716）中的梁其；多有鼎銘"多友敢揚公休，用作尊鼎"（集成02835）中的多友等都是其例。

　　（2）單稱字。單稱字和單稱名一樣，都是在青銅器銘文中單獨出現，前後不再附加任何成分。男子的字一般由一個表義的字和一個"父"字組成，如：安父（見安父簋）、來父（見來父盉）、駒父（見駒父盨蓋）、其父（見颗鼎）、遟父（見遟父鐘）等。

　　單稱字有自稱和他稱兩種。自稱是自我稱謂，他稱是朋輩之間互相稱謂，或者平輩稱其對方的尊長，都是只稱其字，以示尊敬。金文中所見人名，自稱字較多，他稱字較少，其原因是銅器多為自作用器。自稱的如：友父簋銘"友父作寶簋，子子孫孫永寶用"（集成03726），吉父鼎銘"吉父作旅鼎，其萬年子子孫孫永寶用"（集成02512）中的友父和吉父；他稱的如：多友鼎銘"丁酉，武公在獻宮，迺命向父召多友，迺延於獻宮"（集成02835）中的向父。

　　（3）用氏來稱具體人。在金文人名中，氏與姓是不相同的。姓是一種古老的血緣親屬關係的標誌。《說文解字·女部》："姓，人之所生也，因生以為姓。"很明顯，姓的本義就是出生，就是生殖。金文中"百姓"均作"百生"即其證。姓起源於史前時期，是由各個氏族的徽號演變而來的。氏族社會時期，各個氏族都有自己的族號。這種族號就代表了氏族成員的血統，表明其所生，又因當時已嚴格實行族外婚制，所以氏族成員又靠它區別婚姻。這種族號就是最原始的姓。目前，金文中發現的古姓有姬、姜、姞、嬴、姚、妊、嫄、媯、姒、改、娉、媿、嫚、嬭、妣、妀、妢、嬇、媾、嬬、嫜、娸等二十多個。

　　氏是文明時代的產物，是家族組織的標誌。在由原始社會向階級社會過渡的時期，氏族中子孫繁衍，人口增殖，於是內部出現了若干支派，這些支派就是家族組織。他們從原先的氏族中分出來時，除保留原先的姓以外，又為自己起了新的稱號，這種稱號就是氏。許多不同的氏，可以源出於一個姓，所以《通鑒外紀》說："姓者，通其祖考所自出；氏者，別其子孫所自分。"氏名大多數是由地名轉化來的，諸侯有封國，卿大夫有封邑，他們及其後裔就以國邑為氏。《左傳·隱公八年》說："天子建德，因生以賜姓，胙之土而命之氏。"指的就是這一類氏。另外，還有以父祖的名字、行第、官職、爵位為氏的。目前金文中見到的氏有三百多個。

用氏來稱呼具體人的現像是在特定的語言環境中，把氏用作家族長的稱呼，和現今稱呼某人只稱其姓是一樣的，如：裘衛盉銘“矩伯庶人取瑾璋于裘衛，……矩又取赤琥兩”（集成09456），其中矩是氏，伯是行第，庶人是私名，後一個矩就是用氏來替代矩伯庶人的。

（4）用行第稱呼具體人。金文中，凡是僅以行第或行第之後加“氏”字稱呼具體人，大都是同族人稱其尊長的，如：彔簋銘“伯雍父來自㝬，賜赤金，對揚伯休”（集成04122）；䢅尊銘“仲賜䢅瓚，䢅揚仲休”（集成05988）；不嬰簋銘“唯九月初吉戊申，伯氏曰：不嬰！馭方獫狁廣伐西俞”（集成04328）；叔𡛧簋銘“叔𡛧作寶尊簋，眔仲氏萬年用侃喜百生、朋友眔子婦，孫孫永寶用”（集成04137）；逆鐘銘“唯王元年三月，叔氏在大廟，叔氏命史盄召逆，叔氏若曰：逆！乃祖考許政於公室”（集成00060）；㱿兌簋銘“㱿兌作朕文祖乙公、皇考季氏尊簋”（集成04168）中的伯、仲、伯氏、仲氏、叔氏、季氏等。

金文中，也有以行第和行第之後加“氏”字自稱的，如：伯作蔡姬尊銘“伯作蔡姬宗彝，其萬世年孫子永寶用”（集成05969）；仲甗銘“仲作旅甗”（集成00860）；叔鼎銘“叔作尊鼎”（集成01927）；季鼎銘“季作寶彝”（集成01931）；伯氏姒氏鼎銘“唯鄧八月初吉，伯氏姒氏作𩰫嫚臭媵鼎”（集成02643）中的伯、仲、叔、季、伯氏等。

（5）用官名稱具體人。用官職來稱呼一個具體的人，也是在特定的環境中，在不至於發生誤會的情況下才使用的，一般是地位較低的人對尊長而言，也有平輩互稱的，都是表示對被稱人或者被提及人的一種尊敬，如：堇鼎銘“燕侯令堇飴太保于宗周”（集成02703）；豆閉簋銘“王呼內史冊命豆閉。王曰：閉！賜汝織衣……”（集成04276）中的太保、內史等。

金文中，也有自稱官職而不具私名的現象。如：太師簋銘“太師作孟姜饙簋”（集成03633）；太史罍銘“太史作尊彝”（集成09809）中的太師、太史等。

（6）用爵號稱呼具體人。凡是以爵號或爵號之後加“氏”字稱呼一個具體人的現象，大多是幼輩或位卑者稱呼其國君，如：微師耳尊銘“侯各于耳𠫑，侯休于耳，賜臣十家”（集成06007）；𬳽鎛銘“唯王五月丁亥，齊辟𩁹叔之孫適仲之子𬳽作子仲姜寶鎛，用祈侯氏永命，萬年令保其身”（集成00271）；國差𦉜銘“國差立事歲，咸，丁亥，工師㑥鑄西庯寶𦉜四秉，用實旨酒，侯氏受福眉壽”（集成10361）；“公易侊貝，對公休”（集成05975）；何尊銘“王誥宗小子於宗室，曰：昔在爾考公氏，克逨文王"（集成06014）中的侯、侯氏、公、公氏等。

金文中，也有國君自稱公、公氏或侯氏的，如：公盉銘"公作寶尊彝"（集成09397）；侯氏簋銘"侯氏作孟姬尊簋"（集成03781）等。

（7）由國名（或氏名）與名兩個成分組成。國名（或氏名）與單字名組成的人名，如：兮熬（見兮熬壺）、宋費（見韓定戈）、周雒（見周雒盨）、邵剛（見靜簋）、邾討（見邾討鼎）、陳逆（見陳逆簋）等，其中兮、宋、周、邵、邾、陳是國氏，熬、費、雒、剛、討、逆等是單字名；國氏與雙字名組成的人名，如：番匊生（見番匊生壺）、呂不韋（見呂不韋戈）、呂服余（見呂服余盤）、許者俞（見許者俞鉦）等，其中的番、呂、許是氏稱，匊生、不韋、服余、者俞是雙字名；雙字氏與單字名組成的人名，如：南宮呼（見南宮呼鍾）、公孫竈（見公子土斧壺），雙字氏與雙字名組成的人名，如：城虢遣生（見成虢遣生簋）等。

此外，還有在氏稱和名的之間加上"氏"字或"人"字的組合方法，如：厚氏元（見魯大司徒厚氏元鋪）、羣氏裔（見羣氏裔鎗）、克氏楚（見楚戈）、干氏叔子（見干氏叔子盤）、尹氏貯良（見尹氏貯良簠）、杕氏福及（見杕氏壺）、邢人妄（見邢人妄鍾）、荊人敢（見五祀衛鼎）、晉人吏寅（見晉人吏寅鼎）等。

（8）由國氏與字兩個成分組成。如：散車父（見散車父壺）、費奴父（見費奴父鼎）、函皇父（見函皇父鼎）、事宜父（見事宜父鼎）、吳大父（見同簋）等。另外，也有在國氏之後加上"氏"字，再連接字的組合方式，如：散氏車父（見散氏車父壺）等。

上述氏稱與名字的組合方式只限於男子，因為在商周時期女子"稱姓不成氏"。氏與名組成的人名，用於自稱和尊長對幼輩的稱呼，氏與字組成的人名，用於自稱和朋輩間互稱。

（9）由行第與名兩個成分組成。行第與單字名組成的人名，如：伯克（見伯克壺）、仲農（見散氏盤）、叔單（見叔單鼎）、季楚（見季楚簋）等；行第與雙字名組成的人名，如：伯雍佣（見伯雍佣鼎）、叔黑臣（見鑄子叔黑臣鼎）、季老或（見季老或盉）等，其中伯克、叔單、季楚、伯雍佣、叔黑臣、季老或等都是作器者自稱，仲農屬於他人稱呼，另外還有像：臧孫鐘銘"唯正月初吉丁亥，攻敔仲冬戚之外孫坪之子臧孫，擇其吉金自作和鐘"（集成0009），留鎛銘"留爲叔虩和鐘"（集成00015）中的仲冬戚、叔虩，大凡都是作器人的長輩或親屬。

（10）由行第與字兩個成分組成。如：伯賓父（見伯賓父簋）、孟奠父（見孟奠父簋)、仲義父（見仲義父鼎）、叔原父（見叔原父甗）、季右父（見季右父鬲）等，都是作器者自稱；另外，一般用於自稱和平輩間互相稱呼，如：伯多父盨銘"伯多父作成姬多母寶盨"（集成04419）、叔皮父簋銘"叔皮父作朕文考茀公眾朕文母季姬尊簋"（集成04090）中的伯多父、叔皮父；也有晚輩稱呼長輩的，如：魯司徒仲齊盨銘"魯司徒仲齊肇作皇考伯徒父饙盨簋"（集成04440）、善夫山鼎銘"（善夫）山敢對揚天子休命，用作朕皇考叔碩父尊鼎"（集成02825）中的伯徒父和叔碩父。

（11）由行第與名、字三個成分組成。金文中由行第與名、字組成的人名都是用於作器者自稱，組合規律一般是先行第，次字，最後為名。如：叔向父禹（見禹簋）、伯其父慶（見伯其父慶簋）、伯家父都（見伯家父都簋）。其中的伯、叔是行第，向父、其父、家父是字，禹、慶、都是名。有的則是將名放在字之前，如：伯旅魚父（見伯旅魚父簋），伯是行第，旅是名，魚父是字。

（12）由國名（或氏名）和行第兩個成分組成。如：邢伯（見長甶盉）、虢仲（見虢仲鬲）、黃仲（見黃仲鬲）、毛叔（見此鼎）、散季（見散季簋）、鄭邢叔（見鄭邢叔鐘）等。另外，還有在氏名之後加上"氏"字，再連接行第的組合形式，如：原氏仲（見原氏仲簋）。這種人名用於自稱和他稱的都很多，上述虢仲、黃仲、散季、鄭邢叔等都是作器者自稱，邢伯、毛叔是他人稱呼，另外也有子輩稱其父輩的，如：季魯簋銘"季魯肇作文考邢叔寶尊彝"（集成03949）、師痕簋蓋銘"痕拜稽首，敢對揚天子丕顯休，用作朕文考外季尊簋"（集成04284）中的邢叔和外季，他們分別是季魯和師痕的父親。

（13）由氏、行第和名三個成分組成。單字氏、行第與單字名組成的人名，如：邢伯親（見師痕簋蓋）、呂仲僕（見呂仲僕尊）、戴叔朕（見戴叔朕鼎）、邢季夐（見邢季夐鼎）等；雙字氏與行第、單字名組成的人名，如：鄭邢叔康（見鄭邢叔康盨）等。另外，也有在國氏之後加上"氏"字，再連接名的組成形式，如尹氏叔綵（見尹氏叔綵簋）。這種複合人名在金文中自稱和他人稱呼的都很多。

（14）由氏、行第和字三個成分組成。如：魯伯原父（見魯伯原父盤）、散伯車父（見散伯車父鼎）、南仲邦父（見駒父盨蓋）、鬲興叔父（見鬲興叔父盨）等；也有以雙字氏、行第和字組成的人名，如：鄭楙叔賓父（見鄭楙叔賓父壺）。這種形式的人名既用於自稱也用於他人稱呼，上述南仲邦父在駒父盨蓋銘文中就是由駒父稱呼的；另外還有晚輩稱呼長輩的，但其前要加上親屬稱謂，如：師訇鼎銘"（訇）用妥（綏）作公上父尊于（與）朕文考釐季易父敦宗"中的釐（虢）季易父。

（15）由氏、行第、字和名四個成分組成。目前所見都是用於作器者自稱，如："唯曾伯宮父穆酉用其吉金，自作寶尊鬲"（見曾伯宮父穆鬲）、"曾仲大父盨酉用吉攸，敁乃鬺金用自作寶簋，盨其用追孝於其皇考"（見曾仲大父盨簋）中的曾伯宮父穆和曾仲大父盨等。

（16）由官職與名兩個成分組成。如：小臣缶（見小臣缶方鼎）、史免（見史免簋）、師虎（見師虎簋）、太史叔（見太史叔甗）、大祝禽（見大祝禽鼎）、太師虘（見太師虘簋）、邾太宰欉（見邾太宰欉子𣪘簋）、宰朏（見吳方彝）、司馬伐（見㫃令司馬伐戈）、司土㳆（見十三年瘋壺）、司工眉（見永盂）、士上（見士上盂）、丞申（見廿五年上郡守戈）、丞相觸（見丞相觸戈）、相邦樛斿（見四年相邦樛斿戈）、走馬應（見大鼎）、作冊大（見作冊大鼎）、工師華（見廿九年高都令陳鷂劍）、庶長鞅（見十六年大良造庶長鞅鐓）、内小臣床生（見魯内小臣床生鼎）等。

（17）由官職和字兩個成分組成。如：史宜父（見史宜父鼎）、師毛父（見師毛父鼎）、司徒圅父（見永盂）、司寇良父（見司寇良父壺）、善夫吉父（見善夫吉父盂）等。

　　由官職與名、字分別組成的人名，在金文中相當普遍，枚不勝舉，既用於自稱，也用於他人稱呼。稱官職是對人的尊敬，所以帶有官職的人名就不論其後面是字還是名，都可以稱呼。

（18）由國名和爵稱兩個成分組成。商周時期的金文中，用於組成人名的國名指的是諸侯國名，爵稱則是廣義的，不僅包括西周時期表示邦國之君身份的王、公、侯、伯、子、男等，也包括春秋時期封君的君和戰國時期秦國的二十等爵。

　　文獻記載西周的爵稱，除周王之外，是公、侯、伯、子、男五種，即《禮記·王制》所謂"王者之制祿爵，公、侯、伯、子、男凡五等。"《周禮·春官·大宗伯》職文也說："以玉為六瑞，以等邦國。王執鎮圭，公執桓圭，侯執信圭，伯執躬圭，子執穀璧，男執蒲璧。"西周金文中，諸侯的稱號確有公、侯、伯、子、男，但從金文內容看，這些諸侯稱謂先後或者同時存在，並沒有等差的區別，只是諸侯國君的一種通稱。此外，還有諸侯稱王的現象。西周時期諸侯稱王僅限於異姓，戰國時期則屬於僭越現象。

　　以國名和爵稱組成的人名，也是上節講過的所謂通名的一種。用這種人名表示的一個具體人就是該諸侯國的某一代國君，既用於自稱也用於他人稱呼，如：燕侯（見圉方鼎）、邢侯（見臣諫簋）、鄧公（見鄧公簋）、秦公（見秦公鐘）、北子（見北子鼎）、芮伯（見芮伯壺）、許男（見許男鼎）等。

上述鄧公、秦公的"公"，當然是一種爵稱，但"公"還是一種尊稱，常常作為一種成分出現在人名中（詳後）。伯在商代卜辭中已出現，是被用來稱呼方國部落的君長和一些臣屬於商王朝的具有相當於西周諸侯身份的貴族，如盂方伯、人方伯、周方伯等。在西周金文中，伯既是爵稱又是行第的第一稱號。周代實行嫡長子繼承制，諸侯國君必然是嫡長子，故國名之後的伯，兼有諸侯稱謂與行第稱謂的雙重意義。

西周金文中出現的異姓諸侯稱王的有矢王（見同卣）、豐王（見豐王斧）、呂王（見呂王鬲）、燹王（見燹王鬲）、雍王（見雍王戈）等。戰國時期稱王的則有徐王（見徐王爐）、吳王（見吳王夫差鑑）、越王（見越王劍）、秦王（見秦王鐘）、楚王（見楚王鐘）和燕王（見燕王戎人戈）等。

（19）由國名、爵稱和名三個成分組成。如：燕王職（見燕王職壺）、燕侯旨（見燕侯旨鼎）、許子妝（見許子妝簠）、黃君孟（見黃君孟鼎）、綏君單（見綏君單盤）、陳侯因𦥑（見陳侯因𦥑敦）、鄧公午離（見鄧公午離簠）、攻敔王夫差（見攻敔王夫差鑑）等。這種人名既用於自稱，也用於他人稱呼。上述燕王職、燕侯旨等都是作器者自稱，他人稱呼的如：禹鼎銘"嗚呼哀哉！用天降大喪於下國，亦唯鄂侯馭方率南淮夷、東夷廣伐南國東國，至於歷內"中的鄂侯馭方。

（20）由國名、爵稱和字三個成分組成。如：魯伯厚父（見魯伯厚父盤）、賈子己父（見賈子己父匜）等。

（21）由爵稱和名兩個成分組成。如：上造但（見寺工獻車軎）、大良造鞅（見十三年大良造鞅戟）等。上造、大良造都是秦國的爵稱，上造是二十等爵的第二級，大良造又稱大上造，是二十等爵的第十六級。但和鞅是私名。又如：大夫始（見大夫始鼎）、大夫敓（見公孚里脽戈）。大夫也是廣義的爵稱，大夫始是西周中期人，大夫敓是戰國晚期燕國人。爵稱與名組成的人名，在金文中都是自稱用名。

（22）由表示尊敬之意的"公"字與爵稱、官職、行第、私名組成。在古代"公"字是最具表示尊敬之義的詞，殷王稱祖宗為公，周人把地位尊貴的人也稱公。金文中，凡是以公字和爵稱、官職、行第、私名分別組成的人名，都是位卑者對其國君、長官、祖先的稱謂，自稱"公"或"公某"者也是為了顯示身份。這個"公"是由尊稱"公"轉化而來的。公字與爵稱組成的人名，如：亳鼎銘"公侯賜亳杞土、麇土、犀禾、齓禾"（集成02654）中的公侯；公字與官職組成的人名，如：旅鼎銘"唯公太保來伐反夷年"（集成02728）、作冊魋卣銘"王遣公太史，公太史在豐，賞作冊魋馬"

（集成05432）、效尊銘“唯四月初吉甲午，王雚（觀）於嘗，公東宮内鄉于王，賜公貝五十朋”（集成06009）中的公太保、公太史、公東宮；公字與行第組成的人名，如：𤔲簋銘“𤔲拜稽首，休朕匋君公伯，賜厥臣弟𤔲井五提……，對揚伯休”（集成04167），不嬰簋銘“用作皇祖公伯孟姬尊簋”（集成04328），𢍰簋銘“唯八月甲申，公仲在宗周，賞𢍰貝五朋”（集成10581），賢簋銘“唯九月初吉庚午，公叔初見于衛，賢從公，命吏晦賢百晦糧”（集成04104）中的公伯、公仲、公叔；公字與私名組成的人名，如：作冊大方鼎銘“公束鑄武王、成王異鼎”（集成02758）中的公束；公字與字組成的人名，如：師訊鼎銘“天子弗忘公上父㝬德，……用作公上父尊于（與）朕考𩫏季易父教宗”（集成02830）中的公上父。

（23）由表示身份的稱謂與私名組成。在商代“子”是族長的稱謂，所以金文中有一種由“子”字與名組成的表示族長身份的人名，如：子𩫖（見子𩫖鼎）、子臭（見子臭卣）、子漁（見子漁尊）、子𢍭（見子𢍭鼎）、子𤉡（見子𤉡爵）、子韋（見子韋鼎）、子䕫（見子䕫鼎）、子妥（見子妥鼎）等；到了春秋戰國時期，“子”則演變成尊稱、美稱及有德之稱，如：子牙父（見屖敖簋）、子邦父（見子邦父甗）、子禾子（見子禾子釜）等。同時，“子某”也成為一種習慣取名方法，子字成為私名的一部分，如：子組（見虢季氏子組簋）、子庚（見王子午鼎）、子璋（見子璋鼎）、子孔（見子孔戈）、子之（見王譽鼎）、子噲（見王譽鼎）等。

金文中對女子的稱謂就是廣義上的女子名。

女子名具體組合方式有20種。

（1）單稱姓。上面已經講過，在商周時期姓與氏是有區别的，“男子稱氏，婦人稱姓”，稱氏是為了别貴賤，稱姓是為了别婚姻。金文中單稱姓，用姓替代一個具體人是在特定的語言場合中形成的，是由夫家特别是丈夫稱叫的，也有婦人自稱和以卑臨尊的稱呼，如：仲自父簋銘“仲自父作好旅簋”（集成03753）、虢仲鬲銘“虢仲作姞尊鬲”（集成00561）、瀕吏鬲銘“姒休瀕吏貝，用作𨛫寶彝”（集成00643）、姬鼎銘“姬作厥姑日辛尊彝”（集成02333）中的好、姞、姒、姬等；也有以姓後加“氏”字來稱呼一個具體人的，既有婦人自稱，也有夫家人稱呼的。夫家人稱呼又有夫呼妻、晚輩呼長輩等現象，似無尊卑之分。如：姞氏簋銘“姞氏自作寶尊簋”（集成03916）、嬴氏鼎銘“嬴氏作寶鼎”（集成02027）、叀鼎銘“叀作微伯妘氏庖鼎”（集成02490）、散車父壺銘“散車父作皇母𪓹姜寶壺，用逆姞氏”（集成09697）、𩵦簋銘“𩵦作王母媿氏饙簋，媿氏其眉壽萬年用”（集成03931）中的姞氏、妘氏、嬴氏、媿氏等。

　　（2）單稱名。和男子一樣，單稱名就是在名的前後不加任何成分。在金文中，直呼婦人名的一般都是以尊臨卑，如父母稱女，丈夫稱妻等，如：王方鼎蓋銘“王作妽弄”（集成10347）、伯先父鬲銘“伯先父作妖尊鬲”（集成00649）、伯疑父簋蓋銘“伯疑父作嫥寶簋”（見伯疑父簋蓋）、西替簋銘“西替作其妹斳尊鈷”（集成04503）中的妽、妖、嫥、斳等。

　　（3）單稱字。商周時期女子的字是由一個表義的字和一個“母”字組成。單稱字和單稱名一樣，都是在金文中單獨出現，前後不再附加任何成分，如：成母（見成母鬲）、臭母（見臭母盨）、泉母（見史伯碩父鼎）等，可以自稱，也可以是晚輩稱呼長輩。晚輩稱呼長輩要在前面冠以親屬稱謂，如：史伯碩父鼎銘“史伯碩父追孝于皇考釐仲、王母泉母尊鼎”（集成02777），泉母之前的“王母”即皇母，是史伯碩父對亡母的尊稱。

　　（4）字與名連稱。如：若母鷗（見若母鷗鼎），若母為女字，鷗為女名。

　　（5）由姓和名兩個成分組成。有兩種組成形式。一種是名在姓後，另一種是名在姓前。名在姓後的如：徣盨銘“徣作姜澳盨”（集成04436）、己侯簋銘“己侯作姜縈簋”（集成03772）、蔡侯匜銘“蔡侯作姬單媵匜”（集成10195）、公太史方鼎銘“公太史作姬叁寶尊彝”（集成02339）中的姜澳、姜縈、姬單、姬叁等。名在姓前的如：陳侯簋銘“陳侯作嘉姬寶簋”（集成03903）、叔噩父簋銘“叔噩父作鷥姬旅簋”（集成04056）、伯梁父簋銘“伯梁父作嬏姞尊簋”（集成03793）、叔向父銘“叔向父作婞妘尊簋”（集成03849）、成伯孫父鬲銘“成伯孫父作浸嬴尊鬲”（集成00680）、散車父壺銘“散車父作皇母麤姜寶壺”（集成09697）中的嘉姬、鷥姬、嬏姞、婞妘、浸嬴、麤姜等。

　　（6）由姓和字兩個成分組成。如：姜林母簋銘“姜林母作寶簋”（集成03571）、榮有司再鬲銘“榮有司再作蕭鬲，用媵嬴朧母”（集成00679）、姞亘母觶銘“姞亘母作寶”（集成06451）中的姜林母、嬴朧母和姞亘母等。第一、三例為自稱，第二例是他稱。

　　（7）由行第與姓兩個成分組成。如：伯姬、孟妊、仲姜、叔姞、季嬴等。這種女名在平輩之間、長輩對幼輩以及自稱都可以使用，如：單伯原父鬲銘“單伯原父作仲姞尊鬲”（集成00737）、太師簋銘“太師作孟姜饙簋”（集成03633）、伯百父鑒“伯百父作孟姬媵鑒”（集成09425）、叔姬鼎銘“叔姬作陽伯旅鼎”（集成02392）中的仲姞、孟姜、孟姬、叔姬等。

（8）由行第、姓和名三個成分組成。如：季姬牙（見魯太宰原父簋）、仲姬俞（見魯伯大父簋）、仲嬭璜（見屈子赤角簠）、叔妊襄（見薛侯盤）、叔姬寺男（見竇侯簋）、叔嬴為心（見郳伯受簋）、季嬴霝德（見季嬴霝德盉）等。

（9）由行第、姓和字三個成分組成。如：孟妊車母（見鑄公簠）、仲姬義母（見仲姬義母匜）、叔嫣巽母（見伯侯父盤）、季姬福母（見王姜鼎）等。

（10）由國名（或氏名）與姓兩個成分組成。這種女名可分為三種情況。

第一種是由父家所屬的國名（或氏名）與女子的姓組成，由夫家人稱叫，表示該女之所出，如：格伯簋銘"格伯作晉姬寶簋"（集成03952）。晉國姬姓，晉國女子嫁給格伯，格氏家族稱叫謂之晉姬。又如：杞伯每刃簋銘"杞伯每刃作鼄嫚（邾曹）寶簋"（集成03897）。邾國曹姓，邾國女子嫁給杞伯，杞國人稱叫謂之邾曹。伯頵父鼎銘"伯頵父作朕皇考犀伯、吳姬寶鼎"（集成02649）。這一例是子稱其母為吳姬，知其舅家為吳國。吳國姬姓。

第二種是由夫家所屬的國名（或氏名）與女子的姓組成，由父家稱叫，表示該女之所嫁，如：邾友父鬲銘"鼄斖父（邾友父）媵其子胙嫚（曹）寶鬲"（集成00717）。邾國曹姓，邾友父之女嫁給胙國族（胙國族姬姓），邾友父家人稱叫謂之胙曹。又如：倗仲鼎銘"倗仲作畢媿媵鼎"（集成02462），倗國族媿姓，倗仲之女嫁給畢國，倗國族人稱叫謂之畢媿。由夫家所屬的國氏與女子的姓組成的婦女名，也可以由夫家人稱叫，如：虢仲鬲銘"虢仲作虢改尊鬲"（集成00708），虢仲是厲王時期的重臣，虢國公族。虢國姬姓，改姓國女子嫁于虢仲為妻，虢仲可以稱她為虢改。又如：揚鼎銘"陽（陽）嬭子揚擇其吉金，自作飤繁"（《中日歐美澳紐所見所拓所摹金文彙編》229），陽嬭（陽芈）是揚的母親，楚國人，芈姓，嫁給陽國族，其子可稱其為陽芈。由夫家所屬的國氏與女子的姓組成的婦女名，父家與夫家之外的人也可以稱叫，如：井（邢）姜太宰已簋中的井（邢）姜，是姜姓女子嫁于邢國國君，稱邢姜，其下屬的太宰已，亦可直呼其為邢姜。又如九年衛鼎中有矩伯庶人及其妻矩姜，裘衛家族的人亦稱其為矩姜。但是，由夫家所屬的國氏與女字的姓組成的婦女名更多的則是婦人自稱，如：晉姜鼎（集成02826）、虢姜簋（集成04182）、虢改鬲（集成00708）、楚嬴匜（集成10273）、同姜鬲（集成00522）、密姒簋（集成04522）、散姬方鼎（集成02029）、蔡姞簋（集成04198）、衛姒鬲（集成00594）中的晉姜、虢姜、虢改、楚嬴、同姜、密姒、散姬、蔡姞、衛姒等，都是已出嫁女子的自稱。

第三種是由夫家國名（或氏名）、父家國名（或氏名）與女子的姓組成，目前所見幾例都是婦人自稱，如：蘇衛改鼎銘"蘇衛改作旅鼎"（集成02381），蘇、衛均國氏，蘇氏改姓，衛國姬姓，此稱蘇衛改知其是蘇氏之女嫁於衛國。又如：鄭同媿鼎銘"奠（鄭）同媿作旅鼎"（集成02415）中的鄭同媿，是同國族（媿姓）女子嫁於鄭國（姬姓）公室者。

（11）由國名（或氏名）、姓和名三個成分組成。組成形式有兩種，一種是姓在名前，另一種是姓在名後。姓在名前的如：應嫚妣（見鄧公簋）、楷妘媸（見周纕生簋）、豐妊單（見王盉）、豐姞慈（見室叔簋）、曾姬無卹（見曾姬無卹壺）等。其中應、楷、豐、曾是國氏，嫚、妘、妊、姞是姓，妣、媸、單、慈、無卹是女名。但是，國氏有夫家國氏與父家國氏之分。如："室叔作豐姞慈旅簋"（三代8.51.1，見羅振玉《三代古金文存》，下同）中的豐姞慈，姓前的豐是父家的國氏。此豐國為姞姓，慈是豐國女子嫁於室氏者，從夫家角度稱叫故為豐姞慈。魯伯俞父匜銘"魯伯俞父作邾姬仁縢沬盤"（集成10113）中的邾姬仁，姓前的邾是夫家國氏，仁是魯伯之女，姬姓，嫁給邾國，此稱邾姬仁是由父家人稱叫的。曾姬無卹壺銘"唯王廿又六年聖趄（桓）之夫人曾姬無卹，望安茲漾陲蒿間之無匹，用作宗彝尊壺"（集成09710）中的曾姬無卹，是婦人自稱，姓前的曾是父家的國氏，曾國姬姓，無卹嫁給楚聲王，雖屬自稱，仍是從夫家角度稱叫的。其前冠有"聖桓之夫人"以明身份。姓在名後的如：齊巫姜簋銘"齊巫姜作尊簋"（集成03893）、齊嬭姬簋銘"齊嬭姬作寶簋"（集成03816）、蘇冶妊鼎銘"蘇冶妊作虢改魚母縢鼎"（集成02526）中的齊巫姜、齊嬭姬、蘇冶妊等。其中齊、蘇為國氏，姜、姬、妊是姓，巫、嬭、冶為女名。

（12）由國名（或氏名）、姓和字三個成分組成。如：許男鼎銘"許男作成姜桓母縢尊鼎"（集成02549）、伯多父盨銘"伯多父作成姬多母寶盨"（集成04419）、辛中姬皇母鼎銘"辛中姬皇母作尊鼎"（集成02582）、曩侯簋銘"曩侯作曩井（邢）姜妢母縢簋"（上博刊8期136頁圖8，見《上海博物館館刊》，下同）中的成姜桓母、成姬多母、曩邢姜妢母、辛中姬皇母等。桓母姓姜，許國之女，許國姜姓，其前所冠的"成"是夫家的國氏。許國之女嫁到成國，許國人稱叫謂之成姜桓母。多母前面的"成"是父家國氏，成國姬姓，成國女子多母嫁給伯多父，伯多父家人稱叫謂之成姬多母。曩邢姜妢母是曩侯對其出嫁的女兒的稱呼。妢母乃曩侯女兒的字，字前的姜乃為妢母的姓，亦即曩國的姓，姓前冠有夫家的國名邢，邢國姬姓，表示該女之所嫁；再前冠有父家的國名曩，表示該女之所出。辛中姬皇母則是婦人自稱，姬姓前冠有父家和夫家兩個國氏。集成09668著錄有一件中伯作辛姬縢壺，是中伯為女兒所作的陪嫁器。其中的辛姬就是這位辛中姬皇母。從銘文得知中國族姬姓，故可推知辛中姬皇母姬姓前的"中"是皇母父家之氏，"辛"是夫家之氏。皇母是中伯之女，嫁于辛國族，中伯家族人稱叫謂之辛姬或辛姬皇母，而辛氏家族人稱叫謂之中姬或中姬皇母，自稱則為辛中姬皇母。

（13）由國名（或氏名）、行第和姓三個成分組成。這亦有兩種組成形式，一種是由夫家國氏、行第和女子的姓組成，是從父家角度稱叫的，如：陳侯鬲銘"陳侯作畢季嬀媵鬲"（集成00705）中的畢季嬀是陳侯的小女，陳國嬀姓，"季"表示她在姐妹間年齒最小，"畢"是夫家的國氏，父家人稱叫謂之畢季嬀。又如：復公子伯舍簋銘"復公子伯舍曰：啟親，作我姑鄧孟媿媵簋"（集成04011）中的鄧孟媿，復公子稱其為姑母，文獻記載鄧國嫚姓，可知孟媿嫁到鄧國，故復氏家族的人稱其為鄧孟媿。另一種是由父家國氏、行第和女子的姓組成，是從夫家角度稱叫的，如：旅伯鼎銘"善夫旅伯作毛仲姬尊鼎"（集成02619）中的毛仲姬，她是善夫旅伯之妻，姬姓，姓前的"毛"是父家國氏，"仲"則表示她在姐妹間排行第二，從旅氏家族稱叫謂之毛仲姬。但也有夫家人稱叫而將夫家所屬的國名加在行第之前的，如：黃子盤銘"黃子作黃孟姬行器"（集成10122）中的黃孟姬。黃國並非姬姓，那當是姬姓女子嫁給黃國者，從同墓出土的黃子作黃夫人孟姬鼎也可得到證實。另外，還有在國氏之後加"氏"字，然後與行第、姓組合而成，如：毛叔盤銘"毛叔媵彪氏孟姬寶盤"（集成10145）中的彪氏孟姬。該盤是毛叔嫁女的媵器，毛國姬姓，那麼彪氏則是夫家之氏。

（14）由國名（或氏名）、行第、姓和名四個成分組成。如：蔡侯匜銘"蔡侯作媵鄔仲姬丹會匜"（下寺229頁圖170.1，見《淅川下寺春秋楚墓》，下同）、曾孟嬭諫盆銘"曾孟嬭諫作饗盆"（集成10332）中的鄔仲姬丹、曾孟嬭諫等。第一例為嫁女所作的媵器，是父家人稱呼其女，姓與行第之前的鄔是夫家的國氏；第二例是婦人自稱，婦人嬭（芈）姓，其父家當是楚國公族，故姓與行第前的曾，應是夫家的國名。

（15）由國名（或氏名）、行第、姓和字四個成分組成。如：齊侯匜銘"齊侯作虢孟姬良母寶匜"（集成10272）、蔡太師腆鼎銘"蔡太師腆媵許叔姬可母飤繁"（集成02738）、原氏仲簠銘"原氏仲作淪仲嬀家母媵匠"（考古1989年4期311頁圖2.2）中的虢孟姬良母、許叔姬可母和淪仲嬀家母。第一例是夫家人稱叫，良母系虢國國君的長女，嫁給齊侯；第二、三例是由父家稱叫，可母系蔡太師之女，排行第三，姬姓，嫁給許國。原氏仲即原仲，嬀姓，陳國的大夫；家母系原仲的次女，嫁給淪氏。

（16）由官職和字兩個成分組成。如：保侃母簋銘"保侃母賜貝於庚宮，作寶簋"（集成03743）中的保侃母。保為宮中女官，屬保姆之類。

（17）由表示身份的稱謂與名組成。在商代，商王配偶或族長之妻的稱謂為"婦"，故用婦字與私名組成貴族婦女之名，如：婦好（見婦好鼎）、婦妌（婦妌鼎）、婦旋（婦旋鼎）、婦嬉（見子作婦嬉卣）、婦嫡（見婦嫡觶）、婦闌（見婦闌鼎）、婦嫠（見婦嫠尊）等。西周金文中也有此類人名，但為數不多，如：召樂父匜銘"召樂父作婦改寶匜"（集成10216）。這是商代有身份婦女稱呼的遺風。

（18）由丈夫的尊號與女子的姓兩個成分組成。如：王姜（見叔簋）、王姒（見班簋）、王改（見蘇公簋）、王姞（見鄂侯簋）、王媯（見陳侯簋）、王妊（見王妊簋）等，這些人都是周王的後妃，姓前都冠以王字。公姒（見奢簋）、公姞（見公姞鼎）等，這些人都是具有公的身份或被尊為公的大貴族之妻。另外還有龏（恭）妊（見龏妊甗）、龏（恭）姒（見龏姒鼎）等，姓前的龏都是其丈夫的尊號。這種婦女名由父家、夫家和婦女本人都可以稱叫。

（19）由丈夫的尊號、行第和女子的姓三個成分組成。如：王伯姜鬲銘"王伯姜作尊鬲"（集成00606）中的王伯姜，她是周懿王的后妃，姜姓，"王"是表示丈夫的身份，"伯"是她在父家姐妹間年齒最長，故稱王伯姜。

（20）由丈夫的尊號、行第、女子的姓及名四個成分組成。如：陳侯簋"陳侯作王仲媯瑞媵臣"（集成04603）中的王仲媯瑞。她是周王的后妃，在陳侯簋（集成03815）中稱為王媯，"仲"是她在姐妹間排行為二，媯姓，名瑞。又如：彧方鼎甲銘"王姐姜使內史友員賜彧玄衣……"（集成02789）中的王姐姜，她是周穆王的后妃，姜姓，名姐，"王"是表示丈夫的身份。這是一個變例，中間省去了排行，女名又放在女姓之前。

綜上所述，商周金文人名一般是由姓、氏（包括國名）、名、字、行第、官、爵、表示身份的稱謂或尊隆字等成分組成。由於被稱叫人的地位、年齡，稱叫人的長幼、尊卑以及與被稱叫人的關係等因素，同一個人就可以有許多不同的稱呼。就金文所見，如兮甲其人，單稱名為"甲"（見兮甲盤），單稱字為"吉父"（見吉父簋），氏與名連稱為"兮甲"（見兮甲盤），氏與字連稱為"兮吉父"，行第與字連稱為"伯吉父"（見伯吉父匜），氏、行第與字連稱為"兮伯吉父"（見兮伯吉父盨），官職與字連稱為"善夫吉父"（見善夫吉父鬲），另外還可以用行第與名連稱為"伯甲"，氏、行第與名連稱為"兮伯甲"，官職與名連稱為"善夫甲"，官職、氏與名連稱為"善夫兮甲"，官職、行第與字連稱為"善夫伯吉父"，行第、字與名連稱為"伯吉父甲"，氏、行第、字和名連稱為"兮伯吉父甲"……等。

女子名也是這樣，例如：齊侯匜銘“齊侯作虢孟姬良母寶匜”（集成10272）中的女子良母，單稱姓為“姬”，單稱字為“良母”，行第與姓連稱為“孟姬”，姓與字連稱為“姬良母”，行第、姓與字連稱為“孟姬良母”，父家人可以稱其為“齊孟姬”，也可以稱其為“齊孟姬良母”，夫家人可以稱其為“姬氏”、“虢姬”、“虢孟姬”、“虢姬良母”，也可以稱其為“虢孟姬良母”。另外，還可以自稱為“虢齊姬”、“齊虢姬”和“齊虢姬良母”等。

三、商周時期取名的特點

1、率直樸真

從金文人名中可以看出，商周時期人們命名取字和現代人有許多共同之處，但也有不少特點，最突出的是率直樸真，貼近生活，所取之名大都是簡單明瞭，易記易寫，粗俗質樸，不避惡字。

當時人們命名取字主要有以下10個方面。

（1）以干支、月相、季節取名。人的出生是在一定的時間和一定的空間裏，因此取名往往就和時間聯繫在一起。商周時期以干支記日記時，以出生日的天干或出生時辰的地支取名是常見的現象。以干支取名既好記又好寫，以天干取名的如：甲（見蘇公子簋）、兮甲（見兮甲盤）、乙（見乙簋）、子乙（見子乙鼎）、曾侯乙（見曾侯乙鐘）、伯丙（見伯丙簋）、丁兒（見丁兒鼎蓋）、伯丁父（見令簋）、司工丁（見司工丁爵），史戊（見吳方彝）、己（見己方鼎）、賈子己父（見賈子己父匜）、庚（見庚壺）、庚兒（見庚兒鼎）、子庚（見王子午鼎）、徐王庚（見沇兒鍾）、庚姬（見庚姬簋）、庚贏（見庚贏卣）、辛（見辛鼎）、伯辛父（見伯辛父鼎）、鄢子辛（見鄢子辛簠）、壬佣（見壬佣鼎）、癸父（見蘇公子簋）等；以地支取名的如：工師丑（見三十三年大梁戈）、寅（見寅鼎）、史寅（見士上卣）、工寅（見五年呂不韋戈）、卯（見卯簋）、卯𢦏（見卯𢦏甗）、辰（見辰壺）、伯辰（見余大子鼎）、太宰巳（見邢姜太宰巳簋）、王子午（見王子午鼎）、陳侯午（見陳侯午敦）、申（見申簋蓋）、丞申（見二十五年上郡戈）、王子申（見王子申匜）、太史申（見呂太史申鼎）、酉（見師酉簋）、子戌（子戌鼎）、亥（見亥爵）等。

一天的時辰又可分為早晨、中午、下午、傍晚、夜晚等，因此有名晨的，如：晨（見晨簋、晨角、晨觚）、伯晨（見伯晨鼎）、師晨（見師晨鼎）。早晨太陽剛出來謂之朝，亦謂之旦，《說文解字·倝部》：“朝，旦也”，《日部》：“旦，明也”，《爾雅·釋詁》：“朝，早也”，《洪範·五行傳》云：“平旦至食時為日之朝”，此時所生故名朝，如：冶尹朝（見十年杢相如鈹）。清晨日將出，啟明星高掛東方，此時出生故名之啟，如：啟（見啟卣、啟尊）、小子啟（見小子啟尊）、冶尹啟（見卅一年鄭令棺涵戈）、鄂君啟（見鄂君啟節）、丞相啟（見十七年丞相啟狀戈）。傍晚日暮，故傍晚出生取暮為名，如：莫（見莫尊）、夆莫父（見夆莫父卣）等。“莫”為暮的本字，日將落也。《說文解字·茻部》：“莫，日且冥也，從日在茻中”，注云：“平野中望日將落如在草茻中。”日落謂之昏，《說文·日部》：“昏，冥也，從日氏省，氏者下也。”《爾雅·釋詁》：“昏，代也”，注云：“代明也”，疏：“日入後二刻半為昏，昏來則明往，故云代明。”日落後出生便取名昏，如：義叔昏（見義叔昏簋）。夜晚所生，有以夜為名的，如：叔夜（見叔夜鼎）等。

月相是月球明亮部分的不同形象。隨着月球、地球和太陽三者相對位置的變化，地球上所見月球被太陽照亮的部分多少也不時改變，呈現盈虧（圓缺）的各種形狀。月始生謂之朏，《說文解字·月部》：“朏，月未盛之明。”《書·召誥》：“唯丙午朏”，傳云：“朏也，月三日明生之名。”在初二、三出生的人有取名朏者，如：朏（見訇鼎）、虢朏（見九年衛鼎）、宰朏（見吳方彝）。十五六日月兒圓，月圓謂之望，《釋名》：“望，月滿之名也，月大十六日，月小十五日，日在東，月在西，遙在望也。”月圓時出生的就以望為名，如：師望（見師望簋）、韓望（見六年韓望戈）等。

以所生季節取名在商周時期也是常見的，如：伯夏父（見伯夏父鼎）、工師夏（見廿四年邨陰令萬為戈）、冬戚（見臧孫鍾）等。

（2）以鳥獸蟲魚為名。申儒與魯桓公議論為子命名時曾說：“名有五，有信、有義、有假、有類……，取於物為假”，就是說假借萬物之名為人名也。商周金文中假借鳥獸蟲魚之名為人名的現像是很多的，這不僅反映了商周時期風俗質樸，同時也是人們借動物之特性以表達某種心願的體現。

以禽為名的如：禽（見禽鼎）、大祝禽（見大祝禽鼎）、貝鳥（見貝鳥觚）、鳥母（見鳥母窳鼎）、司馬鴫（見六年鄭令韓熙戈）、隹（見隹尊）、邾來隹（見邾來隹鬲）、鳥（見十二年右使車盉）、鴬（見鴬觶）、周雛（見周雛盨）、公族鴻鳌（見師酉簋）等。大祝禽即周公旦的長子伯禽，封於魯為魯侯，同時又擔任周王朝的大祝，主管祭祀。鴻即鴻，鴻雁是高飛遠行的候鳥，取名鴻鳌就是希冀志向遠大，有所作為。

以獸為名的如：獸（見宰獸簋）、史獸（見史獸鼎）、先獸（見先獸鼎）、宰獸（見宰獸簋）、蘇貉（見蘇貉豆）、貉子（見貉子簋）、狽（見狽簋）、孚公貅（見孚公貅甗）、子蝠（見子蝠爵）、冶象（廿七年泌陽戈）、麃父（見麃父尊）、伯鴟父（見伯鴟父簋）、

亞龟（見亞龟鴞尊）、史夐（見史夐盨）、邢吉夐（見邢季夐鼎）、季鲁（見季鲁簋）、
叔䏽（見叔䏽方彝）、小子罱（見小子罱鼎）、嚷貅（見樂子嚷貅簋）、叔絲父（見兩
簋）、虎（見虎簋蓋）、吳虎（見吳虎鼎）、師虎（見師虎簋）、旅虎（見彔山旅虎簋）、
滕虎（見滕虎簋）、封虎（見封虎鼎）、召伯虎（見琱生簋）、叔虎父（見叔虎父鼎）、
師彪（見舂鼎）、許伯彪（見許伯彪戈）、屯鼂（見屯鼂簋）等。貉、貅、狟、蝠、象、
麠、鴈、龟、夐、鲁、䏽、罱、貅、絲、鼂皆為獸。《正字通》：“貉狀似貍，銳頭尖
鼻斑色，毛深厚溫滑可為裘。”貅為猛獸，《禮·曲禮》：“前有摯獸，則載貔貅”，
注云：“貔貅亦摯獸也。”罱、貅均是豬的別稱，希、絲都是野豬之類的動物，《說
文解字·希部》：“希，脩豪獸，一曰河內名豕也”，“絲，希屬。”麠為鹿屬，《史
記·武帝紀》：“郊獲一角獸，若麠然”，注云：“楚人謂麋為麠。師古曰：麠形似
獐，牛尾一角。”龟、夐、鲁都是與兔相似的動物。《說文解字·龟部》：“龟，獸也，
似兔青色而大”，“夐，獸也”，《玉篇》：“夐似貍”。虎是“山獸之君”，雄健威
武，是勇猛剛強的象徵，以虎為名是人們對虎雄健威武所向無敵性格的嚮往。

以蟲為名的如：蚩（蚩鼎）、禹（見禹鼎）、孖蚤（見王譽鼎）、江叔螽（見江叔
螽鬲）、陸蠕（見郳公託鐘）、沈子它（見沈子它簋）、曾仲大父螬（見曾仲大父螬簋）
等；以魚為名的如：伯魚（見伯魚鼎）、伯魚父（見伯魚父壺）、伯旅魚父（見伯旅魚
父　）、犀伯魚父（見犀伯魚父鼎）等。

另外，還有以傳說中的動物為名的，如：龍（見龍甗）、子龍（見子龍觚）、樊君
夔（見樊君夔盆）、伯其父慶（見伯其父慶簋）、叔黽（見叔黽簋）等。傳說中的動物
都是具有某種神奇的力量和瑞象，它是為了滿足人們某種心理的需要。以傳說中的動
物為名，表達了人們追求和平、幸福、吉祥、長壽的文化心理。龍是中國人民自古以
來崇拜的神物，它變化莫測，充滿力量。夔是古代傳說中的一種神異動物，如龍一足，
《莊子·秋水》：“夔謂蚿曰：吾以一足趻踔而行。”慶即麐的本字，《說文解字·鹿
部》：“麐，牝麒也”，今作麟。麒麟是人們想像中的仁獸，吉祥動物，它善良、平
和，象徵天下太平。黽雖非想像中的動物，但古人視龜為靈物，商周時期人們以龜占
卜，祈求靈應。《禮記·禮運》：“山出器車，河出馬圖，鳳凰麒麟，皆在郊藪”，又
云“鳳麟龜龍，謂之四靈”。龜為介蟲之長，耐饑耐渴，壽命長。以龜為名是人們祈
求長壽願望的反映。

野生動物為獸，豢養動物為畜。有以野獸為名的，也有以牲畜為名的。牲畜一般
指馬、牛、羊、雞、犬、豕等，現今之人小名叫狗娃、牛兒的很多。漢代著名文學家
司馬相如小名就叫犬子，梁冀的兒子叫胡狗。南宋人王楙在論及此事時說：“相如小

名，父母欲其易於生長，故以狗名之。"（《野客叢話·小子名犬》）商周金文中亦有以牲畜為名的，如：牧牛（見儆匜）、亞豕（見亞豕鼎）、亞豚（見亞豚鼎）、牢犬（見牢犬簋）、長子狗（見長子狗鼎）、羊（見羊卣）、羊角（見羊角戈）、邾公牼（見邾公牼鐘）、馬（見馬作父乙爵）、司空馬（六年司空馬鈹）、晉侯僰馬（見晉侯僰馬壺）、内史駒（見師奎父鼎）、駒父（見駒父盨蓋）等。商周人以牲畜命名除有父母希望兒子像牲畜一樣易於生長外，還反映了當時人們的風俗質樸。

　　男子如此，女子也有以鳥獸蟲魚為名的，如：鷺姬（見叔噩父簋）、后鴞母（司鴞母尊）、若母鷗（見若母鷗鼎）、姬鸒母（見王作姬鸒母鬲）、龍嬴（見樊夫人龍嬴鬲）、龍母（見作龍母尊）、虢改魚母（見蘇冶妊鼎）等。

　　（3）以山原川泉為名。以山原川泉為名是人們一種寄託和希望，商周時期以山原川泉取名的有：善夫山（見善夫山鼎）、冶山（見卅三年𢍱令裘戈）、伯山父（見伯山父方壺）、繡叔山父（見繡叔山父簋）、召叔山父（見召叔山父簠）、王石（信安君鼎）、鄭子石（見鄭子石鼎）、魯原（見魯邍鐘）、仲原父（見仲原父匜）、叔原父（見陳公子叔原父甗）、單伯原父（見單伯原父鬲）、鄭師原父（見鄭師原父鬲）、鄭饔原父（見鄭饔原父鼎）、魯太宰原父（見魯太宰原父簋）、盤埜（見冶盤野勺、楚王酓忑鼎）、曾子原彝（見曾子原彝簋）、源（見源鼎）、雍伯源（見雍伯源鼎）、滋（見滋盂）、仲滋（見仲滋鼎）、沱（見蔡公子沱戈）、申沱（見六年司空馬鈹）、屈叔沱（見屈叔沱戈）、伯濼父（見伯濼父壺）、師汙父（見牧簋）、司土濾（見十三年癲壺）、喬君濾虘（見喬君鉦鍼）等。女子也有以山原水流為名的，如：洹（見伯喜簋）、姬淪（見伯馴父盤）、姬原母（見應侯簋）等。埜是野的初文，從土從林，甲骨文與此同；原即原，亦源的本字，從泉在厂下，源為後起字。滋、沱、濼、汙、濾、洹皆水名。淪為水波，《說文解字·水部》："淪，小波為淪，從水侖聲，詩曰：河水清且淪漪。"古人以山石取名寓意雄偉堅強，以原野取名寓意寬廣博大，以泉源為名寓意自強不息。

　　（4）以草木花卉為名。金文所見以植物取名的有：禾（見禾鼎）、伯禾獲（見伯禾獲鼎）、來父（見來父盂）、麥（見麥鬲）、作冊麥（見麥鼎）、伯芳（見伯芳簋）、虞芳（見散氏盤）、伯芳父（見妊小簋）、姬芳母（見姬芳母鬲）、莫（見莫卣）、華母（見華母壺）、紀華父（見紀華父鼎）、師華父（見大克鼎）、邾公華（見邾公華鍾）、工師葉（見丞相觸戈）、果（見蔡公子果戈）、柞（見柞鐘）、士杉（見乘父士杉）、宜桐（見宜桐盂）、伯梪虘（見伯梪虘簋）、南宮柳（見南宮柳鼎）、仲柟父（見仲柟父簋、仲柟父鬲）、林妝（見林妝鬲）、姜林母（見姜林母簋）、邾太宰欉（見邾太宰欉子慴簋）等。

（5）以城邑邦家為名。以城邑邦家為名也有寄託之情，如：邦（見邦簋）、張邦（見張邦戈）、子邦父（見子邦父甗）、伯邦父（見伯邦父鬲）、叔邦父（見叀匜）、南仲邦父（見駒父盨蓋）、成伯邦父（見成伯邦父方壺）、成周邦父（見成周邦父壺蓋）、晉侯邦父（見晉侯邦父鼎）、邑（見邑觶）、小臣邑（見小臣邑斝）、伯邑父（見五祀衛鼎）、伯章父（見伯章父鬲）、昶伯章（見昶伯章盤）、伯舍（見復公子伯舍簋）、小臣宅（見小臣宅簋）、晉叔家父（見晉叔家父方壺）、伯家父（見伯家父簋）、叔家父（見叔家父簠）等。章為古文墉，《說文解字・土部》："墉，城垣也。"章亦釋郭，城郭也。此外，還有以朝代或國名為名的，如：殷（見殷簋）、魯（見齊生魯方彝）、丞秦（見卅八年上郡守慶戈）、太師鄭（見曾太師鄭鼎）、斟六（見夫跌申鼎）、尋楚默（見斟六編鐘）等。尋楚默是斟六的父親，父子二人的名字都是用國名組成的。斟，《史記・夏本紀》集解："斟尋氏，一作斟氏、尋氏。"六即六國，偃姓，公元前226年滅于楚，故地在今安徽六安縣北；尋，姒姓國，夏之後，其地可能先在河南，後遷山東；楚為羋姓，南方大國；默即文獻中的歸姓胡國，故地在今安徽阜陽，公元前495年滅於楚。

（6）以壽考為名。人總是要死的，但誰都不願早死，總希望健康長壽，因而以壽、考等字命名做字是很常見的事。如：壽（見壽簋）、眉壽（見眉壽作彝鼎）、丕壽（見丕壽簋）、師壽（見三年癲壺）、王孫壽（見王孫壽甗）、壽商（見九年衛鼎）、壽母（見鄭爹魯生鼎）、上郡守壽（見十二年上郡守壽戈）、考（見考尊、考卣、考鼎）、考卣（見考卣鼎）、考母（見考母簋）、考隻（見考隻鼎）、工老（見王廿三年戈）等。

（7）以母家的國氏與"生"字組成私名，表示男性之所出。如：倗生（見倗生簋）、琱生（見琱生簋）、翏生（見翏生盨）、魯生（見鄭爹魯生鼎）、齊生（見齊生魯方彝）、伊生（見伊生簋）、床生（見魯內小臣床生鼎）、崩弅生（見崩弅生鼎）、戎生（戎生鐘）、麋生（師害簋）、董生（見承伯君董生匜）、康生（見康生豆）、弗生（見函弗生甗）、宜生（見脇卣）、番生（見番生簋）、番匊生（番匊生壺）、史虢生（見頌鼎）、周籍生（見周籍生簋）、蔡生（見蔡生鼎）、彭生（見彭生鼎）、黿生（見禹簋）、昊生（昊生殘鐘）、單昊生（見單昊生豆）、單伯昊生（見單伯昊生鐘）、善夫豐生（見吳虎鼎）、戒伯異生（見戒伯異生壺）、城虢遣生（見城虢遣生簋）等，其中倗、琱、翏、魯、齊、伊、床、弅、戎、麋、董、康、弗、宜、番、匊、虢、籍、蔡、昊、豐、異、遣等，都是前述這些人母家（舅父家）的國氏，表示前述這些人是上述國氏的外甥。

（8）女子取名用女性字。女子所稱的姓故多從女旁，女子命名取字也多用帶有女旁的字。用女性字為名也是對性別最簡當的注釋，金文中帶有女旁字的女子名，如：
妟（見王作妟鼎）、妖（見伯先父鬲）、媓（見媓觚）、嫥（見伯疑父簋）、嫚妊（見嫚
妊壺）、嬾姜（見散車父壺）、變姬（見中伯盨）、婦嫡（見婦嫡觶）、婦妹（見婦妹簋）、
婦娸（見文父乙簋）、婦妌（見婦妌鼎）、婦婟（見子作婦婟卣）、婦婉（見婦婉簋）、
婦嬿（見婦嬿觚）、婦㛃（見婦㛃鼎）、婦㛃（見婦㛃卣）、孟姬嫥（見魯伯者父盤）、
孟姬嫛（見魯少司寇封孫宅盤）、季姬婧（見魯伯大父簋）、楷妘媒（見周糱生簋）等。
女子固然多用女性字為名，但也有男子取女名的，如：弗奴父（見弗奴父鼎）、曩伯
寚父（見曩伯寚父盤）、許子妝（見許子妝簋）等。弗即費，姒姓國，奴父為春秋中
期人。曩國姜姓，寚父為春秋早期曩國國君，其女名姜無，"寚"字從女從寶，系女
性字。妝為春秋時期許國人，取女性字妝為名。"妝"，梳妝也。女子理容挽髻曰妝，
以飾貌也。與男子取女名相反，也有女子取男名的，如：叔姬寺男（見齎侯簋）、仲
嫻義男（見都公簋蓋）等。

　　（9）以疾病字取名。商周金文人名中，有許多以疾病字為名的，如：疾（見五
年上郡守疾戈）、冢子疾（見梁陰令率鼎）、冶疢（見十五年相邦春平侯劍）、師瘨（見
師瘨簋蓋）、趙瘁（見元年相邦春平侯矛）、冶瘍（見十六年趙距戈）、冶痎（大梁司
寇綏戈）、夜瘥（見七年宅陽令陽餤矛）、瘋（見公孳里脽戈）、瘵（見瘵鼎）、瘡（見
信安君鼎）、瘫（見廿一年啟封令瘫戈）、李瘣（見李瘣壺）、冶吏痀（見七年相邦陽
安君鈹）、虒令癰（見卅年虒令癰鼎）、工師瘨（見卅六年私官鼎）、司馬瘰（見十二
年邦司寇野弔矛）、微伯瘋（見微伯瘋匕）、刺疢（鄭莊公之孫盧鼎）、樂疢（三年虵
令樂疢戈）、刋痀（四年建信君鈹）、罕瘳（三年笪余令韓譙戈）、吳痁（十八年相邦
平國君鈹）、鄈瘁（十年右使車盤）、聾（見聾鼎）等。疾、疢、瘨、瘁、瘍、痎、瘥、
瘋、瘵、瘡、瘣、痀、癰、瘨、瘰、瘋、疢、疢、痁、瘳、痁、瘁、聾皆病名或與疾
病有關的字。《說文解字·疒部》："疢，熱病也。"瘨，頭暈眩病，《輟耕錄》卷四：
"唐出觀燈歸，忽坐瘨息奄奄，若將絕者，良久始蘇。"《廣韻》："瘁，病也，〈詩·
小雅〉：'仆夫況瘁'；又'匪舌是出，唯躬是瘁'。"注云："勞也。"《集韻》：
"瘡，病甚。"《說文解字·疒部》："瘣，病也，從疒鬼聲。詩曰：'譬彼瘣木'，
一曰腫旁出也。""癰，腫也"。瘋，同痀，即痀癇病。《說文解字·疒部》"瘨，
病也，從疒真聲，一曰腹脹。"《玉篇》："瘨，狂也，〈詩·大雅〉'胡寧瘨我以旱'。"
《字彙》："瘰，鬁也。"《集韻》："瘰鬁，筋結病也。"，即今之淋巴結核病。《說
文解字·疒部》："疢，顫也。"《集韻》："顫疢，搖頭貌。"疢或即痀字，《說文
解字·疒部》："痀，毆傷也，""痀，痀痀也。痀也。"《玉篇》："瘡也"，《抱

朴子·擢才卷》："生瘖痏於玉肌"，張衡《西京賦》："所惡成瘡痏"，注："瘡痏謂斑痕。"《字彙》："疤，伊習切，音邑，鬱病。"也就是抑鬱一類的病症。《說文解字·疒部》："瘳，疾愈也。"痞即瘖，病痛也。痓，《集韻》謂疾也。總之，都是疾病之類的用字。《漢書·宣帝紀》："初名病己"，注云："以夙遭屯難而多苦病，故名病己，欲其速差也。"商周時期人們以疾病字取名大概也是"欲使病魔速除"的緣故吧！

　　（10）奇怪的名字。金文中，有人取名為鬼（見鬼壺）、子臭（見子臭卣）、户姦（見户姦罍）、婦姦（婦姦觶）、岡劫（見岡劫尊）、喪（見史喪尊）以及亡、無等，令人不可思議。《說文解字·鬼部》："鬼，人所歸為鬼，從人像鬼頭，鬼陰氣賊害，從厶。"《禮記·祭義》："眾生必死，死必歸土，此謂之鬼。"鬼是人們所不願聞，不願見，更不願為的，但在當時卻有人以鬼為名，可見其怪。以臭為名亦不尋常，穢惡氣味謂之臭，《孔子家語·六本》："與善人居，如入芝蘭之室，久而不聞其香，即與之化矣；與不善人居，如入鮑魚之肆，久而不聞其臭，亦與之化矣。"臭引申為厭惡，所以臭則人人討厭。以姦、劫為名更莫名其妙，《說文解字·女部》："姦，私也"，《釋名》："姦，奸也，言奸正法也"，謂犯法作亂也。《書·舜典》："寇賊姦宄"，傳云："劫人曰寇，殺人曰賊，在內曰姦，在外曰宄。"《廣雅·釋詁》："姦，盜也"，《左傳·文公十八年》："盜器為姦"。又淫行也，《左傳·莊公二年》："夫人姜氏會齊侯於禚，書姦也。"又邪惡不正也，《墨子·辭過》："是以其民饑寒並至，故為姦衺。"劫也有賊寇之義，《玉篇》："劫，強取也。"打家劫舍，強盜也。總之，姦、劫都是極不受歡迎的貶義詞。喪，死亡之事也，《玉篇》："喪，亡也。"現今之人誰願意以喪字做為自己的大名呢？周代非但有人以喪為名，還有用與喪字同義的"亡"和近義的"無"為名的，如：亡、天亡（見天亡簋）、亡智（見梁十九年鼎）、無龍（見昶仲無龍鬲）、無卹（見曾姬無卹壺）、無土（見無土鼎）、無壽（見戍寧無壽瓶）、無惠（見無惠鼎）、無敄（見無敄鼎）、姜無（見异伯寂父鼎）等。取這類奇怪難聽的名字，是否出於人們的標新立異的心理，顯示自己與眾不同，還是出於其他某種原因，耐人尋思。

　　另外，還有以數字為名的，如：億（見億簋）、三兒（見三兒簋）、叔五父（見叔五父簋）、伯六辭（見伯六辭鼎）、工九（見五年呂不韋戈）、伯百父（見伯百父盤）、伯多父（見伯多父盨）等；有以器具為名的，如：小臣缶（見小臣缶鼎）、陳盞（見陳盞戈）、小子網（見小子網簋）、舟（見舟簋）、車（見車鼎）、伯車父（見伯車父盨）、魯伯車（見魯伯車鼎）、旂（旂見作日乙鼎）、旂父（見旂父鼎）、師旂（見師旂鼎）

等；有以其經歷和所遇事件為名的，如：御戎（見邿伯御戎鼎）、御寇（見陳御寇戈）、仲伐父（見仲伐父瓶）等；有以相貌特徵為名的，如：叔黑臣（見鑄子叔黑臣鼎），臣即頤，下頷也。鑄子的下巴殼生來有黑痣或黑瘢，便以黑臣為名。還有的名字的含義是出自感念，抒發愛憎，追求理想，表達德操和紀念聖賢的。

　　2、區分長幼

　　從金文人名所反映的情況看，周代人對於親屬之間的長幼順序是特別重視的。兄弟姐妹雖屬同輩，但給他們命名還要依次排列，即所謂的"排行"（行第），目的是要在名字中體現出他們各自的次序，進行長幼的區分，以便盡長愛其幼，幼敬其長的天責。

　　周代兄弟之間一般是以伯、仲、叔、季四個字作為年齒長幼的先後順序，也就是說用伯、仲、叔、季分別代表第一、第二、第三、第四四個序數，例如：陝西出土的青銅器銘文中虢氏家族有虢伯（見虢伯瓶）、虢仲（見虢仲盨）、虢叔（見虢叔盨）、虢季（見師丞鍾）之名；弭氏家族有弭伯（見弭伯簋）、弭仲（見弭仲盨）、弭叔（見弭叔鬲）之名；南氏家族有南伯（見裘衛簋）、南仲（見無惠鼎）、南叔（見司馬南叔匜）、南季（見南季鼎）之名；邢氏家族有邢伯（見長由盉）、邢叔（見邢叔鍾）、邢季（見邢季夐尊）之名；強氏家族有強伯（見強伯簋）、強季（見強季尊）之名，等等。

　　上面列舉的人名例子，都是以國氏之後加上伯、仲、叔、季行第字進行區分兄弟長幼的組合形式。除此之外，還有在私名之前、表字之前、名與字連稱之前、官職與國氏連稱之後以及國氏與名字之間再加上行第字以表示兄弟長幼等五種組合形式。私名之前加行第字的，如：伯各（見伯各尊）、仲殷（見仲殷盨蓋）、叔德（見叔德簋）、季楚（見季楚簋）等；表字之前加行第字的，如：伯辛父（見善夫伯辛父鼎）、仲伐父（見仲伐父瓶）、叔皇父（見叔皇父鬲）、季右父（見季右父鬲）等；名與字連稱之前加行第字的，如：伯旅魚父（見伯旅魚父簠）、叔向父禹（見叔向父禹簋）等；官職與國氏連稱之後加行第字的，如：司徒單伯（見揚簋）、司馬南叔（見司馬南叔匜）等；國氏與名字之間加行第字的，如：召伯虎（見珋生簋）、曾仲游父（見曾仲游父壺）、戴叔慶父（見戴叔慶父鬲）、事季良父（見事季良父壺）等。

　　金文中也有以"孟"字代替"伯"字作為兄弟排行第一的現象。這種現象出現在西周中期，如：孟戴父（見孟戴父壺）等；西周晚期較多，如：孟上父（見孟上父壺）、孟辛父（見孟辛父鬲）、孟奠父（見孟奠父簋）、孟狂父（見孟狂父簋）、孟皇父（見孟皇父匜）、孟澳父（見孟澳父鼎）、孟勞父（見孟勞父簋）、孟肅父（見孟肅父簋）、孟聯父（見任鼎）等。但是，它的組成形式只能是孟字與表字組合，即孟字放在表字之前，如上舉九例，而不能與國氏組成諸如"虢孟"、"邢孟"之類，也沒有發現把孟字放在國氏與名字之間組成人名的現象。這說明"孟"字表示行第是有局限性的，謝維揚先生認為"孟"表示的是庶長（《同代家庭形態》，下同），如魯桓公之孫公孫敖，既稱仲孫氏，又稱孟孫氏。仲孫氏是從其父公子慶父（共仲）在其家族中的總行第角度稱謂，孟孫氏是從慶父又為庶長子的角度稱謂。

姐妹之間一般是用孟、仲、叔、季四字作為序數來區分年齒長幼的，其組合形式一般是行第字放在姓前，如：孟姬（見伯百父盤）、仲姜（見矩叔壺）、叔姞（見叔姞盨）、季娟（見小臣夋鼎）等；若要串聯名或字時，名與字放在姓後，如：孟姬良母（見齊侯匜）、仲姜檻（見公子土斧壺）、叔妊襄（見薛侯盤）、季姬福母（見王伯姜鼎）等。

金文中也有用"伯"字替代"孟"字作為女子排行第一的現象。這種現象也是出現在西周中晚期，目前只發現有伯姬（見豐邢叔簋）、伯姜（見伯姜鼎）、伯媿（見猷叔猷姬簋）等少數幾例。

這種以伯、仲、叔、季命名的習俗，大約濫觴于商代後期。它是周人的創造，據文獻記載，周太王古公亶父就曾給長子取名泰伯，次子取名仲雍（又名虞仲），少子取名季歷。周文王的長子也取名伯乙考。為什麼要用伯、仲、叔、季四字作為排行用字呢？伯、仲、叔、季是什麼意思呢？《詩·小雅·何人斯》："伯氏吹壎，仲氏吹篪"，注云："伯、仲、叔、季兄弟相次之先後也。"《白虎通義·姓名》亦云："稱號所以有四何？法四時用事，先後長幼之象也。故以時長幼，號曰伯、仲、叔、季也。伯者，子最長，迫近父也；仲者，中也；叔者，少也；季者，幼也。"

隨着周王朝的建立和禮制的形成，人們對於親屬之間長幼順序的區分特別重視。這種以伯、仲、叔、季命名順序的習俗，也得到不斷發展和完善。男子的這種命名更有着它的特殊意義，就是為着適應奴隸主貴族在血緣關係上的需要。它是周代奴隸主貴族家庭制度的重要特徵之一，不但姬姓家族如此，就是非姬姓家族也普遍採用起來，上列姛氏、弭氏家族均非姬姓就是明證。區分長幼在兄弟之間除了為盡長愛其幼，幼敬其長的天責外，還有繼承上的需要。在周代，繼承制度不僅包括財產的繼承，還包括官爵的繼承。因此，這種區分長幼的習俗與周代繼承制度有着密切關係。

在命名中區分長幼這一習俗，盛行於西周和春秋時期，戰國時期隨着禮崩樂壞，這種習俗也開始打破，但其影響仍遠及秦代和後世。

　　3、區分性別

　　金文中大部分人名都貫徹着性別的區分。通常區分性別採用兩種方式，第一種方式是在表字後加上"父"字或"母"字。加"父"字表示男性，加"母"字表示女性。也就是說，男子的表字是由一個表義的字和"父"字組成，如：吉父（見吉父鼎）、駒父（見駒父盨蓋）、遲父（見遲父鐘）、召父（見召父鼎）、安父（見安父鼎）等；表字往往與行第連稱，如：伯吉父（見伯吉父鼎）、仲南父（見仲南父壺）、叔賓父（見叔賓父簋）、季右父（見季右父鬲）等。"父"字既表示性別，又是男子的美稱。女子的表字是由一個表義的字和"母"字組成，如：寧母（見寧母鬲）、成母（見成母鬲）等；女子的表字也與行第及姓連稱，如：孟姬良母（見齊侯匜）、仲姬客母（見干氏叔子盤）、叔姬可母（見蔡太師鼎）、季姬福母（見王伯姜鼎）等。"母"字既表明性別，又是女子的美稱。王國維說："男子字曰某父，女子字曰某母。蓋男子之美稱莫過於父，女子之美稱莫過於母。男女既冠笄，有為父母之道，故以某父某母字之也。"（《觀堂集林·女字說》）第二種方式是通過人名中含有姓氏的成分體現性別。姓氏是個人所生家族的稱號，奴隸主貴族無論男女，每個人都有自己的姓和氏。上面已經講過，姓和氏有着本質的不同。姓用來區別婚姻，氏用來區別貴賤。男子稱氏，女子稱姓，正如《通志·氏族略》說的"三代之前，姓氏分而為二，男子稱氏，婦人稱姓。氏所以別貴賤，貴者有氏，賤者有名無氏。故姓可以呼為氏，氏不可呼為姓。姓所以別婚姻，故有同姓、異姓、庶姓之別。"因此，金文人名中含姓不含國氏者必為女名，含國氏不含姓者必為男名，既含國氏又含姓的亦是女名。

　　4、名字相應

　　金文中所見到的許多人的字，其含義與他的名的含義相同、相近或者含義相互關聯，有的名與字的含義相反，但卻關係密切，相互呼應。王引之《春秋名字解詁序》云："名字者，自昔相承詁言也。〈白虎通義〉曰：'聞名即知其字，聞字即知其名。'蓋名之與字，義相比附，故叔仲〈說文〉屢引古人名字，發明古訓，莫著於此。"王充在《識余·卷三》亦說："古者立字展名，取同義。名賜，字子貢；名予，字子我是也。"《冊府元龜》云："蓋以名者，義之制；字者，名之飾。"兩者相輔相成，相互為用，關係十分密切，故聞其一便知其二了。就目前所知，這種名字相應的特點最早見於西周早期，它對後世起名取字有着深遠的影響，現分述如下：

　　（1）名與字的含義相同，互為訓詁。如：成康時期的臣諫簋，器主名諫，字趨父（見叔趞父尊），兄弟排行第三，擔任周王朝臣職。進言曰諫，也稱進諫；直言規勸，使其改正錯誤。李學勤先生說："趞讀為勸，勸有進義，故從走。名諫字勸父，正相呼應。"（見《考古》1979年第1期）。又如兮甲（見兮甲盤），字吉父（見兮吉父簋），兮國族人，西周宣王時期的重臣，即《詩·六月》中的吉甫。甲是天干的開始，吉也有始義，名字的含義相同。王國維先生說："甲者，日之始，故其字曰伯吉父。吉有始義，古人名月朔為月吉，以月之首八日為初吉，是其證也。"（見《觀堂別集補遺·兮甲盤跋》）。又如叔向父（見叔向父禹簋、多友鼎），名禹，（見禹鼎、叔向父禹簋），西周厲王時期人，是以蚰蟲命名取字的。孫詒讓說："《說文》云'蠁，知聲蟲也，重文蚵。'司馬相如說從向。《玉篇·蟲部》'蠁，禹蟲也。'若然，禹、蠁一蟲也。禹字叔向即蟲名為義，向即蚵之省。"（見《古籀餘論》3·11）。還有西周宣王時期的伯辛父（見伯辛父鼎），名此（見此鼎、此簋），旅國族首領，擔任周王朝善夫之職。該人以柴薪為名，名與字含義相同。李學勤先生說："《月令》注：'大者可析謂之薪，小者合束謂之柴。'此即柴，辛即薪，名字相應。"（見《矩伯裘衛兩家族的消長與周禮的崩壞》《文物》1976年第6期）。再如西周晚期的伯其父（見伯其父麐簋），名慶，以傳說的瑞獸麒麟為名字。慶即麐，麐同麟。《說文解字·鹿部》："麐，牝麒也。"段玉裁注："張輯注上林賦曰：雄曰麒，雌曰麟，其狀麏身牛尾狼題。郭璞云："麒似麟而無角。"其是麒之省，《說文解字·鹿部》："麒，仁獸也，麏身牛尾一角。"

　　（2）名與字含義相近。如：西周晚期旅國族有個廟孱（見廟孱鼎），字涿父（見仲涿父鼎）。他是善夫伯辛父之弟。李學勤先生說："孱假為潺湲之潺，流水貌；涿的意思是水流下滴，名字相應。"潺潺流水和水流下滴含義相近。西周晚期還有一個人名叫都（見伯家父都　），字家父。都，國之首邑，《釋名·釋州國》："國城曰都，都者國君所居，人所都會也。"《一切經音義》引《字林》曰："凡邑有宗廟先君之主曰都。"《周書·職方》："辨其邦國都鄙"，注曰："國曰都。"《廣雅·釋詁》："都，國也。"可見都就是國，國也可以稱都。國都代表國家。《說文解字·宀》："家，居也。"《書·洪範》："其害於而家"，注云："大夫稱家。"《左傳·桓公二年》："諸侯立家"，注云："卿大夫稱家。"《禮記·禮運》："藏於私家"，疏："大夫以下稱家。"《周禮·春官·序官》："家宗人"，注云："家謂大夫所食采邑。"《周禮·卿大夫》："掌都家之國治。"注云："都家，王子弟公卿及大夫之埰地也。"《周禮·方士》："掌都家"，注云："都，王子弟及公卿之埰地；家，大夫之埰地。"都與家意義相近。

　　（3）名與字的含義相互關聯，即所謂的"連義"，也就是由名的意義聯想到字的含義。如：西周中期的成周邦父壺蓋中的邦父，名周，成國人。周有環繞之義，引申為一匝、四周和周圍。邦為諸侯封國，既為邦國就有疆域，就有國之四周和周圍。邦古又通封，封疆就要環繞國之四周封樹。名取周而字稱邦父，由周（四周、周匝）聯想到有四面封疆的邦國。又如春秋時期的郘公湯（見郘公湯鼎），字伯盉（見郘公伯盉簋），郘國族首領，名湯。湯者熱水也，盉可轉借為沸，熱水再加熱即可煮沸。由熱湯聯想到水沸。又如西周孝夷時期的虢叔旅（見虢叔旅鍾），亦稱虢旅（見鬲攸比鼎），虢國公族，字魚父（見虢旅魚父鍾）。旅借為魯，魯字從魚從𠙴，𠙴為盛魚用具。"魯"的初義當為盛放魚類的簍筐。名魯字魚父是由盛魚的用具--魯，聯想到魚。春秋早期還有一個伯旅魚父，與虢叔旅（叔旅魚父）同名同字，名字取義完全相同。又如，西周中期有人名貧，字公貿。楊樹達先生云："貧，疑是泉布之布本字也。泉布字經傳作布，乃假布帛為之，此字從貝，乃與泉布相合。……其人字公貿，蓋泉布為貿易所需，故名字義互相應和如此。《詩·衛風·氓》云：'抱布貿絲'是其証也。"（見《積微居金文說》107頁）。再如，西周晚期有一位中友父（見中友父簋），字友父，中國族，與同坑出土的中義鐘的中義為一人，名義字友父，取其與朋友交往要有情義。另外，西周晚期的仲玐臣父（見仲玐臣父盤），名玐，字臣父。《說文解字·玐部》："玐，持也，象手有所玐據也，……讀若戟。"甲骨金文中玐字象人雙手作持物狀，鞏（巩）、執（𡖊）、孰、馭等字均從玐，就連頌揚的揚（敭、𩀴、𩀱）字的形旁亦作玐，故玐有奉義。《說文解字·臣部》："臣，牽也，事君也，象屈服之形。"臣字最初為奴隸的稱呼，後將仕於王朝公室的人稱臣。名玐字臣父，即由玐（奉）聯想到侍奉於王朝公室的臣仆。

　　（4）名與字含義相反。如西周晚期（或春秋早期）邾國有個國君名叫討（見邾討鼎），字御戎（見邾伯御戎鼎）。討，討伐，征伐也。主動與敵方交戰。《書·皋陶謨》："天討有罪"，疏："討治有罪，使之絕惡。"御即禦，禦有抵擋、捍拒之義，是被動與敵方交戰。《正韻》："禦，扞也，拒也。"討與禦含義相反。又如春秋中期蘇國公子名甲，字癸父（見蘇公子癸父甲簋）。甲和癸分別是天干的首和尾，含義相反。在金文中這些含義相反的名與字，都因其關係十分密切，兩者仍能相輔相成，起到相互呼應的作用，表現出了古人命名取字的創造性和藝術性。

四、金文中的同名現象

　　同名現象古今皆有，明代人余寅編纂的《同姓名錄》起自上古，迄於元代，雖然較梁元帝的《古今同名姓錄》廣泛得多，但仍不免掛漏棄遺，特別是金文資料是其所未見過的。

　　金文反映出商周時期同名現像是很普遍的，同名現象最多的是婦女名、日名、諡號和在一定場合中用官爵、行第代替一個具體人的名稱。上面已經講過，商周時期女子名多由姓和行第組成，不管是哪個姬姓侯國，其長女都稱孟姬，次女都稱仲姬，這一代如此，下一代還是如此。所以，目前發現的孟姬就有20個，孟姜就有11個。女子婚後，從夫家稱呼是用其父家的國氏和姓連稱，秦國嬴姓，其女子不管嫁到哪一個諸侯國都叫秦嬴，所以這類同名勢必是很多的。第一節已經講過，日名是在世人對過世人的稱呼，組成方式是在天干之前加上親屬稱謂的祖、妣、父、母、兄或"日"字，或者在天干之後加上行第或"公"字組成。天干只有十個，所以重複的機會特別多。據不完全統計，目前發現叫乙伯者4人，乙公者11人，母辛者9人，日辛者17人，父辛者61人，祖丁者16人，父丁者87人，祖乙者17人，父乙者101人，父己者50人，父戊者27人，父庚者20人，父癸者54人。

　　諡號是古人在人死後按其生前的事蹟評定褒貶給予的稱號，臨葬而諡之。金文中諡號只使用幾個具有尊隆意義的字，所以重複的機會也是比較多的。

　　一些官職稱號，在其特定的場合中，可以代表一個具體人；在不同場合，不同銘文中有可能是指不同的人，因為同一官職，同時期或者先後可以由不同的若干人擔任，它和今天的總統、總理等稱號一樣。

　　在行第上冠以國氏名的某伯、某仲、某叔、某季等稱謂，也是一個通名。這一輩可以這樣稱呼，下一輩也可以這樣稱呼。爵稱也是這樣，這一代有邢侯、榮伯，下一代也有邢侯、榮伯，只要國不滅，每代都會有邢侯、榮伯。所以，這類人名重複的現象當然是會很多的。

　　本文所說的同名是指私名，即名與字的相同者。這種同名現象雖不如上述幾類嚴重，但仍然是很多的。如：取字角父者有2人，一為伯角父（見伯角父盉），西周中期人，他在兄弟間排行為老大；另一個是叔角父（見叔角父簋），亦西周中期人，但他在兄弟間排行第三，族徽為"人"。取字趞父者2人，一為叔趞父（見叔趞父尊和卣），西周康昭時期人，名臣諫，他在兄弟間排行第三，另一位稱師趞父（見叔多父簋），他是叔多父的祖父，擔任周王朝的師職，生世約在西周晚期。取字伐父者2人，西周中期後段有一個叔伐父（見叔伐父鼎），西周晚期還有一個姬姓仲伐父（見仲伐父甗），一仲一叔必為二人。取字吉父的3人，一為兮伯吉父（見兮甲盤），兮氏，在兄弟間排行第一，西周宣王時期的重臣，擔任善夫之職；另一位是遣叔吉父（見遣叔吉父盨），西周晚期人，遣氏，在兄弟間排行第三；再一個是小子吉父（見小子吉父方甗），小子吉父甗出土於河南陝縣上村嶺虢國墓地，當為虢國器物，此吉父是春秋早期虢國國君的小兒子。取字為辛父的3人，都是西周晚期人，一個叫伯辛父（見善夫伯辛父鼎），從同坑出土的器物得知他為旅氏族長，名此，擔任周王朝善夫之職；另一個叫仲辛父（見仲辛父簋），國氏不明，在兄弟間排行第二；再一個叫孟辛父（見孟辛父鬲），按照謝維揚（《周代家庭形態》）的說法他應是某國氏的庶長子。取字山父者3人，一個是伯山父（見伯山父壺），是某氏的族長；另一個是召叔山父（見召叔山父簋），春秋早期人，召公的後裔，兄弟排行第三，擔任鄭國的大司工；再一個是繡叔山父（見繡叔山父簋），西周中期後段人，繡氏，兄弟間排行也是第三，其妻為疊姬。取字其父者也有3人，西周穆王時期有其父，是戭的上司（見戭鼎）；西周晚期還有伯其父（見伯其父鏖簋）和仲其父（見仲其父簋），排行不同自當為二人。伯其父名鏖，兄弟間排行第一。從同坑出土的銅器得知，仲其父是宗氏，又稱宗仲。取字多父者3人，有伯多父（見伯多父盨），西周晚期人，非姬姓，其妻為成姬多母；芮伯多父（見芮伯多父簋），西周晚期或春秋早期人，姬姓，芮國族首領；叔多父（見叔多父簋），西周晚期人，姜姓，師趛父的後裔，兄弟排行第三。取字友父者4人，中友父（見中友父簋），西周晚期中氏家族人；郳友父（見郳友父鬲），春秋早期郳國人，郭沫若先生說："友父，疑即春秋郳子益之字，與魯哀公同時。"（《西周金文辭大系圖錄考釋》）鄭鑄友父（見鄭鑄友父鬲），西周晚期鄭國人。另外，西周中期還有一個叔友父（見叔友父簋）。取字魚父者4人，西周中期有伯魚父（見伯魚父壺），西周晚期有叔旅魚父（見叔旅魚父鐘）和犀伯魚父（見犀伯魚父鼎），春秋早期有伯旅魚父（見伯旅魚父簋）。三個伯魚父排行、表字相同，但前兩個是西周時期人，後一個則是春秋早期人。西周的兩個伯魚父一個在中期，一個在晚期，且為犀國族首領。叔旅魚父和伯旅魚父均名旅字魚父，但行第不同，從相關器物得知，叔旅魚父又稱虢旅、虢叔旅，是虢國公族。取字上父者4人，西周早期的攸爵有上父，西周恭王時期的師訇鼎有公上父，西周晚期有孟上父（見孟上父壺）和伯上父（見伯上父鬲）。取字良父者4人，其中叔良父2人，一見於叔良父盨，西周晚期人；一見於叔良父匜，春秋早期人，擔任鑄（祝）國的大正；第三個是事季良父（見事季良父壺），又稱事良父（見太師事良父簋），西周晚期人，事氏，擔任周王朝太師之職；第四個是司寇良父（見司寇良父壺），亦西周晚期人，擔任西周王朝司寇之職。取字皇父者5人，四位都是西周晚期人，一個是叔皇父（見叔皇父鬲），國氏不明，在兄弟間排行第三，夫人為仲姜；再一個是辛叔皇父（見辛叔皇父簋），辛國族人，其妻為中姬（中國族之女），第三個是函皇父（見函皇父鼎），函氏家族人，取妻琱妘；第四個是王仲皇父（見王仲皇父盃），王氏，兄弟間排行第二；另外一位亦稱叔皇父（見鄭伯氏士叔皇父鼎），字皇父，兄弟間排行第三，他是春秋早期鄭國人，鄭伯氏的士。取字家父者5人，西周早期前段有一位家父（見家父爵），國氏、行第均不明；西周晚期有兩個伯家父，一個姜姓，其女兒叫孟姜（見伯家父作孟姜簋）；另一個名都，字伯家父（見伯家父都簋）；西周晚期有兩個叔家父，一個是晉叔家父（見晉叔家父方壺），晉國公族，李學勤先生認為即晉殤叔，晉侯邦父之弟，《史記·晉世家》載晉穆侯二十七年（前785年）卒，弟殤叔自立，後四年（前781年）被文侯所殺；另一個叔家父（見叔家父簋），國氏不明，其妻為仲姬。取字原父者6人，一個是西周晚期單國族首領，叫單伯原父（見單伯原父鬲）；一個是魯國太宰原父（見魯國太宰原父簋），春秋早期人；再一個是西周晚期的仲原父（見仲原父匜），其妻為許姜；還有一個是叔原父（見叔原父甗），春秋早期陳國的公子；另外兩個都是鄭國人，分別是春秋早期鄭國的師（見鄭師原父鬲）和饔人（見鄭饔原父鬲）。取字邦父者7人，一個叫伯邦父（見伯邦父鬲），西周晚期人，兄弟排行第一；一個叫成伯邦父（見成伯邦父方壺），也是西周晚期人，成國族首領，伯邦父和成伯邦父時代相同，排行相同，是否一人尚難確定；一個叫成周邦父（見成周邦父壺蓋），西周中期後段人，成國族人，名周字邦父；一個是晉侯邦父（見晉侯邦父鼎），西周晚期晉國國君，李學勤先生認為就是晉穆侯費王；一個叫南仲邦父（見駒父盨蓋），西周宣王時期人，南氏，兄弟排行第二，即《詩·大雅·常武》中的南仲，擔任周王朝的司徒；再一個叫叔邦父（見叀盨和叔邦父盨），西周厲宣時期人，在厲王奔彘後，輔佐宣王有功，宣王曾賜給車輛馬匹等；另外還有一個子邦父（見子邦父甗），西周中晚期人，子氏。取名吳者7人，西周早期有兩人名吳，一位見於吳盉、吳盤，族徽為“亞釳”；另一位見於吳鼎、吳卣；西周恭王時期有人名吳，擔任周王朝內史和作冊之職（見吳方彝和師虎簋），西周晚期魯國有伯吳（見魯司徒伯吳盨），某氏族的族長，擔任魯國的司徒；春秋時期某國的王子也叫吳（見王子吳鼎），戰國晚期還有事吳（王三年馬雍令戈），擔任趙國馬雍縣縣令。取名申者4人，西周早期有名申者（見申鼎），出土於晉侯墓地；西周中期前段有名申的（見申簋蓋），周王命其輔佐太祝管理豐人及九戲祝；春秋時期某國的王子名申（見王子申盞），莒國太史名申（見莒太史申鼎），戰國晚期（秦昭襄王時期）秦國上郡武庫監造兵器的丞名申（見二十五年上郡守厝戈）。取名元者4人，商代晚期有人名元（見元卣），族徽為“狽”；西周早期有人名元（見元盉）；周末春初虢國太子名元（見虢太子元徒戈、元矛）；春秋早期陳國有伯元（見陳伯元匜），陳侯鬲之子；春秋中期魯國的大司徒名元（見魯大司徒元盂），亦稱厚氏元（見魯大司徒厚氏元鋪），名元，厚氏；吳國國王一名元（見攻吳王元劍），吳王壽夢之子，公元前560年即位，在位十三年。取名啟者6人，商末有人名啟（見小子啟尊）；西周早期有坰的小兒子名啟（見小子啟鼎）；還有跟隨昭王征伐楚荊的啟（見啟尊、啟卣），族徽為“＄葡（戉箙）”；春秋早期韓國有人名啟（見卅一年鄭令楯涫戈），韓惠王卅一年（前242年）前後擔任鄭縣冶鑄作坊的冶尹；戰國晚期楚國有人名啟（見鄂君啟車節、鄂君啟舟節），楚懷王的親屬，鄂邑的封君；戰國晚期有秦國丞相名啟（見十七年丞相啟狀戈）；戰國時期還有某國趡地的封君名啟(見趡君啟妾壺)。取名光者6人，商代晚期有人叫光（見光作母辛觶），西周早期有三位名叫光，一位祖徽為“戉”，另兩位見妾壺和光簋，西周中期有一位名光（見光甗），春秋晚期有吳王光（見吳王光鑑），吳國國王，名光，字闔廬，諸樊之子。另外，還有名令者3人，名向者3人，名舟者3人，名交者3人，名疾者4人，名旹者2人，名倗者4人，名明者4人，名冉者5人，名恒者4人，名立者3人，名召者2人，名引者3人，名蔡者5人，名得者5人，名攸者5人，名耳者6人，名員者6人，名自者6人，名夾者4人，名中者9人；字賓父者3人，字士父者2人，字侯父者4人等等。

吳鎮烽

（1993 年在國際周秦文化學術討論會上宣讀，1998 年 5 月修訂）

引用書目及其簡稱

集成　　《殷周金文集成》十八冊，中國社會科學院考古研究所編輯，中華書局，1983
　　　　　年——1994 年。

總集　　《金文總集》十冊，嚴一萍編，臺灣省藝文印書館，1983 年。

陝金　　《陝西金文匯編》，吳鎮烽編，三秦出版社，1989 年。

三代　　《三代吉金文存》，羅振玉編，1937 年版。

錄遺　　《商周金文錄遺》，于省吾編，科學出版社，1957 年。

小校　　《小校經閣金文》十八卷，劉體智編，民國乙亥（1935 年）初版。

攈古　　《攈古錄金文》三卷，吳式芬撰，光緒二十一年(1895 年)吳氏家刻本。

遺珠　　《歐洲所藏中國青銅器遺珠》，李學勤、艾蘭編著，文物出版社，1995 年。

九店　　《江陵九店東周墓》，湖北省文物考古研究所編著，科學出版社，1995 年。

銅全　　《中國青銅器全集》十六卷，中國青銅器全集編委會編，文物出版社，1996
　　　　　年。

彙編　　《中日歐美澳紐所見所拓所摹金文彙編》十冊，[澳]巴納、張光裕編，台灣
　　　　　省藝文印書館，1978 年。

希古　　《希古樓金石萃編》十卷，劉承幹編，1933 年。

山西珍　《山西文物館藏珍品・青銅器》，山西文物全書編委會编，山西人民出版社
　　　　　1995 年。

秦文字　《秦文字集證》，王輝、程學華撰，台灣省藝文印書館，1999 年。

秦銘文　《秦銅器銘文編年》，王輝撰集，三秦出版社，1990 年。

二屆古　《第二屆國際中國古文字學研討會論文集》，香港中文大學，1993 年。

三屆古　《第三屆國際中國古文字學研討會論文集》，香港中文大學，1995 年。

曾侯乙　《曾侯乙墓》，湖北省博物館編，文物出版社，1989 年。

鳥篆編　《東周鳥篆文字編》，曹錦炎、張光裕主編，香港翰墨軒出版有限公司，1994

年。

鳥蟲書 《鳥蟲書通考》，曹錦炎著，上海書畫出版社，1999 年。

吳越文 《吳越文字彙編》，施謝捷編著，江蘇教育出版社，1998年版。

高家堡 《高家堡戈國墓地》陝西省考古研究所編著，三秦出版社，1995 年。

故周金 《故宮西周金文錄》，臺北故宮博物院編，2001 年。

故精品 《故宮博物院 50 年入藏文物精品集》，故宮博物院編，紫禁城出版社，1999 年。

銘文選 《商周青銅器銘文選》，上海博物館商周青銅器銘文選編寫組，文物出版社，1986 年。

婦好墓 《殷虛婦好墓》，中國社會科學院考古研究所編，文物出版社，1980 年。

北窰墓 《洛陽北窰西周墓》，洛陽市文物工作隊，文物出版社 1999 年。

鄴三 《鄴中片羽三集》二冊，黃濬撰集，1942 年影印本。

下寺 《淅川下寺春秋楚墓》，河南省文物研究所等，文物出版社，1991 年。

長墓 《鹿邑太清宮長子口墓》，河南省文物考古研究所、周口市文化局編，中州古籍出版社，2000 年。

曲村 《天馬——曲村》，北京大學考古學系商周組、山西省考古研究所編著，科學出版社，2000 年。

泉博 《泉屋博古——中國古銅器編》，[日]泉屋博古館，平成 14 年。

殷銅 《殷虛青銅器》，中國社會科學院考古研究所編著，文物出版社，1985 年。

盛金 《盛世吉金》，陝西省文物局、寶鷄市文物局、中華世紀壇藝術館編，北京出版社，2003 年。

南越王 《西漢南越王墓》

文叢 《文物資料叢刊》

大系 《兩周金文辭大系圖錄考釋》，郭沫若著，科學出版社，1957 年。

中山文 《河北省平山縣战国中山王墓出土文物展览简介》（插图本），河北省文物管理处编，1979 年。

上博刊　《上海博物館集刊》

《于省吾先生百年誕辰紀念文集》，吉林大學古文字研究室編，吉林大學出版社，1996
　　　　年。

《徐仲舒先生百年誕辰紀念文集》，四川聯合大學歷史系主編，巴蜀書社，1998 年。

《頤和園文物菁華》，頤和園管理處編，五洲傳播出版社，2000 年。

《濟南市博物館藏商周青銅器選粹》，山東大学出版社，1989 年。

《楚文物圖典》，高至喜編，湖北教育出版社，2000 年。

《全國出土文物珍品選》，文化部文物局編，文物出版社，1987 年。

《陝西歷史博物館徵集文物精粹》，陝西历史博物馆编，三秦出版社，2001 年。

《陝西歷史博物館館刊》，第一輯，陈全方编，三秦出版社，1994 年。

《陝西歷史博物館館刊》第二輯，周天游编，三秦出版社，1995 年。

《陝西歷史博物館館刊》第三輯，周天游编，西北大学出版社，1996 年。

《陝西歷史博物館館刊》第四輯，周天游编，西北大学出版社，1997 年。

《陝西歷史博物館館刊》第五輯，周天游编，西北大学出版社，1998 年。

《陝西歷史博物館館刊》第六輯，周天游编，陝西人民教育出版社，1999 年。

《陝西歷史博物館館刊》第七輯，陝西歷史博物馆馆刊编辑部编，三秦出版社，2000
　　　　年。

《中國文物報》

《中國歷史文物》

《華夏考古》

《文物季刊》

《文物天地》

《文物》

《考古》

《考古學刊》

《考古與文物》

《東南文化》

《古文字研究》

《故宮文物月刊》

《故宮博物院院刊》

《湖南考古輯刊》

東瀛史論

日本现代化研究

吴建华 著

人民出版社

作者简介

吴建华，男，1957年生，重庆市人，祖籍安徽歙县。西南大学历史文化学院教授、世界史专业硕士生导师、九三学社社员。现任中国世界现代史研究会常务理事、西南分会副会长，西南大学历史文化学院世界史教研室主任，西南大学九三学社一支社主委以及重庆市首届学术技术带头人后备人选(世界史专业)。曾随重庆市政府代表团出访日本东京和广岛，与日本学界和日本广岛市立大学等有关机构保持密切的交流与合作。

作者长期从事世界近现代史、日本近现代化、战后东亚经济和科技革命史等教学和科研工作，已先后发表本专业学术论文50余篇；出版本专业学术专著4部；主持省部级哲学社会科学规划课题4项。尤其是在日本近现代化和战后东亚经济研究方面颇有建树，成果丰硕，观点鲜明，论题相对集中，在中国世界近现代史学界和日本史学界有一定的影响。